国家社科基金后期资助项目

清至民国婺源县村落契约文书辑录

Contracts and Other Documents in Wuyuan County: Qing Dynasty and Beyond

伍

秋口镇(四)

岭溪村戴家·沙城洪·沙城江氏·沙城俞氏

黄志繁 邵 鸿 彭志军 编

商務印書館
创于1897 The Commercial Press
2014年·北京

秋口镇岭溪村戴家 1—34

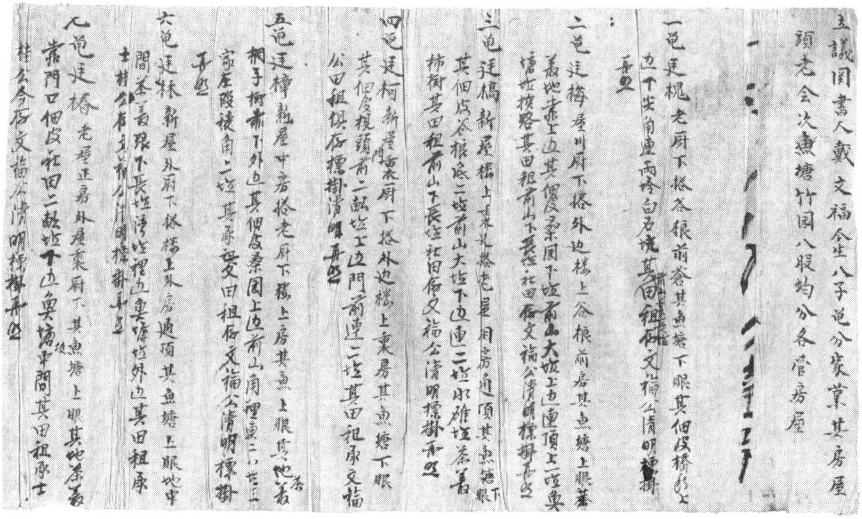

秋口镇岭溪村戴家 3-i · 乾隆十六年 · 分家文书 · 戴文福（右半部分）

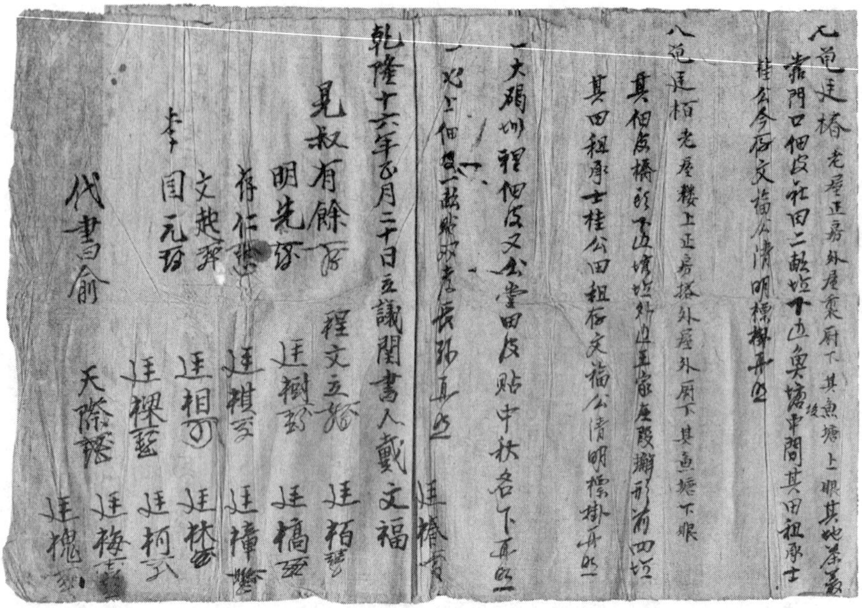

秋口镇岭溪村戴家 3-ii · 乾隆十六年 · 分家文书 · 戴文福（左半部分）

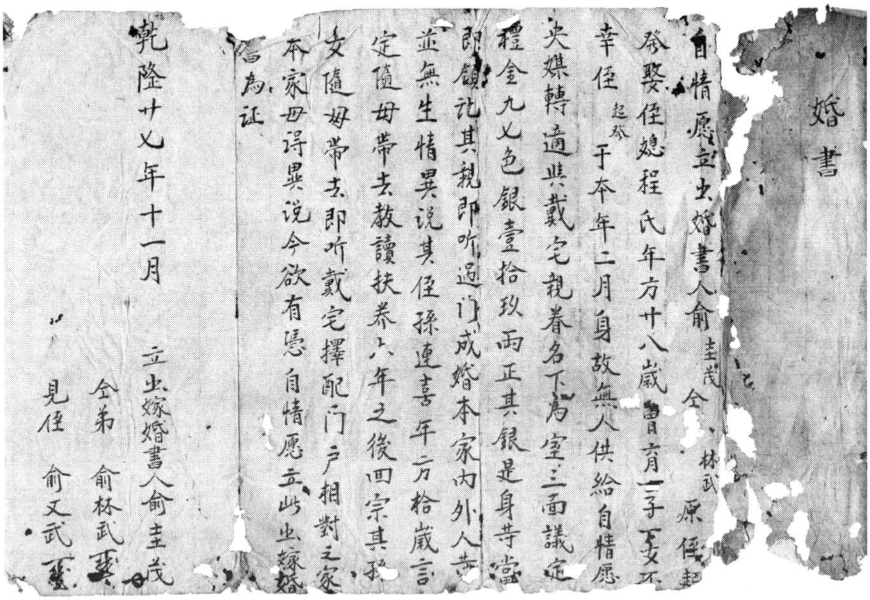

婚書

自情愿立出婚書人俞圭茂仝、林武原侄起
癸娶侄媳程氏年方廿八歲曾育一子丁女不
幸侄起癸于本年二月身故無人供給自情愿
央媒轉適與戴宅親眷名下為室三面議定
禮金九七色銀壹拾玖兩正其銀是身等當
即領訖其親即听過门成婚本家内外人等
並無生情異説其侄孫連喜年方拾歲言
定随母帶去教讀扶養六年之後回宗其孫
女随母帶去即听戴宅擇配门户相對之家
本家毋得異説今欲有憑自情愿立此出嫁婚
書為証

乾隆廿七年十一月　立出嫁婚書人俞圭茂

仝弟　俞林武

見侄　俞文武

秋口镇岭溪村戴家 1 · 乾隆二十七年 · 婚书 · 俞圭茂

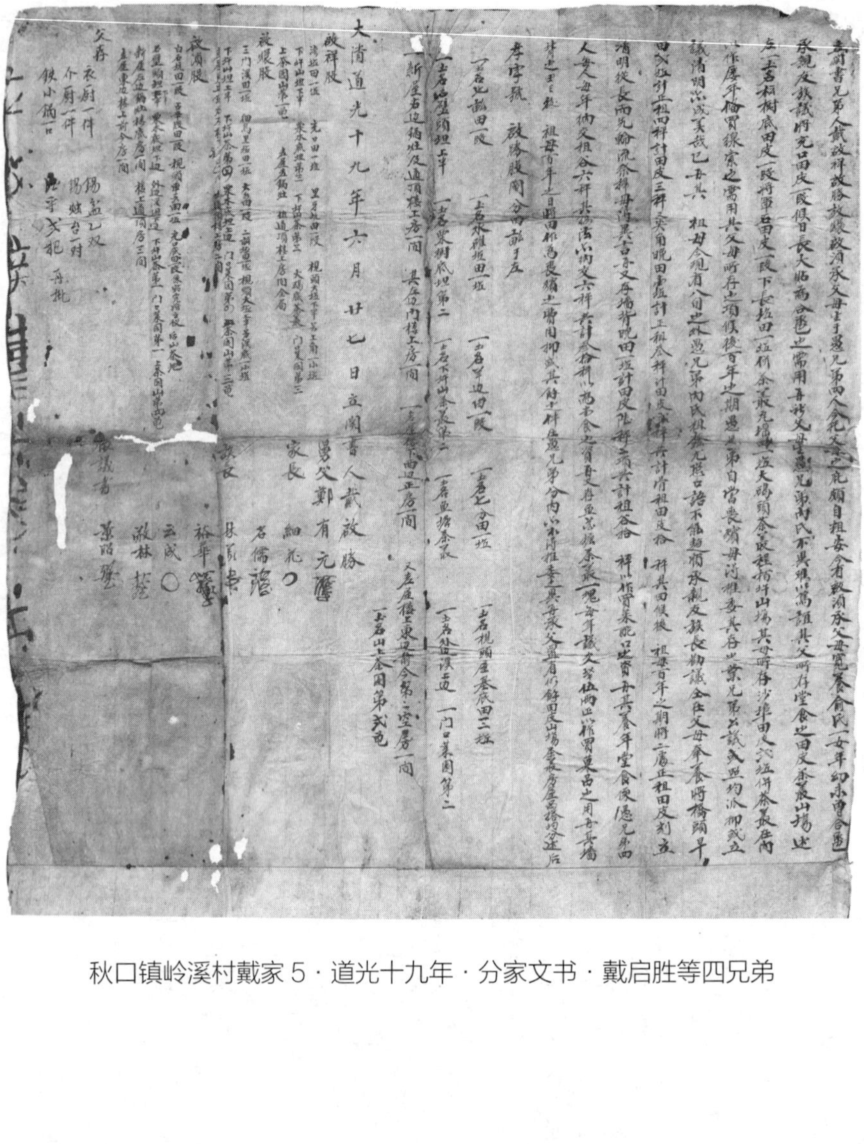

秋口镇岭溪村戴家 5 · 道光十九年 · 分家文书 · 戴启胜等四兄弟

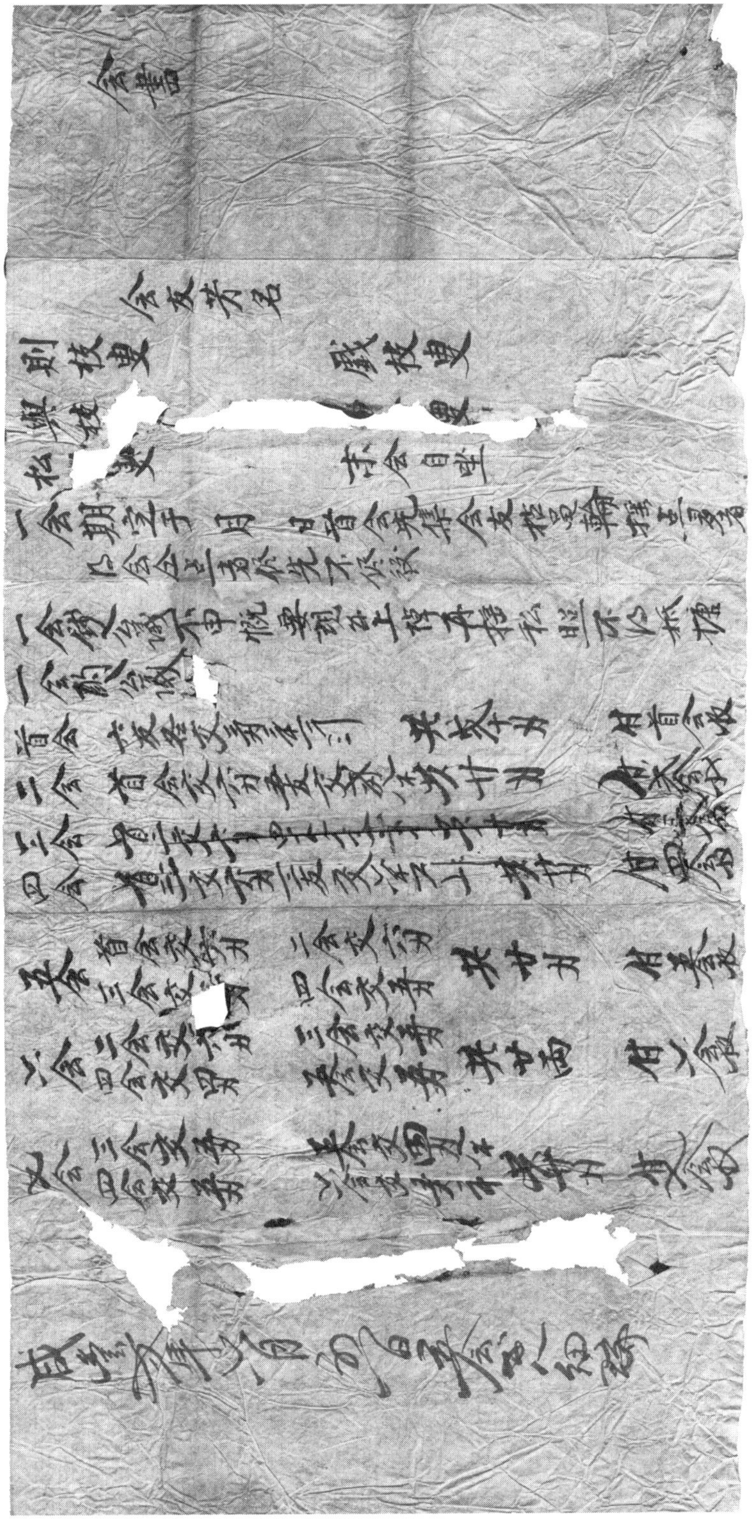

秋口镇岭溪村戴家 13 · 咸丰二年 · 会书 · 细瑞

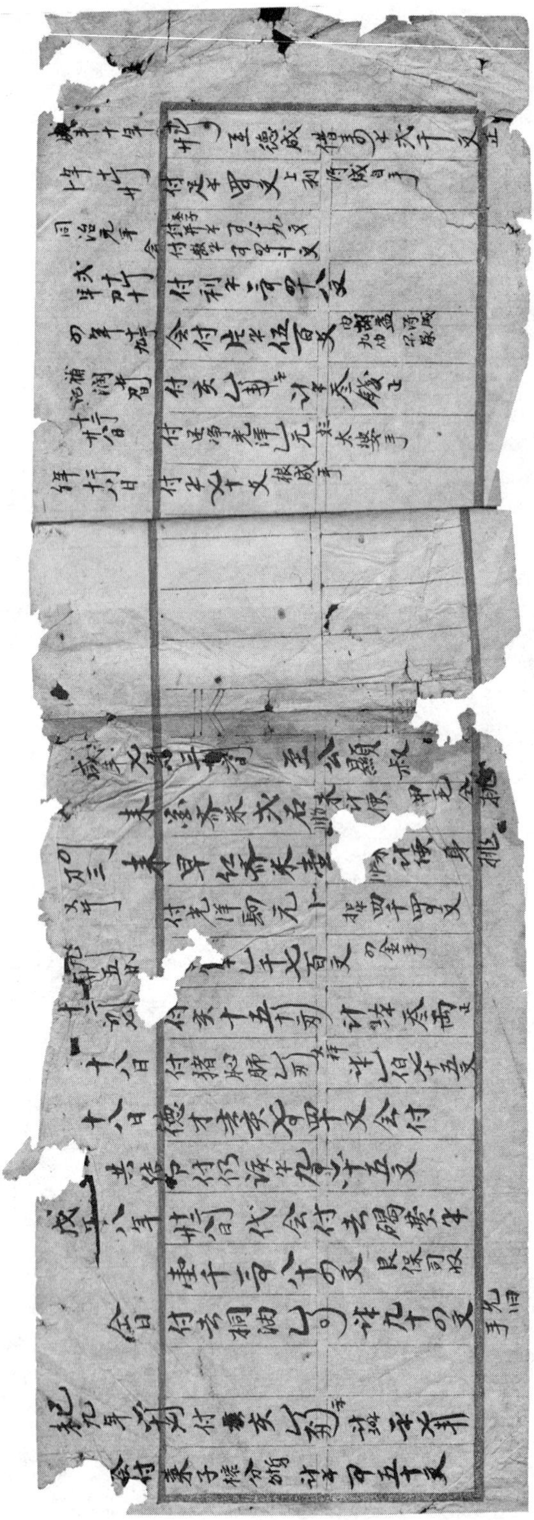

秋口镇岭溪村戴家 24 · 咸丰七年至同治四年 · 流水账

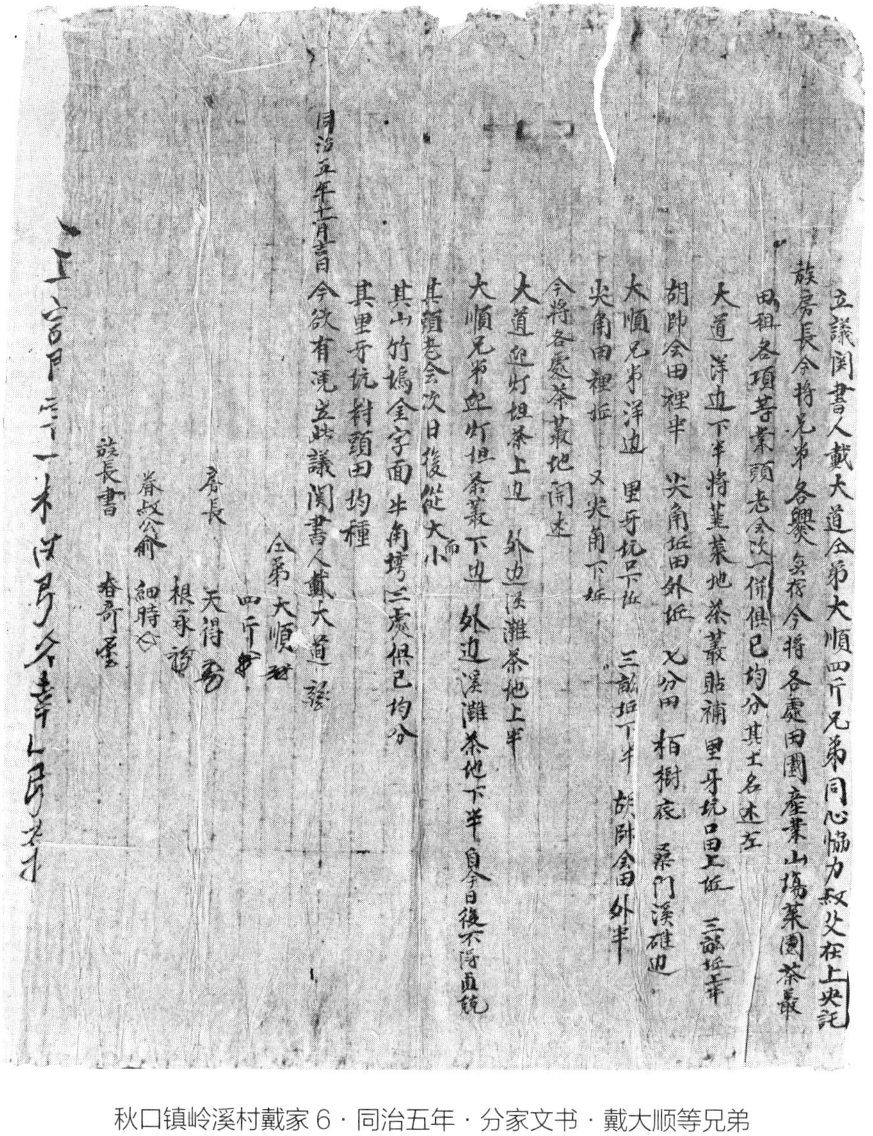

立議阄書人戴大道仝弟大順四斤兄弟同心恊力叔父在上央託
族房長今將兄弟各爨各存今將各處田園產業山塢菜園茶叢
由祖各項菩業頭老全改一併俱已均分其土名述左
大道洋边下半將菫菜地茶叢貼補里牙坑口田上坵　三畝坵半
胡帥会田裡半　尖角坵田外坵　七分田　柏樹底　桑門溪碓边
大順兄弟洋边　里牙坑口下坵　三畝坵下半　胡帥会田外半
尖角田裡坵　又尖角下坵
今將各處茶叢地開述
大道边灯坦茶上边　外边溪灘茶地上半
大順兄弟边灯坦茶叢下边　外边溪灘茶地下半　自今日後不得直阬
其祖老会次日後從大小而
其山竹塢金字面　牛角塆三處俱已均分
其里牙坑树頭田均種
同治五年十二月吉日　今欲有憑立此議阄書人戴大道
仝弟大順
四斤
房長　天得
根永
眷叔公俞　細時
族長書　春奇
[illegible]

秋口镇岭溪村戴家 6 · 同治五年 · 分家文书 · 戴大顺等兄弟

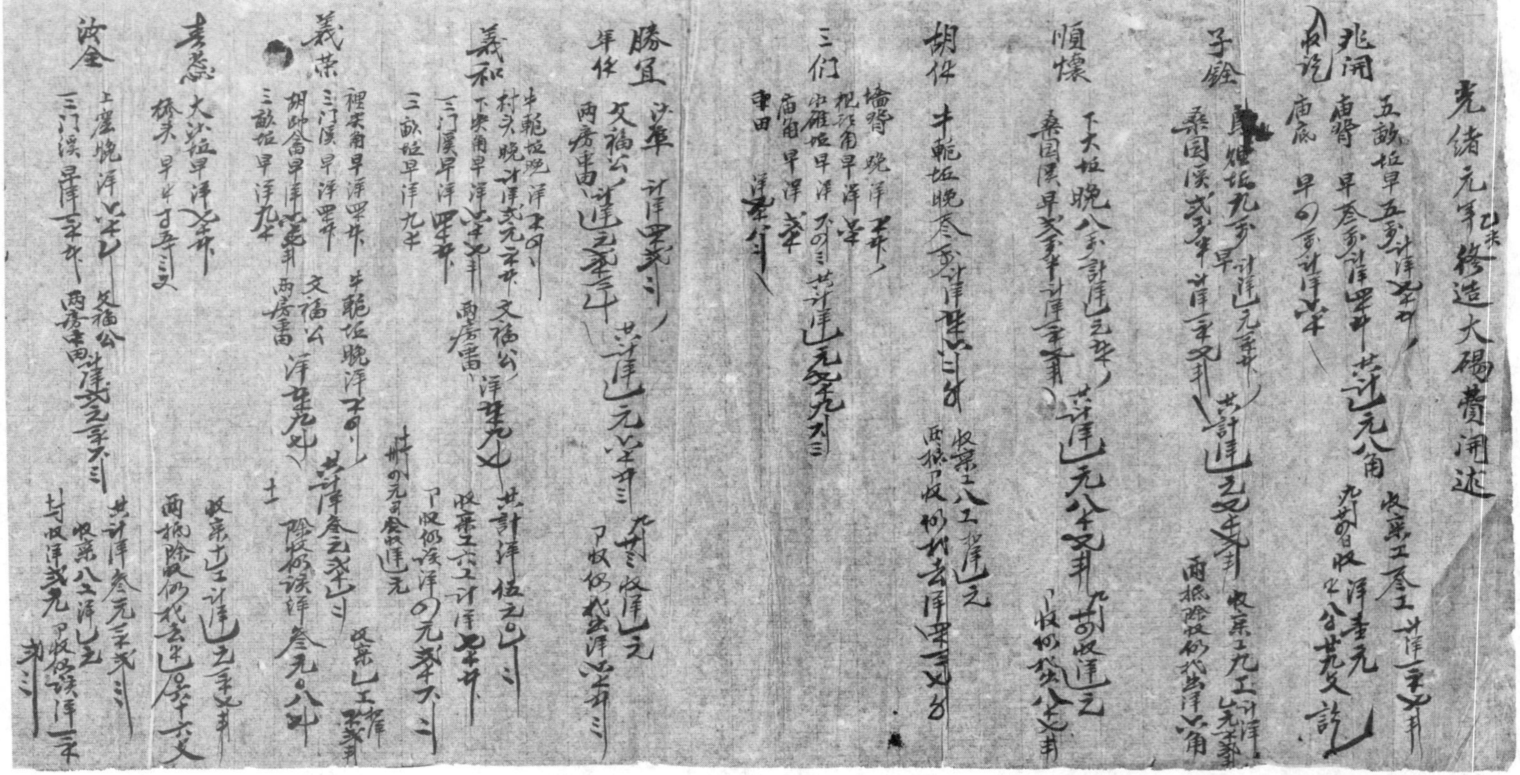
光绪元年修造大碣费开述

秋口镇岭溪村戴家 27-i · 光绪元年 · 修造大碣费开述（右半部分）

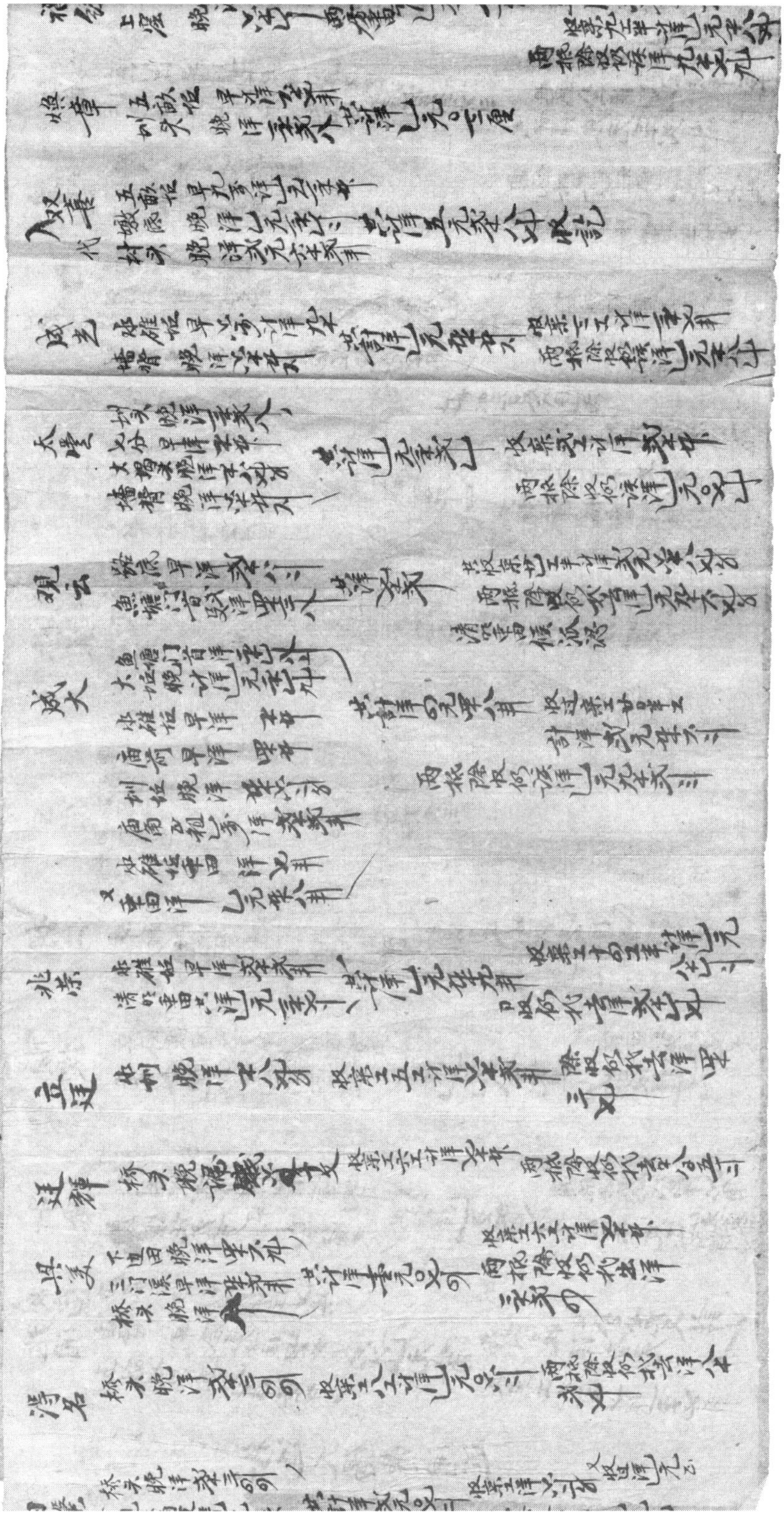

秋口镇岭溪村戴家 27-ii · 光绪元年 · 修造大碣费开述（左半部分）

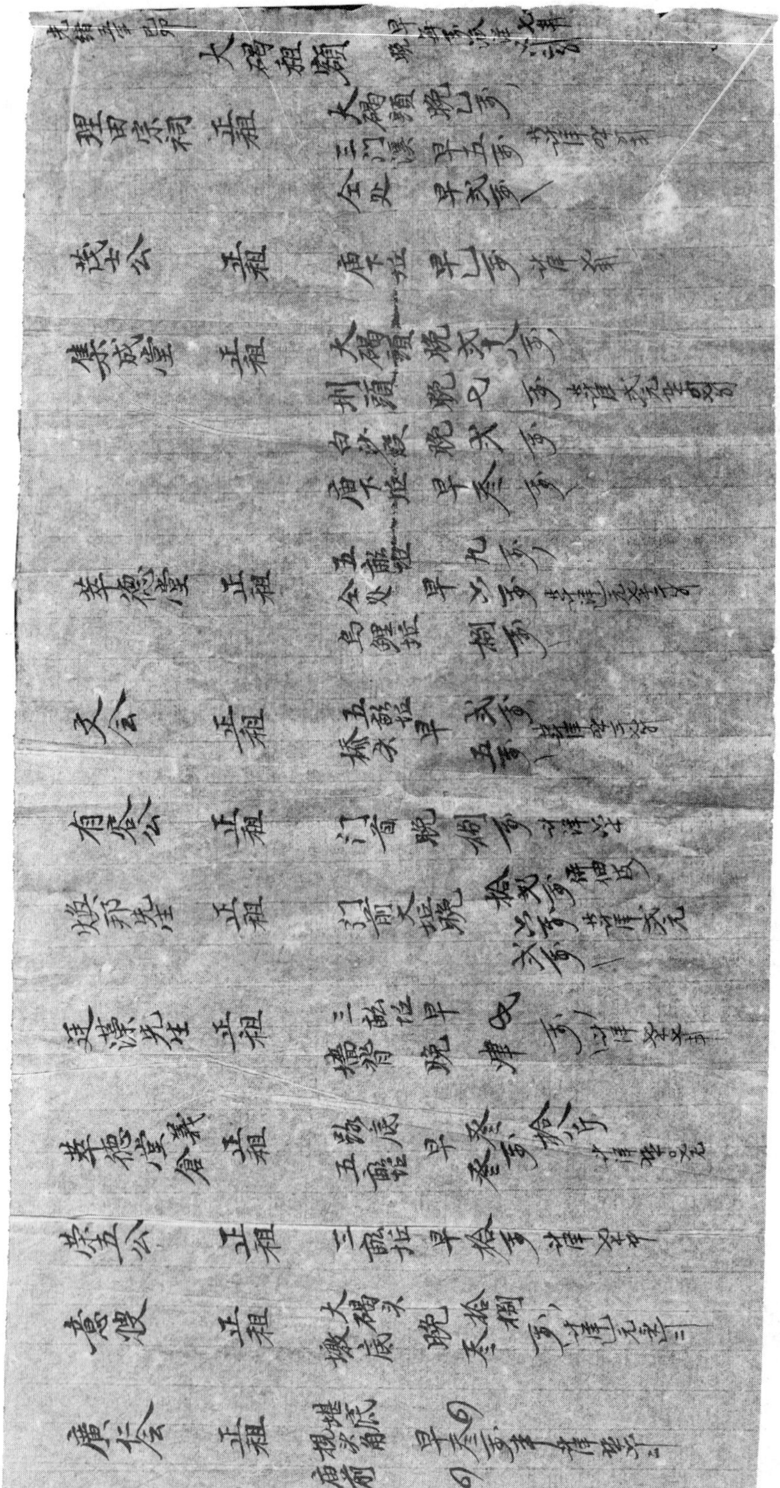

秋口镇岭溪村戴家 22-i · 光绪五年 · 流水账（右半部分）

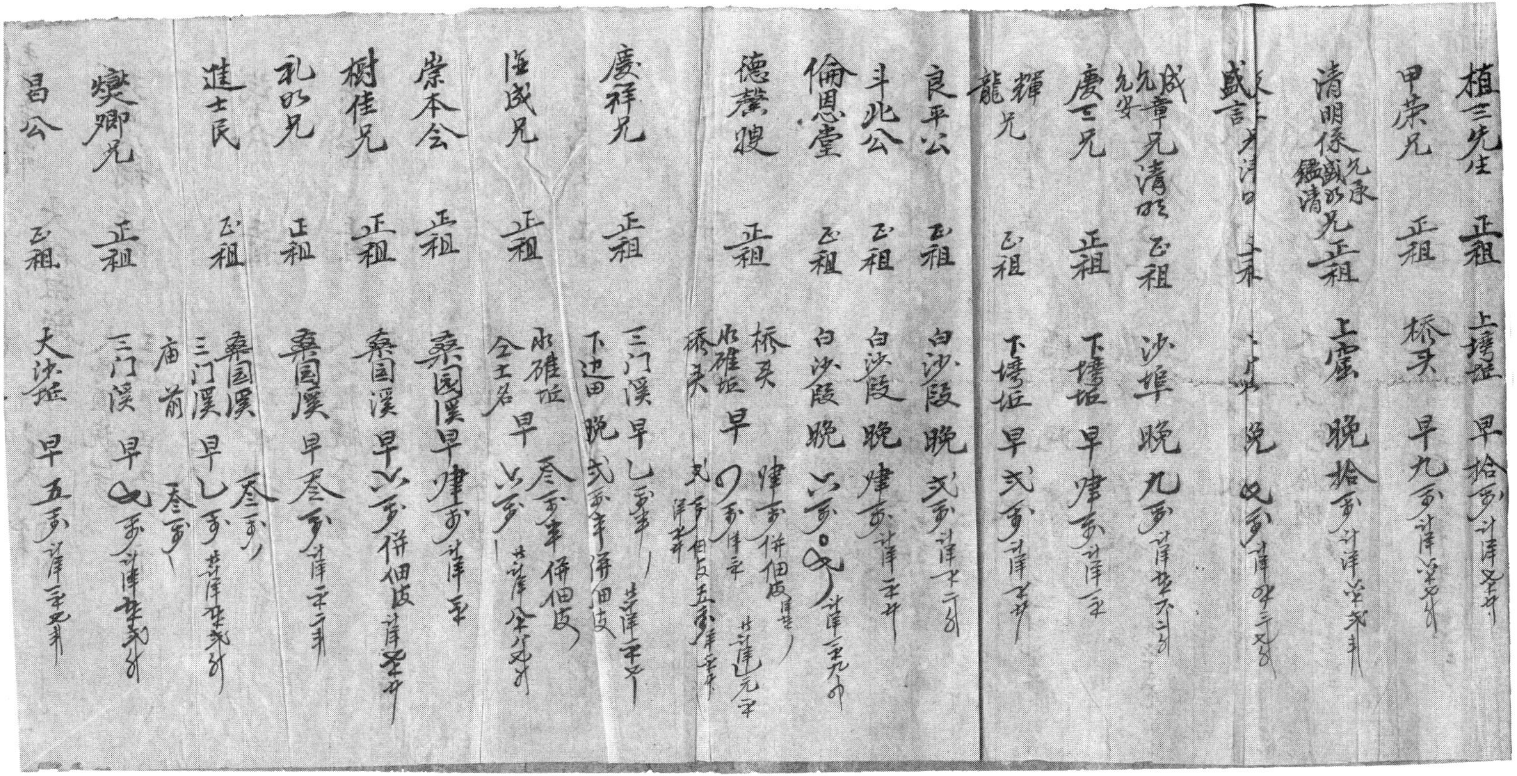

秋口镇岭溪村戴家 22-ii · 光绪五年 · 流水账（左半部分）

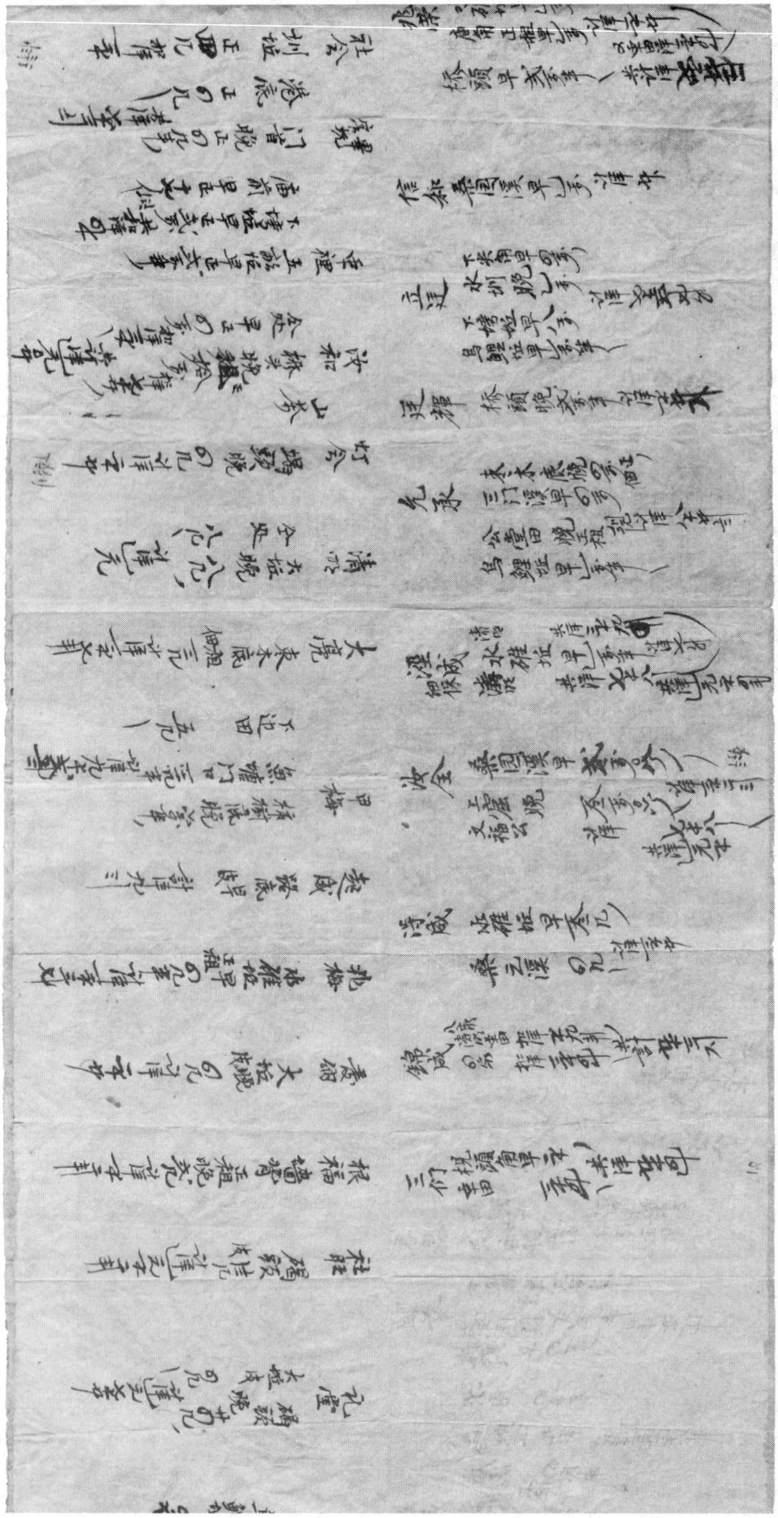

秋口镇岭溪村戴家 32-i · 光绪五年 · 田皮单（右半部分）

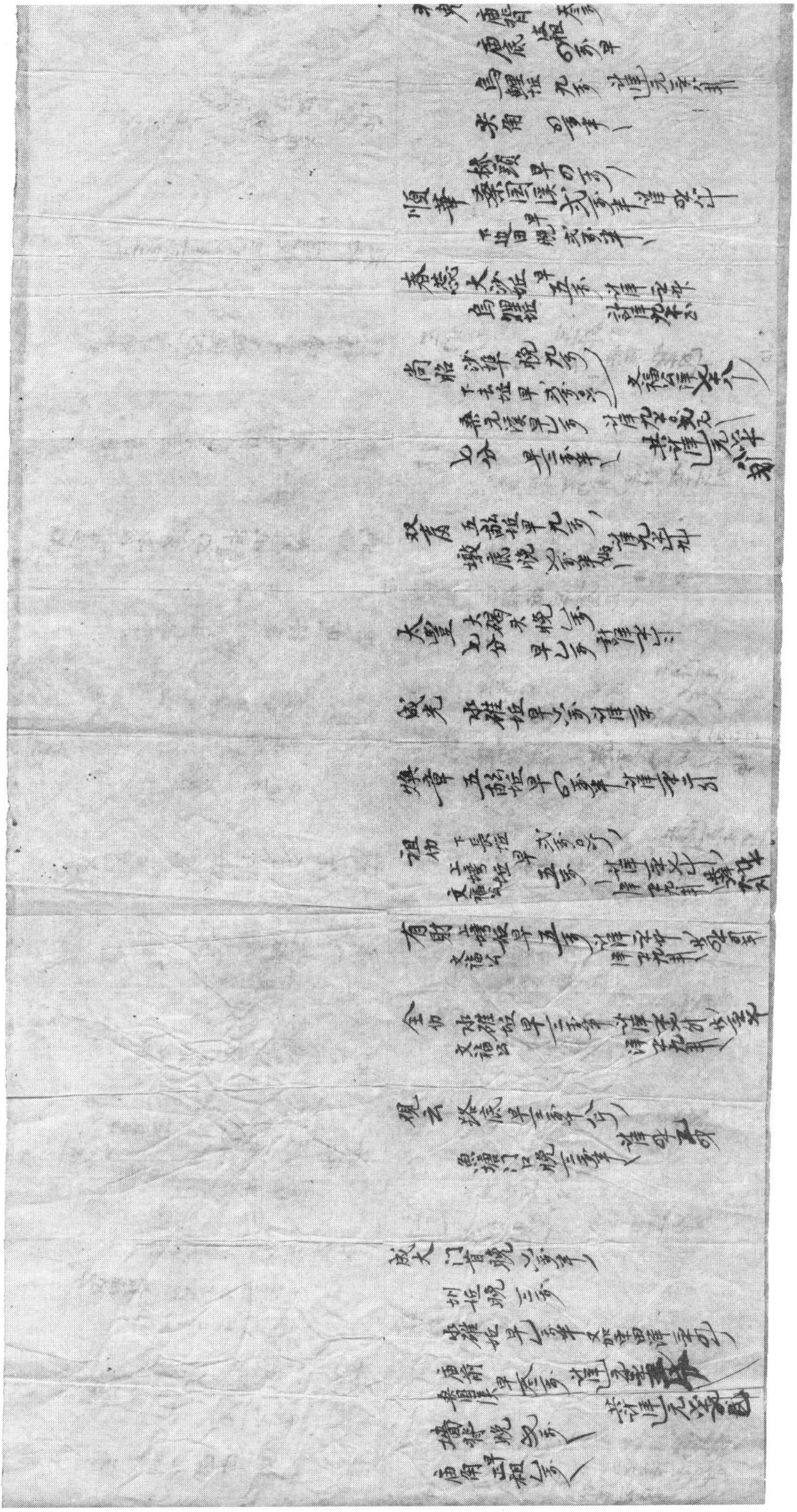

秋口镇岭溪村戴家 32-ii · 光绪五年 · 田皮单（左半部分）

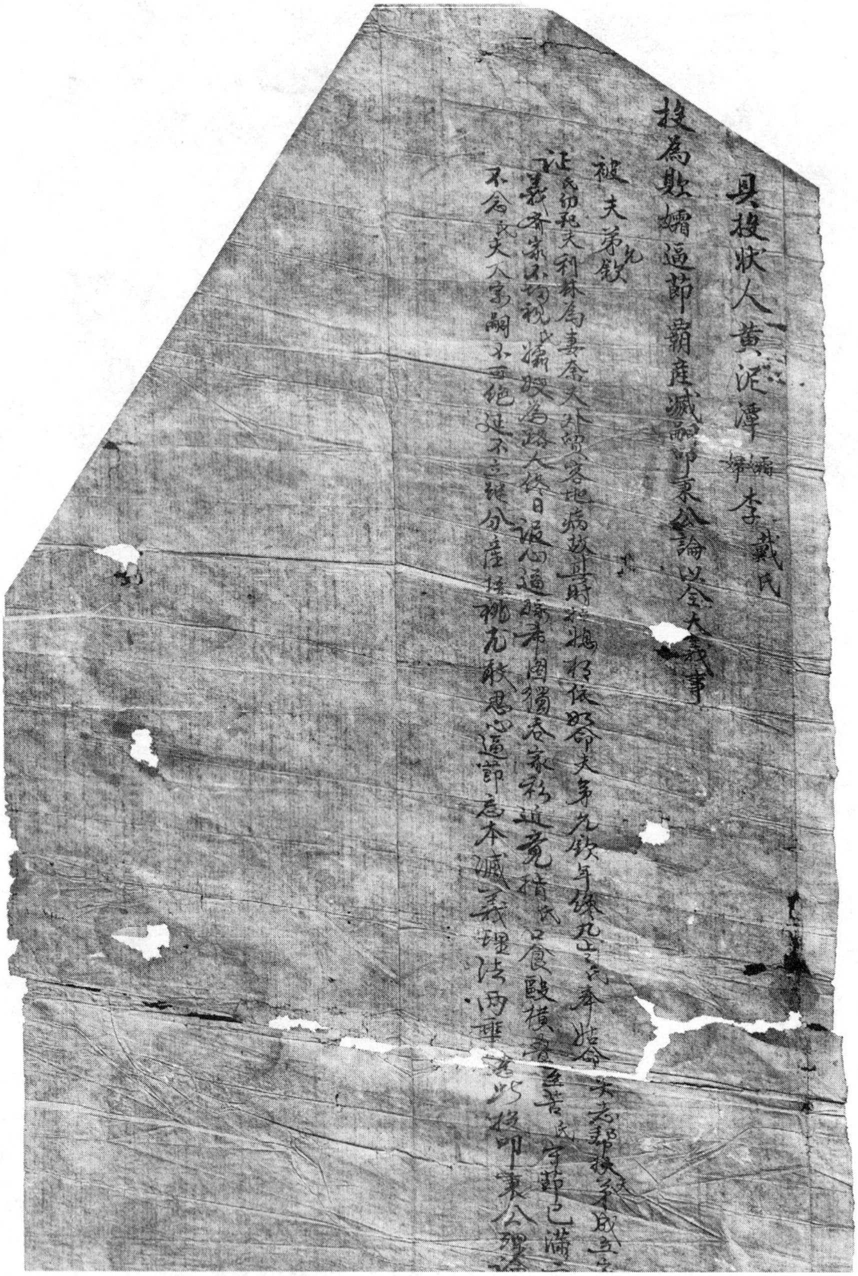

具投狀人黃泥潭孀婦李戴氏

投為欺孀逼節覇産滅祀叩東公論以全大義事

被 夫弟允欽

秋口镇岭溪村戴家 9 · 具状词 · 李戴氏告戴允钦

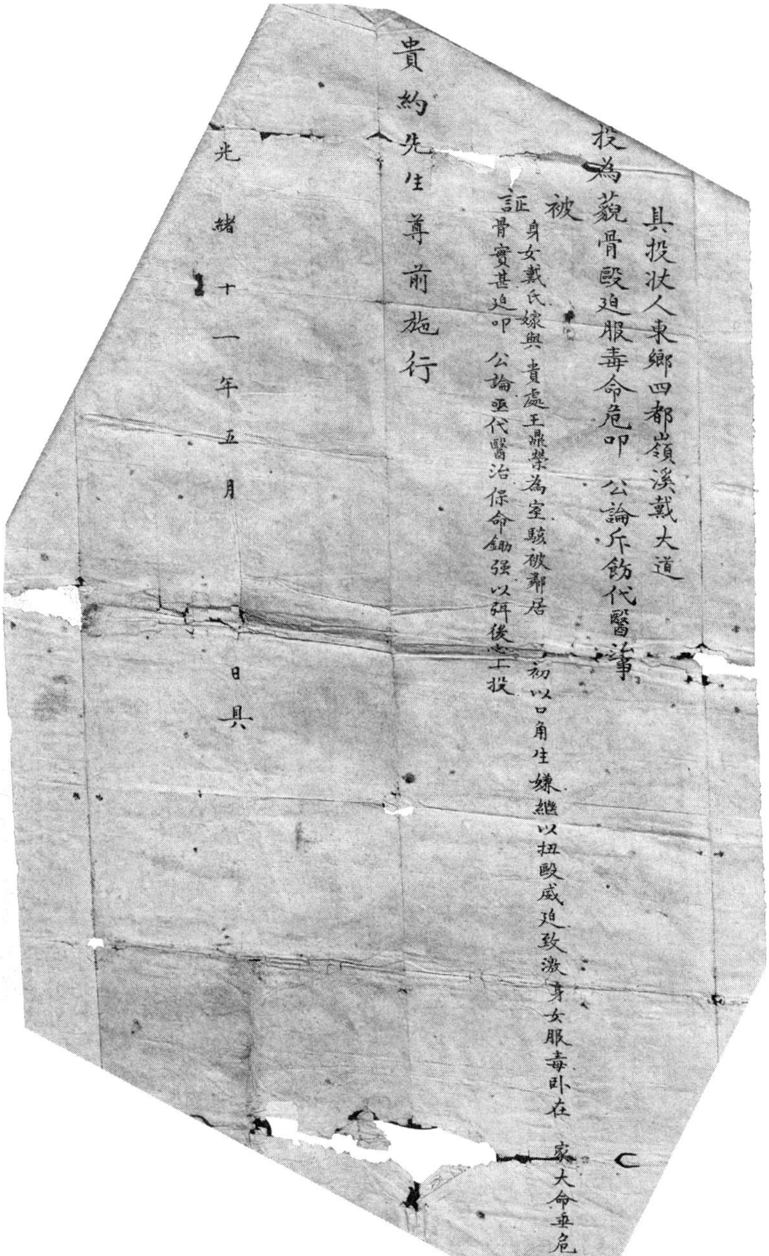

具投狀人東鄉四都嶺溪戴大道
投為藐骨毆迫服毒命危叩　公論斥飭代醫之事
被　　　　　　　　　　　　　　　初以口角生嫌繼以扭毆威迫致激身女服毒卧在　家大命垂危難
身女戴氏嫁與　貴處王鼎榮為室駭被鄰居
証骨實甚迫叩　公論亟代醫治保命鋤強以弭後患上投
貴約先生尊前施行
光緒十一年五月　　日具

秋口镇岭溪村戴家 10 · 光绪十一年 · 具状词 · 戴大道告□

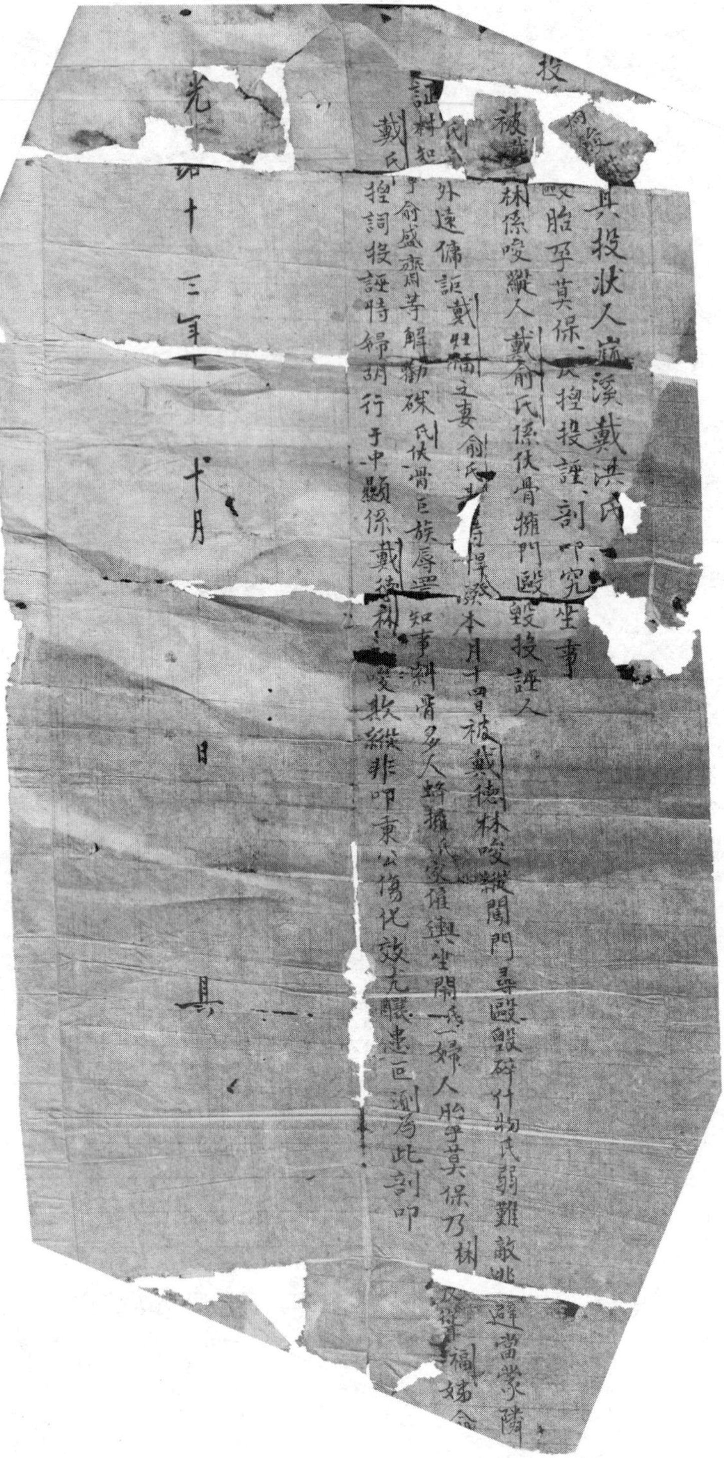

投

具投状人嶺溪戴洪氏，为殴胎孕莫保，具控投证，剖叩究坐事

被 戴德林係唆纵人 戴俞氏係伙胥拥门殴毁投证人

证 料知

氏外远傭，詎戴姓痞立妻俞氏，恃悍，于本月十四日被戴德林唆纵闯门寻殴，毁碎什物，氏弱难敌，[illegible]避，当蒙邻

戴氏子俞盛齋等解劝。殊氏伙胥巨族辱骂，知事斜胥多人蜂拥氏家，虽与坐隔，一妇人胎孕莫保，乃林及族甫福、娣命

控词投证，特归胡行，于中显係戴德林之唆欺纵，非叩东公伤化效尤，酿患叵测，为此剖叩

光绪十三年十月 日 具

秋口镇岭溪村戴家 7 · 光绪十三年 · 具状词 · 戴洪氏告戴德林

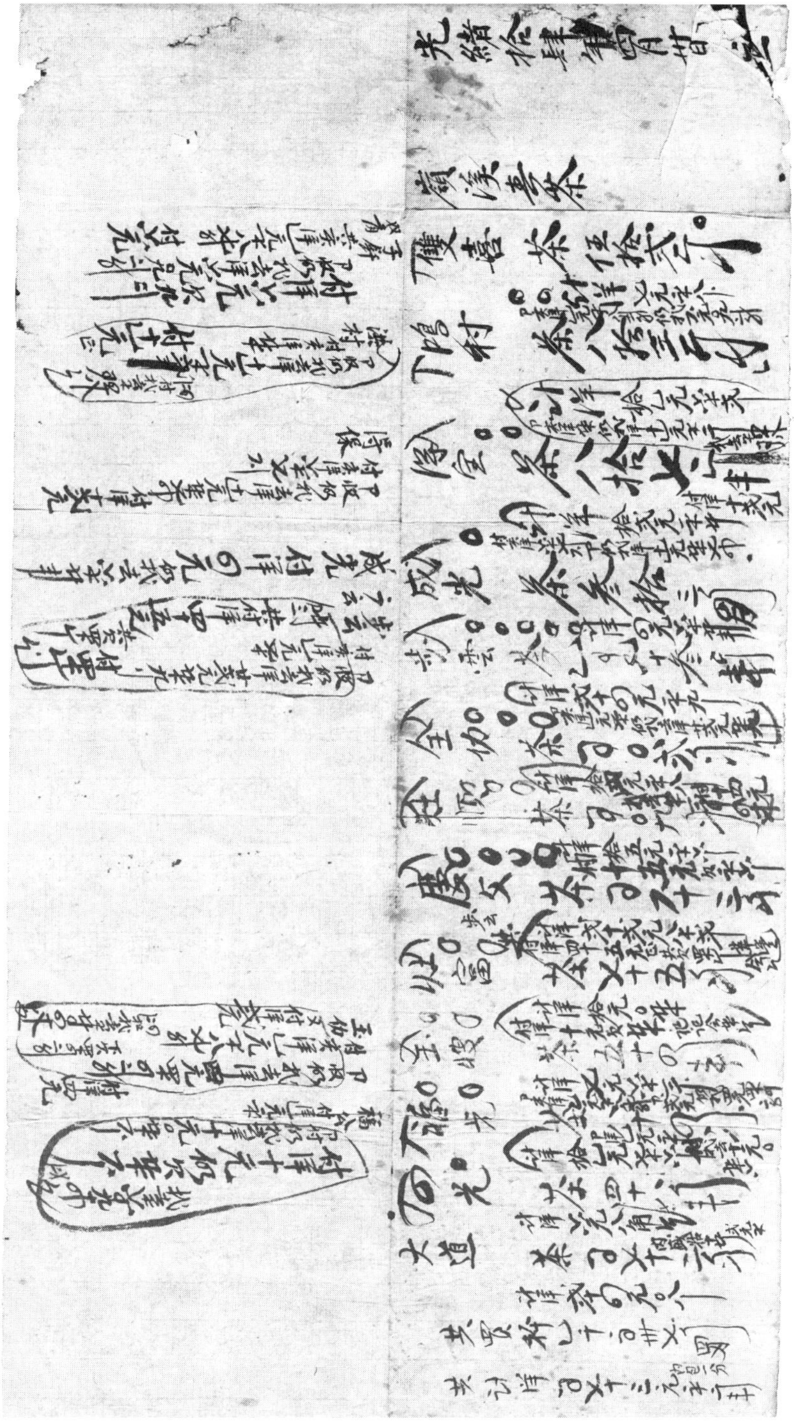

秋口镇岭溪村戴家 25 · 光绪十四年 · 流水账

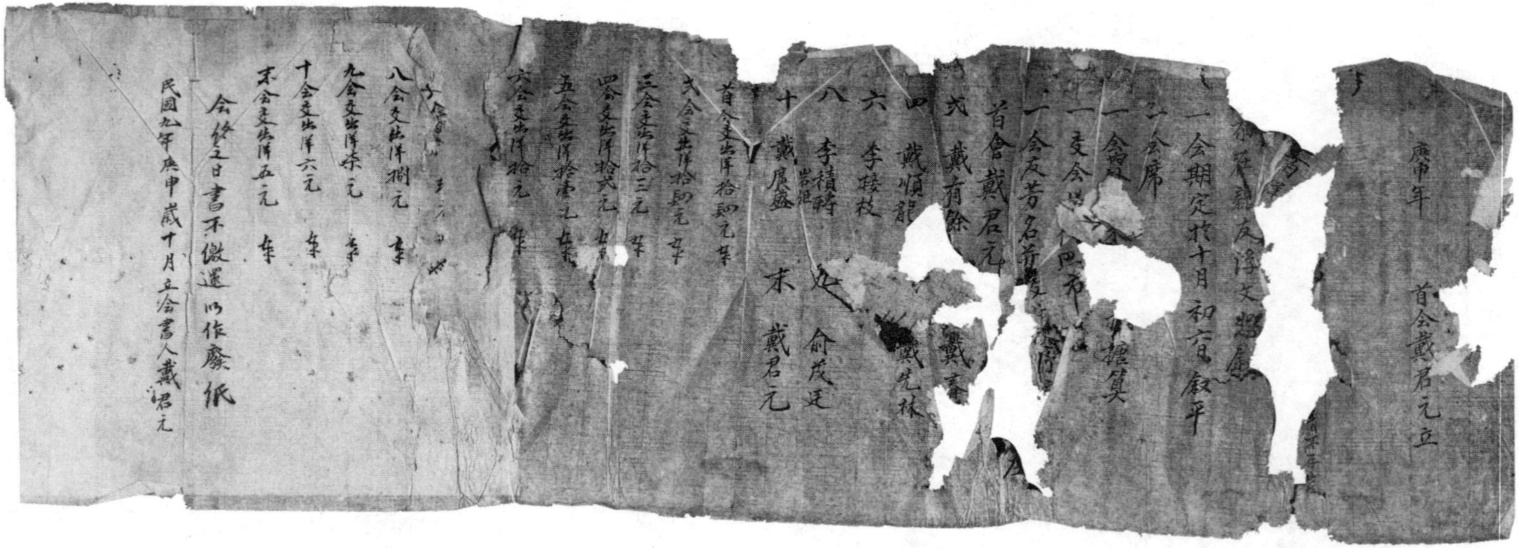

秋口镇岭溪村戴家 12 · 民国九年 · 会书 · 戴君元

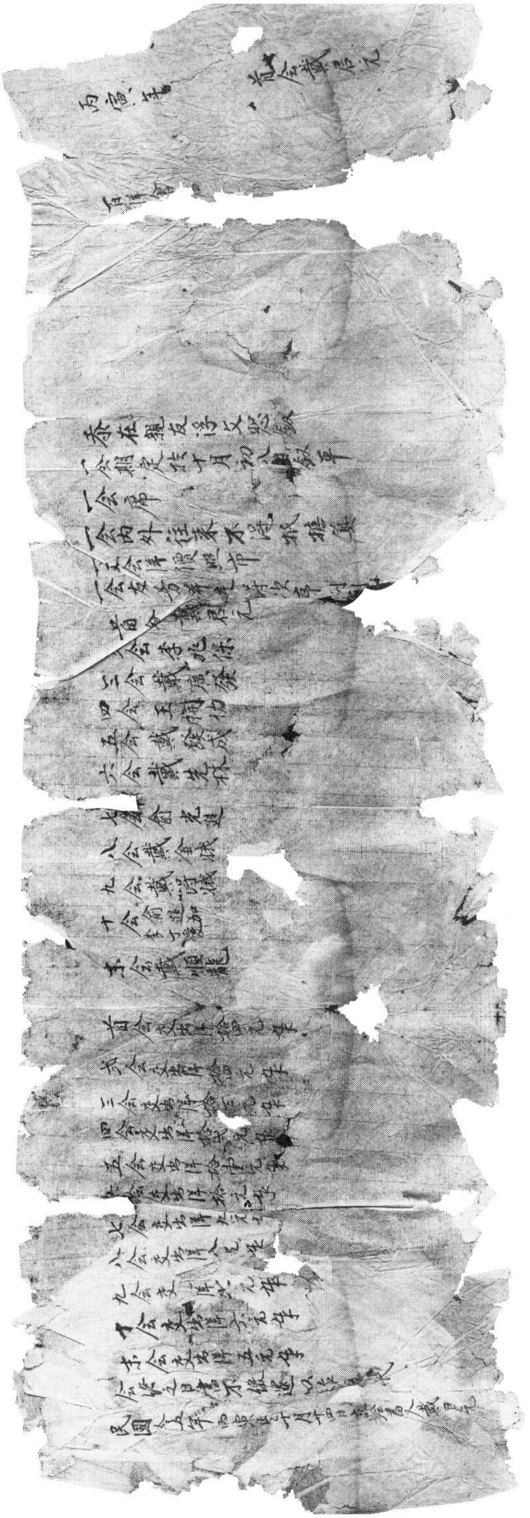

秋口镇岭溪村戴家 16 · 民国十五年 · 会书 · 戴君元

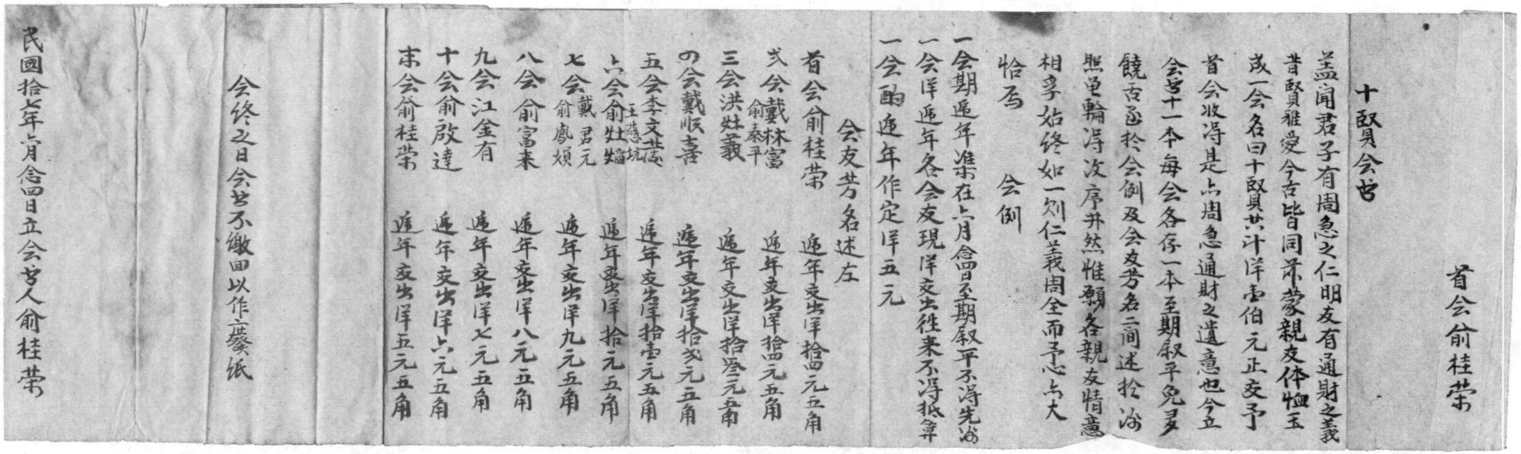
首会俞桂荣

十贤会书

盖闻君子有周急之仁，朋友有通财之义。昔贤虽受今古，皆同此心。蒙亲友体恤，玉成一会，名曰十贤，共计洋壹伯元正，交予首会收得，是亦周急通财之遗意也。今立会书十一本，每会各存一本，至期叙乎，免多饶舌，已於会例及会友芳名，一一开述於后。照会轮得次序井然，惟赖各亲友情意相孚，始终如一，则仁义周全，而予心亦大恰焉。

会例

一会期逐年准在六月念四至期叙乎，不得先后。

一会洋逐年各会友现洋交出，往来不得抵算。

一会酌逐年作定洋五元

会友芳名述左

首会俞桂荣　逐年交出洋拾四元五角

贰会戴林富　俞泰平　逐年交出洋拾四元五角

三会洪灶義　逐年交出洋拾叁元五角

四会戴帐喜　逐年交出洋拾贰元五角

五会李文芬　王德坑　逐年交出洋拾壹元五角

六会俞灶嬉　逐年交出洋拾元五角

七会戴君元　俞凤頫　逐年交出洋九元五角

八会俞富来　逐年交出洋八元五角

九会江金有　逐年交出洋七元五角

十会俞启達　逐年交出洋六元五角

末会俞桂荣　逐年交出洋五元五角

会终之日会书不缴，回以作废纸

民国拾七年六月念四日立会书人俞桂荣

秋口镇岭溪村戴家 21・民国十七年・会书・俞桂荣

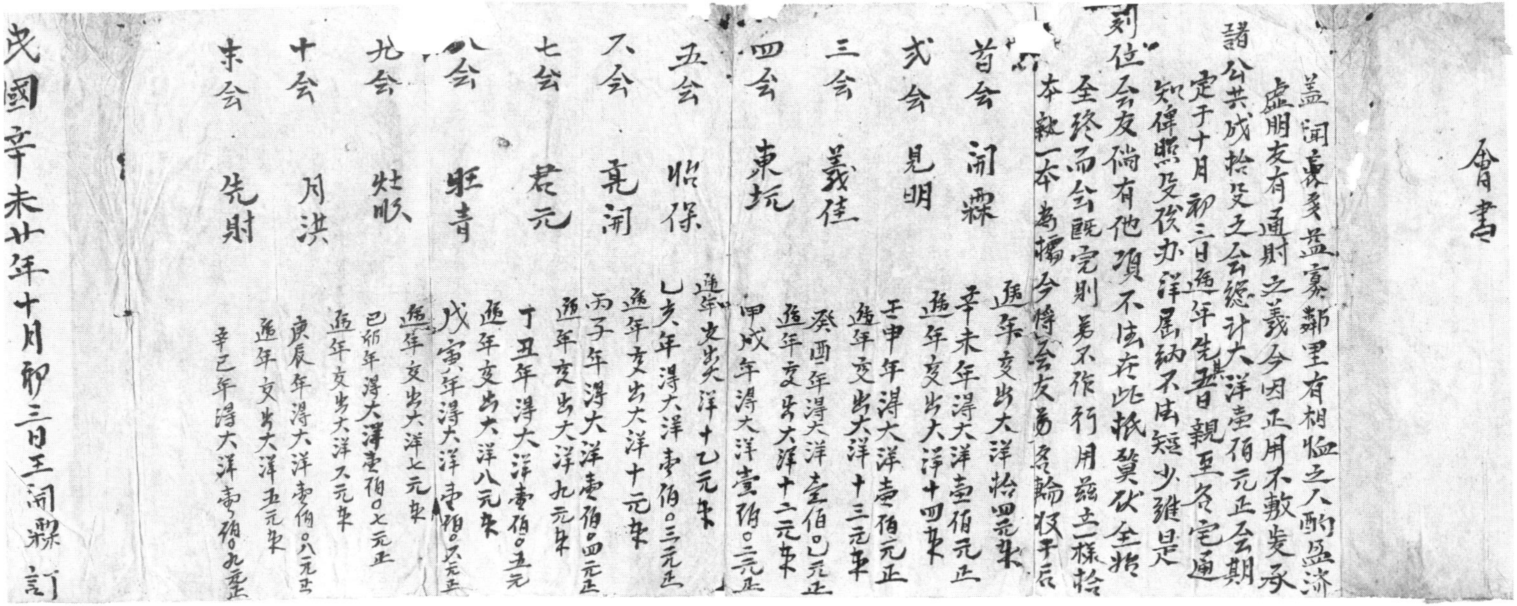

會書

盖聞義炙孟嘗寡鄰里有相恤之人酌盈济
虛朋友有通財之義今因正用不敷央承
諸公共成拾父之会總計大洋壹佰元正会期
定于十月初三日逐年先其日親至各宅通
知俾照及依办洋居納不岀短少雖是
列位会友倘有他項不岀在此抵莫欲全始
全終而会既完則易不作行用照立一様拾
本執一本為據今將会友名輪收于后

首会 润霖
逐年交出大洋拾四元來
辛未年得大洋壹佰元正

式会 見明
逐年交出大洋十四元來
壬申年得大洋壹佰元正

三会 義佳
逐年交出大洋十三元來
癸酉年得大洋壹佰〇己元正

四会 東坑
逐年交出大洋十二元來
甲戌年得大洋壹佰〇二元正

五会 們保
逐年交出大洋十乙元來
乙亥年得大洋壹佰〇三元正

六会 亮润
逐年交出大洋十元來
丙子年得大洋壹佰〇四元正

七会 君元
逐年交出大洋九元來
丁丑年得大洋壹佰〇五元

八会 旺青
逐年交出大洋八元來
戊寅年得大洋壹佰〇乂元正

九会 灶朕
逐年交出大洋七元來
己卯年得大洋壹佰〇七元正

十会 月洪
逐年交出大洋乂元來
庚辰年得大洋壹佰〇八元正

末会 先財
逐年交出大洋五元來
辛已年得大洋壹佰〇九元正

民國辛未廿年十月初三日王润霖 訂

秋口镇岭溪村戴家 17 · 民国二十年 · 会书 · 王开霖

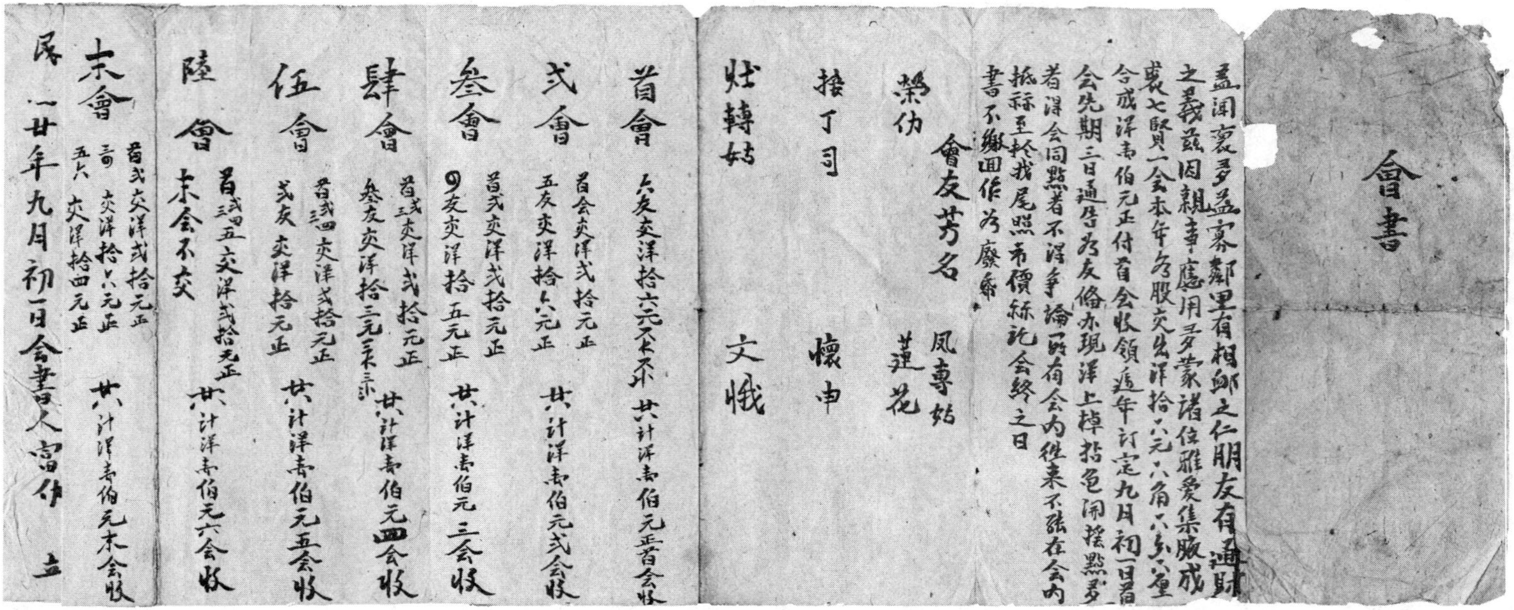
會書

盖闻裒多益寡鄰里有相助之仁朋友有通财之義兹因親事應用多蒙諸位雅爱集腋成裘七賢一会本年各股交出洋拾六元六角六分六厘合成洋壹伯元正付首会收領逐年订定九月初一日首会先期三日通告各友備办現洋上棹拈阄摇骰多者得会同骰者不得争論所有会内往来不孩在会内抵杯至於我尾照弔價杯讫会終之日書不繳回作為廢紙

會友芳名

榮仂　鳳專姑

接丁司　蓮花

灶轉姑　懷申

文娥

首會　六友交洋拾六元六角六分　共计洋壹伯元首会收

貳會　首会交洋式拾元正　五友交洋拾六元正　共计洋壹伯元式会收

叁會　首式交洋式拾元正　四友交洋拾五元正　共计洋壹伯元三会收

肆會　首式三交洋式拾元正　叁友交洋拾三元三角三分　共计洋壹伯元四会收

伍會　首式三四交洋式拾元正　式友交洋拾元正　共计洋壹伯元五会收

陸會　首式三四五交洋式拾元正　末会不交　共计洋壹伯元六会收

末會　首式交洋式拾元正　三四交洋拾六元正　五六交洋拾四元正　共计洋壹伯元末会收

民[国]廿年九月初一日会書人富仂　立

秋口镇岭溪村戴家 18 · 民国二十年 · 会书 · 富仂

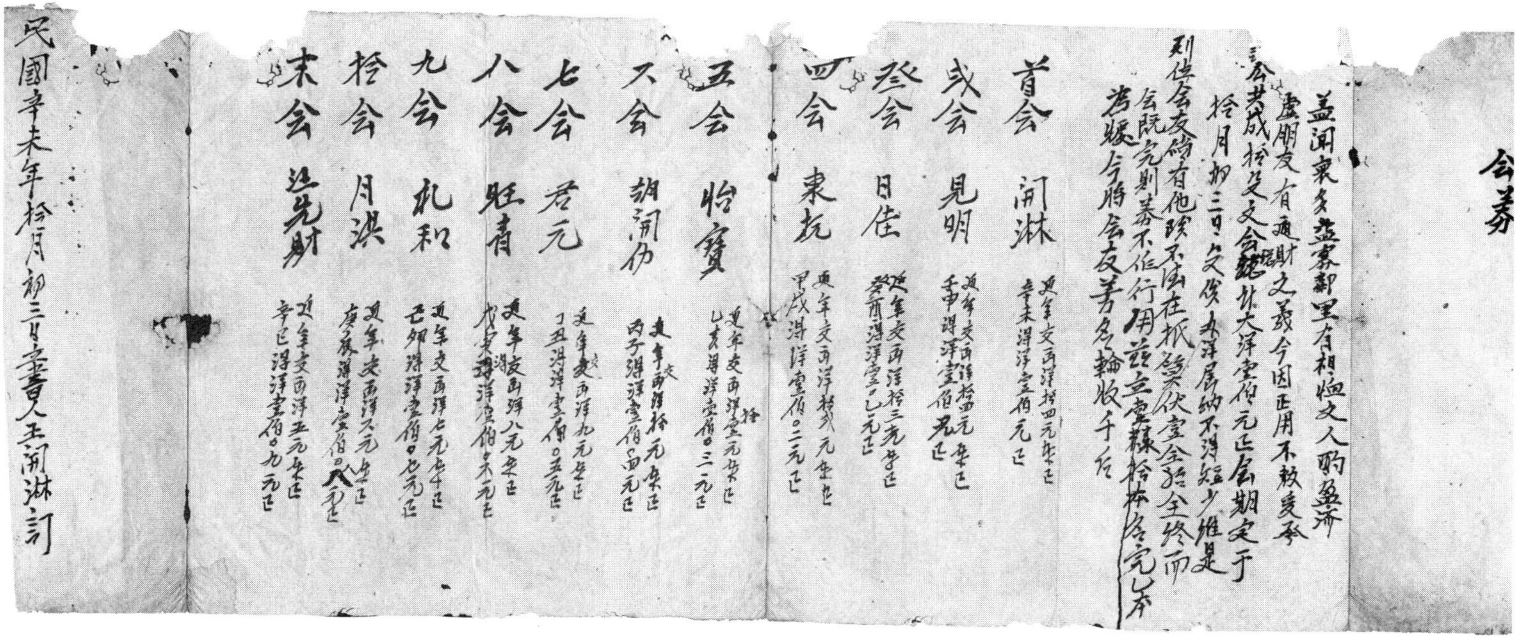

秋口镇岭溪村戴家 20 · 民国二十年 · 会券 · 王开淋

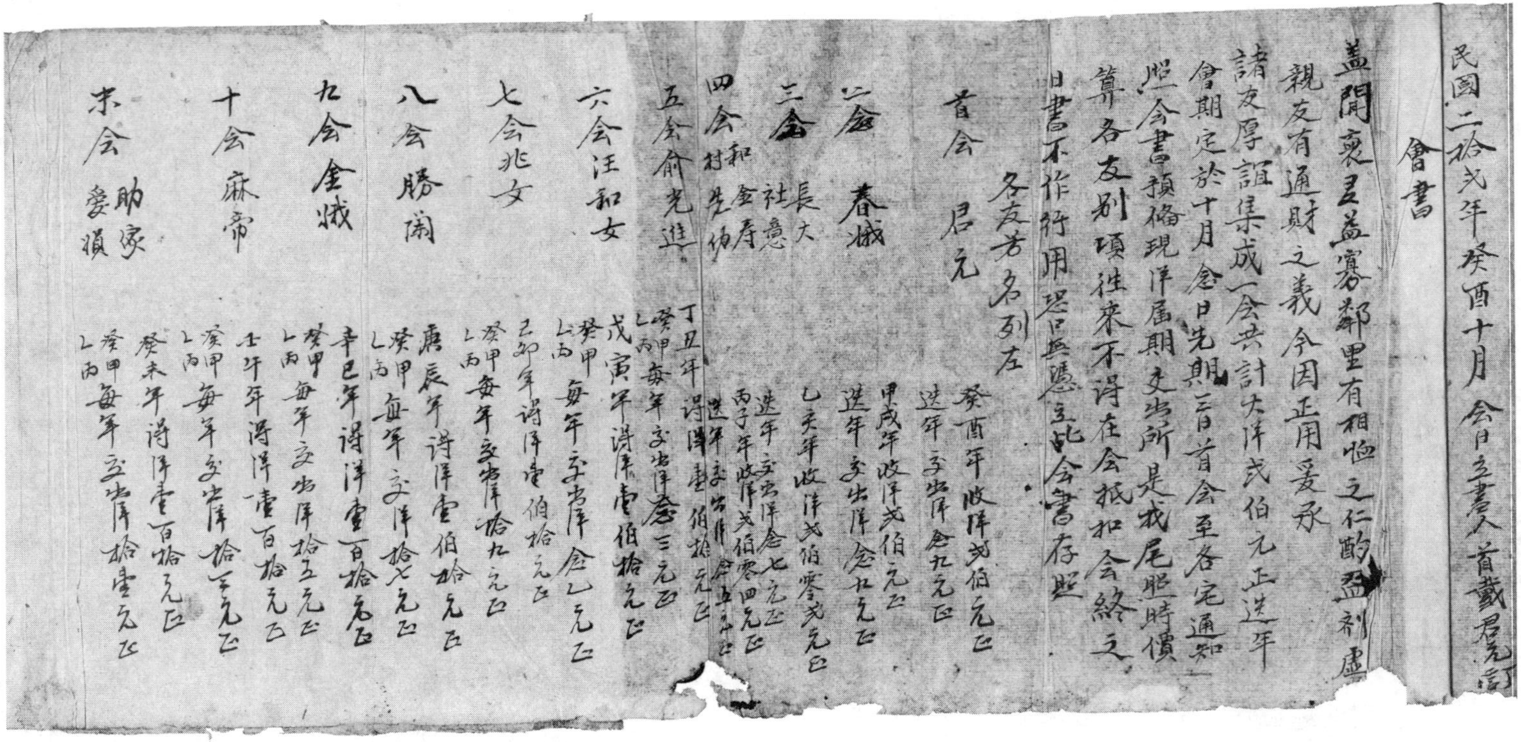
民国二拾弍年癸酉十月 日立書人首戴君元訂
會書
蓋聞裒多益寡鄰里有相恤之仁[illegible]
親友有通財之義 今因正用急承
諸友厚誼集成一会共計大洋弍伯元正 進年
會期定於十月念日先期三日首会至各宅通知一
照会書預備現洋届期交出 所是我尾照時價
算各友別項往來不得在会抵扣 会終之
日書不作行用 恐口無憑 立此会書存照
各友芳名列左
首会 君元
癸酉年收洋弍伯元正
進年交出洋念九元正
二会 春城
甲戌年收洋弍伯元正
進年交出洋念九元正
三会 長大 社意
乙亥年收洋弍伯零弍元正
進年交出洋念七元正
四会 和金 村寿 生伯
丙子年收洋弍伯零四元正
進年交出洋[illegible]
五会 俞光進
丁丑年得洋[illegible]伯[illegible]元正
癸甲乙丙每年交出洋念三元正
六会 汪和女
戊寅年得洋壹伯拾元正
癸甲乙丙每年交出洋念乙元正
七会 兆女
己卯年得洋壹伯拾元正
癸甲乙丙每年交出洋拾九元正
八会 勝閑
庚辰年得洋壹伯拾元正
癸甲乙丙每年交洋拾七元正
九会 金城
辛巳年得洋壹百拾五元正
癸甲乙丙每年交出洋拾五元正
十会 麻帝
壬午年得洋壹百拾元正
癸甲乙丙每年交出洋拾三元正
末会 助家 愛損
癸未年得洋壹百拾元正
癸甲乙丙每年交出洋拾壹元正

秋口镇岭溪村戴家 14 · 民国二十二年 · 会书 · 戴君元

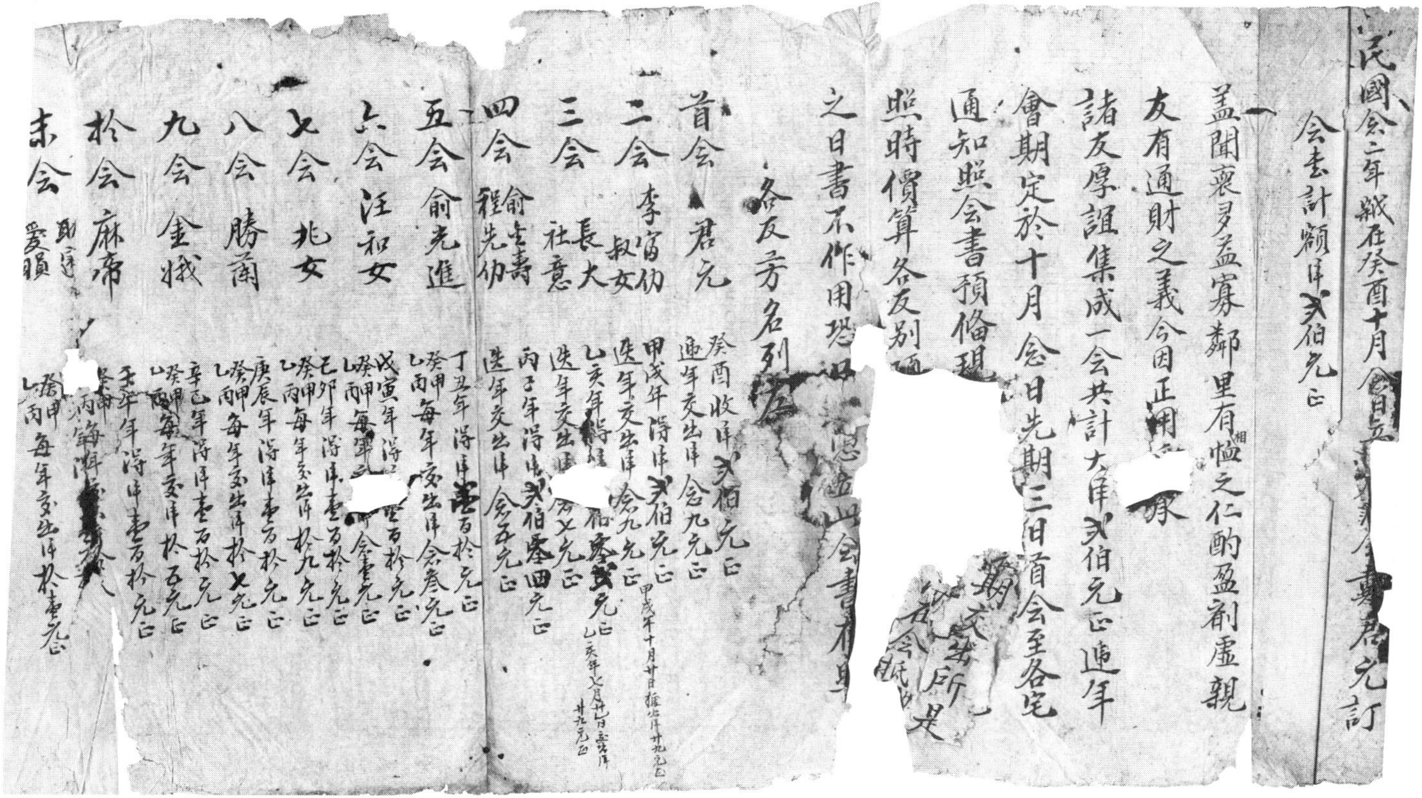

秋口镇岭溪村戴家 19 · 民国二十二年 · 会书 · 戴君元

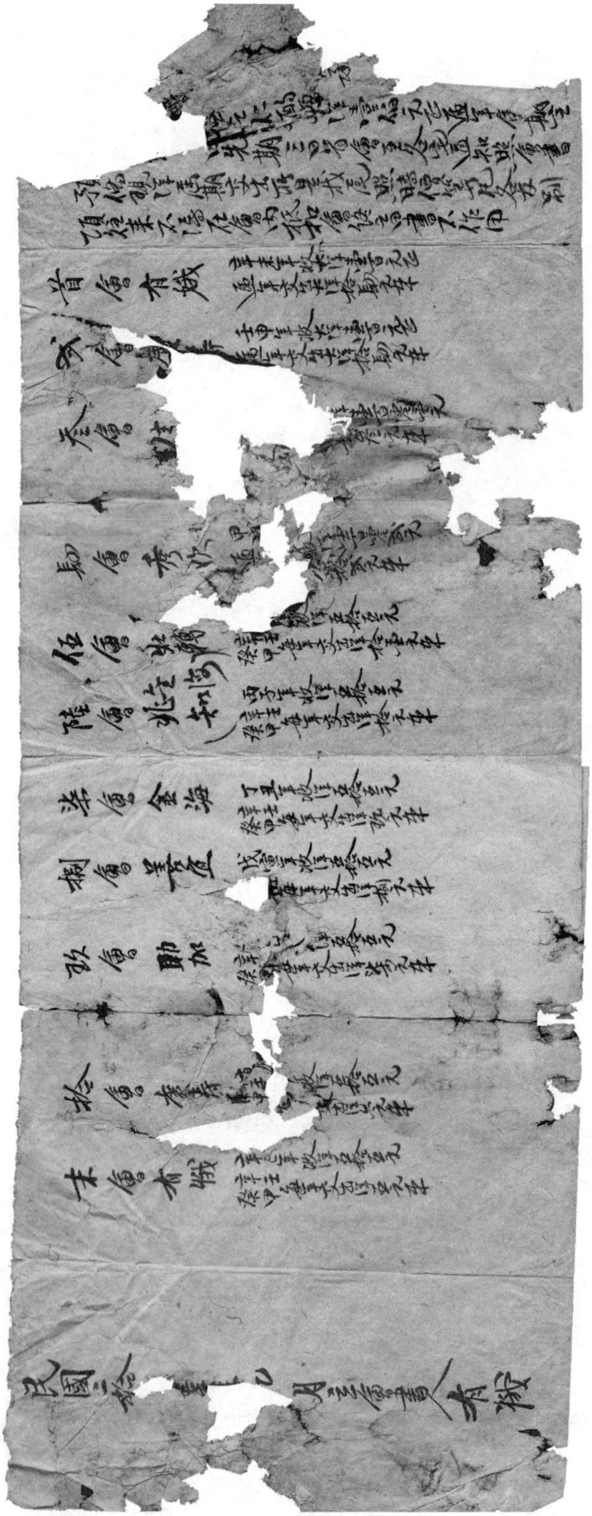

秋口镇岭溪村戴家 15 · 会书 · 有娥

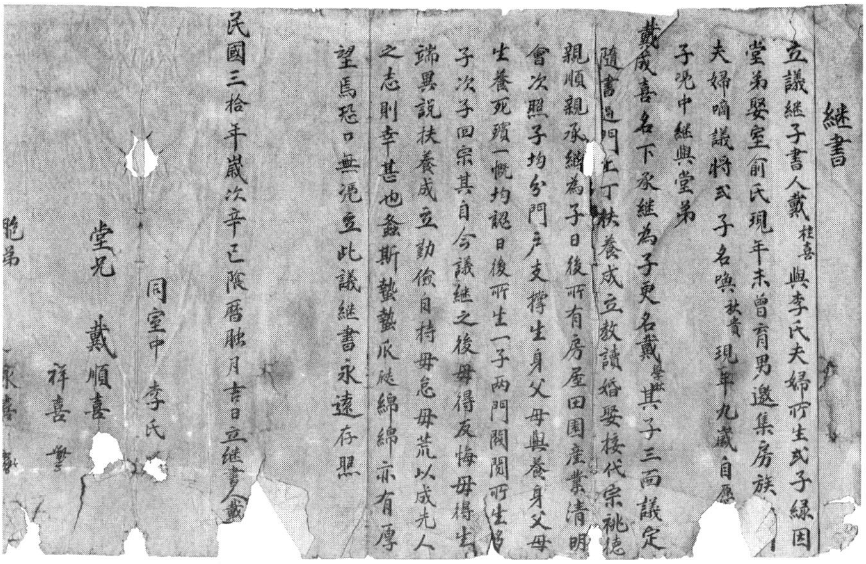

繼書

立議繼子書人戴桂喜與李氏夫婦所生二子緣因

堂弟娶室俞氏現年未曾育男邀集房族

夫婦嘀議將二子名喚秋貴現年九歲自愿

子浼中継與堂弟

戴成喜名下承繼為子更名戴[illegible]其子三面議定

隨書過門[illegible]丁扶養成立教讀婚娶接代宗祧[illegible]

親順親承繼為子日後所有房屋田園産業清明

會次照子均分門户支撑生身父母與養身父母

生養死殯一概均認日後所生一子兩門閱所生[illegible]

子次子回宗其自今議繼之後毋得反悔毋得生

端異説扶養成立勤儉自持毋怠毋荒以成先人

之志則幸甚也螽斯蟄蟄瓜瓞綿綿亦有厚

望焉恐口無凴立此議繼書永遠存照

民國三拾年歲次辛巳陰曆胐月吉日立繼書人戴[illegible]

同室中 李氏[illegible]

堂兄 戴順喜

祥喜 [illegible]

胞弟 [illegible]喜 [illegible]

秋口镇岭溪村戴家 2-i · 民国三十年 · 继书 · 戴桂喜（右半部分）

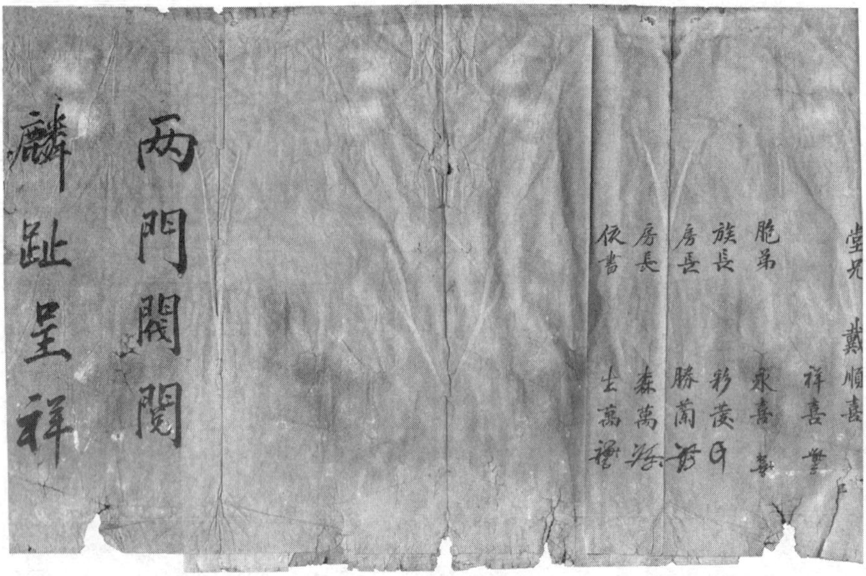

秋口镇岭溪村戴家 2-ii · 民国三十年 · 继书 · 戴桂喜（左半部分 ）

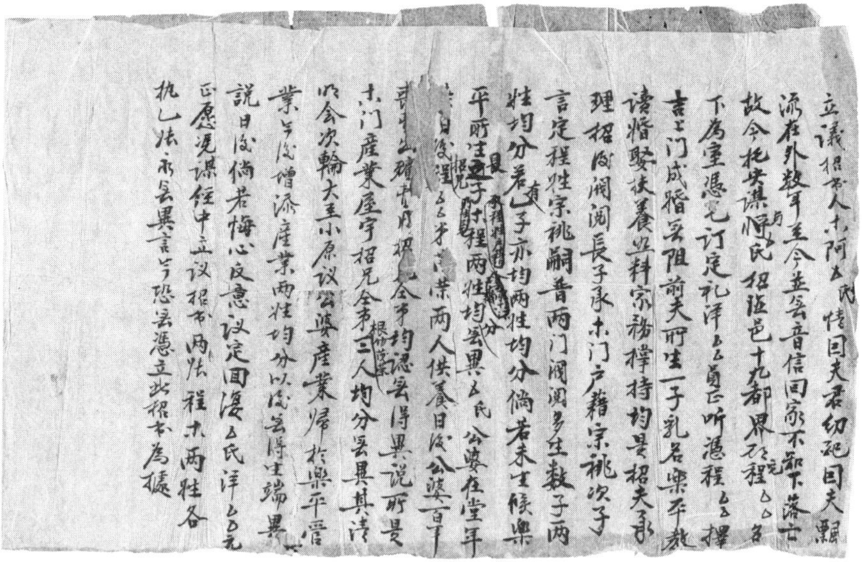

立議招書人木阿ㄙ氏，情因夫君幼配，因夫[illegible]
流在外數年，至今並無音信回家，不知下落，亡
故。今托媒憑氏招祁邑十九都界石程ㄙㄙ名
下為室，憑媒訂定礼洋ㄙㄙ員正，听憑程ㄙ擇
吉上门成婚無阻。前夫所生一子，乳名樂平，現
讀婚娶，扶養並料家務，撑持均是招夫承
理。招後闻阅長子承木门户籍宗祧，次子
言定程姓宗祧嗣晋。兩门闻阅多生數子，兩
姓均分。若有子亦均兩姓均分。倘若未生，候樂
平所生之子，程兩姓均無異。ㄙ氏公婆在堂，年
老日後[illegible]ㄙㄙ[illegible]兩人供養，日後公婆百年
歸山，殯[illegible]均認無得異說。所是
木门產業屋宇，招兄全弟二人均分無異。其清
[illegible]会次輪大王小原议公婆產業，歸於樂平管
業。今後增添產業，兩姓均分，以後無得生端異
說。日後倘若悔心反意，议定回復ㄙ氏洋ㄙㄙ元
正。愿浼媒經中立议招書，程木兩姓各
執一紙，永無異言。今恐無憑，立此招書為據。

秋口镇岭溪村戴家 4 · 招书 · 木阿□氏招程□□

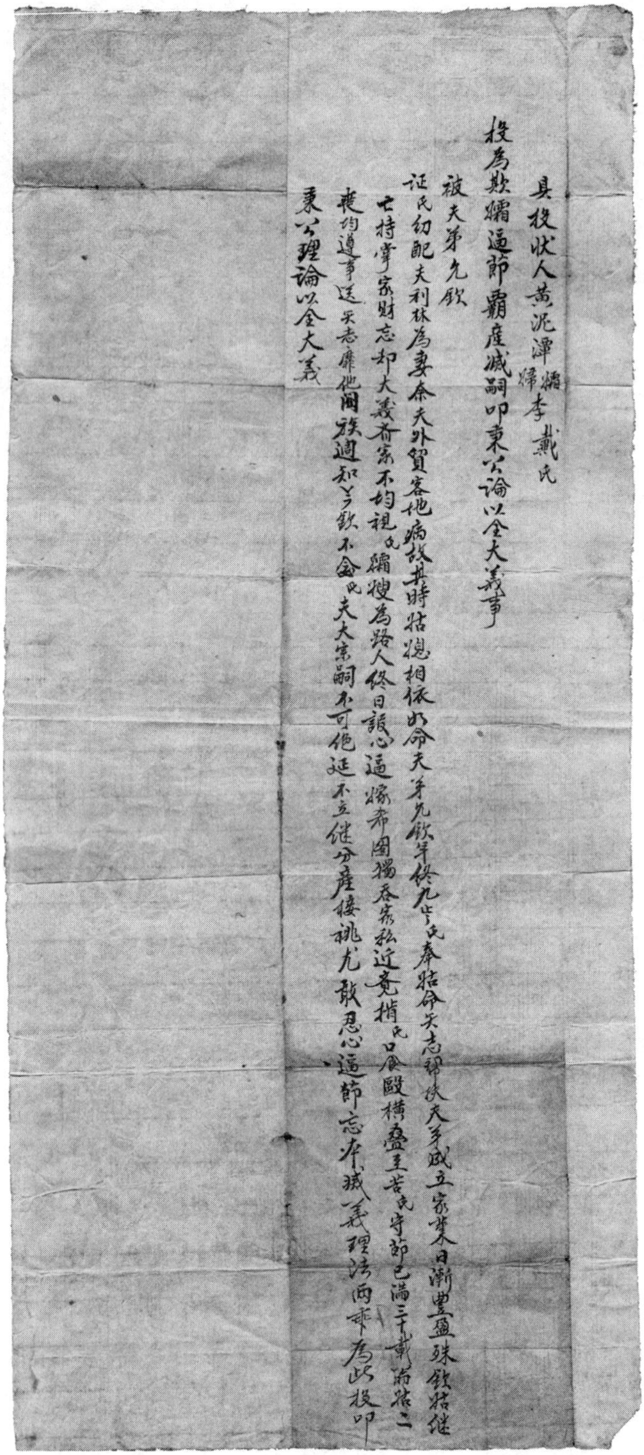

具投狀人黃泥潭孀婦李戴氏
投為欺孀逼節霸產滅嗣叩東公論以全大義事
被夫弟允欽
証氏幼配夫利林為妻奈夫外貿客地病故其時姑媳相依以命夫弟允欽年紀尚幼氏奉姑命矢志撫扶夫弟成立家業日漸豐盈殊欽姑繼
亡持掌家財忘卻大義齊家不均視氏孀嫂為路人終日設心逼嫁希圖獨吞家私近竟指氏口角毆橫蠻至若氏守節已滿三十載前姑之二
夜詢遵親送夫志雍他閱族適知之欽不念氏夫大宗嗣不可絕延不立繼分產接祧尤敢忍心逼節忘本滅義理法兩乖為此投叩
秉公理論以全大義

秋口镇岭溪村戴家 8 · 具状词 · 李戴氏告戴允钦

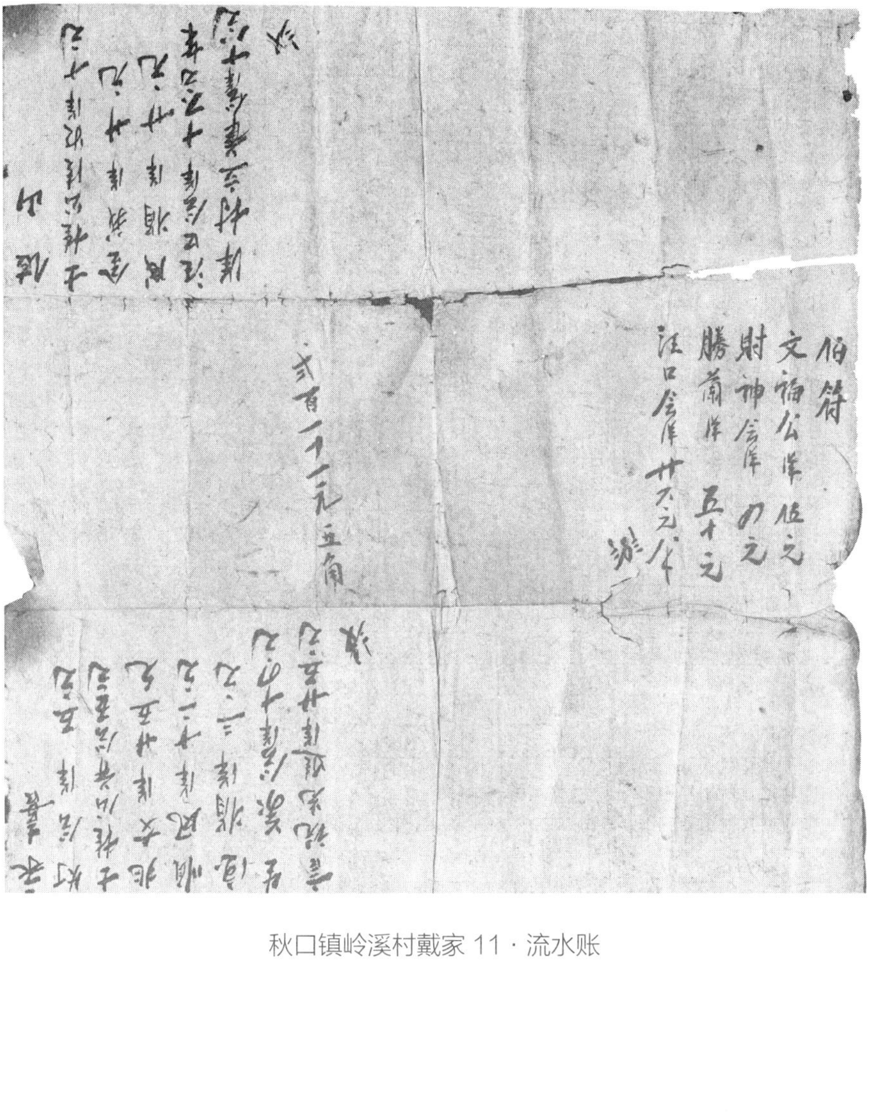

秋口镇岭溪村戴家 11 · 流水账

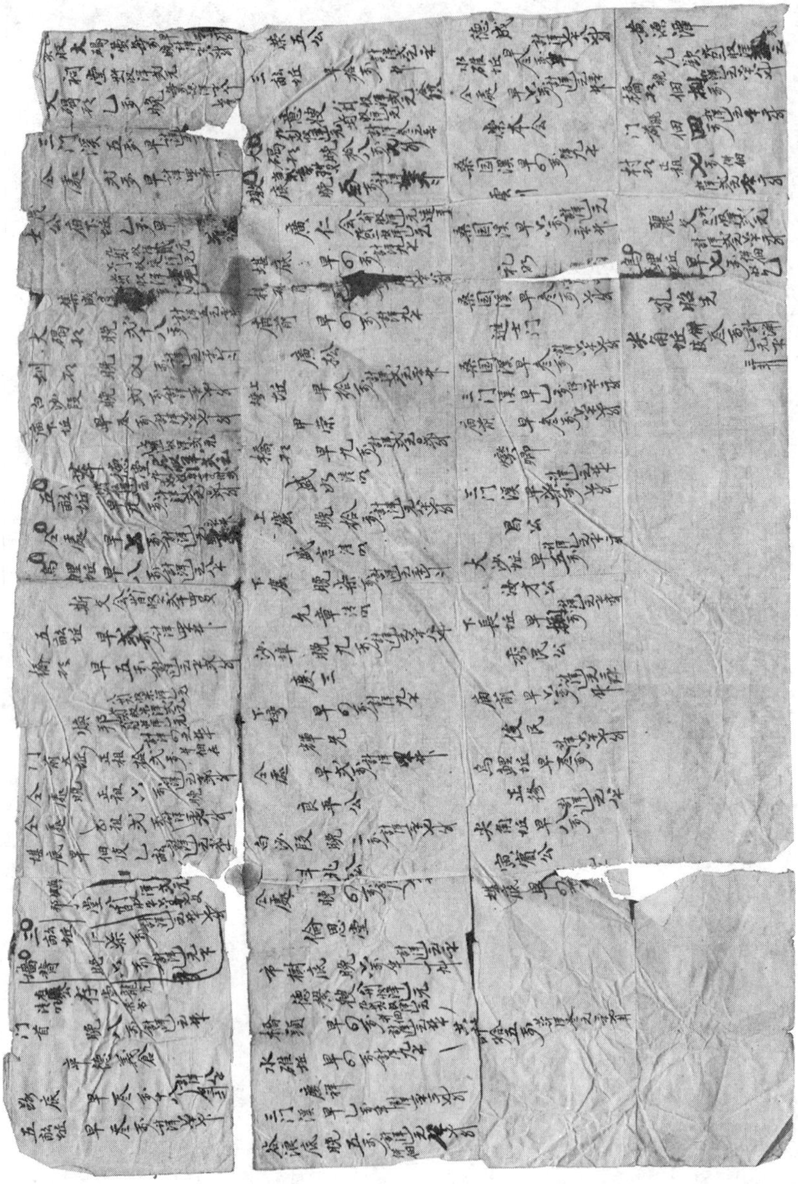

秋口镇岭溪村戴家 23 · 流水账

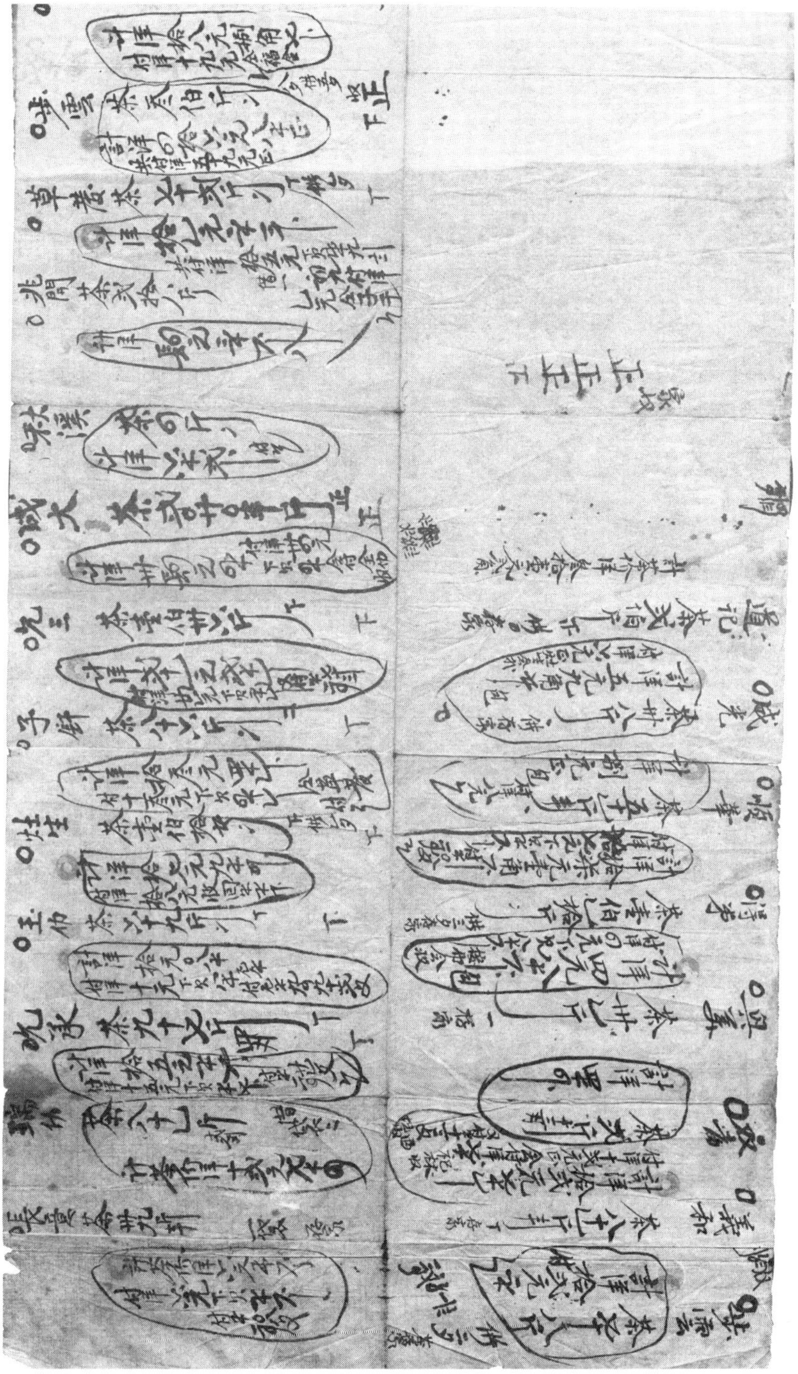

秋口镇岭溪村戴家 26-i · 流水账（右半部分）

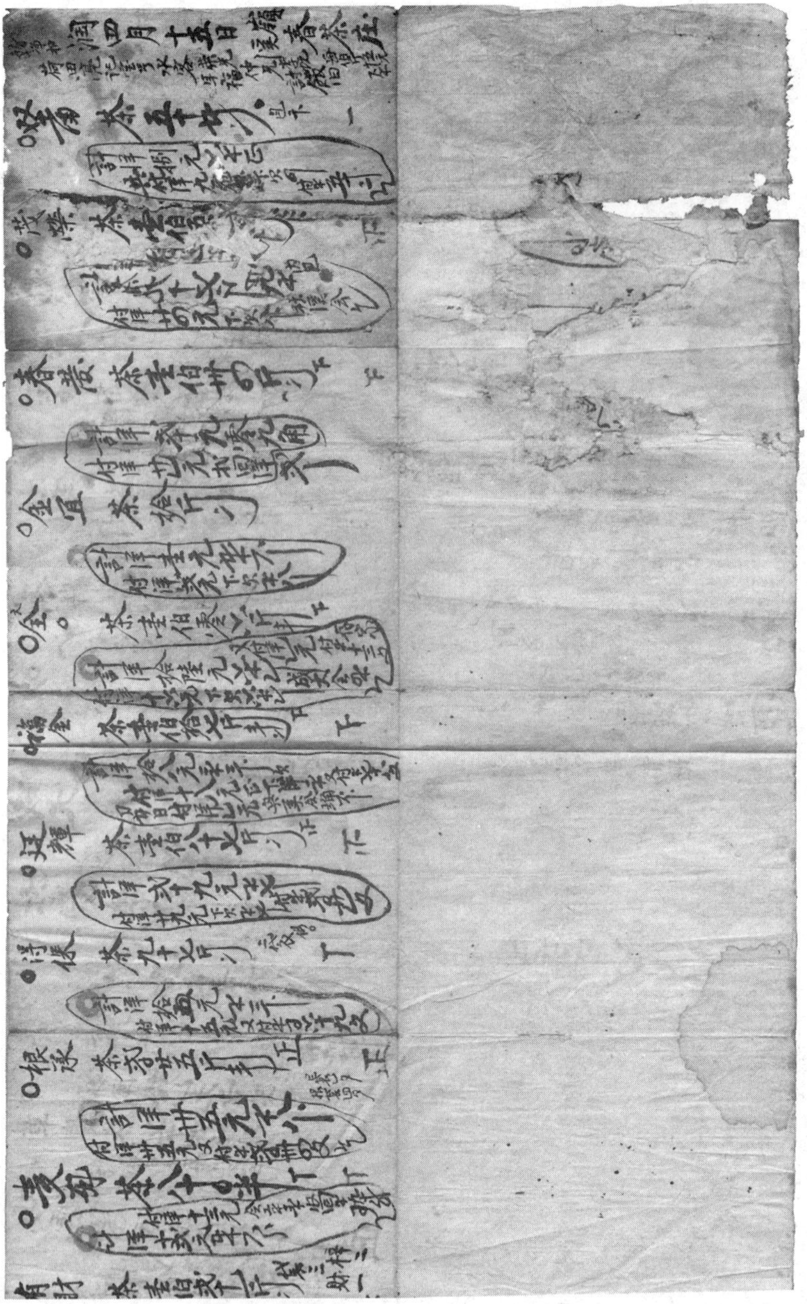

秋口镇岭溪村戴家 26–ii · 流水账（左半部分）

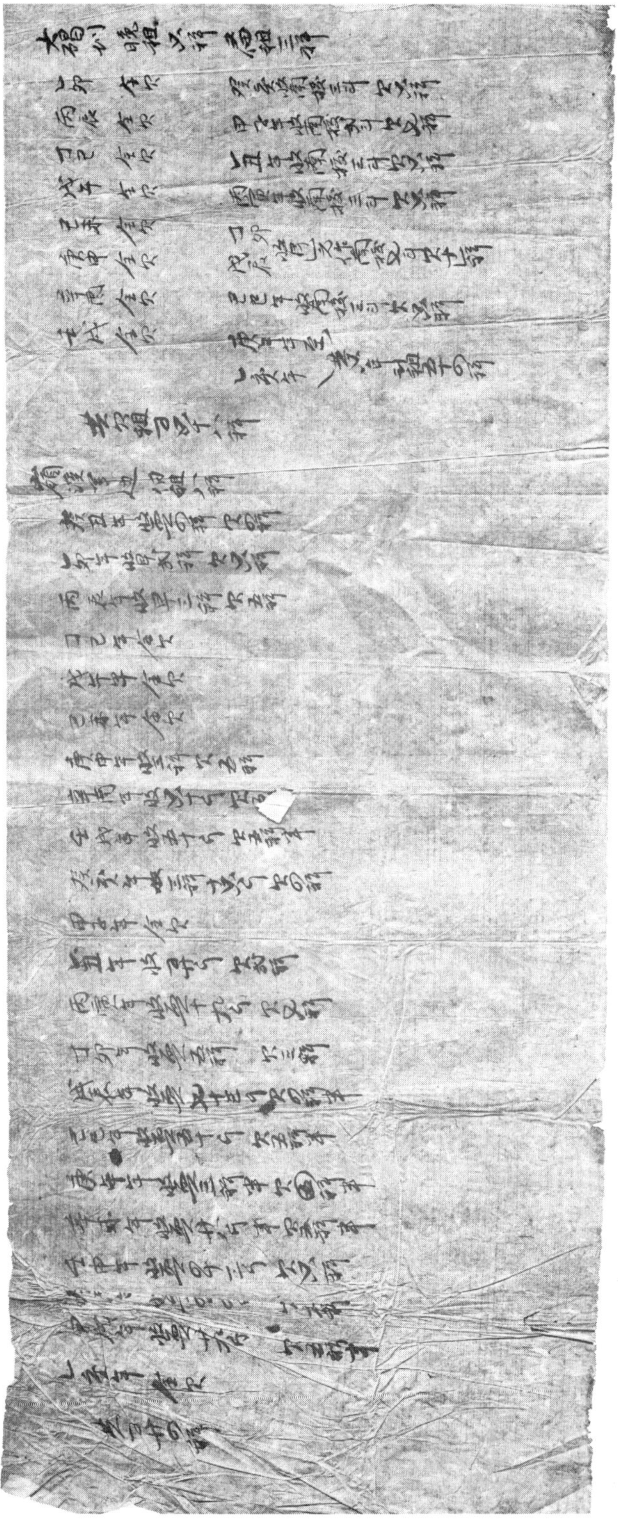

秋口镇岭溪村戴家 28 · 欠租流水账

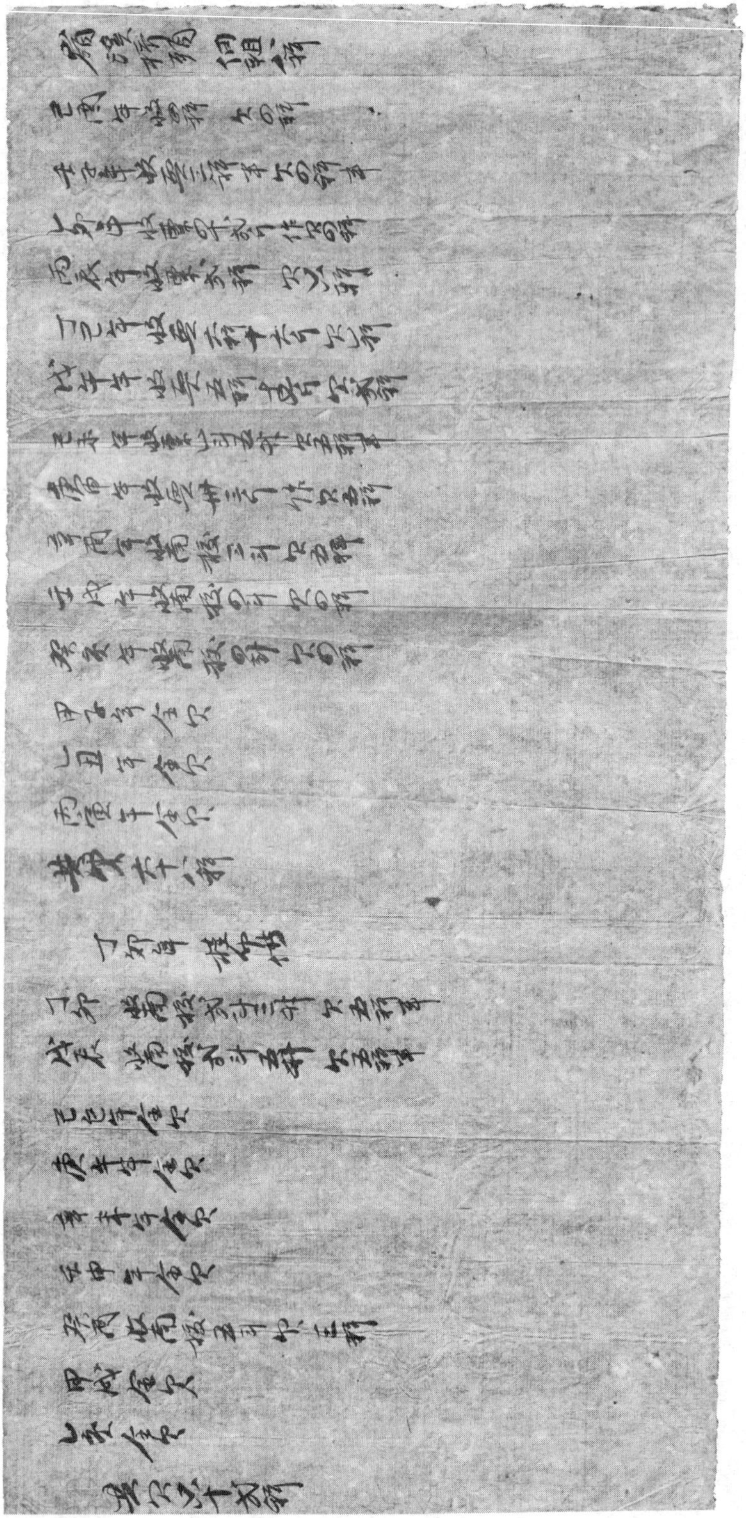

秋口镇岭溪村戴家 29 · 欠租流水账

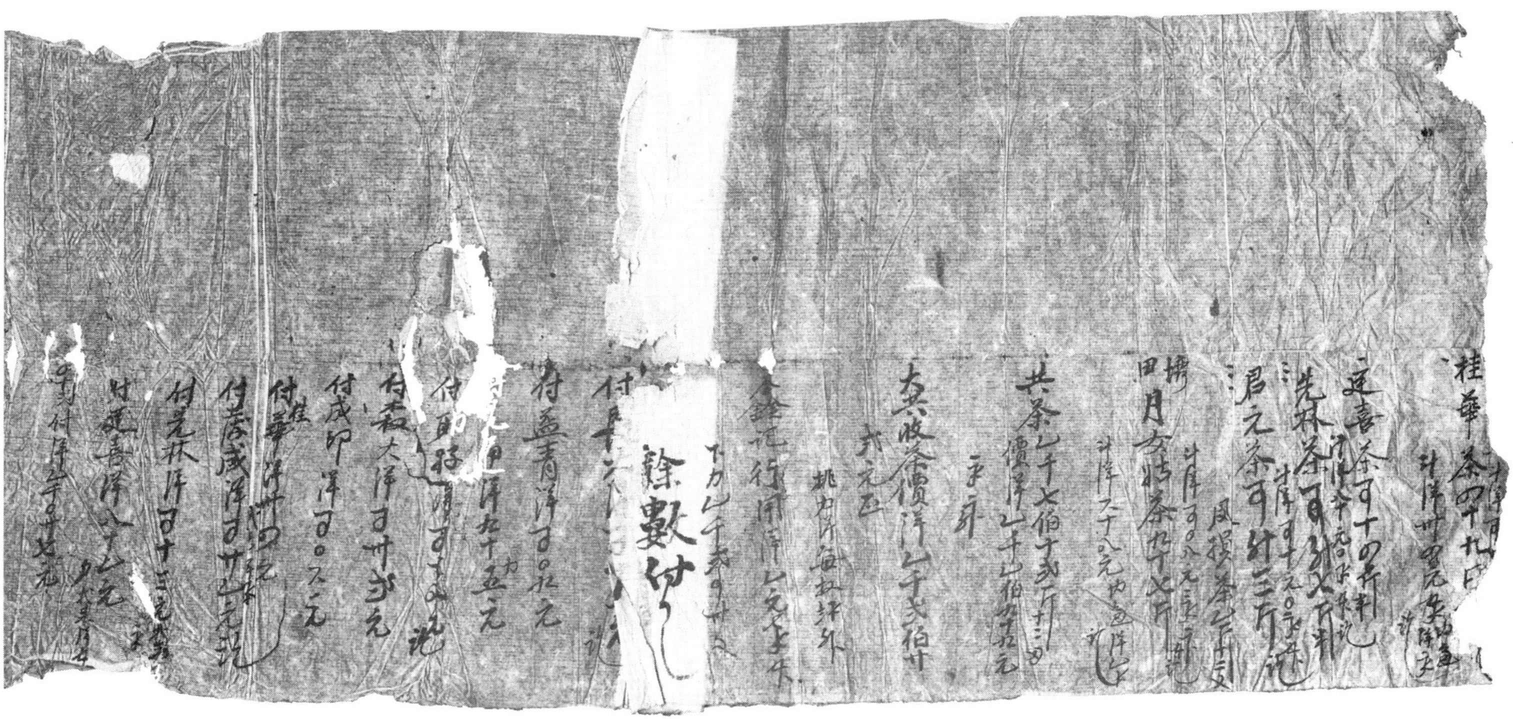

秋口镇岭溪村戴家 30 · 流水账

秋口镇岭溪村戴家 31 · 流水账

秋口镇岭溪村戴家 34 · 流水账

秋口镇沙城洪 1—4

秋口镇沙城洪 3-1 · 道光十年 · 义聚饼会簿 · 文龙、文述

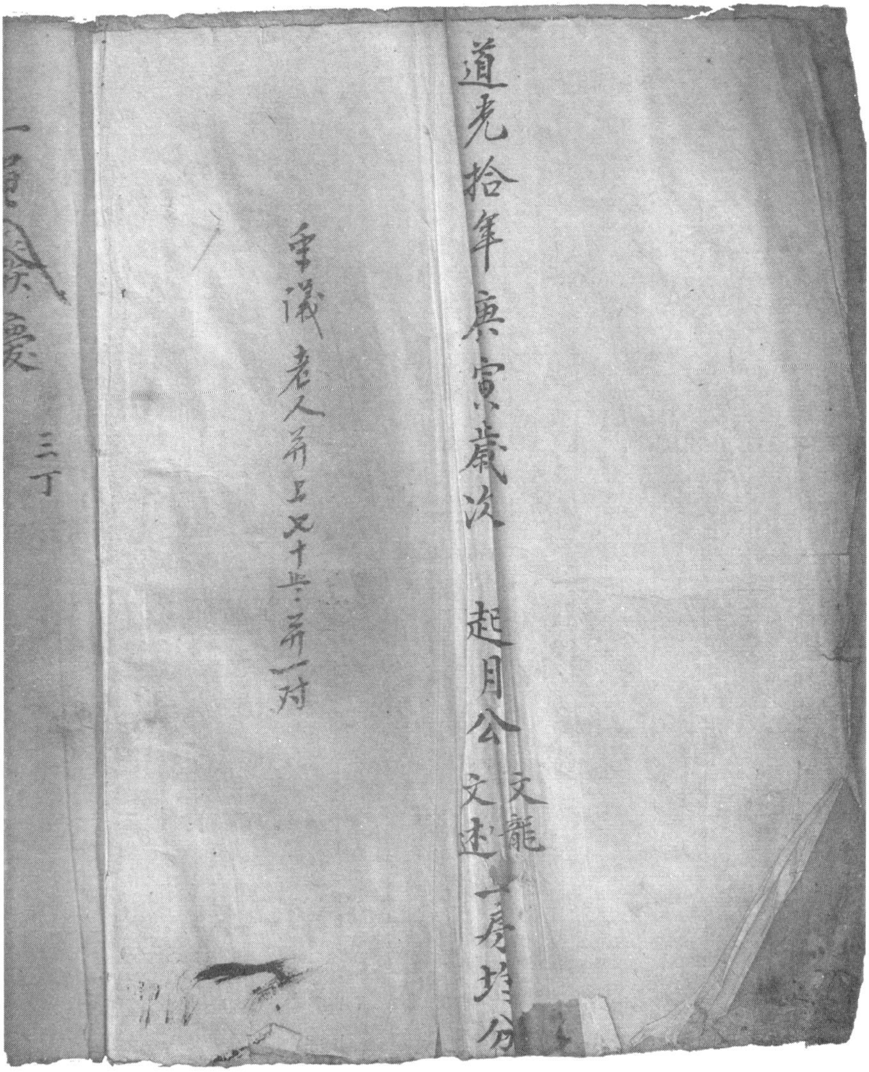
道光拾年庚寅歲次

起月公

文能

文述

一房均分

重議老人弟上兄十共弟一对

一…慶

三丁

秋口镇沙城洪 3-2 · 道光十年 · 义聚饼会簿 · 文龙、文述

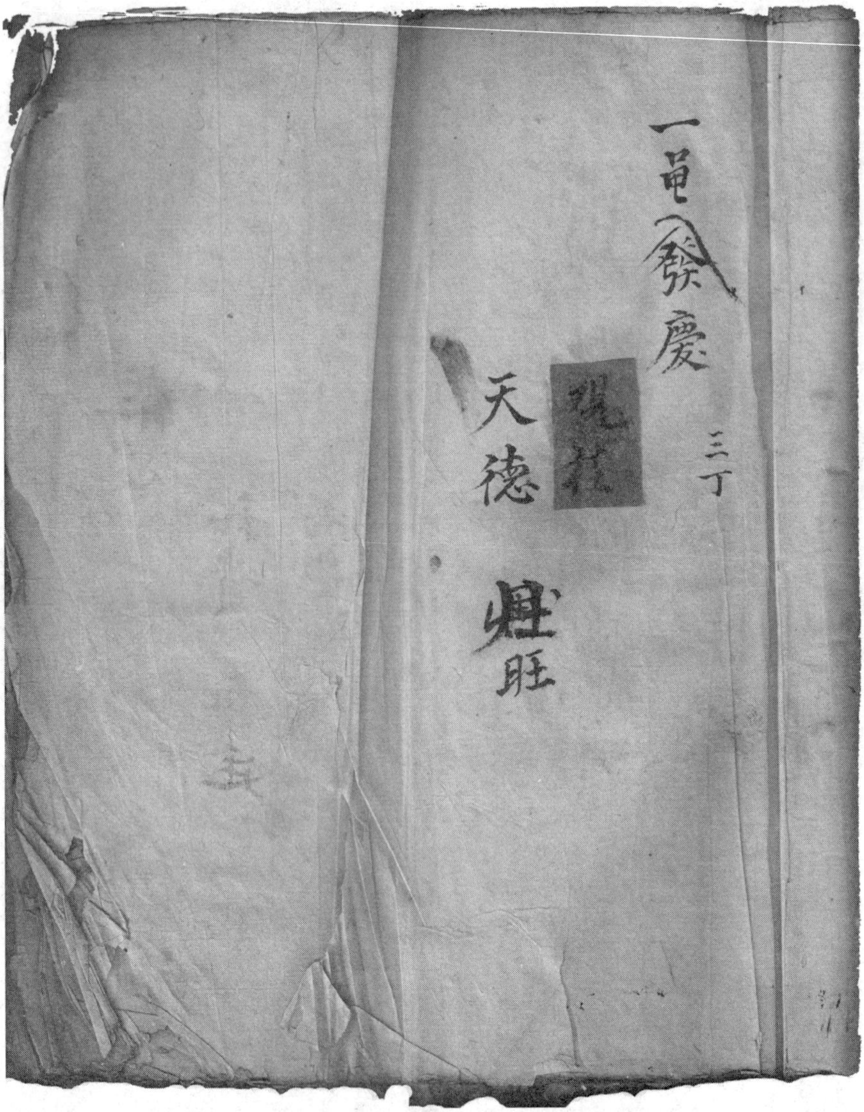

秋口镇沙城洪 3-3 · 道光十年 · 义聚饼会簿 · 文龙、文述

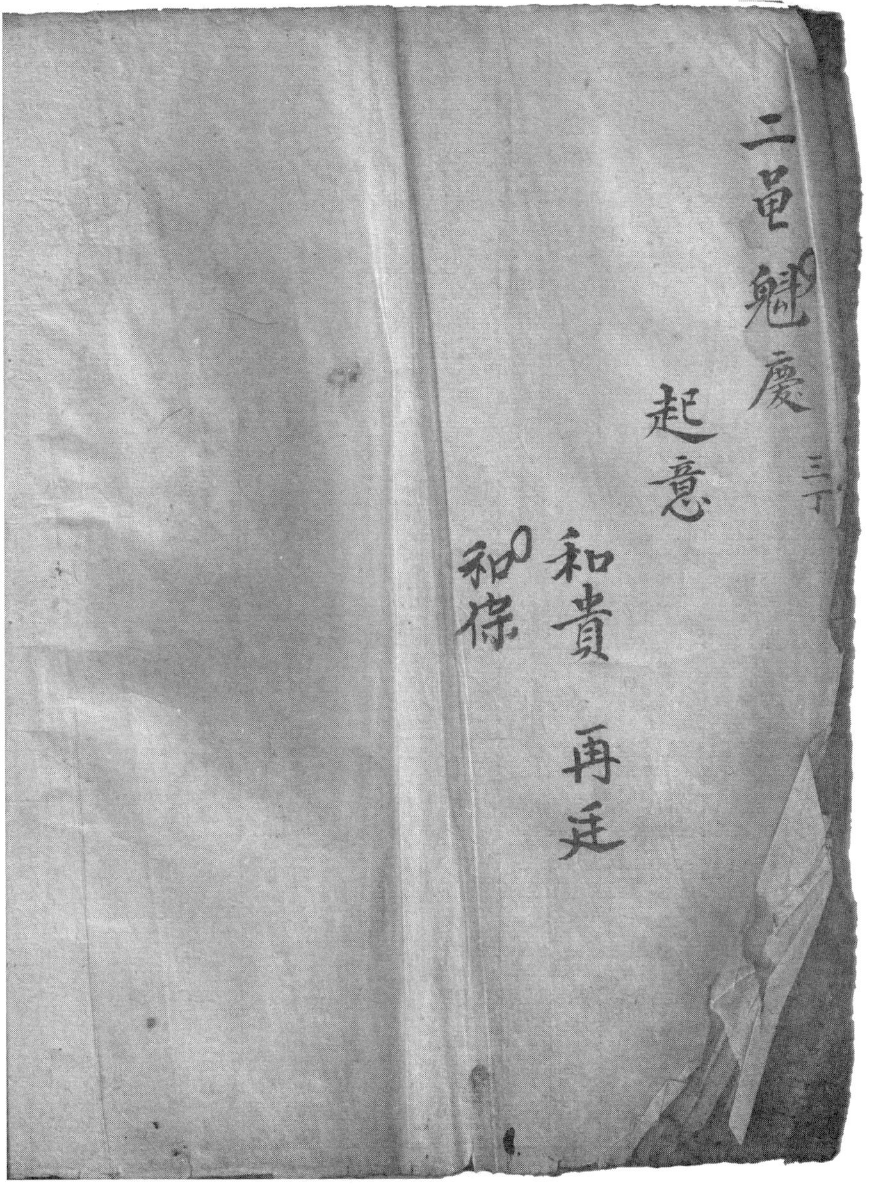
二黾魁慶 三丁
起意
和貴 再廷
和保

秋口镇沙城洪 3-4 · 道光十年 · 义聚饼会簿 · 文龙、文述

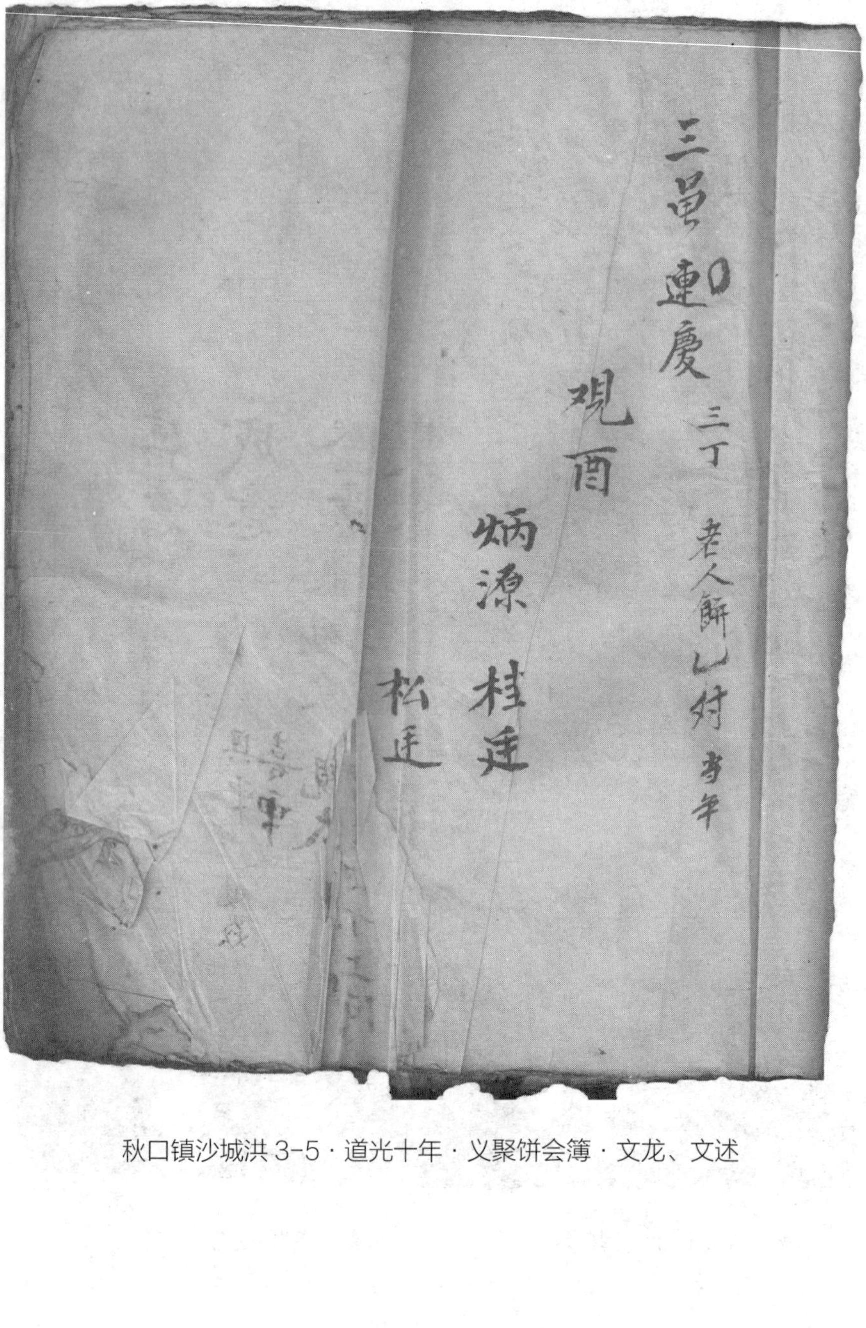

秋口镇沙城洪 3-5 · 道光十年 · 义聚饼会簿 · 文龙、文述

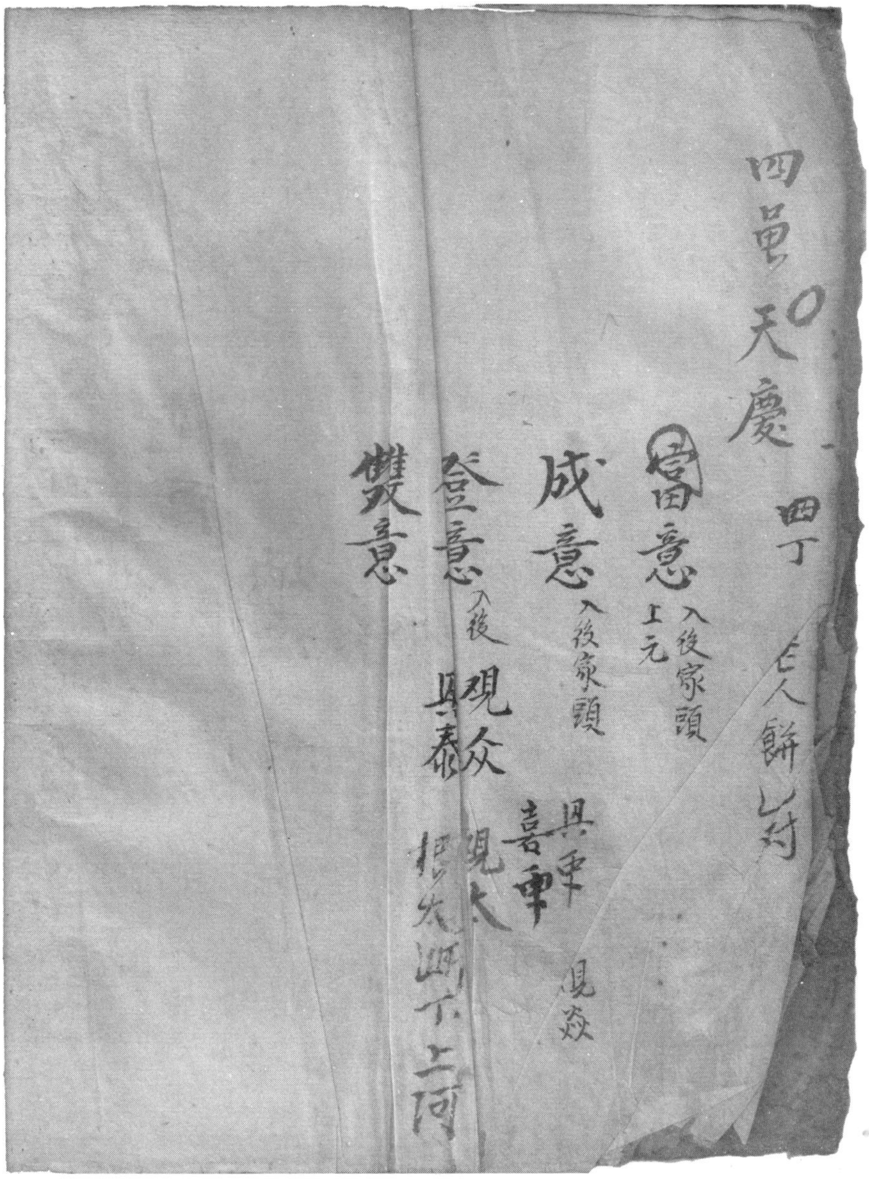
四畨知天慶
四丁 七人餅 山付
富意 入後家頭 上元
成意 入後家頭
登意 入後
雙意

秋口镇沙城洪 3-6 · 道光十年 · 义聚饼会簿 · 文龙、文述

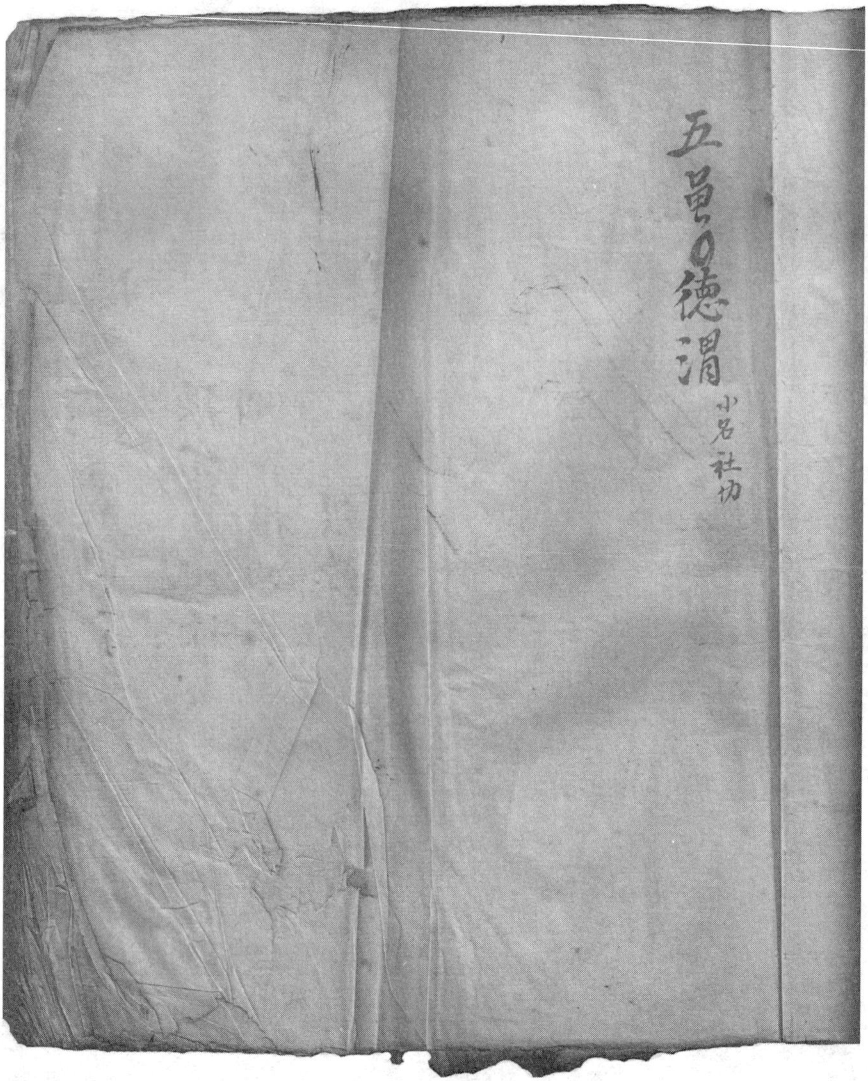

秋口镇沙城洪 3-7 · 道光十年 · 义聚饼会簿 · 文龙、文述

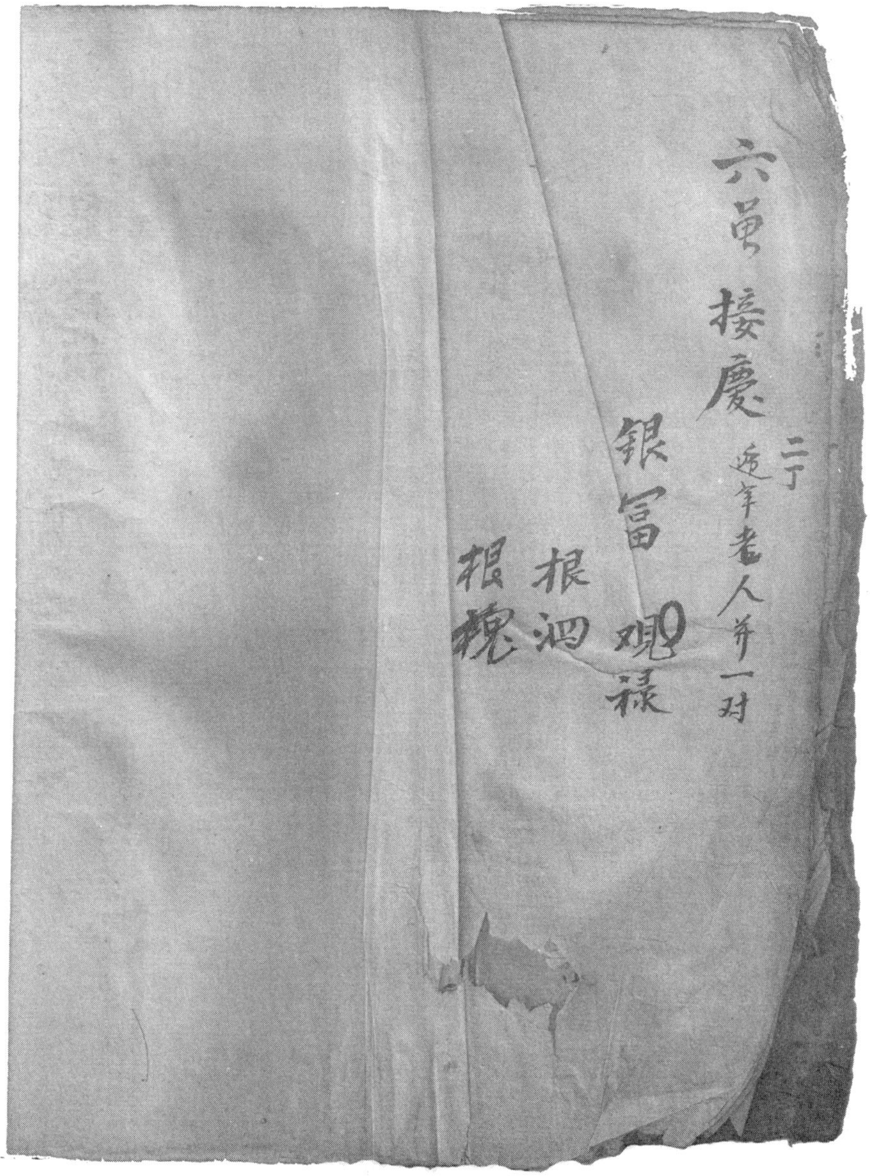

秋口镇沙城洪 3-8 · 道光十年 · 义聚饼会簿 · 文龙、文述

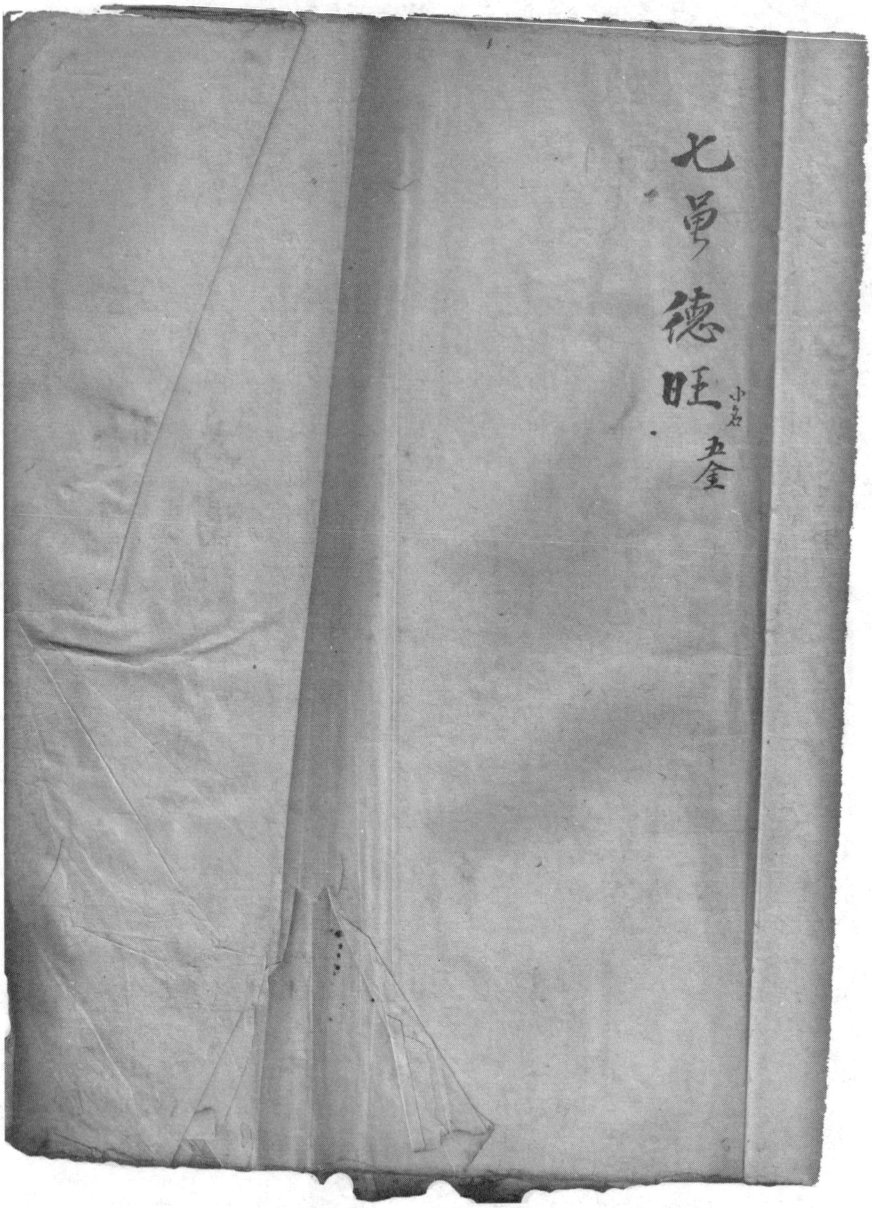

秋口镇沙城洪 3-9 · 道光十年 · 义聚饼会簿 · 文龙、文述

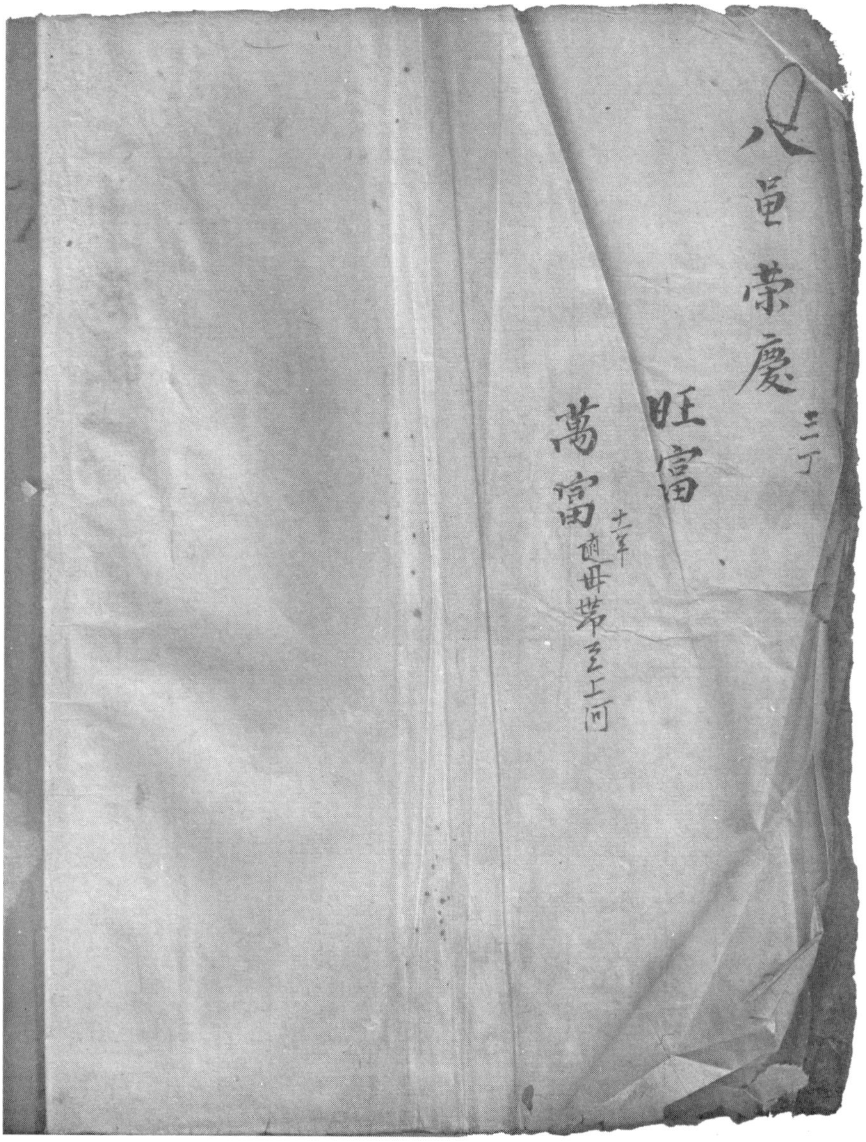

秋口镇沙城洪 3-10 · 道光十年 · 义聚饼会簿 · 文龙、文述

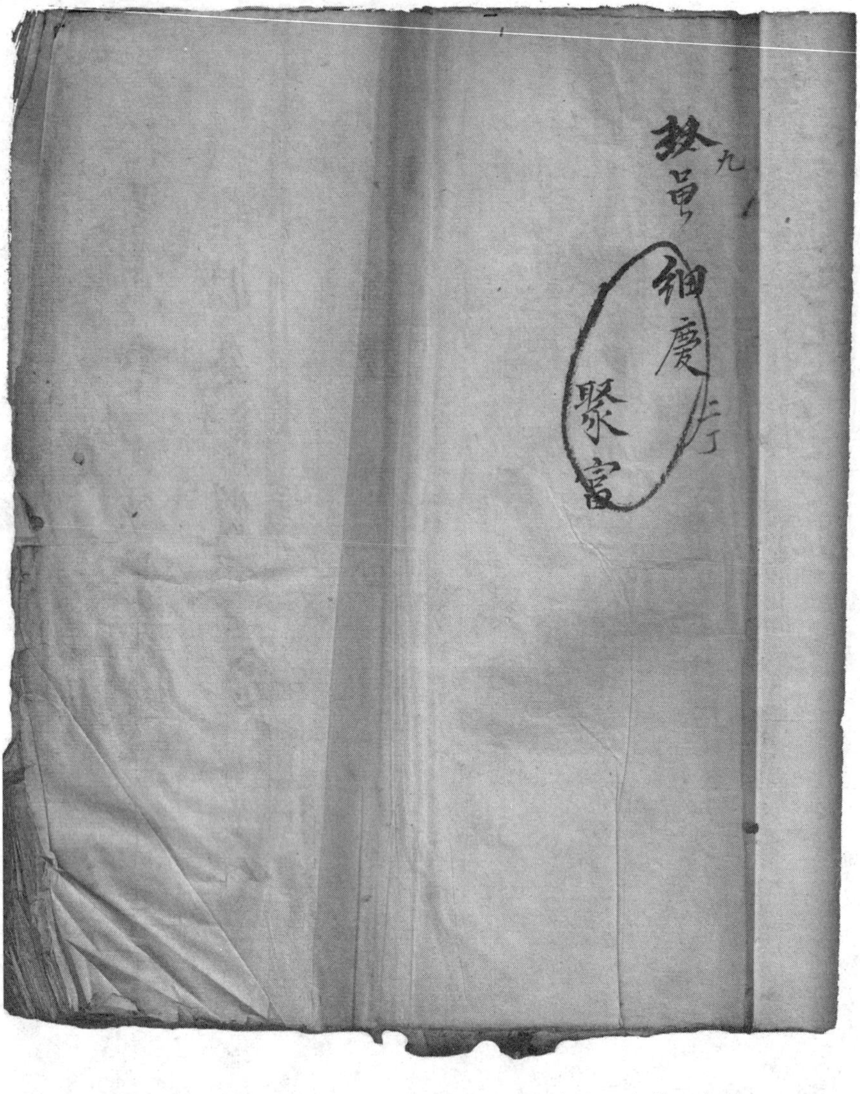

秋口镇沙城洪 3-11 · 道光十年 · 义聚饼会簿 · 文龙、文述

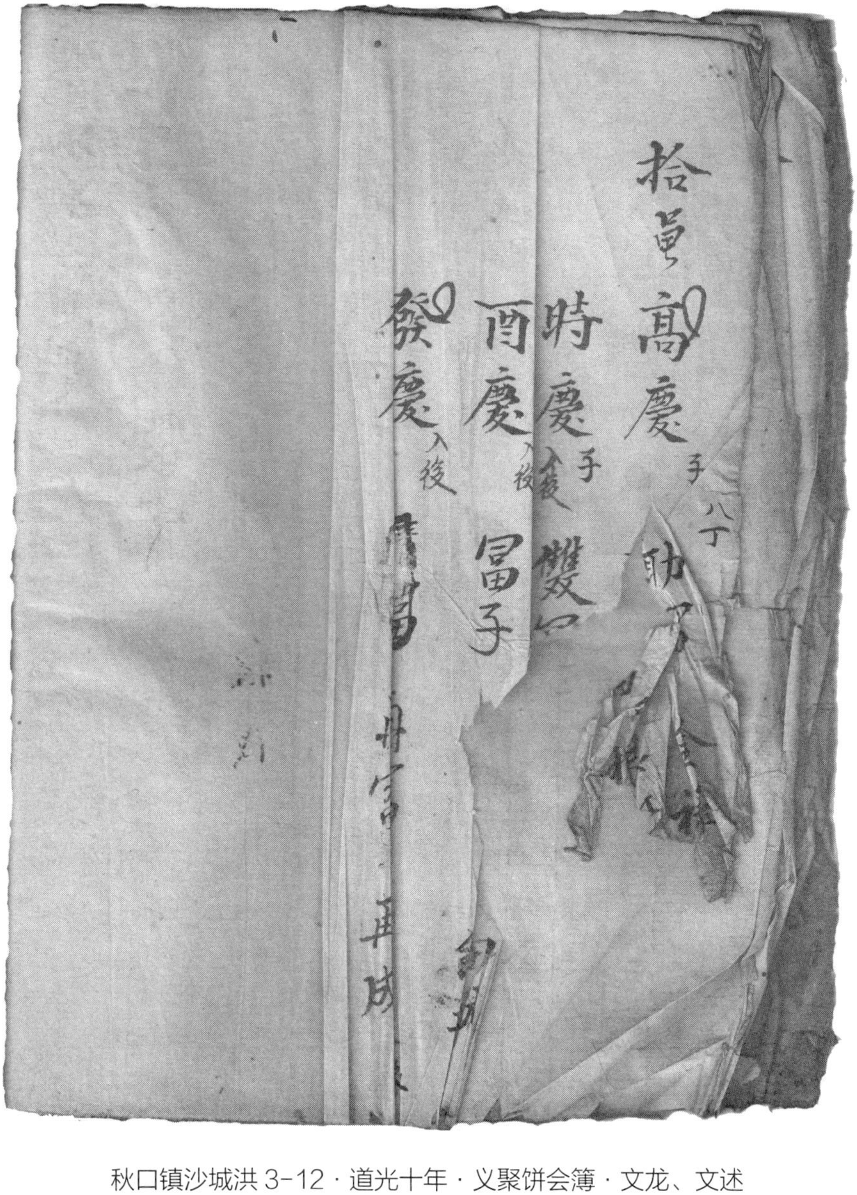

秋口镇沙城洪 3-12 · 道光十年 · 义聚饼会簿 · 文龙、文述

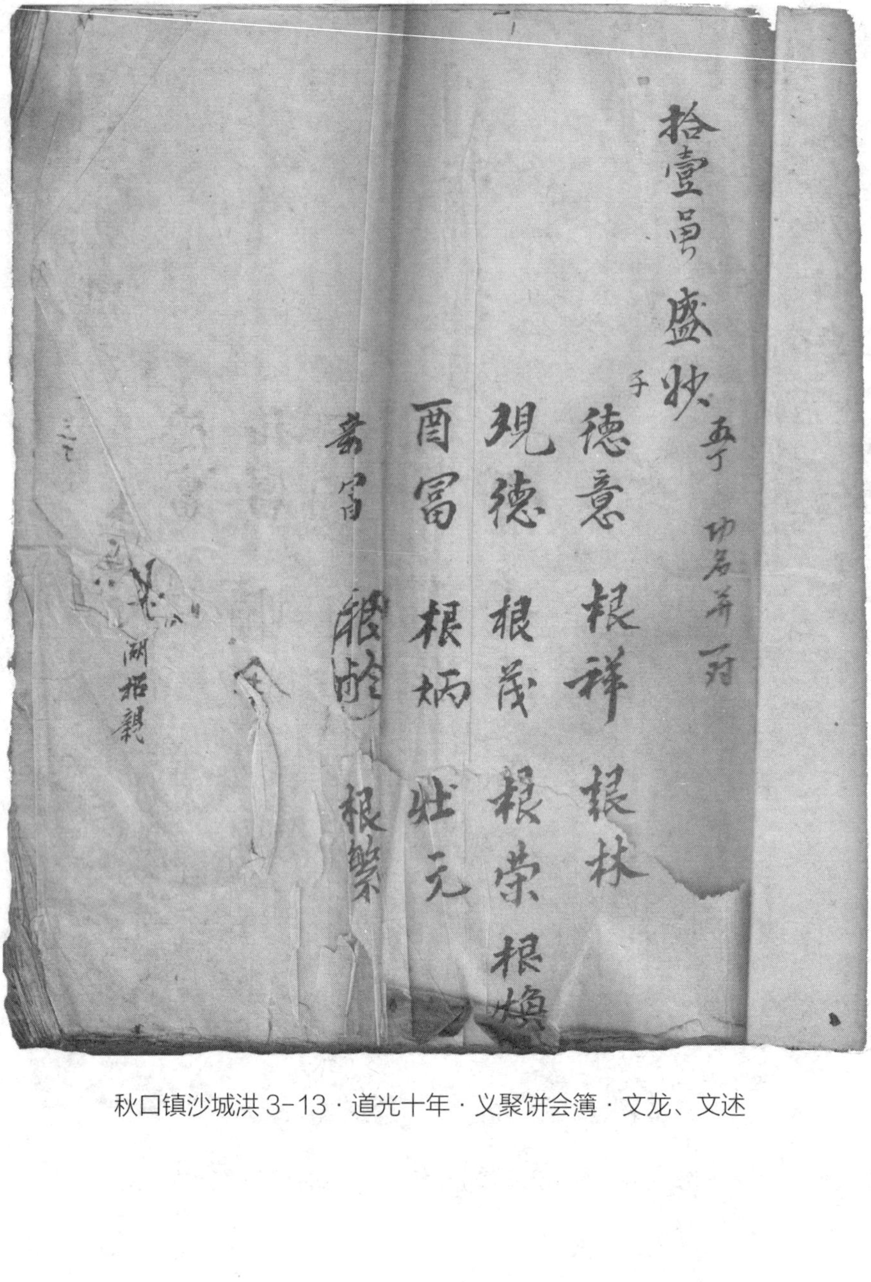

秋口镇沙城洪 3-13 · 道光十年 · 义聚饼会簿 · 文龙、文述

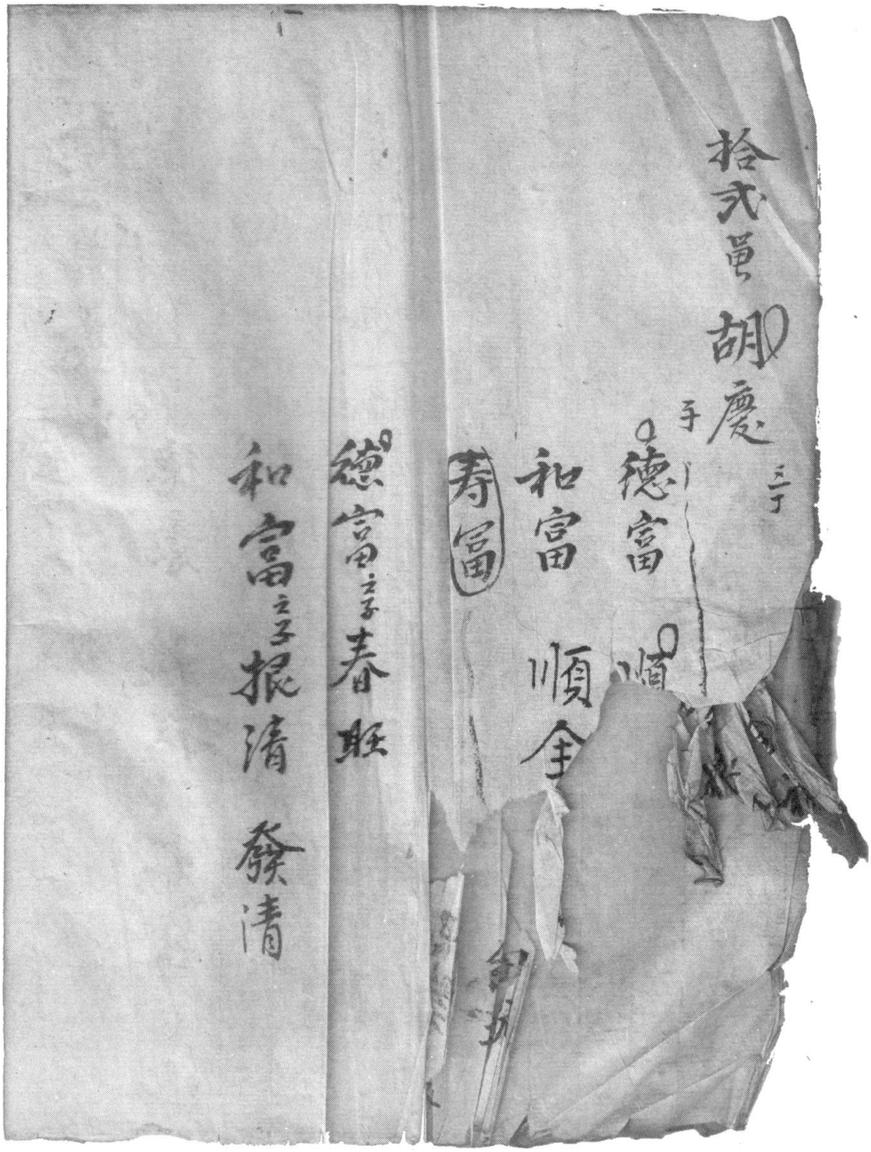

秋口镇沙城洪 3-14 · 道光十年 · 义聚饼会簿 · 文龙、文述

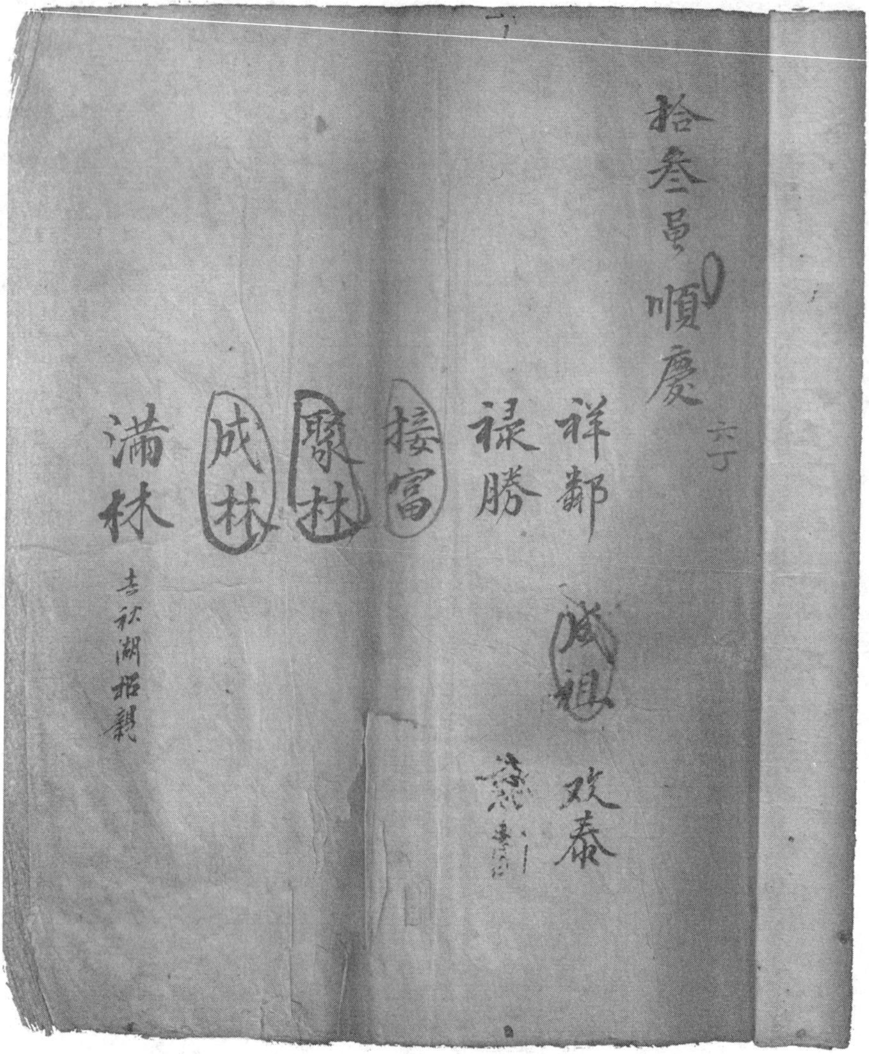

秋口镇沙城洪 3-15 · 道光十年 · 义聚饼会簿 · 文龙、文述

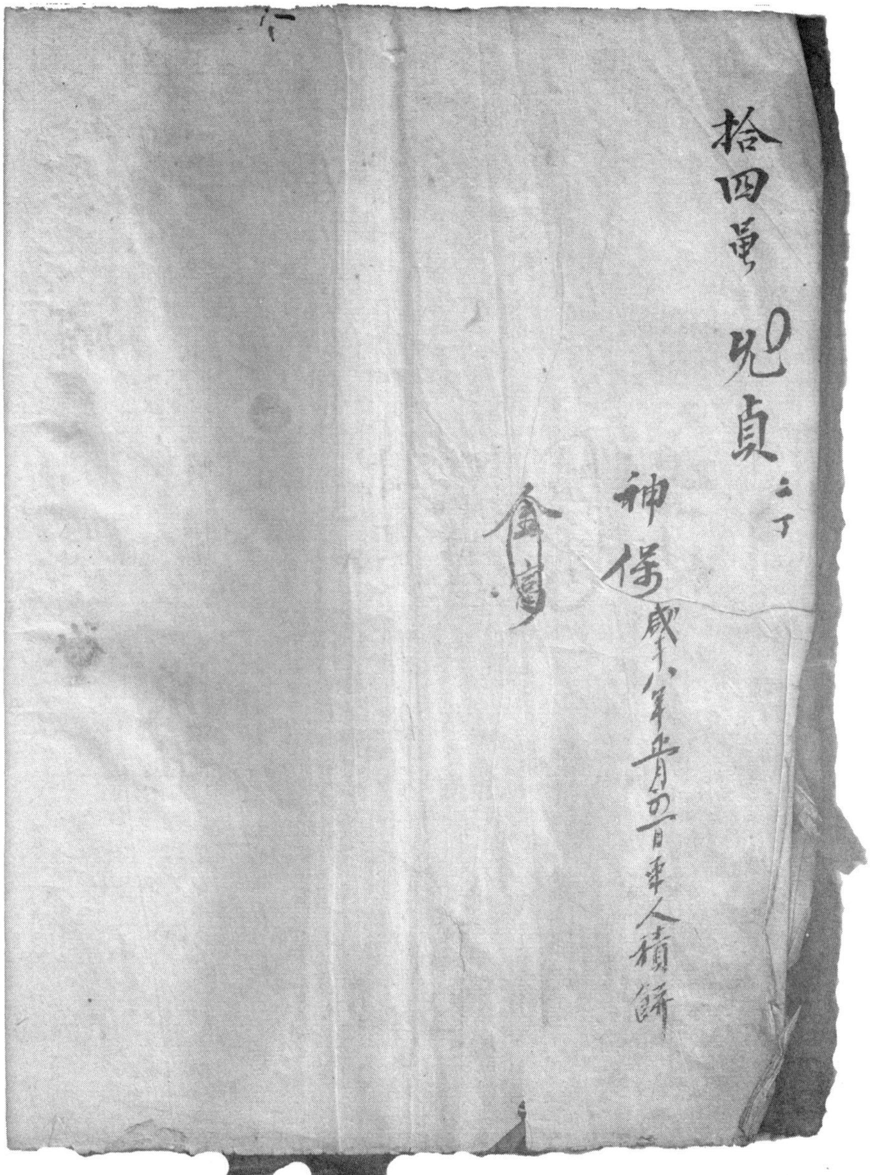

秋口镇沙城洪 3-16 · 道光十年 · 义聚饼会簿 · 文龙、文述

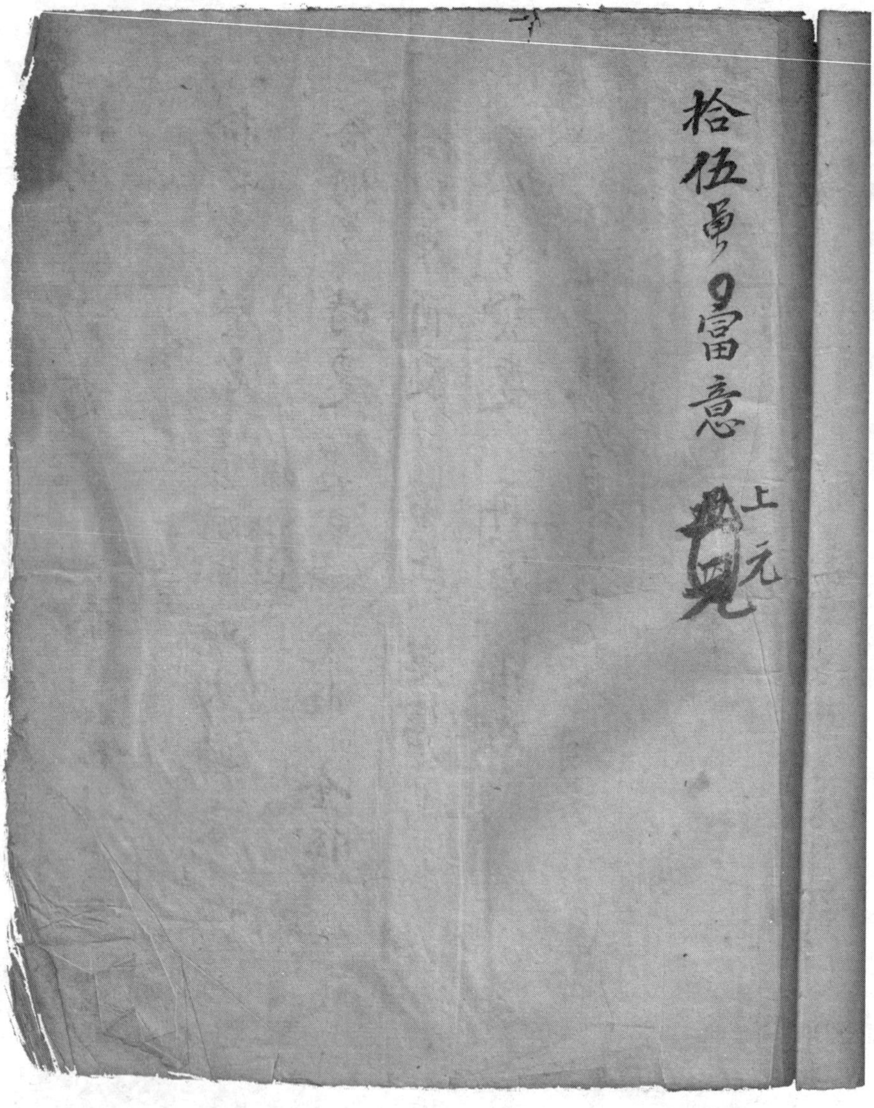

秋口镇沙城洪 3-16 附 1 · 道光十年 · 义聚饼会簿 · 文龙、文述

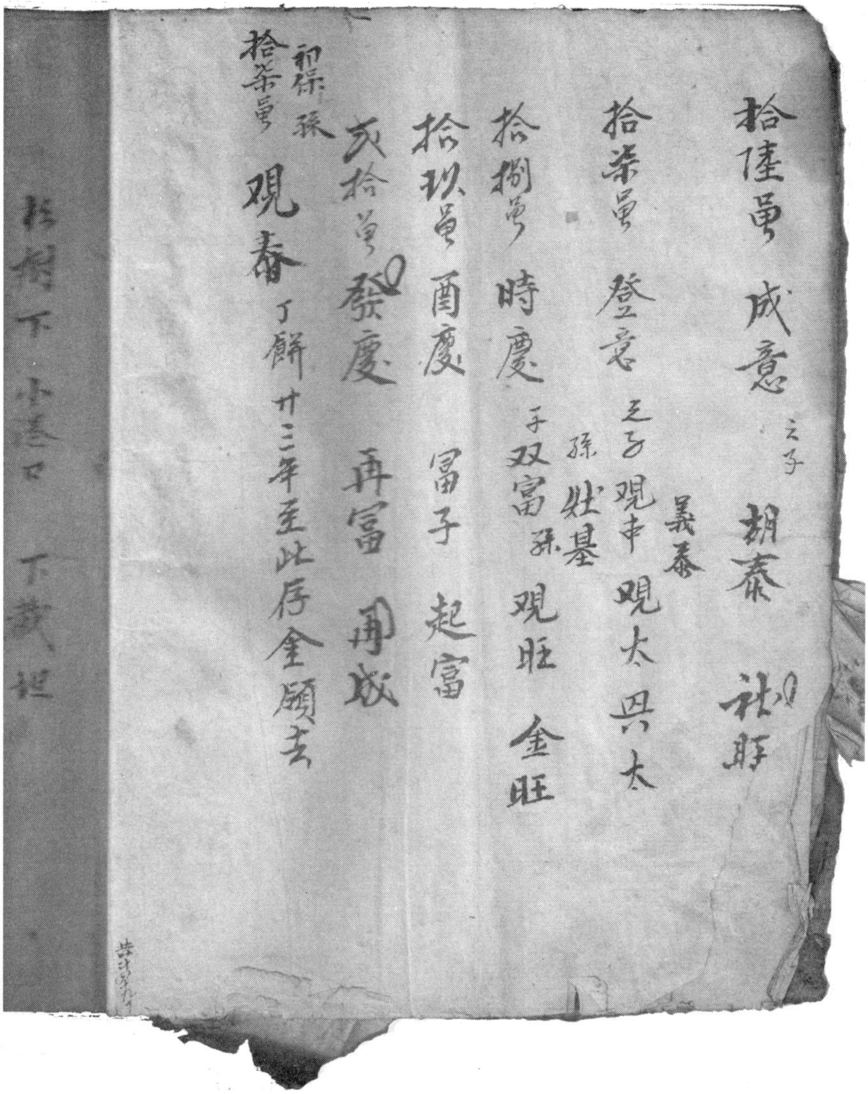

秋口镇沙城洪 3-16 附 2 · 道光十年 · 义聚饼会簿 · 文龙、文述

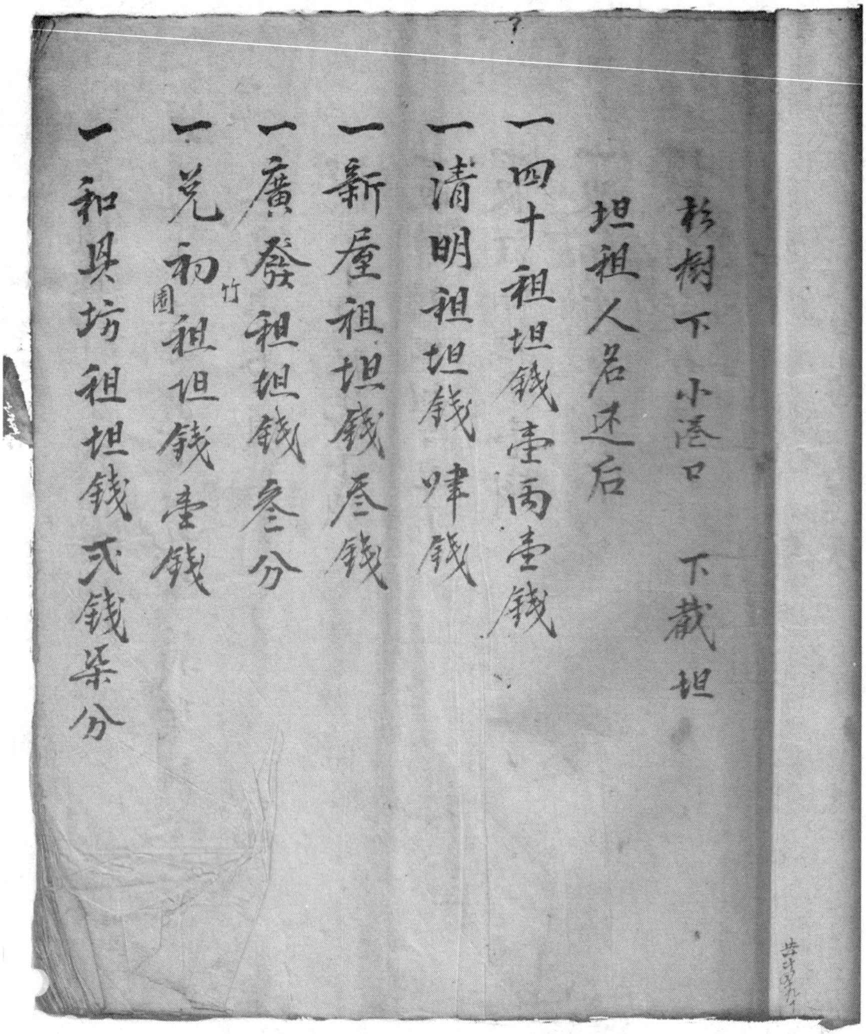

杉樹下 小港口 下載坦

坦祖人名述后

一四十祖坦錢壹兩壹錢

一清明祖坦錢肆錢

一新屋祖坦錢叁錢

一廣發祖坦錢叁分

一芄初（竹園）祖坦錢壹錢

一和興坊祖坦錢弍錢柒分

秋口镇沙城洪 3-16 附 3 · 道光十年 · 义聚饼会簿 · 文龙、文述

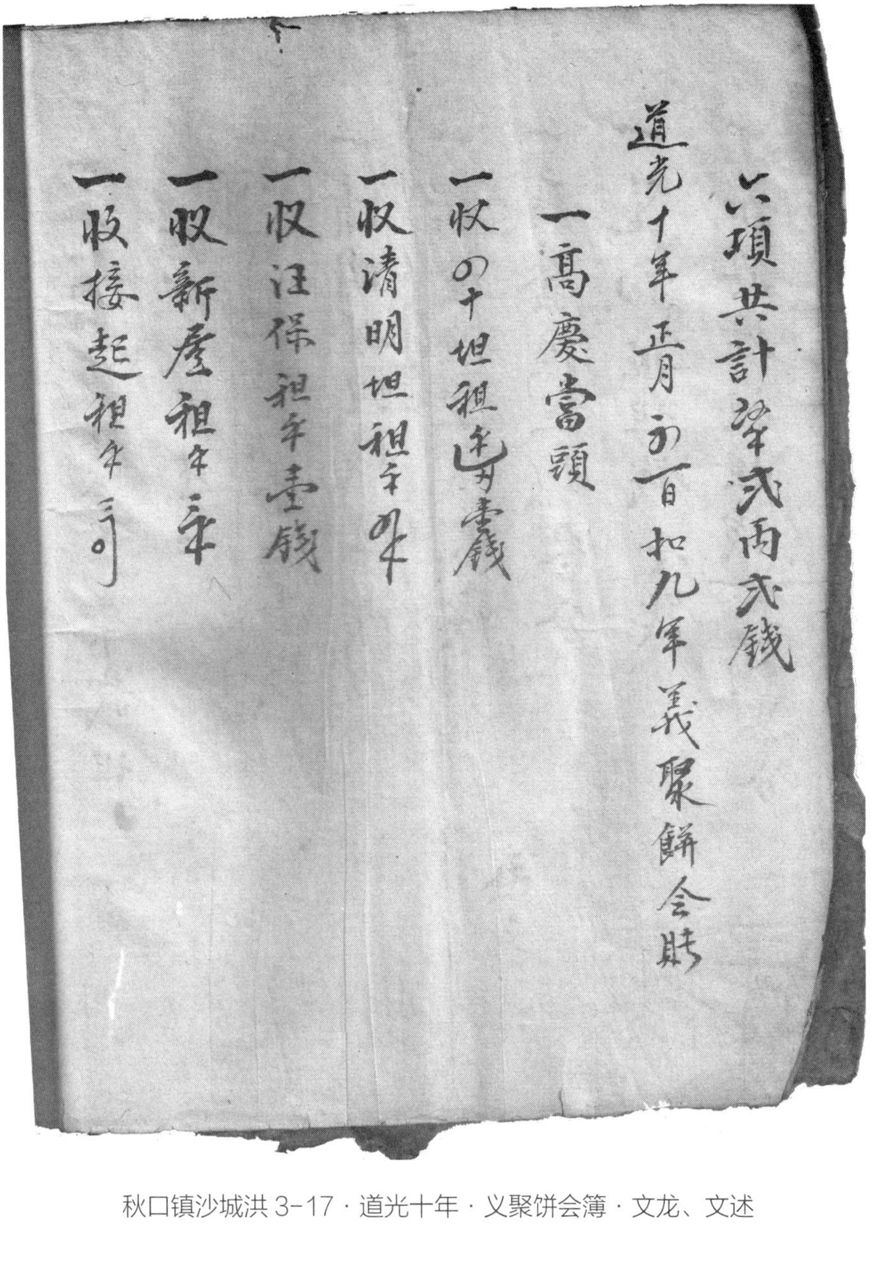

六項共計叁弍両弍錢
道光十年正月初一日扣九年義聚餅会賬
一高慶當頭
一收四十坦租谷[illegible]壹錢
一收清明坦租谷[illegible]
一收汪保租谷壹錢
一收新屋租谷[illegible]
一收接起租谷[illegible]

秋口镇沙城洪 3-17 · 道光十年 · 义聚饼会簿 · 文龙、文述

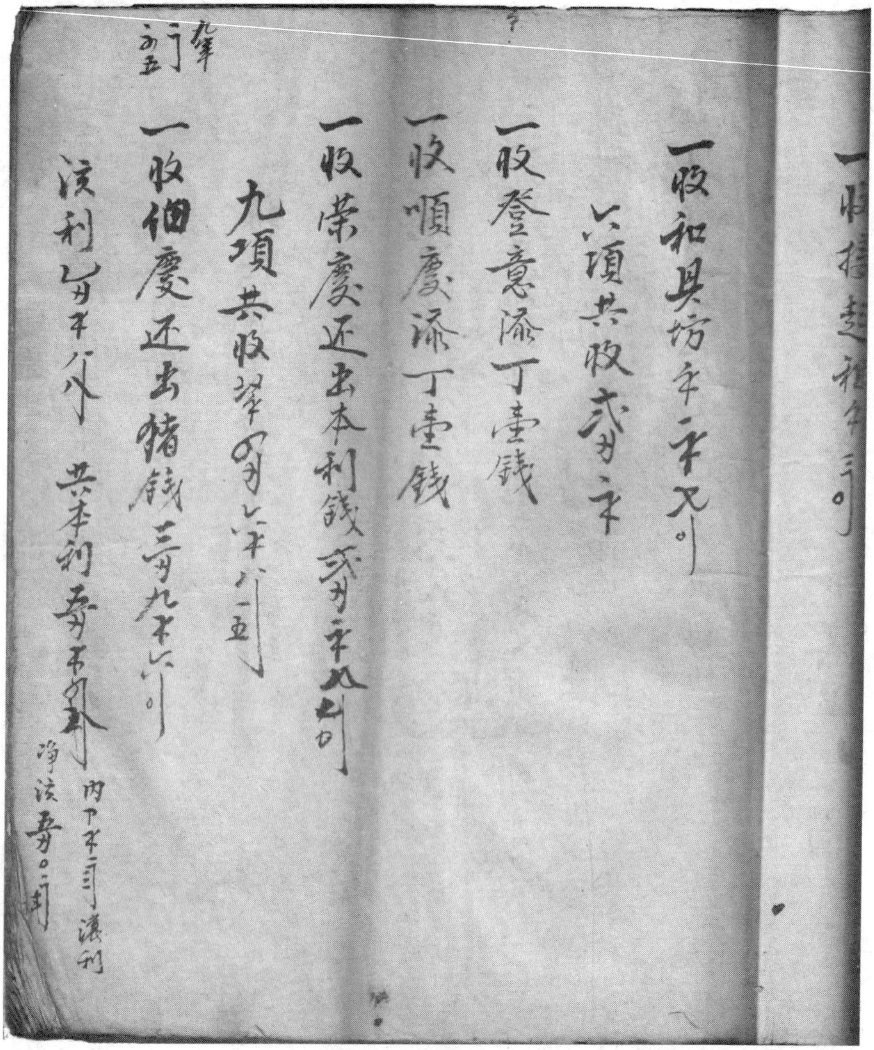

秋口镇沙城洪 3-18 · 道光十年 · 义聚饼会簿 · 文龙、文述

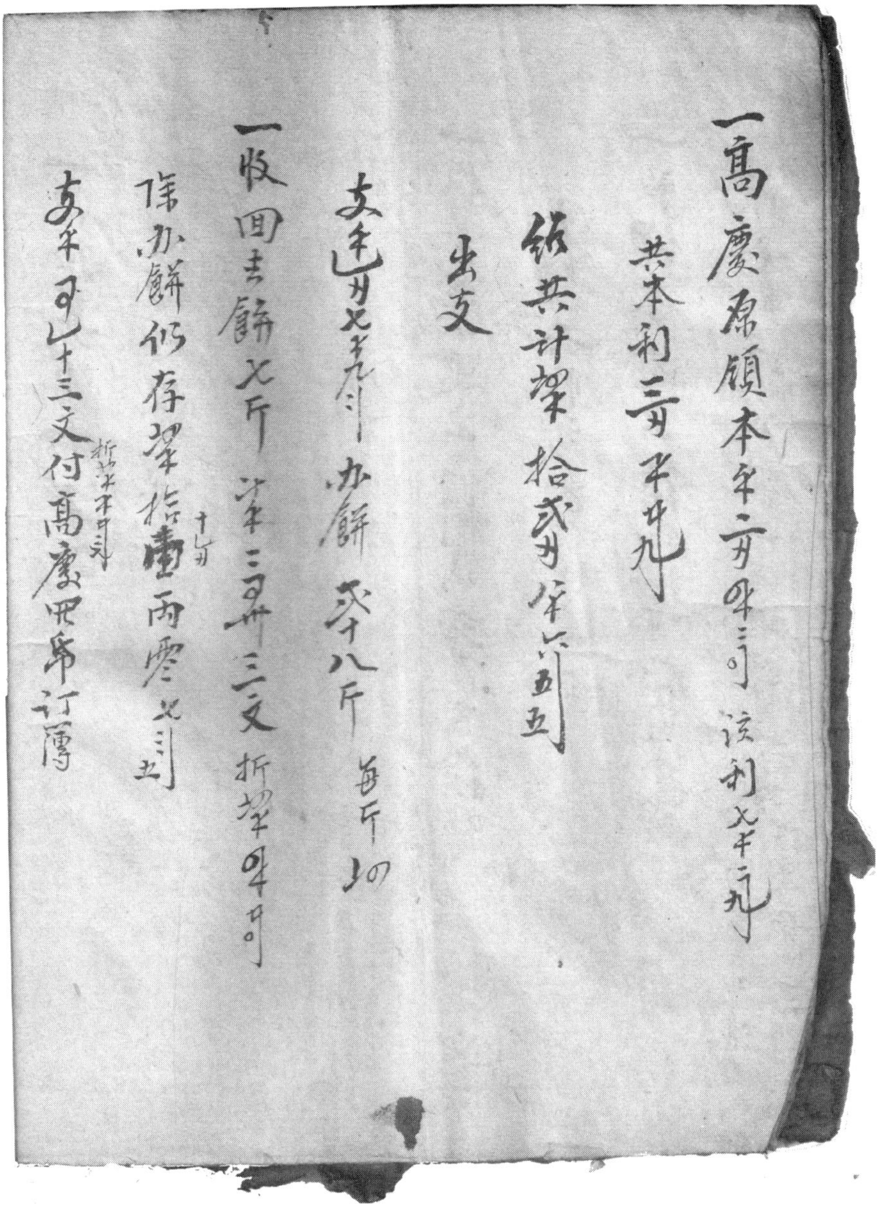

一高慶原領本年二月[illegible] 該利[illegible]
共本利[illegible]九
結共計谷拾貳[illegible]五
出支
文述[illegible] 办餅[illegible]八斤 每斤[illegible]
一收回去餅七斤 [illegible]三文 折谷[illegible]
除办餅仍存谷拾壹兩零[illegible]五
文年[illegible]十三文付高慶田票訂簿 [illegible]

秋口镇沙城洪 3-19 · 道光十年 · 义聚饼会簿 · 文龙、文述

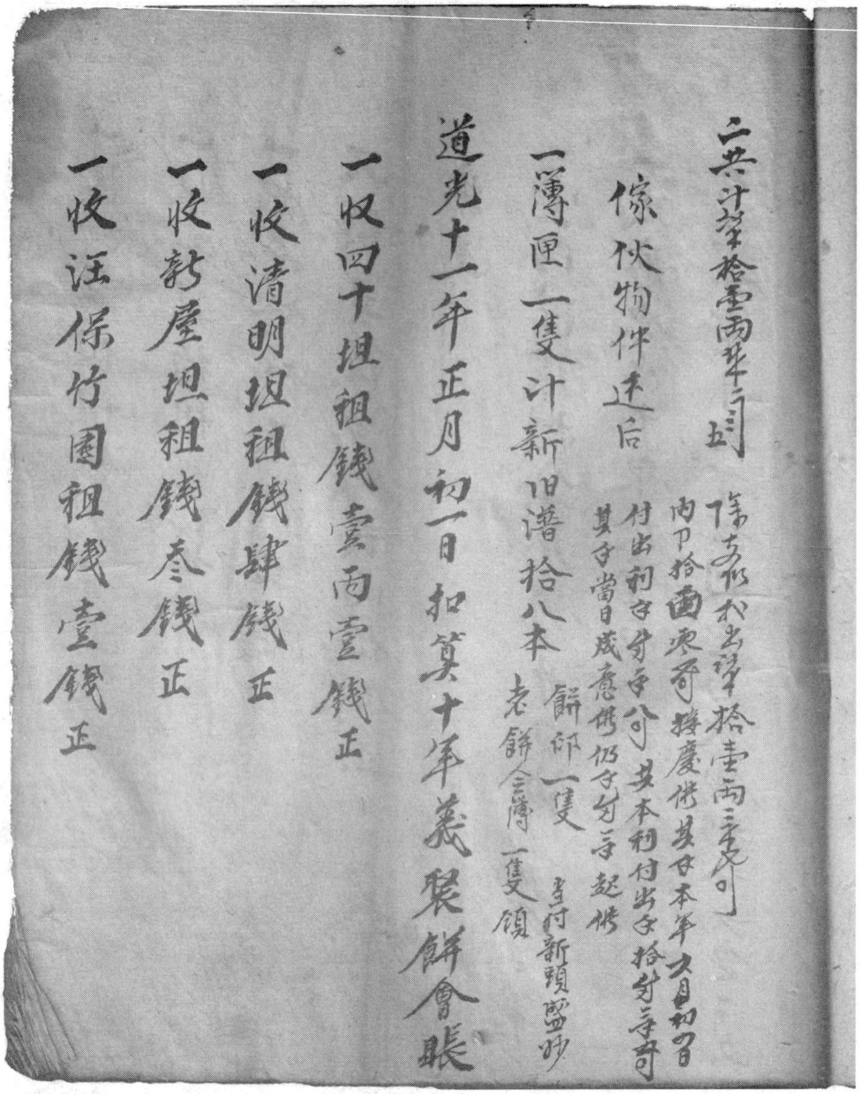

二共计本利拾壹两[illegible]五

除支[illegible]出本利拾壹两[illegible]
内除拾两交[illegible]接庆[illegible]本年[illegible]月初[illegible]
付出利[illegible]分[illegible]其本利付出[illegible]拾[illegible]
其[illegible]当日蔵意[illegible]仍[illegible]起[illegible]

傢伙物件述后

一簿匣一隻 计新旧谱拾八本 饼印一隻 [illegible]付新头[illegible]
老饼会簿一隻 领

道光十一年正月初一日扣算十年義聚饼會賬

一收四十坦租钱壹两壹钱正

一收清明坦租钱肆钱正

一收新屋坦租钱叁钱正

一收汪保竹园租钱壹钱正

秋口镇沙城洪 3-20 · 道光十年 · 义聚饼会簿 · 文龙、文述

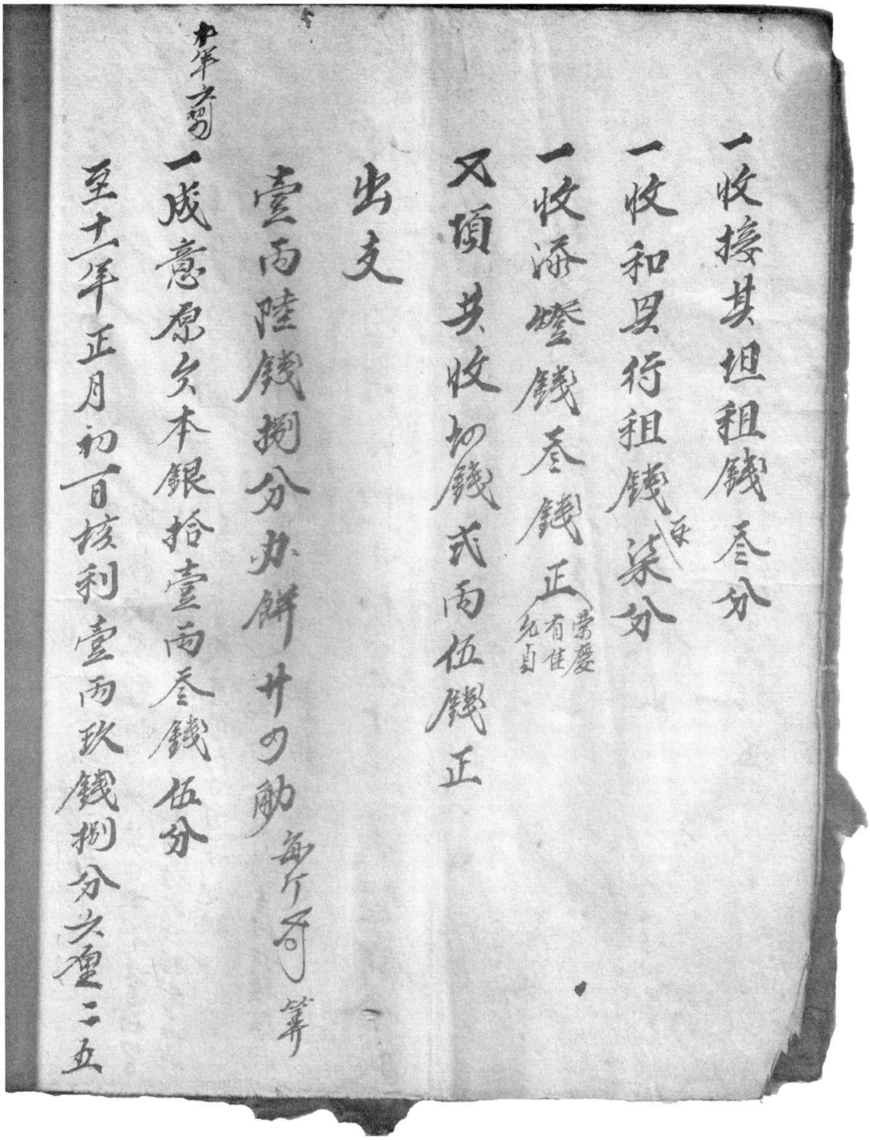

一收摻其坦祖錢叁分
一收和昱衍祖錢臣柒分
一收添燈錢叁錢正 崇慶 有佳 允貞
又項共收切錢弍両伍錢正
出支
壹両陸錢捌分办餅廿四觔 每斤四 等
本年六月
一成意原交本銀拾壹両叁錢伍分
至十一年正月初一日核利壹両玖錢捌分六厘二五

秋口镇沙城洪 3-21 · 道光十年 · 义聚饼会簿 · 文龙、文述

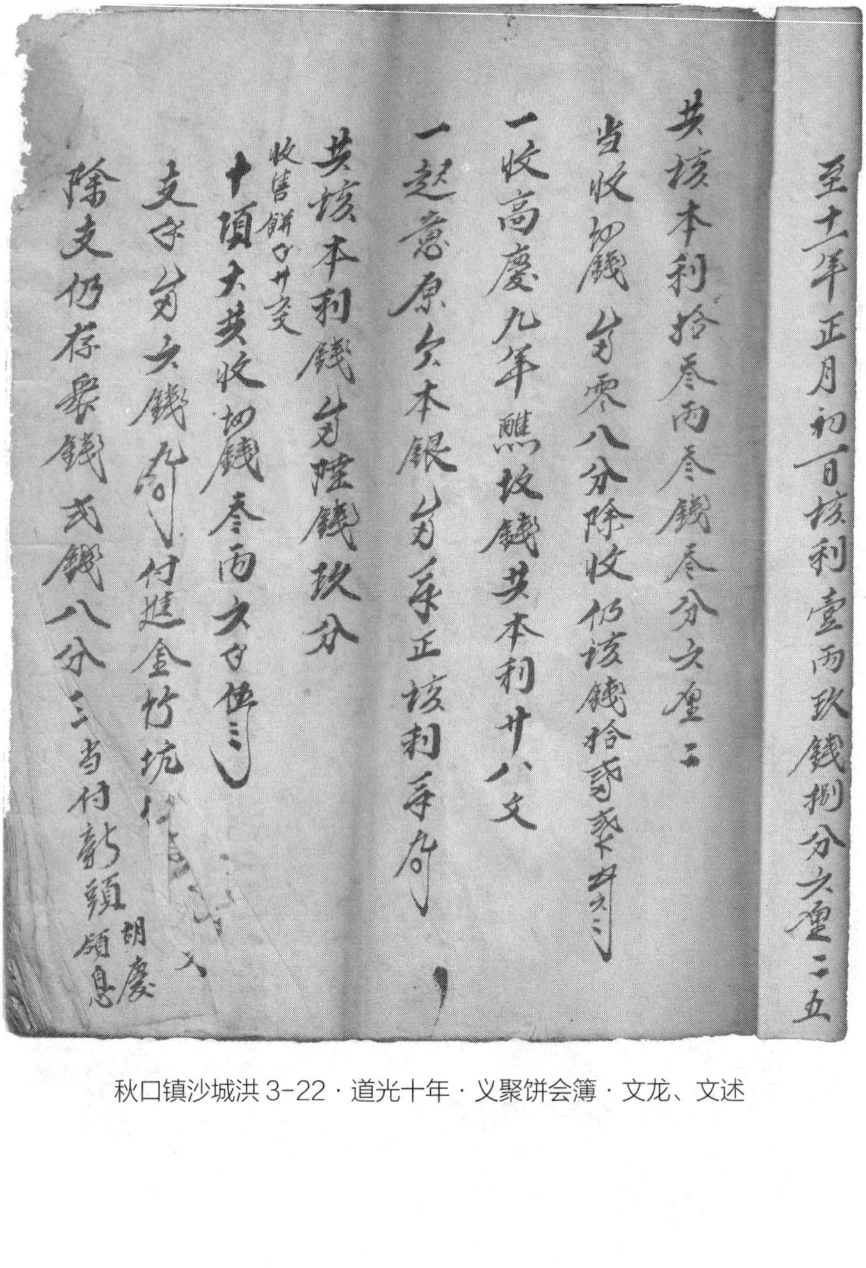

秋口镇沙城洪 3-22 · 道光十年 · 义聚饼会簿 · 文龙、文述

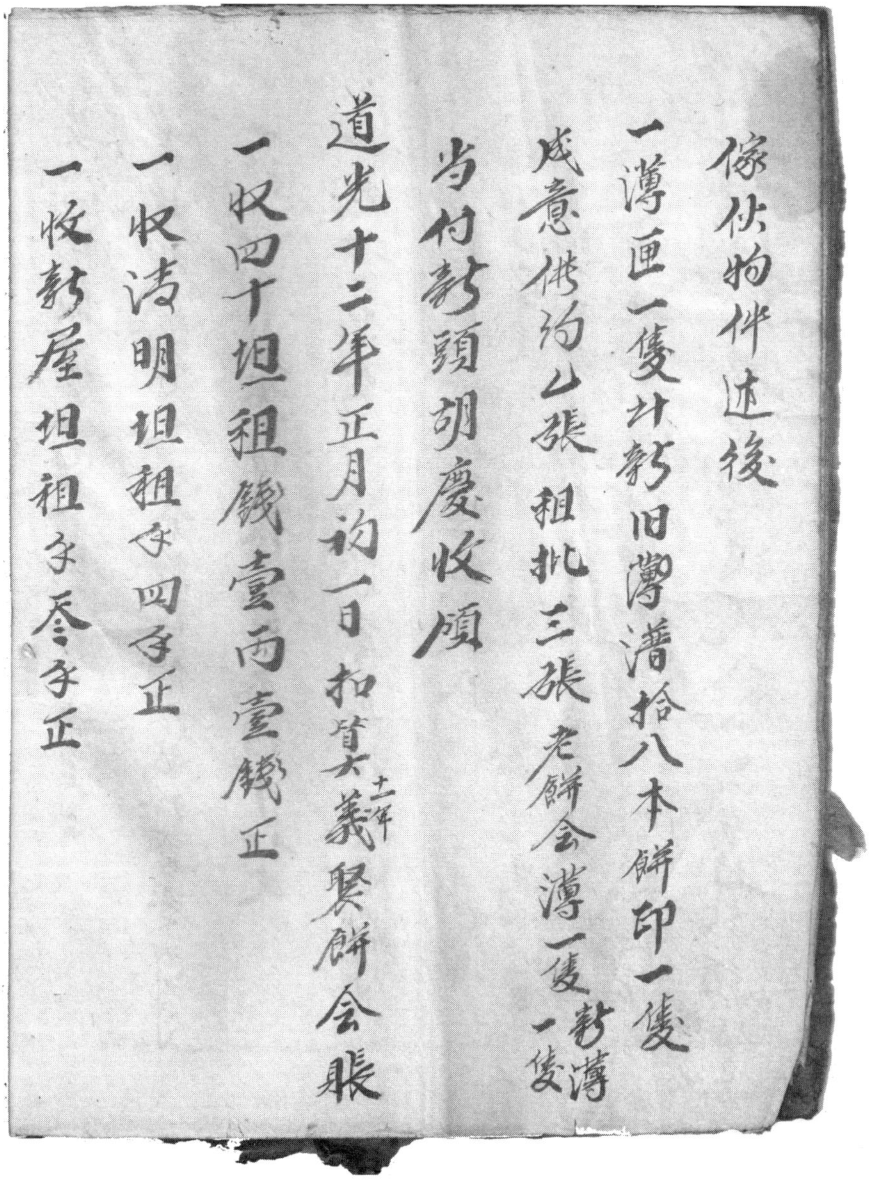

條伙物件述後

一薄匣一隻共新旧薄潽拾八本餅印一隻

成意佛約么張 租批三張 老餅会薄一隻 新薄一隻

当付新頭胡慶收領

道光十二年正月初一日 扣算十二年義聚餅会賬

一収四十坦租錢壹两壹錢正

一収清明坦租文四千正

一收新屋坦租文叁千正

秋口镇沙城洪 3-23 · 道光十年 · 义聚饼会簿 · 文龙、文述

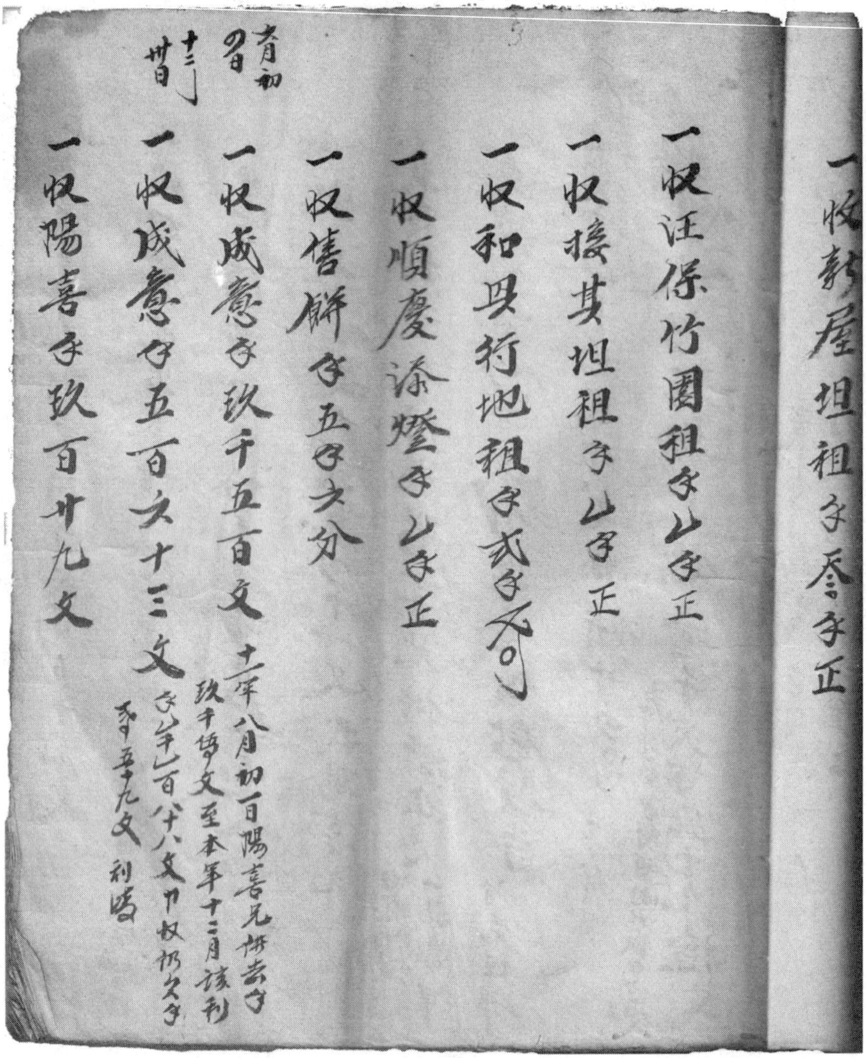

一收新屋坦租子叁子正

一收汪保竹園租子山子正

一收揆其坦租子山子正

一收和興行地租子弍子零

一收順慶添燈子山子正

一收售餅子五子又分

六月初四日

一收成意子玖千五百文 十一年八月初一日陽喜兄揆去子玖千伍百文至本年十二月該利子五百八十八文加收訖又子

十二月廿日

一收成意子五百文十三文

一收陽喜子玖百廿九文

子五十九文 利清

秋口镇沙城洪 3-24 · 道光十年 · 义聚饼会簿 · 文龙、文述

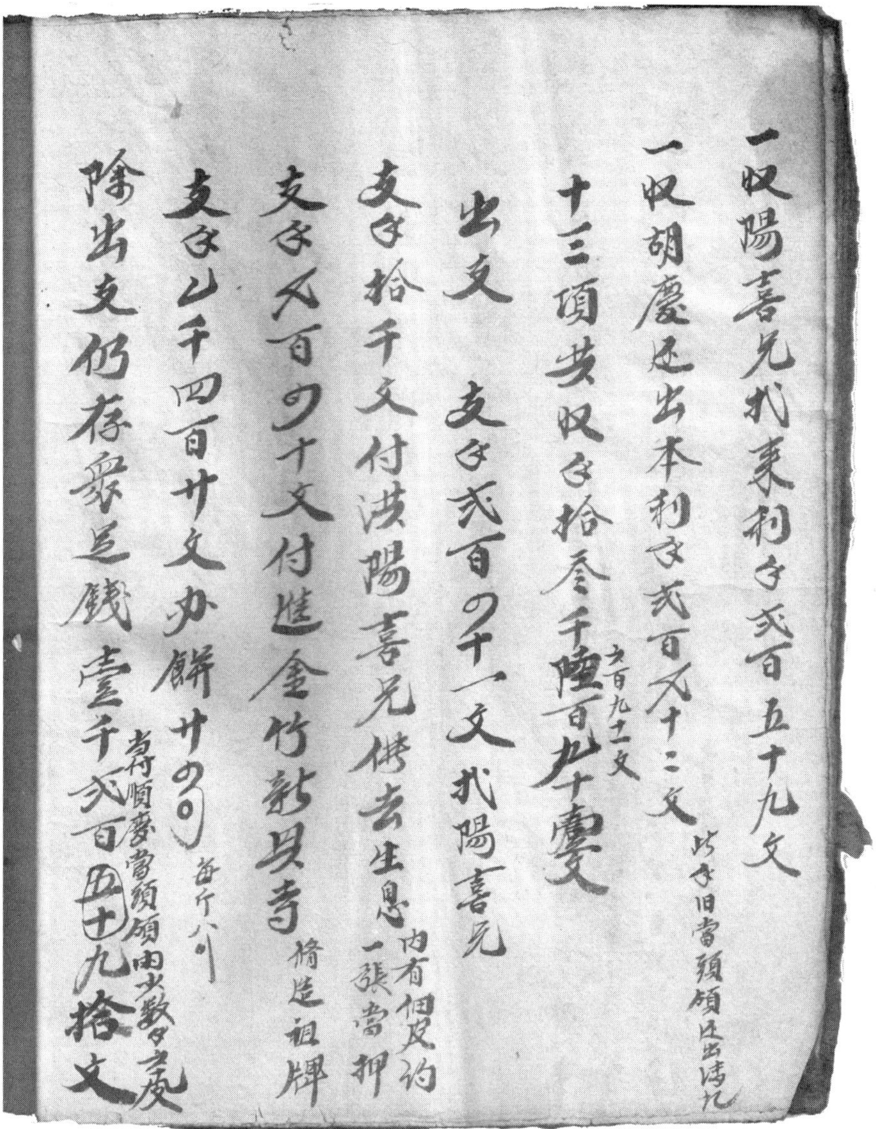
一收陽喜兄找來利子弍百五十九文
一收胡慶廷出本利錢弍百八十二文（此子旧當頭領廷出清九）
十三項共收子拾叁千陸百九十壹文（六百九十文）
出支
支子弍百四十一文找陽喜兄
支子拾千文付洪陽喜兄借去生息（內有佃皮約一張當押）
支子八百四十文付進金竹新貝寺（備進祖牌）
支子六千四百廿文办餅廿四斤（每斤八分）
除出支仍存衆足錢壹千弍百五十九拾文（壽順慶當頭領田出數々之處）

秋口镇沙城洪 3-25 · 道光十年 · 义聚饼会簿 · 文龙、文述

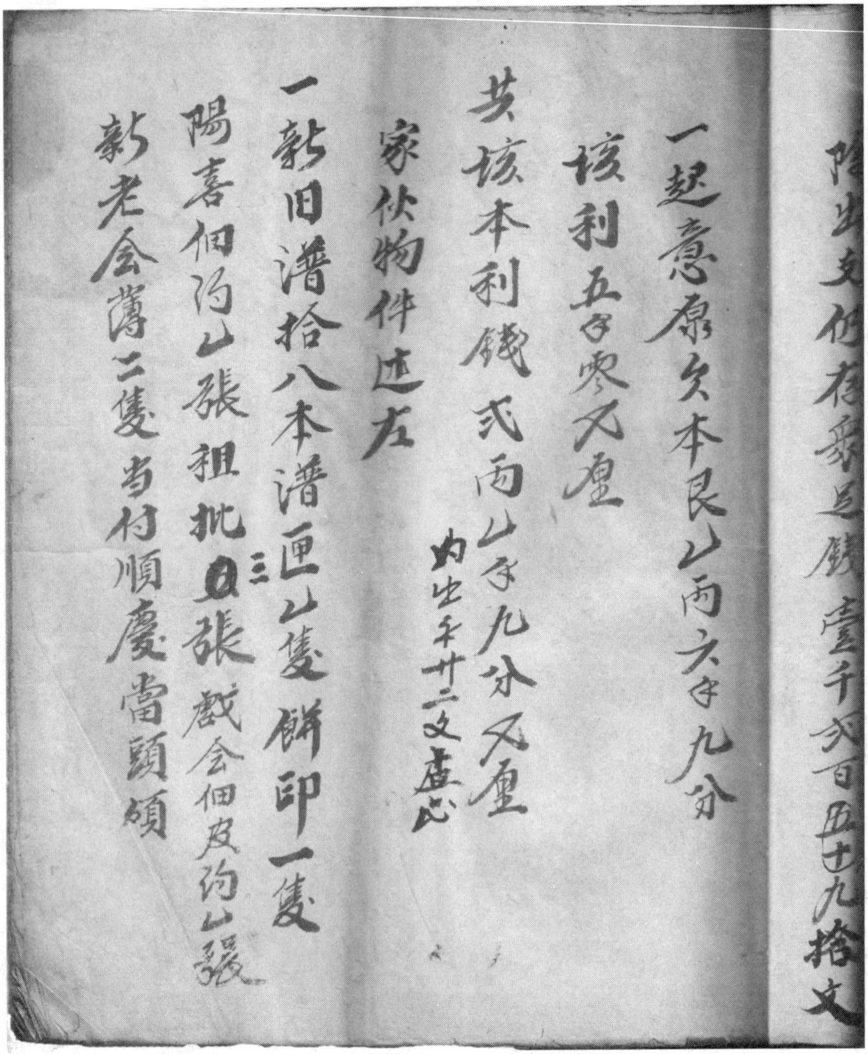
陽出支仍存票足錢壹千弍百五十九拾文

一起意原欠本艮山两六子九分

該利五子零又厘

共該本利錢弍两山子九分又厘

内出千廿二文虚心

家伙物件述左

一新旧譜拾八本譜匣山隻餅印一隻

陽喜佃泻山張祖批旦三張 戲会佃皮约山張

新老会簿二隻当付順慶當頭領

秋口镇沙城洪 3-26 · 道光十年 · 义聚饼会簿 · 文龙、文述

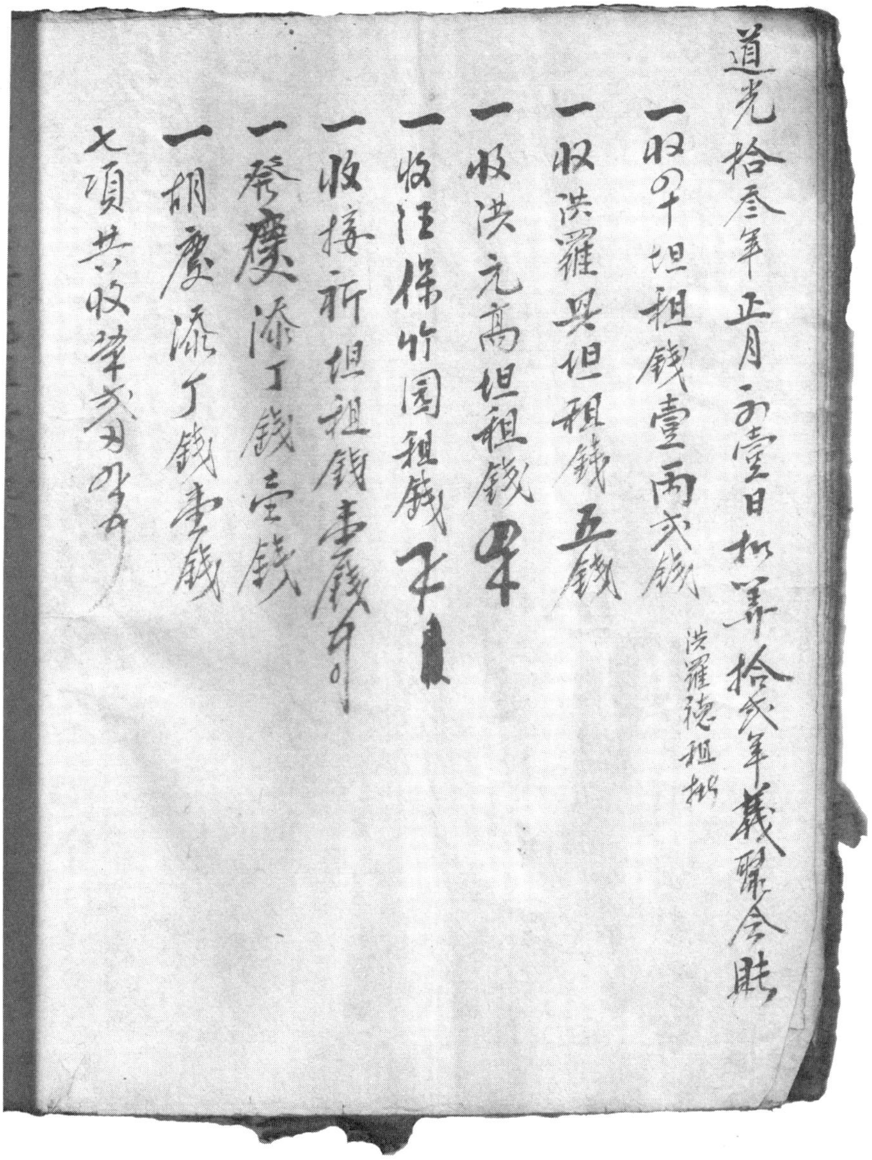
道光拾叁年正月廿壹日起算拾弍年義聚会賬
一收四千坦租錢壹兩弍錢
洪羅德租批
一收洪羅異坦租錢五錢
一收洪元高坦租錢罕
一收汪保竹園租錢千[illegible]
一收接祈坦租錢壹錢什
一癸慶添丁錢壹錢
一胡慶添丁錢壹錢
七項共收華叁兩[illegible]

秋口镇沙城洪 3-27 · 道光十年 · 义聚饼会簿 · 文龙、文述

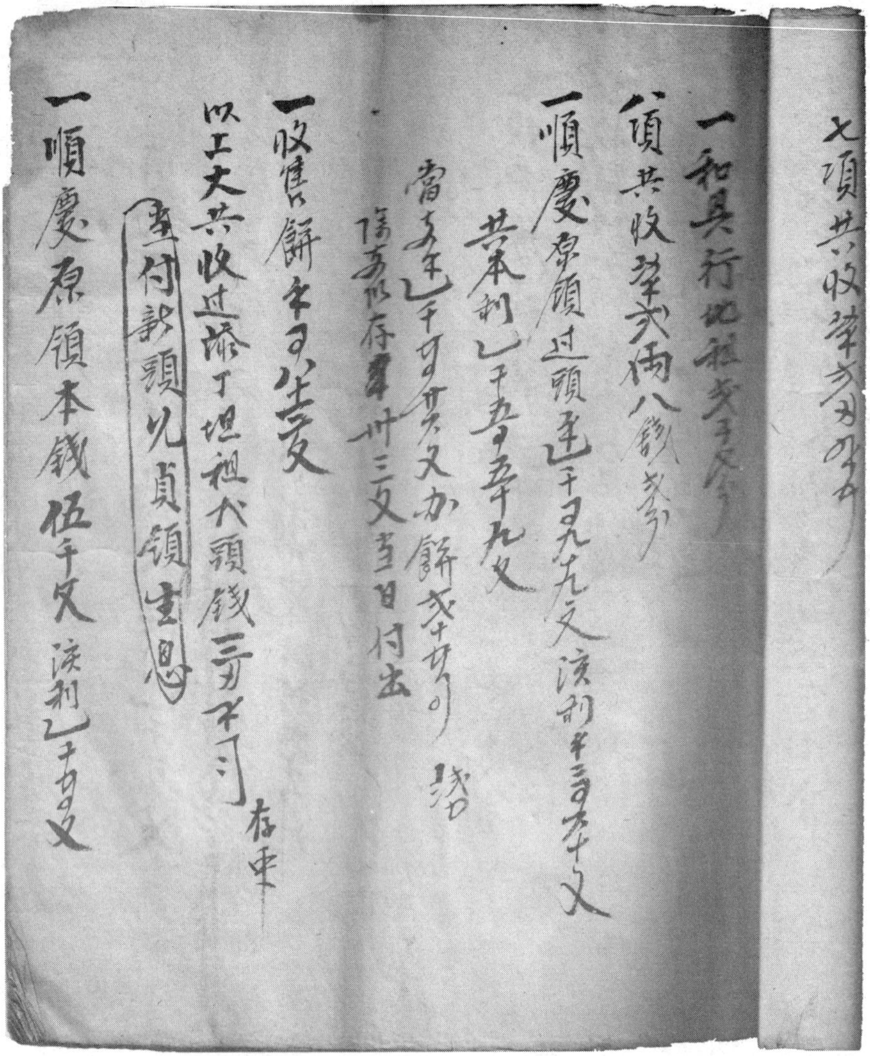
七項共收[illegible]

一和具行地租[illegible]文

八項共收[illegible]

一順慶原領过頭達[illegible]文 該利[illegible]文

共本利[illegible]文

當年達[illegible]文加餅[illegible]

除支仍存[illegible]卅三文 当日付出

一收售餅[illegible]文

以上大共收过[illegible]丁坦祖大頭钱[illegible]

支付新頭兄貞領生息

存東

一順慶原領本錢伍千文 該利[illegible]文

秋口镇沙城洪 3-28 · 道光十年 · 义聚饼会簿 · 文龙、文述

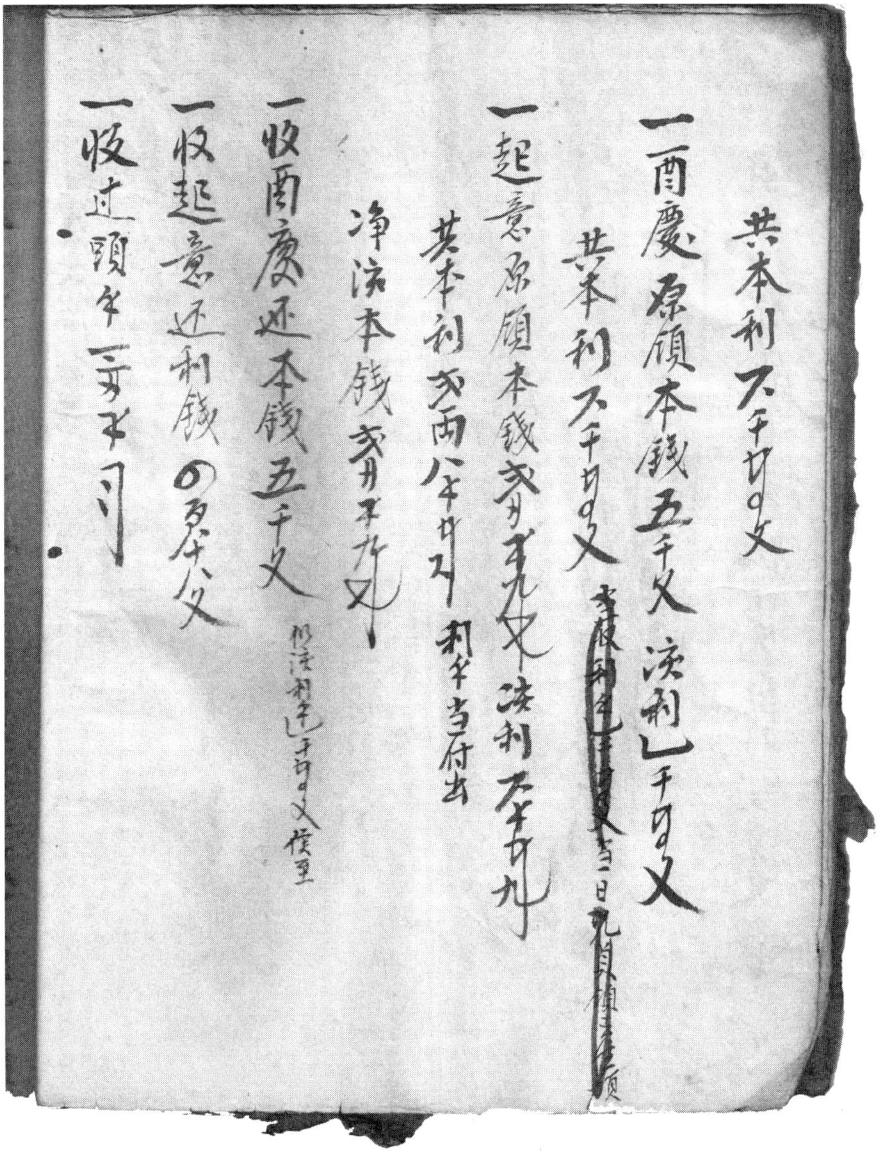

共本利〤千廿〤文
一酉慶原領本錢五千文 淡利〡千廿〤文
共本利〤千廿〤文
一起意原領本錢贰卅〥九文 淡利〤千廿九
共本利贰两八千廿〢 利半当付出
净淡本錢贰卅〥九文
一收酉慶还本錢五千文
收淡利〡千廿〤文 俟至
一收起意还利錢〤〢〥文
一收过頭年一〥〥〢

秋口镇沙城洪 3-29 · 道光十年 · 义聚饼会簿 · 文龙、文述

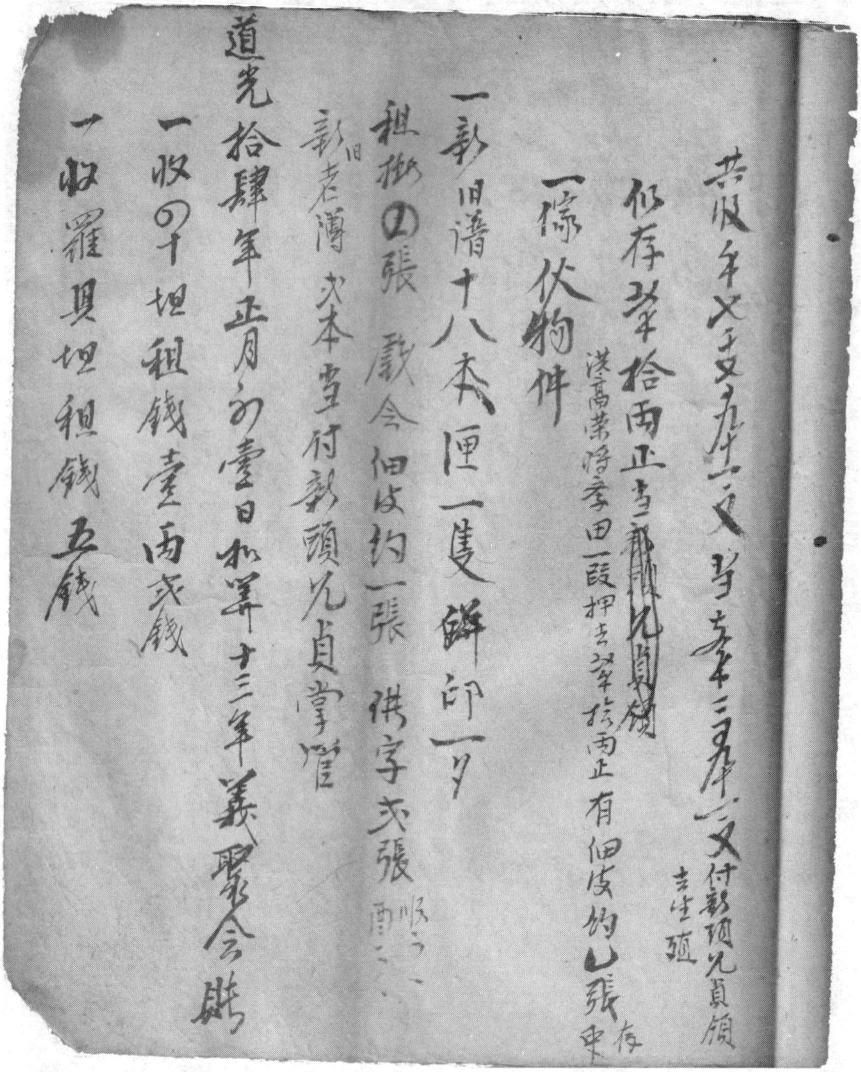

共收本文支九千七文 当本年三月廿六文付新頭兄貞領

仍存本拾两正 当新頭兄貞領 吉生領

一條伏物件

洪高崇將李田一段押去本拾两正有佃皮約山張

一新旧譜十八本 匣一隻 餅印一夕

租擲四張 戲会佃皮約一張 洪字弍張 [illegible]

新旧老簿弍本當付新頭兄貞掌管

道光拾肆年正月初壹日扒算十三年義聚会賬

一收四十坦租錢壹两弍錢

一收羅貝坦租錢五錢

秋口镇沙城洪 3-30 · 道光十年 · 义聚饼会簿 · 文龙、文述

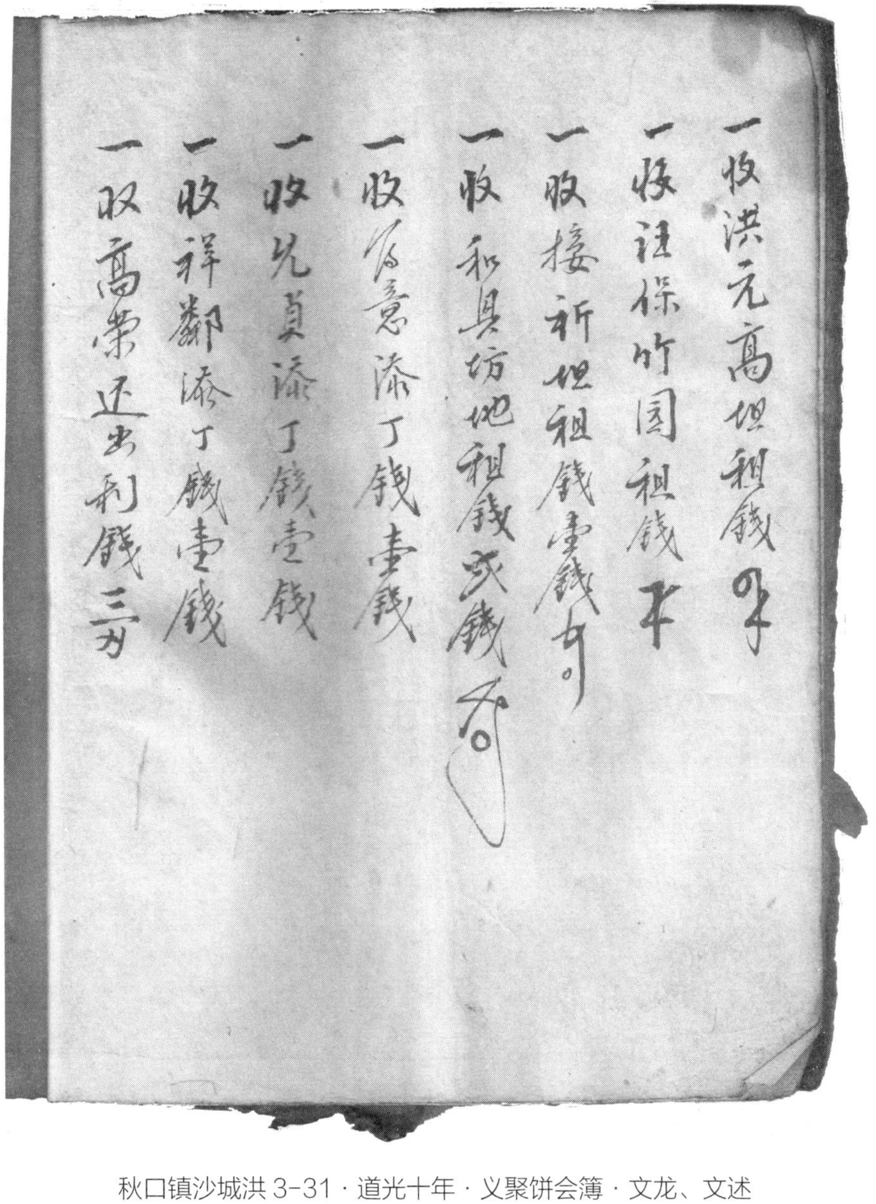

一收洪元高但利錢[illegible]
一收注保竹園租錢本
一收接祈但租錢壹錢[illegible]
一收和具坊地租錢貳錢[illegible]
一收有意添丁錢壹錢
一收光貞添丁錢壹錢
一收祥鄰添丁錢壹錢
一收高崇還出利錢三分

秋口镇沙城洪 3-31 · 道光十年 · 义聚饼会簿 · 文龙、文述

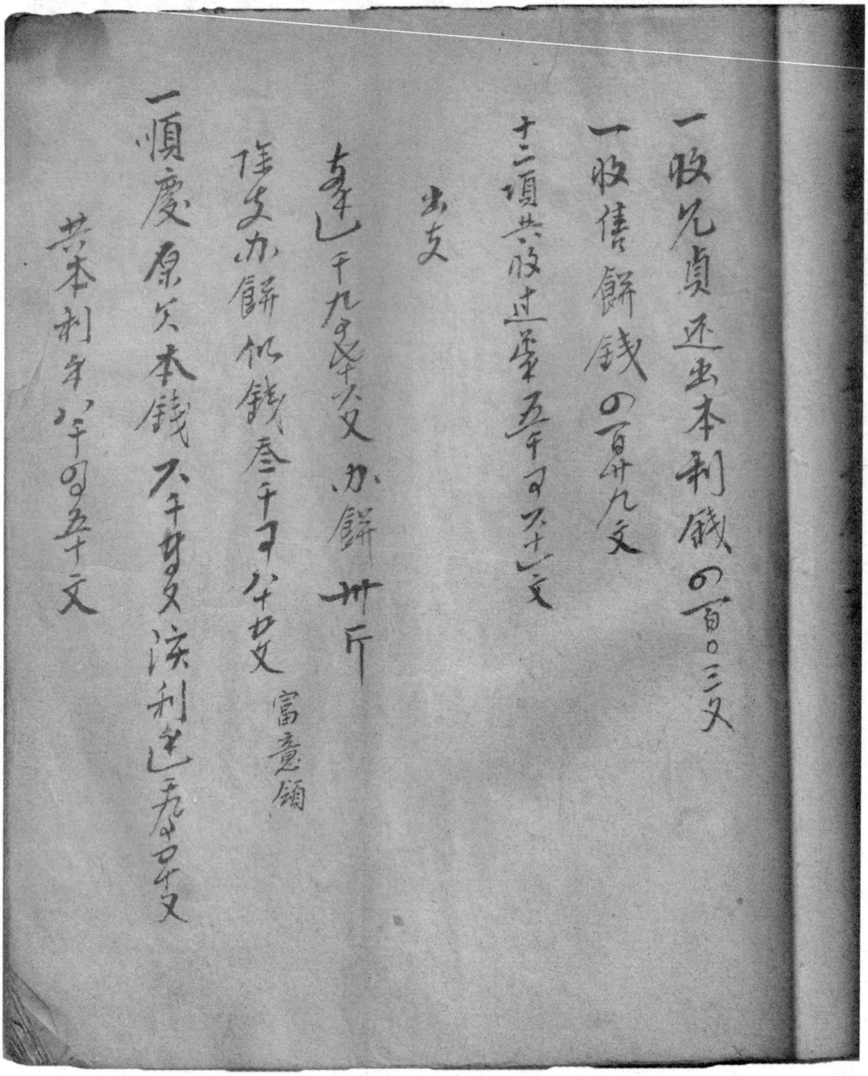
一收兄貞还出本利錢四百〇三文
一收售餅錢四百卅九文
十二項共收过錢五千〇八十七文
出支
支过一千九百五十六文 办餅卅斤
售支办餅除錢叁千〇六十七文 富意舖
一順慶原欠本錢八千廿五文 该利钱二千九百五十文
共本利錢八千四五十文

秋口镇沙城洪 3-32 · 道光十年 · 义聚饼会簿 · 文龙、文述

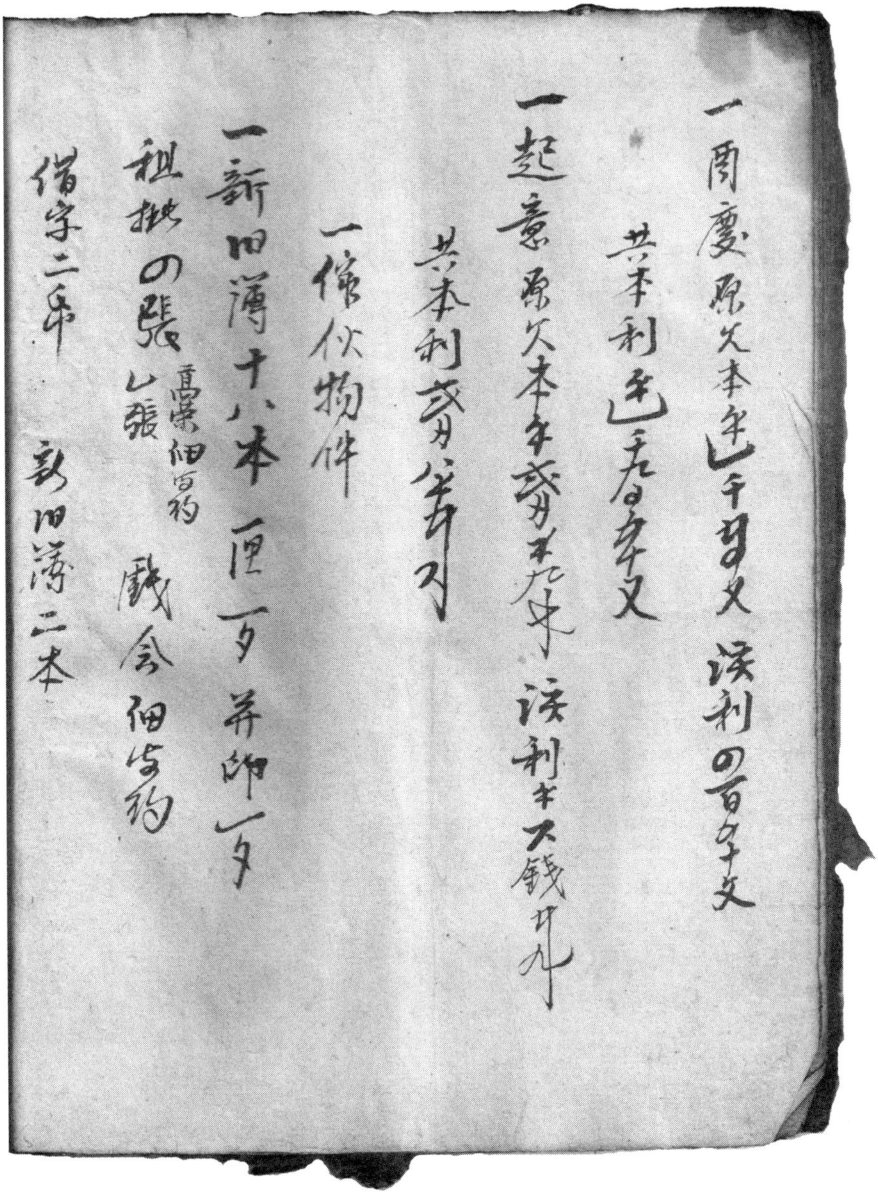

秋口镇沙城洪 3-33 · 道光十年 · 义聚饼会簿 · 文龙、文述

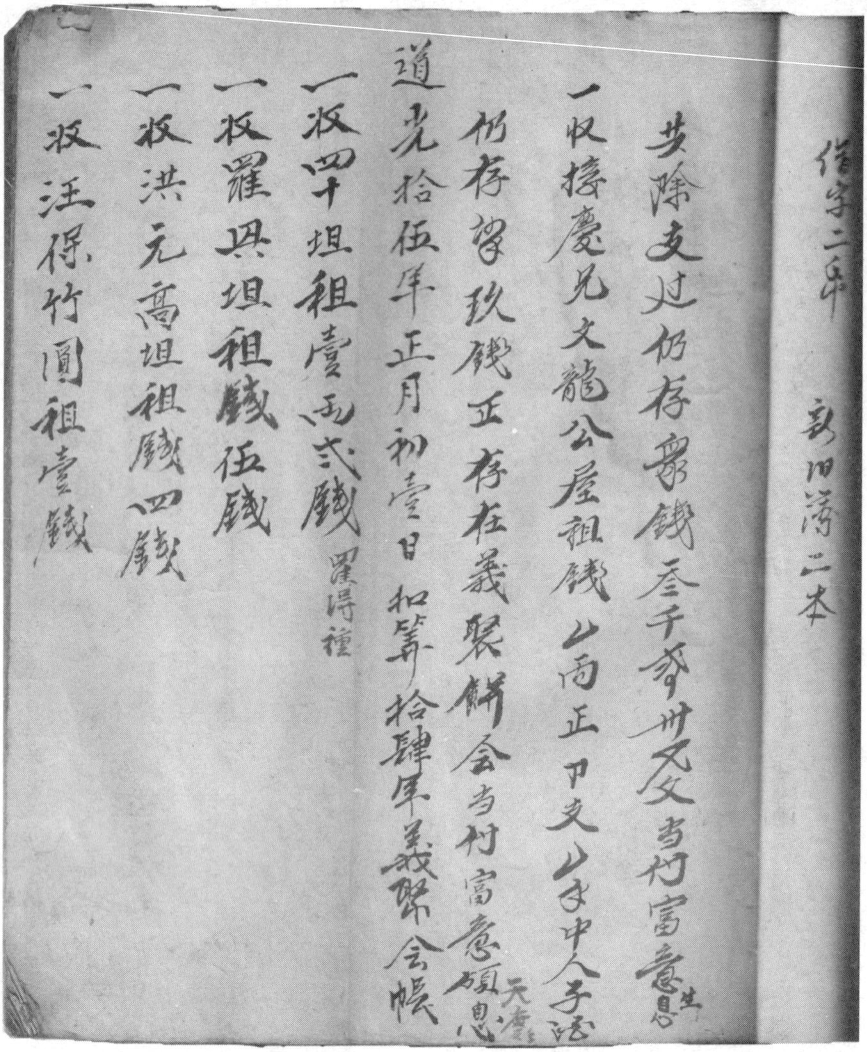
信字二年 新旧簿二本
共除支过仍存衆錢叁千叁卅又文 当付富意生息
一收接慶兄文龍公屋租錢[illegible]中人子述
仍存望玖錢正存在義聚餅会 当付富意領息 天濟[illegible]
道光拾伍年正月初壹日 和算拾肆年義聚会帳
一收四十坦租壹兩弍錢 羅得[illegible]
一收羅典坦租錢伍錢
一收洪元高坦租錢四錢
一收汪保竹園租壹錢

秋口镇沙城洪 3-34 · 道光十年 · 义聚饼会簿 · 文龙、文述

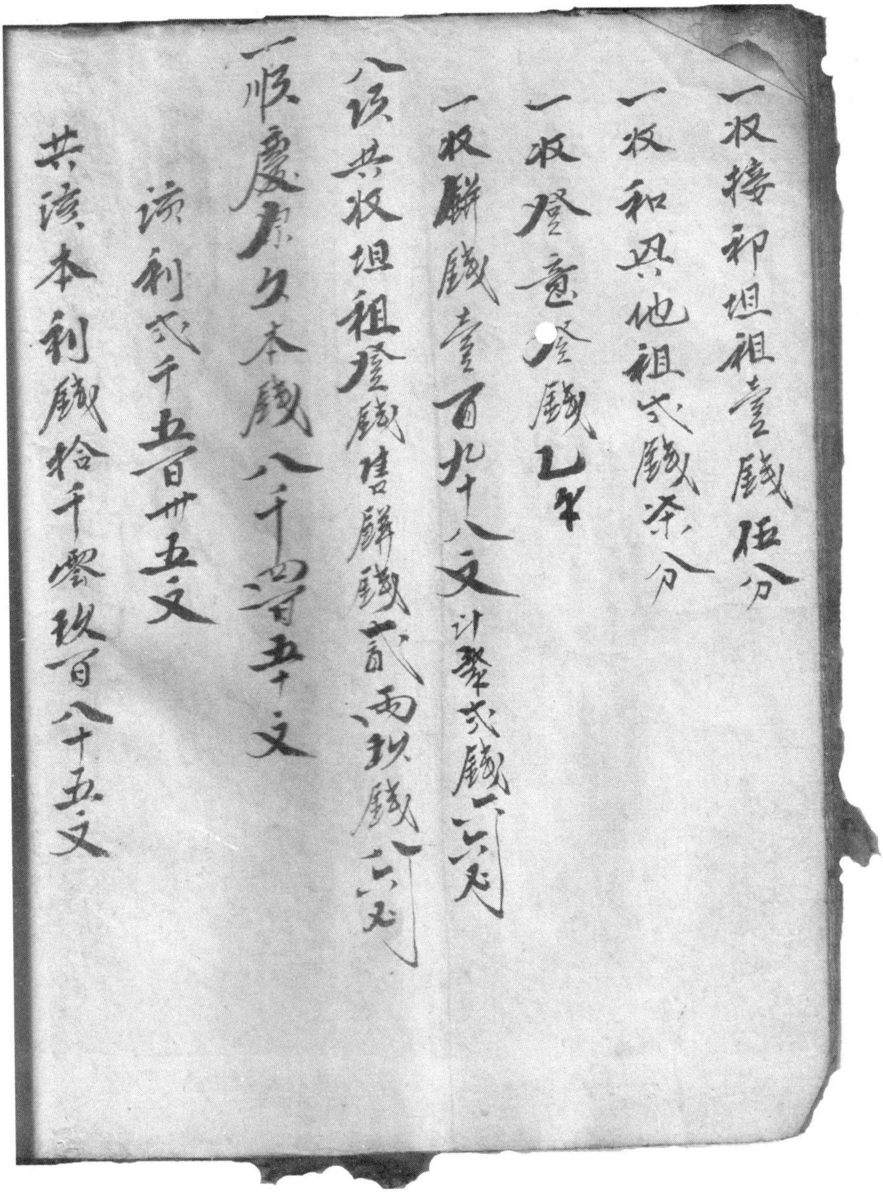
一收接祁坦祖壹錢伍分
一收和興他祖弍錢柒分
一收登意登錢乙半
一收辭錢壹百九十八文 計粲弍錢一分六厘
八項共收坦祖登錢 佳辭錢貳百兩玖錢一分六厘
一收慶家久本錢八千四百五十文
該利弍千五百卅五文
共該本利錢拾千零玖百八十五文

秋口镇沙城洪 3-35 · 道光十年 · 义聚饼会簿 · 文龙、文述

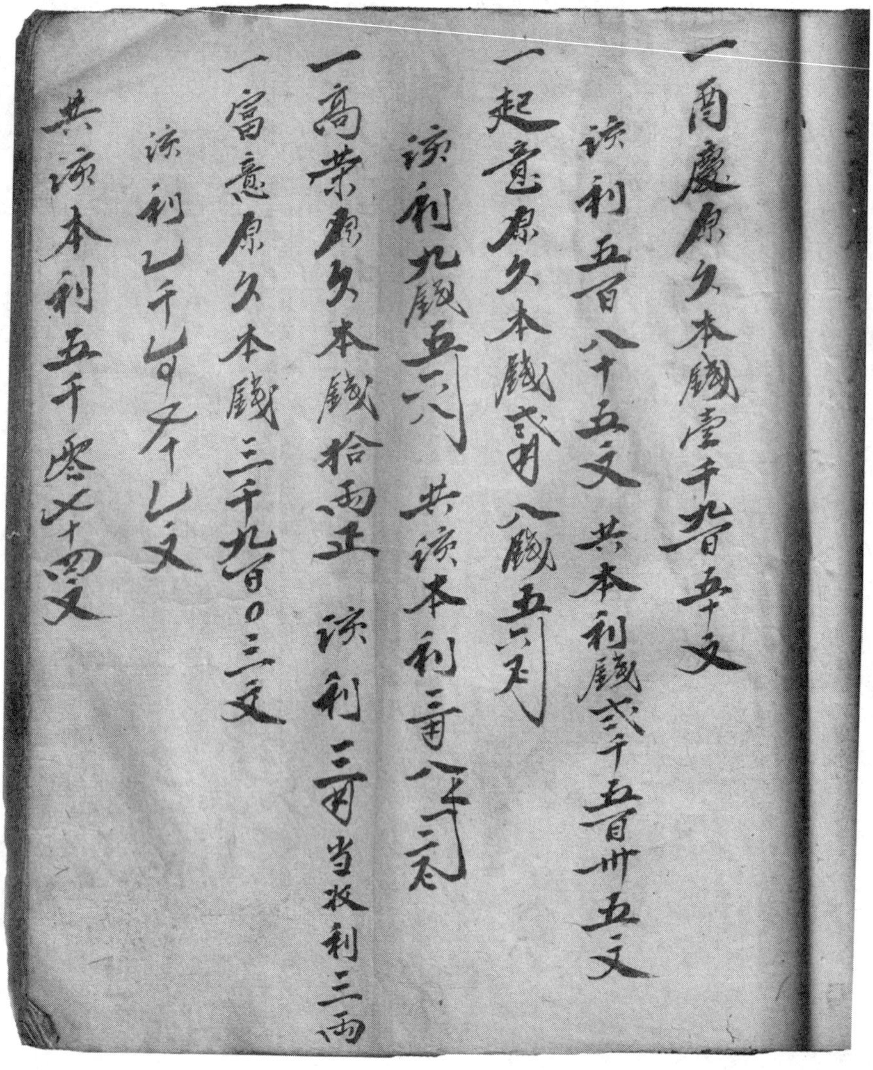

一周慶原久本錢壹千九百五十文
該利五百八十五文 共本利錢弍千五百卅五文
一起意原久本錢弍两八錢五[illegible]
該利九錢五[illegible] 共該本利三两八[illegible]
一高榮原久本錢拾两正 該利三两 当收利三两
一富意原久本錢三千九百〇三文
該利乙千[illegible]文
共該本利五千零七十四文

秋口镇沙城洪 3-36 · 道光十年 · 义聚饼会簿 · 文龙、文述

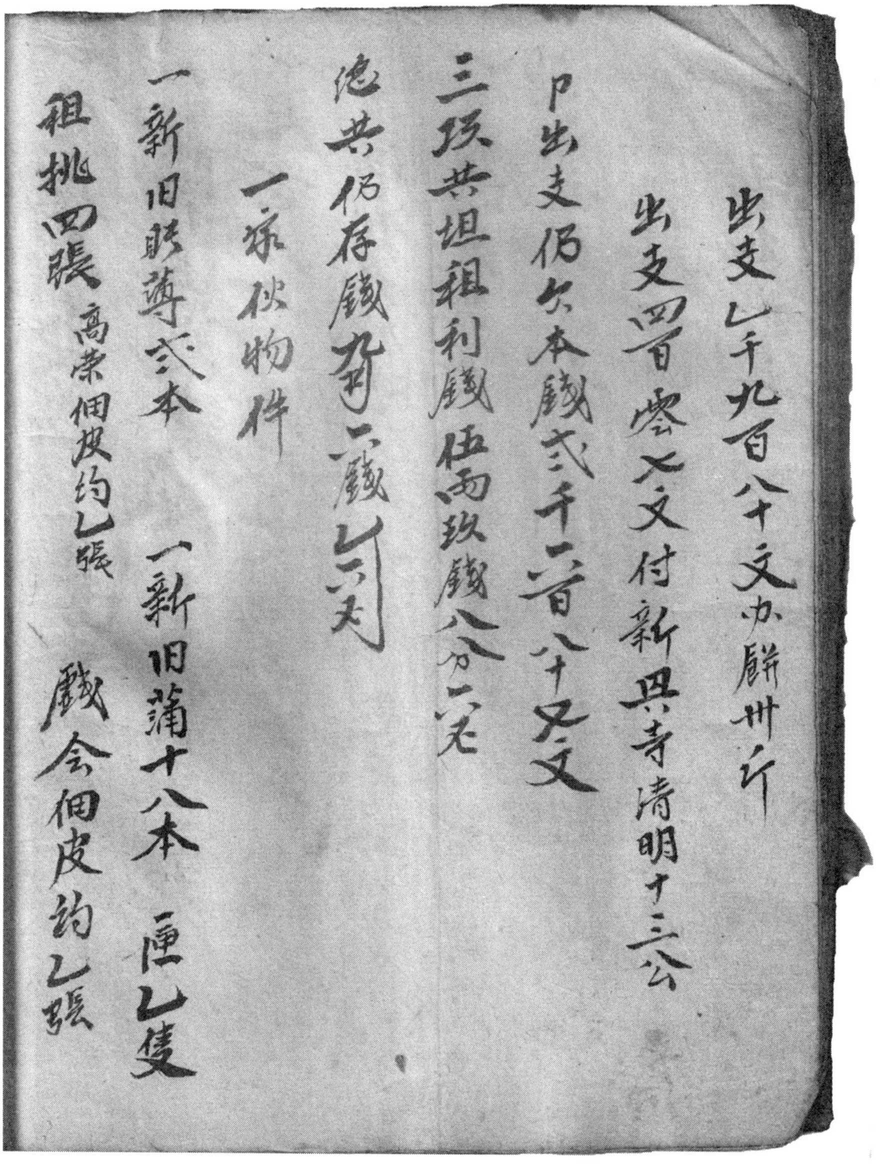
出支乙千九百八十文办餅卅斤
出支四百零七文付新興寺清明十三公
户出支仍欠本錢弍千一百八十五文
三股共坦祖利錢伍兩玖錢八分一毛
總共仍存錢[illegible]二錢乙分文
一承伙物件
一新旧賬簿弍本　一新旧蒲十八本　匣乙隻
租批四張　高崇佃皮约乙張　戲会佃皮约乙張

秋口镇沙城洪 3-37 · 道光十年 · 义聚饼会簿 · 文龙、文述

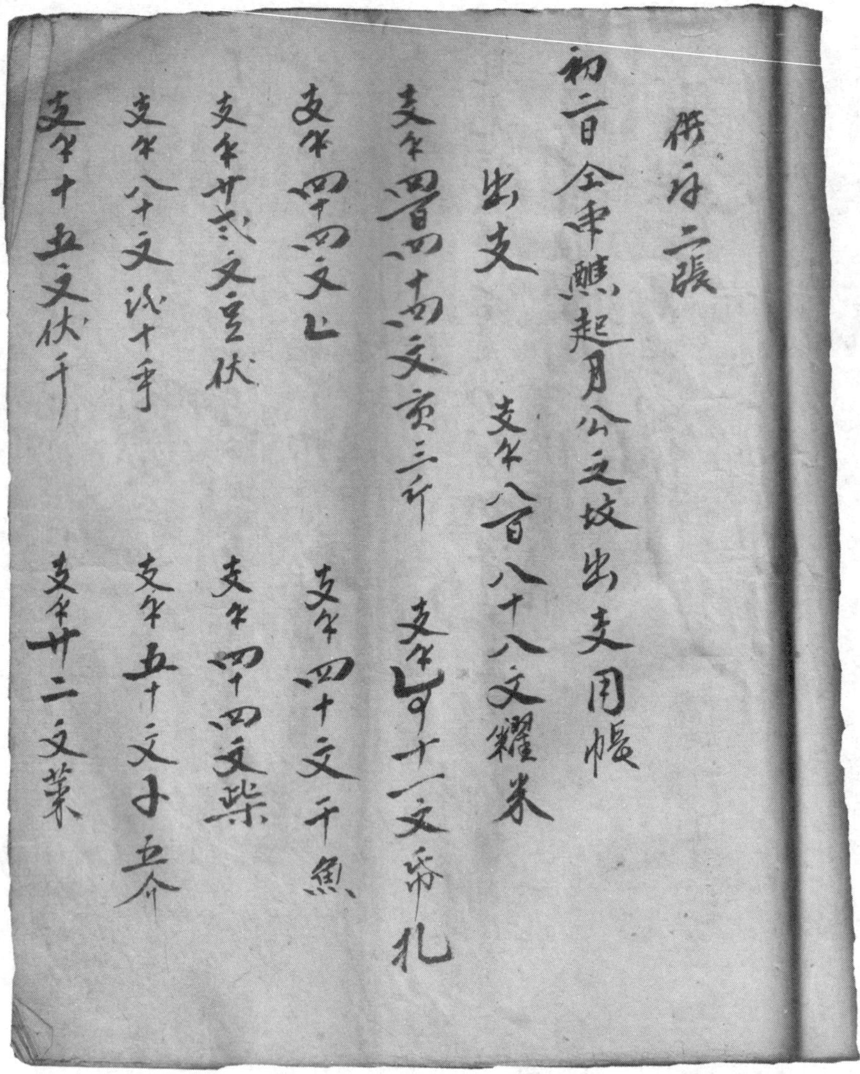

秋口镇沙城洪 3-38 · 道光十年 · 义聚饼会簿 · 文龙、文述

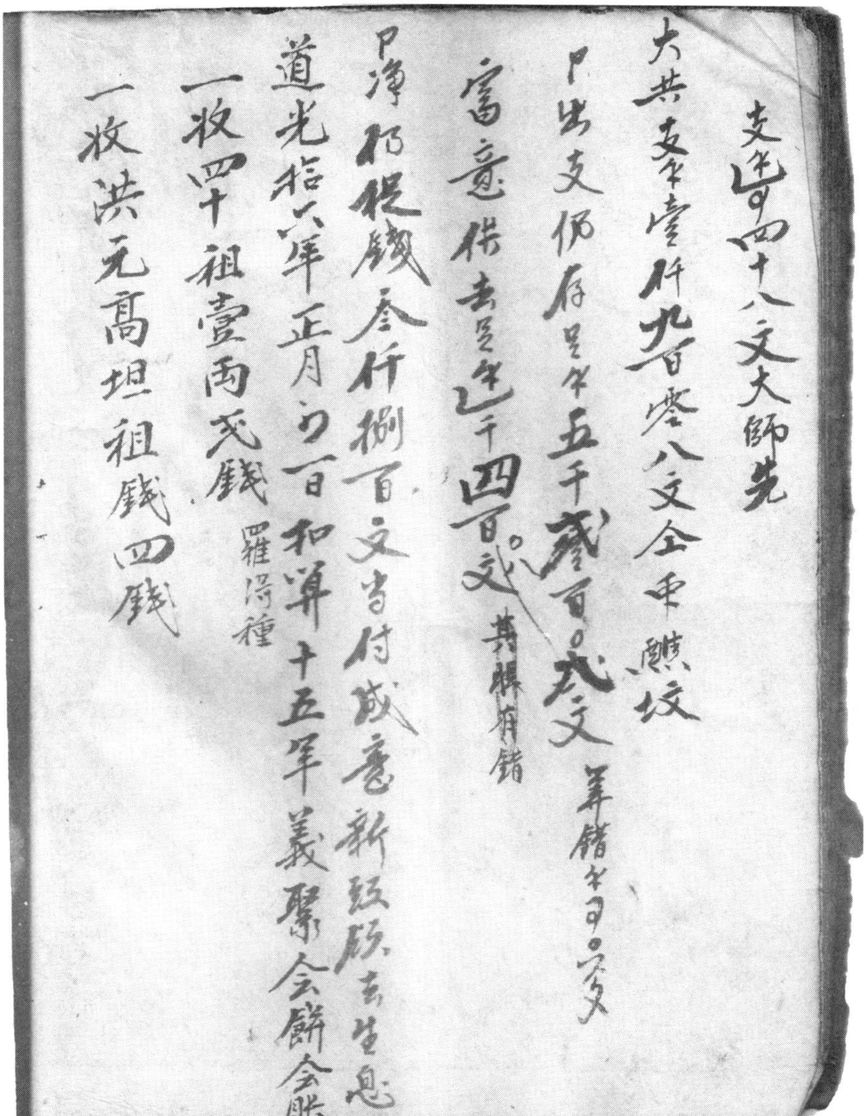
支年四十八文大師先
大共支壹仟九百零八文仝乘麒坟
尸出支仍存五千叁百〇弍文 算錯
富意供去四百文 其賬有錯
尸淨仍從錢叁仟捌百文当付成意新政去生息
道光拾八年正月初一日和算十五年義聚会餅会賬
一收四十祖壹两弍錢 羅得種
一收洪元高坦祖錢四錢

秋口镇沙城洪 3–39 · 道光十年 · 义聚饼会簿 · 文龙、文述

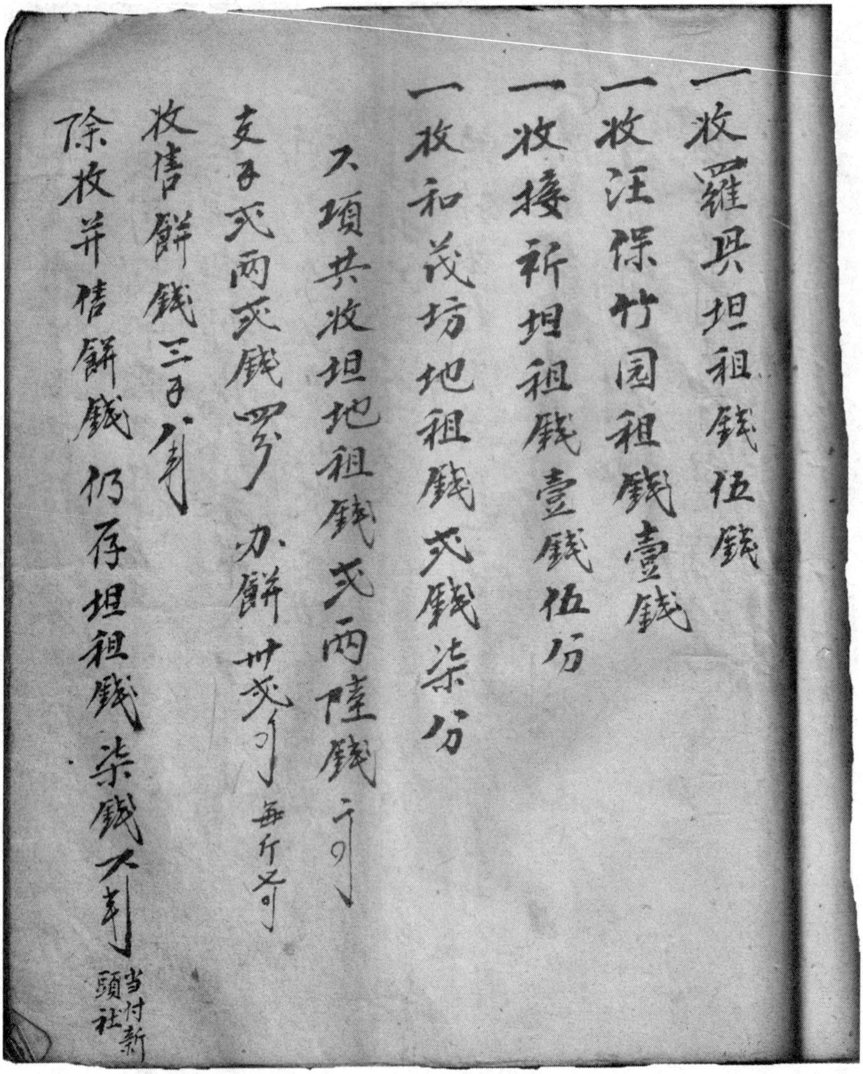

一收羅興坦租錢伍錢
一收汪保竹园租錢壹錢
一收接祈坦租錢壹錢伍分
一收和茂坊地租錢貳錢柒分
又項共收坦地租錢貳兩陸錢二分
支子貳兩貳錢四分 办餅卅貳斤 每斤五分
收售餅錢三千八文
除收并售餅錢仍存坦租錢柒錢八分
当付新頭社

秋口镇沙城洪 3-40 · 道光十年 · 义聚饼会簿 · 文龙、文述

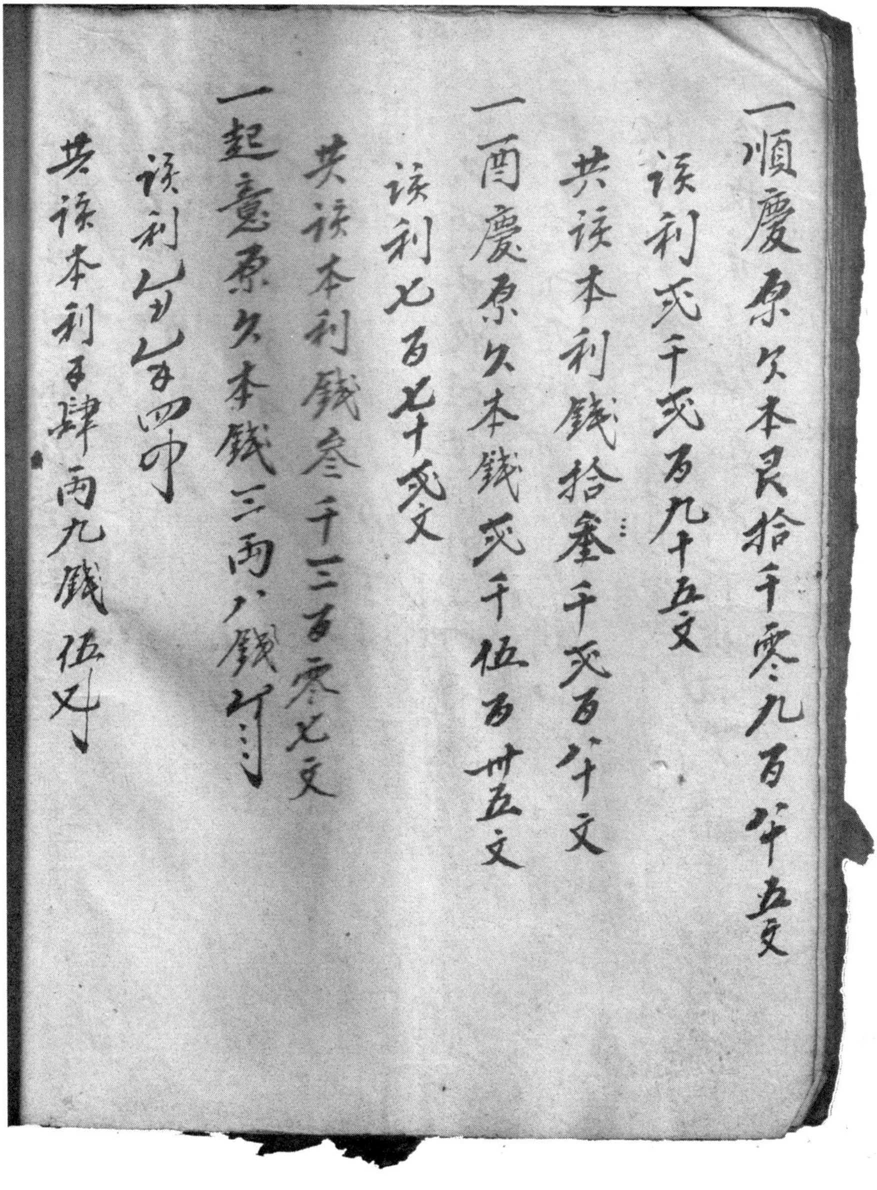

一順慶原欠本艮拾千零九百八十五文
該利弍千弍百九十五文
共該本利錢拾叁千弍百八十文
一酉慶原欠本錢弍千伍百卅五文
該利七百七十弍文
共該本利錢叁千三百零七文
一起意原欠本錢三兩八錢对
該利[illegible]四[illegible]
共該本利子肆兩九錢伍对

秋口镇沙城洪 3-41 · 道光十年 · 义聚饼会簿 · 文龙、文述

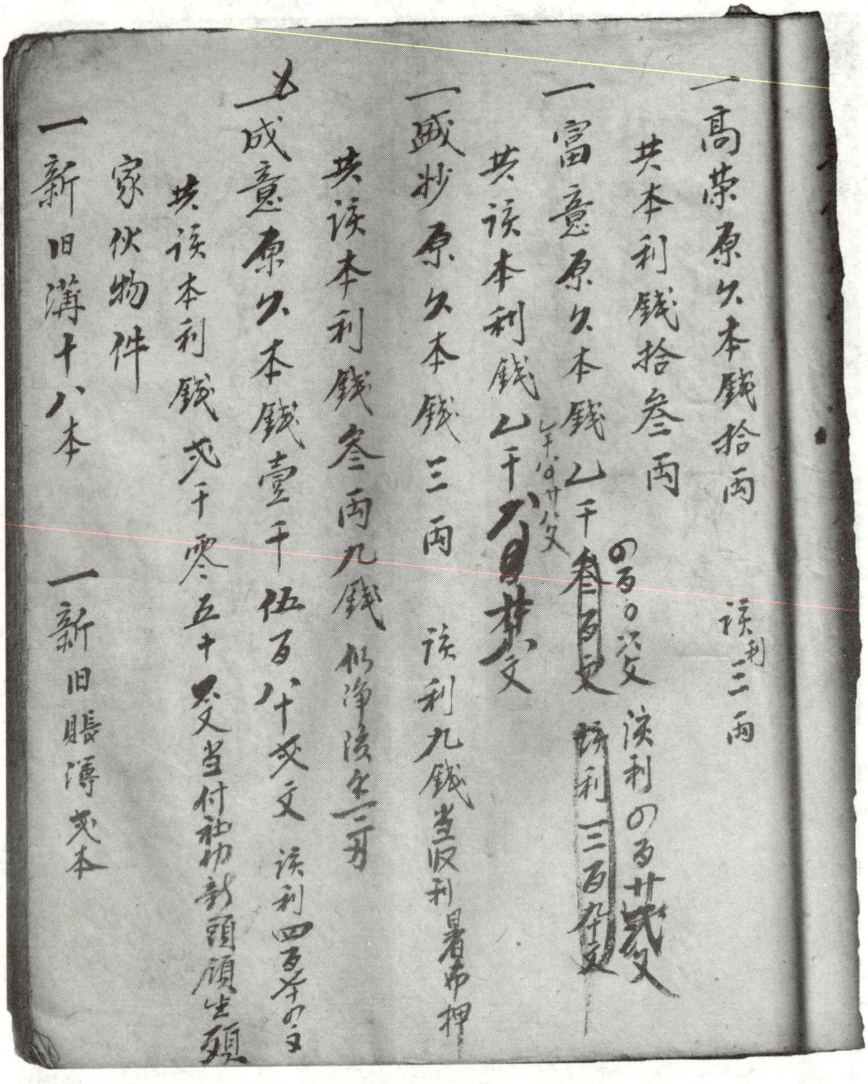

秋口镇沙城洪 3-42 · 道光十年 · 义聚饼会簿 · 文龙、文述

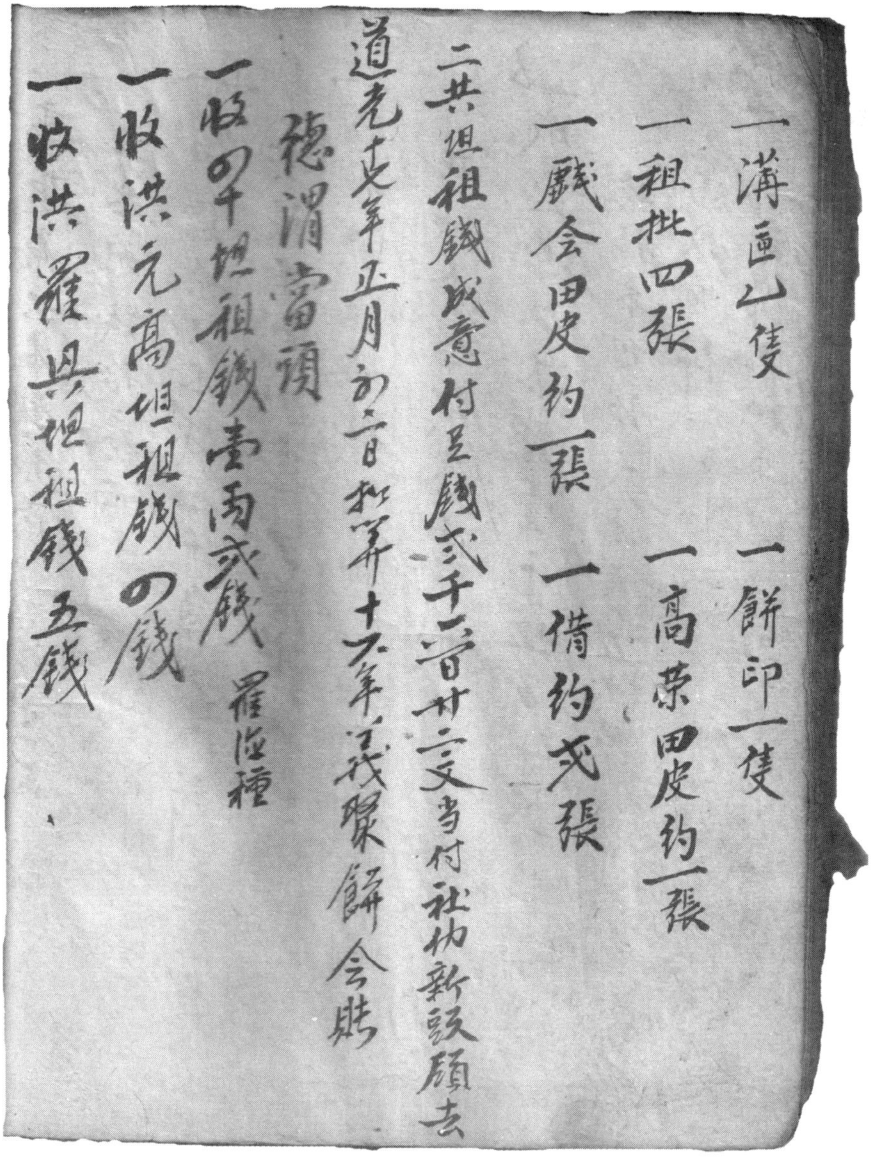
一溝匣乙隻　一餅印一隻
一租批四張　一高荥田皮约一張
一戲会田皮约一張　一借约弍張
二共佃租錢成意付足錢弍千一百廿二文当付社内新頭顧去
道光十九年正月初六日批算十八年之義聚餅会賬
德渭當頭
一收口年佃租錢壹兩弍錢　羅位種
一收洪元高佃租錢四錢
一收洪羅興佃租錢五錢

秋口镇沙城洪 3–43 · 道光十年 · 义聚饼会簿 · 文龙、文述

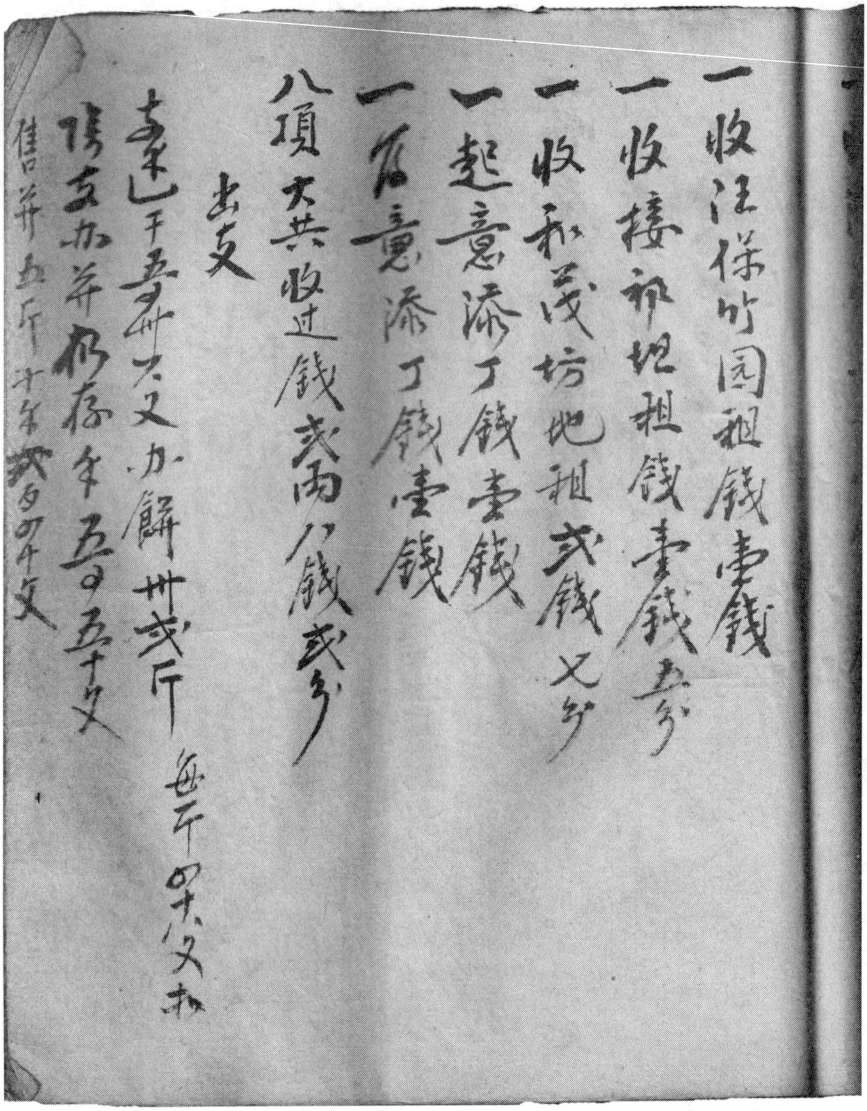

秋口镇沙城洪 3-44 · 道光十年 · 义聚饼会簿 · 文龙、文述

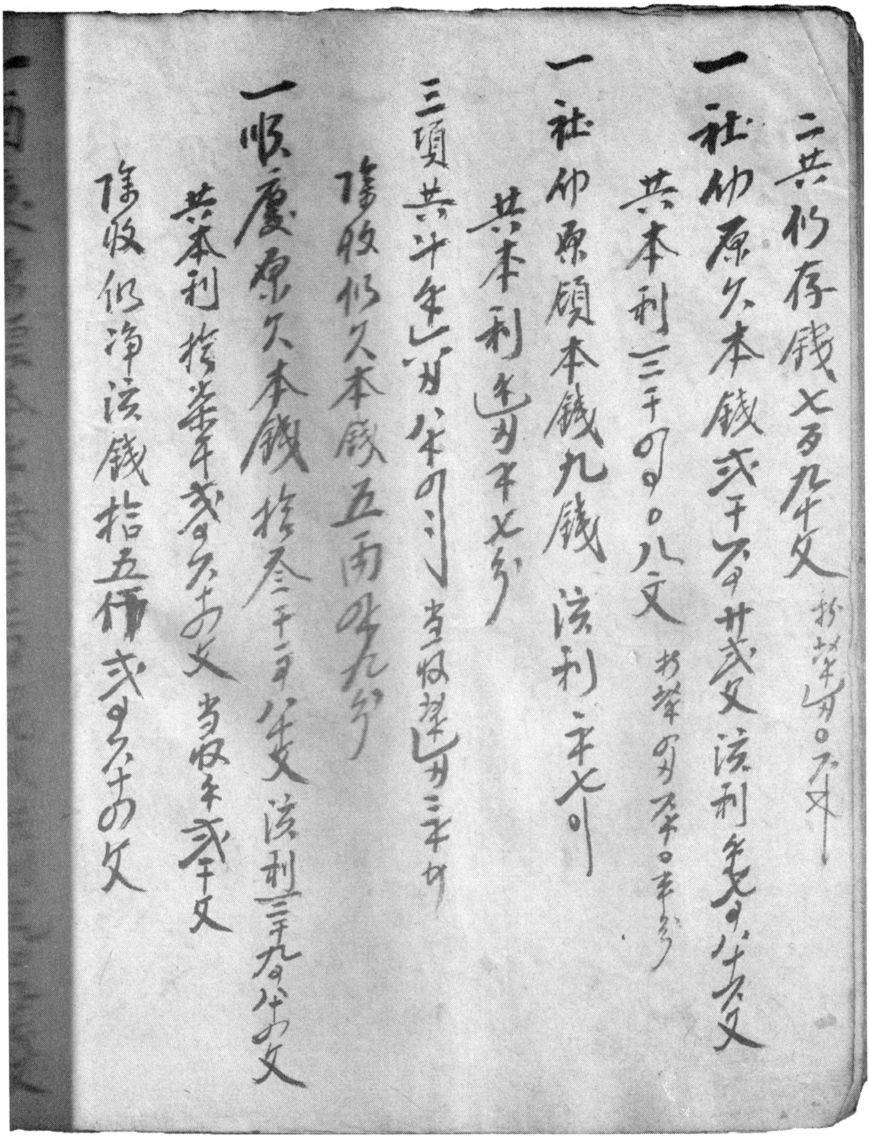

秋口镇沙城洪 3-45 · 道光十年 · 义聚饼会簿 · 文龙、文述

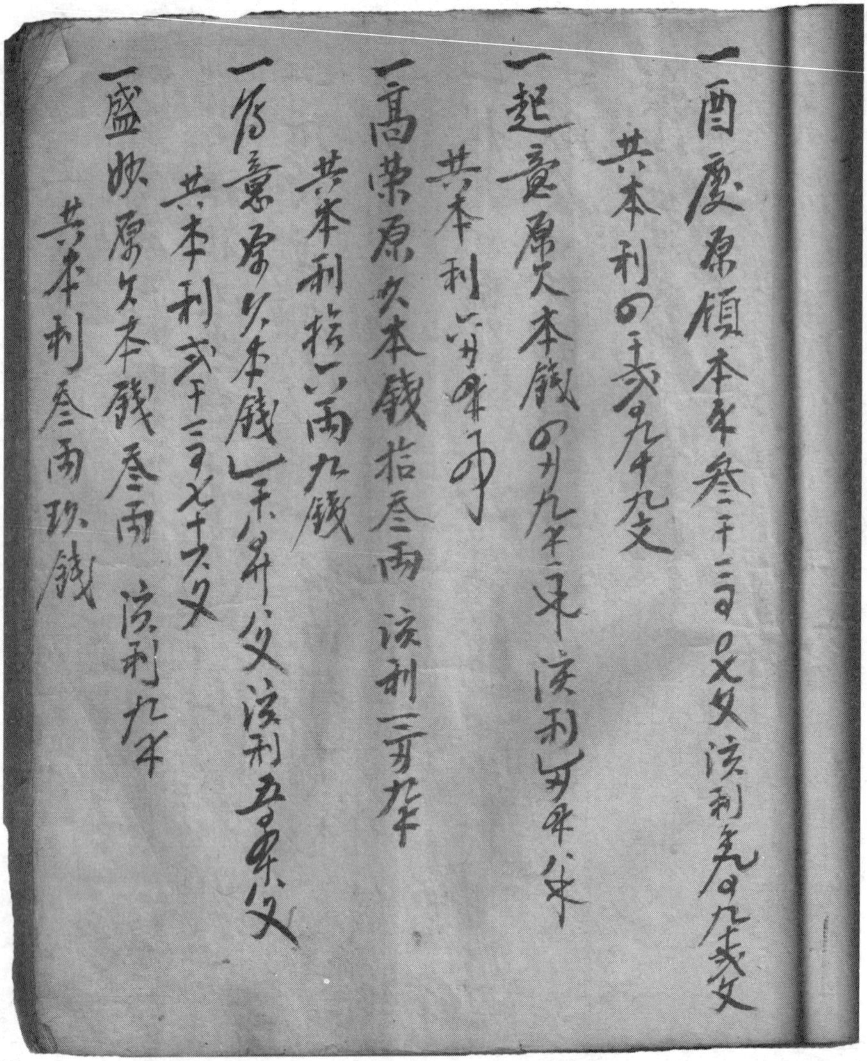
一酉慶源鎮本年叁千二百〇〇文 該利一千〇九十九文
共本利四千二百九十九文
一起意原欠本錢四千九百[illegible]文 該利[illegible]
共本利[illegible]
一高榮原欠本錢拾叁兩 該利叁兩九錢
共本利拾六兩九錢
一[illegible]原欠本錢一千八百八十八文 該利[illegible]文
共本利二千二百七十六文
一盛[illegible]原欠本錢叁兩 該利九錢
共本利叁兩玖錢

秋口镇沙城洪 3-46 · 道光十年 · 义聚饼会簿 · 文龙、文述

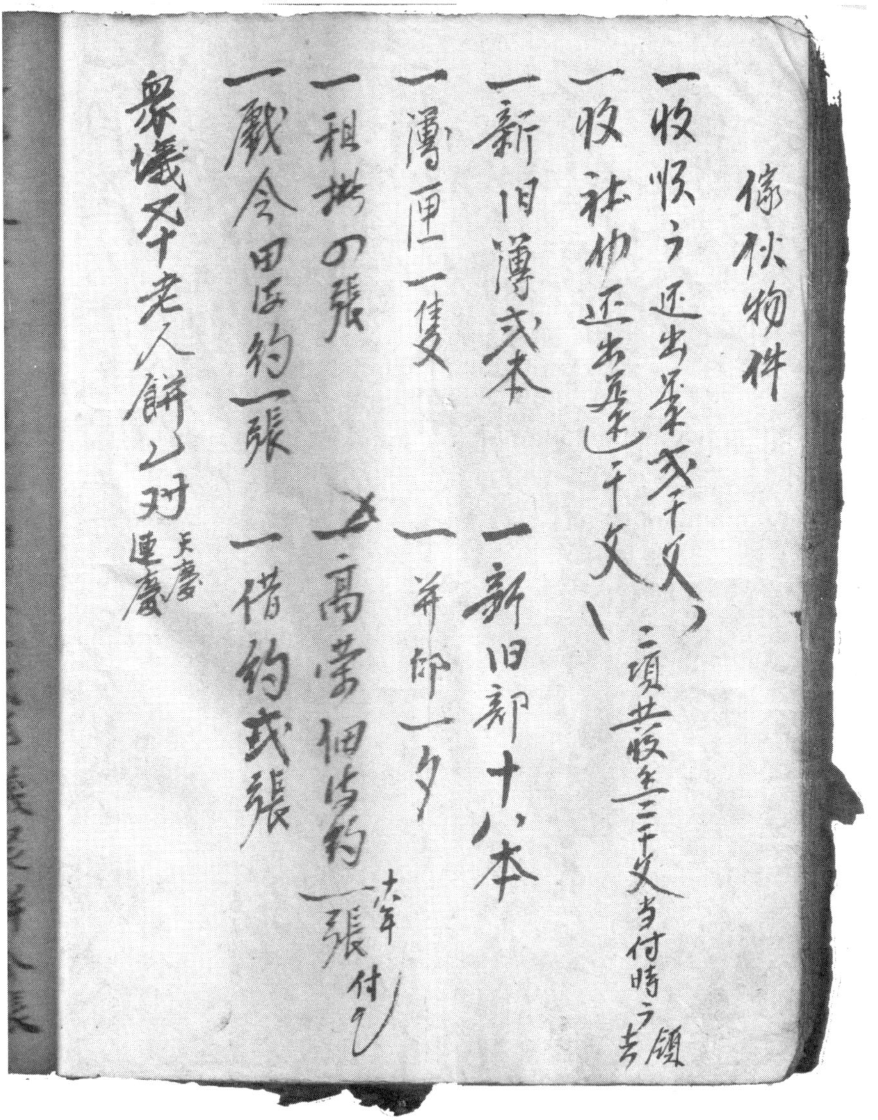

秋口镇沙城洪 3-47 · 道光十年 · 义聚饼会簿 · 文龙、文述

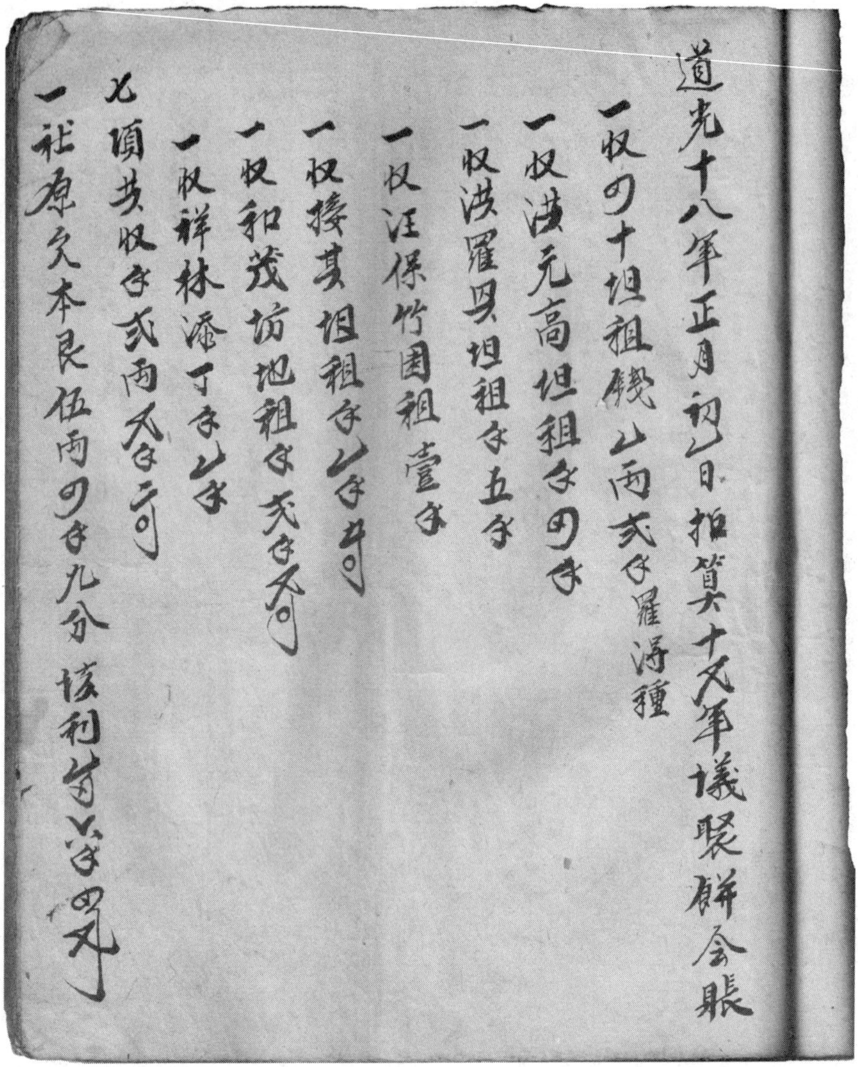

道光十八年正月初八日拍算十八年議聚餅会賬
一收四十坦祖錢山两弍分羅浔種
一收洪元高坦祖分四分
一收洪羅貝坦祖分五分
一收汪保竹园祖壹分
一收接其坦祖分山分半
一收和茂坊地祖分弍分叁厘
一收祥林添丁分山分
乙項共收分弍两叁分二厘
一社原欠本艮伍两四分九分 该利錢六分四厘

秋口镇沙城洪 3-48 · 道光十年 · 义聚饼会簿 · 文龙、文述

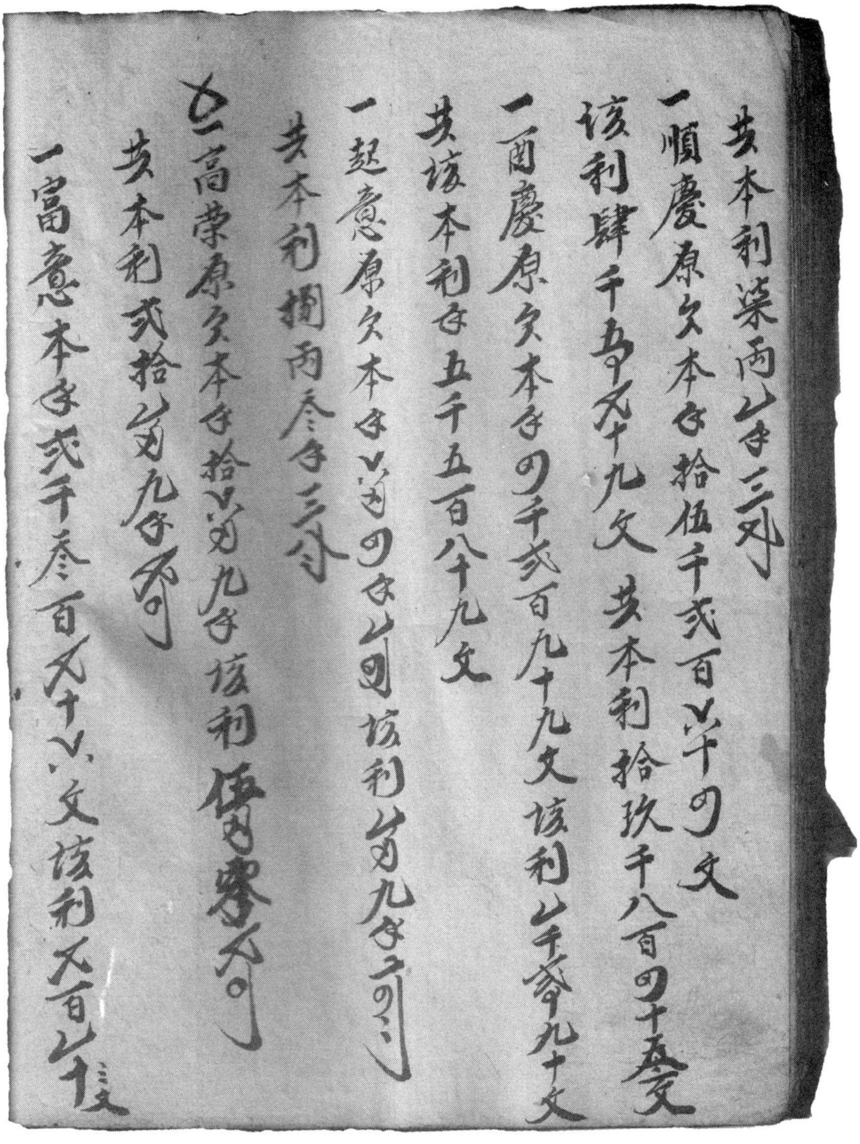
共本利柒两山钱三分
一顺庆原欠本钱拾伍千弍百乂半四文
该利肆千五百又十九文　共本利拾玖千八百四十五文
一酉庆原欠本钱四千弍百九十九文　该利山千零九十文
共该本利钱五千五百八十九文
一起意原欠本钱乂两四钱山分　该利乂两九钱二分
共本利捌两叁钱三分
一高荣原欠本钱拾乂两九钱　该利伍两零五分
共本利弍拾乂两九钱五分
一富意本钱弍千叁百又十八文　该利又百山十文

秋口镇沙城洪 3-49 · 道光十年 · 义聚饼会簿 · 文龙、文述

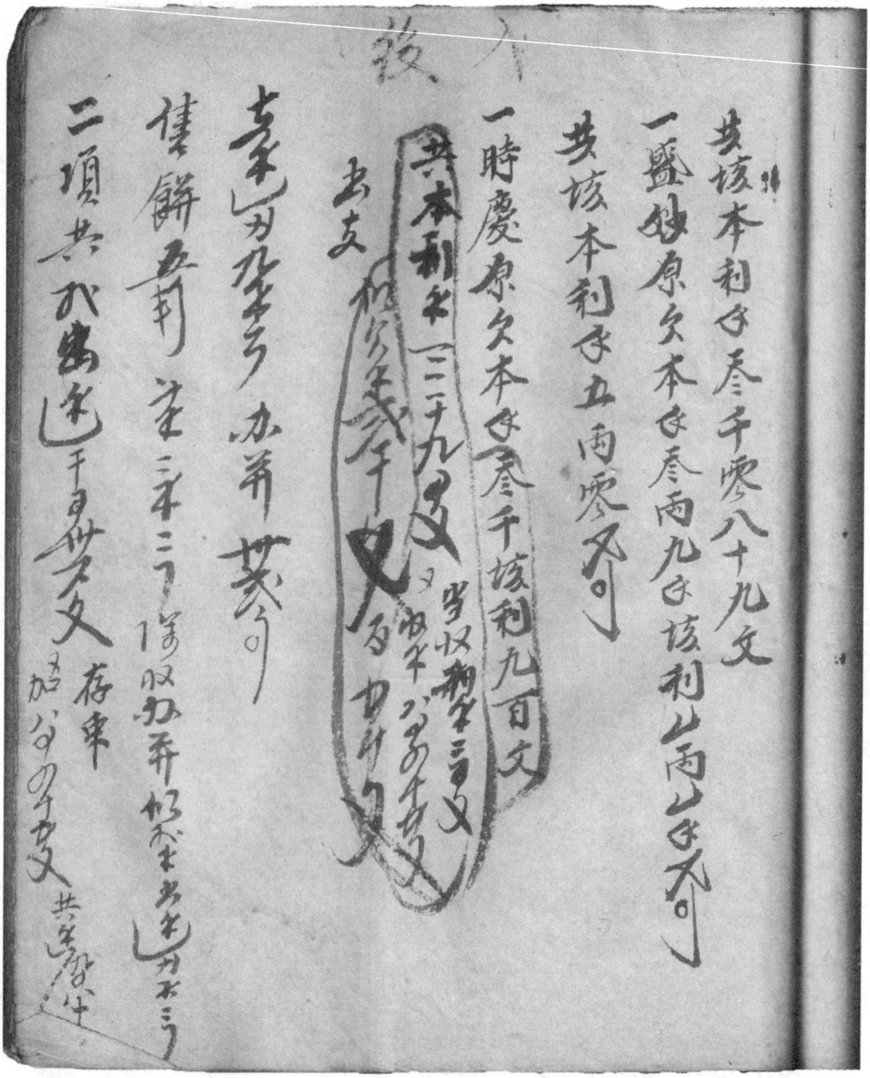

秋口镇沙城洪 3-50 · 道光十年 · 义聚饼会簿 · 文龙、文述

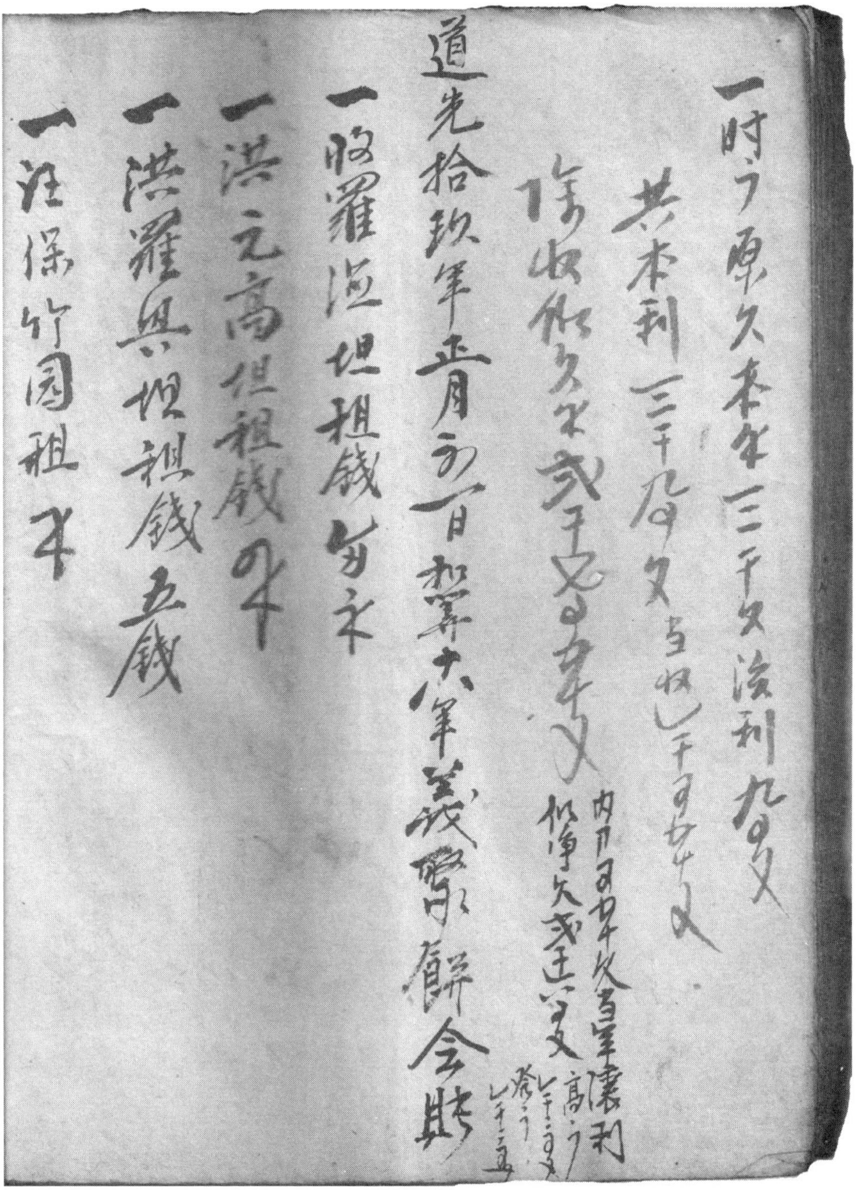

一时ㄅ原欠本钱三千文该利九百文
共本利三千九百文支收乙千七百廿七文
除收外欠钱贰千乙百七十三文
道光拾玖年正月初一日契算大小年义聚饼会账
一收罗溪坦租钱每年
一洪元高坦租钱四千
一洪罗兴坦租钱五钱
一注保竹园租千

秋口镇沙城洪 3-51 · 道光十年 · 义聚饼会簿 · 文龙、文述

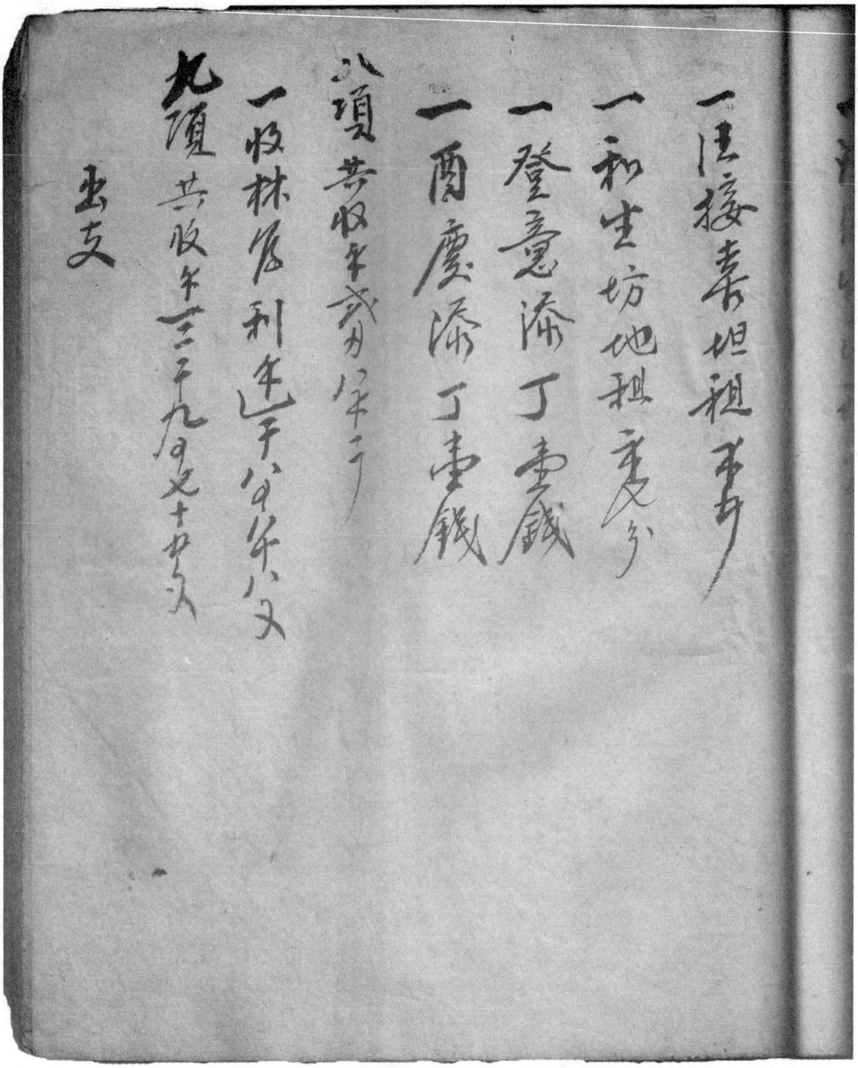

一注接春坦租
一和生坊地租
一登意添丁壹錢
一酉慶添丁壹錢
八項共收錢
一收林家利錢
九項共收錢
出支

秋口镇沙城洪 3-52 · 道光十年 · 义聚饼会簿 · 文龙、文述

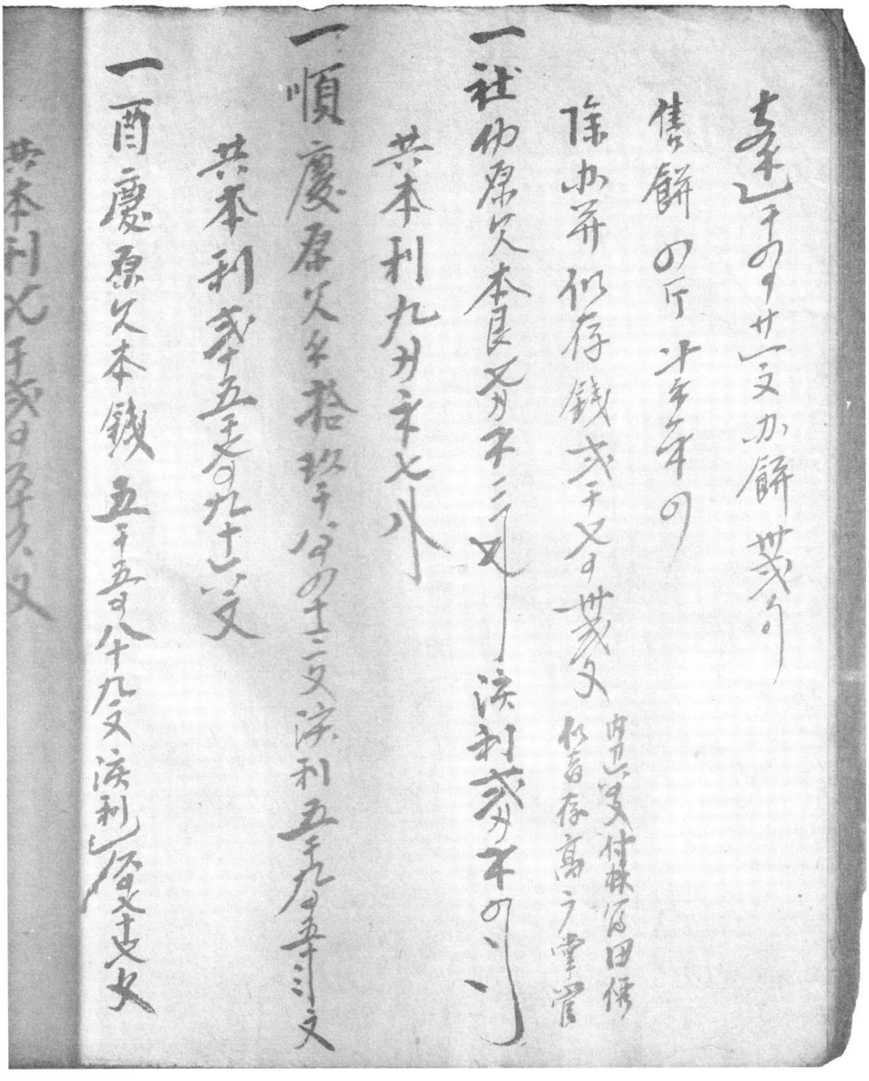

秋口镇沙城洪 3-53 · 道光十年 · 义聚饼会簿 · 文龙、文述

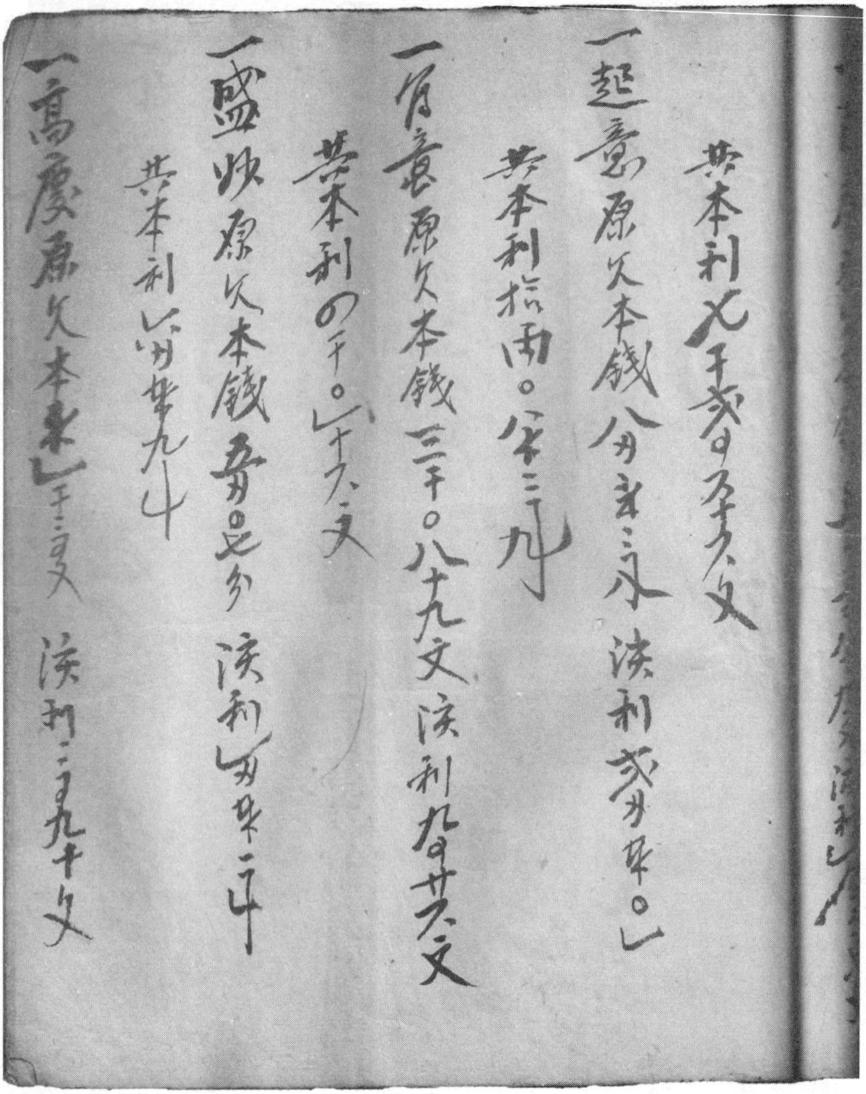

秋口镇沙城洪 3-54 · 道光十年 · 义聚饼会簿 · 文龙、文述

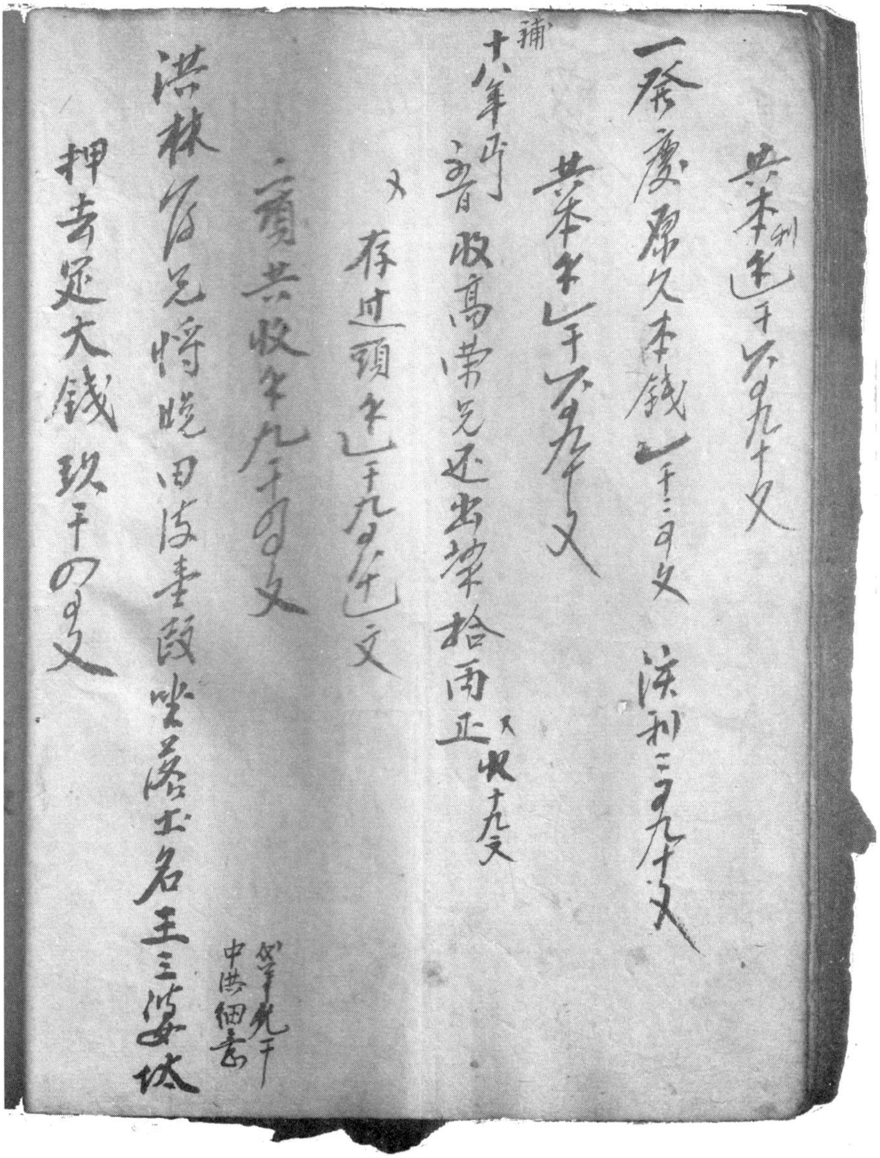
一癸庆原欠本钱一千三百文 滚利三千九十文
共本钱十千六百九十文
补
十八年正月吉收高常兄还出菜拾两正 又收十九文
又 存过头钱一千九百八十六文
一项共收钱九千四百文
洪林翁兄将晓田塅壹段坐落土名王三源安坟
押去延大钱玖千四百文

秋口镇沙城洪 3-55 · 道光十年 · 义聚饼会簿 · 文龙、文述

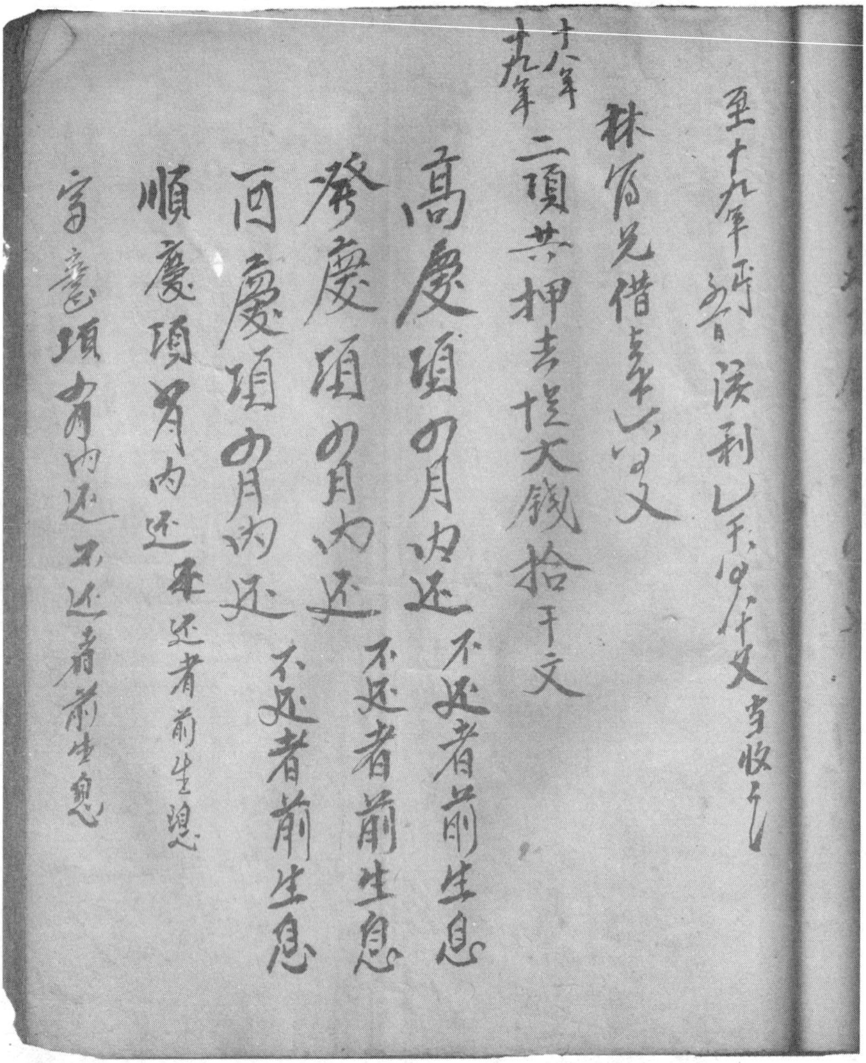

秋口镇沙城洪 3-56 · 道光十年 · 义聚饼会簿 · 文龙、文述

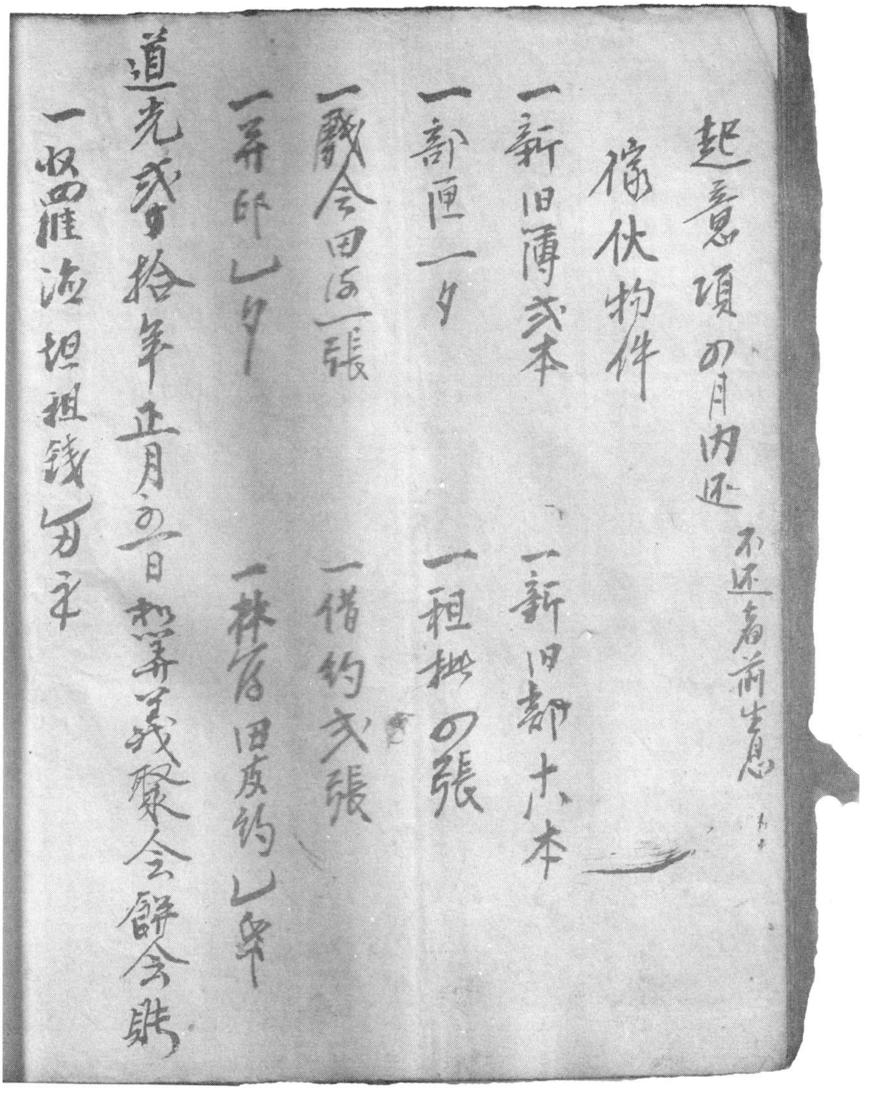

秋口镇沙城洪 3–57 · 道光十年 · 义聚饼会簿 · 文龙、文述

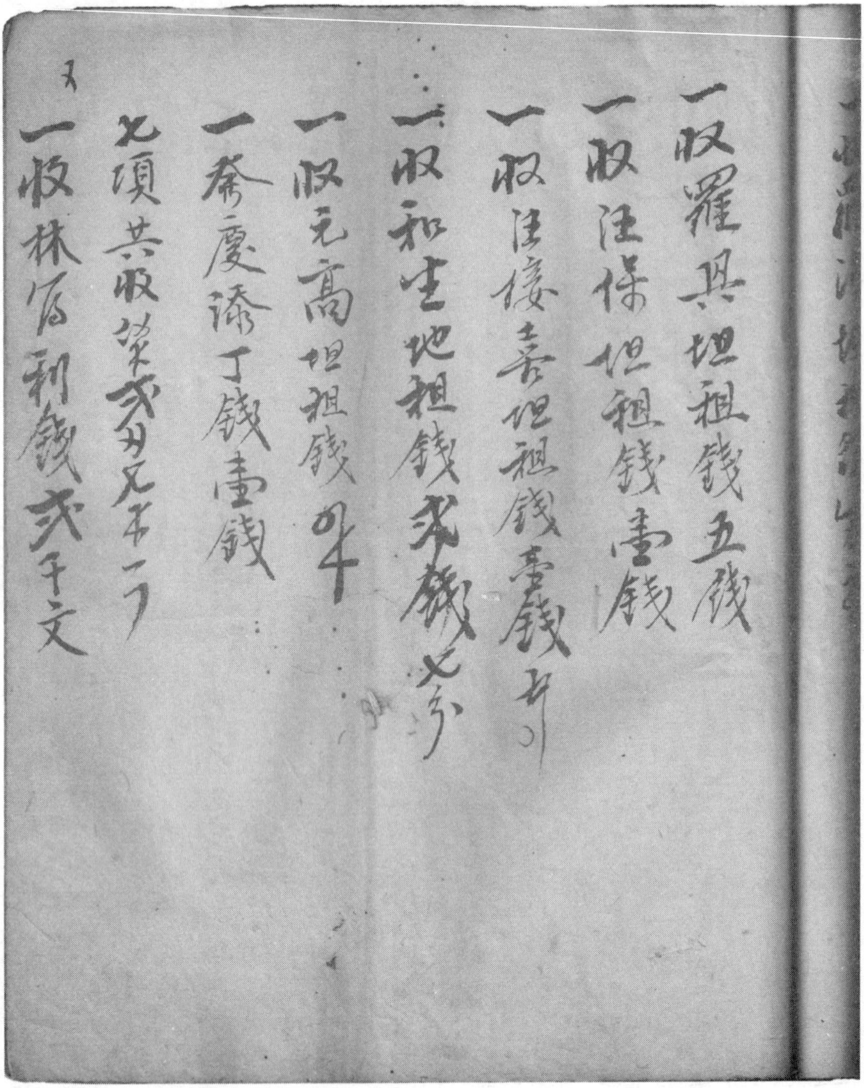

一收羅典坦租錢五錢
一收汪保坦租錢壹錢
一收汪接喜坦租錢壹錢五分
一收和生地租錢柒錢七分
一收元高坦租錢四分
一秦慶添丁錢壹錢
七項共收榮弍兩又五分一厘
又
一收林個利錢弍千文

秋口镇沙城洪 3-58 · 道光十年 · 义聚饼会簿 · 文龙、文述

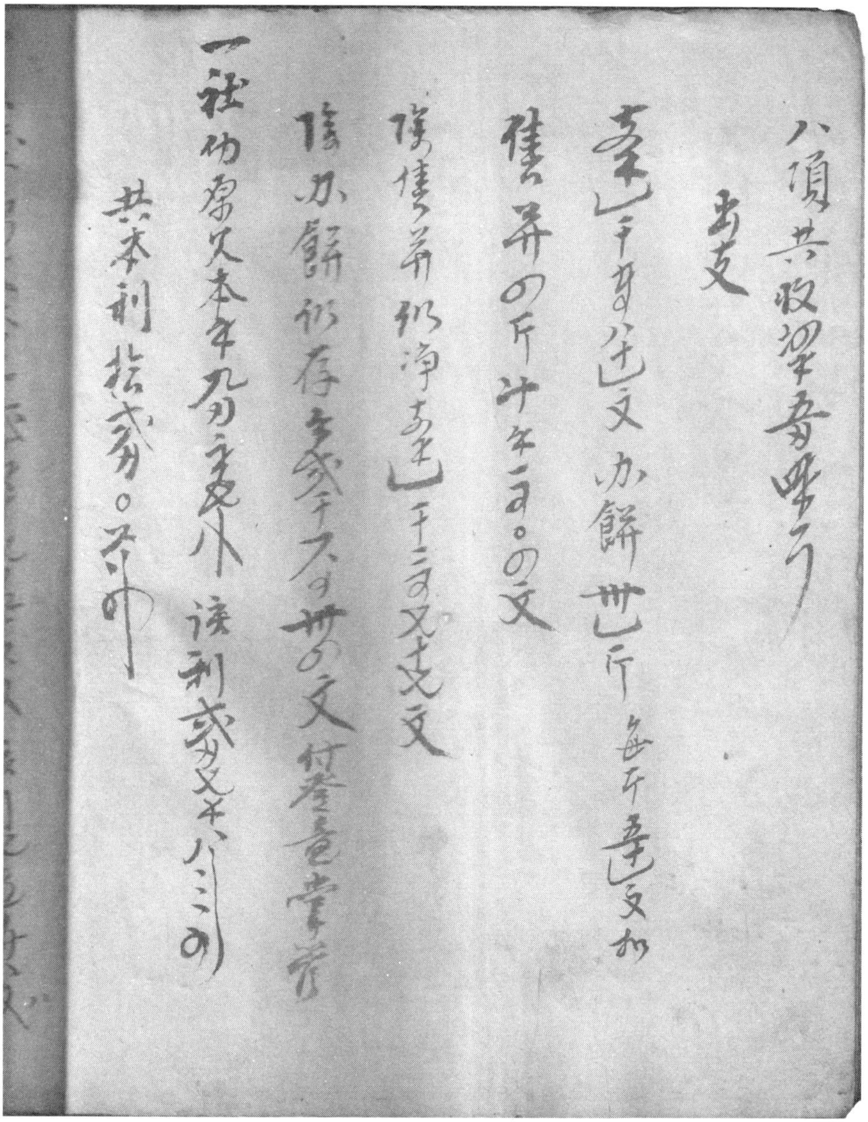

秋口镇沙城洪 3-59 · 道光十年 · 义聚饼会簿 · 文龙、文述

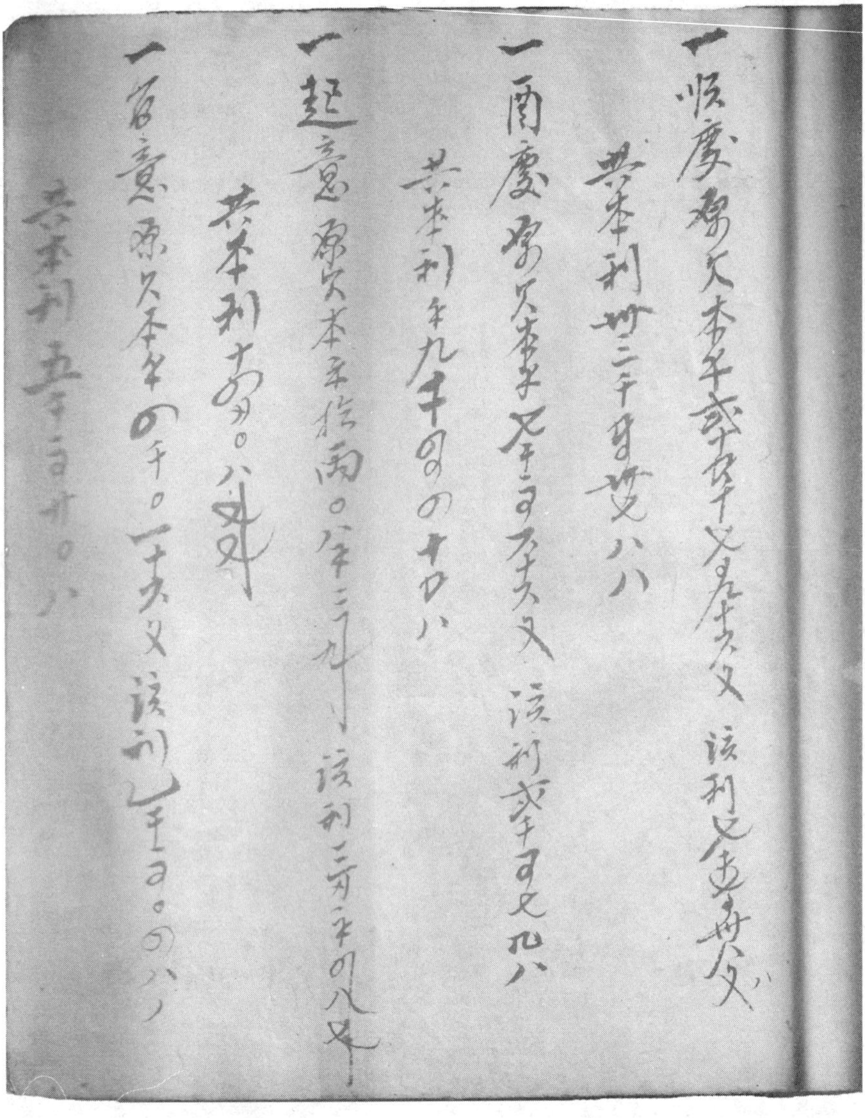

秋口镇沙城洪 3-60 · 道光十年 · 义聚饼会簿 · 文龙、文述

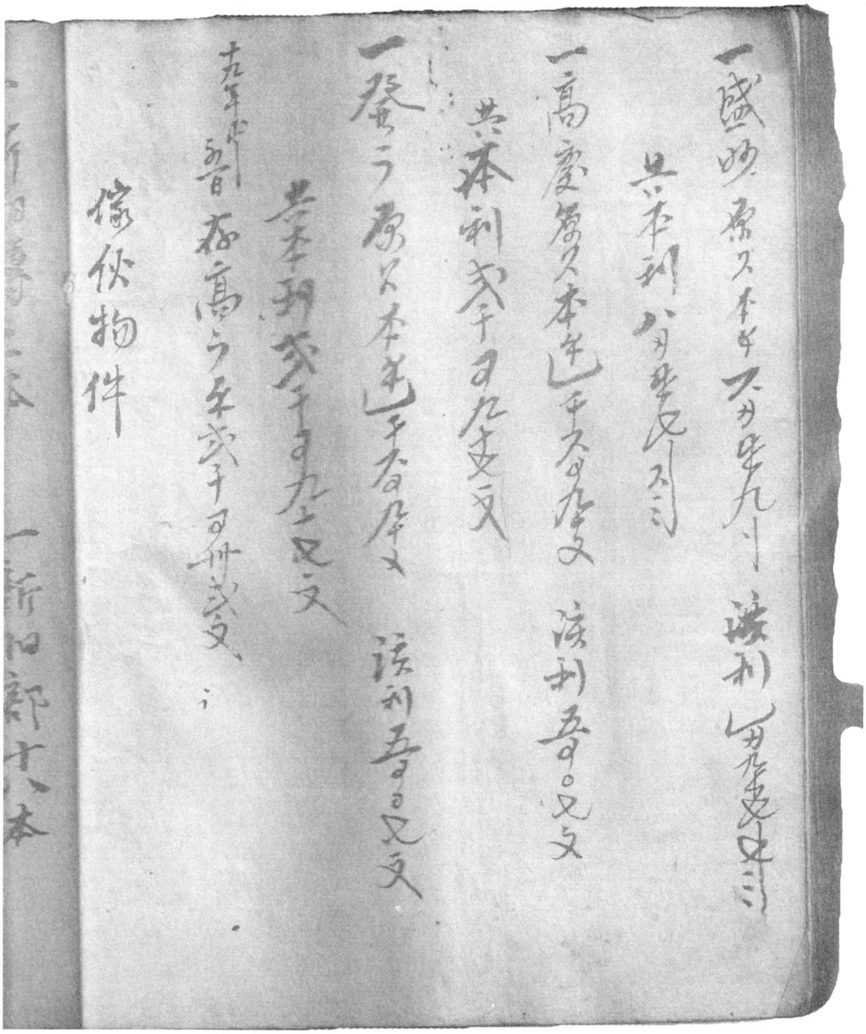

秋口镇沙城洪 3-61 · 道光十年 · 义聚饼会簿 · 文龙、文述

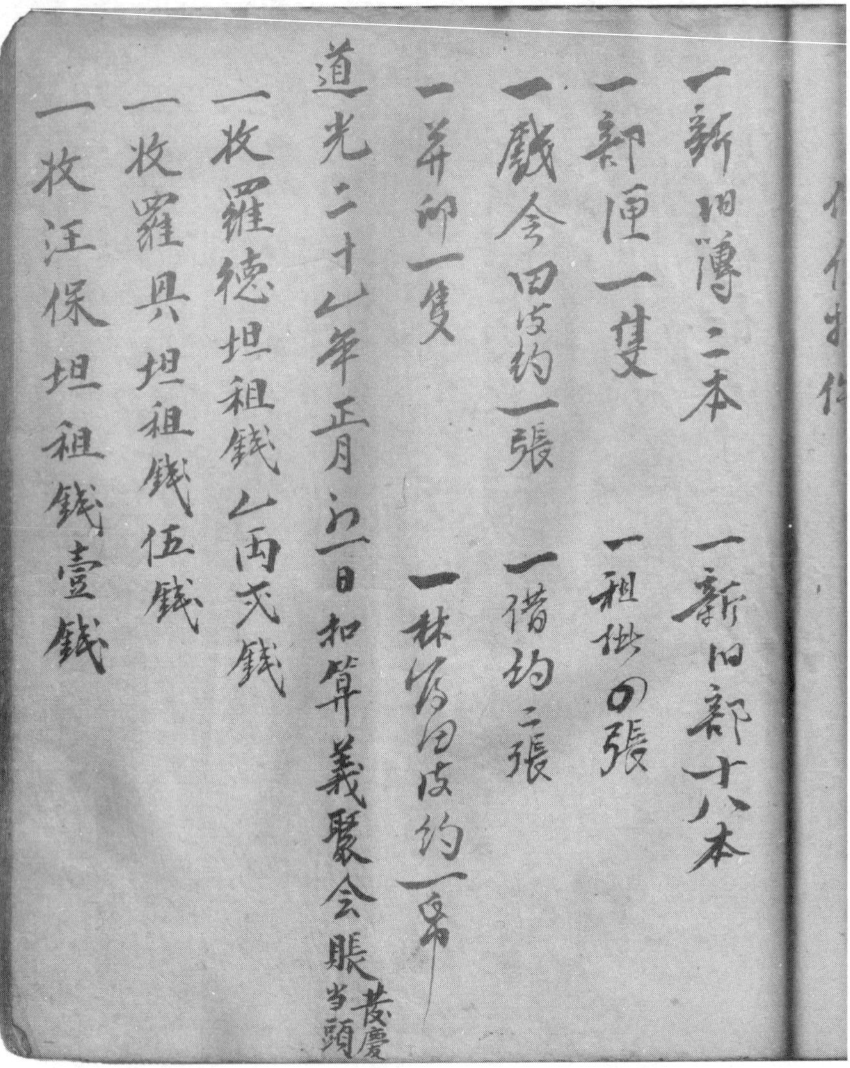

一新旧簿二本　一新旧都十八本
一都匣一隻　一租批四張
一戲会田皮約一張　一借約二張
一莽印一隻　一林塝田皮約一帋
道光二十ム年正月廿一日和算義聚会賬　当頭黄慶
一收羅德坦租錢ム丙弍錢
一收羅興坦租錢伍錢
一收汪保坦租錢壹錢

秋口镇沙城洪 3-62 · 道光十年 · 义聚饼会簿 · 文龙、文述

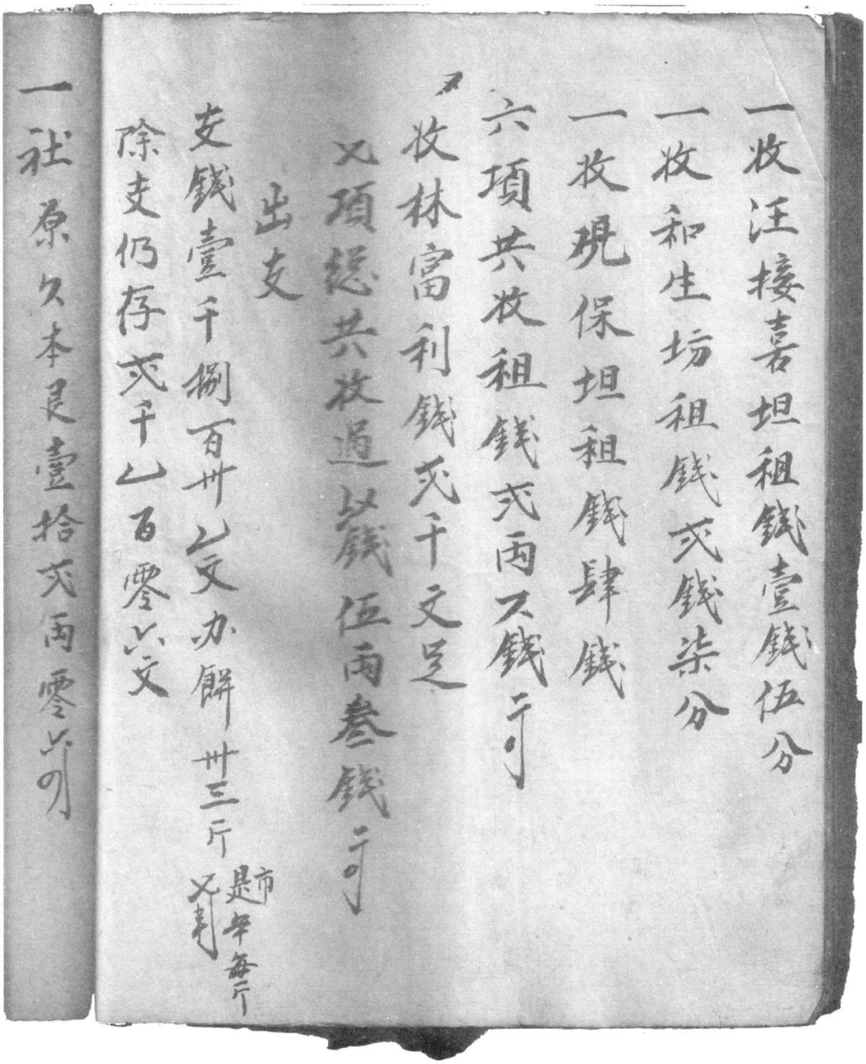

秋口镇沙城洪 3-63 · 道光十年 · 义聚饼会簿 · 文龙、文述

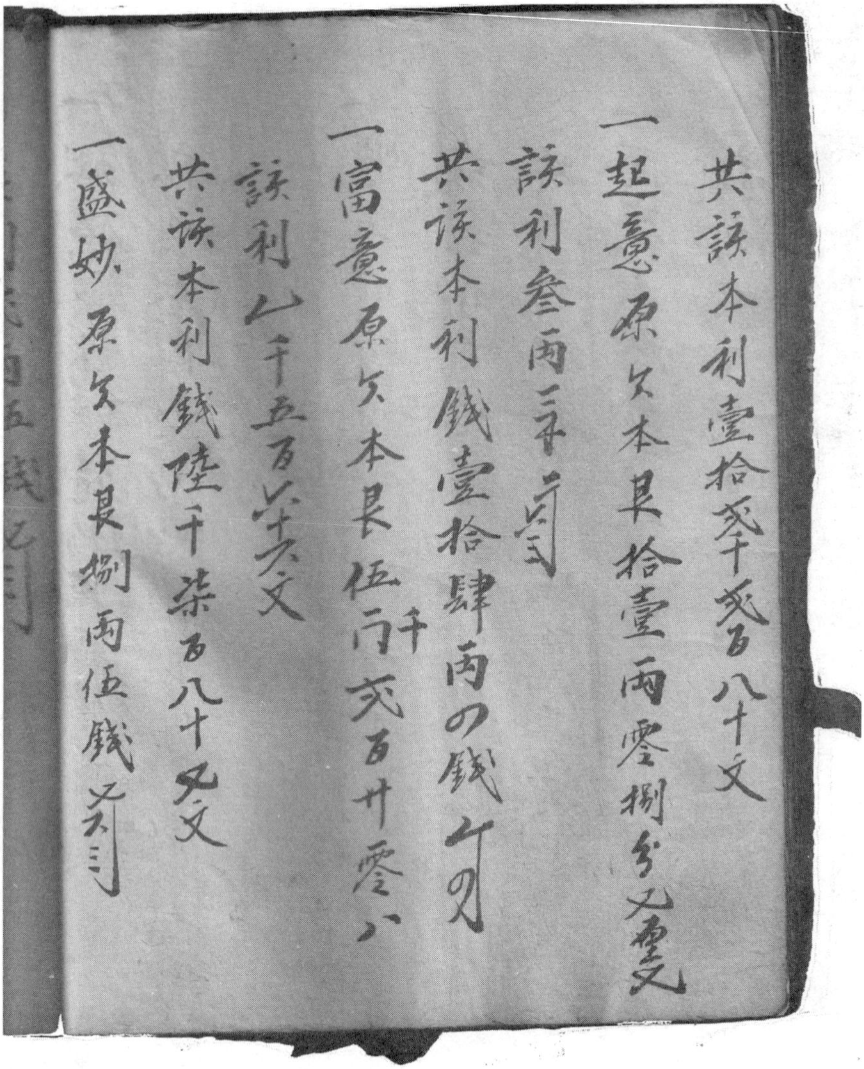
共該本利壹拾叁千叁百八十文
一起意原欠本艮拾壹兩零捌分又零文
該利叁兩三分二厘
共該本利錢壹拾肆兩四錢六分
一富意原欠本艮伍兩千貳百廿零八
該利八千五百六十六文
共該本利錢陸千柒百八十九文
一盛妙原欠本艮捌兩伍錢六分三厘

秋口镇沙城洪 3-64 · 道光十年 · 义聚饼会簿 · 文龙、文述

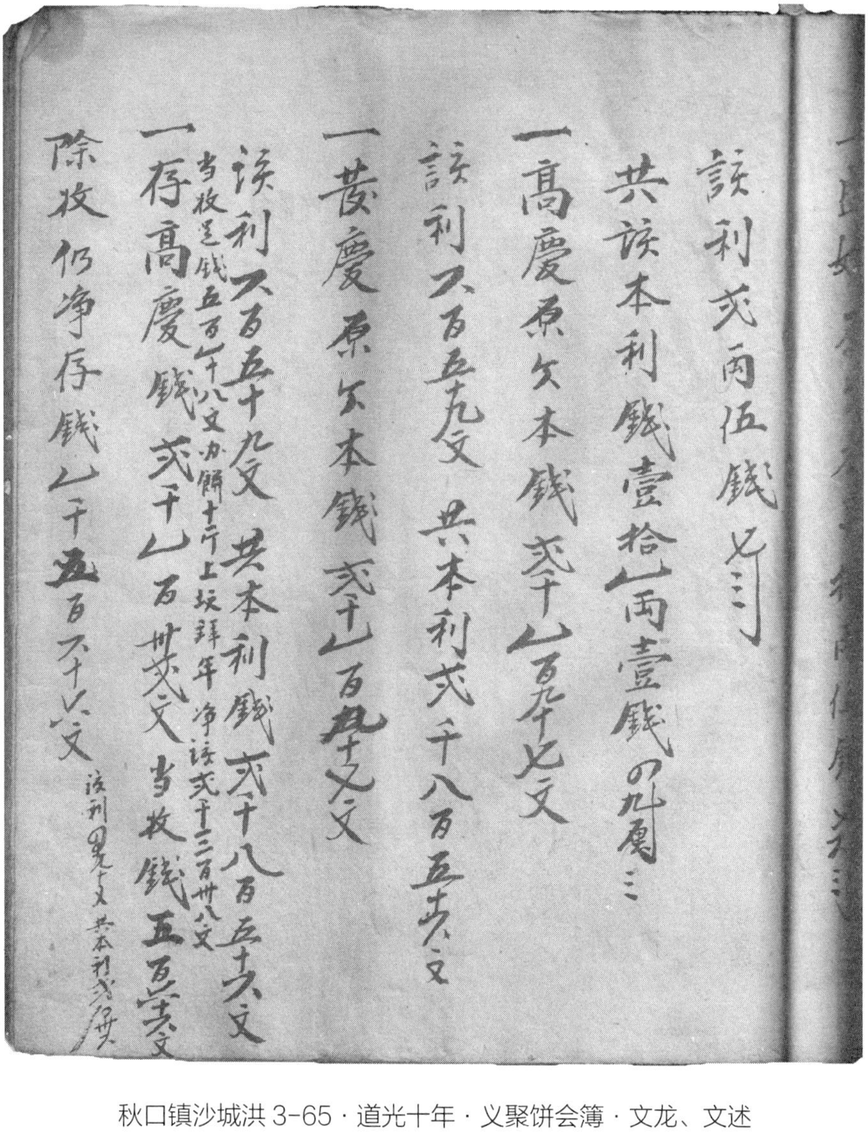

該利弍兩伍錢七三

共該本利錢壹拾四兩壹錢四九厘三

一高慶原欠本錢弍千四百九十七文

該利六百五十九文　共本利弍千八百五十六文

一黃慶原欠本錢弍千四百五十六文

該利六百五十九文　共本利錢弍千八百五十六文

當收該錢五百四十八文加餅十斤上坟拜年净該弍千三百卅八文

一存高慶錢弍千四百卅弍文　當收錢五百五十文

除收仍净存錢四千五百六十八文

該利四百九十文　共本利弍千……

秋口镇沙城洪 3-65 · 道光十年 · 义聚饼会簿 · 文龙、文述

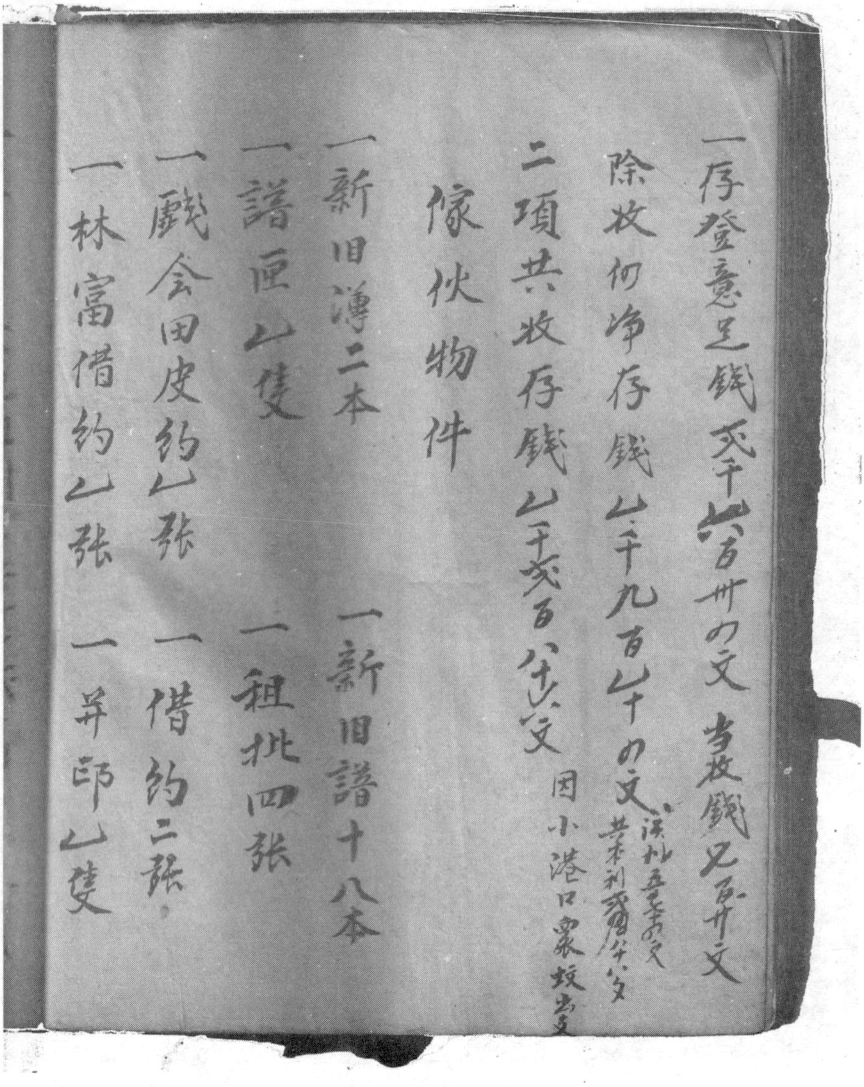

秋口镇沙城洪 3-66 · 道光十年 · 义聚饼会簿 · 文龙、文述

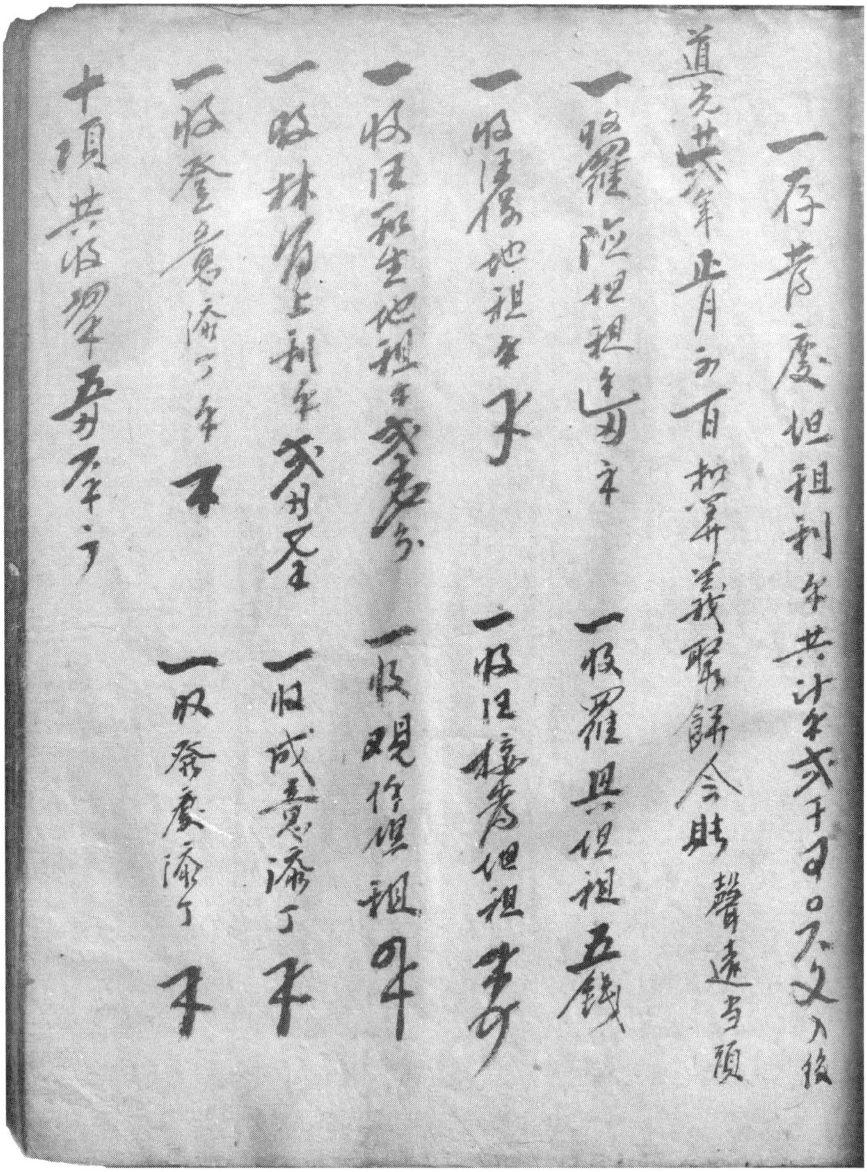

秋口镇沙城洪 3-67 · 道光十年 · 义聚饼会簿 · 文龙、文述

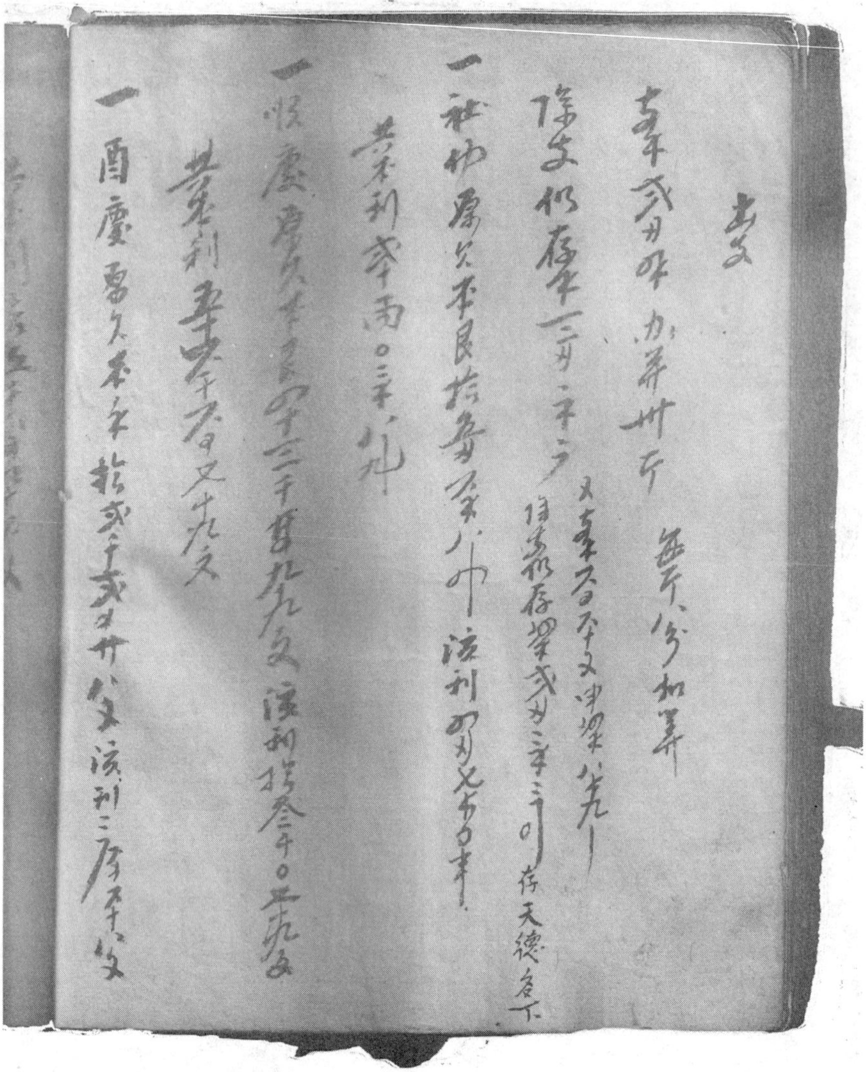

秋口镇沙城洪 3-68 · 道光十年 · 义聚饼会簿 · 文龙、文述

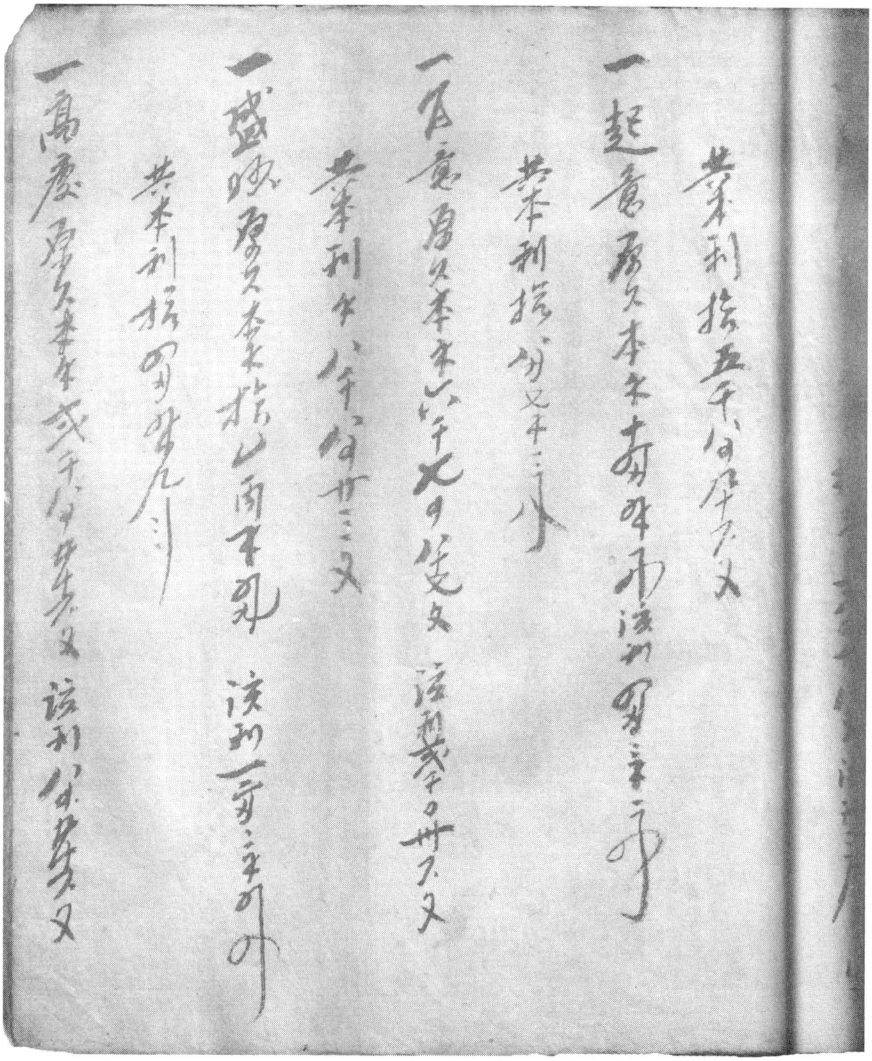

秋口镇沙城洪 3-69 · 道光十年 · 义聚饼会簿 · 文龙、文述

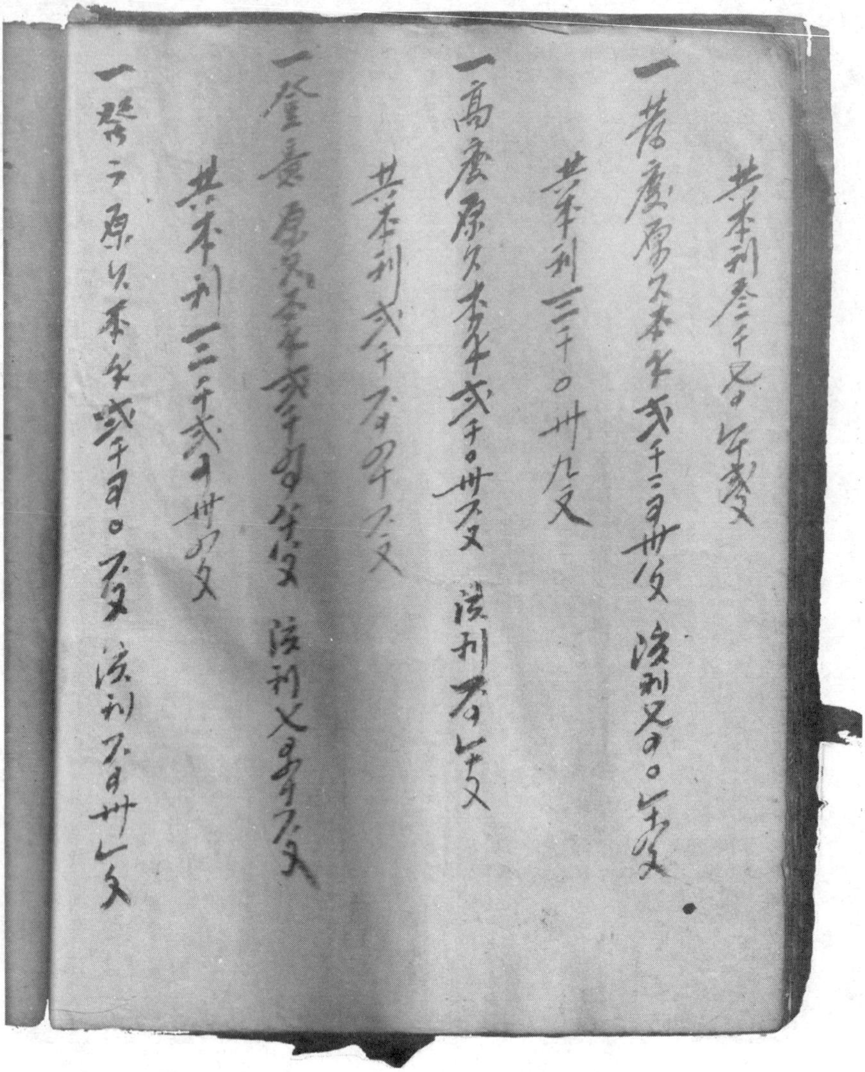

秋口镇沙城洪 3-70 · 道光十年 · 义聚饼会簿 · 文龙、文述

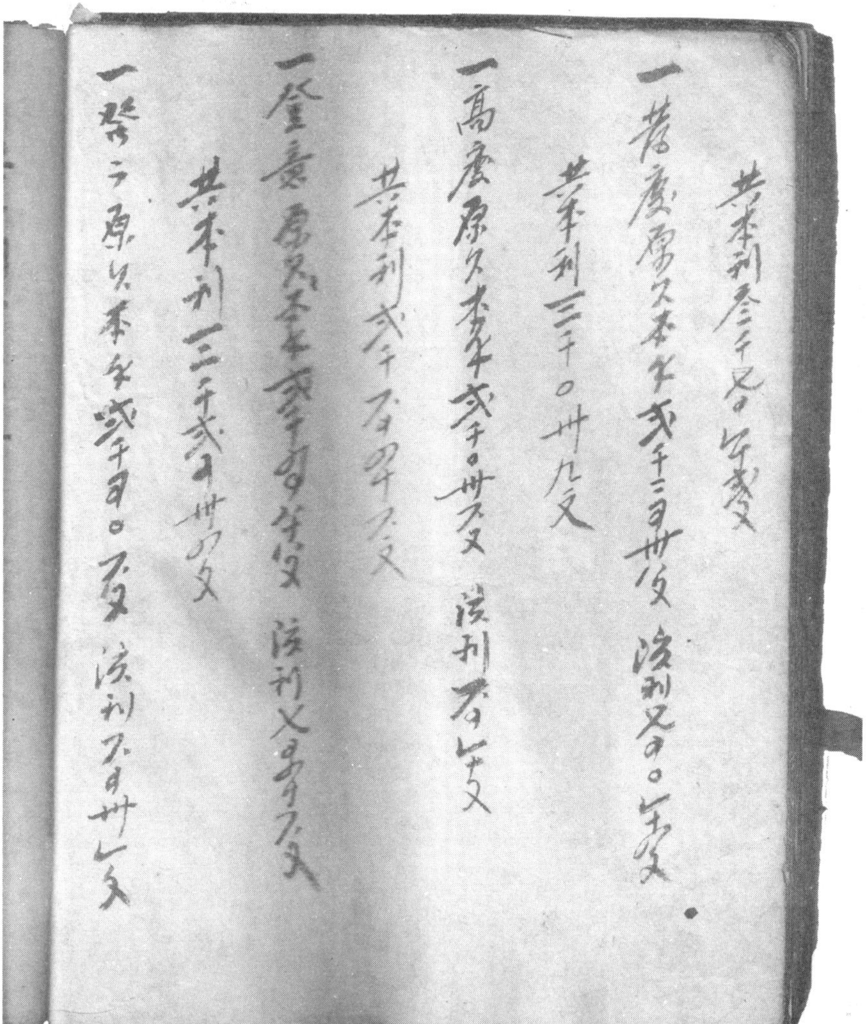

秋口镇沙城洪 3-71 · 道光十年 · 义聚饼会簿 · 文龙、文述

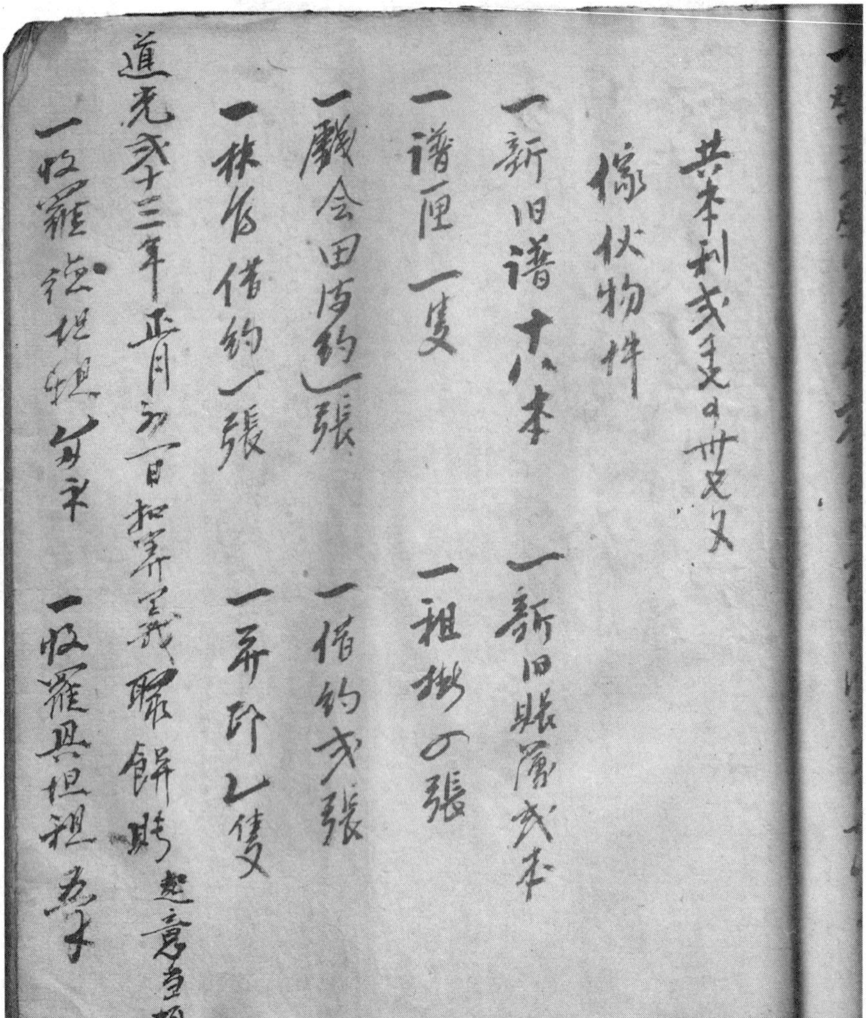

共本利弍千文〇卅九文

傢伙物件

一新旧譜六本　一新旧賬簿弍本

一譜匣一隻　一祖掛四張

一錢会田皮約一張　一借約弍張

一林貨借約乙張　一斉秤乙隻

道光弍十三年正月初一日批帯至義聚餅賬　建意当領

一收羅德坦租谷米　一收羅興坦租壹千

秋口镇沙城洪 3-72 · 道光十年 · 义聚饼会簿 · 文龙、文述

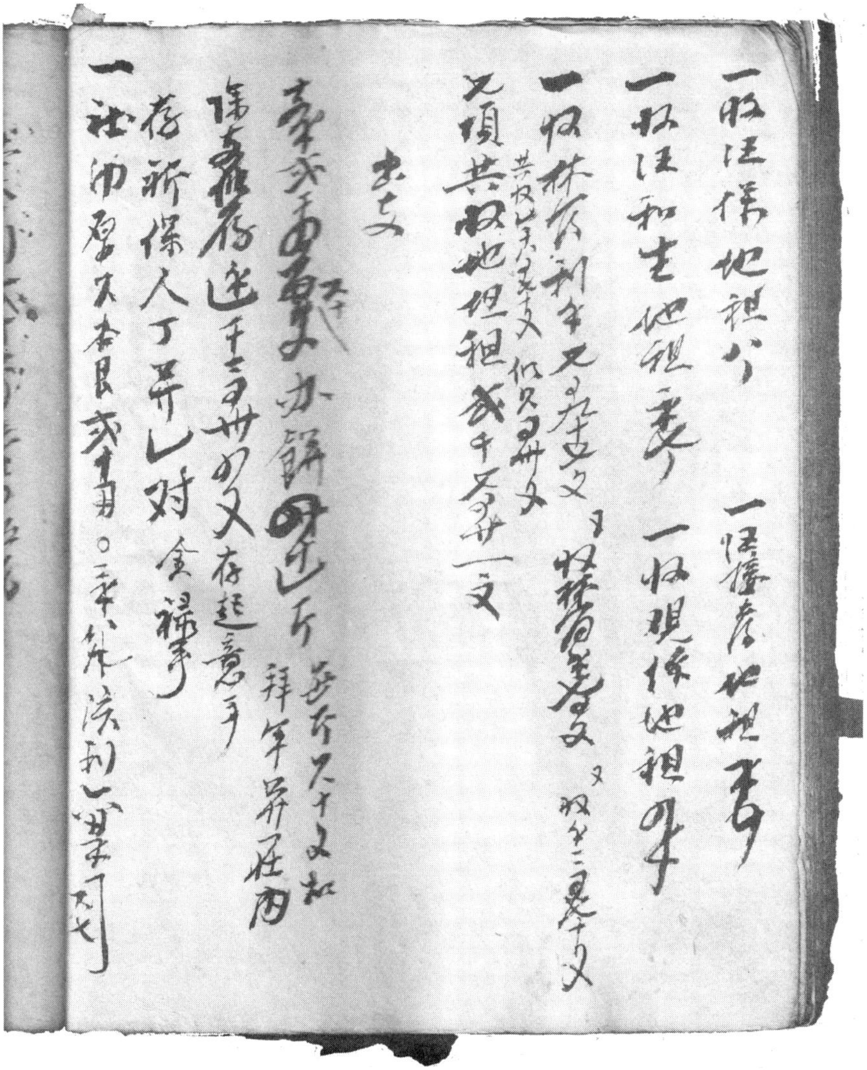

一收汪保地租[illegible] 一[illegible]地租[illegible]
一收汪和生地租[illegible] 一收[illegible]保地租[illegible]
一收林[illegible]新丰[illegible]文 [illegible]文
又項共收地租钱[illegible]一文

出支

[illegible]办饼[illegible]
[illegible]文[illegible]
存新保人丁[illegible]对金禄手
一[illegible]

秋口镇沙城洪 3-73 · 道光十年 · 义聚饼会簿 · 文龙、文述

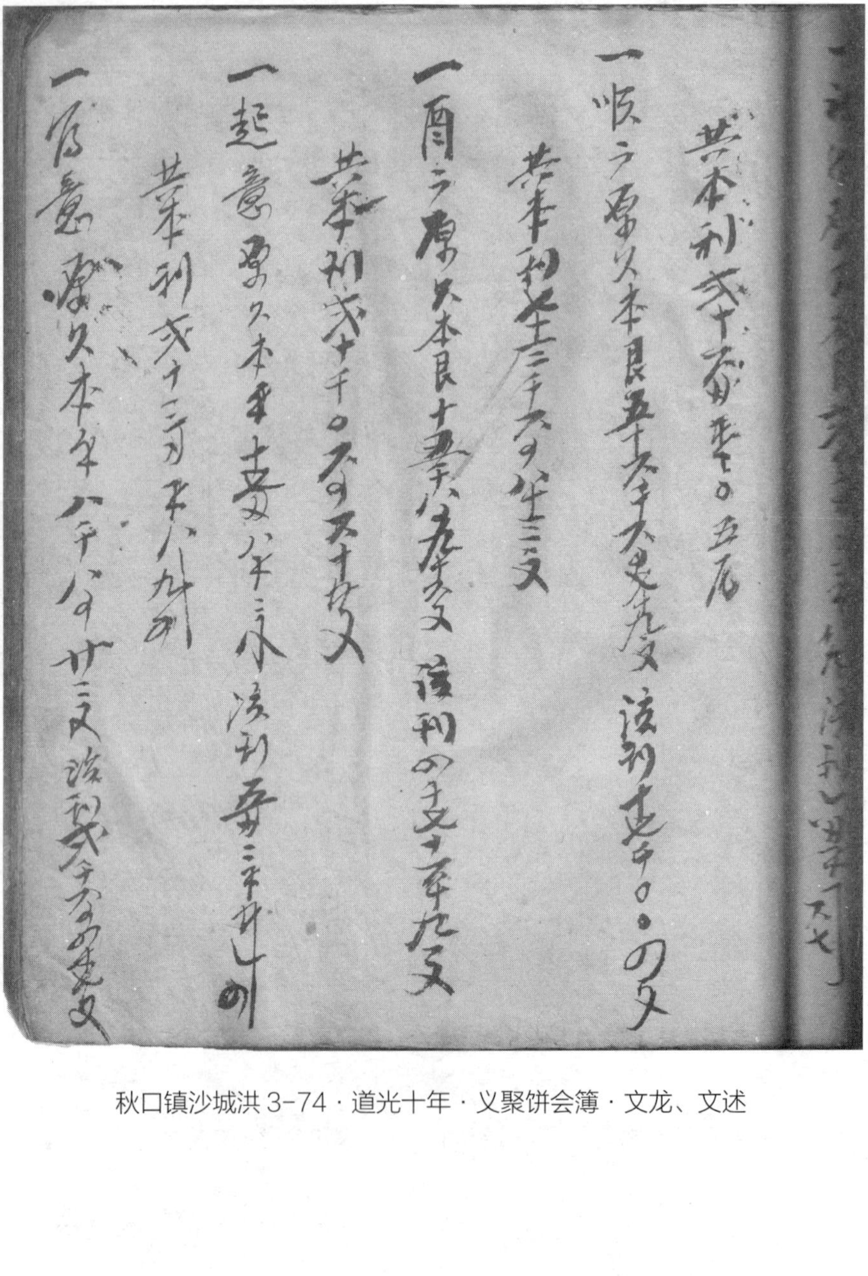

秋口镇沙城洪 3–74 · 道光十年 · 义聚饼会簿 · 文龙、文述

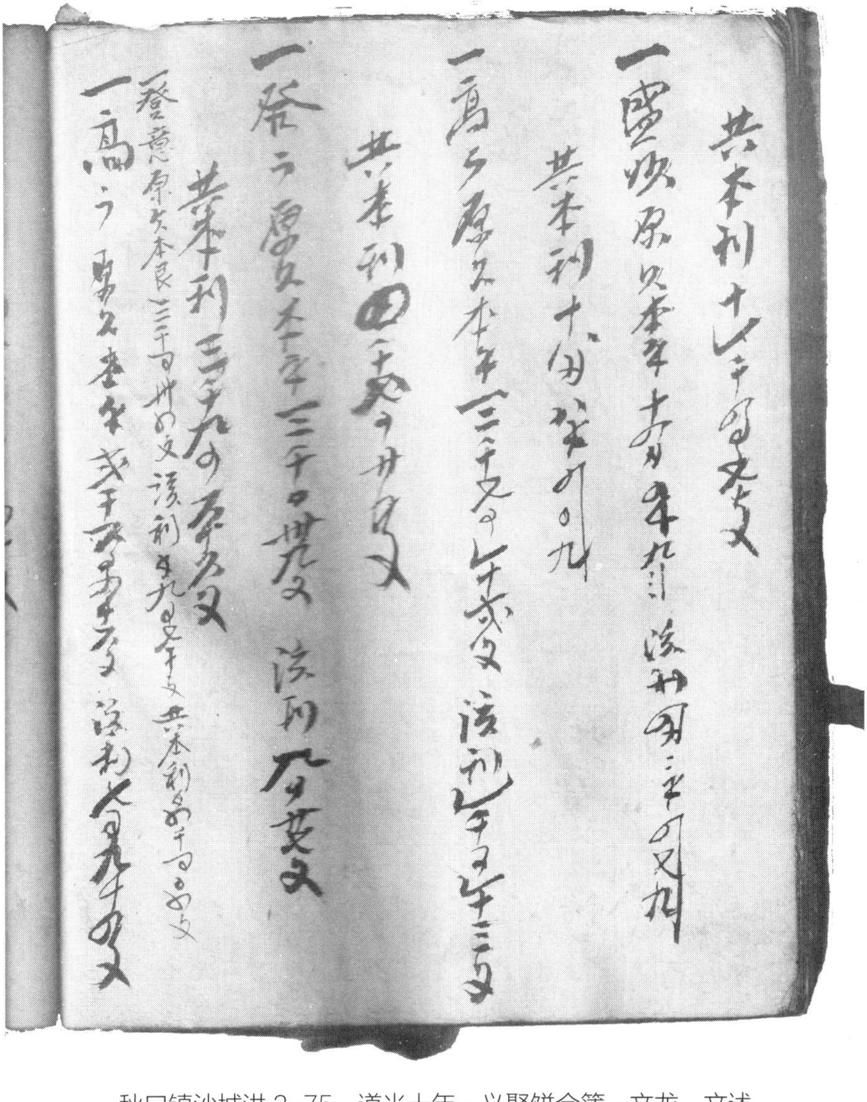

秋口镇沙城洪 3-75 · 道光十年 · 义聚饼会簿 · 文龙、文述

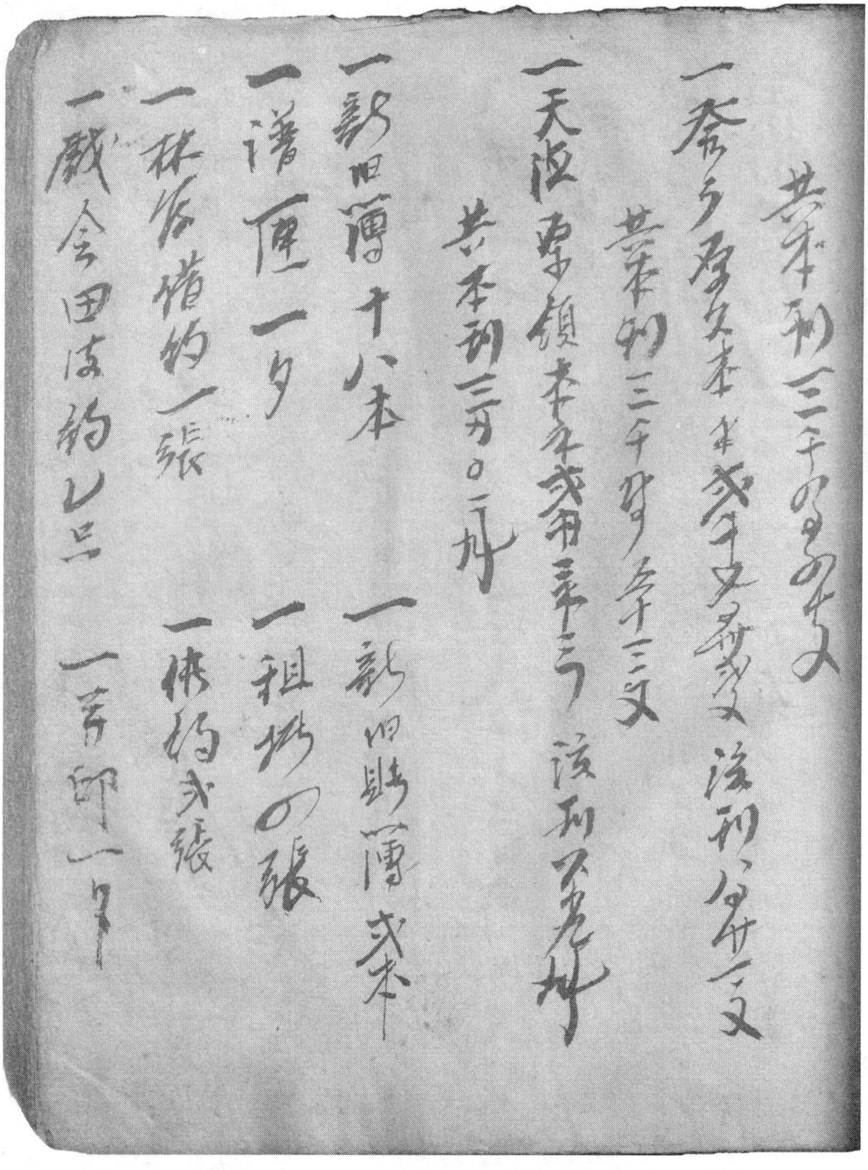

秋口镇沙城洪 3-76 · 道光十年 · 义聚饼会簿 · 文龙、文述

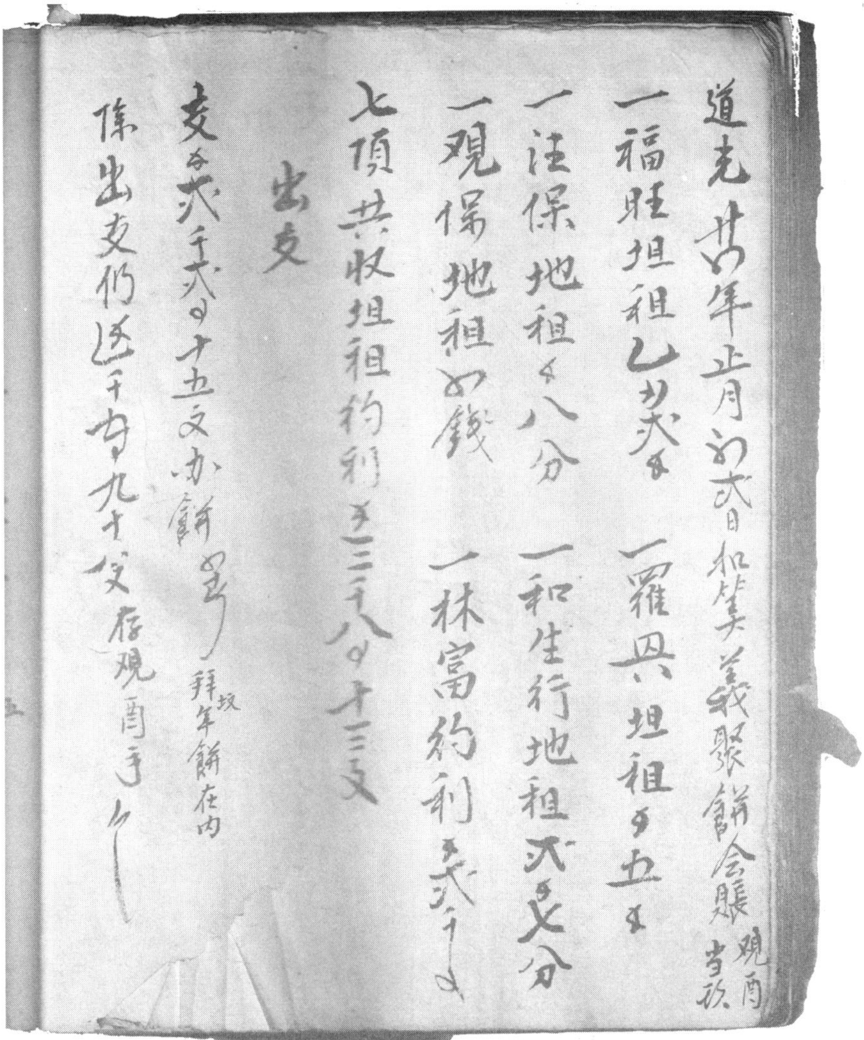

道光十年正月初二日和集义聚饼会账 观酉 当收

一福旺佃租[illegible]文　一罗兴佃租[illegible]五文

一注保地租[illegible]八分　一和生行地租[illegible]七分

一观保地租[illegible]钱　一林富约利[illegible]文

七项共收佃租约利[illegible]千八[illegible]十三文

出支

支[illegible]十五文办饼[illegible]　拜年饼在内　坟

除出支仍送[illegible]九十[illegible]文存观酉手[illegible]

秋口镇沙城洪 3-77 · 道光十年 · 义聚饼会簿 · 文龙、文述

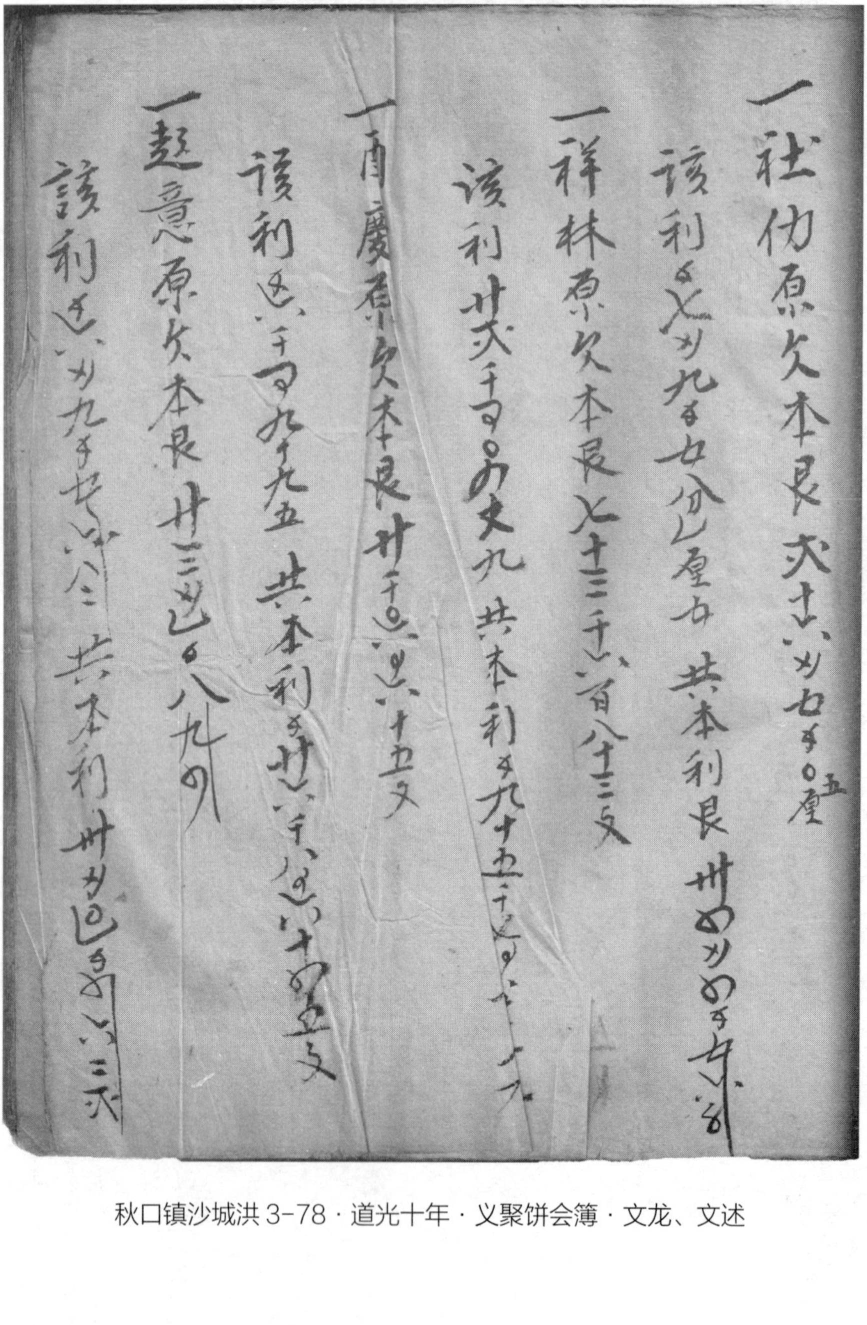

秋口镇沙城洪 3-78 · 道光十年 · 义聚饼会簿 · 文龙、文述

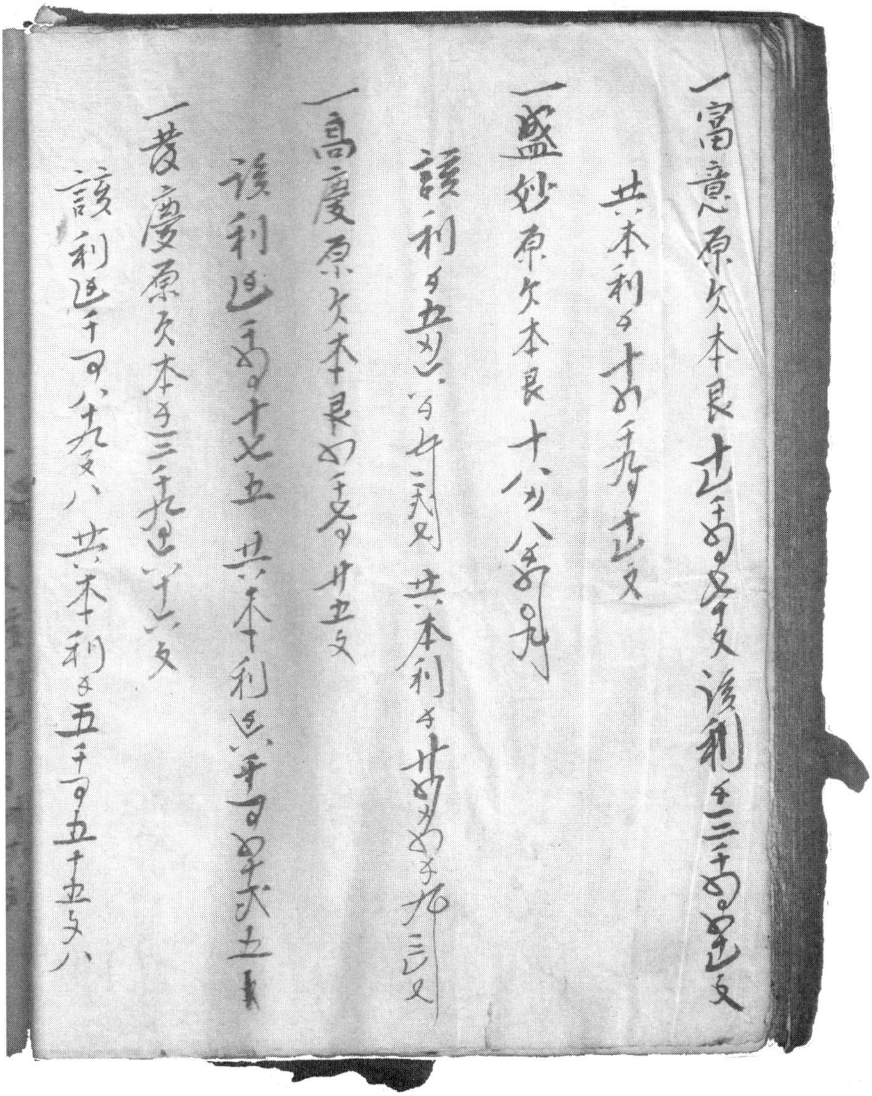

秋口镇沙城洪 3-79 · 道光十年 · 义聚饼会簿 · 文龙、文述

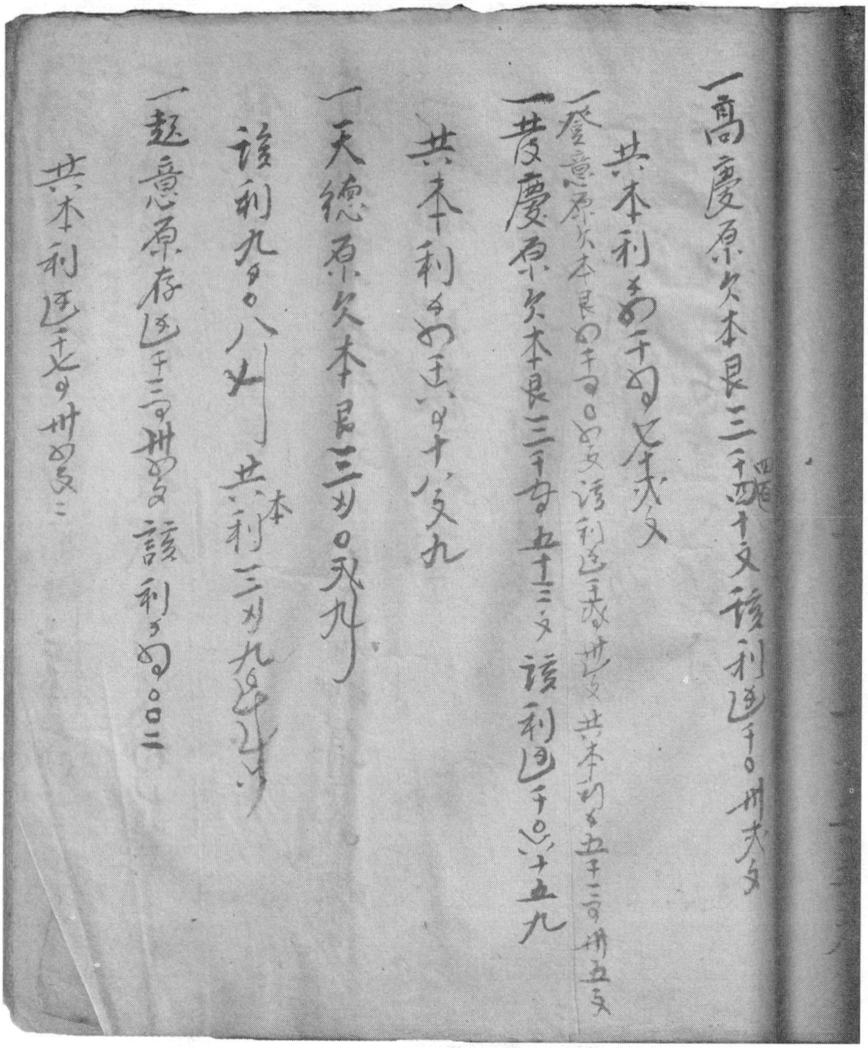

秋口镇沙城洪 3-80 · 道光十年 · 义聚饼会簿 · 文龙、文述

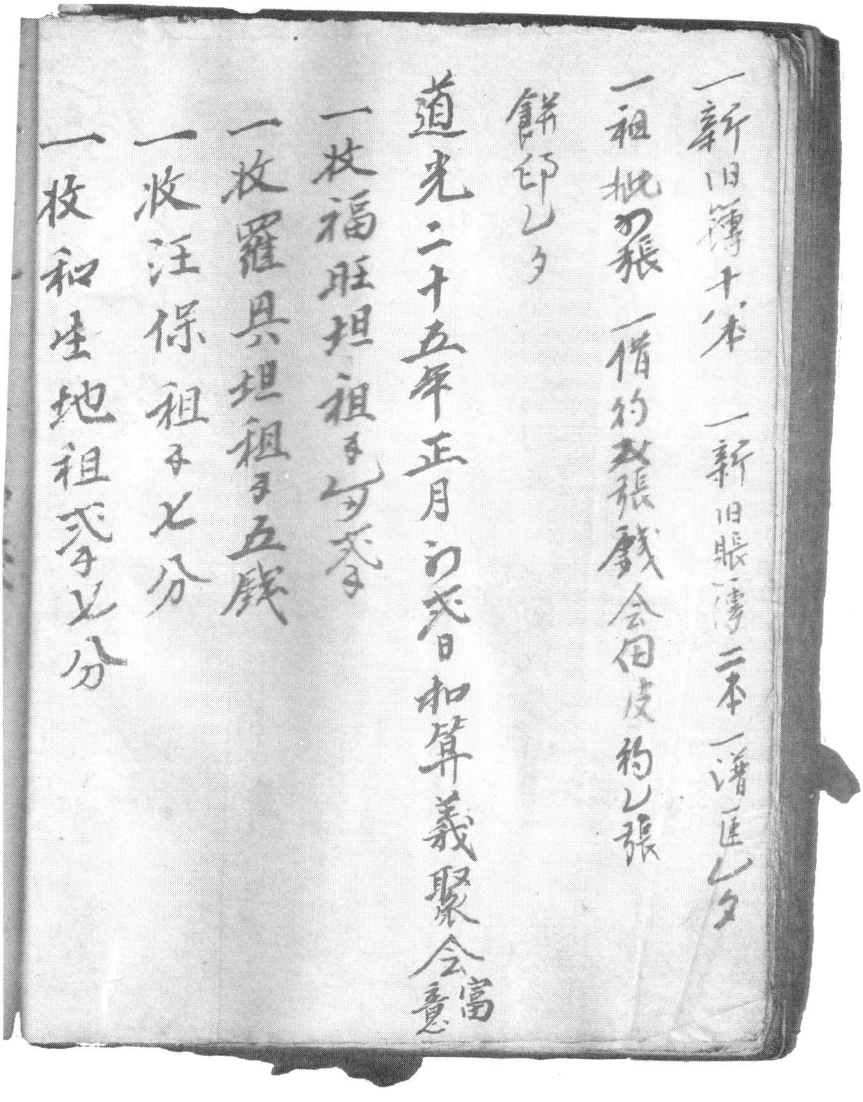

秋口镇沙城洪 3-81 · 道光十年 · 义聚饼会簿 · 文龙、文述

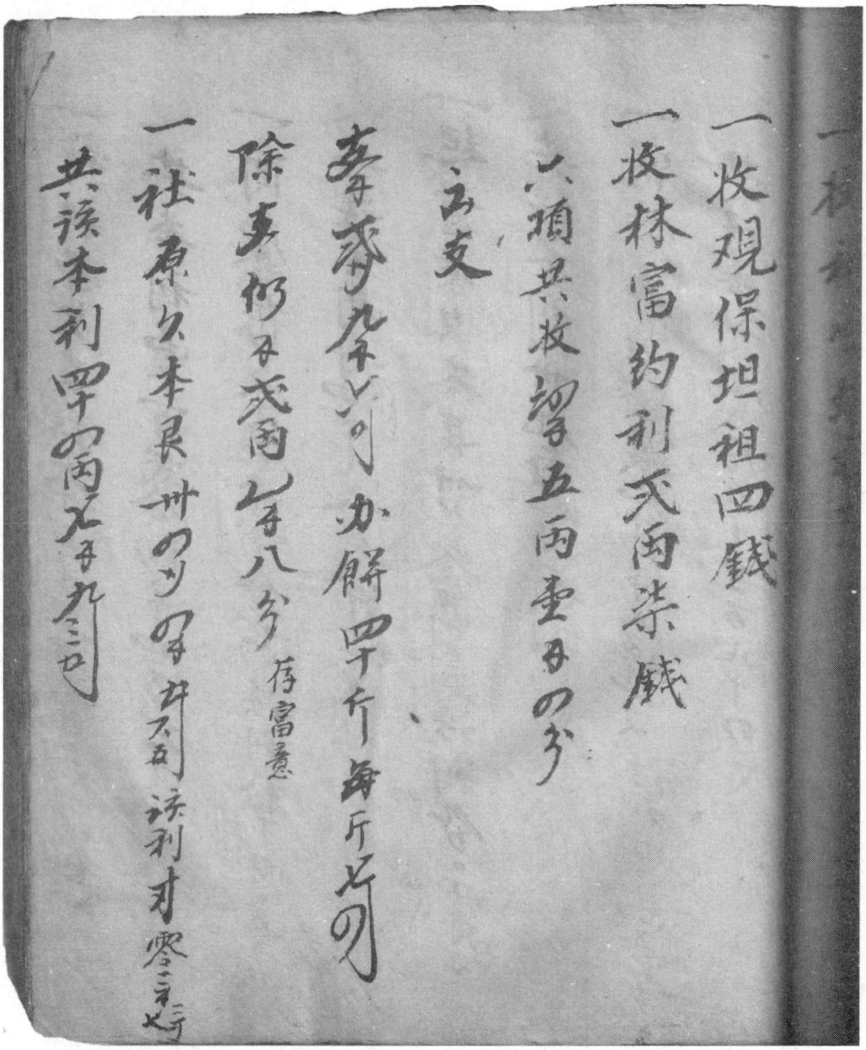

秋口镇沙城洪 3-82 · 道光十年 · 义聚饼会簿 · 文龙、文述

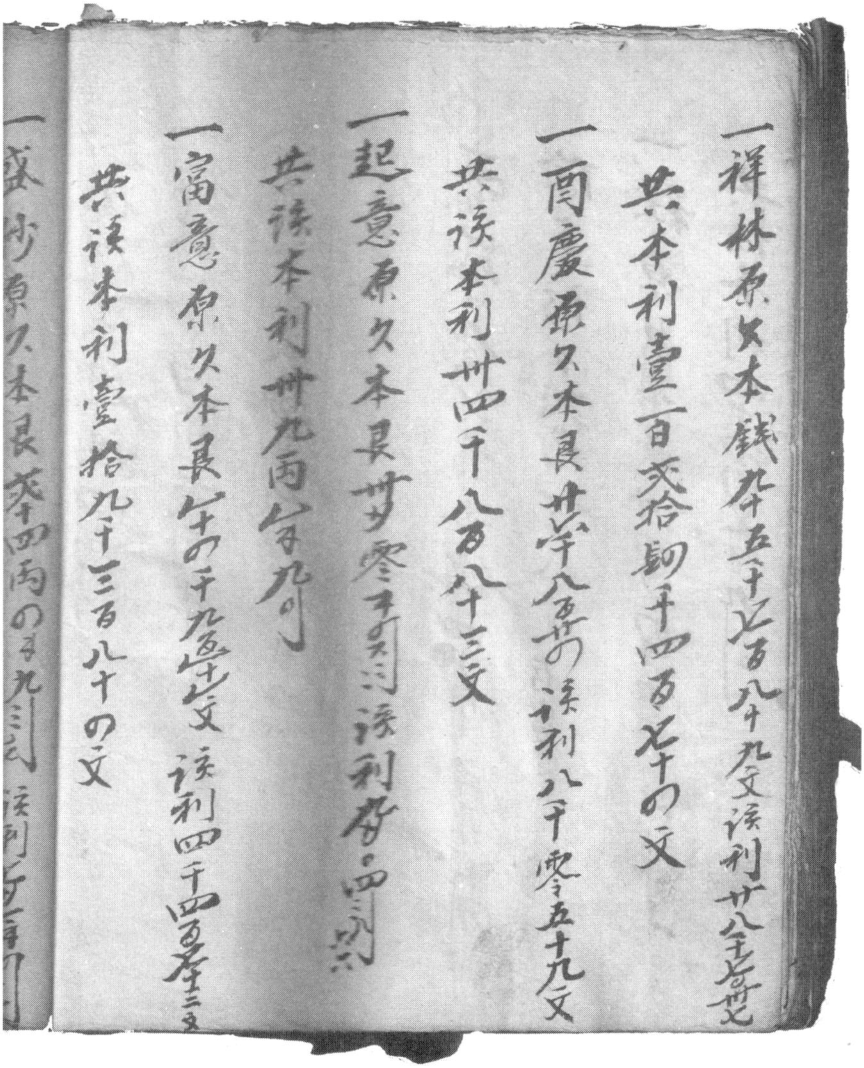

秋口镇沙城洪 3-83 · 道光十年 · 义聚饼会簿 · 文龙、文述

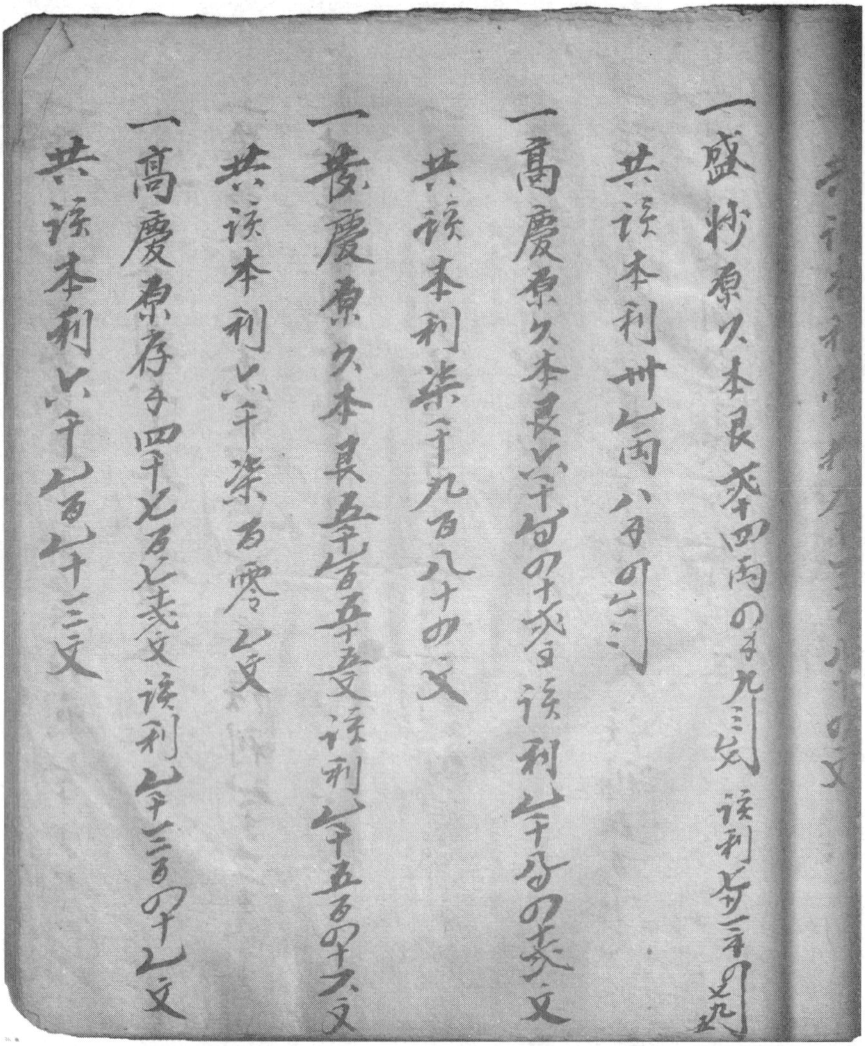
一盛炒原欠本艮[illegible]四两[illegible]九三[illegible] 該利[illegible]
共該本利卅[illegible]两八[illegible]
一高慶原欠本艮六千[illegible]該利[illegible]文
共該本利柒千九百八十[illegible]文
一黄慶原欠本艮[illegible]該利[illegible]文
共該本利六千柒百零[illegible]文
一高慶原存[illegible]四千七百七十[illegible]文該利[illegible]文
共該本利六千[illegible]百[illegible]十三文

秋口镇沙城洪 3–84 · 道光十年 · 义聚饼会簿 · 文龙、文述

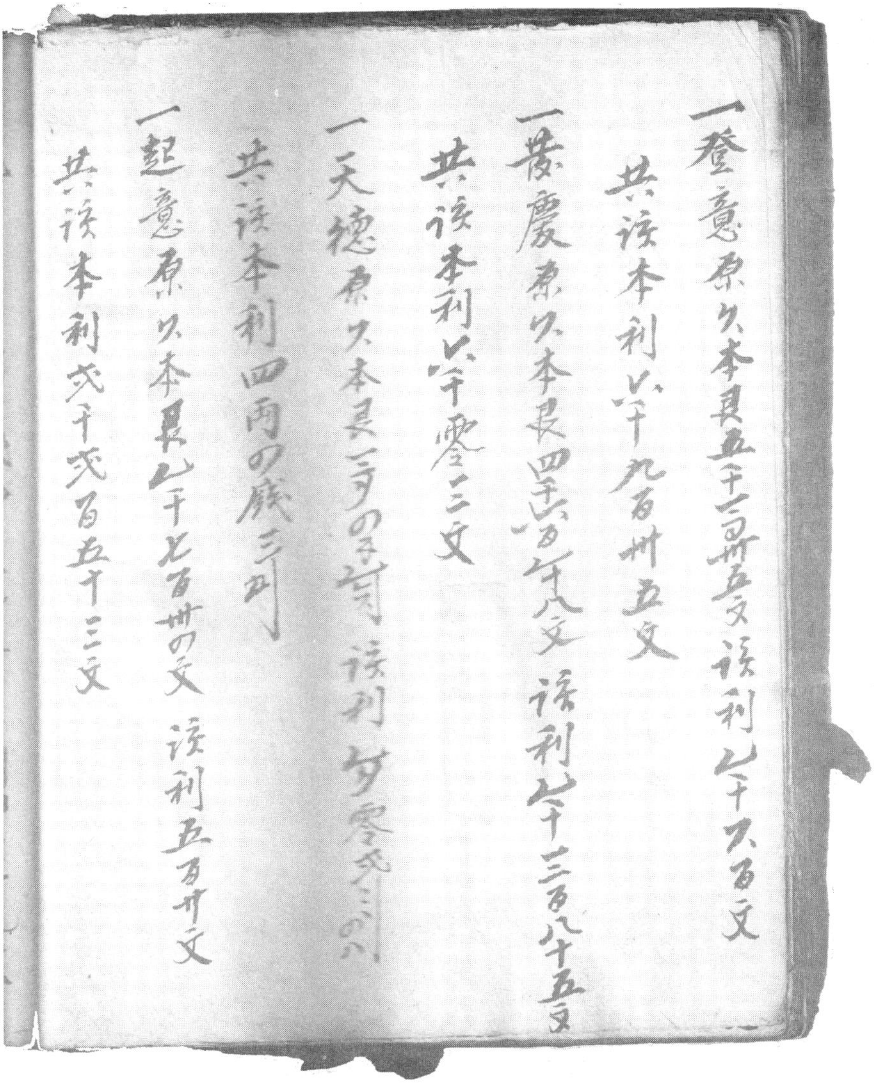

秋口镇沙城洪 3-85 · 道光十年 · 义聚饼会簿 · 文龙、文述

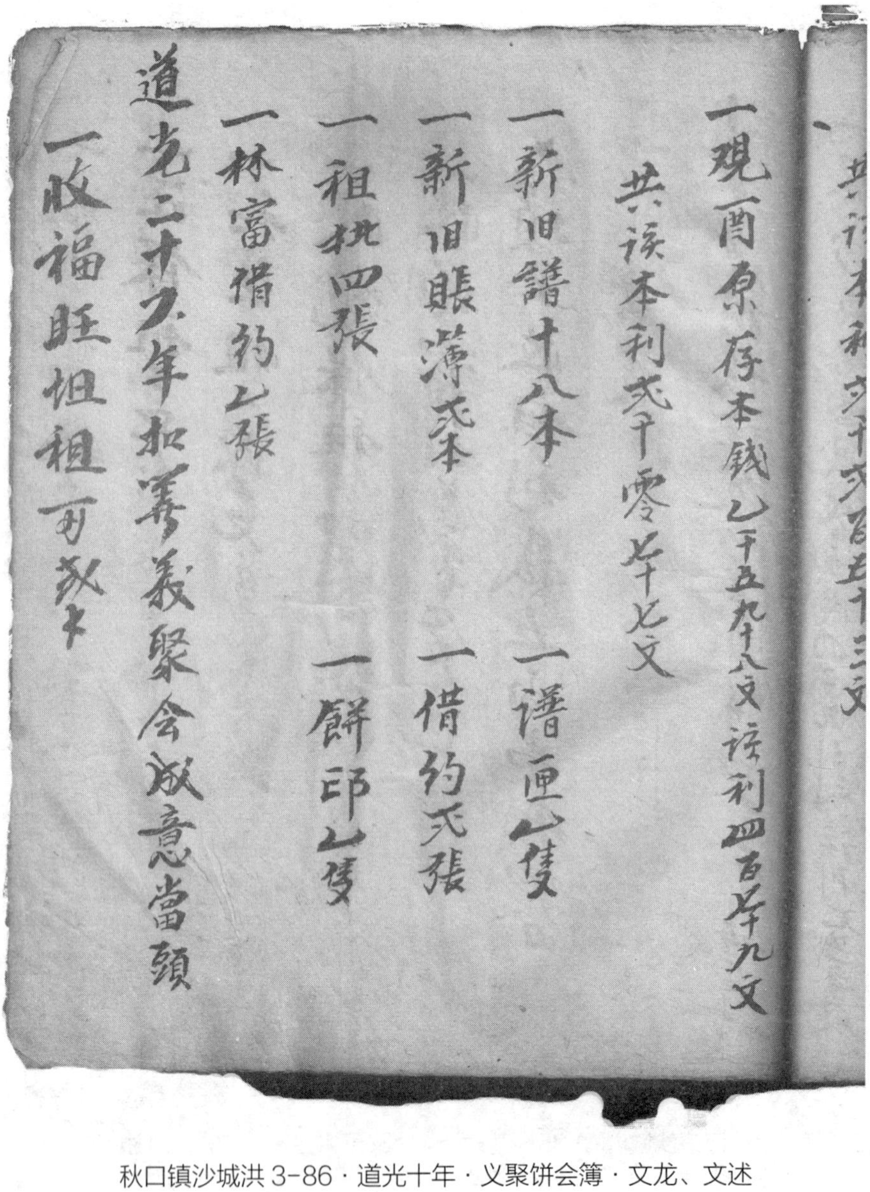
一現酉原存本錢乙千五九十八文　該利四百五十九文
共該本利弍千零五十七文
一新旧譜十八本　一譜匣乙隻
一新旧賬簿弍本　一借約弍張
一租批四張　一餅印乙隻
一林富借約乙張
道光二十六年和籌義聚会放意當頭
一收福旺佃租每弍斗

秋口镇沙城洪 3-86 · 道光十年 · 义聚饼会簿 · 文龙、文述

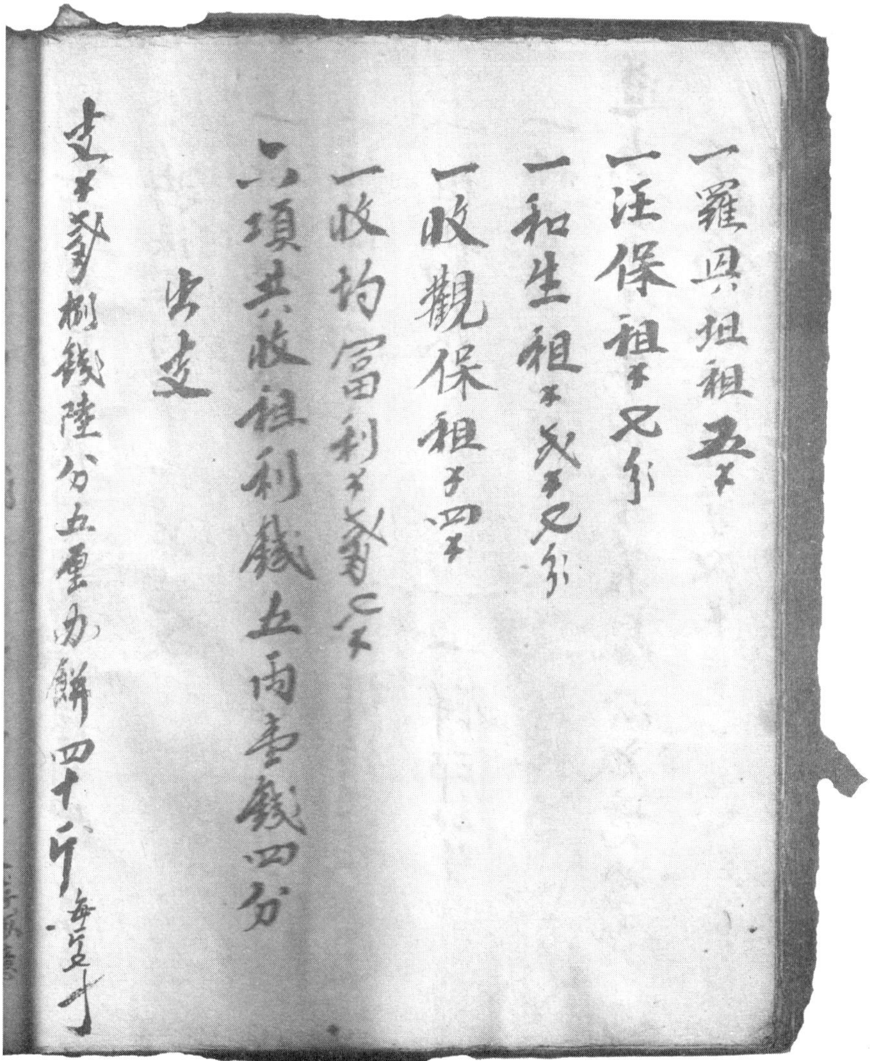

秋口镇沙城洪 3-87 · 道光十年 · 义聚饼会簿 · 文龙、文述

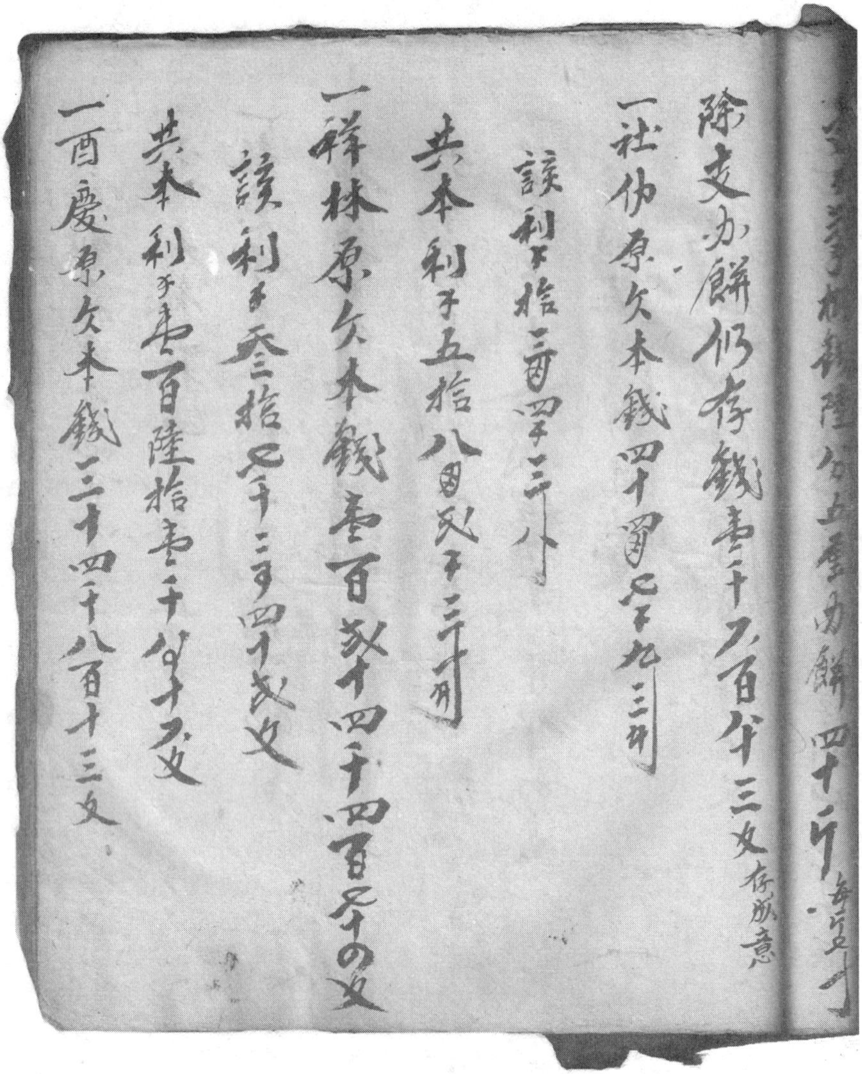

秋口镇沙城洪 3-88 · 道光十年 · 义聚饼会簿 · 文龙、文述

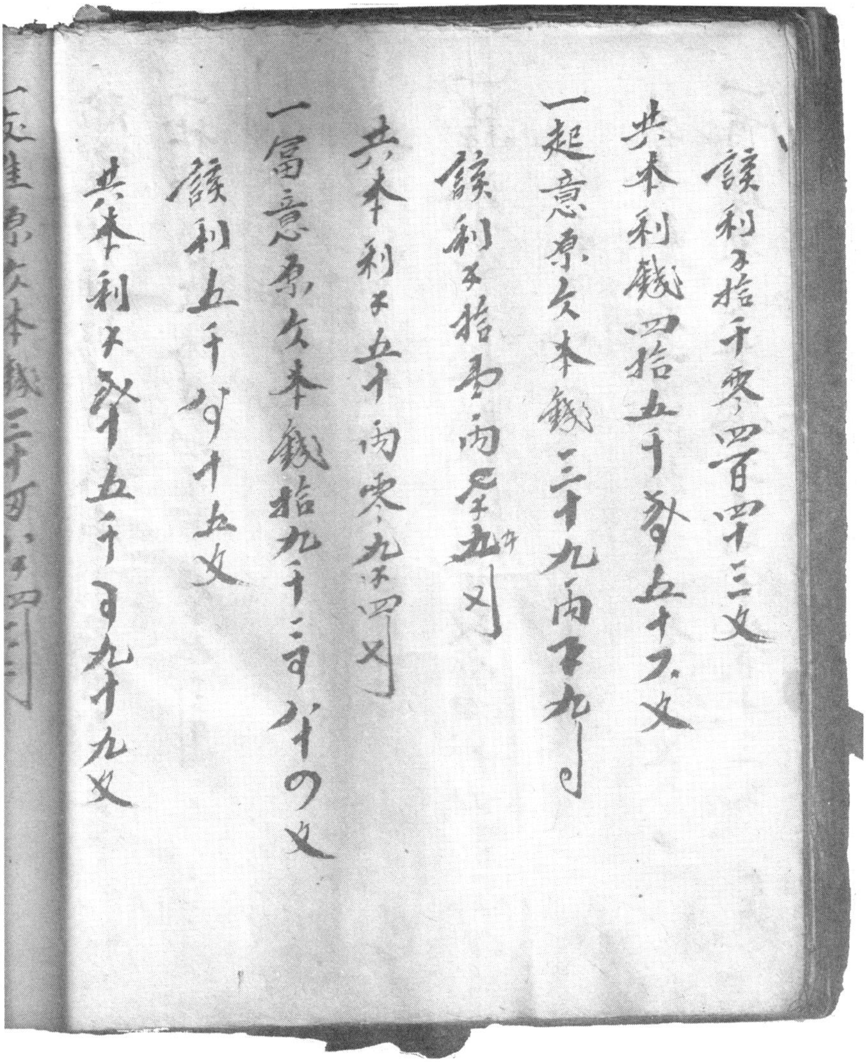

秋口镇沙城洪 3-89 · 道光十年 · 义聚饼会簿 · 文龙、文述

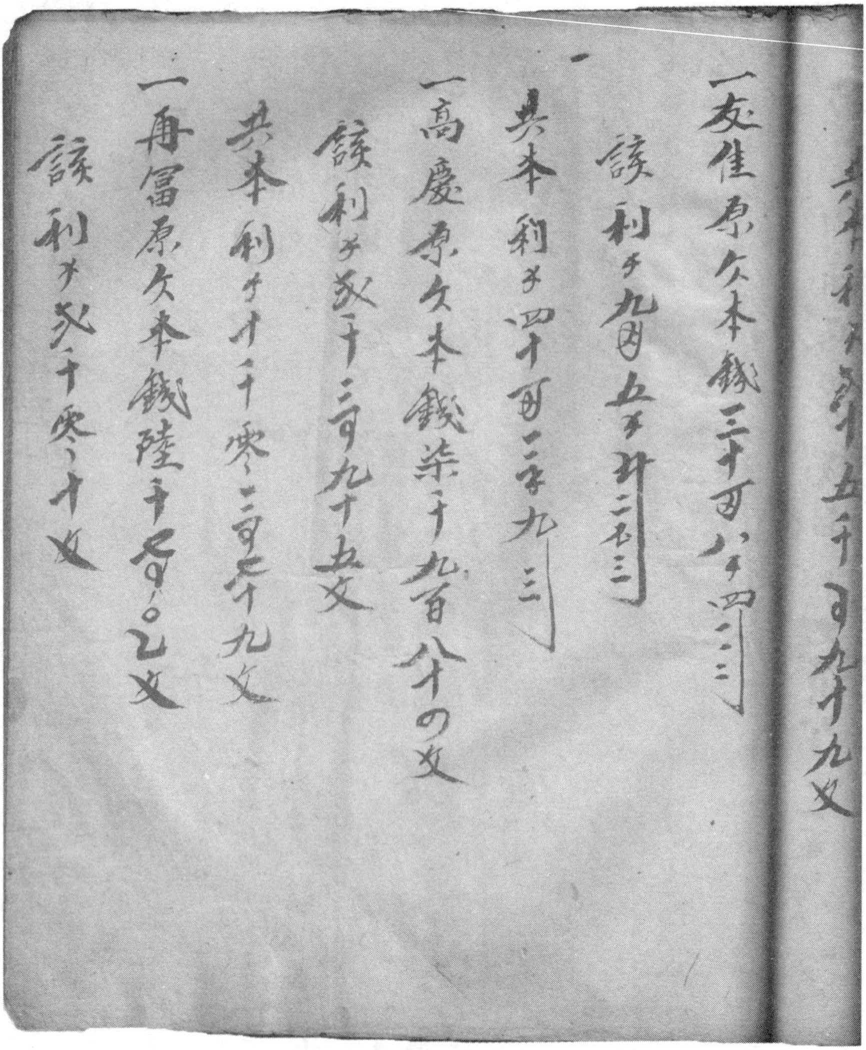
一友佳原欠本錢三千四百八十四
該利千九百五十
共本利千四百二十九
一高慶原欠本錢柒千九百八十四文
該利千叁千三百九十五文
共本利千一千零三百七十九文
一再富原欠本錢陸千七百零乙文
該利千叁千零一十文

秋口镇沙城洪 3-90 · 道光十年 · 义聚饼会簿 · 文龙、文述

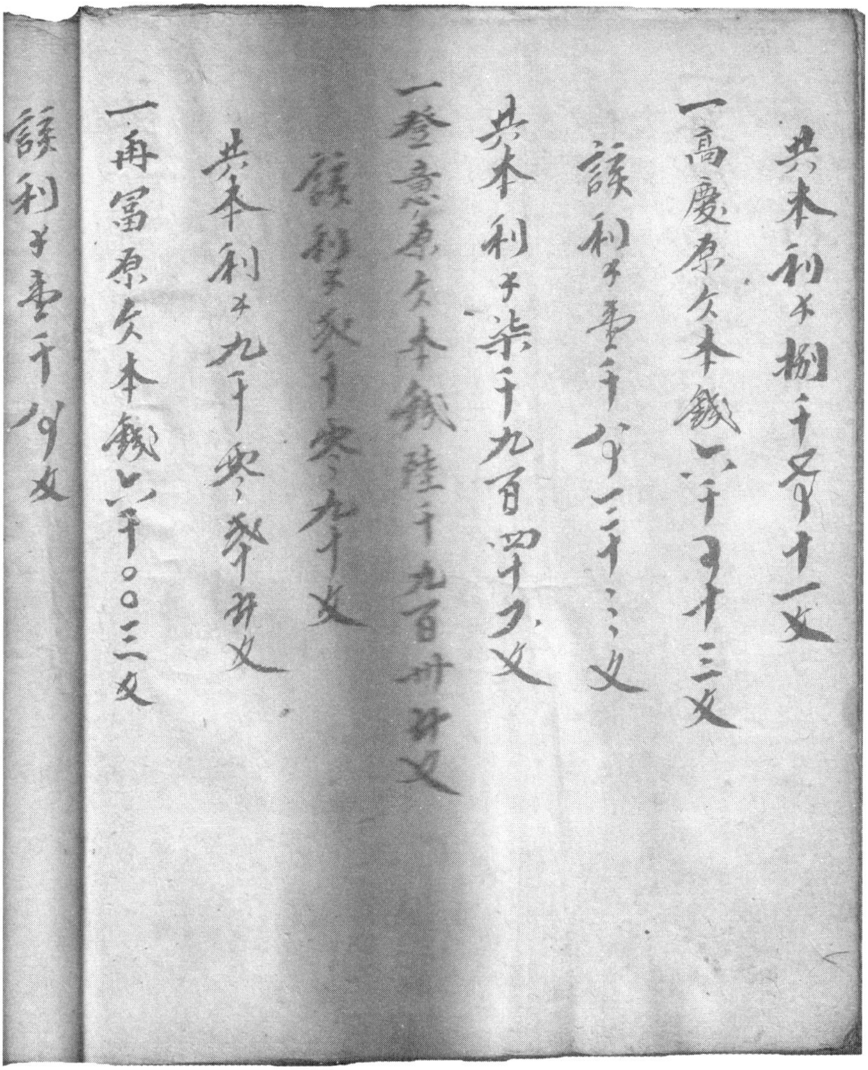
共本利〻捌千零十一文
一高慶原欠本錢六千五十三文
該利〻壹千八百二十二文
共本利〻柒千九百四十五文
一登意原欠本錢陸千九百廿五文
該利〻叁千零〻九十文
共本利〻九千零〻叁廿五文
一再富原欠本錢六千〇〇三文
該利〻壹千八百文

秋口镇沙城洪 3-91 · 道光十年 · 义聚饼会簿 · 文龙、文述

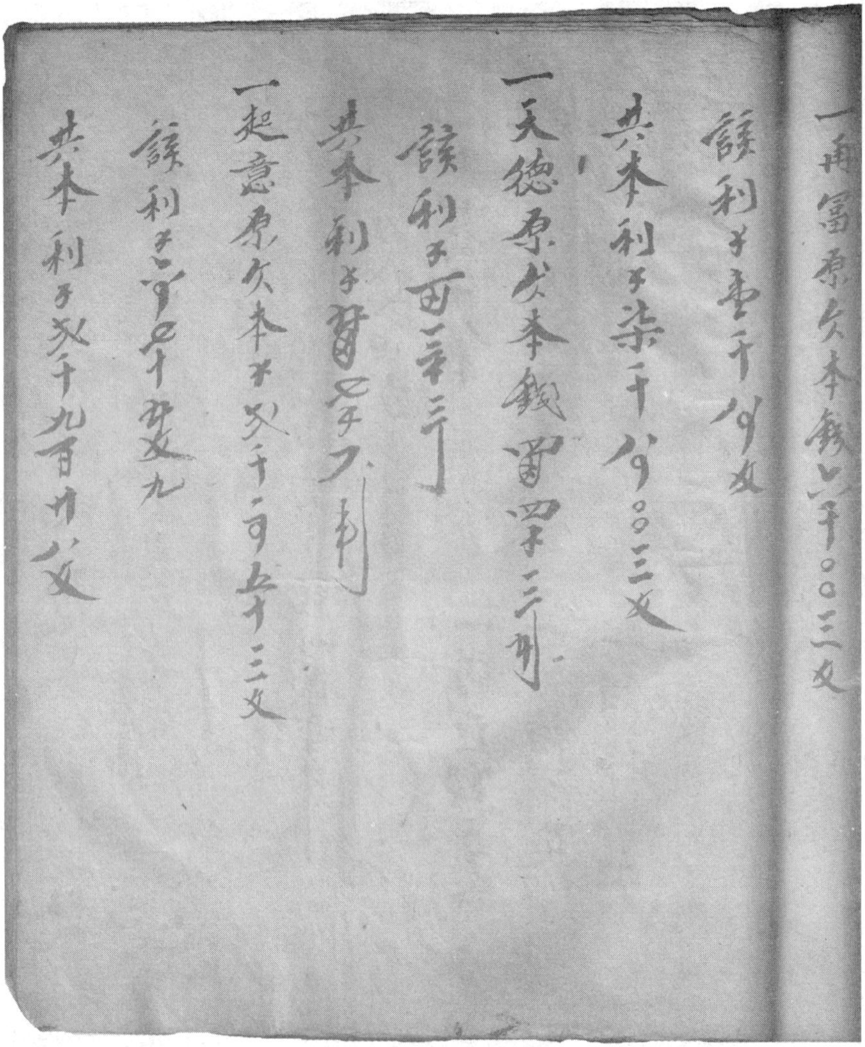

秋口镇沙城洪 3-92 · 道光十年 · 义聚饼会簿 · 文龙、文述

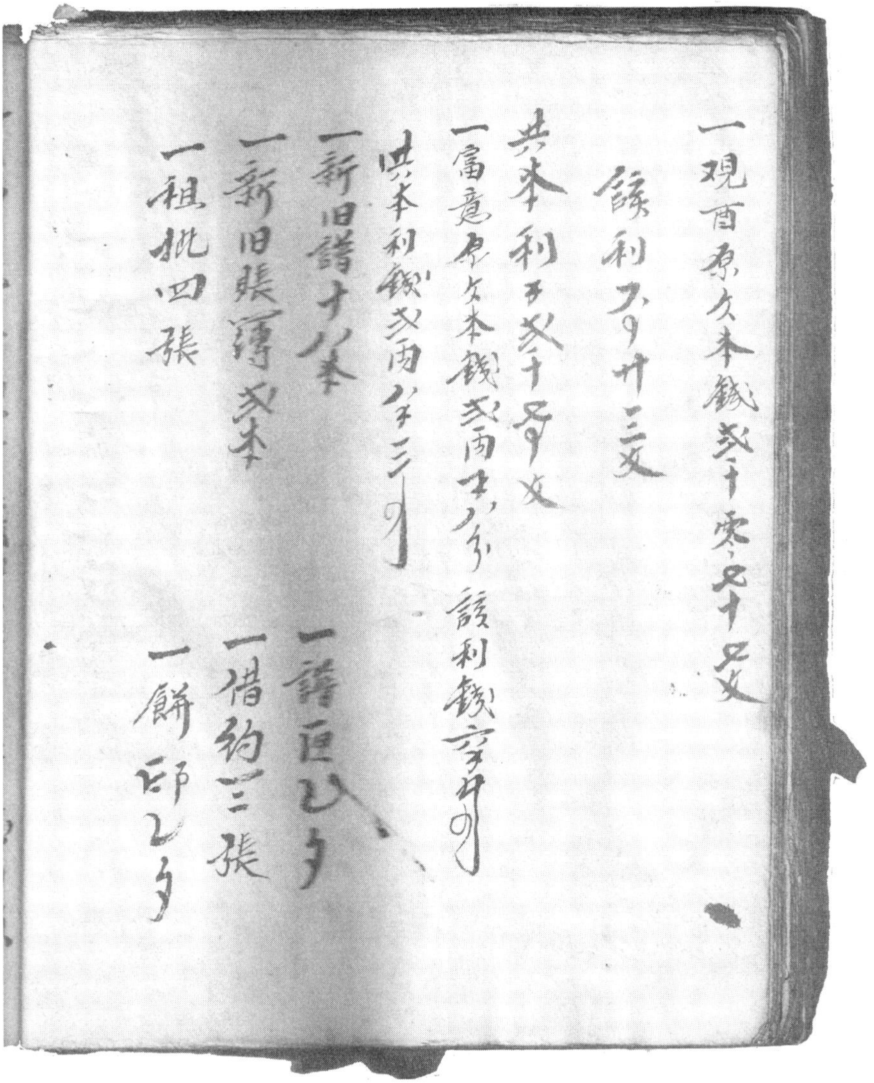
一現百原欠本錢[illegible]文
餘利[illegible]文
共本利[illegible]文
一富意原欠本錢[illegible] 餘利錢[illegible]
共本利錢[illegible]
一新旧譜十八本
一新旧賬簿[illegible]本
一祖批四張
一譜匣乙只
一借約三張
一餅印乙只

秋口镇沙城洪 3-93 · 道光十年 · 义聚饼会簿 · 文龙、文述

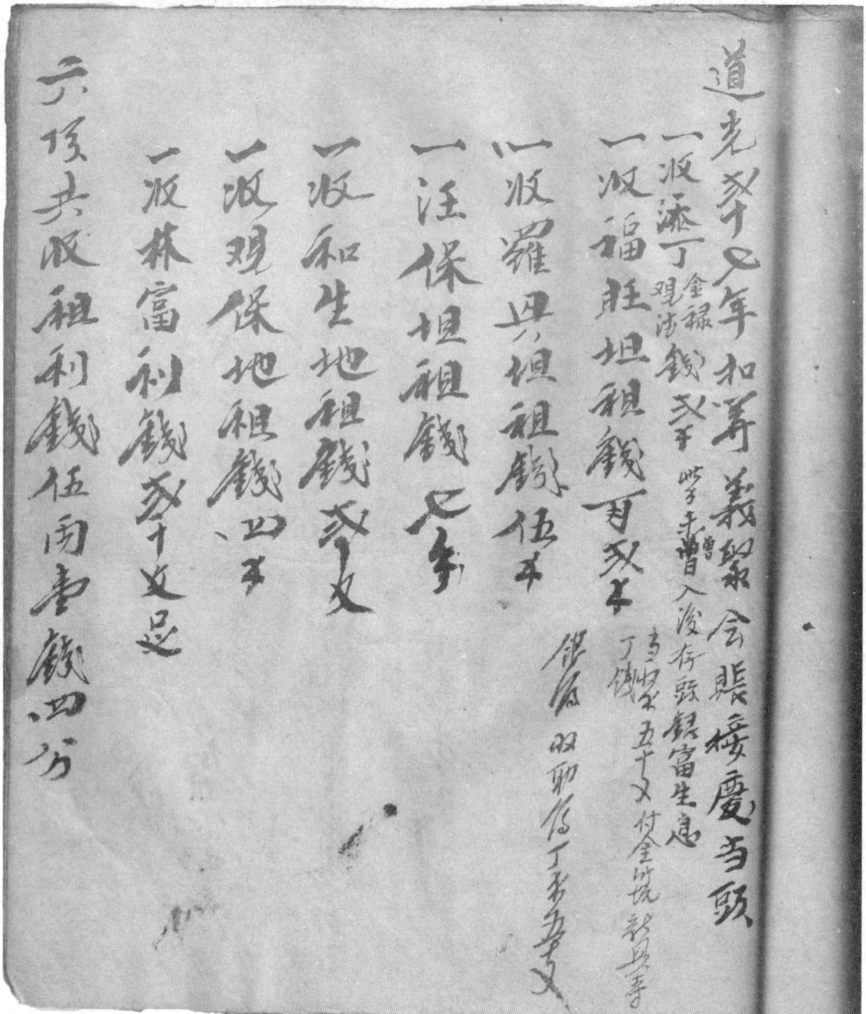

道光拾乙年和尋義聚会賬接慶当頭
一收添丁金禄現洋錢叁千 此千未曾入簿存蘇銀富生息
一收福旺坦租錢百叁千 吉上此千五十文付金竹坑新兵手丁錢
一收羅與坦租錢伍千
一汪保坦租錢乙千 銀兩收助錢丁未叁千文
一收和生地租錢叁千文
一收現保地租錢四千
一收林富利錢叁十文足
六項共收租利錢伍兩壹錢四分

秋口镇沙城洪 3-94 · 道光十年 · 义聚饼会簿 · 文龙、文述

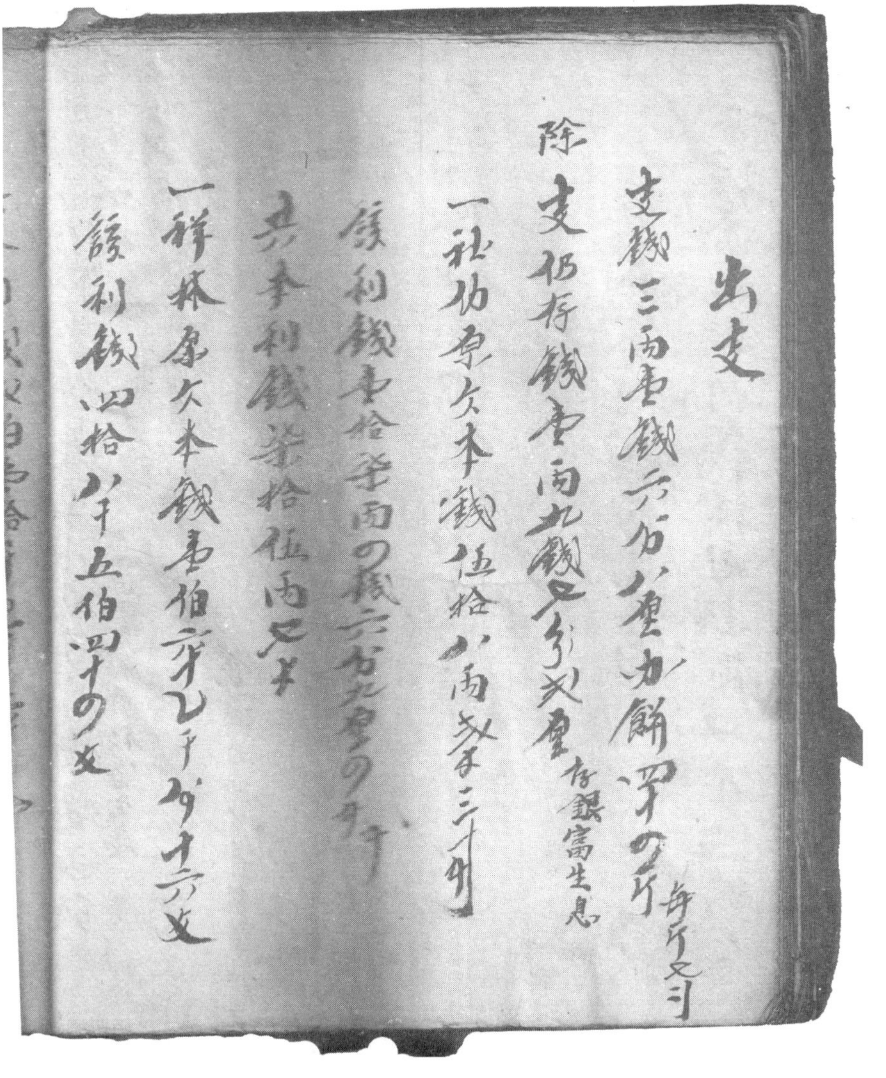

出支
支錢三兩壹錢六分八厘加餅[illegible]斤　每斤[illegible]
除支仍存錢壹兩九錢[illegible]厘　存銀富生息
一社仂原欠本錢伍拾八兩[illegible]
該利錢壹拾叁兩四錢六分九[illegible]
共本利錢柒拾伍兩[illegible]
一祥林原欠本錢壹伯[illegible]文
該利錢四拾八千五伯四十四文

秋口镇沙城洪 3-95 · 道光十年 · 义聚饼会簿 · 文龙、文述

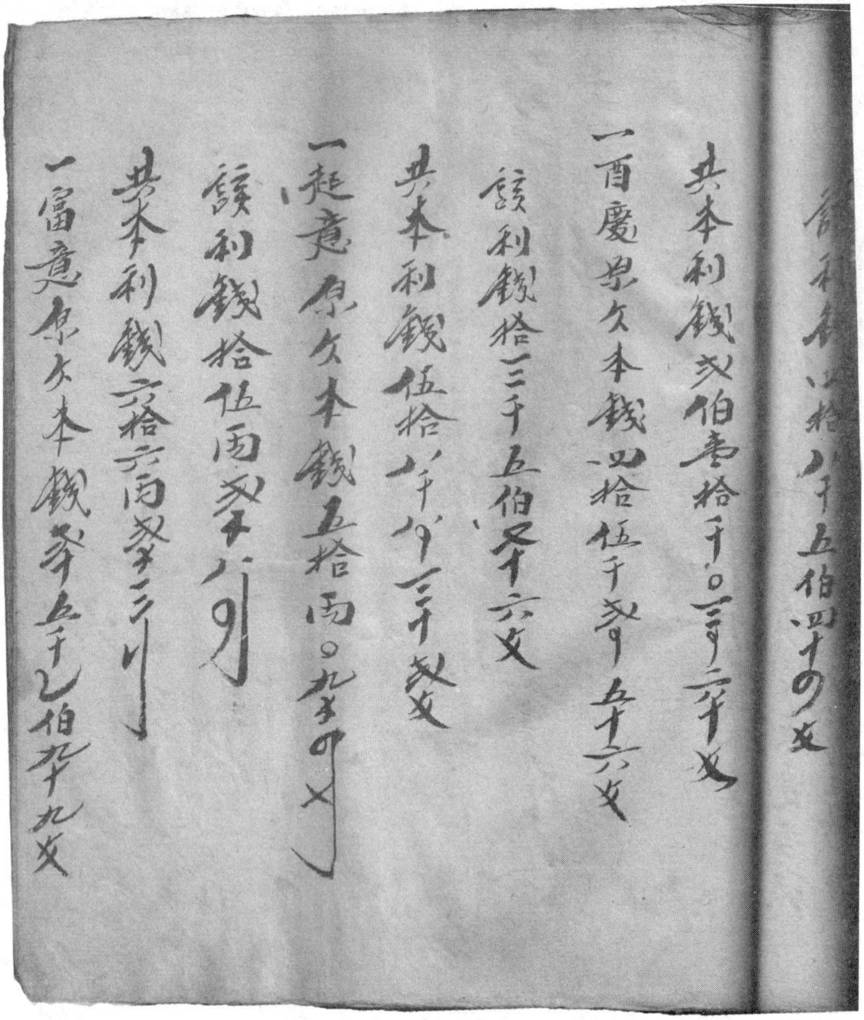
餅利錢[illegible]拾八千五伯四十[illegible]文
共本利錢叁伯壹拾千〇[illegible]文
一百慶原欠本錢四拾伍千[illegible]五十六文
餅利錢拾三千五伯[illegible]十六文
共本利錢伍拾八千[illegible]文
一起意原欠本錢五拾兩〇九[illegible]文
餅利錢拾伍兩[illegible]
共本利錢六拾六兩[illegible]
一富意原欠本錢[illegible]五千乙伯[illegible]十九文

秋口镇沙城洪 3-96 · 道光十年 · 义聚饼会簿 · 文龙、文述

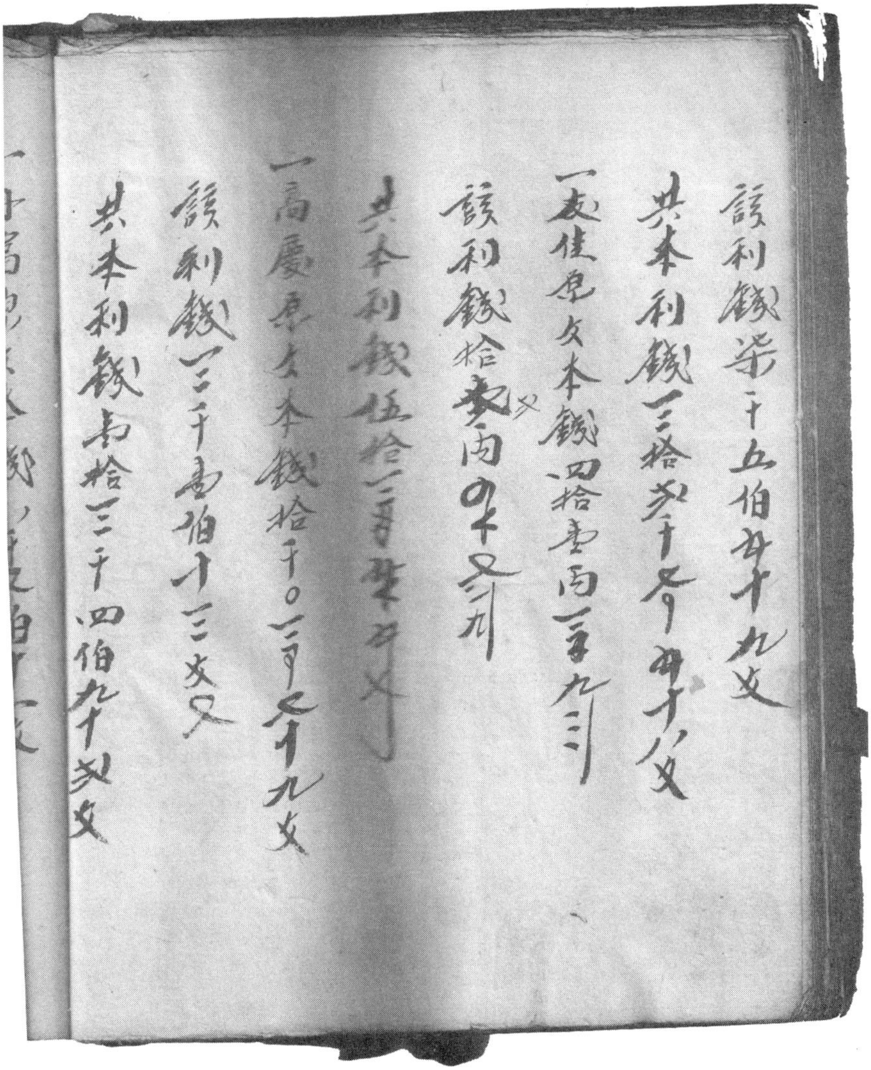

該利錢柒千五伯四十九文

共本利錢貳拾叁千零四十八文

一友佳原文本錢四拾壹両一千九三

該利錢拾叁両四千又三九

共本利錢伍拾一両肆四文

一高慶原文本錢拾千〇一百又十九文

該利錢三千壹伯十三文又

共本利錢壹拾三千四伯九十叁文

秋口镇沙城洪 3-97 · 道光十年 · 义聚饼会簿 · 文龙、文述

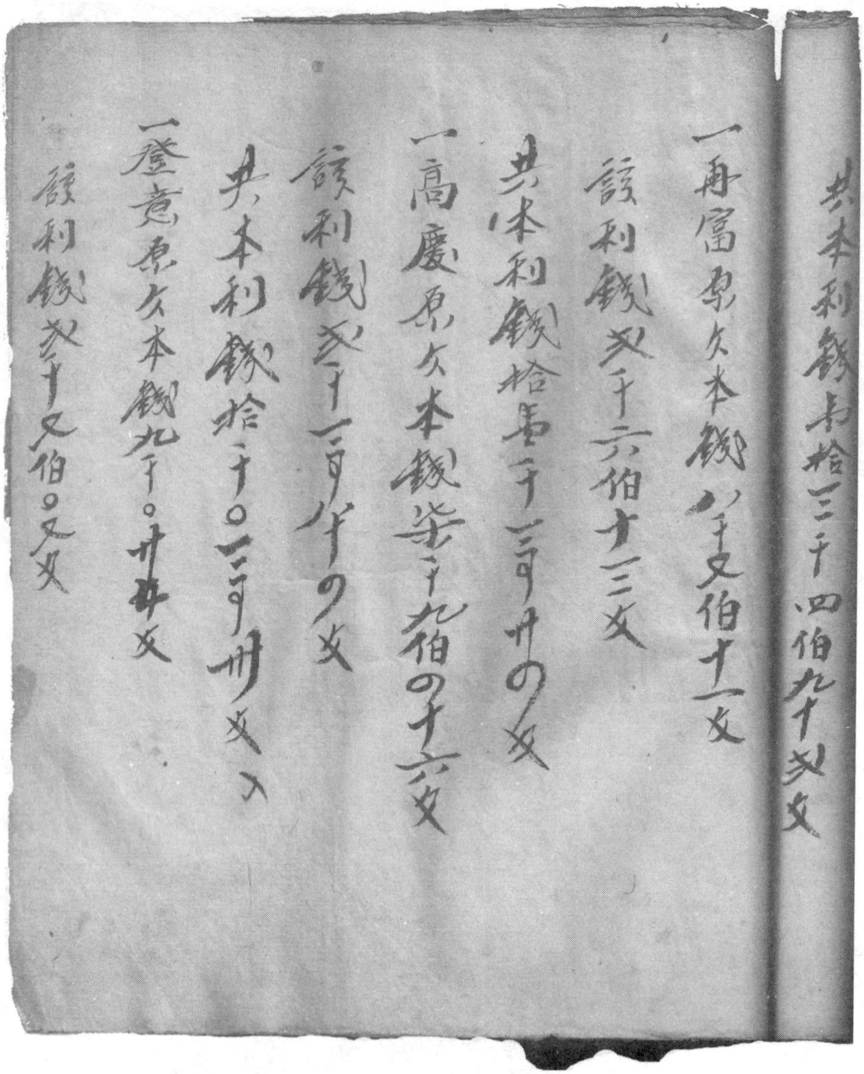

秋口镇沙城洪 3-98 · 道光十年 · 义聚饼会簿 · 文龙、文述

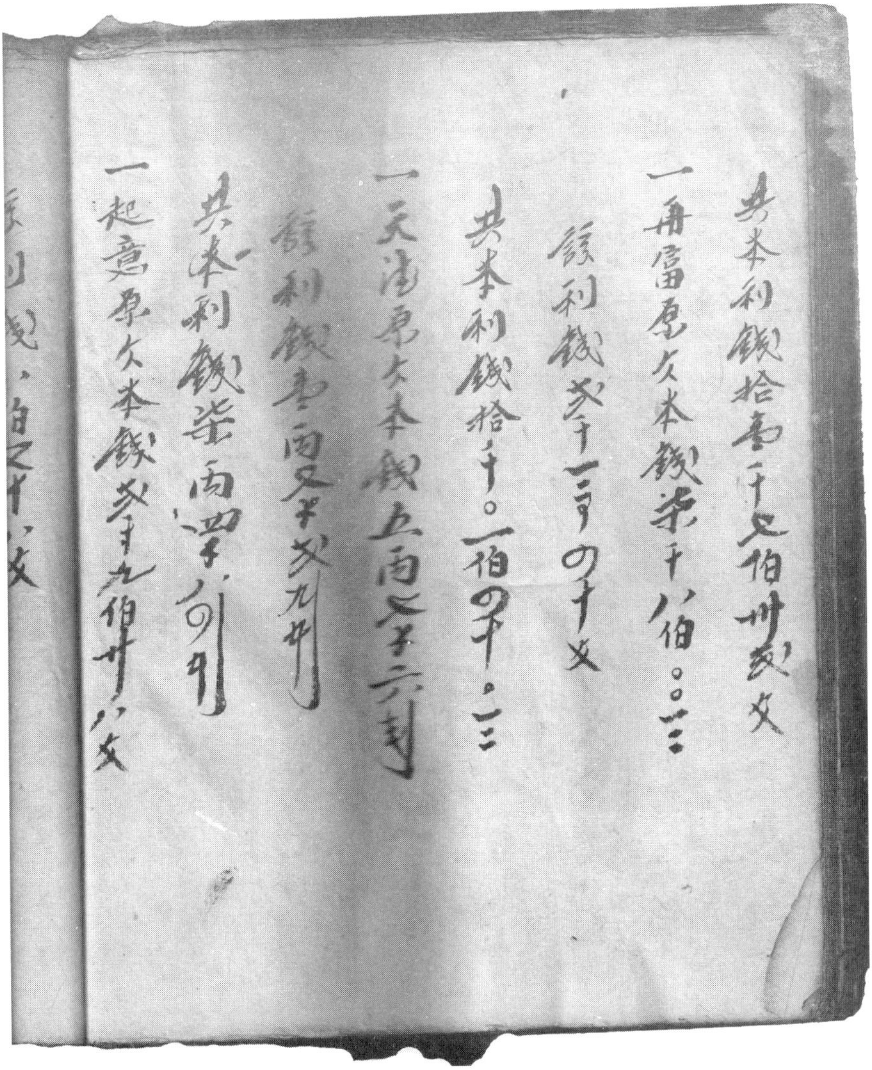

共本利錢拾壹千七伯卅玖文
一冉富原欠本錢柒千八伯
該利錢叁千
共本利錢拾千〇一伯
一天德原欠本錢五兩
該利錢壹兩
共本利錢柒兩
一起意原欠本錢叁千九伯廿八文
該利錢

秋口镇沙城洪 3-99 · 道光十年 · 义聚饼会簿 · 文龙、文述

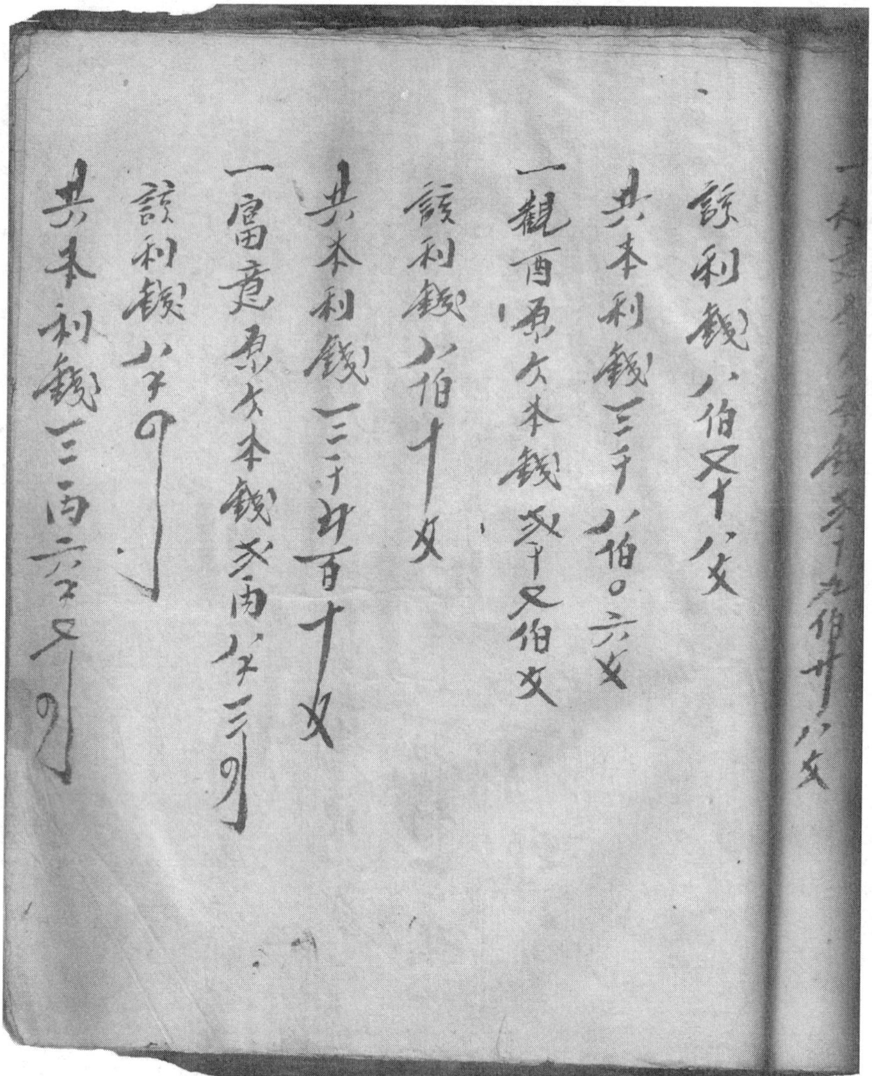

一[illegible]錢叁千九伯廿八文

該利錢八伯九十八文

共本利錢三千八伯〇六文

一觀酉原欠本錢叁千九伯文

該利錢八伯十文

共本利錢三千七百十文

一富意原欠本錢叁两八千三四

該利錢八千四

共本利錢三两六千九四

秋口镇沙城洪 3-100 · 道光十年 · 义聚饼会簿 · 文龙、文述

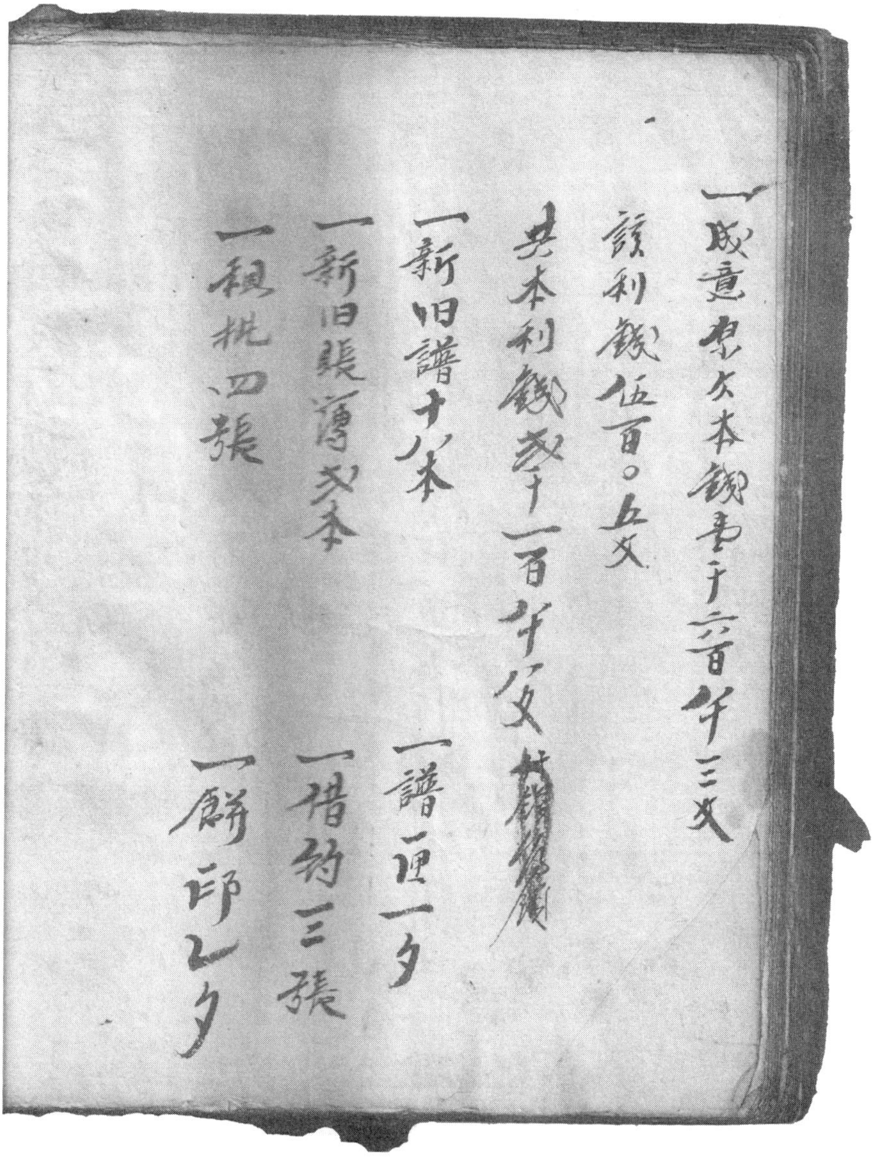

一收意會次本錢壹千六百廿三文

該利錢伍百〇五文

共本利錢貳千一百廿八文

一新旧譜十八本

一新旧賬簿貳本

一租批四張

一譜匣一夕

一借約三張

一餅印乙夕

秋口镇沙城洪 3-101 · 道光十年 · 义聚饼会簿 · 文龙、文述

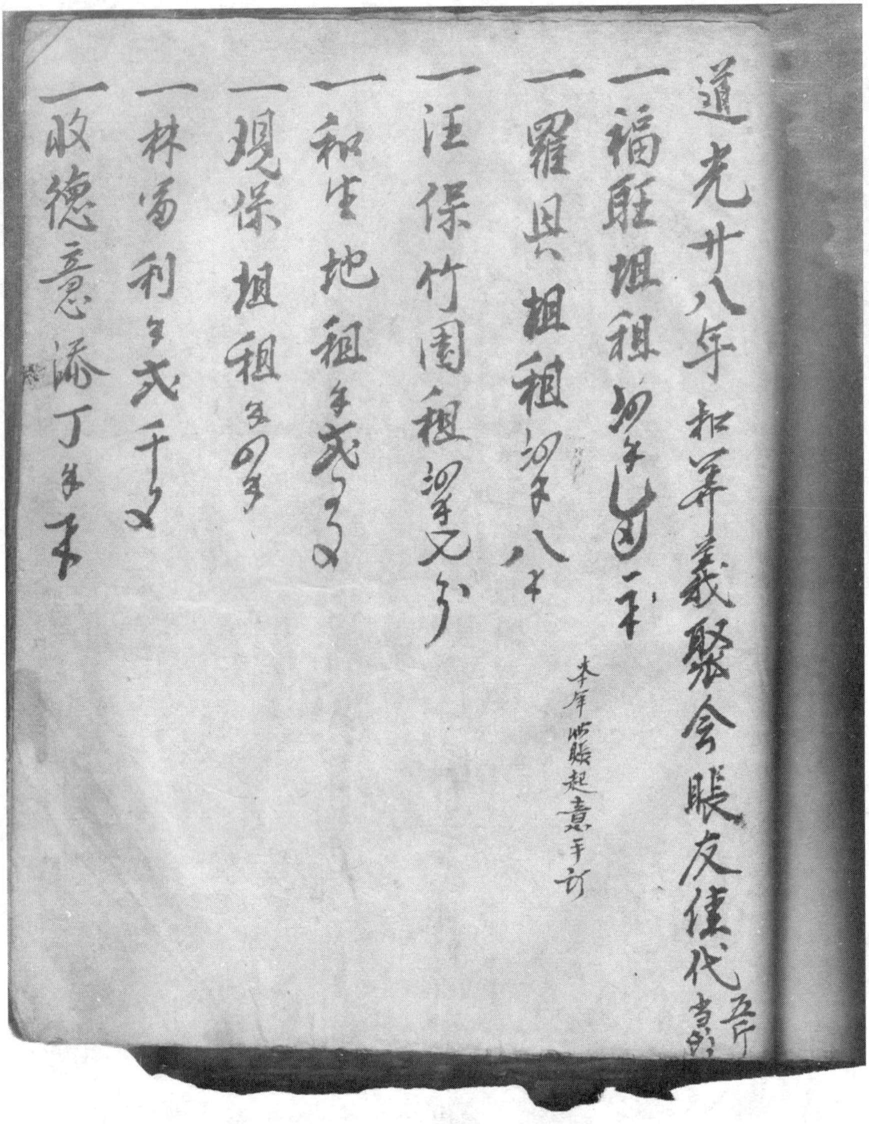

秋口镇沙城洪 3-102 · 道光十年 · 义聚饼会簿 · 文龙、文述

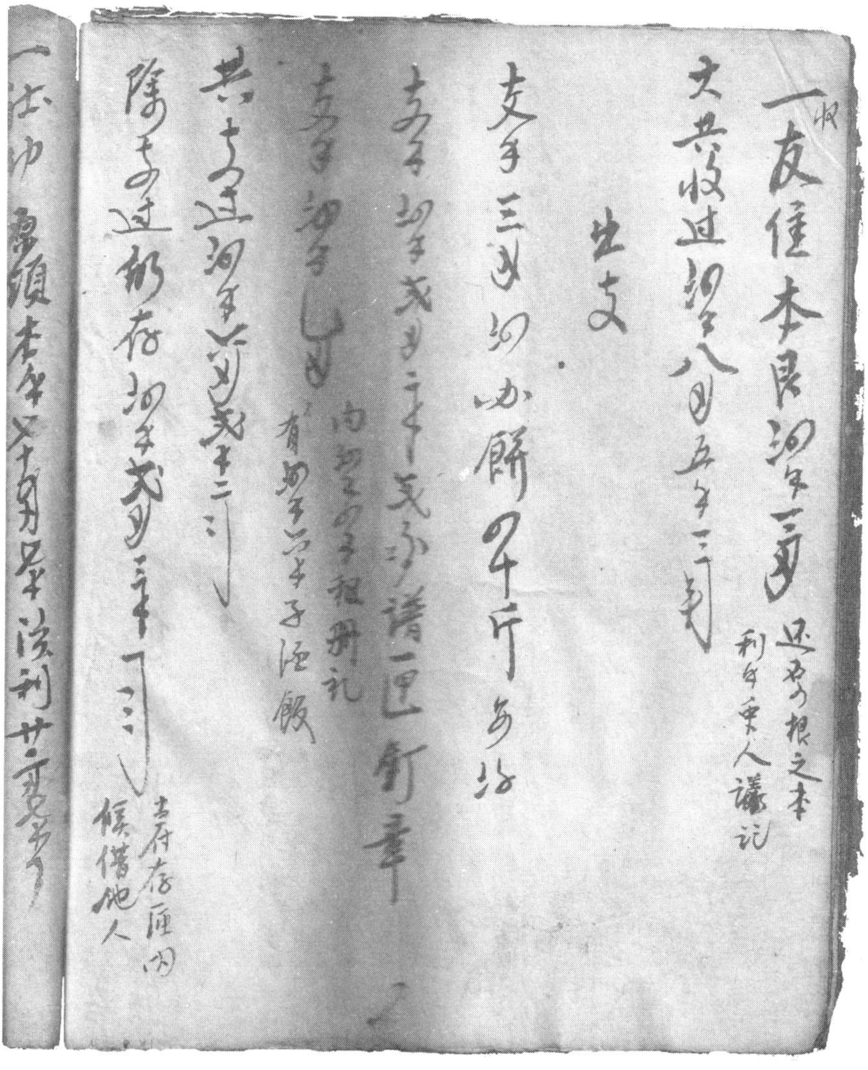

秋口镇沙城洪 3-103 · 道光十年 · 义聚饼会簿 · 文龙、文述

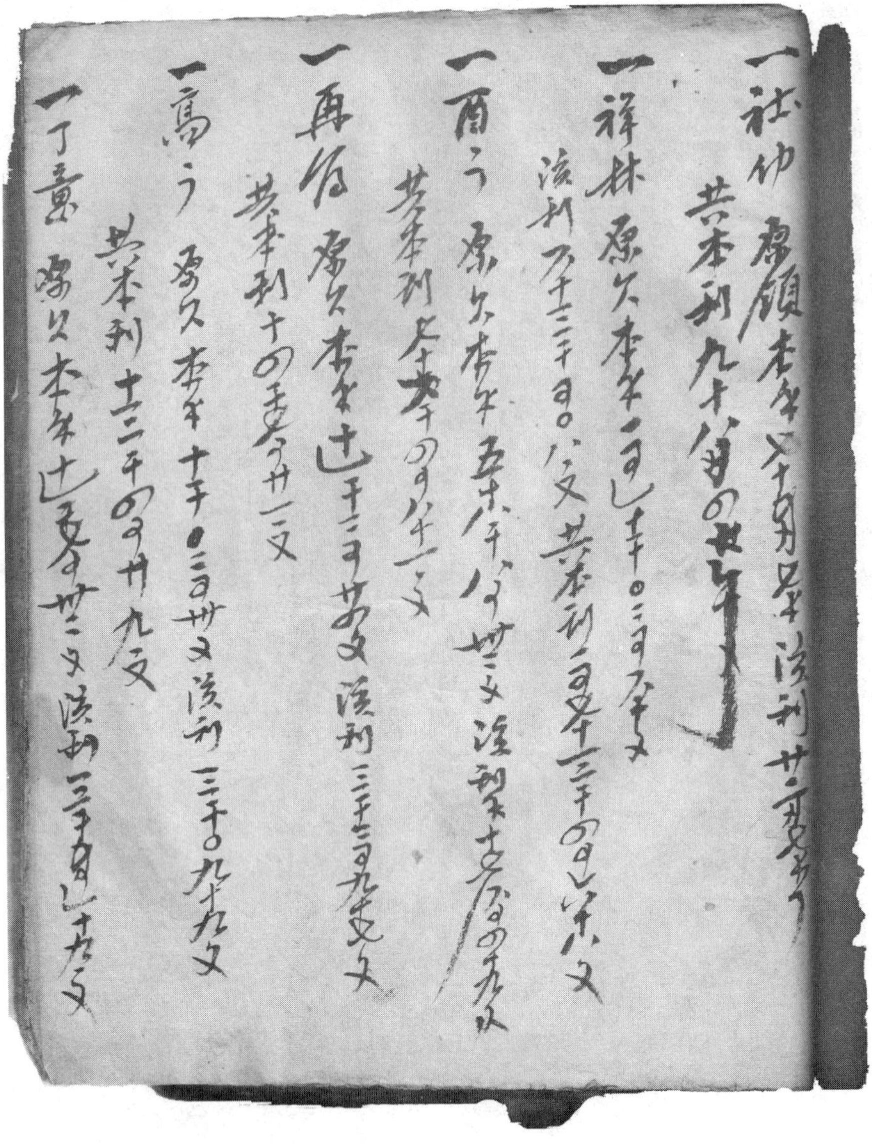

秋口镇沙城洪 3-104 · 道光十年 · 义聚饼会簿 · 文龙、文述

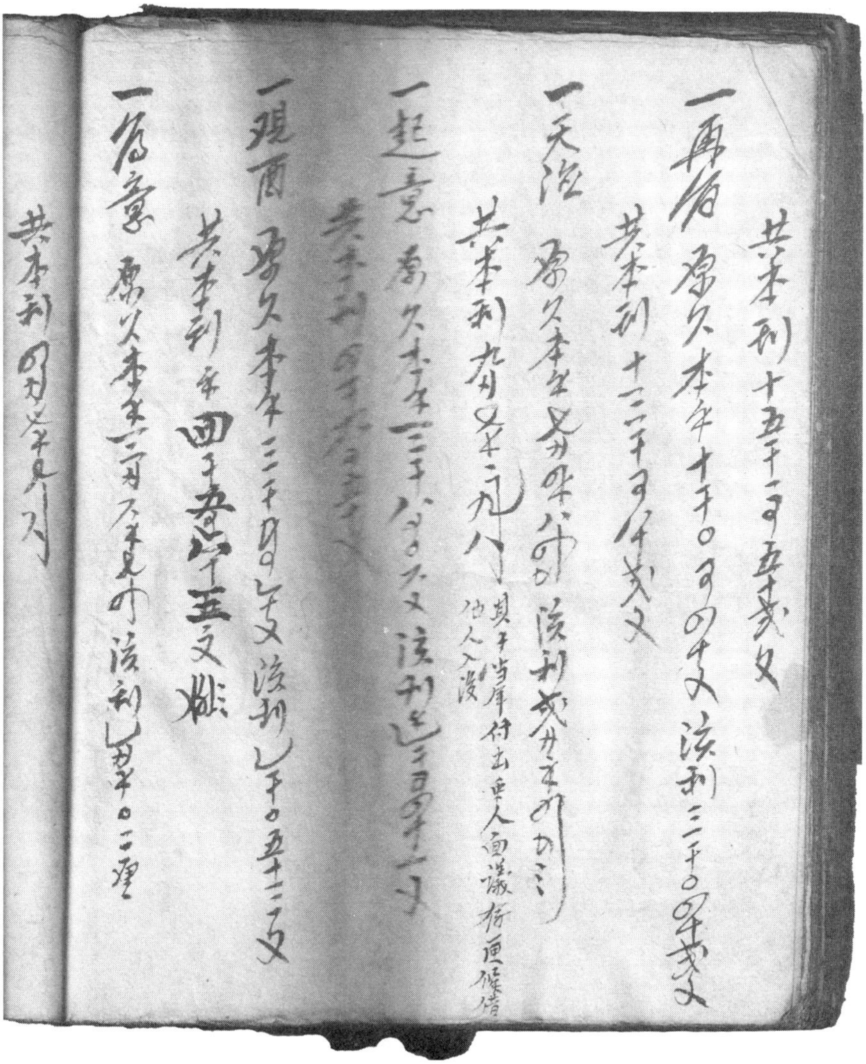

秋口镇沙城洪 3-105 · 道光十年 · 义聚饼会簿 · 文龙、文述

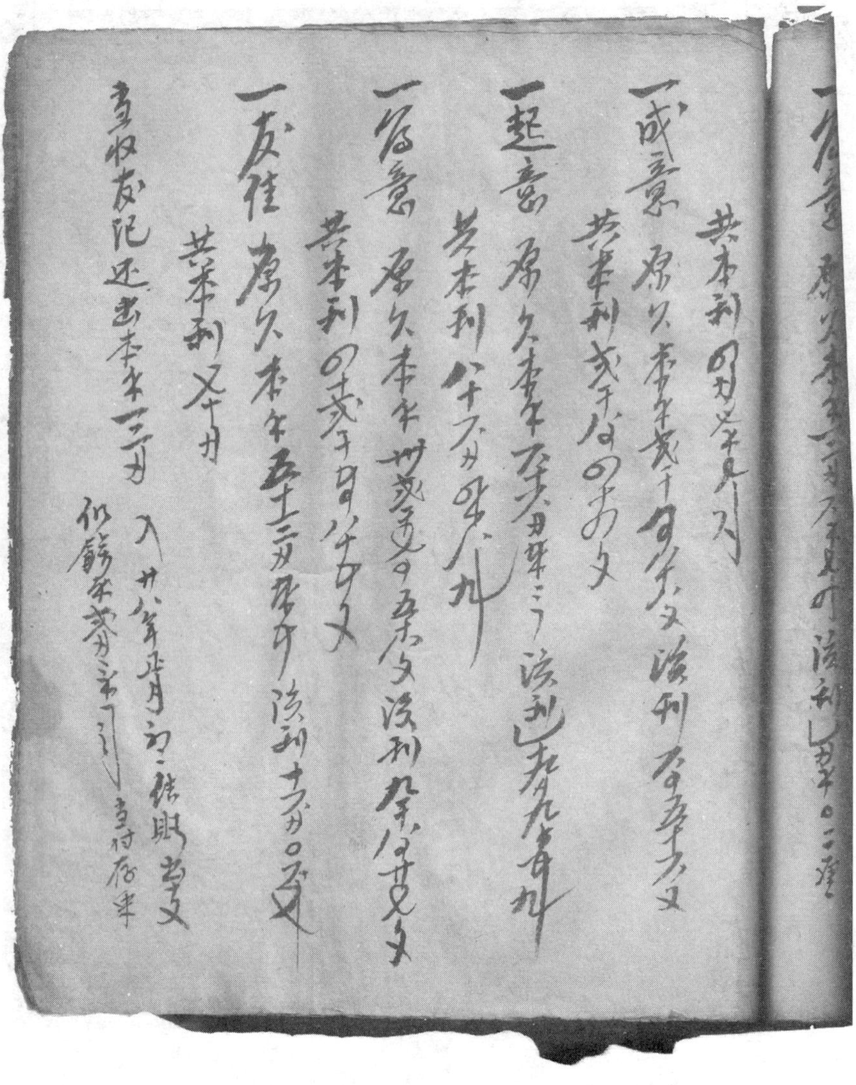

秋口镇沙城洪 3-106 · 道光十年 · 义聚饼会簿 · 文龙、文述

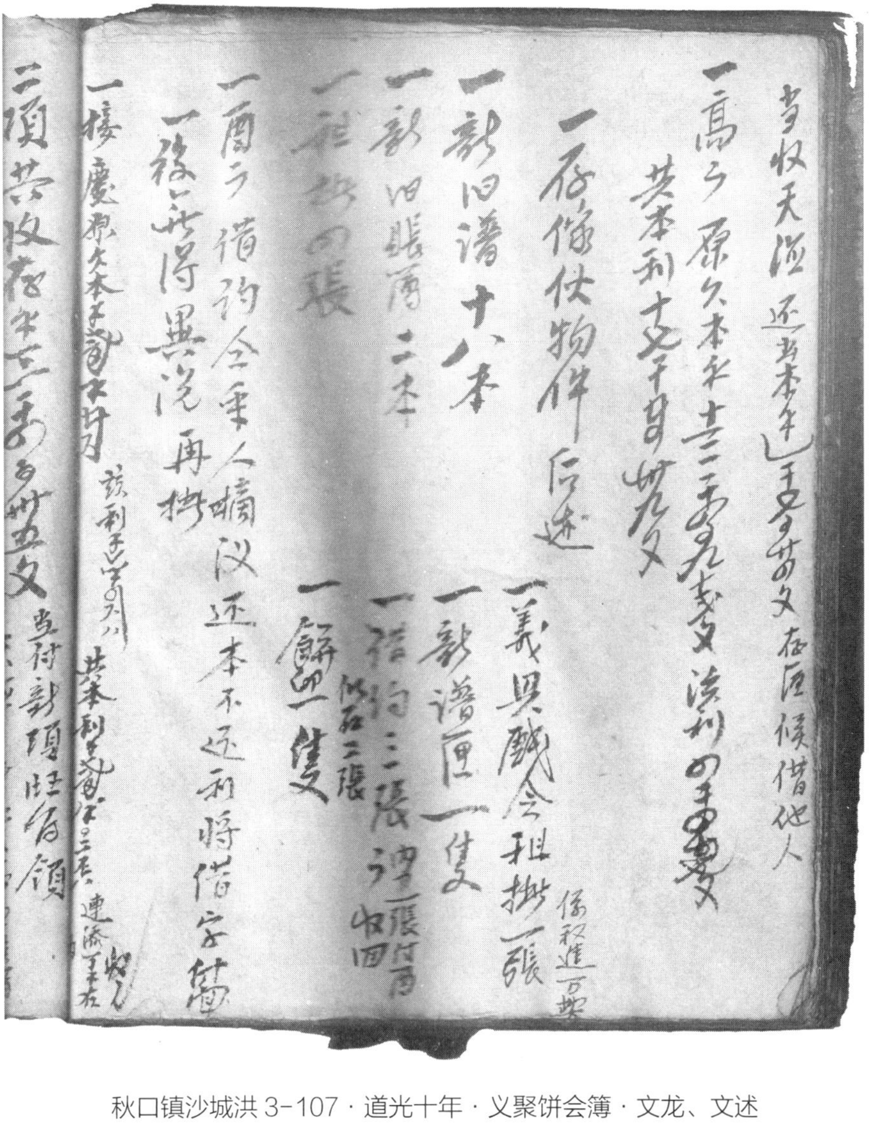
当收天壇 还出本年 [illegible] 存匣候借他人
一高〻原欠本平十二千[illegible]文 該利四千[illegible]文
共本利十六千[illegible]文
一存條伙物件 仍还
一新旧譜十八本
一新旧賬簿二本
一社[illegible]四張
一義具戲仝租批一張 係积進石契
一新譜匣一隻
一借約三張 內有二張 该〻二張付酉〻收回
一解迎一隻
一酉〻借約会重人憑议 还本不还利将借字繳
一後〻共得異说再批
一樓慶原欠本千[illegible] 該利[illegible] 共本利[illegible] 連添[illegible]
二項共收本平十二千[illegible]廿五文 当付新項旺有領

秋口镇沙城洪 3-107 · 道光十年 · 义聚饼会簿 · 文龙、文述

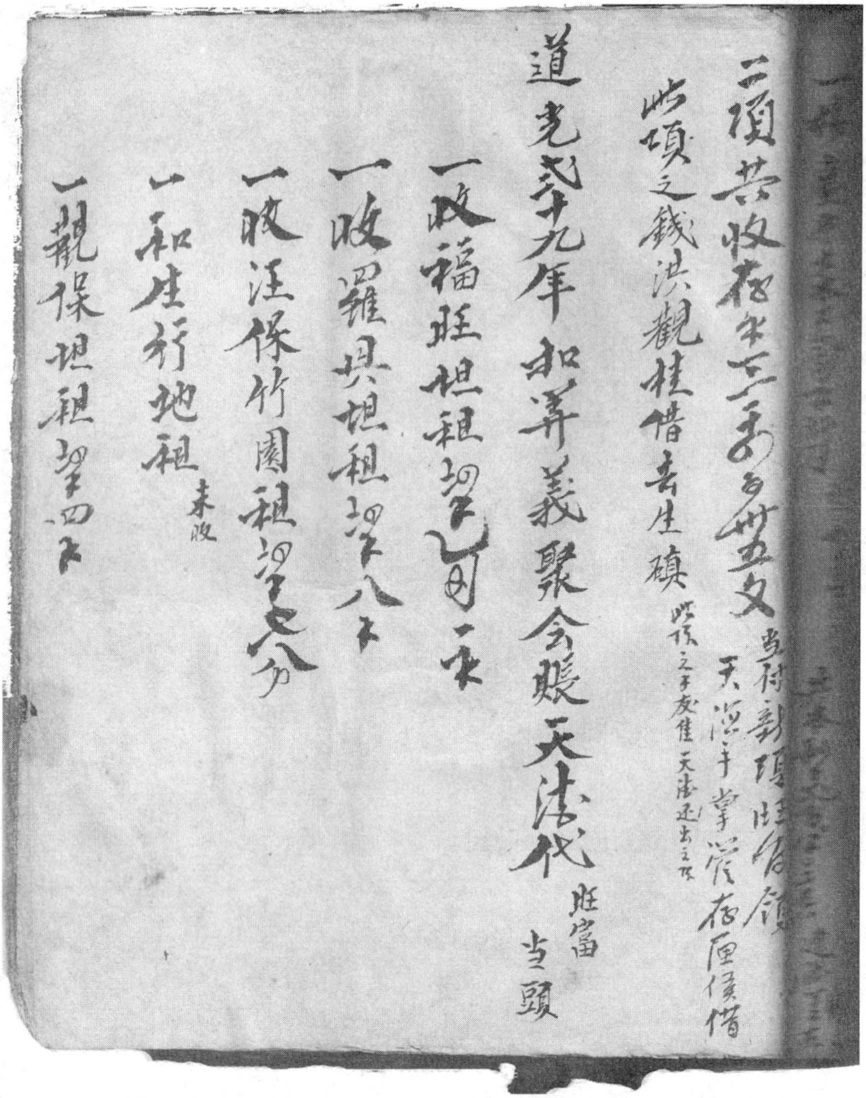

秋口镇沙城洪 3-108 · 道光十年 · 义聚饼会簿 · 文龙、文述

一觀德添丁下下
一德意添丁子下
一德富添丁子下
一商慶添丁子下
一登意添丁子下
一成意添丁下下
一收林富利子弍十文
一收觀桂利子陸百八十七文

合又項共收足錢肆千玖百五十八文

秋口镇沙城洪 3-109 · 道光十年 · 义聚饼会簿 · 文龙、文述

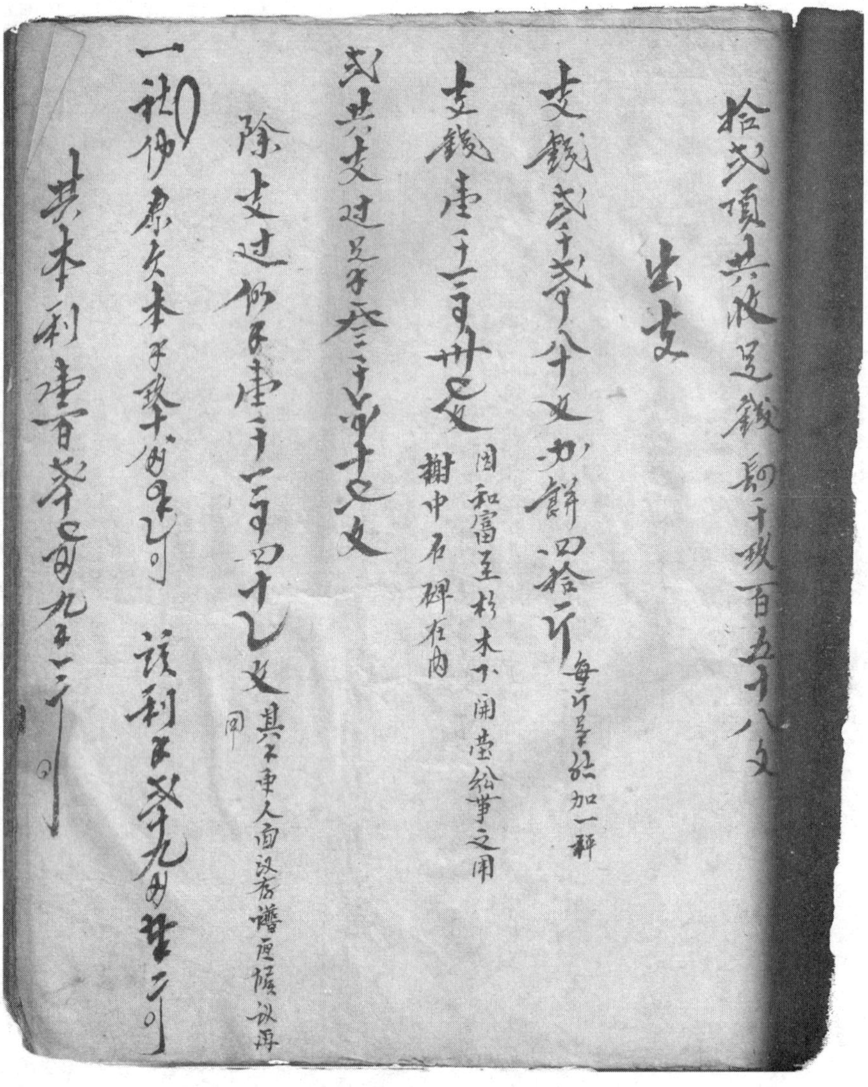

秋口镇沙城洪 3-110 · 道光十年 · 义聚饼会簿 · 文龙、文述

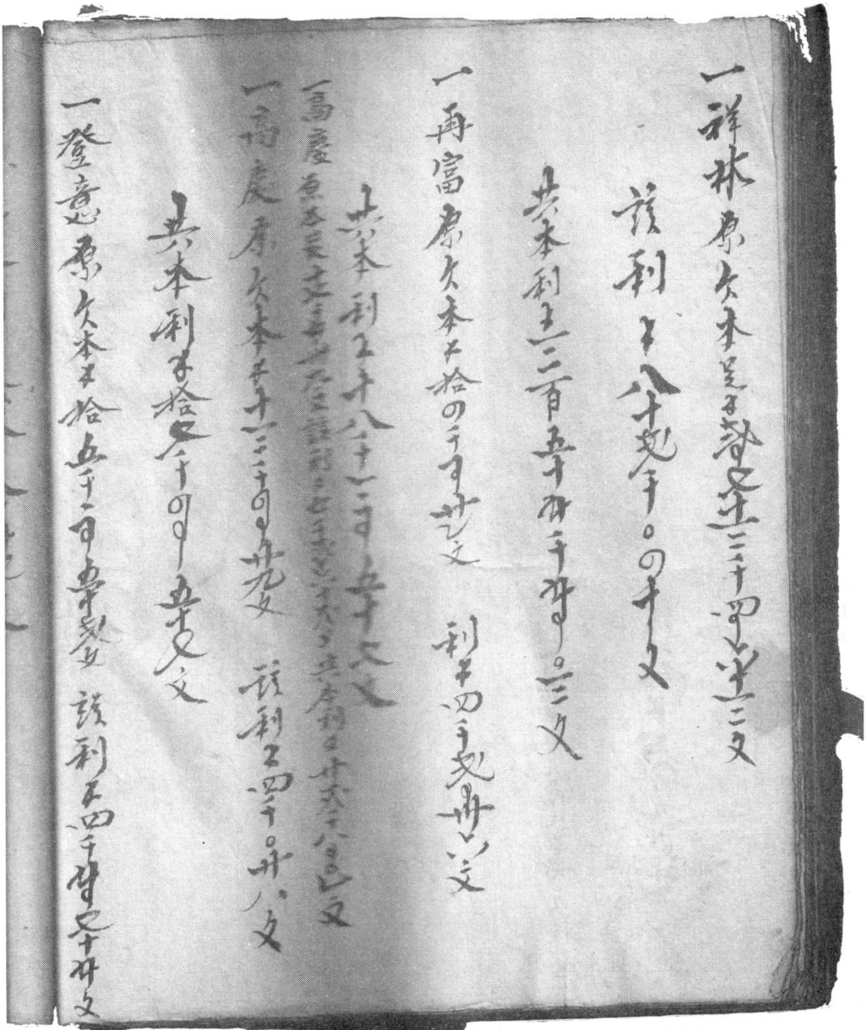

秋口镇沙城洪 3-111 · 道光十年 · 义聚饼会簿 · 文龙、文述

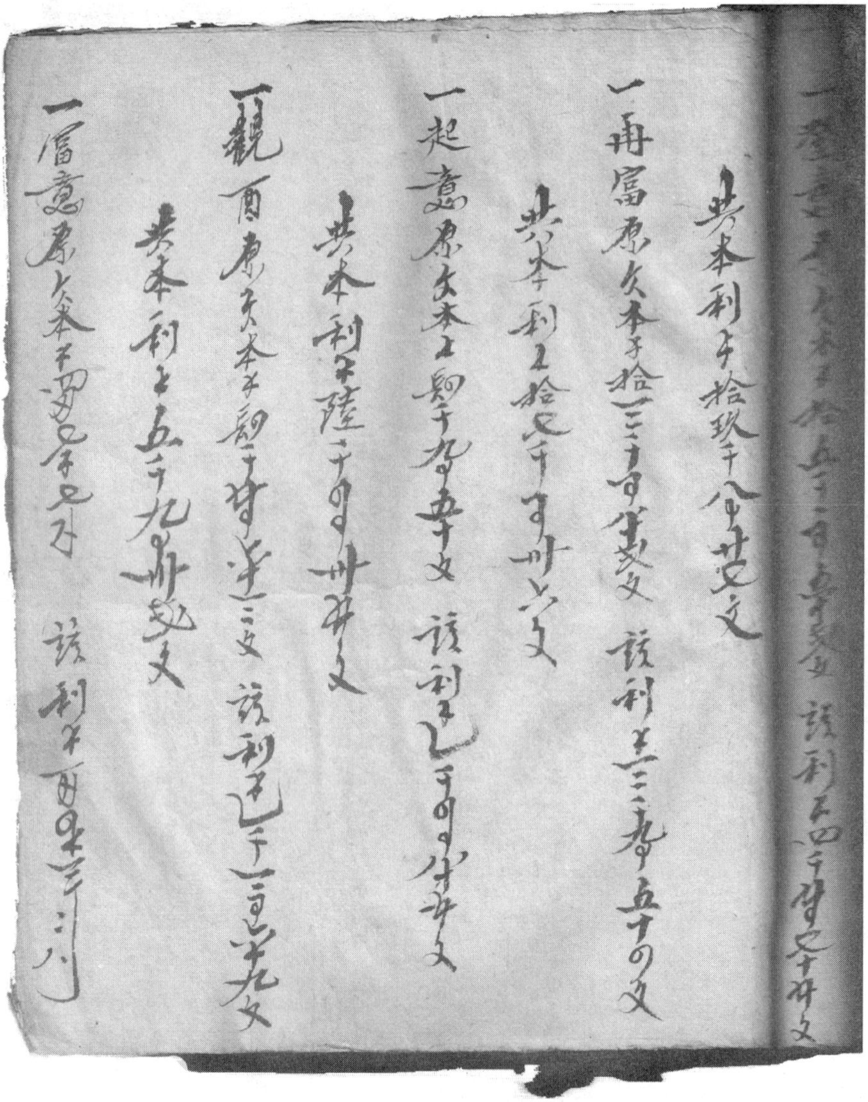

秋口镇沙城洪 3-112 · 道光十年 · 义聚饼会簿 · 文龙、文述

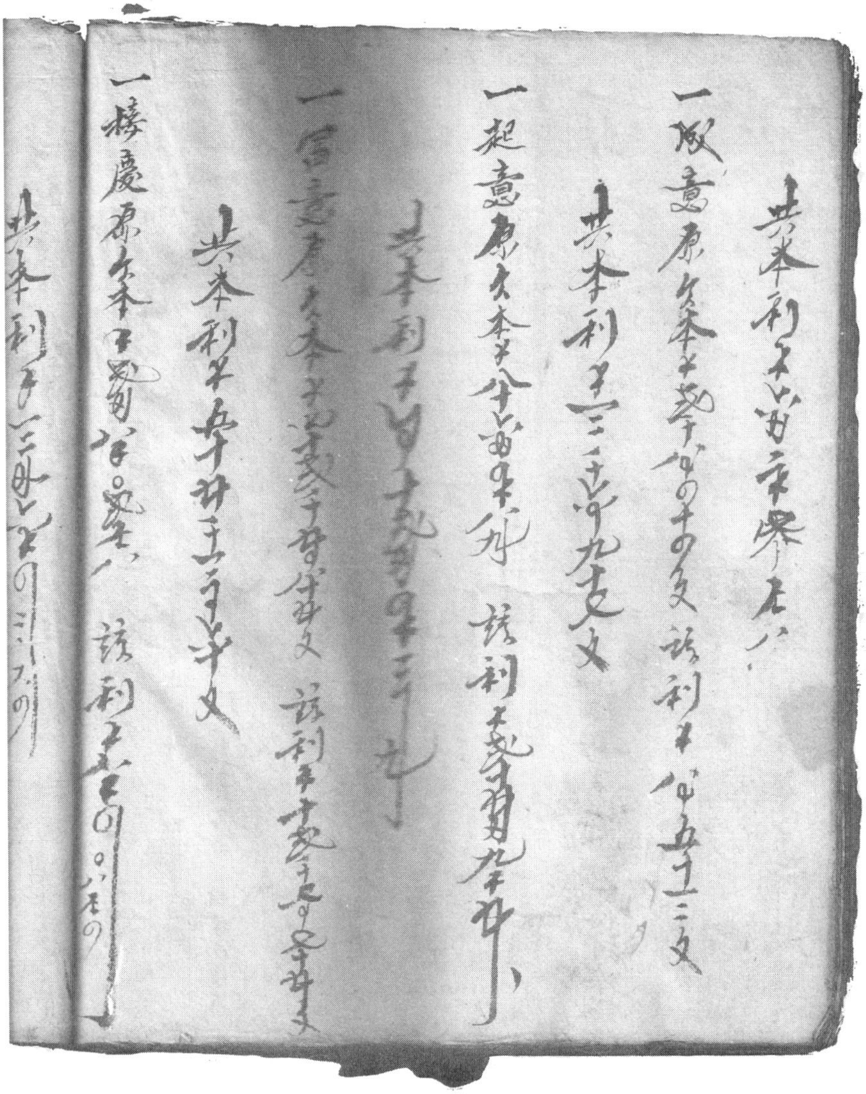

秋口镇沙城洪 3-113 · 道光十年 · 义聚饼会簿 · 文龙、文述

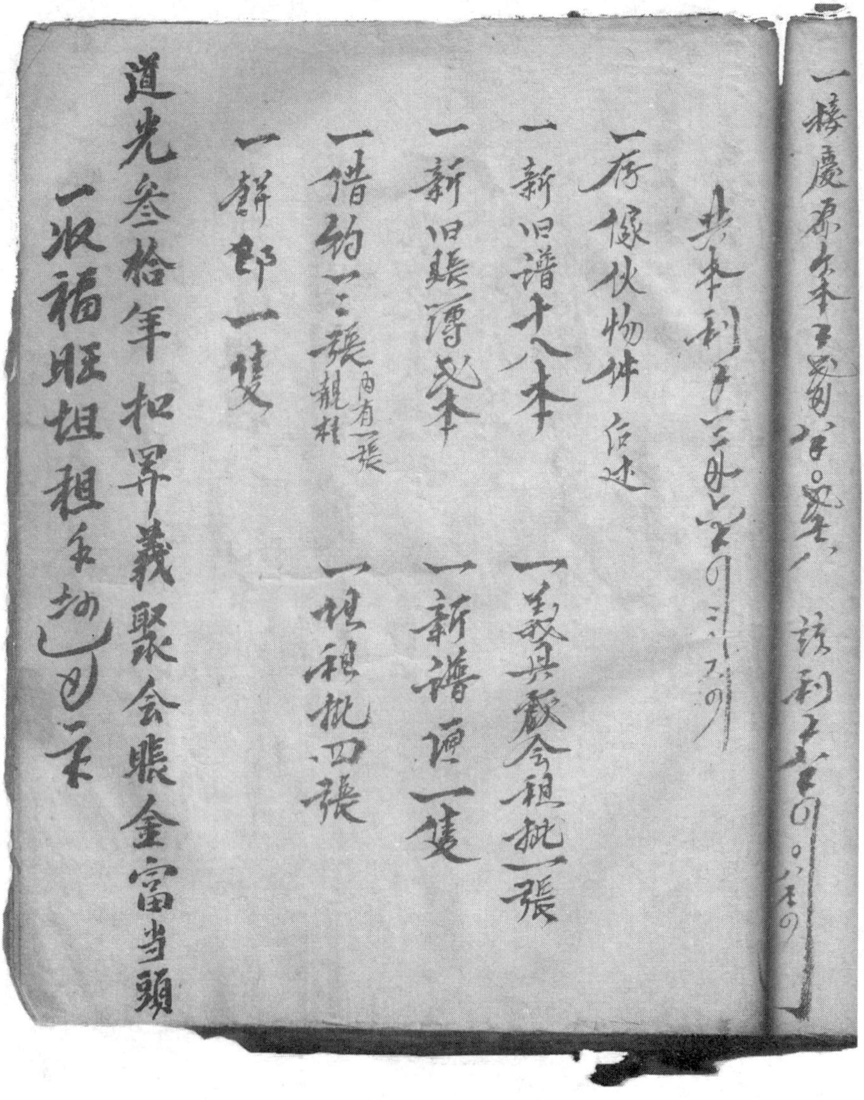
一存傢伙物件 后述
一新旧譜十八本
一新旧賬簿弍本
一借約一二張 內有一張龍根
一餅印一隻
一義興家會租批一張
一新譜匣一隻
一租批四張
道光叁拾年和羿義聚会賬金富当頭
一收福旺姐租

秋口镇沙城洪 3-114 · 道光十年 · 义聚饼会簿 · 文龙、文述

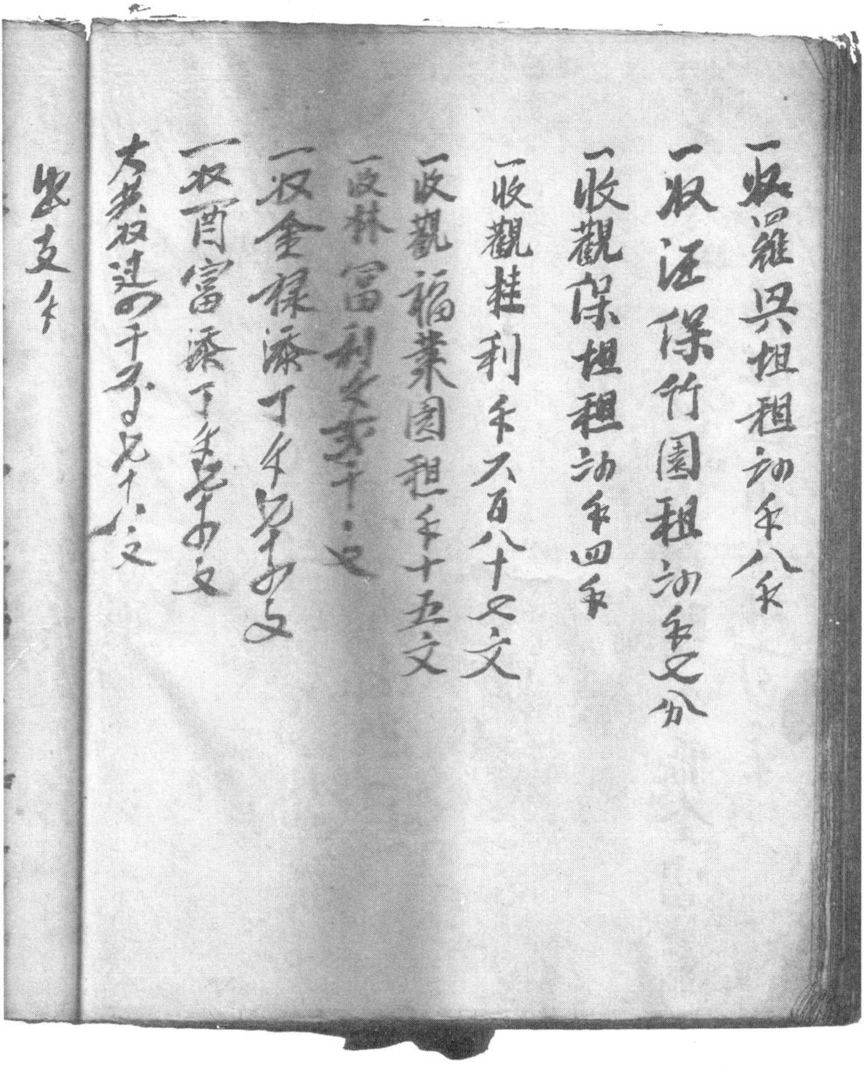

秋口镇沙城洪 3–115 · 道光十年 · 义聚饼会簿 · 文龙、文述

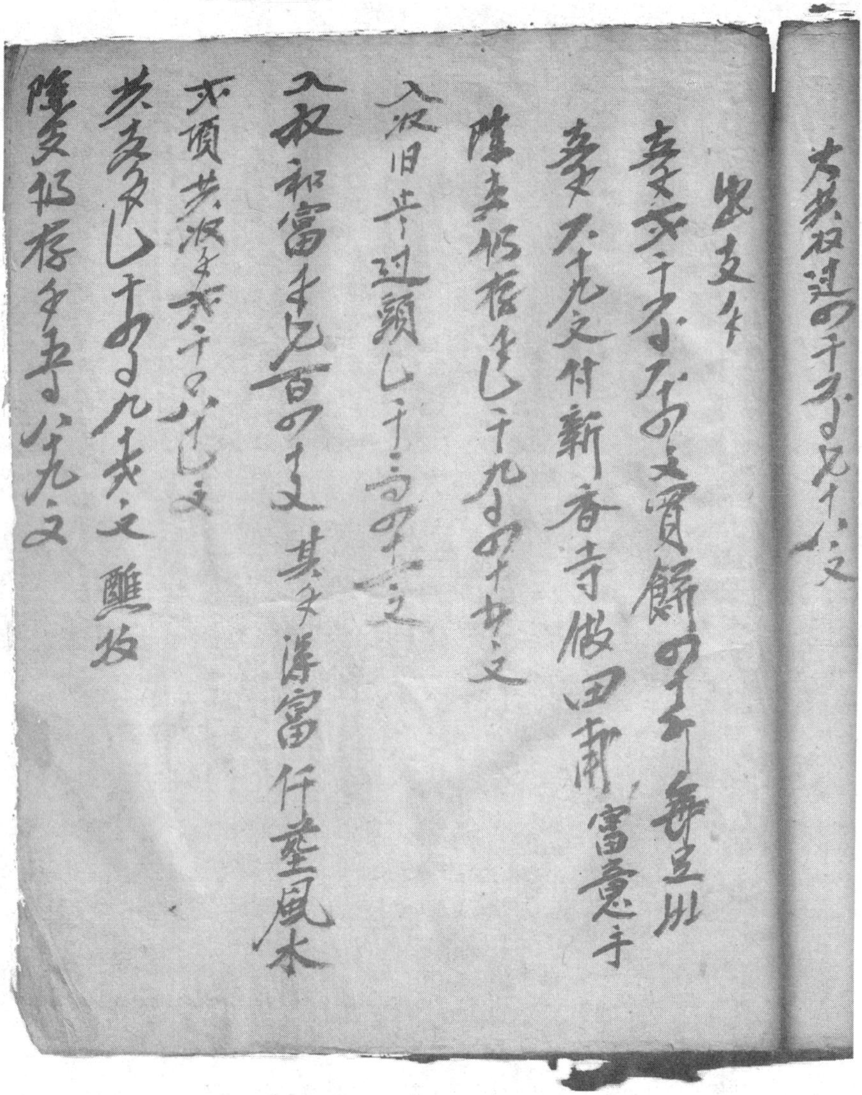

共收过[illegible]千[illegible]九十八文

出支今

[illegible]千[illegible]文買餅[illegible]

[illegible]九文付新香寺做田[illegible] 富意手

[illegible]存[illegible]千九[illegible]文

入收旧[illegible]过頭[illegible]千[illegible]文

入收和富[illegible]百[illegible]文 其[illegible]富仟[illegible]本

收項共收[illegible]千[illegible]文

共支[illegible]千[illegible]九[illegible]文 [illegible]

[illegible]存[illegible]九文

秋口镇沙城洪 3-116 · 道光十年 · 义聚饼会簿 · 文龙、文述

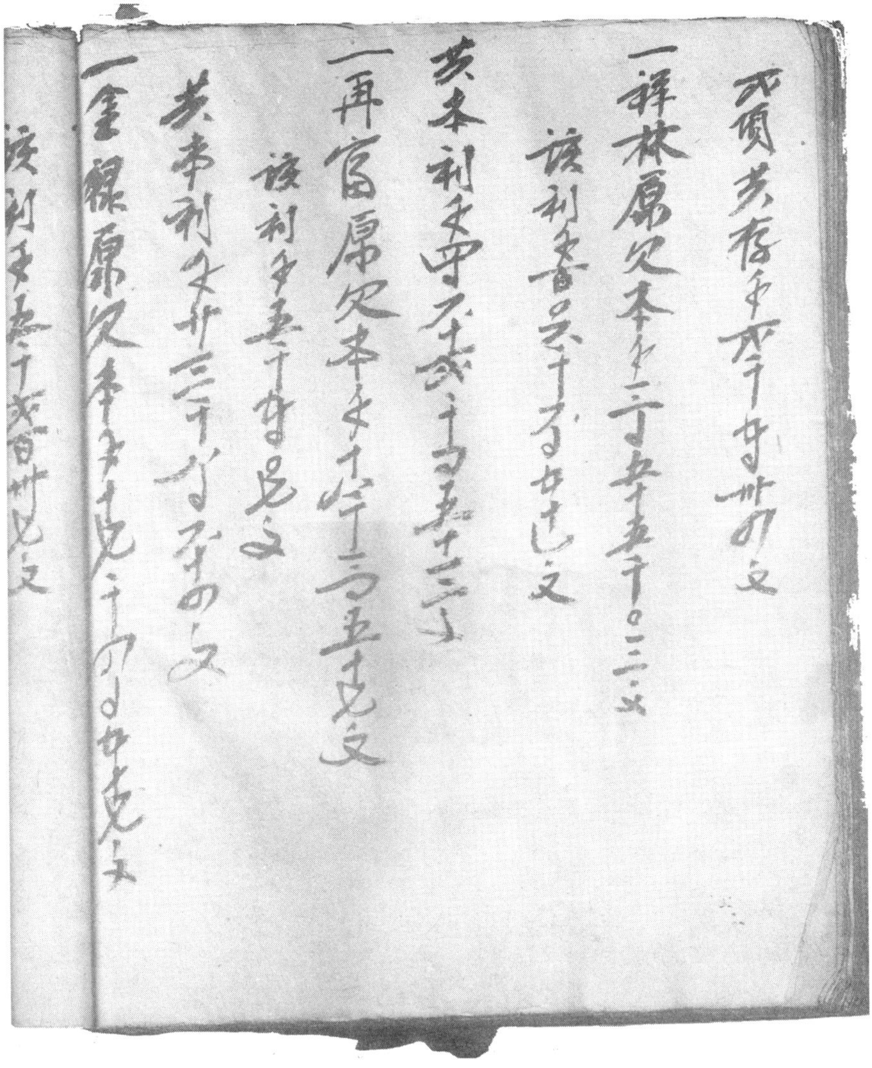

秋口镇沙城洪 3-117 · 道光十年 · 义聚饼会簿 · 文龙、文述

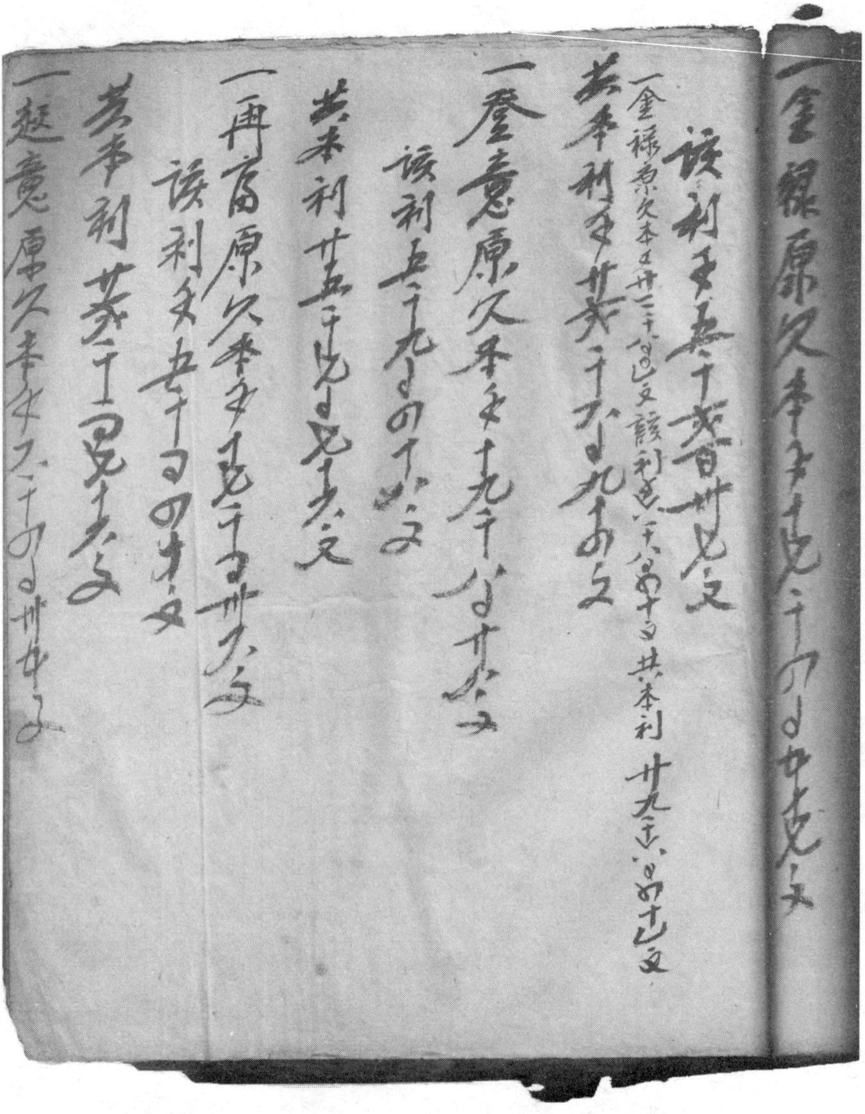

秋口镇沙城洪 3-118 · 道光十年 · 义聚饼会簿 · 文龙、文述

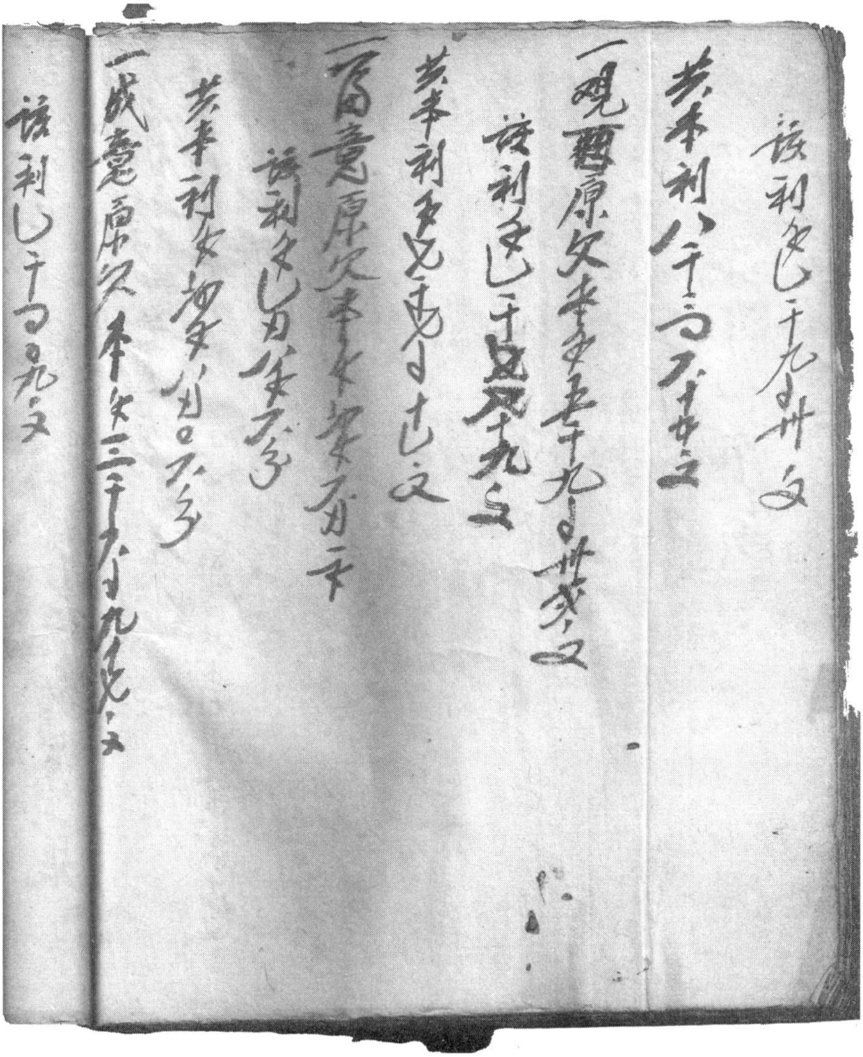

秋口镇沙城洪 3-119 · 道光十年 · 义聚饼会簿 · 文龙、文述

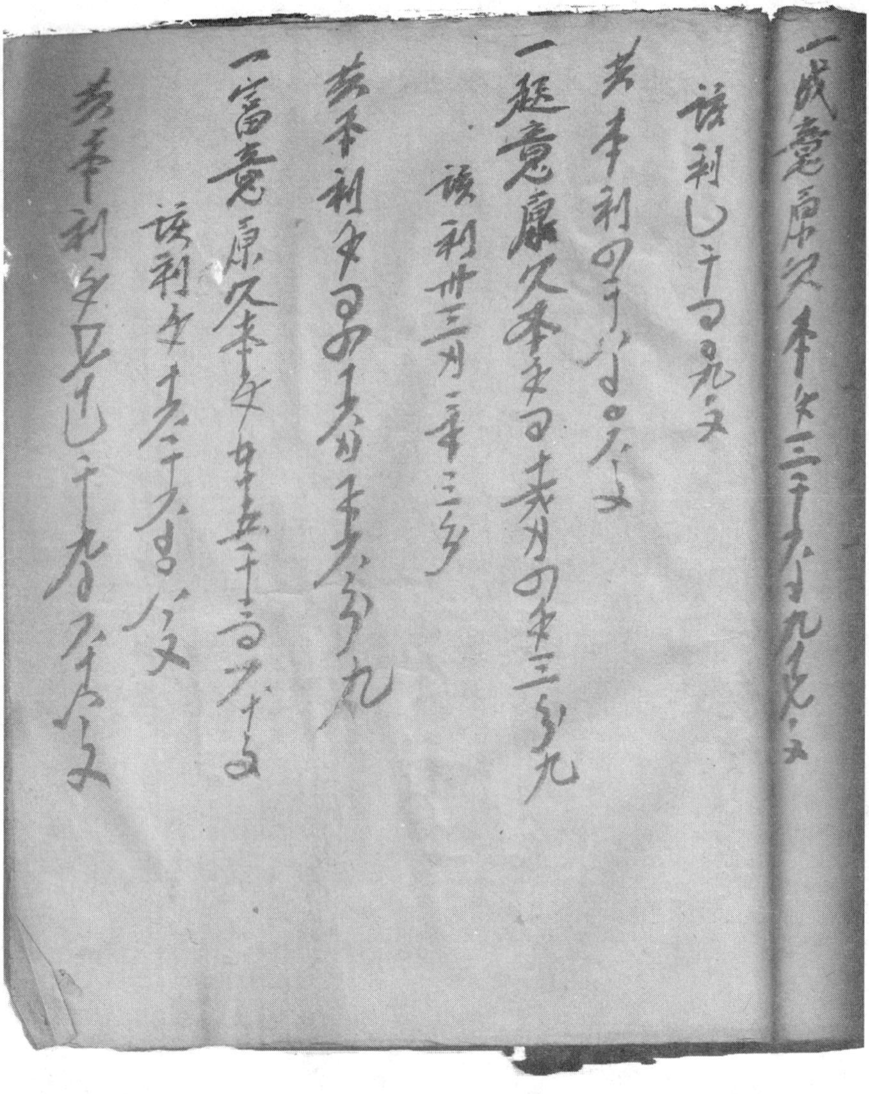

秋口镇沙城洪 3-120 · 道光十年 · 义聚饼会簿 · 文龙、文述

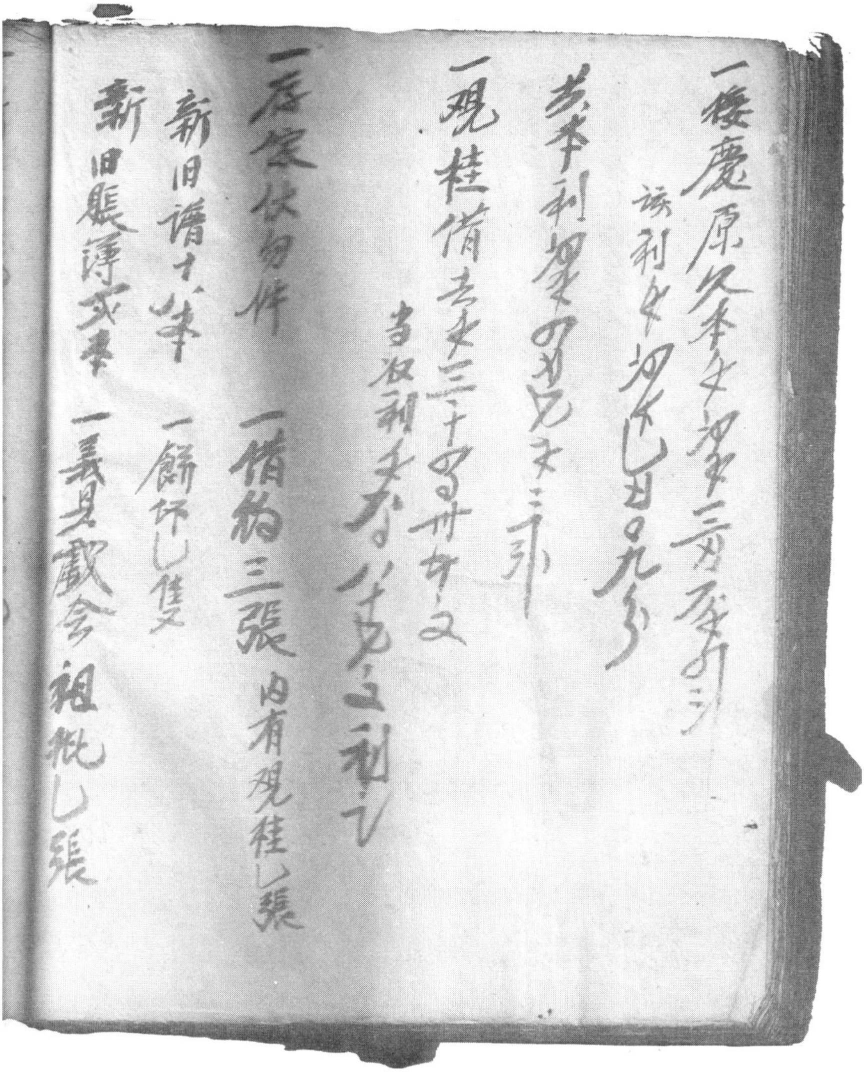
一樓慶原欠本銀[illegible]
該利銀[illegible]
共本利銀[illegible]
一觀桂借去[illegible]文
当收利[illegible]利訖
一存家伙物件
一借約三張 内有觀桂乙張
新旧譜大小本
一餅印乙隻
新旧賬簿貳本
一義聚戲会 祖批乙張

秋口镇沙城洪 3-121 · 道光十年 · 义聚饼会簿 · 文龙、文述

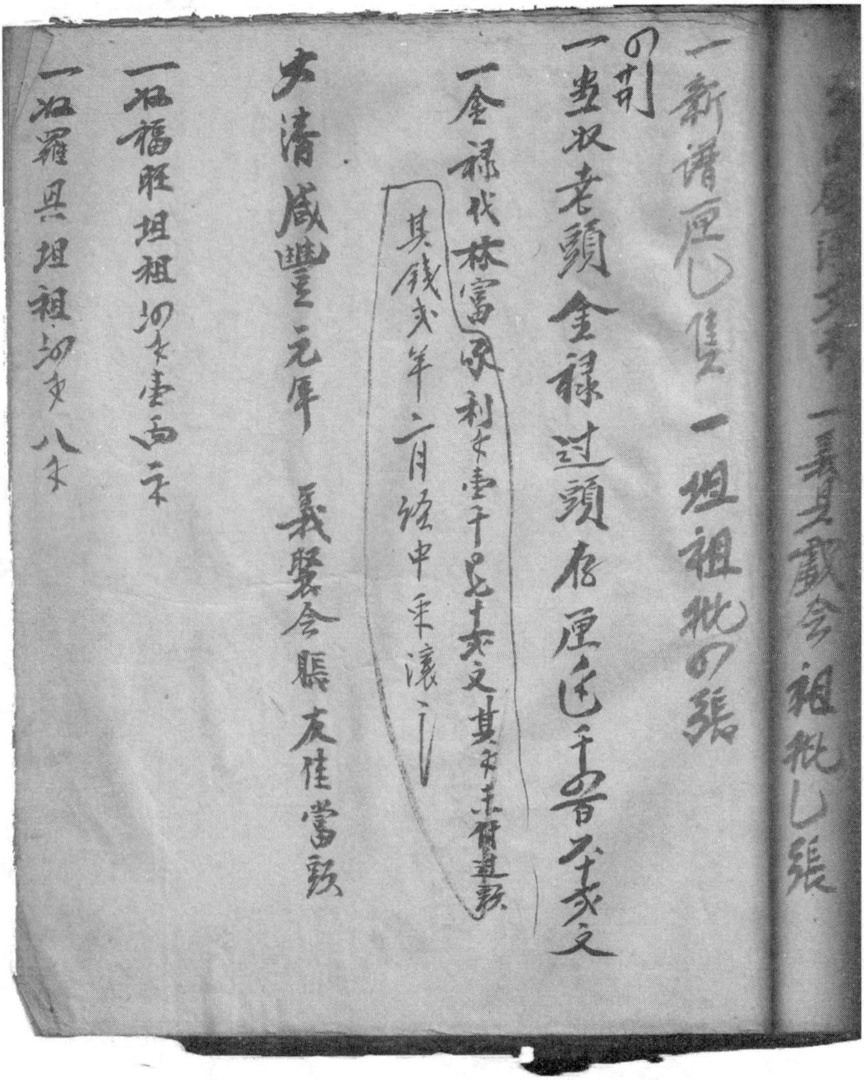

一新譜匣乙隻 一坦祖批四張

四刊

一出收老頭金祿过頭存匣乙千四百八十弍文

一金祿代林富家利钱壹千乙百十六文 其钱未曾过数

其钱弍年二月经中秉讓了

大清咸豐元年 義聚会賬 友佳當数

一收福旺坦祖洋钱壹两正

一收羅興坦祖洋钱八钱

一義聚戲会祖批乙張

秋口镇沙城洪 3-122 · 道光十年 · 义聚饼会簿 · 文龙、文述

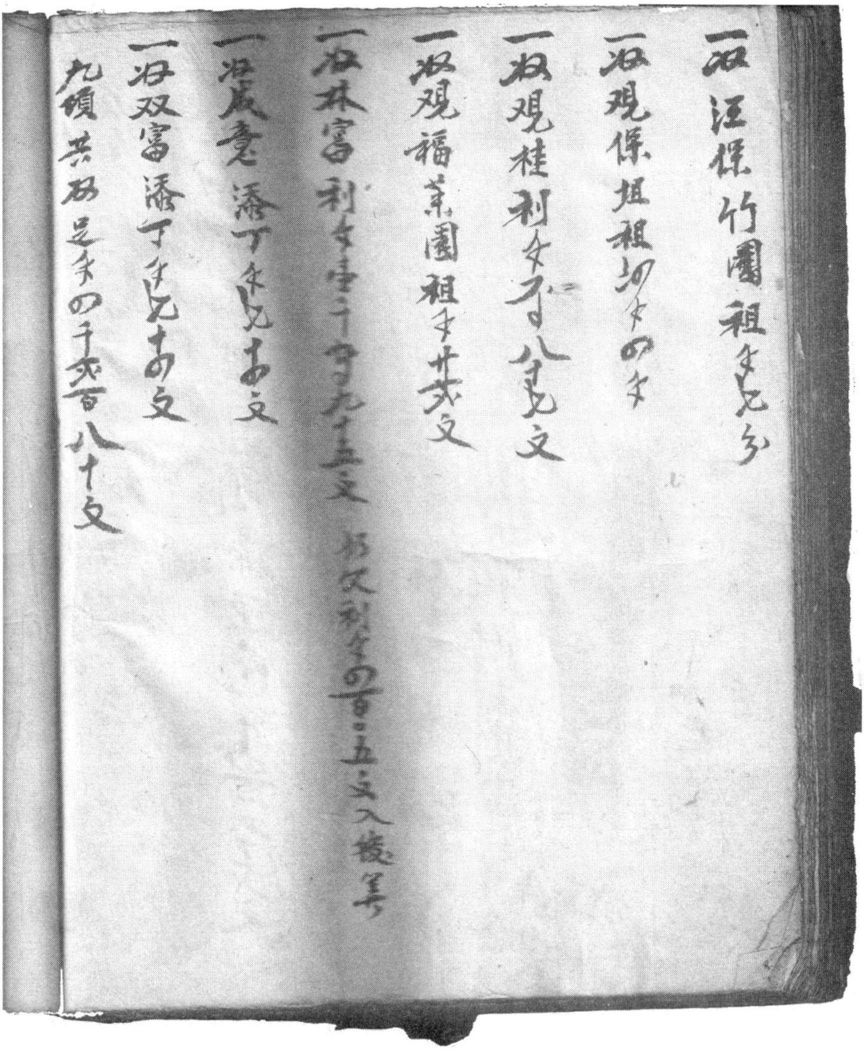

一名汪保竹園租钱九分

一名观保坦租洲钱四千

一名观桂利钱刁丁八钱九文

一名观福菜園租钱廿贰文

一名林富利钱壹千○九十五文 抒又利钱四百○五文入钱算

一名辰意添丁钱九百文

一名双富添丁钱九百文

九项共钱足钱四千贰百八十文

秋口镇沙城洪 3-123 · 道光十年 · 义聚饼会簿 · 文龙、文述

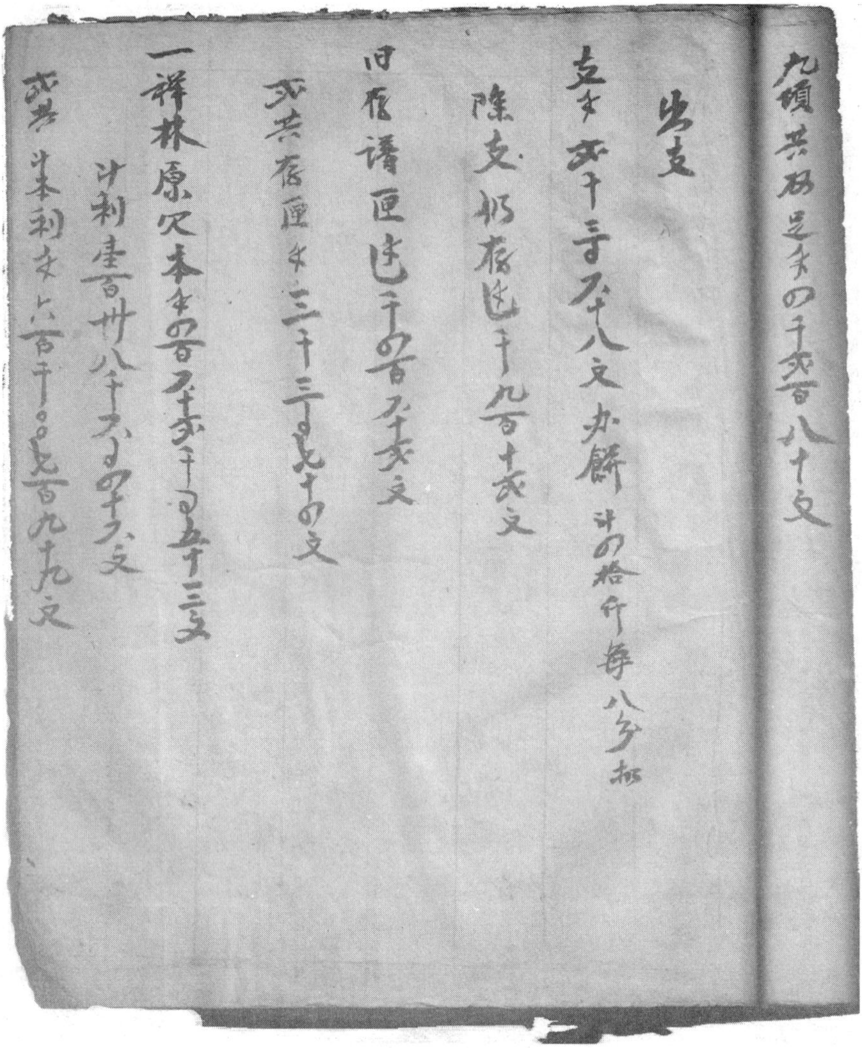

秋口镇沙城洪 3-124 · 道光十年 · 义聚饼会簿 · 文龙、文述

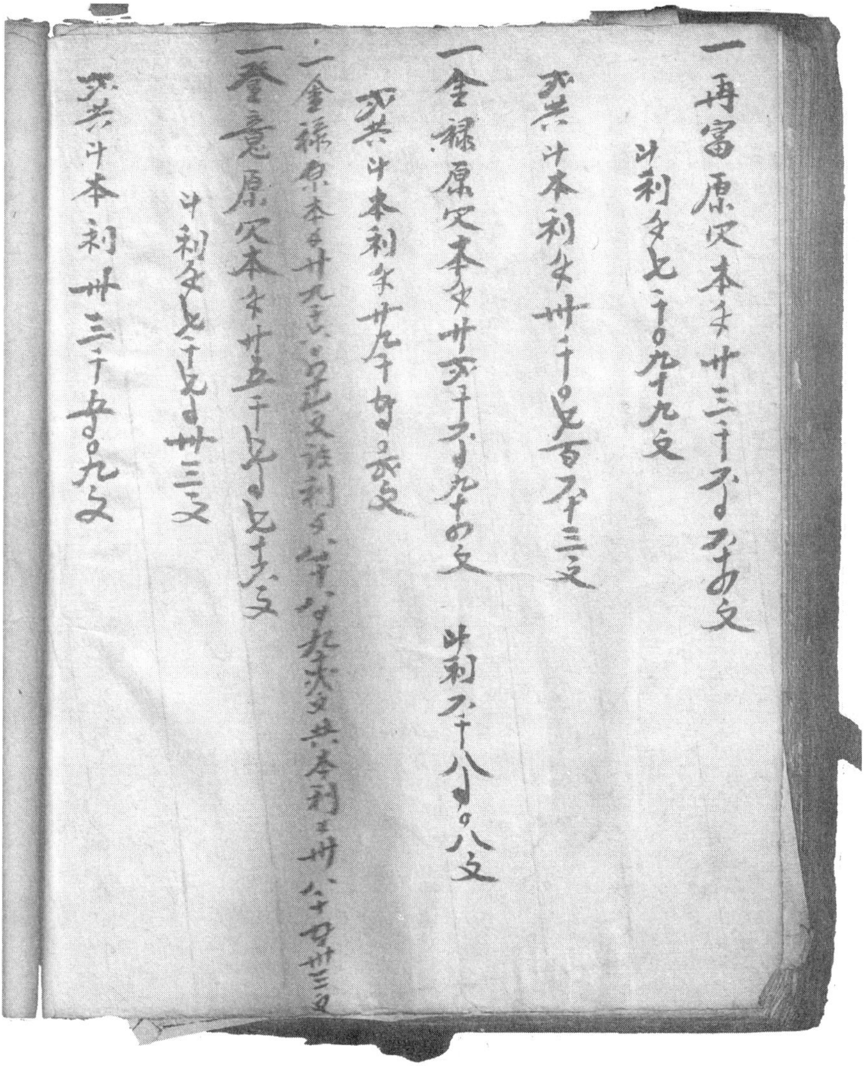

秋口镇沙城洪 3-125 · 道光十年 · 义聚饼会簿 · 文龙、文述

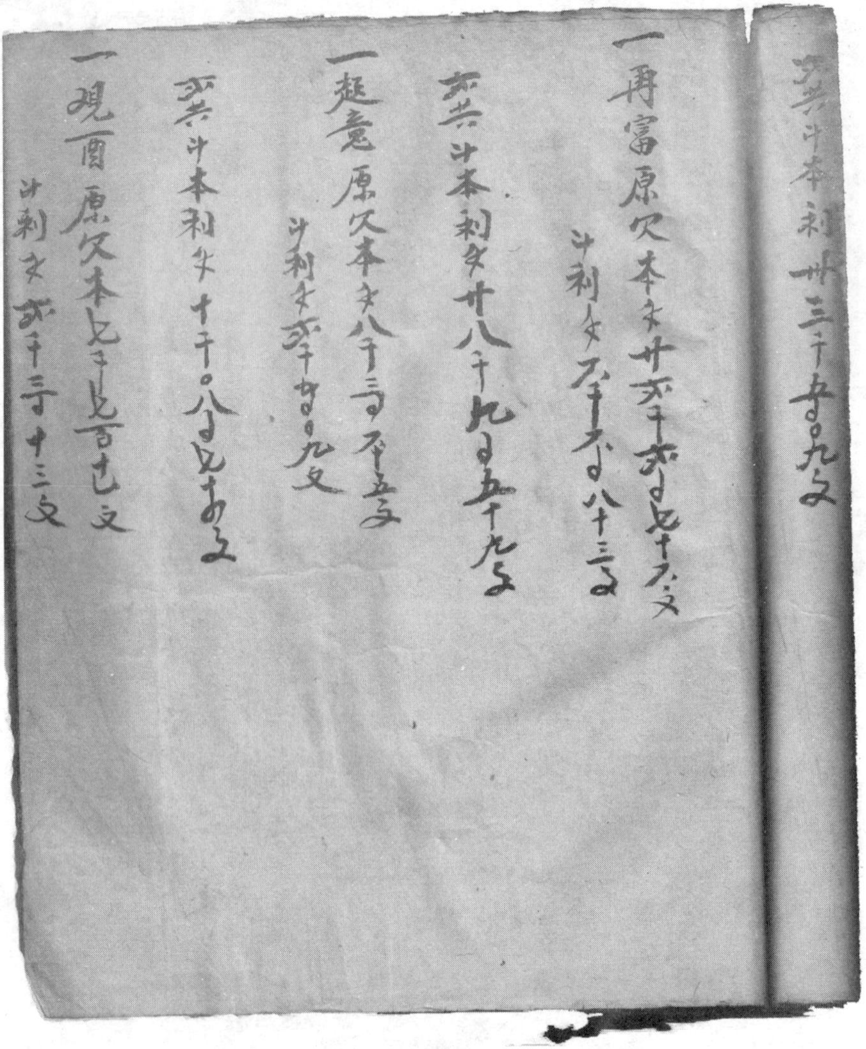
又共计本利卅三千五百○九文
一再富原欠本文廿五千五百七十六文
计利文五千六百八十三文
又共计本利文廿八千九百五十九文
一起意原欠本文八千三百五十五文
计利文五千四百○九文
又共计本利文十千○八百七十五文
一观酉原欠本文七千七百七十文
计利文五千三百十三文

秋口镇沙城洪 3-126 · 道光十年 · 义聚饼会簿 · 文龙、文述

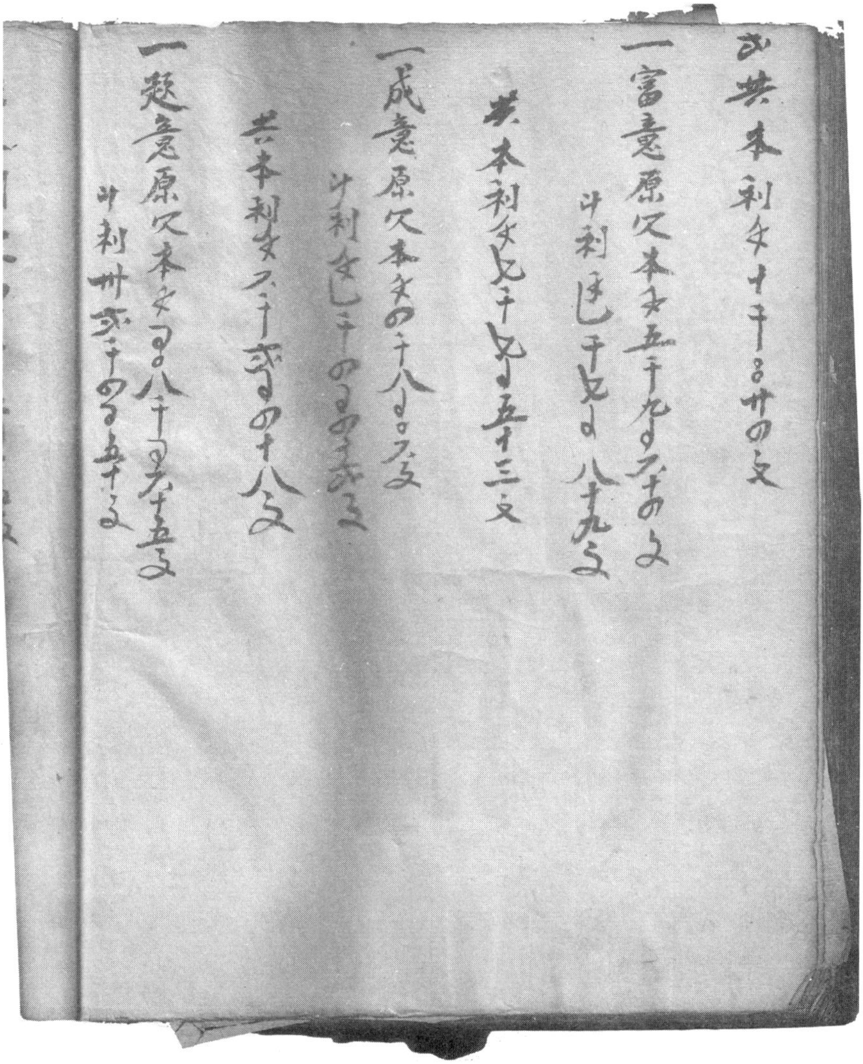

秋口镇沙城洪 3-127 · 道光十年 · 义聚饼会簿 · 文龙、文述

计利卅贰千四百五十文

共本利壹百四十千〇[illegible]十五文

一富意原欠本文七[illegible]千九十[illegible]八文

计利文廿[illegible]千五[illegible]九十文

共计本利[illegible]三千五[illegible]五[illegible]八文

一接庆原欠本文三千四百〇贰文

计利[illegible]千〇廿文

共本利文四千四百廿贰文

一砚桂原欠本文三千四百卅五文

利收讫

秋口镇沙城洪 3-128 · 道光十年 · 义聚饼会簿 · 文龙、文述

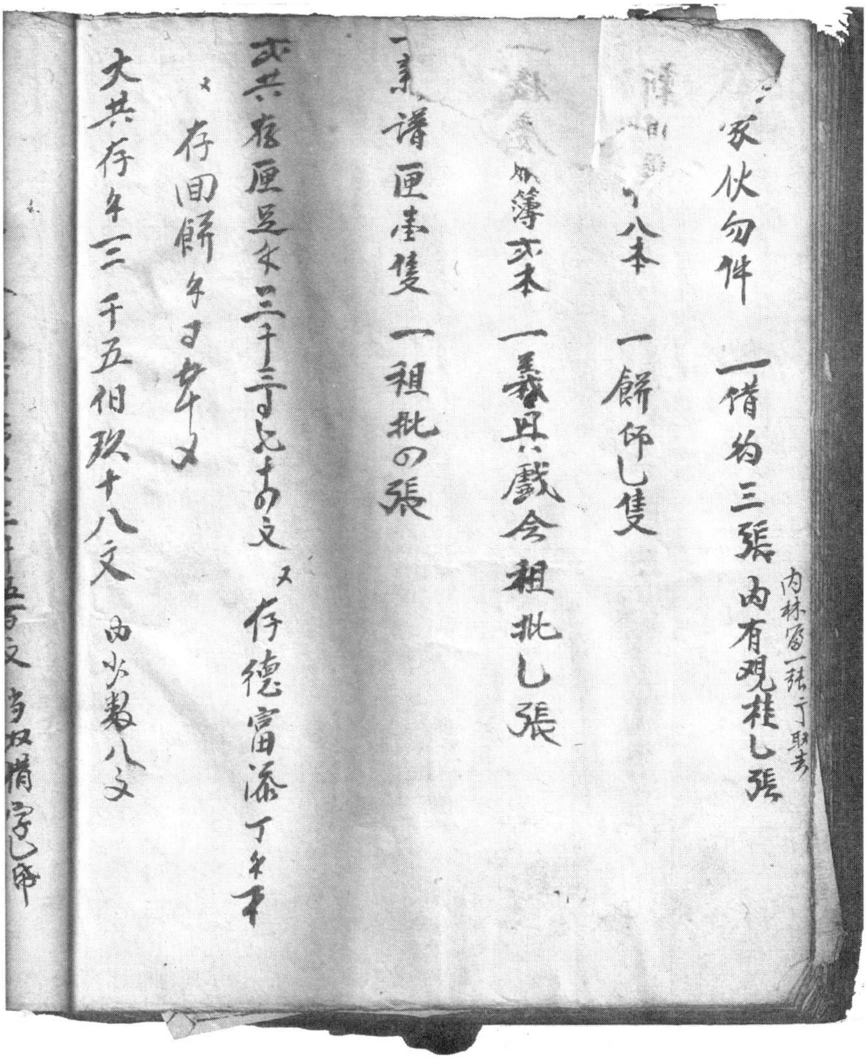
一家伙什件　一借約三張　内有观桂乙張　内林富一張丁取去
一譜簿八本　一餅印乙隻
一賬簿貳本　一義聚戲会祖批乙張
一菜譜匣壹隻　一祖批四張
貳共存匣足錢三千三百七十四文　又存德富添丁手
又存田餅[illegible]文
大共存錢三千五伯玖十八文　内少數八文

秋口镇沙城洪 3-129 · 道光十年 · 义聚饼会簿 · 文龙、文述

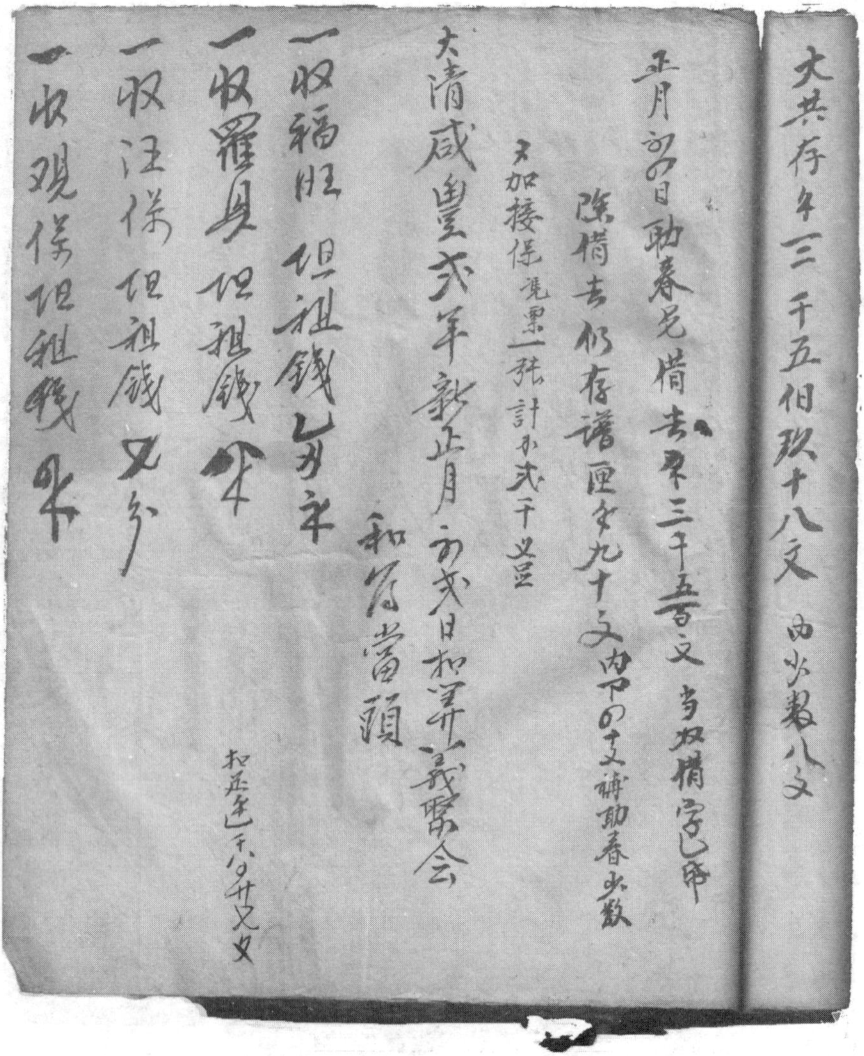

大共存钱三千五伯玖十八文 内少数八文

正月初四日助春兄借去钱三千五百文 当收借字已[illegible]

除借去仍存谱匣钱九十文 内中[illegible]文补助春少数

又加接保[illegible]票一张 计钱弍千文[illegible]

大清咸丰弍年新正月初弍日和[illegible]开义聚会

和[illegible]當頭

一收福旺 佃租钱[illegible]

一收羅貝 佃租钱[illegible]

一收汪保 佃租钱[illegible]

一收观保佃租钱[illegible]

秋口镇沙城洪 3-130 · 道光十年 · 义聚饼会簿 · 文龙、文述

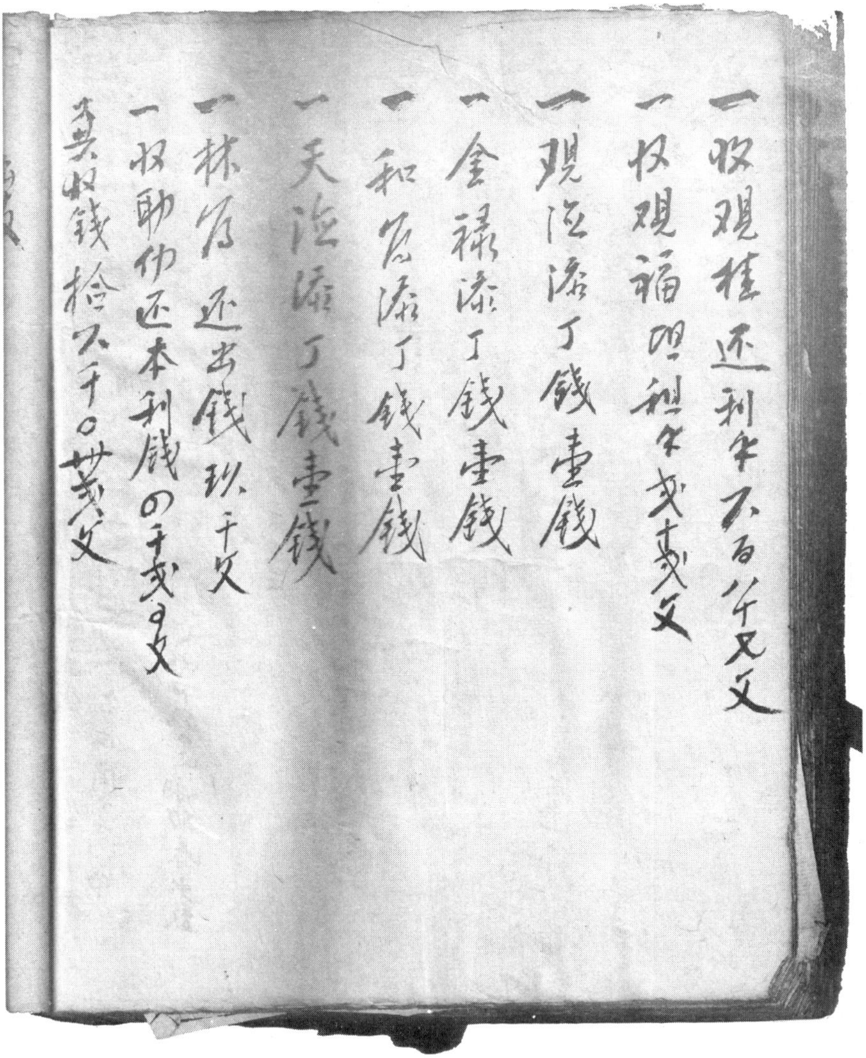

一收观桂还利钱不百八千九文
一收观福明利钱贰十贰文
一现海添丁钱壹钱
一金禄添丁钱壹钱
一和发添丁钱壹钱
一天海添丁钱壹钱
一林发还出钱玖千文
一收勋仂还本利钱四千贰千文
共收钱拾八千四廿贰文

秋口镇沙城洪 3-131 · 道光十年 · 义聚饼会簿 · 文龙、文述

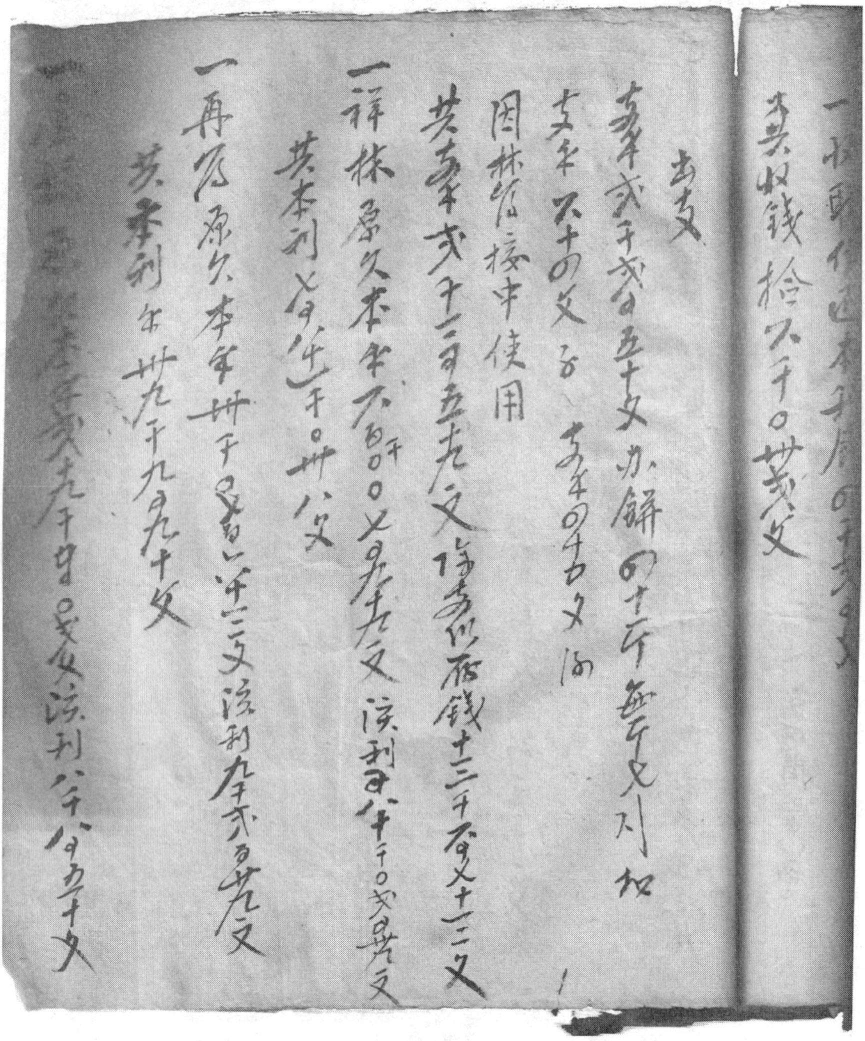

秋口镇沙城洪 3-132 · 道光十年 · 义聚饼会簿 · 文龙、文述

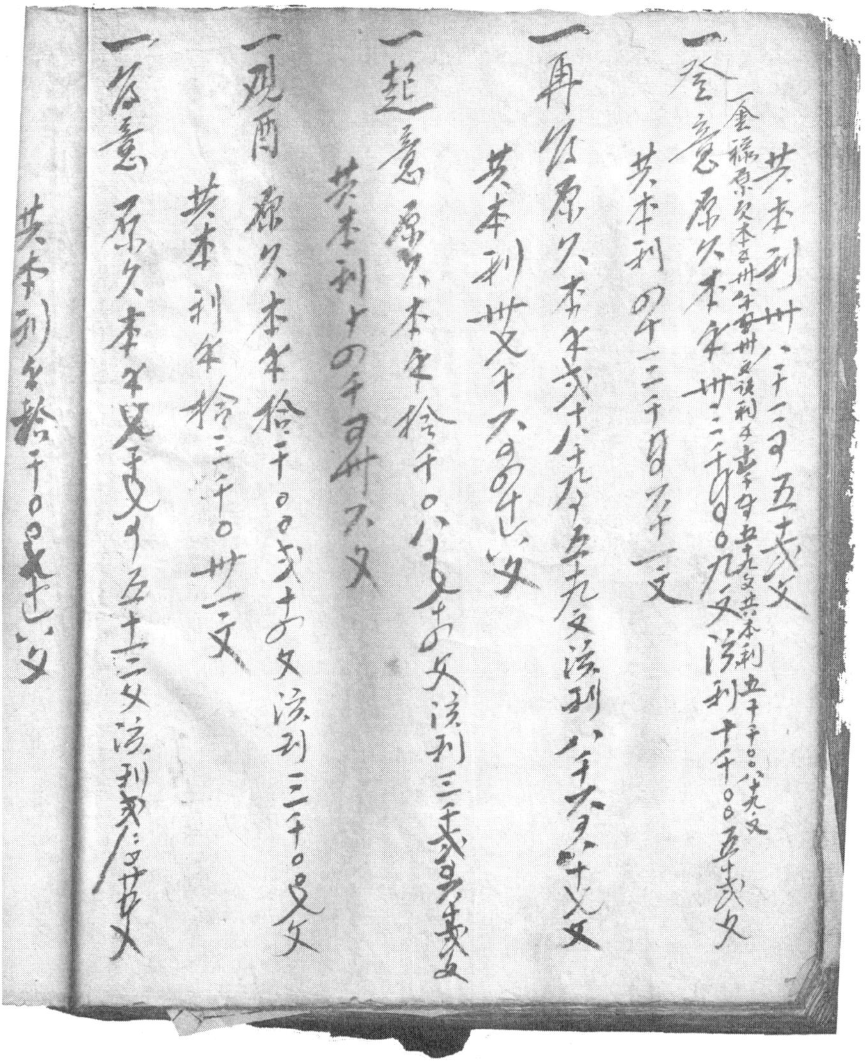
共本利卅八千二百五十贰文
一金福原欠本年卅八千〇卅六文该利十七千〇百五十九文共本利五十千〇八十九文
一癸意原欠本年廿二千〇〇九文该利十千〇〇五十贰文
共本利四十二千〇六十一文
一再发原欠本年贰十八千九百五十九文该利八千六百八十九文
共本利廿七千六百四十六文
一起意原欠本年拾千〇八百七十七文该利三千贰百卅贰文
共本利十四千〇卅八文
一观酉原欠本年拾千〇〇贰十七文该利三千〇〇八文
共本利年拾三千〇廿一文
一发意原欠本年八千〇八十二文该利贰千二百廿九文
共本利年拾千〇〇七十六文

秋口镇沙城洪 3-133 · 道光十年 · 义聚饼会簿 · 文龙、文述

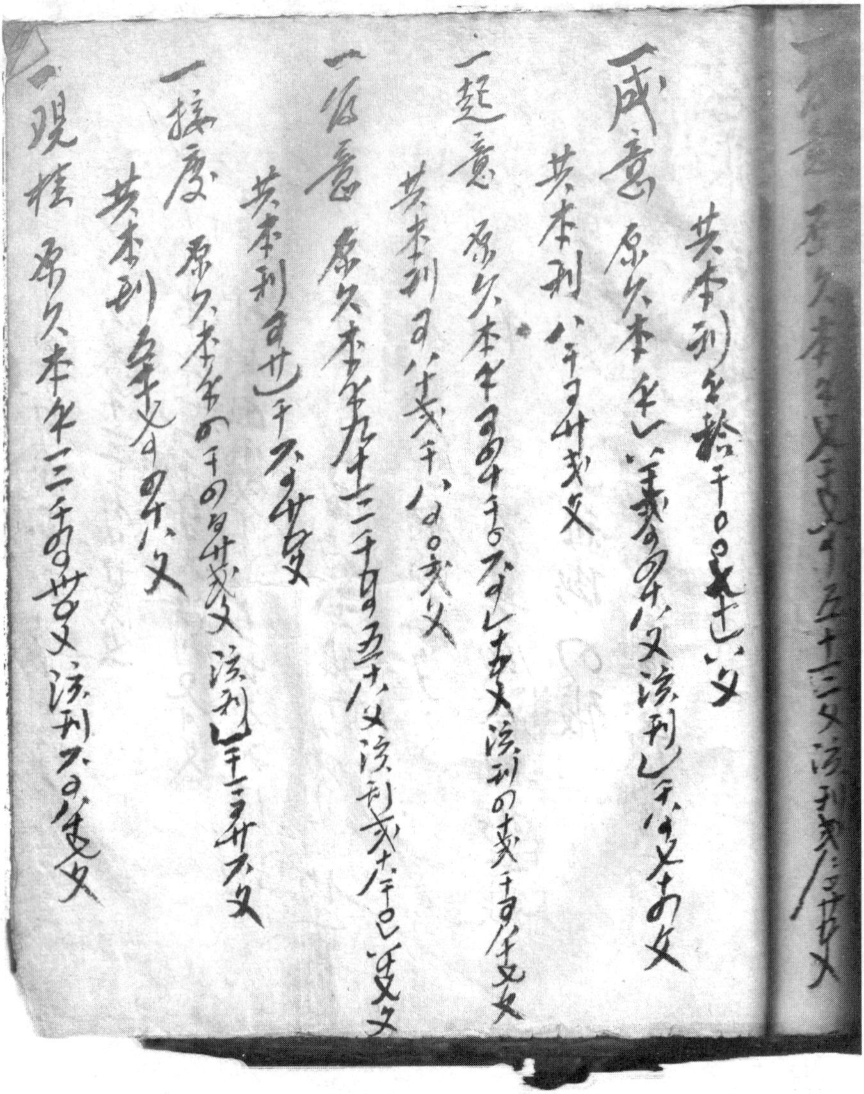

秋口镇沙城洪 3-134 · 道光十年 · 义聚饼会簿 · 文龙、文述

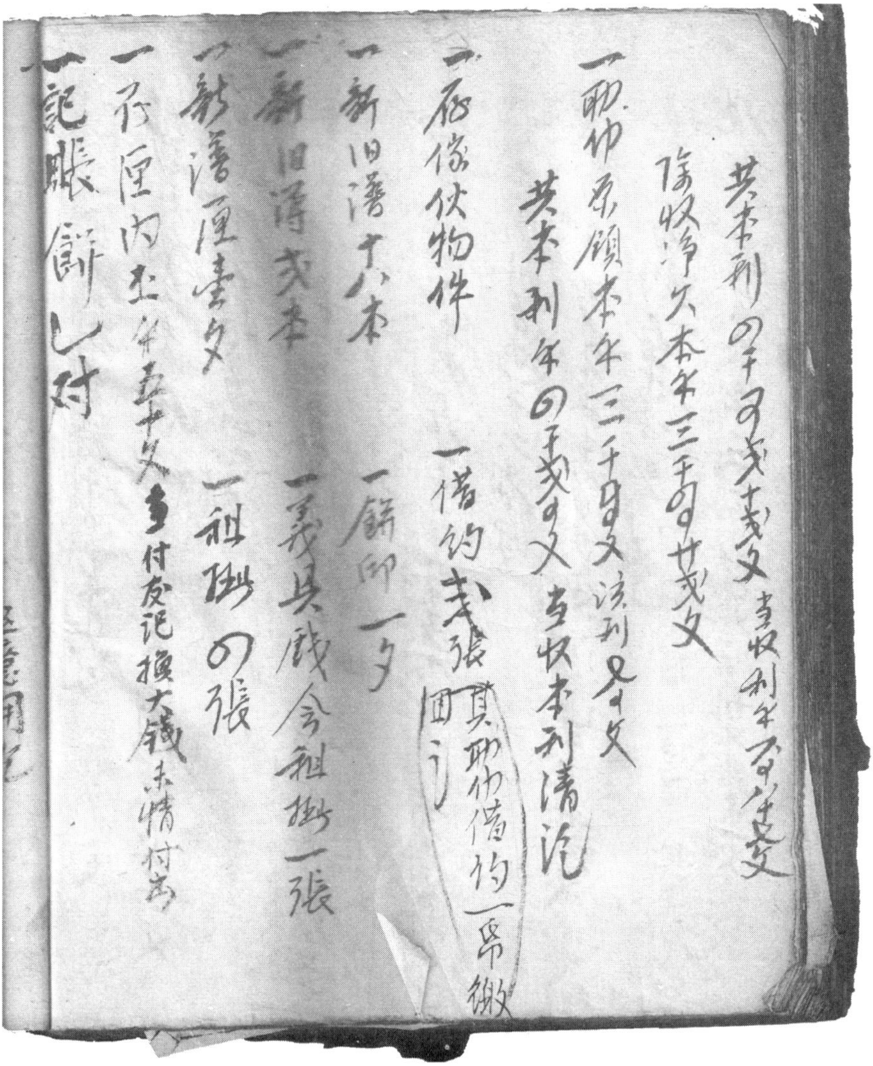

秋口镇沙城洪 3-135 · 道光十年 · 义聚饼会簿 · 文龙、文述

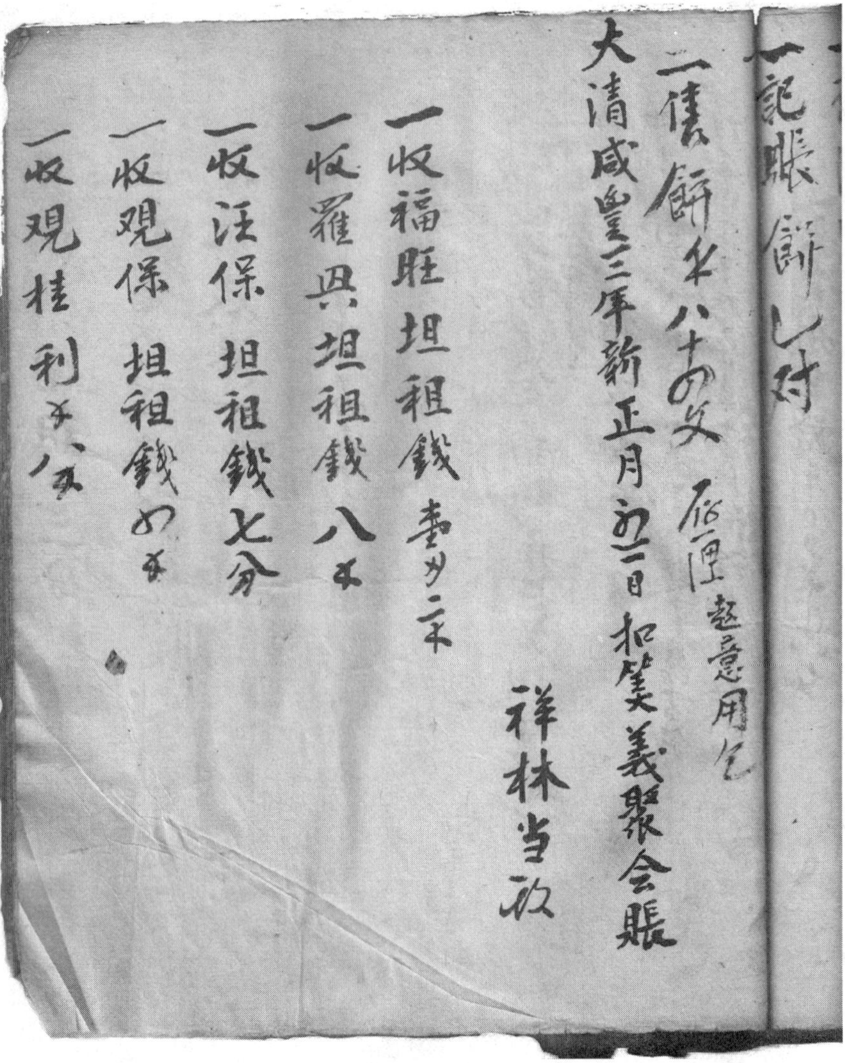

一記賬餅乚对

一債餅八十四文 原理 趙意用乞

大清咸豐三年新正月初二日 和箕義聚会賬

祥林当收

一收福胜坦租錢

一收羅興坦租錢八文

一收汪保坦租錢七分

一收观保坦租錢

一收观桂利

秋口镇沙城洪 3-136 · 道光十年 · 义聚饼会簿 · 文龙、文述

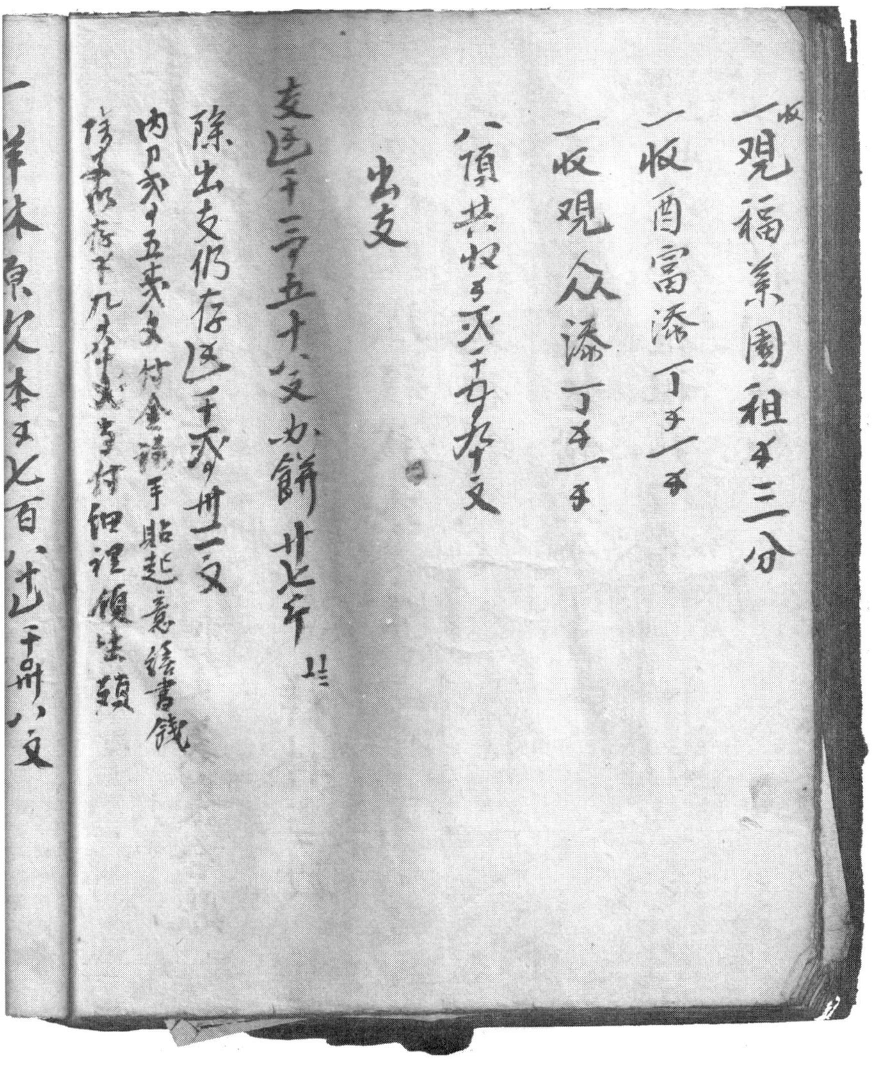

秋口镇沙城洪 3-137 · 道光十年 · 义聚饼会簿 · 文龙、文述

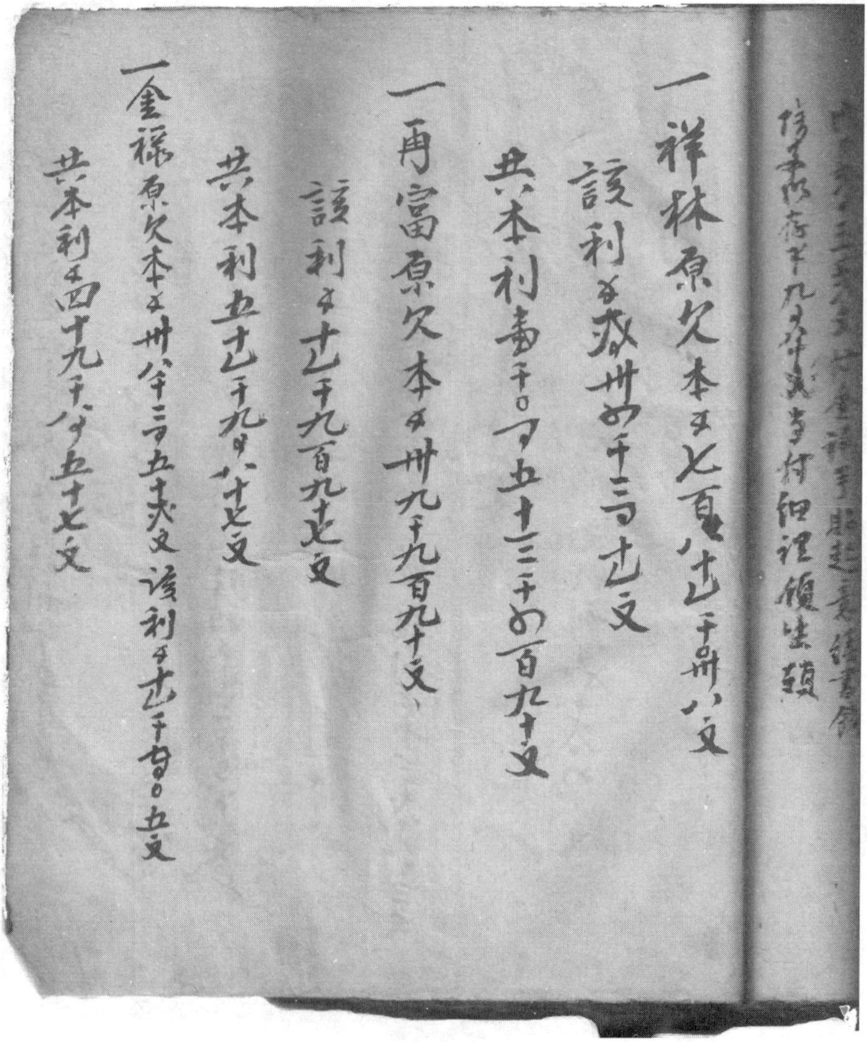

一祥林原欠本〤七百八十七千卅八文

該利〤叁卅四千三百十七文

共本利壹千〇一百五十三千四百九十文

一再富原欠本〤卅九千九百九十文

該利〤十七千九百九十七文

共本利五十七千九百八十七文

一金祿原欠本〤卅八千二百五十五文 該利〤十七千七百〇五文

共本利〤四十九千八百五十七文

秋口镇沙城洪 3-138 · 道光十年 · 义聚饼会簿 · 文龙、文述

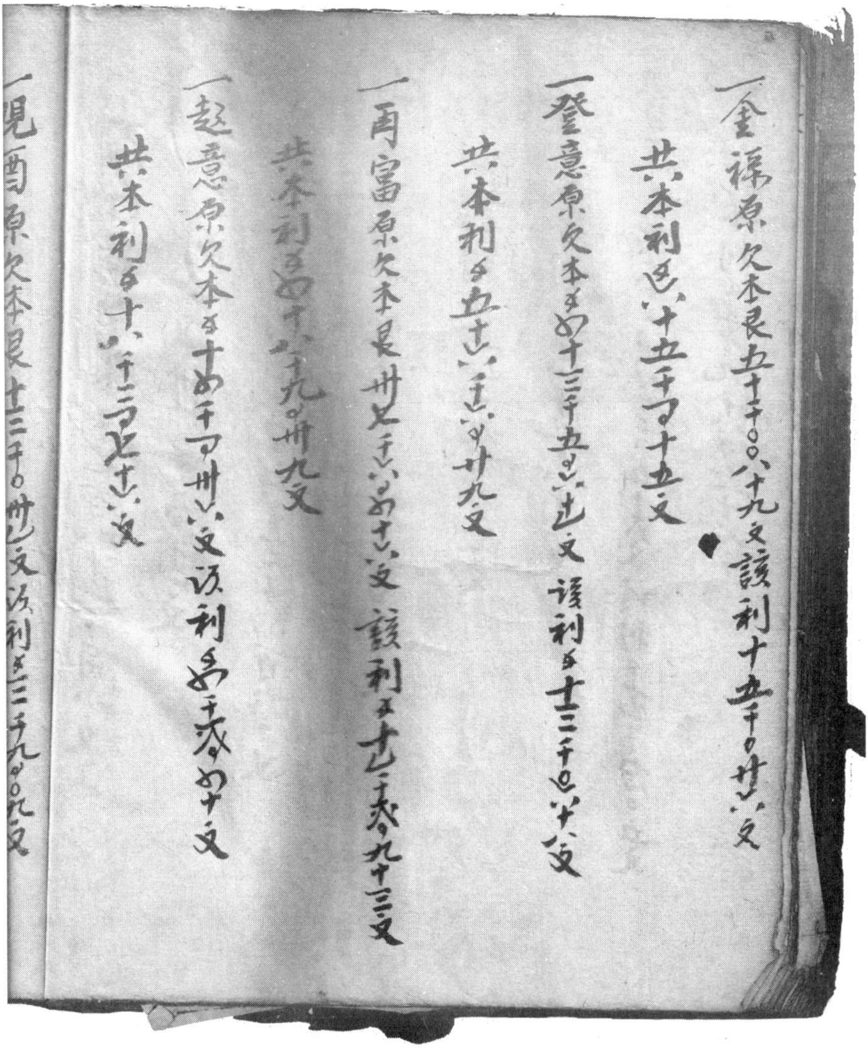

秋口镇沙城洪 3-139 · 道光十年 · 义聚饼会簿 · 文龙、文述

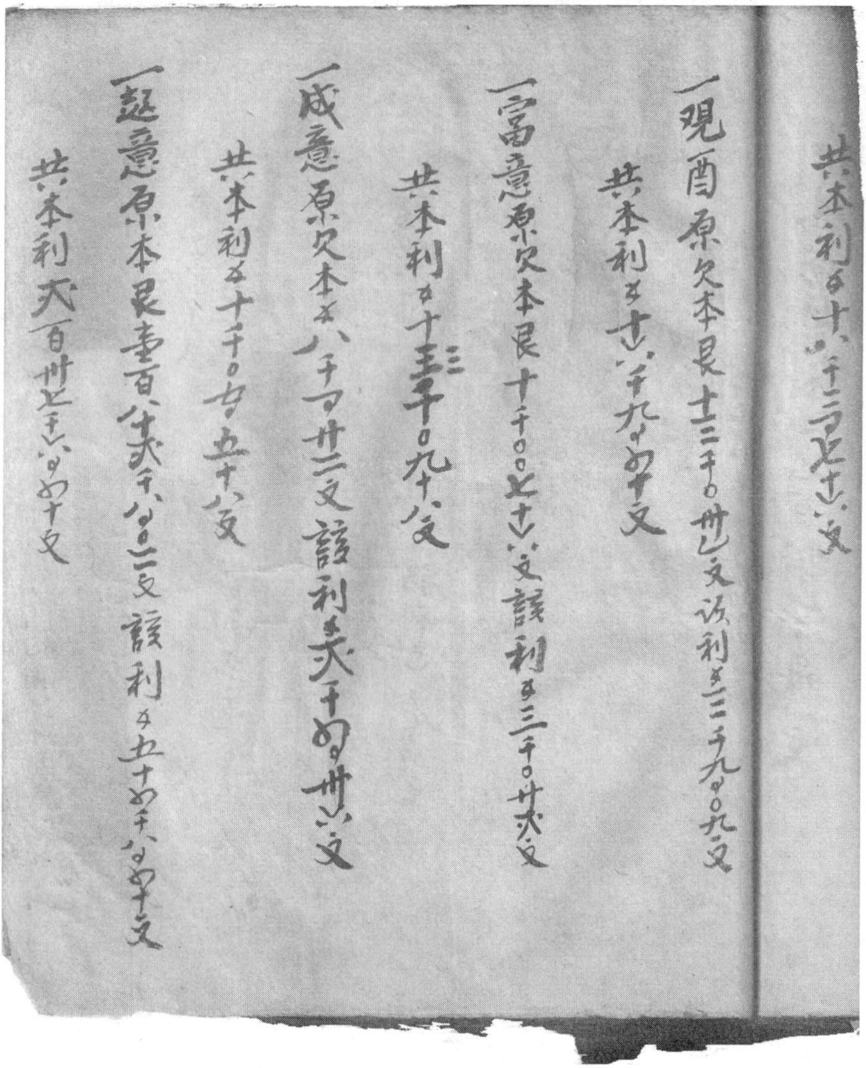
共本利〻十八千二百七十六文
一現酉原欠本艮十二千〇卅七文該利〻二千九百〇九文
共本利〻十六千九百四十文
一富意原欠本艮十千〇〇七十六文該利〻三千〇廿六文
共本利〻十三千〇九十六文
一成意原欠本〻八千〇廿二文該利〻六千四百卅六文
共本利〻十千〇七百五十八文
一起意原本艮壹百八十六千八百二文該利〻五十四千八百四十文
共本利六百卅七千八百四十文

秋口镇沙城洪 3-140 · 道光十年 · 义聚饼会簿 · 文龙、文述

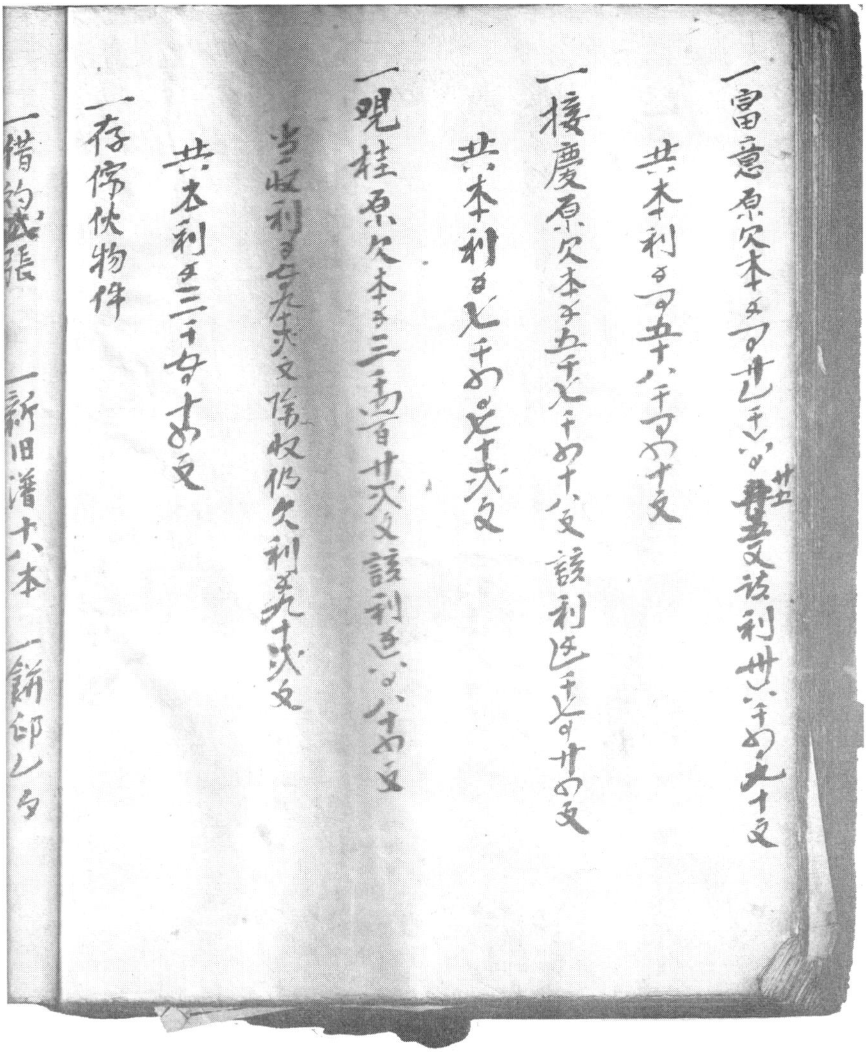

一富意原欠本〤〩廿〢千〦〡 廿五文 該利廿〦千〥九十文
共本利〥〩五十八千〩〥十文
一接慶原欠本〤五千〢千〥十八文 該利〢千〢〥廿〥文
共本利〥〢千〥〢十〦文
一覌桂原欠本〤三千〤百廿〦文 該利〢〦八十〥文
当收利〥〤〢十〦文 係收仍欠利〤九十〦文
共本利〤三千〤〤十〥文
一存傢伙物件
一借約〇張
一新旧譜十八本
一餅印〇〇

秋口镇沙城洪 3-141 · 道光十年 · 义聚饼会簿 · 文龙、文述

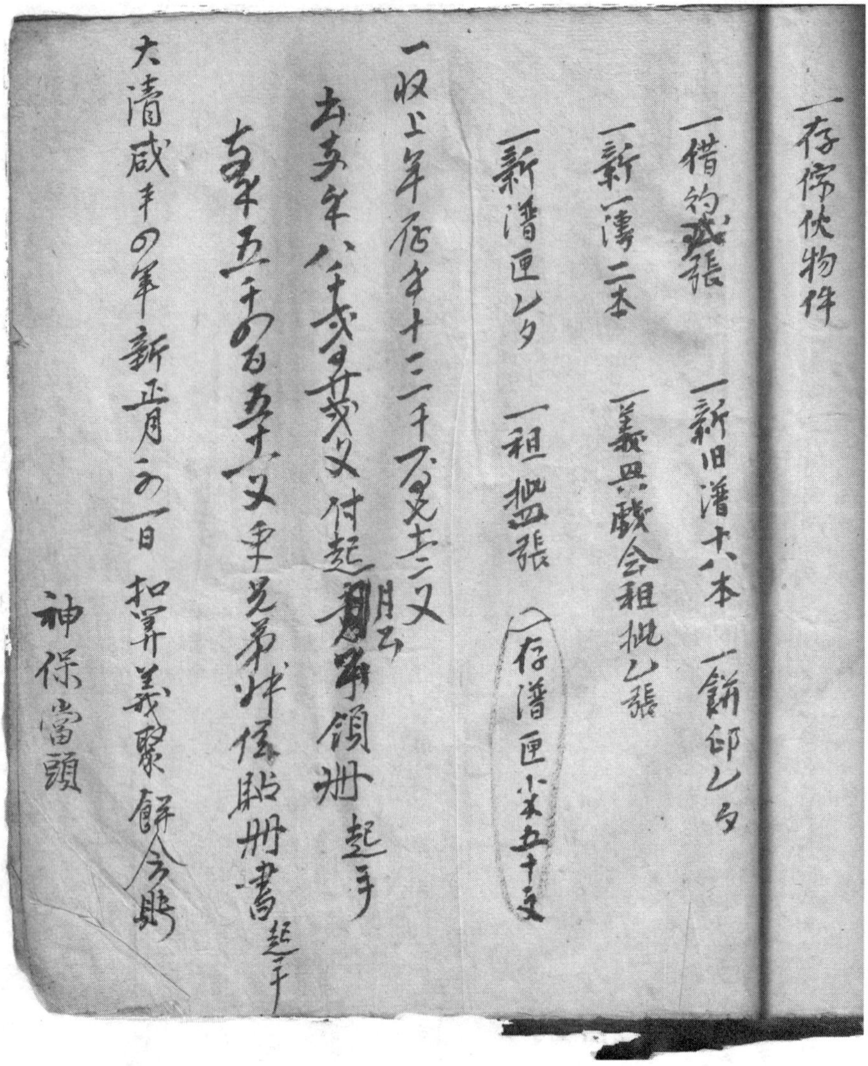

一存傢伙物件

一借約貳張　一新旧譜十八本　一餅印乙夕

一新簿二本　一義興戲会租批乙張

一新譜匣乙夕　一租批四張　一存譜匣小米五十文

一收上年存錢十二千〇九十三文

去支錢八千貳百貳文付起□□年領冊起手

存錢五千四百五十文交手兄弟伴保貯冊書起手

大清咸丰四年新正月廿一日　扣算義聚餅会賬

神保當頭

秋口镇沙城洪 3-142 · 道光十年 · 义聚饼会簿 · 文龙、文述

一收福旺坦租钱壹两贰钱
一收羅興坦租钱八钱
一收社保坦租钱七分
一收觀保坦租钱四分
一收觀桂租钱五分四
一收觀福業園租钱三分四
一收銀爵添丁钱一分
一收成意添丁钱分

秋口镇沙城洪 3-143 · 道光十年 · 义聚饼会簿 · 文龙、文述

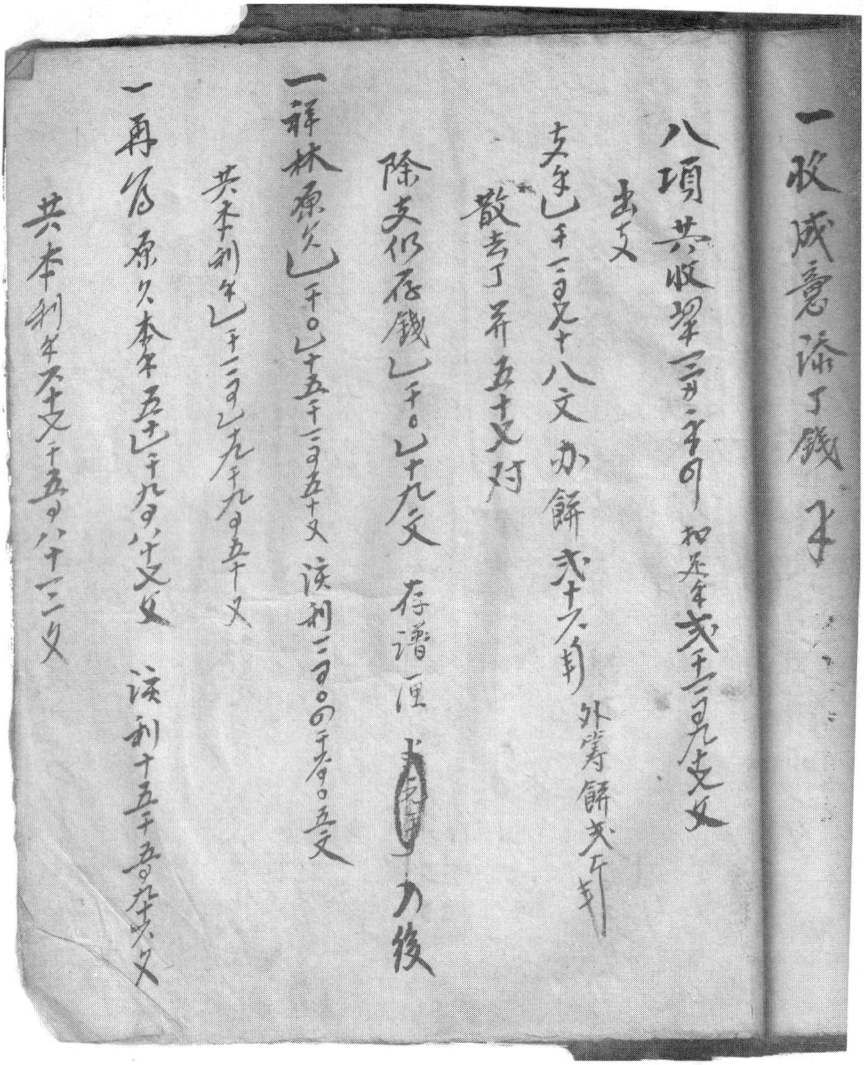

秋口镇沙城洪 3-144 · 道光十年 · 义聚饼会簿 · 文龙、文述

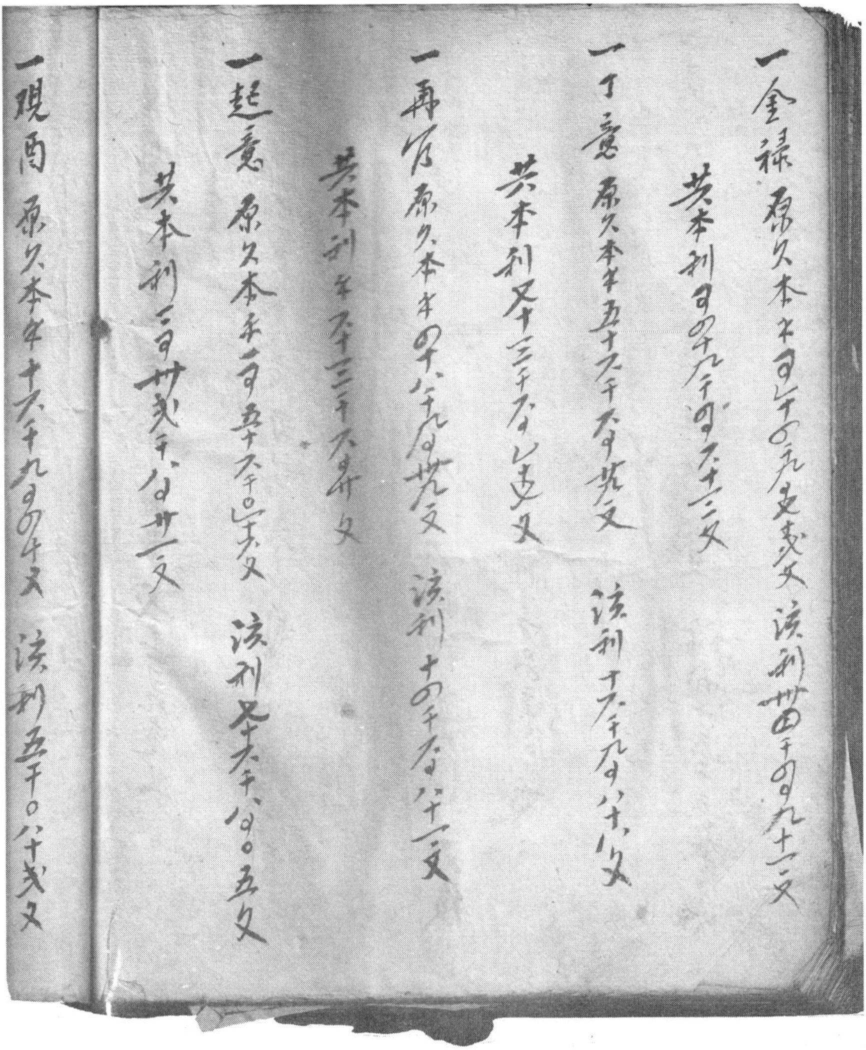

秋口镇沙城洪 3-145 · 道光十年 · 义聚饼会簿 · 文龙、文述

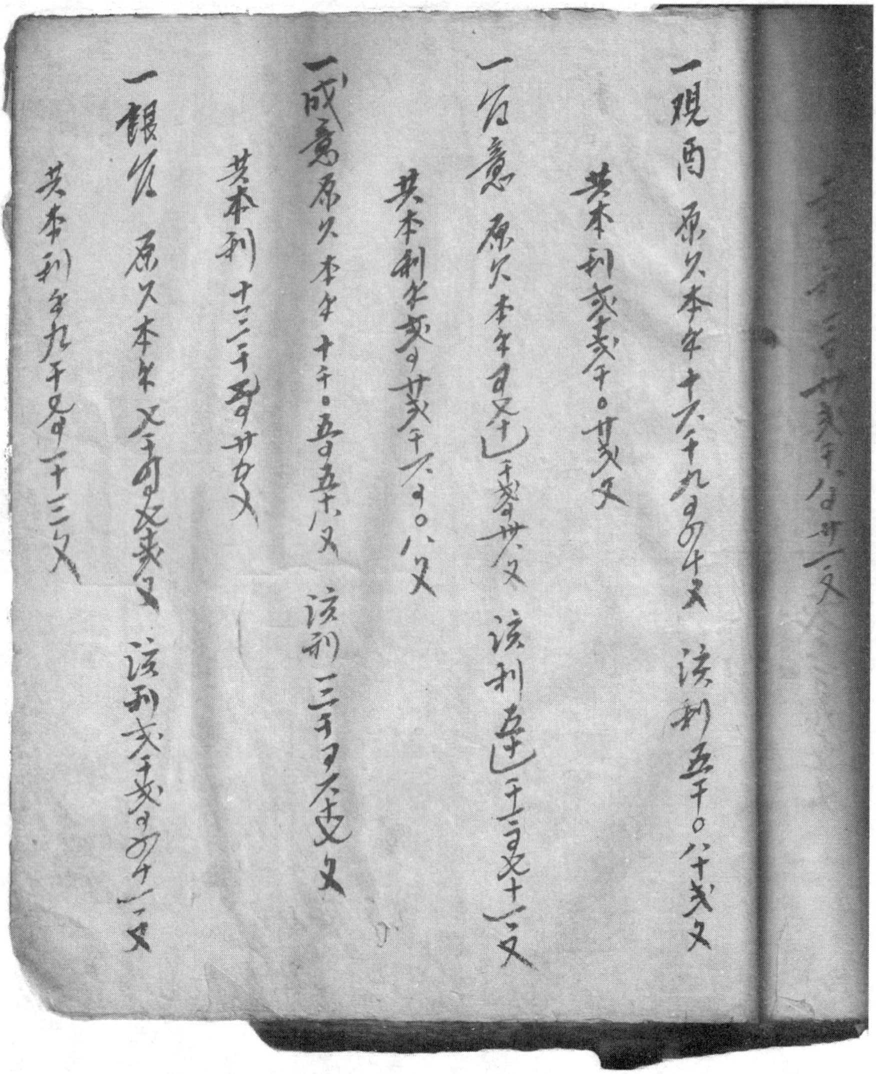

秋口镇沙城洪 3-146 · 道光十年 · 义聚饼会簿 · 文龙、文述

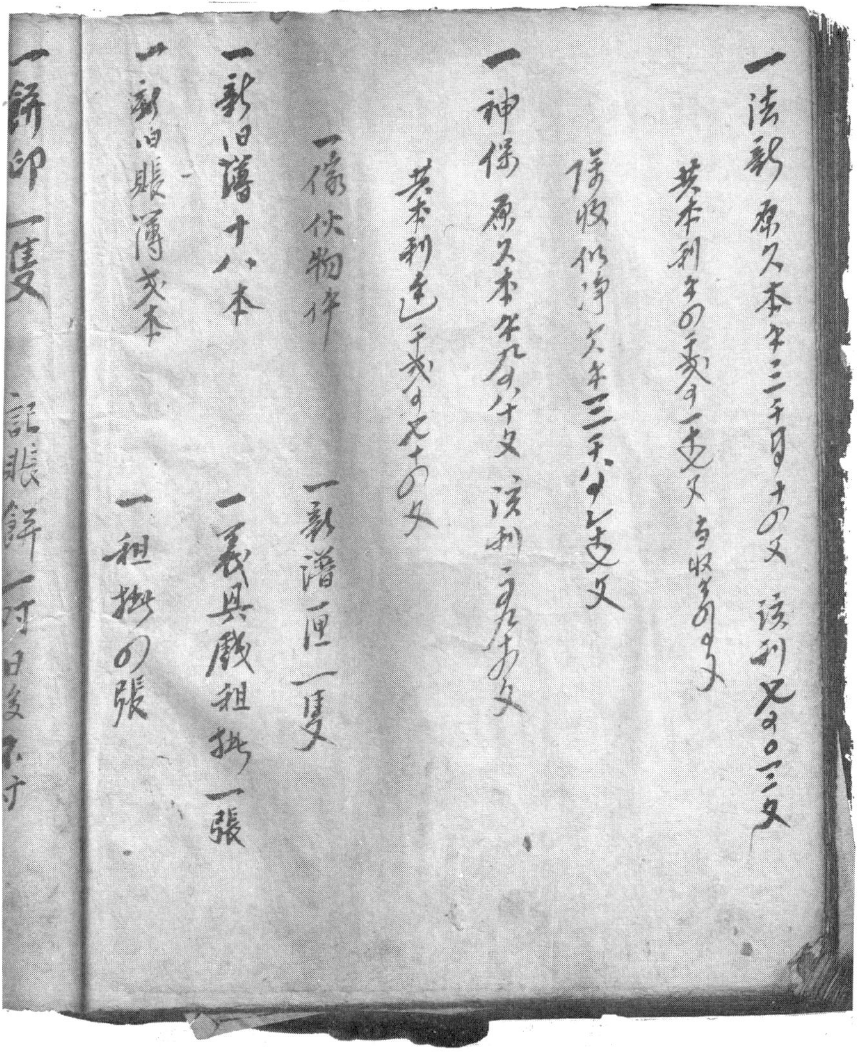

一法新　原欠本[illegible]　該利[illegible]文
共本利[illegible]
除收仍淨欠本[illegible]文
一神保　原欠本[illegible]文　該利[illegible]文
共本利[illegible]文
一條伏物件　一新譜匣一隻
一新旧簿十八本　一義興戲租批一張
一新旧賬簿弍本　一租批四張
一餅印一隻　記賬餅一付[illegible]

秋口镇沙城洪 3-147 · 道光十年 · 义聚饼会簿 · 文龙、文述

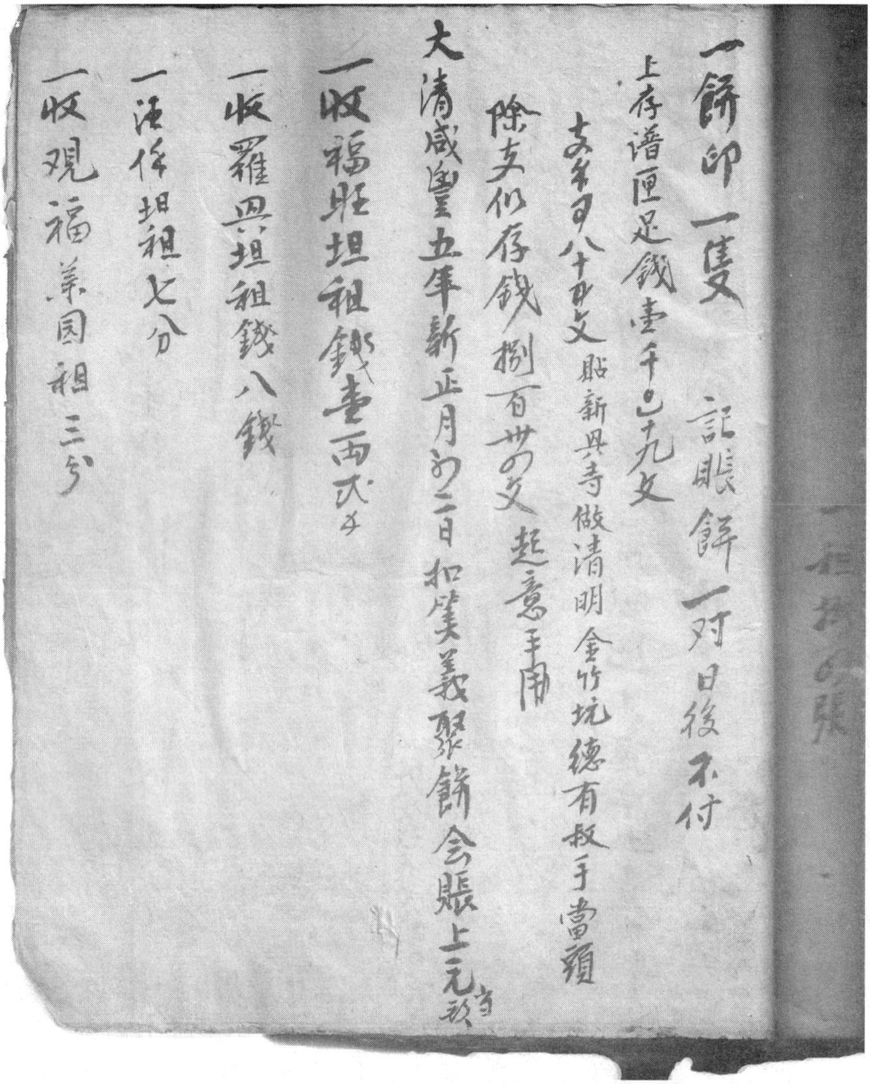
一餅印一隻 記賬餅一对日後不付
上存譜匣足錢壹千乙九文
支錢八十五文 貼新興寺做清明金竹坑德有叔手當頭
除支仍存錢捌百卅四文 起意手開
大清咸豐五年新正月初二日扣算義聚餅会賬上元欵当
一收福旺坦租錢壹两弍
一收羅興坦租錢八錢
一法作坦租七分
一收觀福菜园租三分

秋口镇沙城洪 3-148 · 道光十年 · 义聚饼会簿 · 文龙、文述

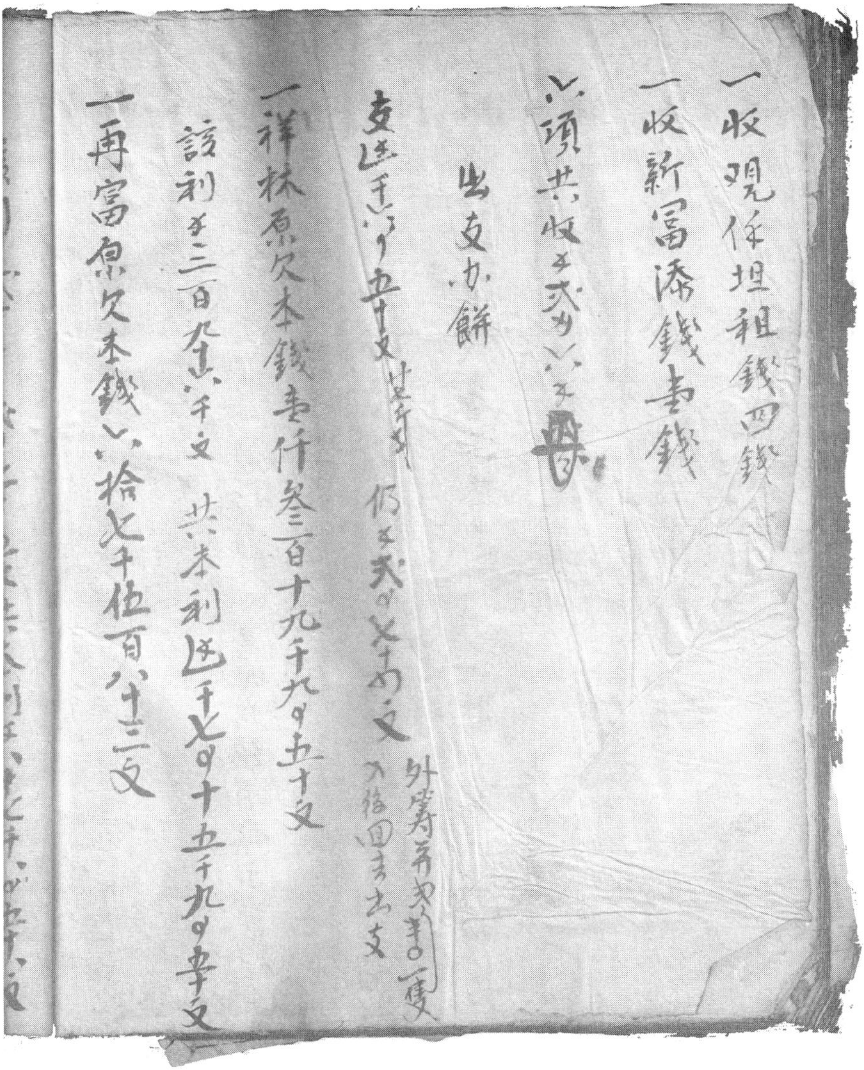

一收覌佳坦祖錢四錢
一收新富添錢壹錢
六項共收〡千贰〤六〡〡〡[illegible]
出支加餅
支送禮〡〡五十文 廿五斤
仍〡贰〤七〡〤文
外寿弟丸壹隻
入俗田去〤文
一祥林原欠本錢壹仟叁百十九千九〤五十文
該利〡二百九十六千文 共本利五千七〤十五千九〤〤文
一再富原欠本錢六拾七千伍百八十三文

秋口镇沙城洪 3-149 · 道光十年 · 义聚饼会簿 · 文龙、文述

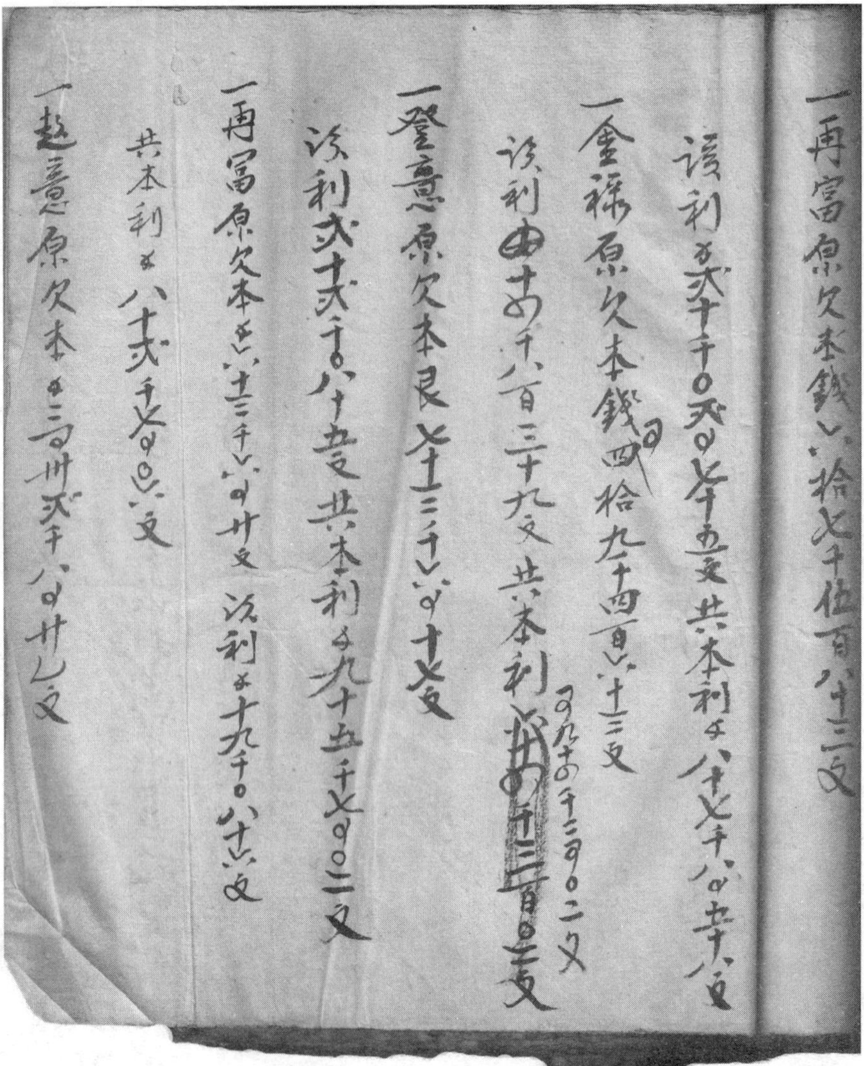

一再富原欠本錢〥拾〧千伍百八十三文
該利[illegible]千〇[illegible]千[illegible]文 共本利[illegible]八十〧千八[illegible]十八文
一金祿原欠本錢四拾九千[illegible]百[illegible]十三文
該利[illegible]千八百三十九文 共本利[illegible]千[illegible]百〇二文
一登意原欠本艮[illegible]千〥[illegible]十文
該利[illegible]千〇八十[illegible] 共本利[illegible]九十[illegible]千[illegible]〇二文
一再富原欠本[illegible]十[illegible]千[illegible]廿文 該利[illegible]十九千〇八十[illegible]文
共本利[illegible]八十[illegible]千[illegible]文
一趙意原欠本[illegible]百卅[illegible]千八[illegible]廿[illegible]文

秋口镇沙城洪 3-150 · 道光十年 · 义聚饼会簿 · 文龙、文述

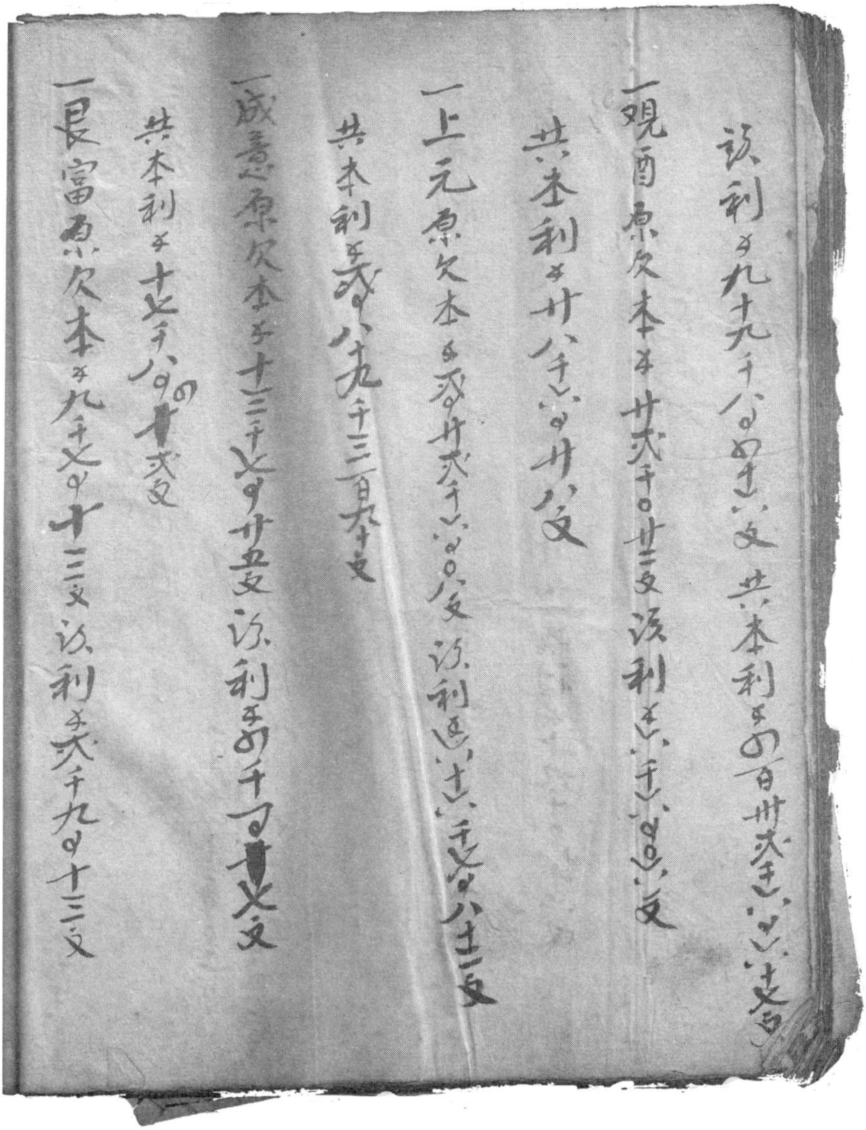

一硯酉原欠本乂廿六千〇廿二文 該利乂六千六百八十六文
共本利乂廿八千六百廿八文
一上元原欠本乂四廿六千六百〇八文 該利乂十六千九百八十二文
共本利乂四八九千三百六十文
一成意原欠本乂十三千六百廿五文 該利乂四千一百十七文
共本利乂十七千八百四十二文
一長富原欠本乂九千六百十三文 該利乂六千九百十三文

秋口镇沙城洪 3-151 · 道光十年 · 义聚饼会簿 · 文龙、文述

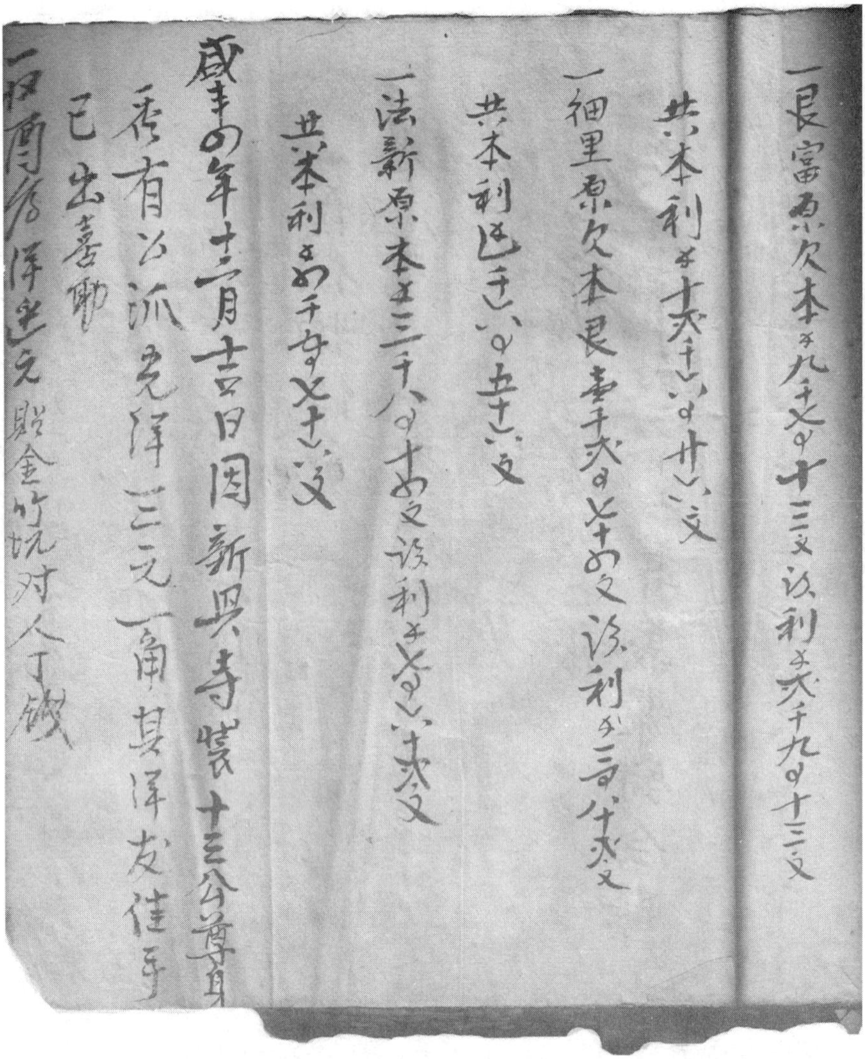

秋口镇沙城洪 3-152 · 道光十年 · 义聚饼会簿 · 文龙、文述

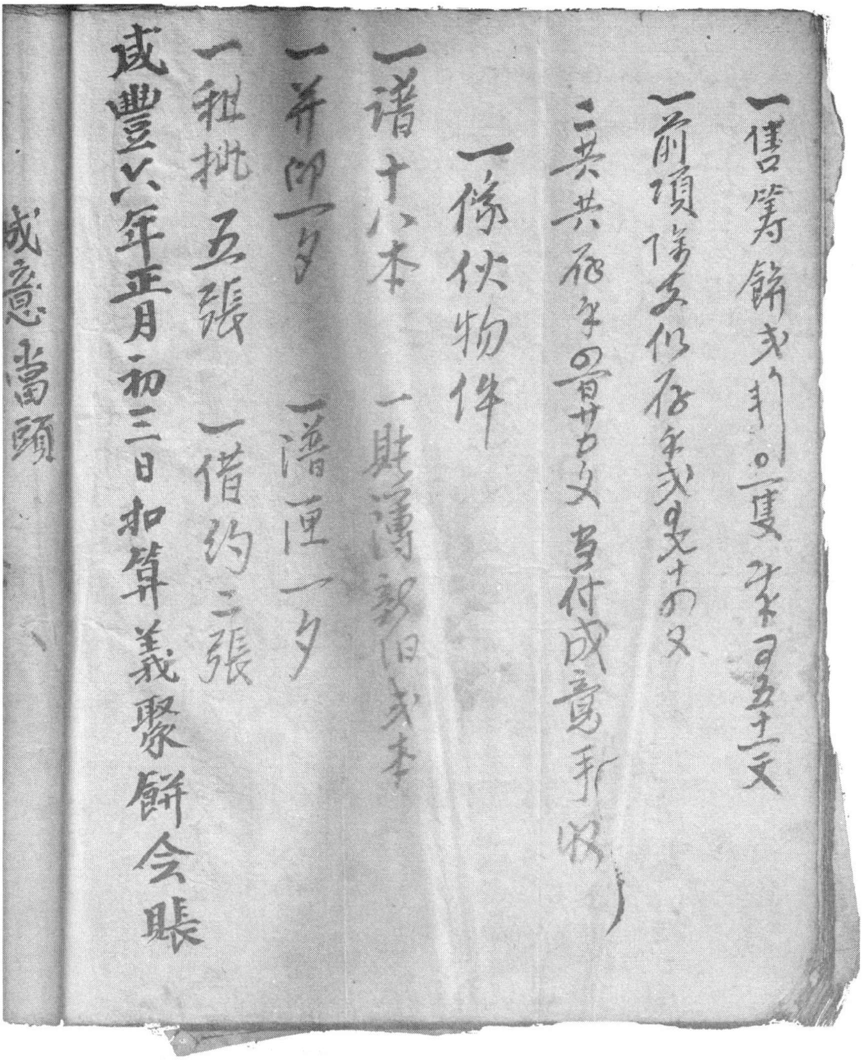
一售筹餅弍扎〇度　〇〇五十一文
一前項除支仍存錢弍千〇十四文
二共共存錢四百廿七文　當付成意手收
一條伙物件
一譜十八本　一賬簿新旧弍本
一拜帖一只　一譜匣一只
一租批五張　一借約二張
咸豐六年正月初三日和算義聚餅会賬
成意當頭

秋口镇沙城洪 3-153 · 道光十年 · 义聚饼会簿 · 文龙、文述

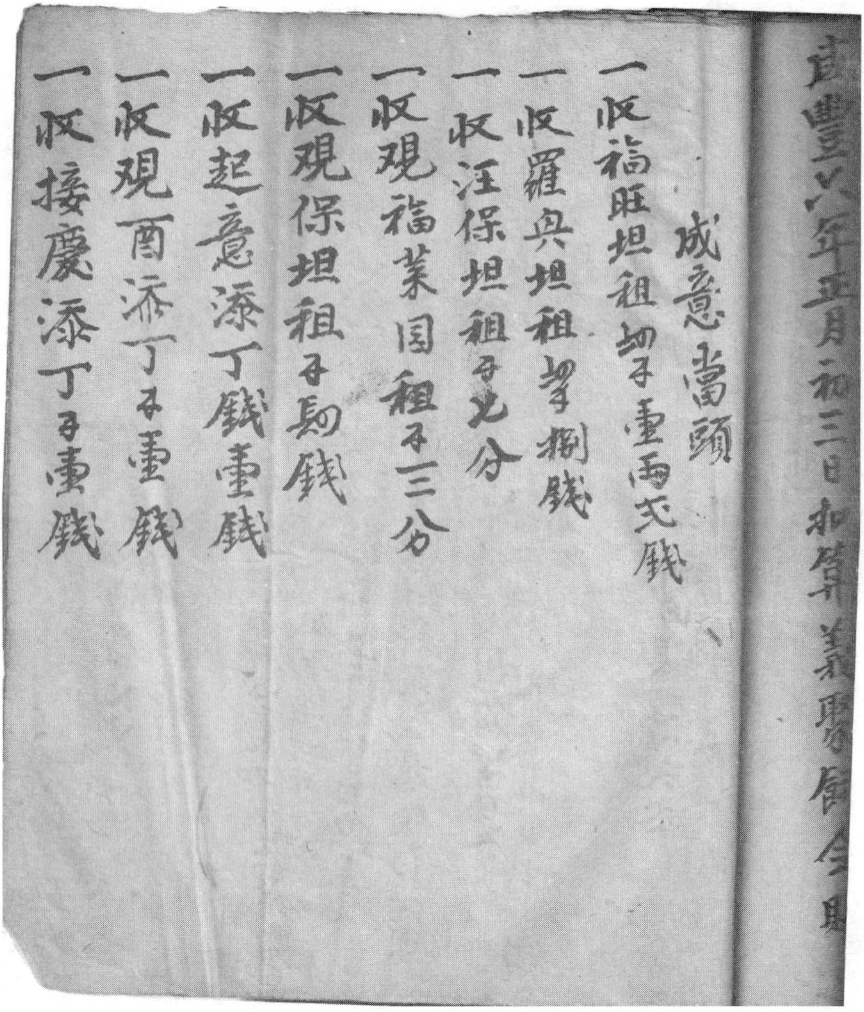

咸豐六年正月初三日扣算義聚餅會賬

成意當頭

一收福旺坦租㘨子壹兩弍錢

一收羅興坦租㘨子捌錢

一收汪保坦租子七分

一收現福業園租子三分

一收現保坦租子肆錢

一收起意添丁錢壹錢

一收現酉添丁子壹錢

一收接慶添丁子壹錢

秋口镇沙城洪 3-154 · 道光十年 · 义聚饼会簿 · 文龙、文述

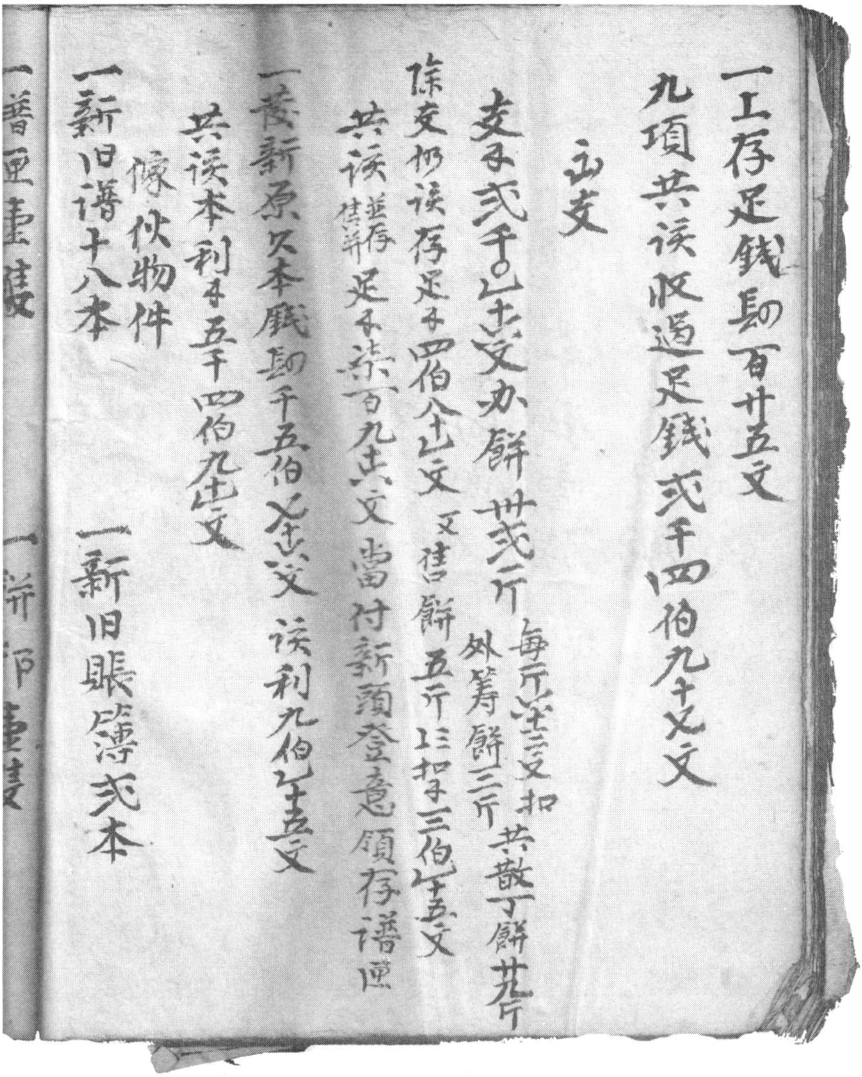
一上存足钱肆百廿五文
九项共该收过足钱弍千四伯九十八文
内支
支子弍千〇七十七文办饼卅弍斤 每斤六十三文扣 外筹饼三斤 共散丁饼廿九斤
除支仍该存足子四伯八十七文 又借饼五斤 扣子三伯七十五文
共该 并存借饼 足子柒百九十六文 当付新头首领存谱匣
一发新原又本钱肆千五伯八十六文 该利九伯七十五文
共该本利子五千四伯九十六文
条伙物件
一新旧谱十八本 一新旧账簿弍本
一谱匣连盖 一饼印连盖

秋口镇沙城洪 3-155 · 道光十年 · 义聚饼会簿 · 文龙、文述

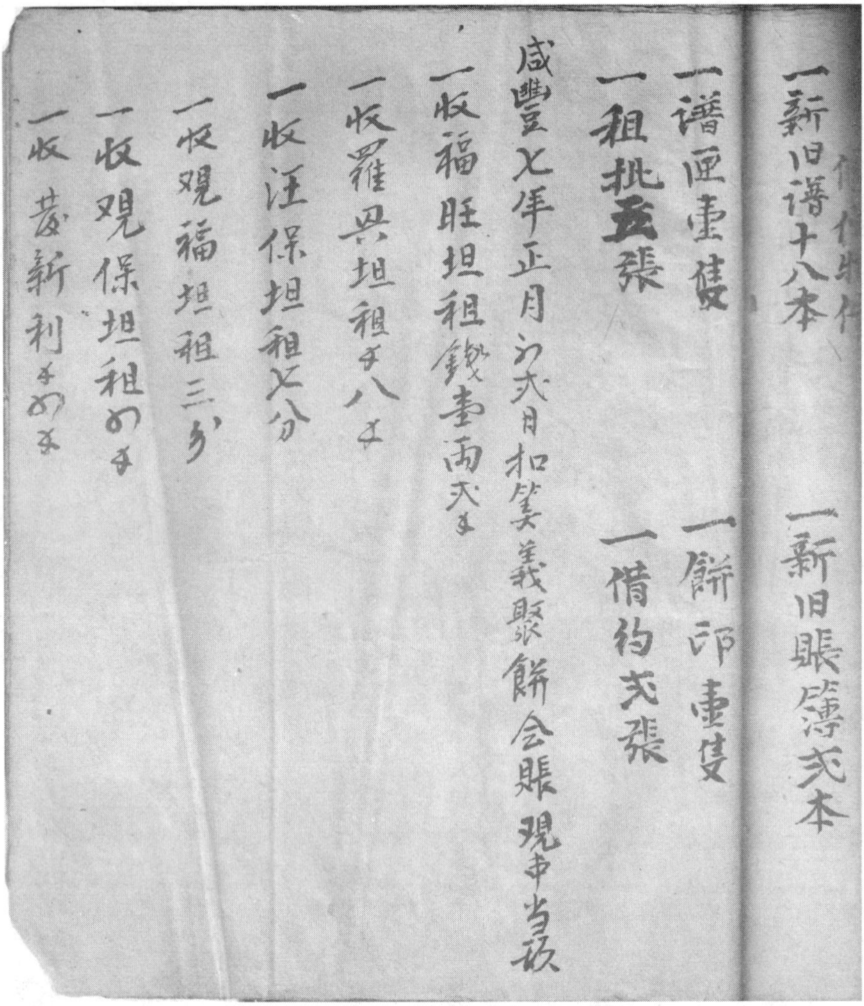

一新旧譜十八本　一新旧賬簿弍本
一譜匣壹隻　一餅印壹隻
一租批五張　一借约弍張
咸豐七年正月廿弍日扣筭義聚餅会賬 現存当[illegible]
一收福旺坦租錢壹兩弍[illegible]
一收羅興坦租[illegible]八[illegible]
一收汪保坦租七分
一收觀福坦租三[illegible]
一收觀保坦租四[illegible]
一收 [illegible]新利[illegible]四[illegible]

秋口镇沙城洪 3-156 · 道光十年 · 义聚饼会簿 · 文龙、文述

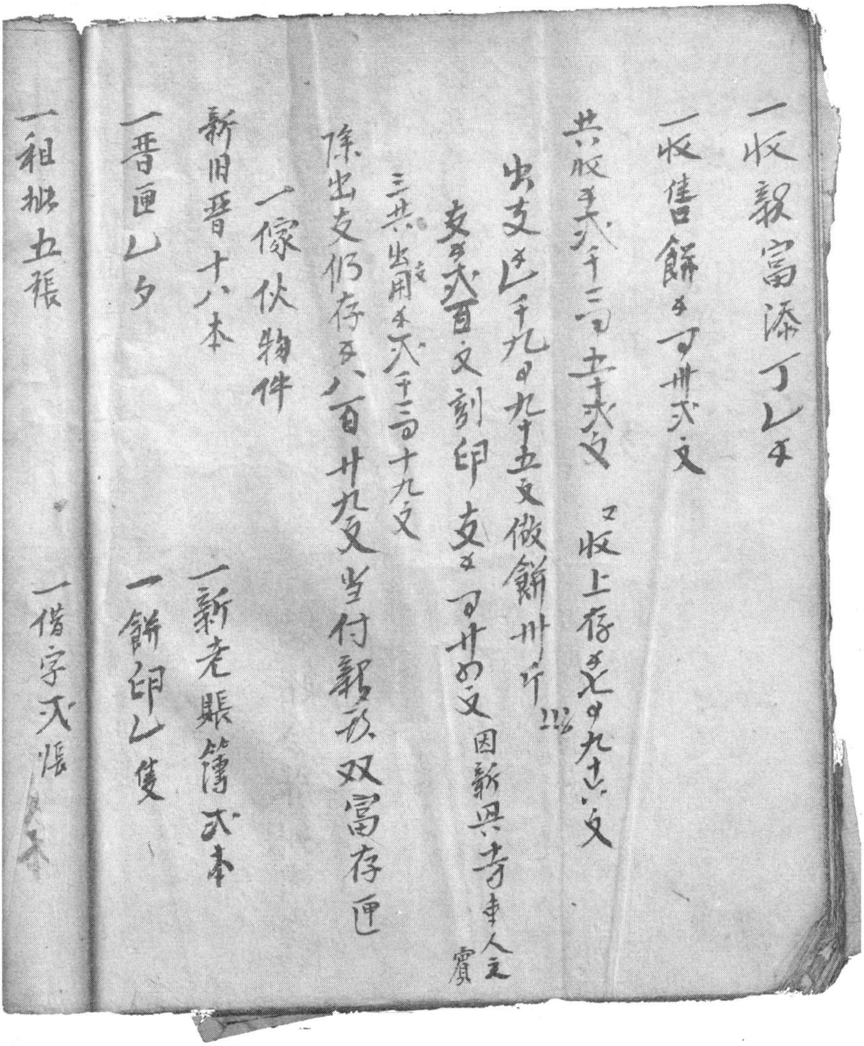

一收義富添丁〡千
一收售餅千〤卅弍文
共收千弍千三百十二文　〇收上存千〡七百九十六文
出支千〡千九百九十五文做餅卅斤
支弍百文刻印　支〤廿四文　因新興寺幸人文賓
三共出用千弍千三百十九文
除出支仍存千〡八百廿九文当付新放双富存匣
一傢伙物件　一新老賬簿弍本
新旧簿十八本
一番匣乙只　一餅印乙隻
一租批五張　一借字弍張

秋口镇沙城洪 3-157 · 道光十年 · 义聚饼会簿 · 文龙、文述

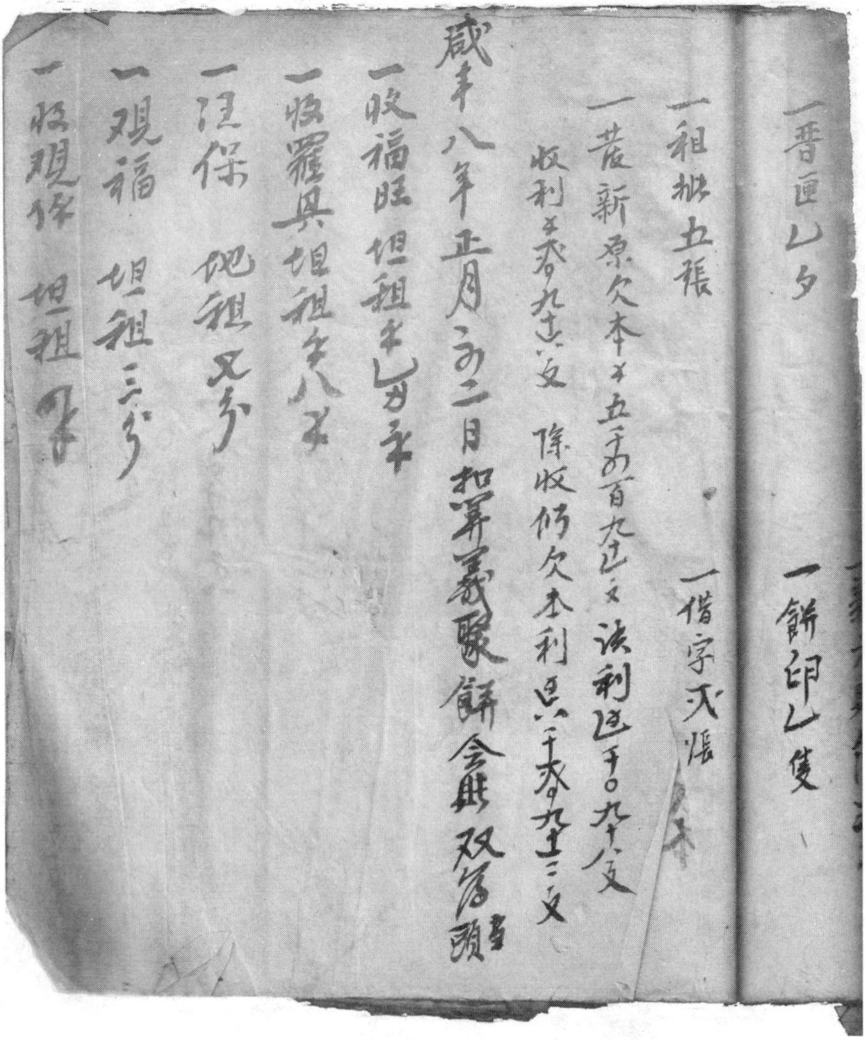

一晋匯山夕

一租批五張　一借字弍張

一菴新泵欠本錢五千五百九十二文　該利錢千〇九十八文

收利錢　除收仍欠本利錢

咸丰八年正月十二日扣算義聚餅會双簿頭

一收福旺佃租

一收羅興佃租

一汪保地租

一覌福佃租

一收覌保佃租

一餅印山隻

秋口镇沙城洪 3-158 · 道光十年 · 义聚饼会簿 · 文龙、文述

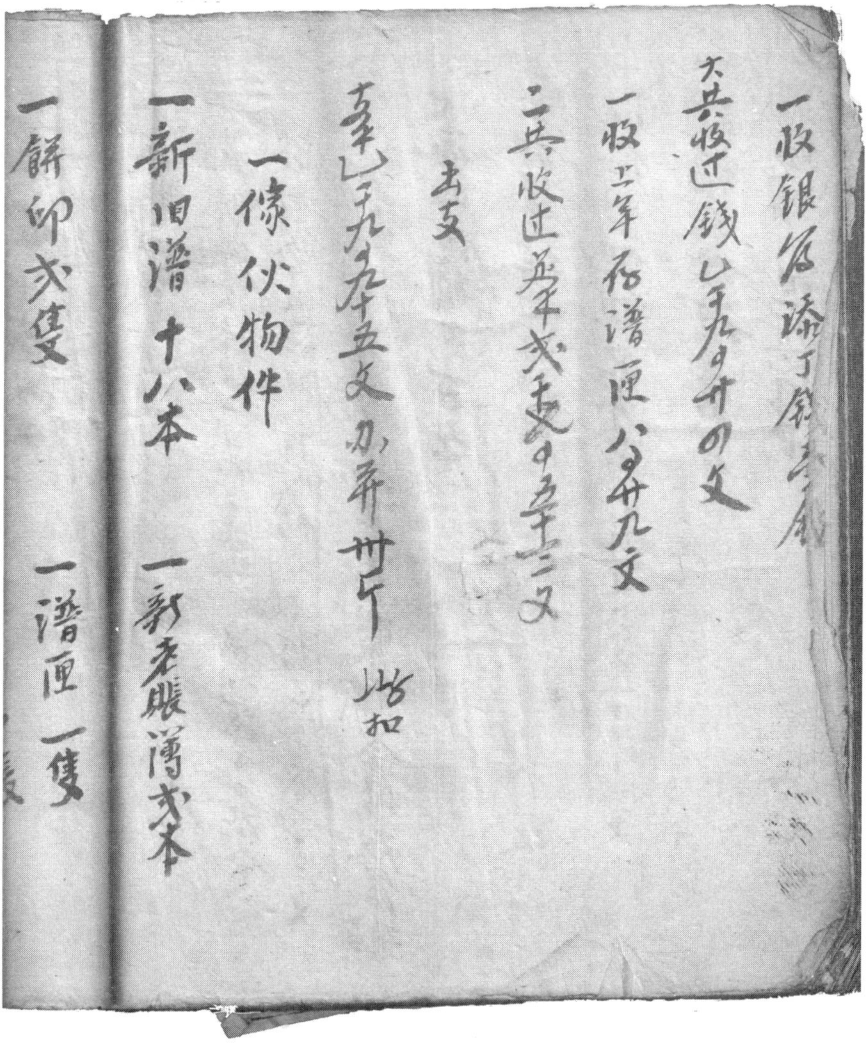

一收银会添丁钱〡〡会
大共收过钱乚千九百卅〇文
一收上年存谱匣八百卅九文
二共收过英洋贰元又〡千〡百五十二文
去支
辛乚千九百五十五文 办斧卅斤
此和
一傢伙物件
一新旧谱十八本 一新老账簿贰本
一饼印贰只 一谱匣一只

秋口镇沙城洪 3-159 · 道光十年 · 义聚饼会簿 · 文龙、文述

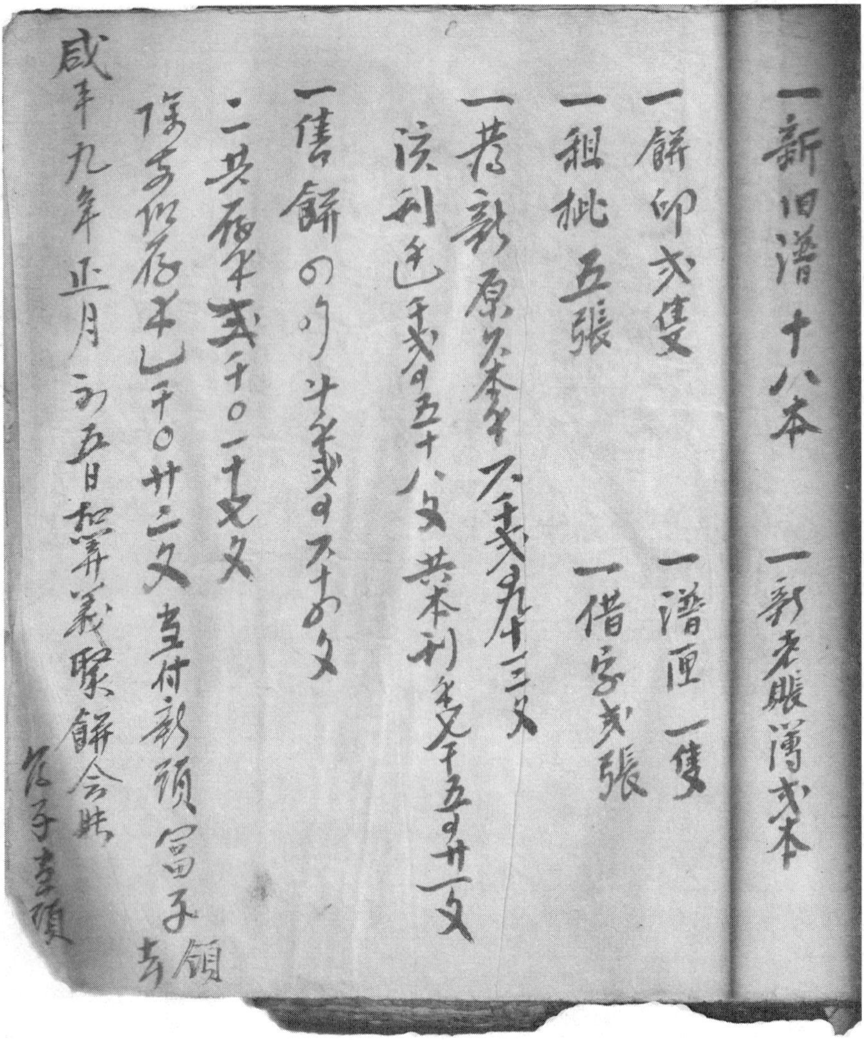

一新旧谱 十八本
一新老账簿弍本
一饼印弍隻
一谱匣 一隻
一租批 五張
一借字弍張
一[illegible]新原欠本[illegible]文
該利[illegible]五十八文 共本利[illegible]文
一售饼[illegible]文
二共存本弍千〇一十七文
[illegible]千〇廿二文 交付新頭富子領
咸丰九年正月初五日起算義聚餅会账
經手[illegible]

秋口镇沙城洪 3-160 · 道光十年 · 义聚饼会簿 · 文龙、文述

一收福旺坦租钱〣〤文
一收罹具坦租钱〤
一收旺作地租钱〥〡
一收观福地租钱〢〧
一收观作坦租钱〤
一收炳源添丁钱文
一收和保添丁钱〤
共收过钱〢〤〡文

秋口镇沙城洪 3-161 · 道光十年 · 义聚饼会簿 · 文龙、文述

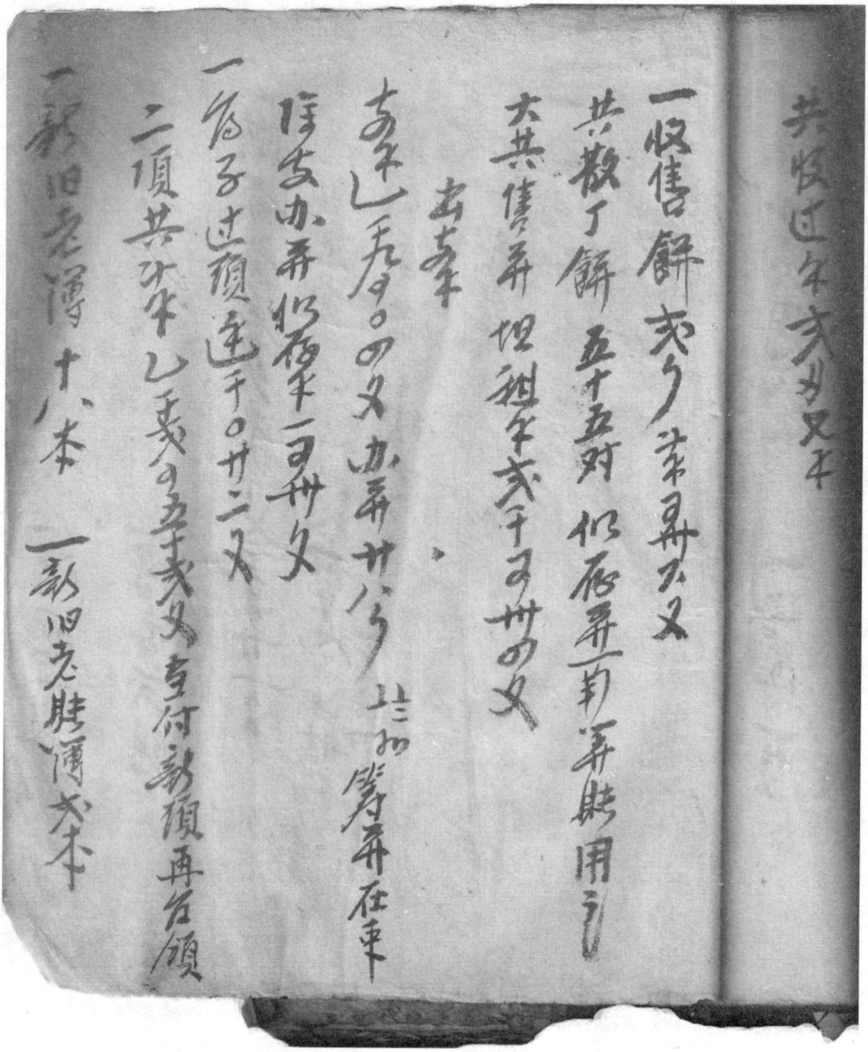

秋口镇沙城洪 3-162 · 道光十年 · 义聚饼会簿 · 文龙、文述

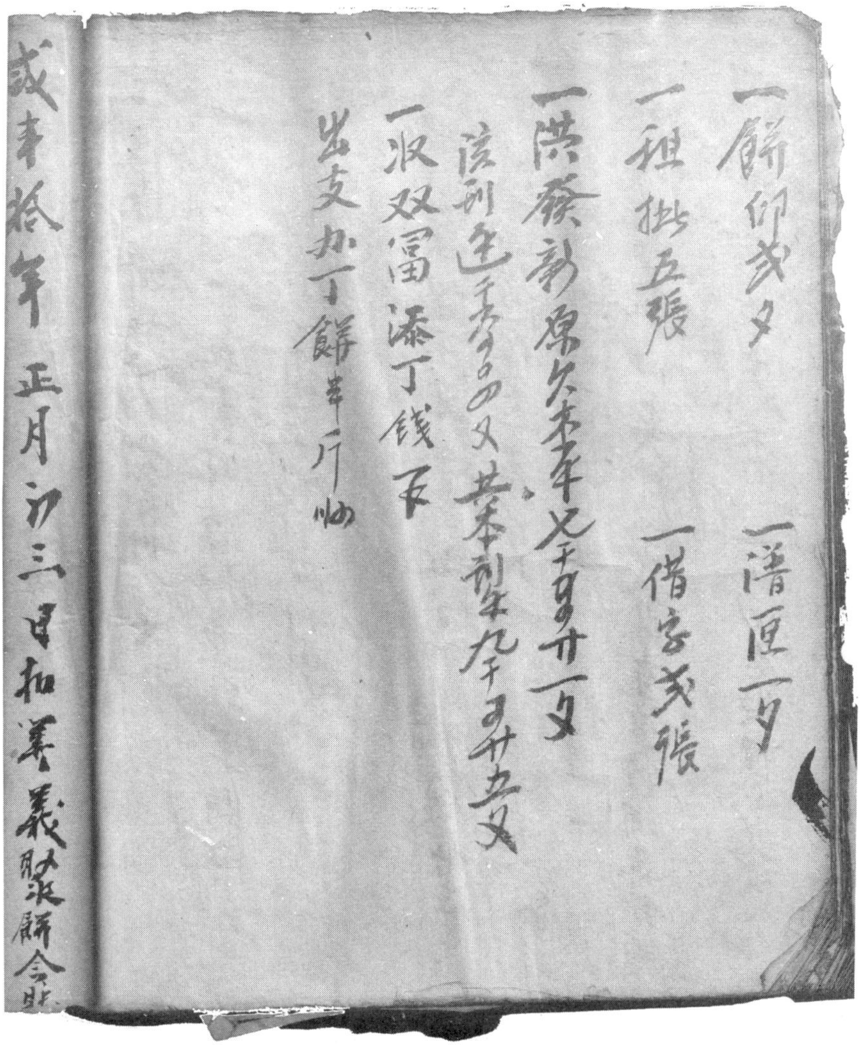

秋口镇沙城洪 3-163 · 道光十年 · 义聚饼会簿 · 文龙、文述

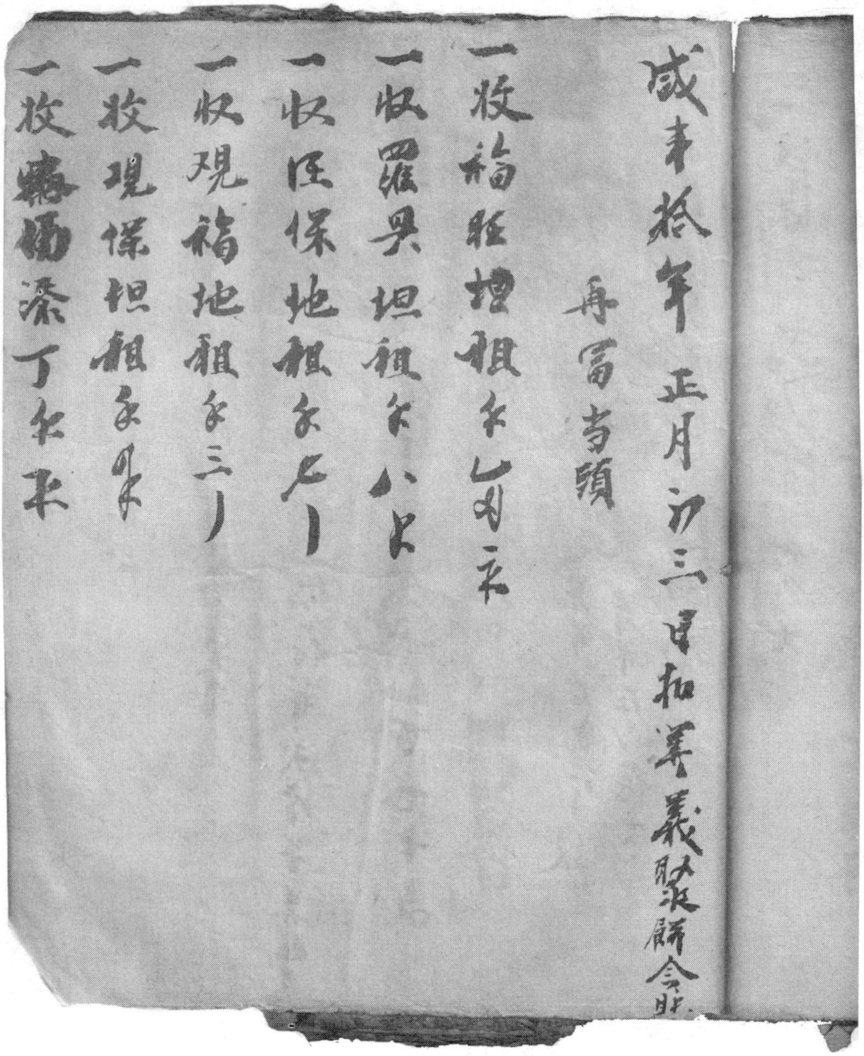

秋口镇沙城洪 3-164 · 道光十年 · 义聚饼会簿 · 文龙、文述

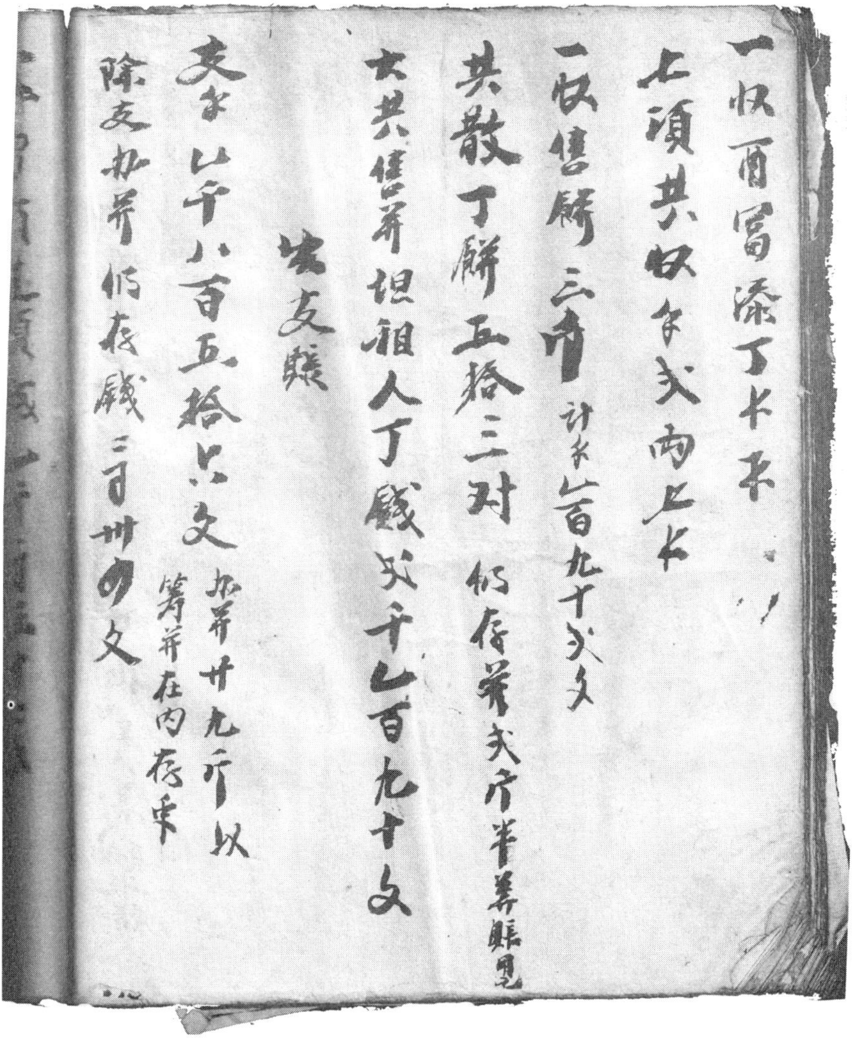

秋口镇沙城洪 3-165 · 道光十年 · 义聚饼会簿 · 文龙、文述

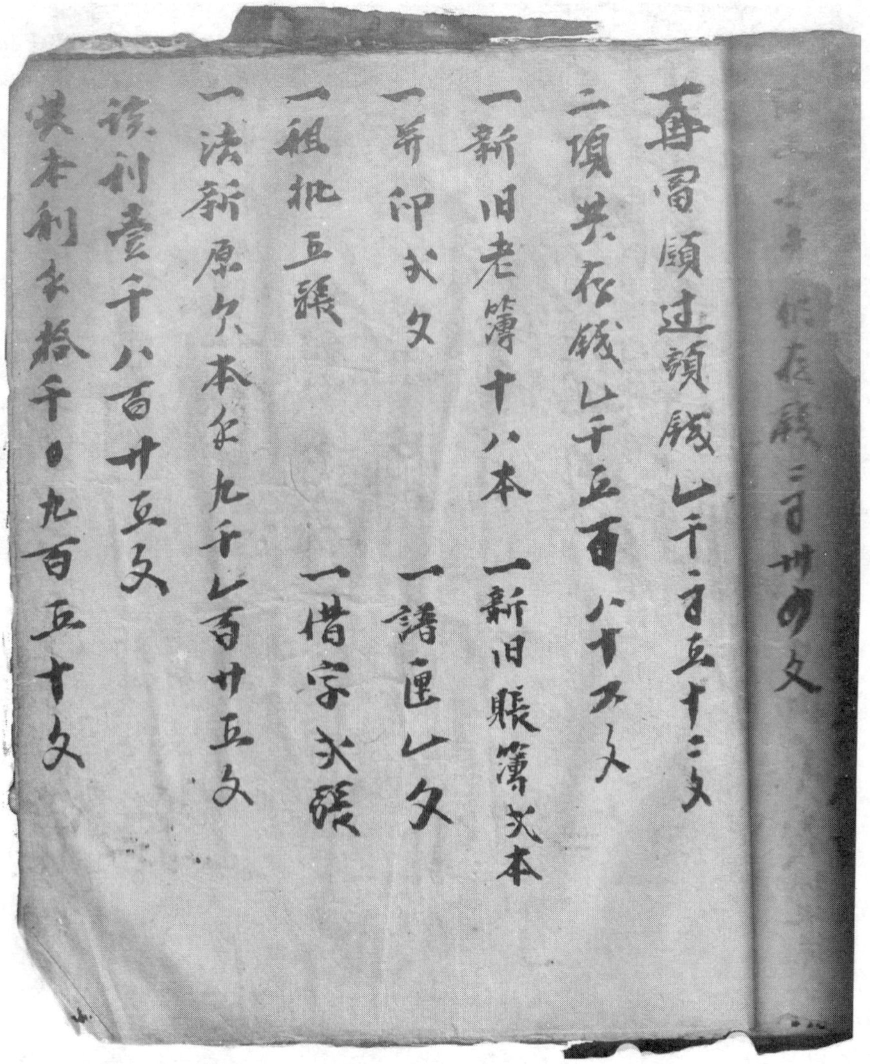

再留頭進頭錢四千一百五十二文
二項共存錢四千五百八十四文
一新旧老簿十八本　一新旧賬簿弍本
一寄印弍文　一請匯四文
一租批五張　一借字弍張
一法新原欠本錢九千四百廿五文
該利壹千八百廿五文
共本利錢拾千〇九百五十文
存錢三百卅四文

秋口镇沙城洪 3-166 · 道光十年 · 义聚饼会簿 · 文龙、文述

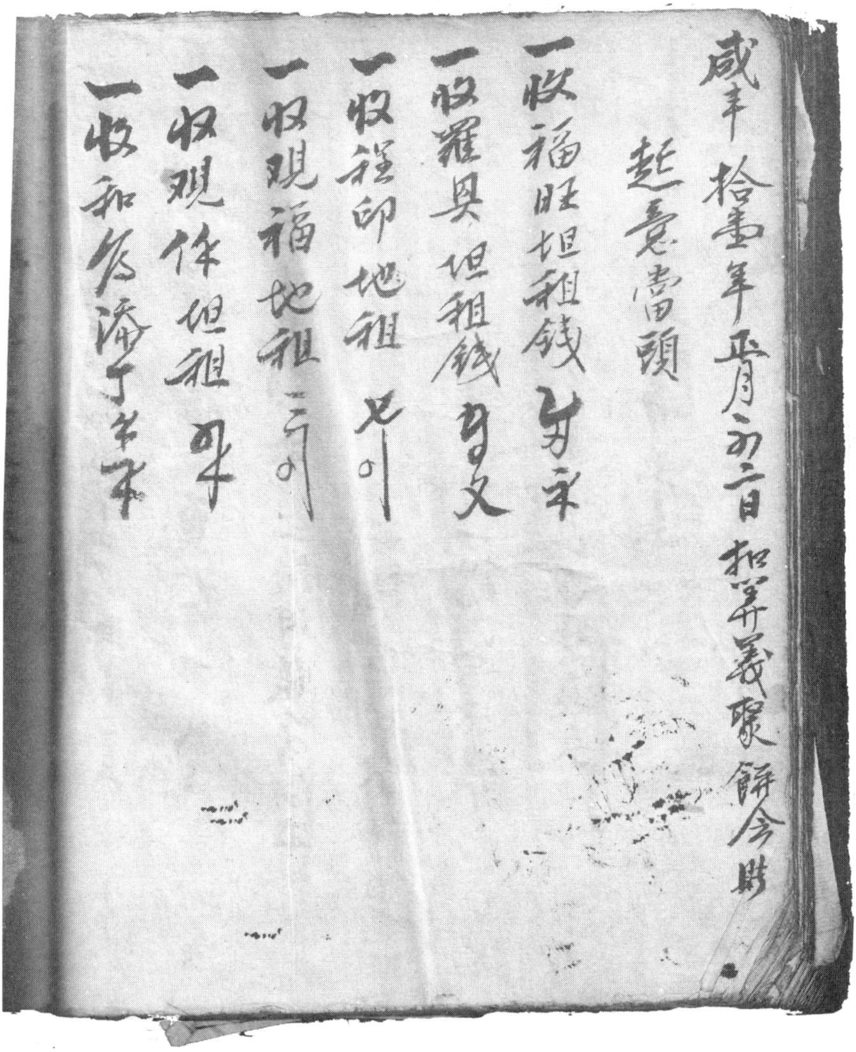

秋口镇沙城洪 3-167 · 道光十年 · 义聚饼会簿 · 文龙、文述

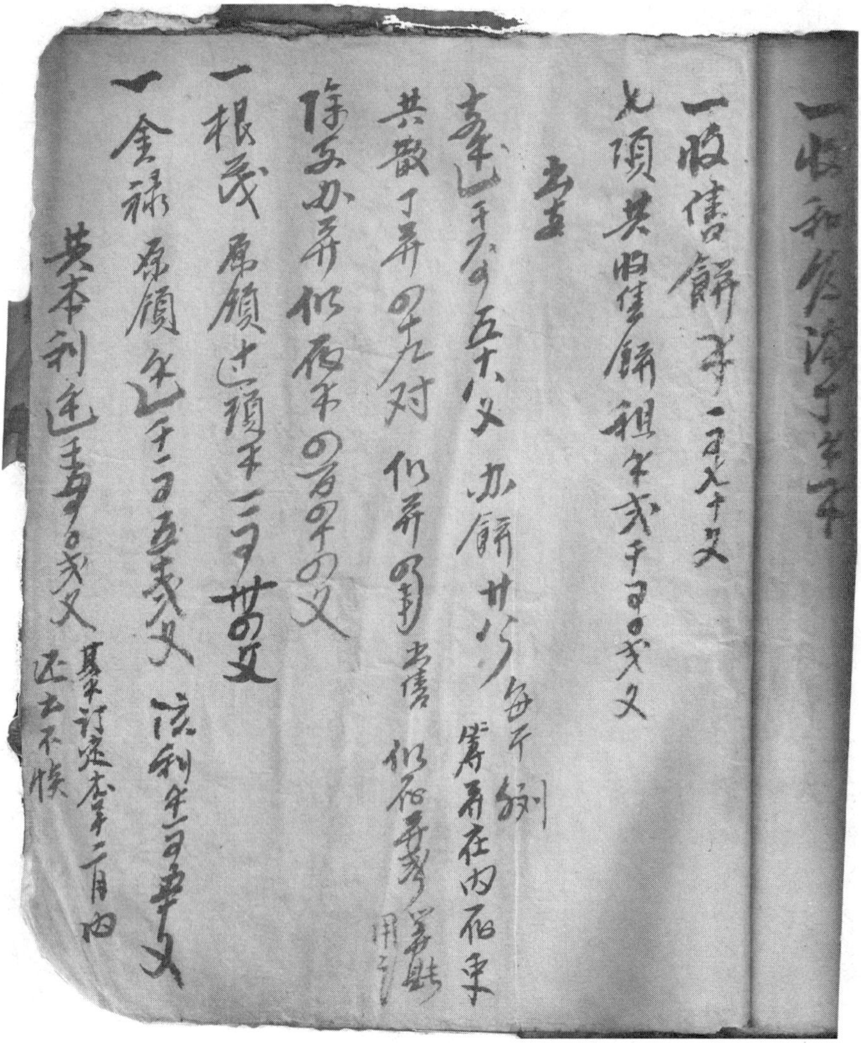

一收和[illegible]丁字[illegible]

一收售餅錢一千九十文

又項共收售餅租錢貳千一百四貳文

出支

寿山錢千八百五十八文 办餅廿斤 每斤 籌錢在內佰束

共散丁餅四十九对 仍餅四對 出售 仍存餅貳對 用

除支办餅仍存錢四百四十四文

一根義 原領本錢十千一百廿四文

一金祿 原領本錢千一百五十貳文 該利錢一百廿文

一 共本利錢一千一百貳文 其錢討還本年二月內 還出不俟

秋口镇沙城洪 3-168 · 道光十年 · 义聚饼会簿 · 文龙、文述

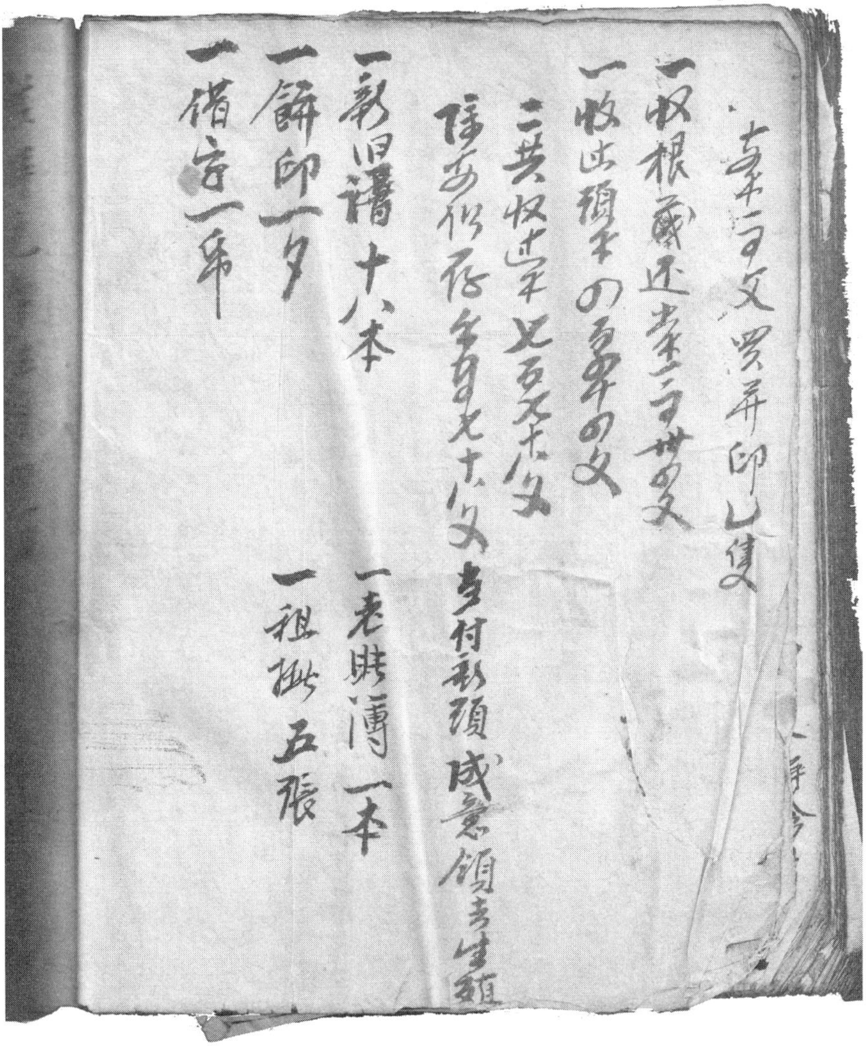
一收根[illegible]还[illegible]
一收出[illegible]
二共收出[illegible]
除出[illegible]
一新旧谱十八本
一饼印一个
一借字一纸
一老账簿一本
一祖批五张

秋口镇沙城洪 3-169 · 道光十年 · 义聚饼会簿 · 文龙、文述

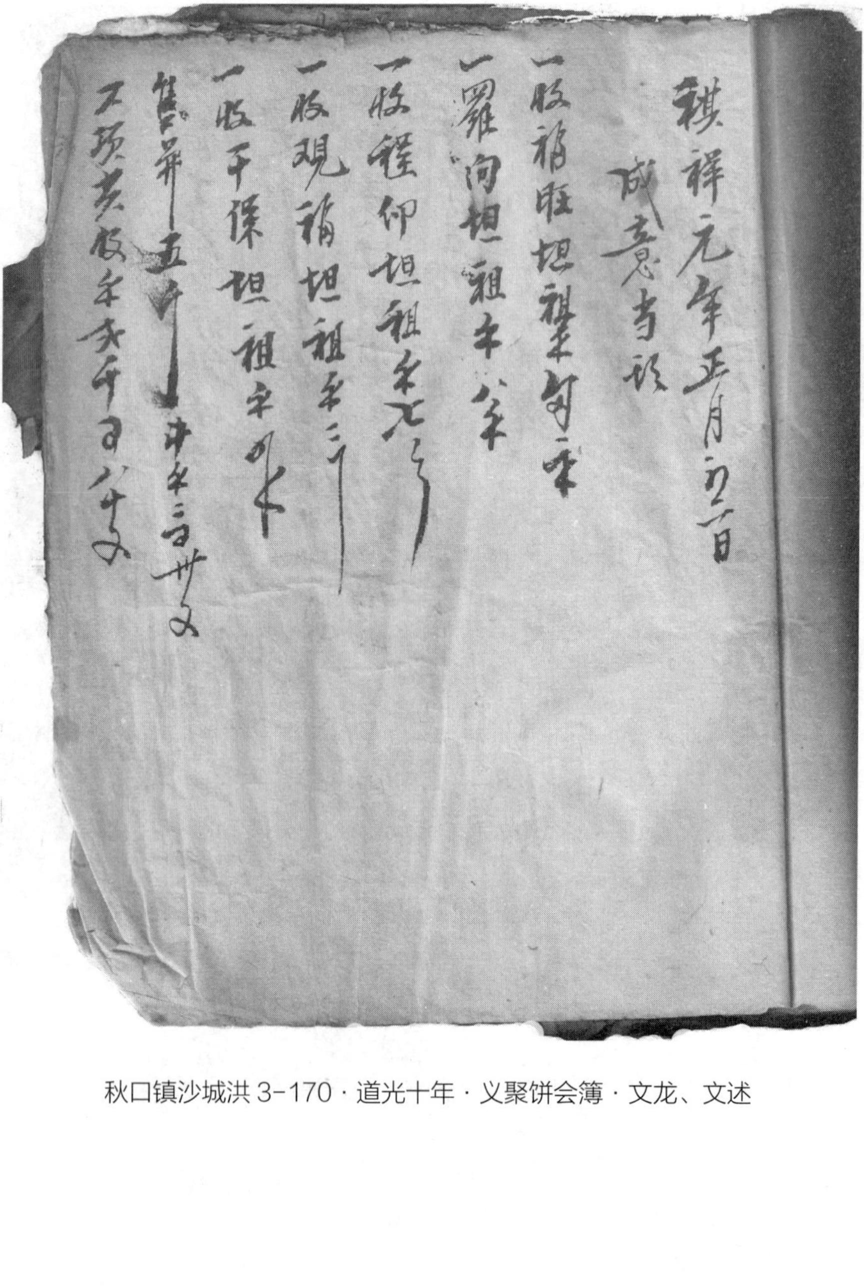
祺祥元年正月初二日
成意当设
一收福旺坦租谷四秤
一罗向坦租谷八秤
一收程仰坦租谷九秤
一收观福坦租谷三秤
一收干保坦租谷四秤
售讫五秤　共谷二百卅文
下项共收谷贰秤每八卅文

秋口镇沙城洪 3-170 · 道光十年 · 义聚饼会簿 · 文龙、文述

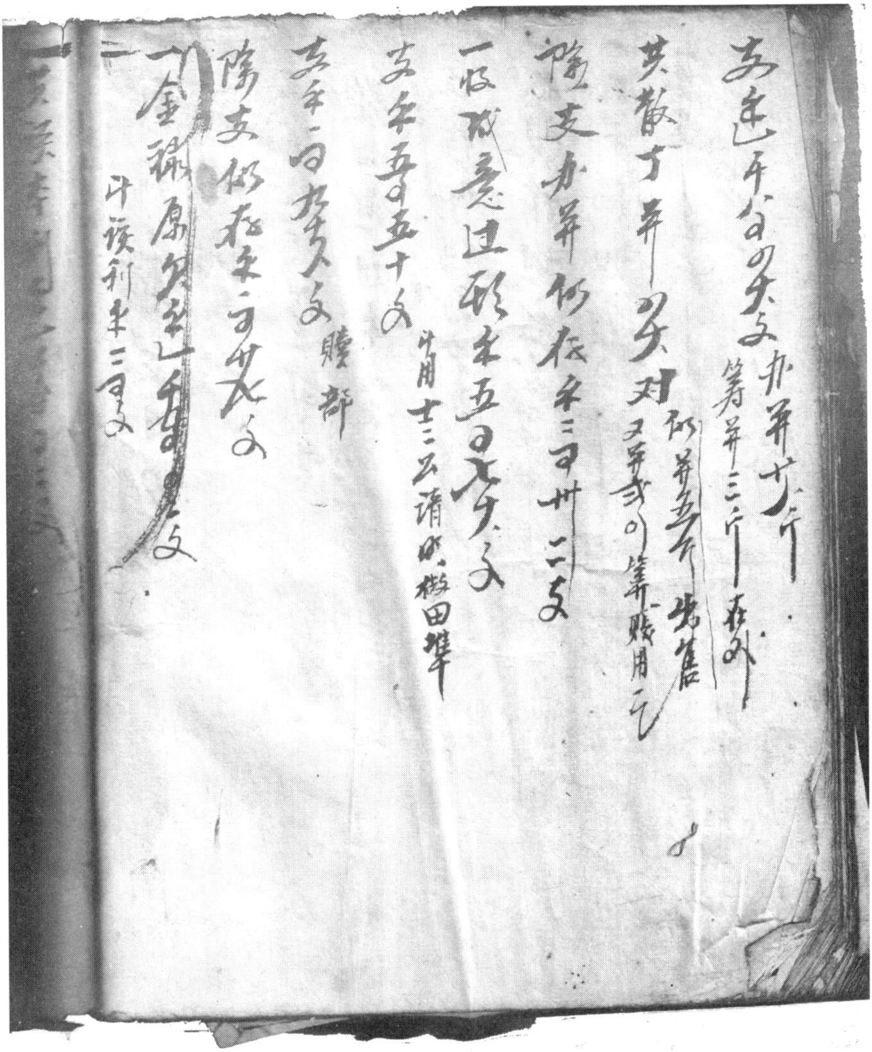

秋口镇沙城洪 3-171 · 道光十年 · 义聚饼会簿 · 文龙、文述

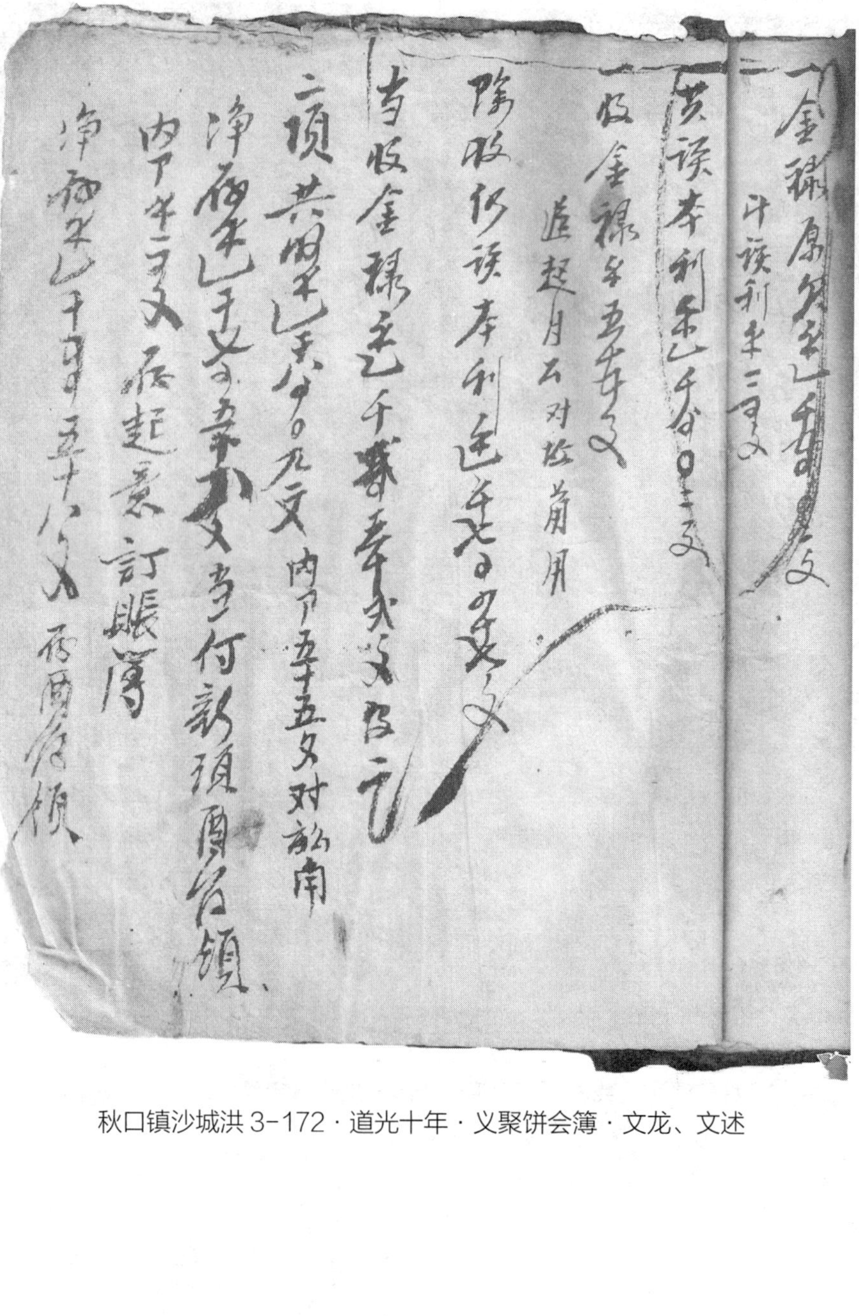

秋口镇沙城洪 3-172 · 道光十年 · 义聚饼会簿 · 文龙、文述

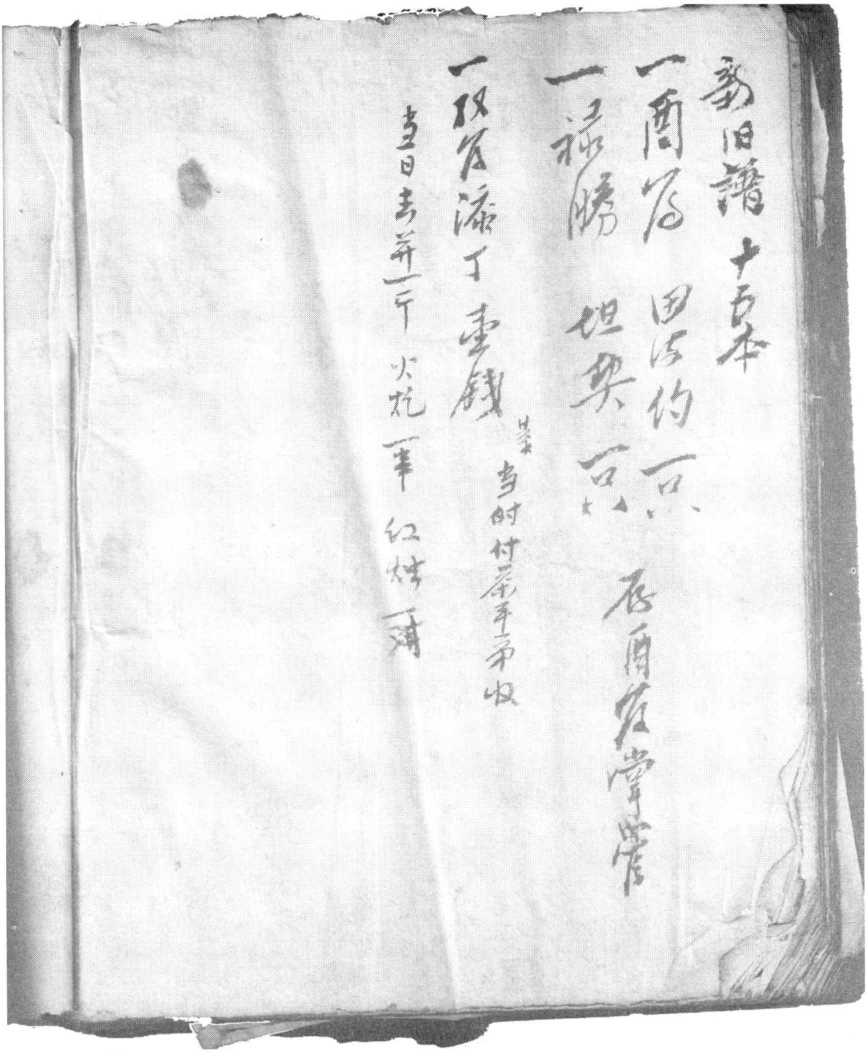
新旧簿 十五本
一商簿 田约一只
一禄簿 坦契一只 存商发掌管
一收簿 添丁壹钱 某 当时付茶年弟收
壹日壶并一斤 火炬一串 红烛一对

秋口镇沙城洪 3-173 · 道光十年 · 义聚饼会簿 · 文龙、文述

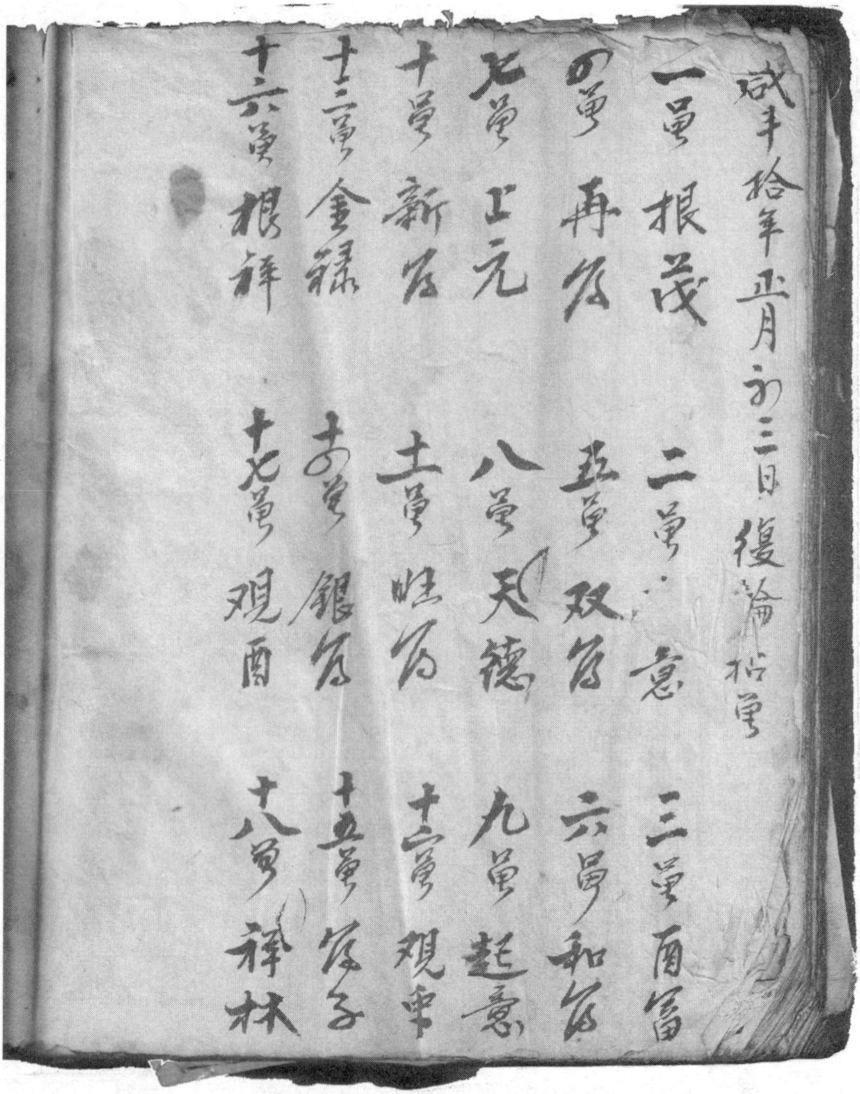

秋口镇沙城洪 3-174 · 道光十年 · 义聚饼会簿 · 文龙、文述

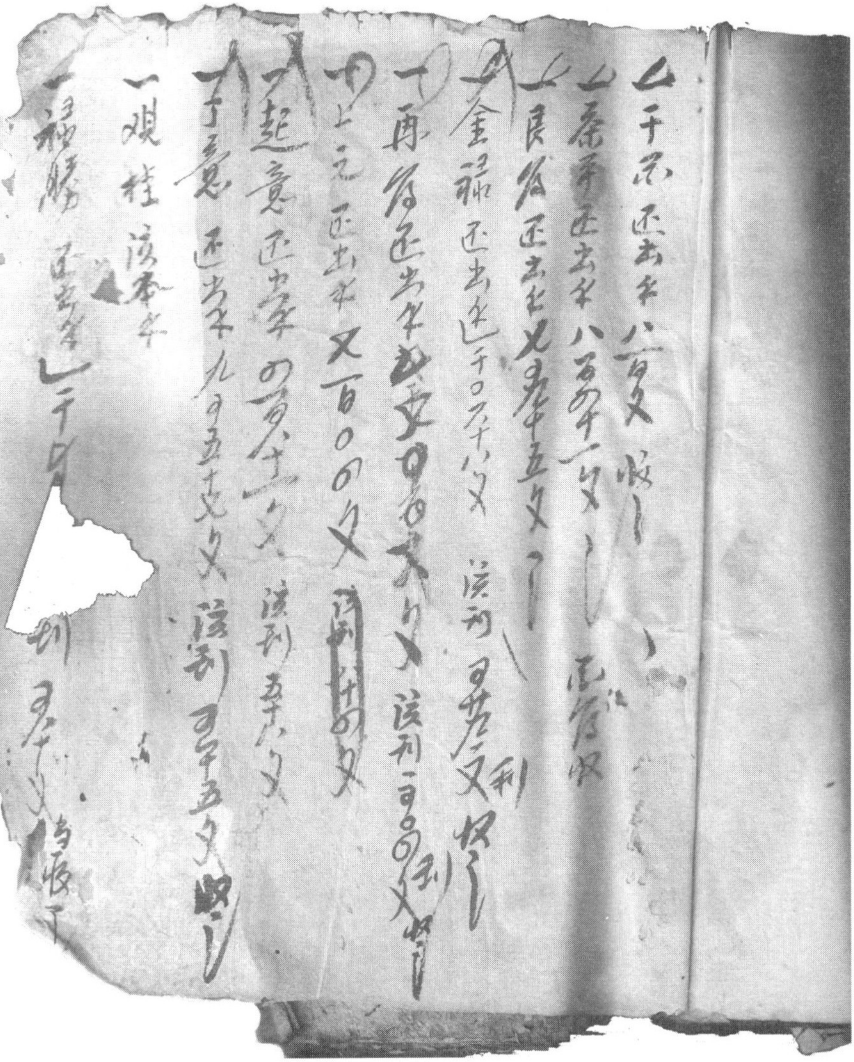

秋口镇沙城洪 3-175 · 道光十年 · 义聚饼会簿 · 文龙、文述

秋口镇沙城洪 1-1 · 宣统二年 · 分关文书 · 程达三

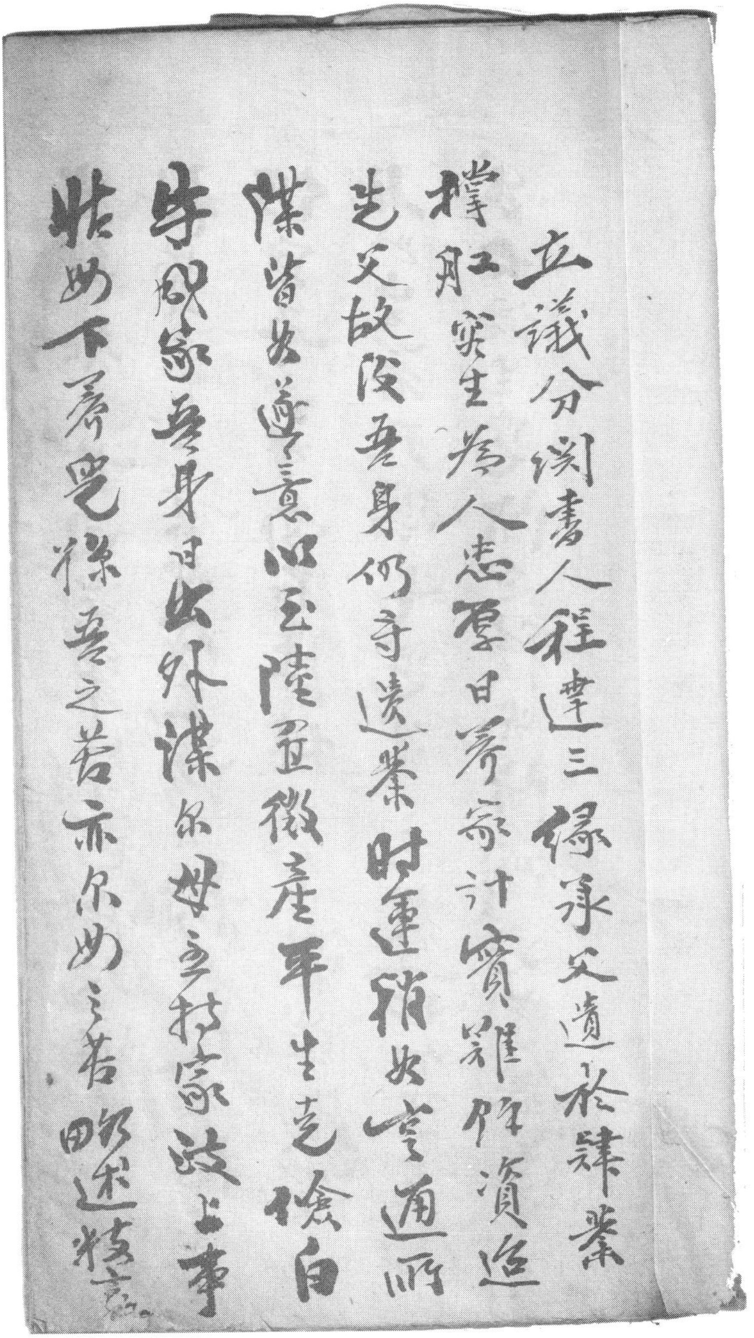
立議分閲書人程達三緣承父遺於肆業撐肛实生爲人忠厚日爲家計實難作資迨先父故後吾身仍守遺業時運稍如宜適所謀皆如意以至陸置微產平生克儉自守成家吾身日出外謀尔母亦持家政上事姑如下爲兒孫吾之苦亦尔如之苦略述精

秋口镇沙城洪 1-2 · 宣统二年 · 分关文书 · 程达三

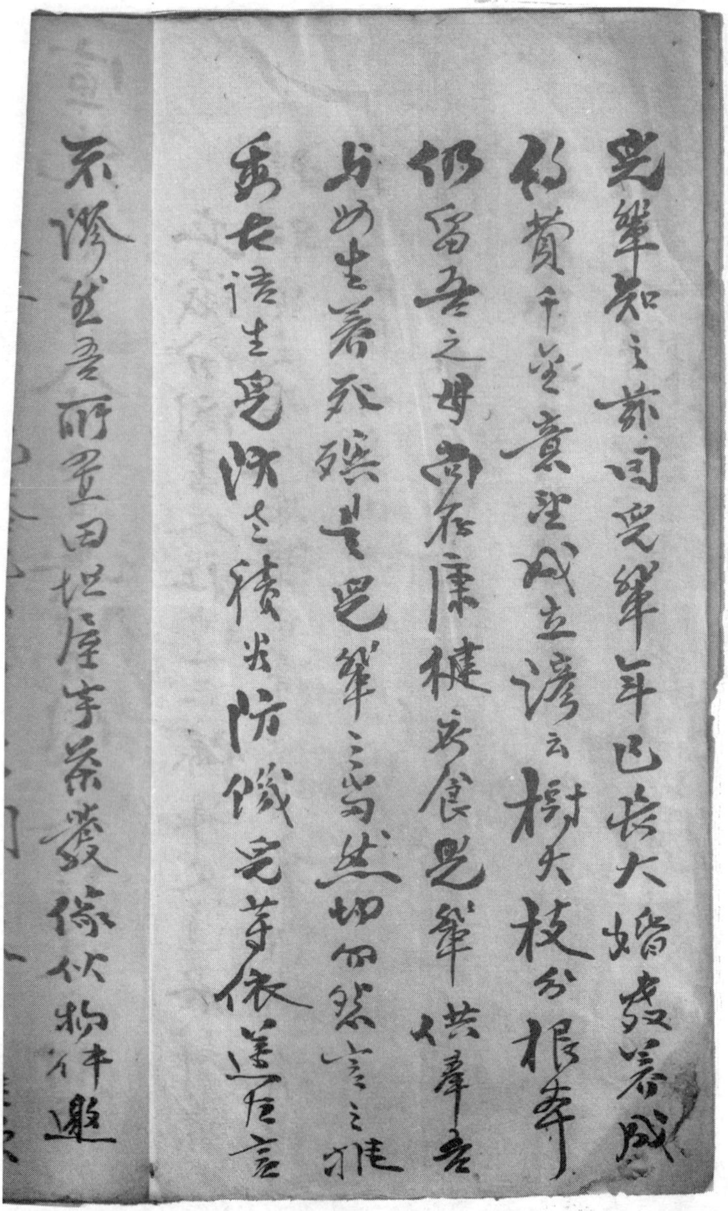
兒輩知之茲因兒輩年已長大婚娶成
行費千金意望成立讓之樹大枝分根本
仍留吾之母尚在康健飲食兒輩供奉吾
身後生養死葬是兒輩之當然切勿怨言之推
我長諸生兒洪之積米防饑兒等依遵吾言
不勝然吾所置田地屋宇茶叢條伏物件邀

秋口镇沙城洪 1-3 · 宣统二年 · 分关文书 · 程达三

仍留吾之母管不周待此居是……
與女生蒼天殞其邑嗟嗟焉然切切然言言之惟
我長諳生意汲汲之積蓄防饑完業依遵庭言
不孫並吾所置田地屋宇茶叢條伙物件邀
集族人公議配搭分開自己召閱各執執之後惟願
所男同心合意宗勤儉以成家雖分居如同食不但
是手足之情生離居居之閭閭戶戶共隆吾之業
即先祖之業也所冀積錢錢之茶吾欲發望

秋口镇沙城洪 1-4 · 宣统二年 · 分关文书 · 程达三

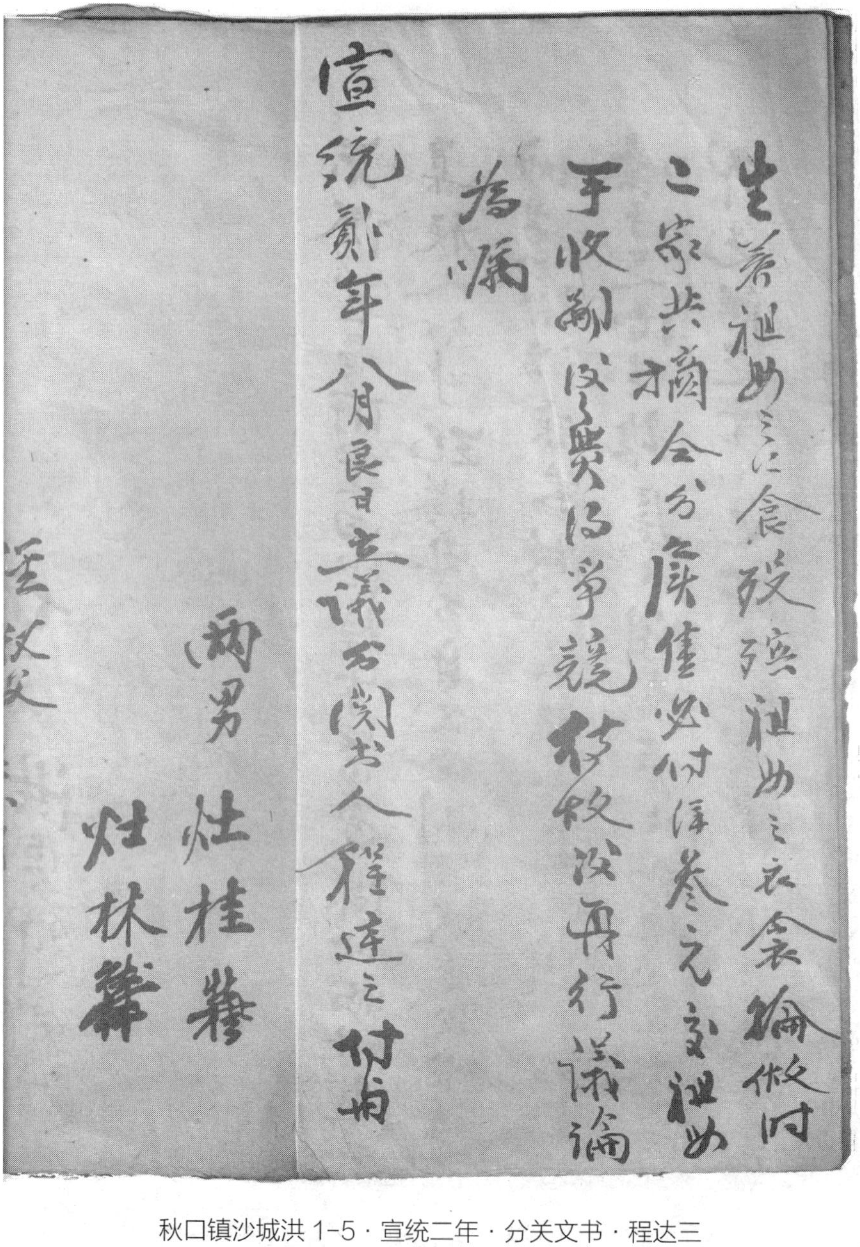
生着祖母之衾殓殁祖母之衣衾输做付
二家共商才合分屋佳必付洋叁元交祖母
手收嗣后毋得争竞倘后毋再行异议论
为凭
宣统贰年八月良日立议分关书人程达三付押
两男 灶桂押
灶林押
叔父

秋口镇沙城洪 1-5 · 宣统二年 · 分关文书 · 程达三

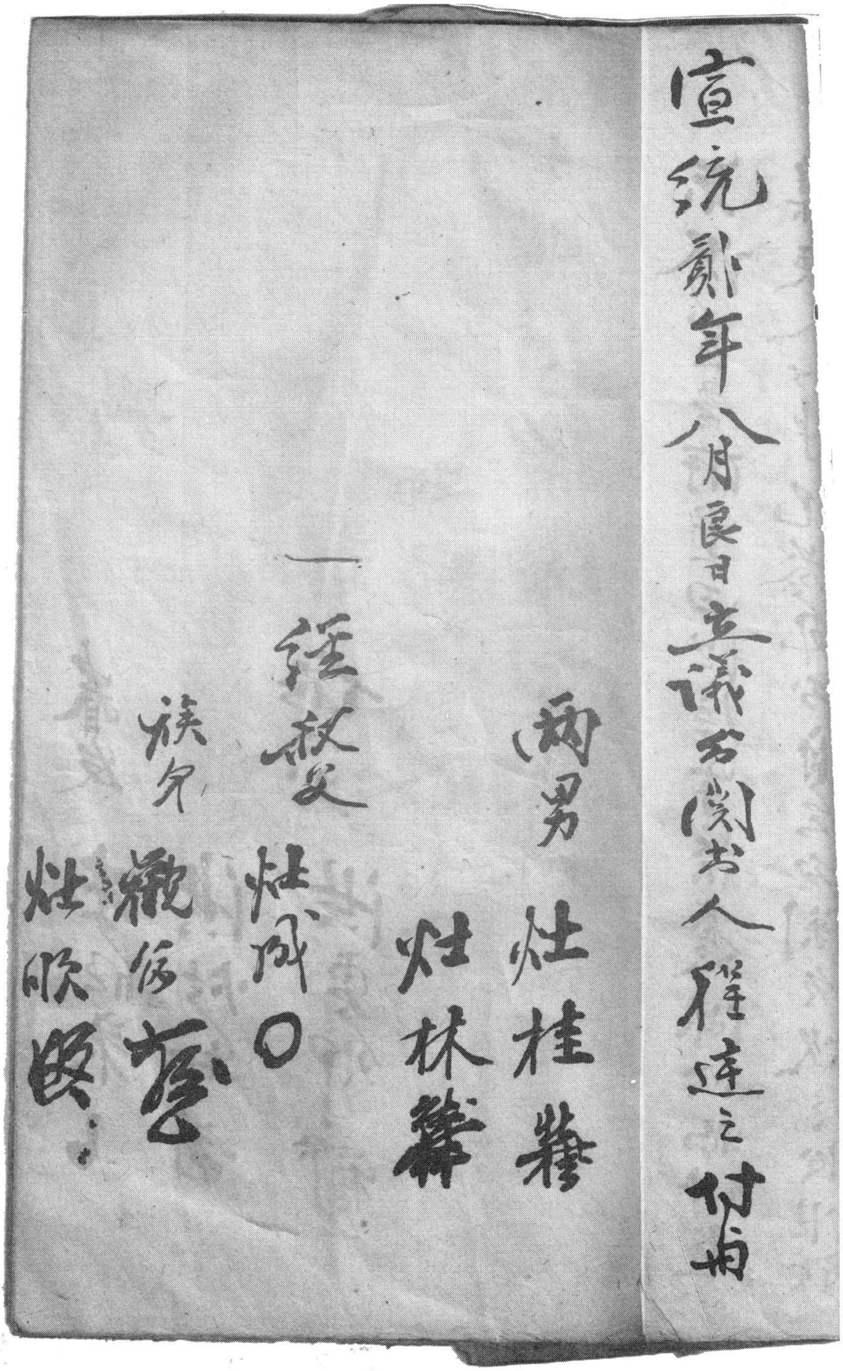
宣统贰年八月良日立议书阄书人程达三付拍
两男灶桂
灶林
一经叔父灶成〇
族兄織係
灶欣

秋口镇沙城洪 1-6 · 宣统二年 · 分关文书 · 程达三

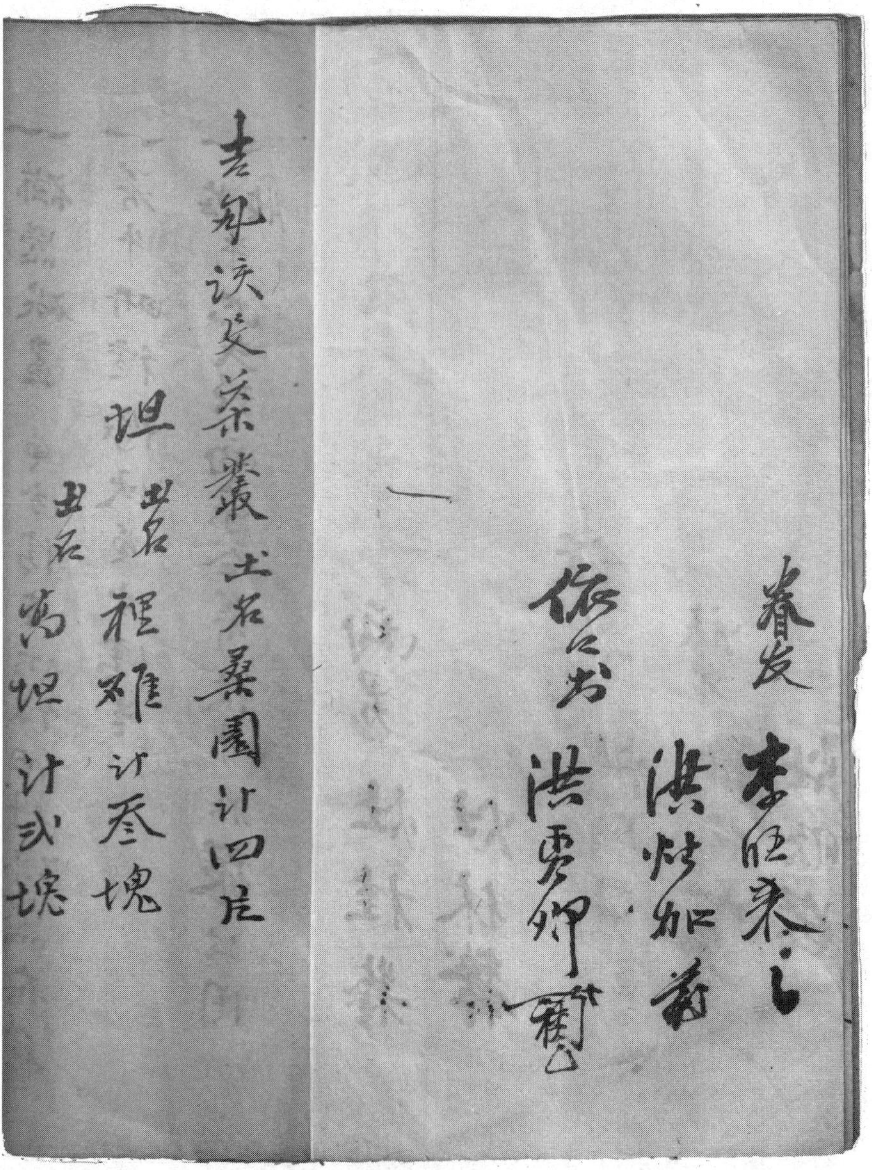
眷友 李旺来
洪灶加 [illegible]
依书 洪雲卿 押
一
老身该受茶叢 土名桑園 计四片
坦 土名程雉 计叁塊
土名高坦 计弍塊

秋口镇沙城洪 1-7 · 宣统二年 · 分关文书 · 程达三

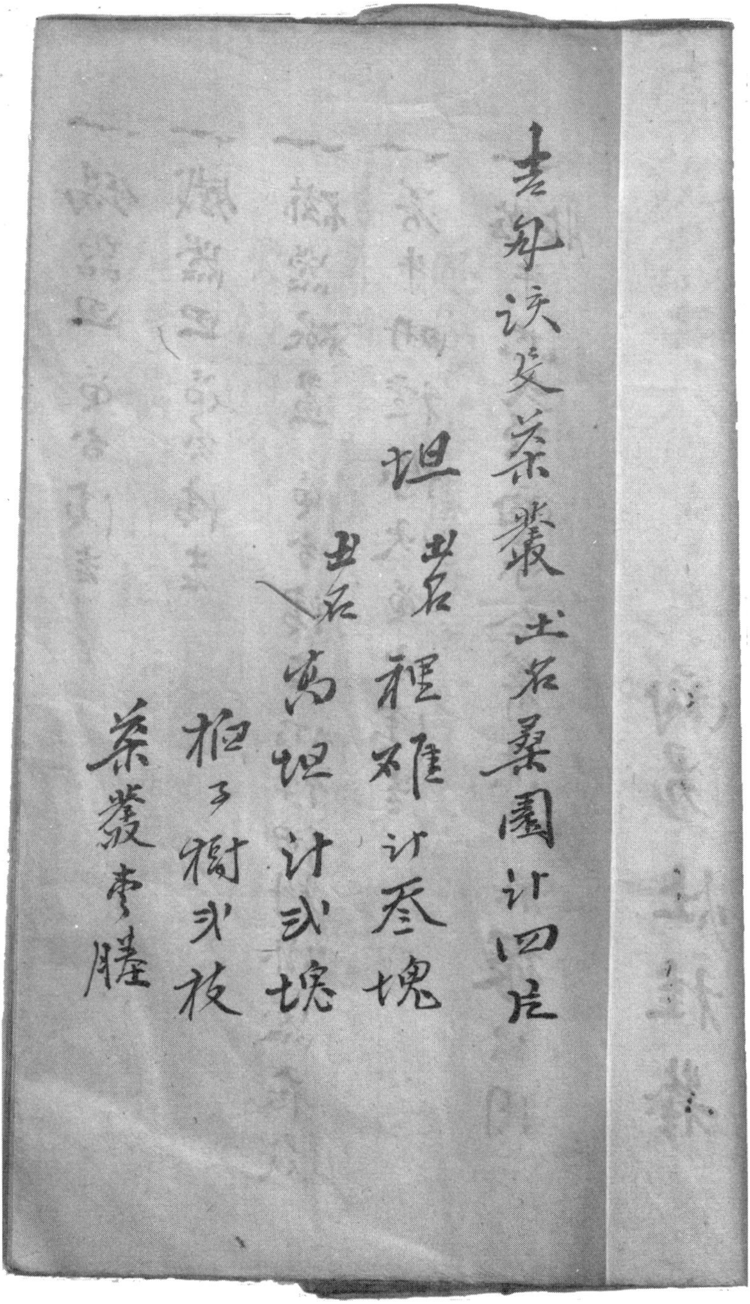

吉身該受茶叢 土名桑園計四片
坦 土名程雅計叁塊
土名高坦計弍塊
柏子樹弍枝
茶叢李勝

秋口镇沙城洪 1-8 · 宣统二年 · 分关文书 · 程达三

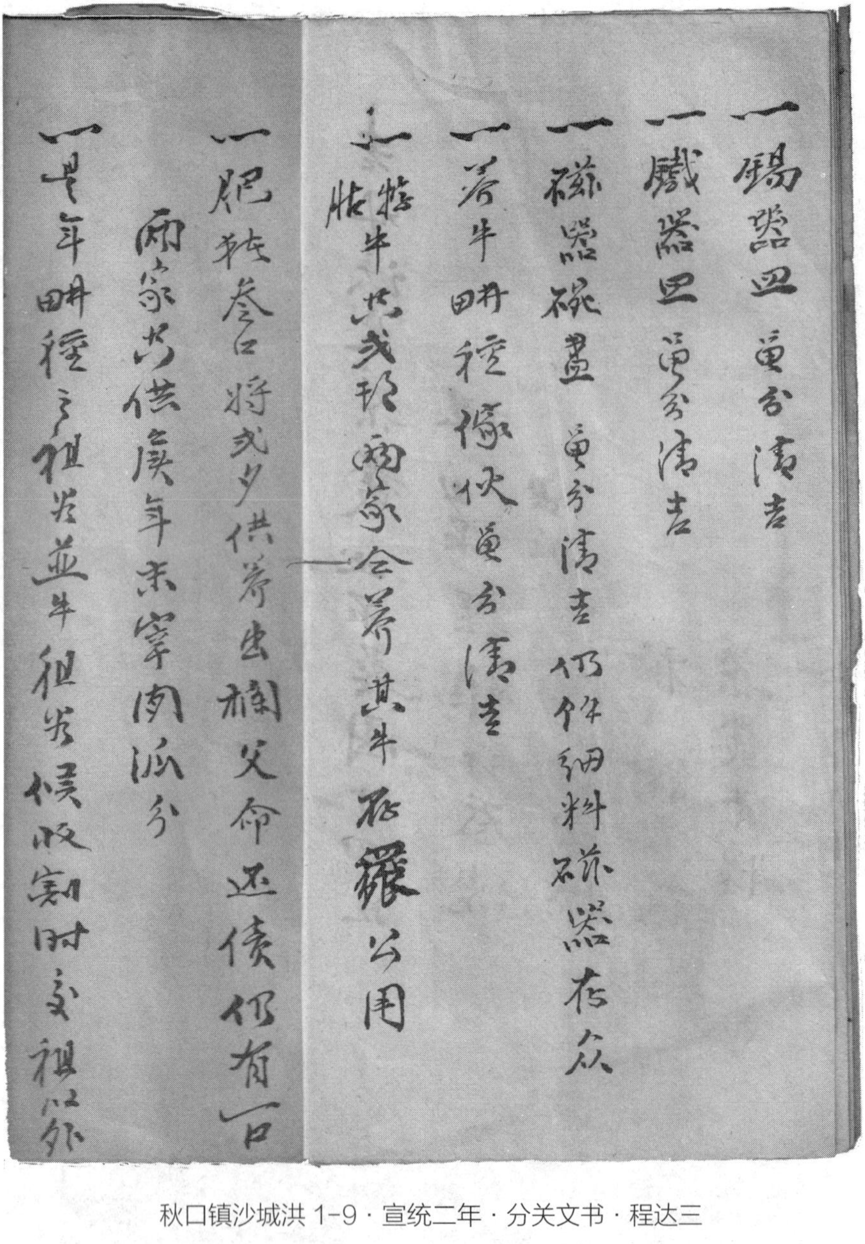
一錫器四 與分清吉
一鐵器四 與分清吉
一磁器碗盞 與分清吉 仍存細料磁器存众
一蓄牛田耕種傢伙 與分清吉
一牸牛共弍頭 兩家合蓄 其牛存羅公用
一把粮叁石 將弍多供蓄出糴 父命还債 仍有一石
兩家共借廣年末穿內派分
一長年田耕種之祖岁並牛祖岁 俟收割時交祖以外

秋口镇沙城洪 1–9 · 宣统二年 · 分关文书 · 程达三

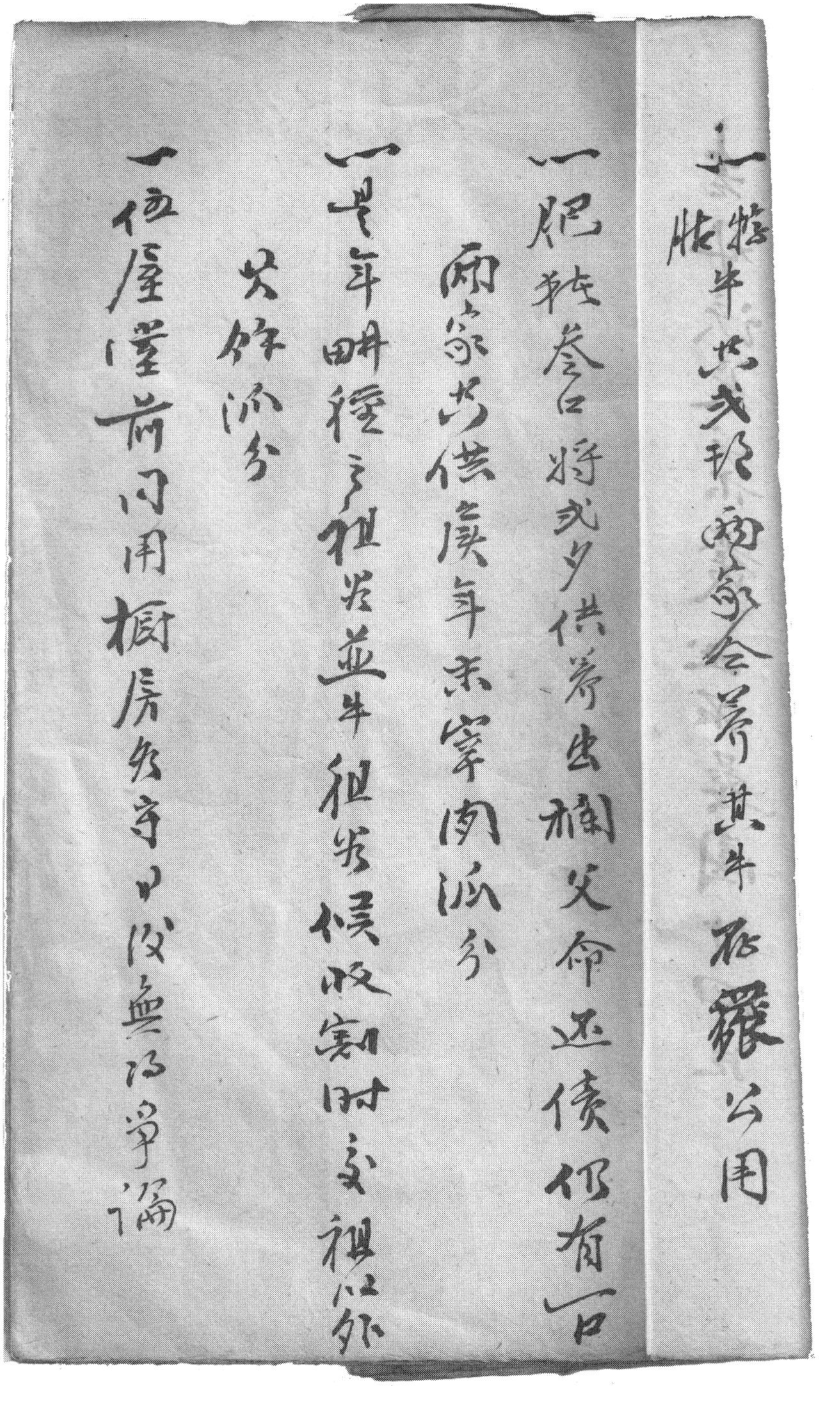
一牸牛共贰股兩家合養其牛存羅公用
一祀秩叁日將贰分供養出欄父命还債仍有一日
兩家共供庚年来衆宰肉派分
一是年耕種之租谷並牛租谷候收割時交祖人外
其餘派分
一伍屋堂前门用橱房各守日后無得争論

秋口镇沙城洪 1-10 · 宣统二年 · 分关文书 · 程达三

秋口镇沙城洪 1–11 · 宣统二年 · 分关文书 · 程达三

秋口镇沙城洪 2-1 · 课程作业（课草）

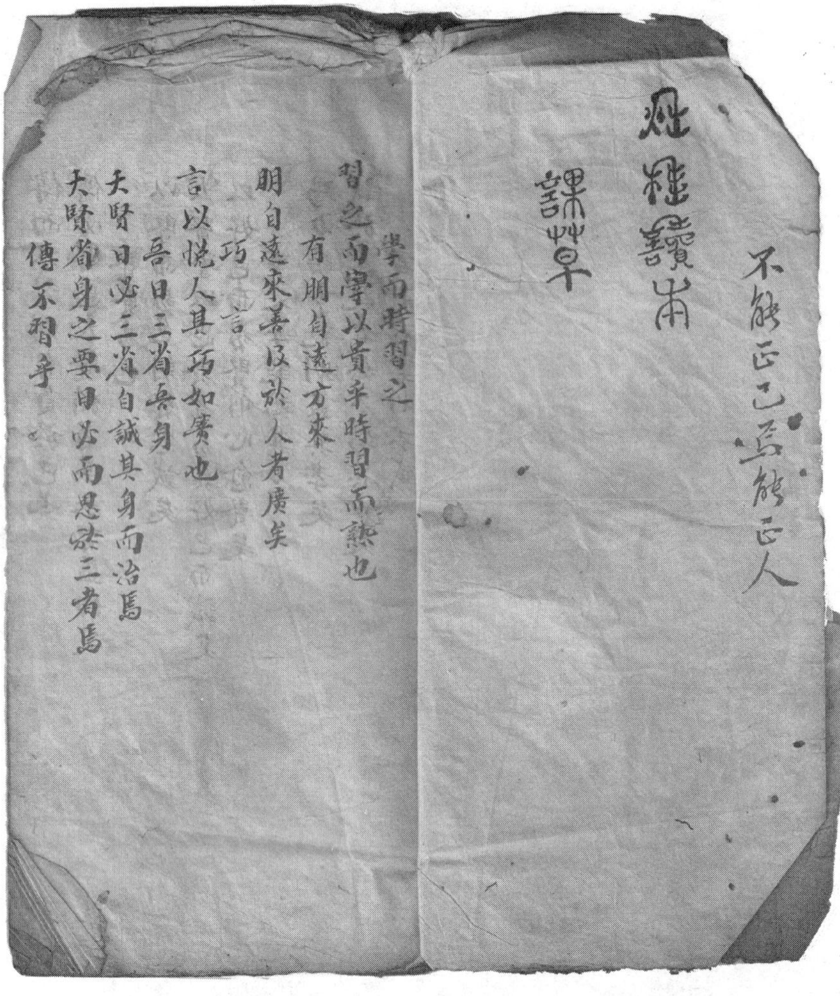
不能正己焉能正人

[illegible]經讀本

課草

學而時習之

習之而學以貴乎時習而熟也

有朋自遠方來

朋自遠來善及於人者廣矣

巧言

言以悅人其巧如簧也

吾日三省吾身

夫賢日必三省自誠其身而治焉

夫賢省身之要日必而思於三者焉

傳不習乎

秋口镇沙城洪 2-2 · 课程作业（课草）

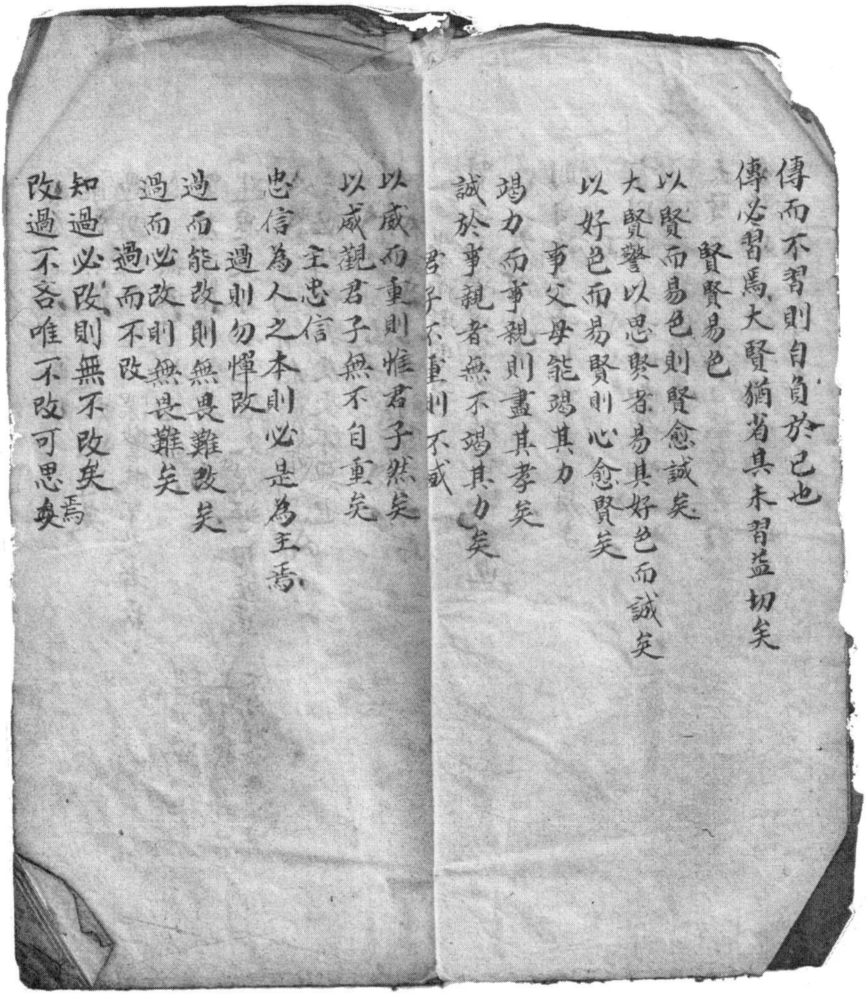

傳而不習則自負於己也
傳必習焉大賢猶省其未習益切矣
賢賢易色
以賢而易色則賢愈誠矣
大賢警以思賢者易其好色而誠矣
以好色而易賢則心愈賢矣
事父母能竭其力
竭力而事親則盡其孝矣
誠於事親者無不竭其力矣
君子不重則不威
以威而重則惟君子然矣
以威觀君子無不自重矣
主忠信
忠信為人之本則必是為主焉
過則勿憚改
過而能改則無畏難改矣
過而必改則無畏難矣
過而不改
知過必改則無不改矣焉
改過不吝唯不改可思矣

秋口镇沙城洪 2-3 · 课程作业（课草）

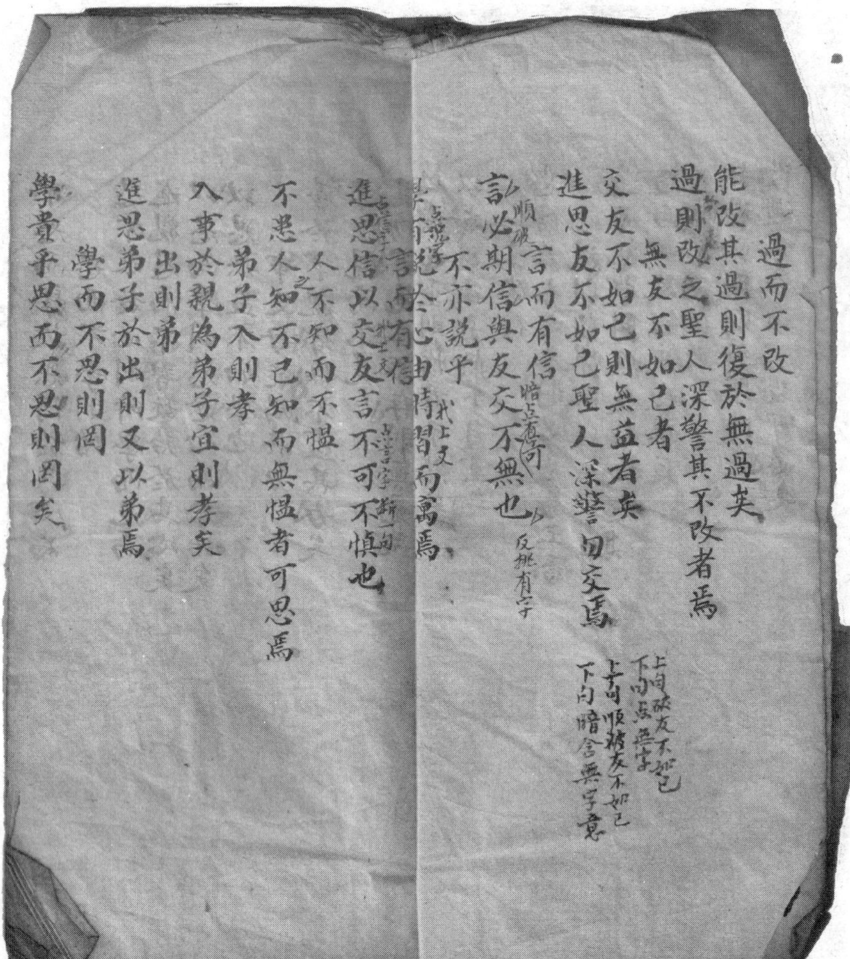
過而不改
能改其過則復於無過矣
過則改之聖人深警其不改者焉
無友不如己者
交友不如己則無益者矣
進思友不如己聖人深警勿交焉
言而有信
言必期信與友交不無也
不亦說乎
說於心由時習而寓焉
言而有信
進思信以交友言不可不慎也
人不知而不慍
不患人之知不己知而無慍者可思焉
弟子入則孝
入事於親為弟子宜則孝矣
出則弟
進思弟子於出則又以弟焉
學而不思則罔
學貴乎思而不思則罔矣
上句破友不如己
下句虛無字
上句順破友不如己
下句暗含無字意

秋口镇沙城洪 2-4 · 课程作业（课草）

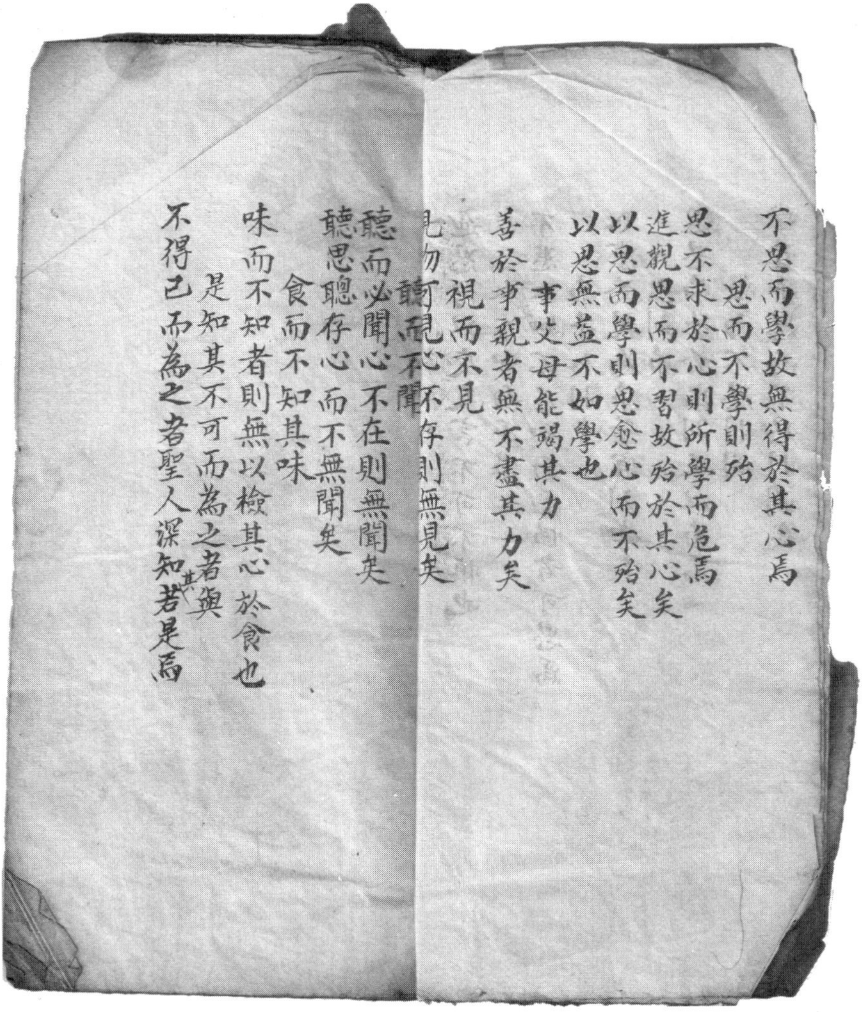
不思而學故無得於其心焉
思而不學則殆
思不求於心則所學而危焉
進觀思而不習故殆於其心矣
以思而學則思愈心而不殆矣
以思無益不如學也
事父母能竭其力
善於事親者無不盡其力矣
視而不見
見物可視心不存則無見矣
聽而不聞
聽而必聞心不在則無聞矣
聽思聰存心而不無聞矣
食而不知其味
味而不知者則無以檢其心於食也
是知其不可而為之者與
不得已而為之者聖人深知其若是焉

秋口镇沙城洪 2-5 · 课程作业（课草）

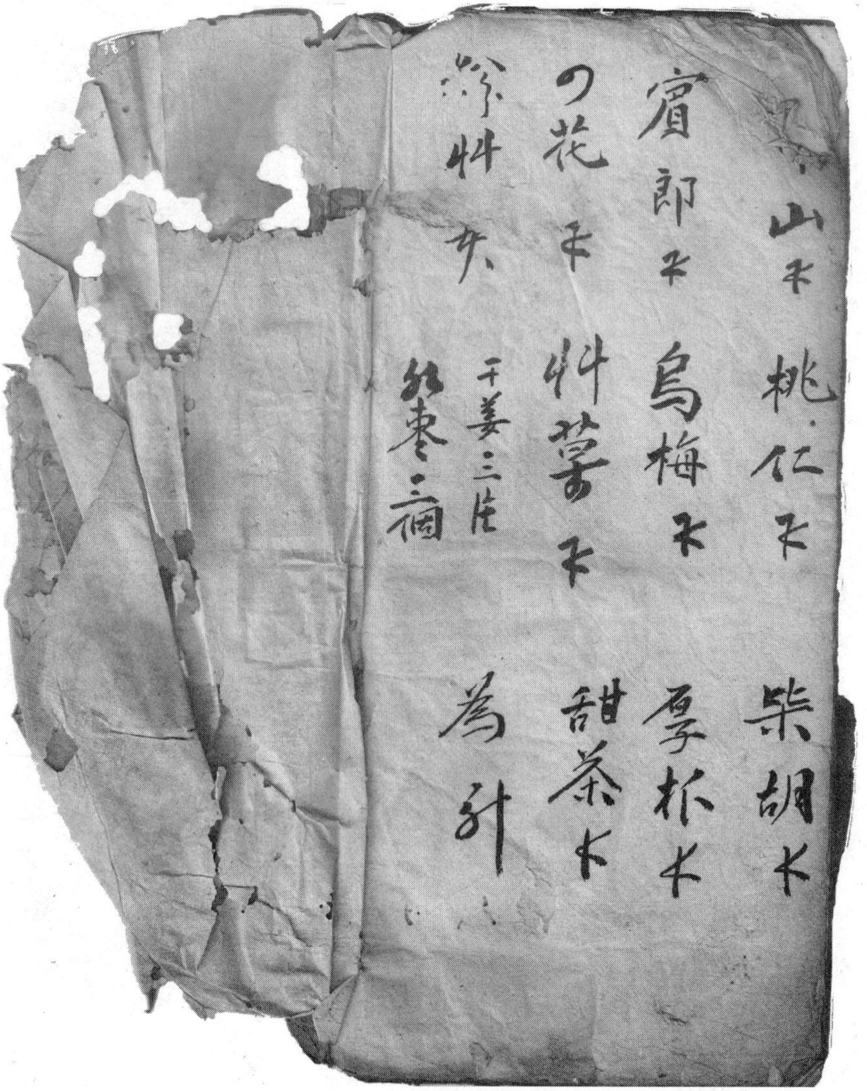

秋口镇沙城洪 2-6 · 课程作业（课草）

延及
本朝枝葉派遠其初實出於寓賢之
人之身不亦盛哉中村清口其吾
宗昌源玉本族致宗世有姻婭好
吾家之於桂林也玉本皆從友

二十六

秋口镇沙城洪 4-1 · 梅溪洪氏族谱

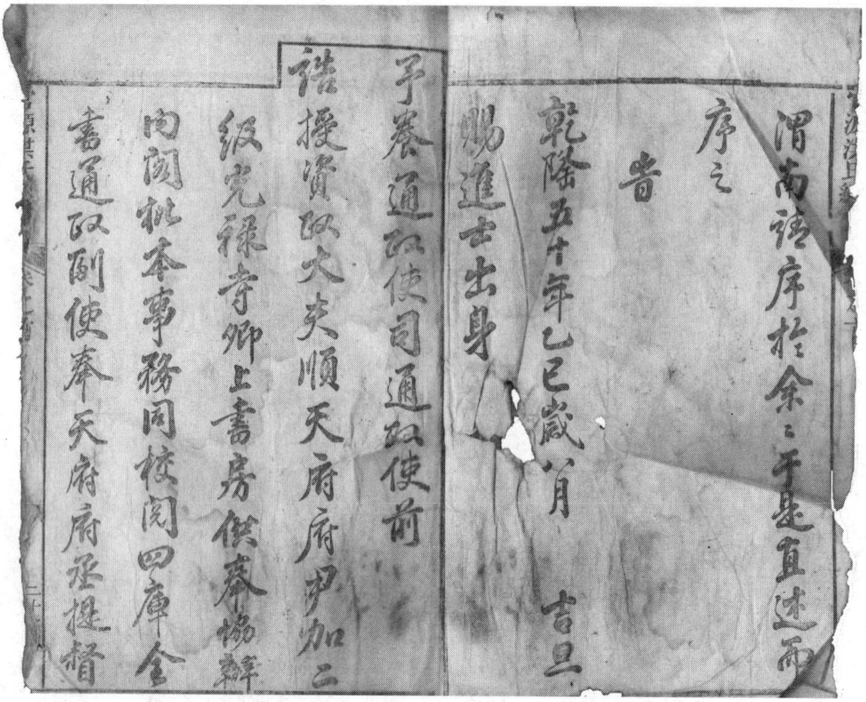

渭南請序於余ゝ于是直述而
序之
旹
乾隆五十年乙巳歲八月　吉旦
賜進士出身
予告通政使司通政使前
誥授資政大夫順天府府尹加二
級光禄寺卿上書房供奉協辦
内閣批本事務同校閲四庫全
書通政副使奉天府府丞提督

秋口镇沙城洪 4-2 · 梅溪洪氏族谱

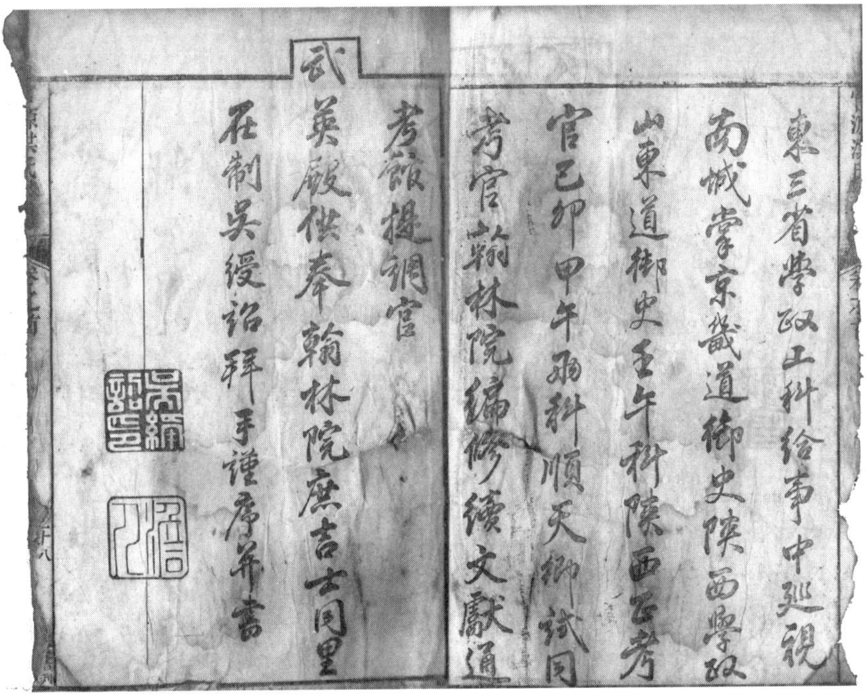
東三省學政工科給事中巡視
南城掌京畿道御史陝西學政
山東道御史壬午科陝西正考
官己卯甲午兩科順天鄉試同
考官翰林院編修續文獻通
考館提調官
武英殿供奉翰林院庶吉士同里
在制吳綬詒拜手謹序并書

秋口镇沙城洪 4-3 · 梅溪洪氏族谱

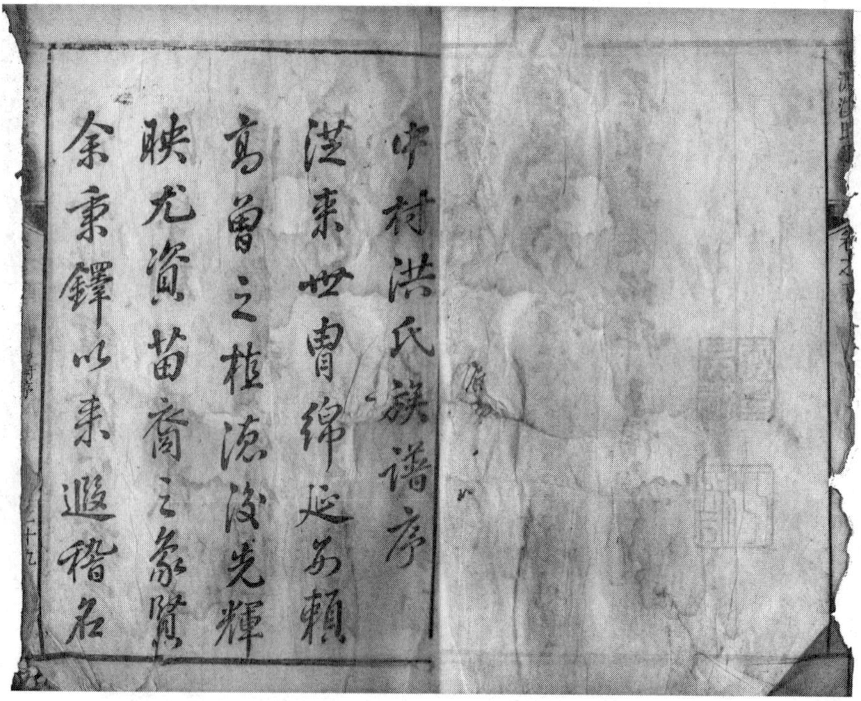

中村洪氏族谱序
湛来世胄绵延不賴
高曾之植德浚光輝
映尤資苗裔之象賢
余秉鐸以来遐稽名

秋口镇沙城洪 4-4 · 梅溪洪氏族谱

官源洪氏續譜　卷之首

宦如洪經綸公者，唐
德宗朝由諫議大夫
遷宣歙觀察使，晚年
解組卜居奐之官源，
其爲新安洪氏鼻祖，
不照人耳目哉！歙南
中村洪景暉、洪魯卿、
洪侯章來郡應試，攜
文顧余，余甚喜之，因
於評文之暇詢其先

官源洪氏續譜　卷之首　中村序　三十

秋口镇沙城洪 4-5 · 梅溪洪氏族谱

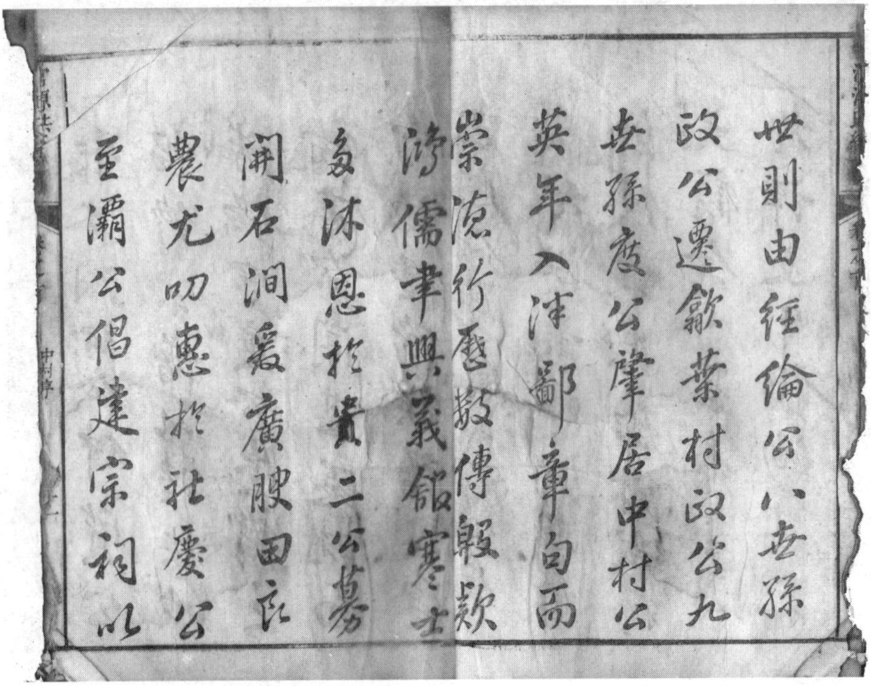
世則由經綸公八世孫
政公遷歙葉村政公九
世孫度公肇居中村公
英年入泮鄙章向而
崇德行歷敦傳毅款
游儒聿興義館寒士
多沐恩於貴二公募
開石澗最廣腴田良
農尤叨惠於社慶公
至灞公倡建宗祠以

秋口镇沙城洪 4-6 · 梅溪洪氏族谱

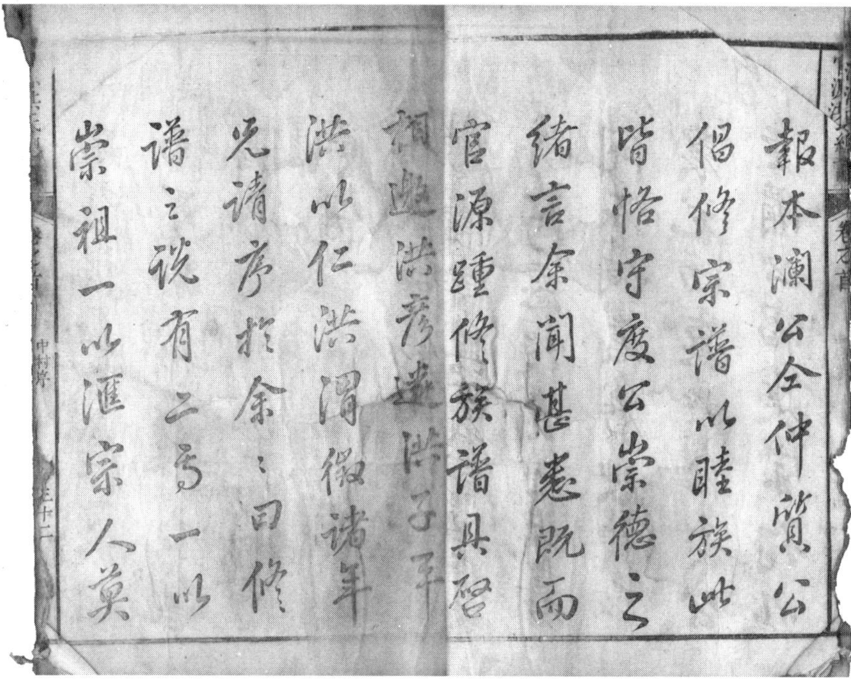
卷之首

報本瀾公仝仲質公
倡修宗譜以睦族此
皆恪守度公崇德之
緒言余聞甚悉既而
官源鍾修族譜具啓
補邀洪彥達洪子千
洪以仁洪渭徵諸年
兄請序於余余曰修
譜之說有二焉一以
崇祖一以滙宗人莫

中村序

秋口镇沙城洪 4-7 · 梅溪洪氏族谱

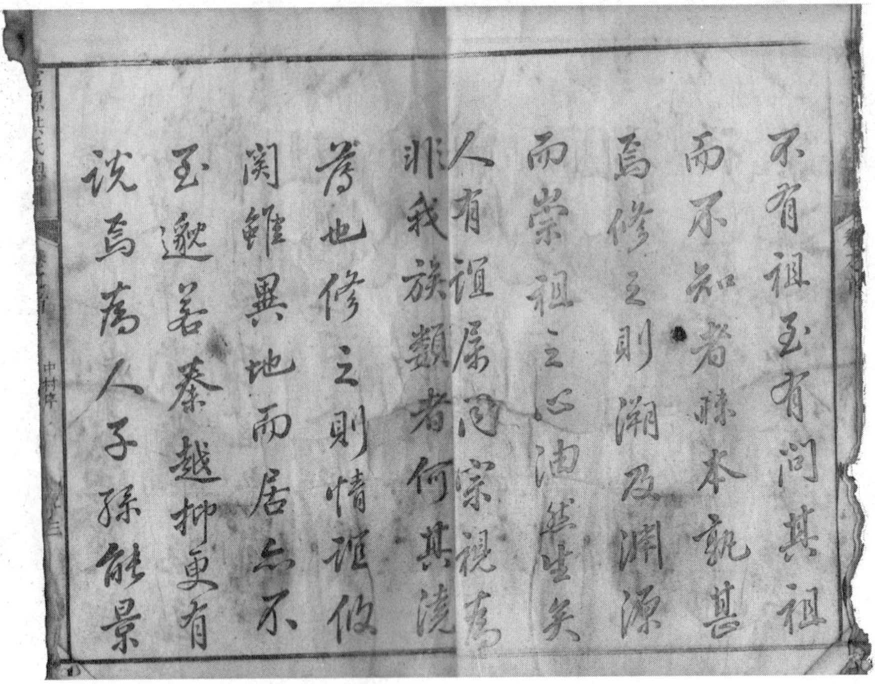

不有祖至有問其祖
而不知者隸本孰甚
焉修之則溯及淵源
而崇祖之心油然生矣
人有誼屬同宗視為
非我族類者何其淺
旁也修之則情誼攸
關雖異地而居亦不
至邈若秦越抑更有
說焉為人子孫能景

秋口镇沙城洪 4-8 · 梅溪洪氏族谱

慕前徽則必思繼美
如攻舉業者立德立
言仰承乃祖崇德之
遺風他日本抱負以
濟時可與經綸公遥
相輝映焉是余之望
也若是余之望也夫

旹

乾隆丙午仲春上浣

教授文林郎徽州府儒学

秋口镇沙城洪 4-9 · 梅溪洪氏族谱

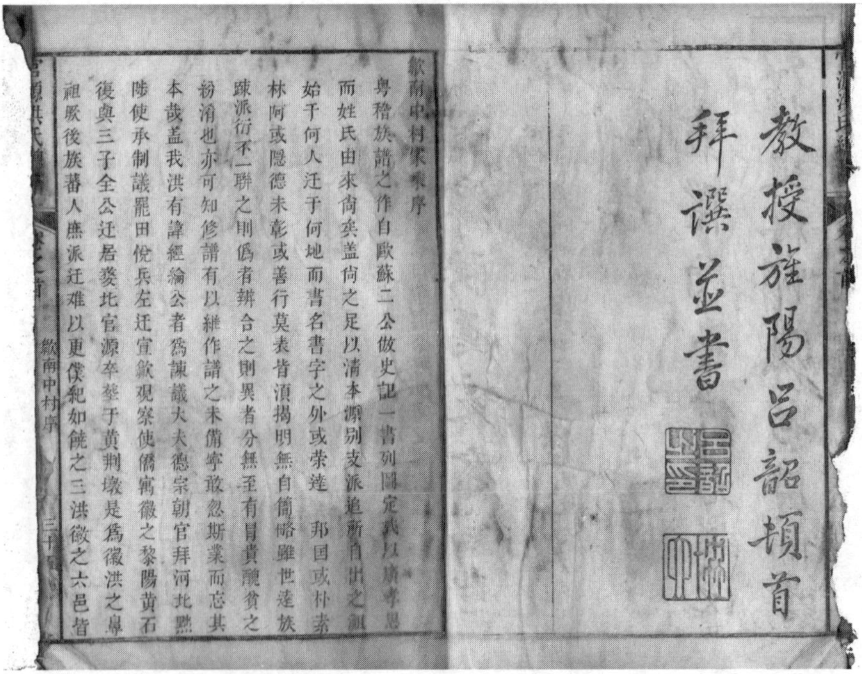

教授旌陽呂韶頓首
拜譔並書
歙南中村宗乘序
粤稽族譜之作自歐蘇二公倣史記一書列圖定式以廣孝思
而姓氏由來尚矣蓋尚之足以清本源別支派追所自出之祖
始于何人迁于何地而書名書字之外或榮達　邦国或朴素
林阿或隱德未彰或善行莫表皆須揭明無自簡略雖世遠族
疎派衍不一聯之則僞者辨合之則異者分無至有冒貴醜貧之
紛淆也亦可知修譜有以繼作譜之未備寧敢忽斯業而忘其
本哉蓋我洪有諱經綸公者為諫議大夫德宗朝官拜河北黜
陟使承制議罷田悅兵左迁宣歙观察使僑寓徽之黎陽黄石
復與三子全公迁居婺北官源卒葬于黄荆壕是為徽洪之鼻
祖厥後族蕃人庶派迁难以更僕紀如饒之三洪徽之六邑皆
歙南中村序

秋口镇沙城洪 4-10 · 梅溪洪氏族谱

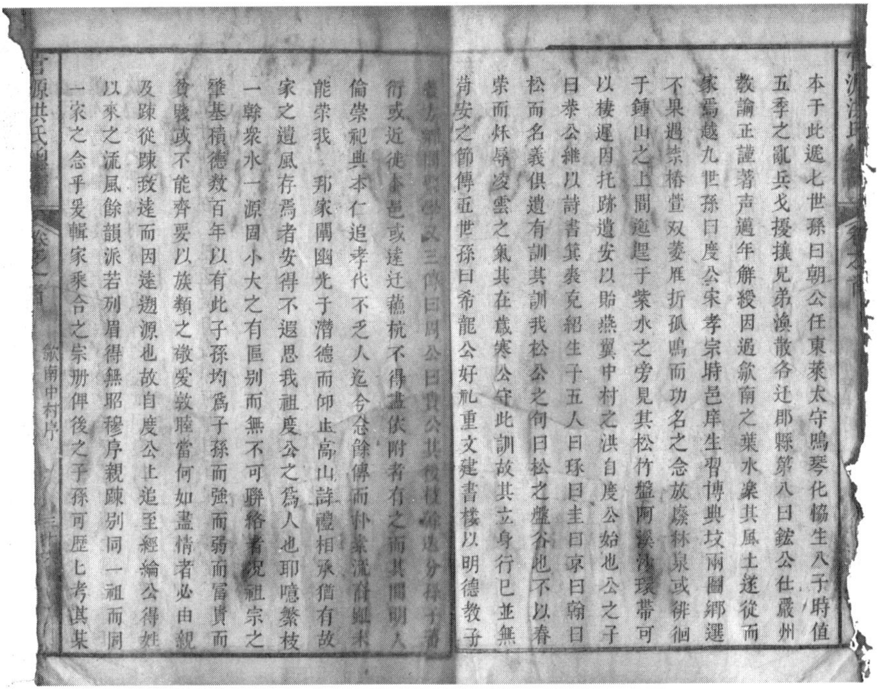

本于此遞七世孫曰朝公任東萊太守鳴琴化協生八子時值五季之亂兵戈擾攘兄弟渙散各迁郡縣第八曰鉉公仕嚴州教諭正謹著声邁年觧綬因過歙南之葉水樂其風土遂從而家焉越九世孫曰度公宋孝宗時邑庠生習博典坟兩圖鄉選不果遇崇椿萱双萎雁折孤鳴而功名之念放𢥞林泉或徘徊于鍾山之上閒適趣于紫水之旁見其松竹盤阿溪流環帶可以棲遲因托跡遺安以貽燕翼中村之洪自度公始也公之子曰恭公継以詩書箕裘克紹生子五人曰琢曰圭曰京曰翰曰松而名義俱遺有訓其訓我松公之旬曰松之盤谷也不以春榮而炑辱凌雲之氣其在歲寒公守此訓故其立身行巳並無苟安之節傳五世孫曰希龍公好秖重文建書樓以明德教子孝友[illegible]三傳曰周公曰貴公其[illegible]分[illegible]衍或近徙本邑或遠迁蘓杭不得盡依附者有之而其間明人倫崇祀典本仁追孝代不乏人迄今念餘傳而朴素流苻媲未能榮我　祖家闡幽光于潛德而仰止高山詩禮相承猶有故家之遺風存焉者安得不遐思我祖度公之爲人也耶噫繁枝一榦衆水一源固小大之有匾别而無不可聯絡者况祖宗之肇基積德數百年以有此子孫均爲子孫而强而弱而冨貴而貧賤或不能齊要以族類之敬愛敦睦當何如盡情者必由親及踈從踈致遠而因遠遡源也故自度公上追至經綸公得姓以來之流風餘韻派若列眉得無昭穆序親踈别同一祖而同一家之念乎爰輯家乘合之宗册俾後之子孫可歷七考淇某

歙南中村序

秋口镇沙城洪 4-11 · 梅溪洪氏族谱

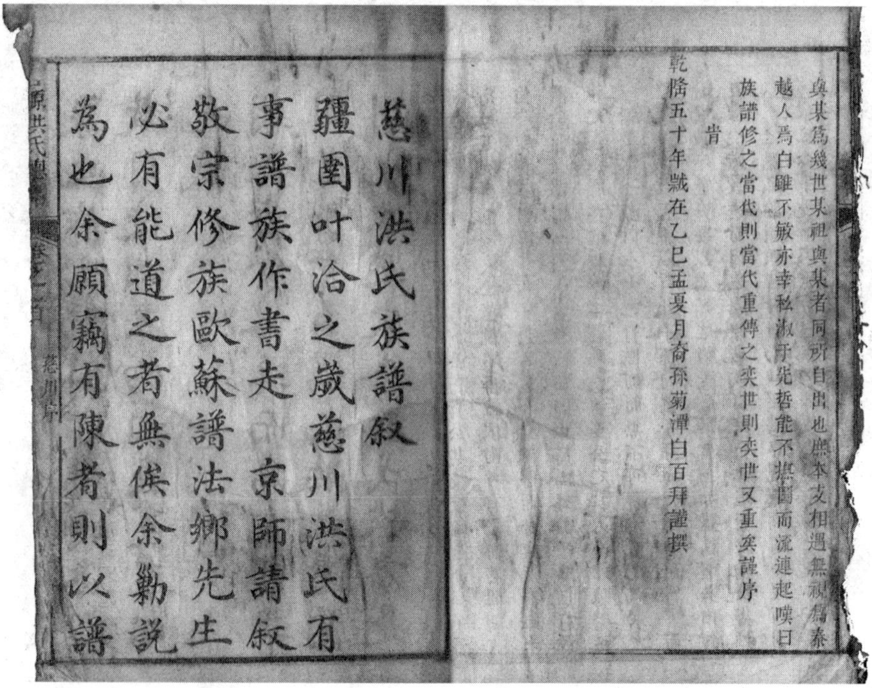

與某爲幾世某祖與某者同所自出也無本支相遇無視爲秦
越人爲白雖不敏亦幸私淑于先哲能不撫圖而流連起嘆曰
族譜修之當代則當代重傳之奕世則奕世又重矣謹序
旹
乾隆五十年歲在乙巳孟夏月裔孫菊潭白百拜謹撰

慈川洪氏族譜叙
疆圉叶洽之歲慈川洪氏有
事譜族作書走京師請叙
敬宗修族歐蘇譜法鄉先生
必有能道之者無俟余勤説
爲也余顧竊有陳者則以譜

秋口镇沙城洪 4-12 · 梅溪洪氏族谱

系之作實與周官司民登民
數司徒鄉三物相表裏有以
見我
朝之齒繁俗美而為亢宗華
國者所宜自厲也洪之遷慈
川也以避宋季兵戈故方是

時諱太四者樂其林泉挈妻
挈卜築於此焉迴視居葉村
時同為宋嚴州教諭舉裔冑
者均不克聚處又況由葉村
而遡官源迄黃石欲舉唐觀
察公經綸以下譜錄之非迄

秋口镇沙城洪 4-13 · 梅溪洪氏族谱

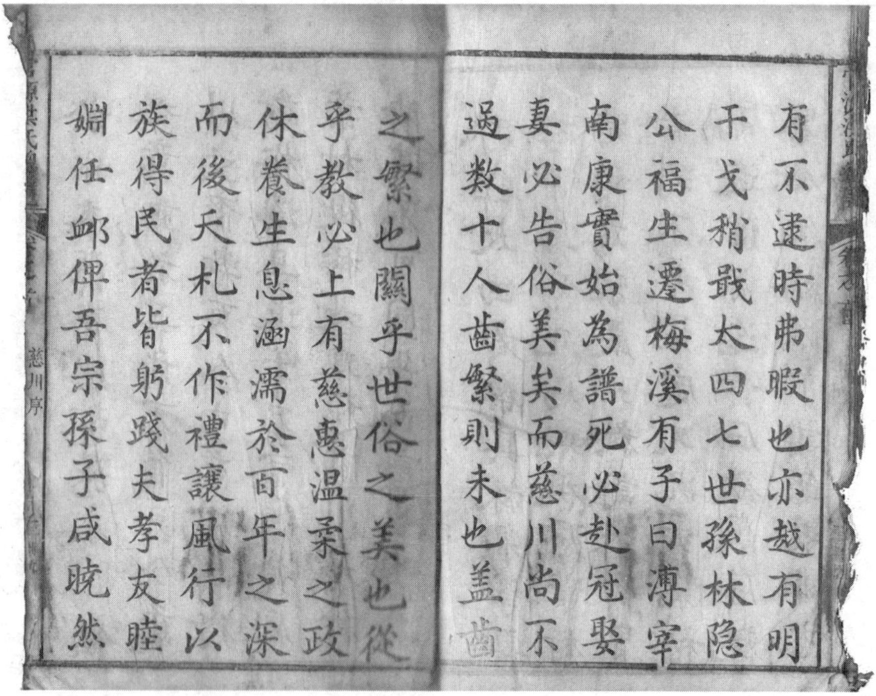

有不逮時弗暇也亦越有明干戈稍戢太四七世孫林隐公福生遷梅溪有子曰溥宰南康實始為譜死必赴冠娶妻必告俗美矣而慈川尚不過數十人齒繁則未也盖齒之繁也關乎世俗之美也從乎教必上有慈惠溫柔之政休養生息涵濡於百年之深而後夭札不作禮讓風行以族得民者皆躬踐夫孝友睦婣任卹俾吾宗孫子咸曉然

慈川序

秋口镇沙城洪 4-14 · 梅溪洪氏族谱

於水木源本以故敦本睦族
之意動於其所不自知今慈
川支裔數百人由慈川而衍
為梅溪且近千戶官源黃石
葉村復稱是迴視慈川初從
時其不可同年而語也明矣

譜系之作錫類不匱固其祖
德懋式然非我
朝之深仁厚澤盍克臻此移
孝作忠在此舉也余故謂其
義直通於司民司徒之旨遂
書以應其族天表元賓大興

秋口镇沙城洪 4-15 · 梅溪洪氏族谱

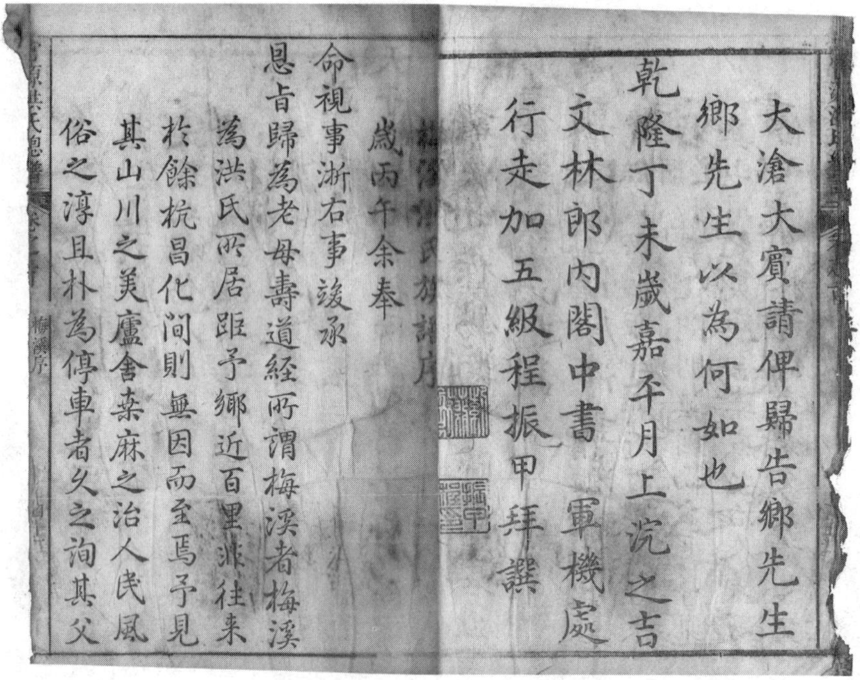
大滄大賓請俾歸告鄉先生
鄉先生以為何如也
乾隆丁未歲嘉平月上浣之吉
文林郎内閣中書 軍機處
行走加五級程振甲拜譔

梅溪洪氏族譜序
歲丙午余奉
命視事浙右事竣承
恩旨歸為老母壽道經所謂梅溪者梅溪
為洪氏所居距予鄉近百里非往来
於餘杭昌化間則無因而至焉予見
其山川之美廬舍桑麻之治人民風
俗之淳且朴為停車者久之詢其父

秋口镇沙城洪 4-16 · 梅溪洪氏族谱

老以卜居之始曰明天順中由歙南
慈川遷於此遂成族〻有譜乃子寀
南康之祖仿眉山蘇氏而創者今歷
歲久族益滋大適增修焉而尚未成
也明年予告養於
朝
天子予之抵里後而洪氏之譜已成其家
余爲之言曰古聖王之制大宗小宗(之耆老犨其旨瑺予門而請序焉)
也昭祖考係宗屬别嫌疑定親疏胥
於是乎在及秦有天下世爵世祿之
制亡而宗法以替嗣後譜牒之學興
其大要不離乎定世繫辨昭穆者近
是宋歐陽氏法史家年表蘇氏法禮
家宗圖尤世之昭明較著者可見古
昔賢士大夫目不睹先王之宗法未

秋口镇沙城洪 4-17 · 梅溪洪氏族谱

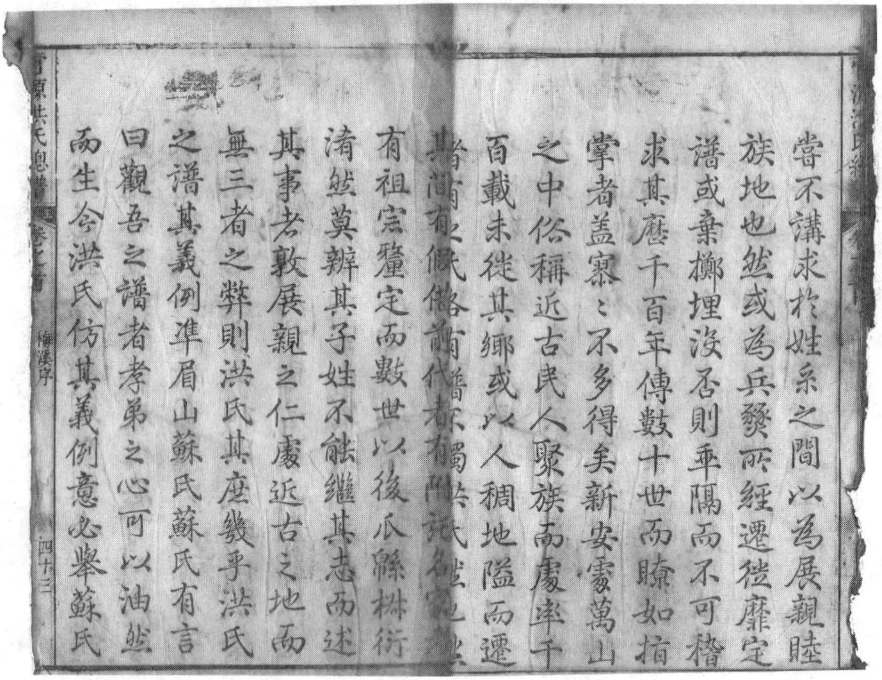
嘗不講求於姓系之間以爲展親睦
族地也然或爲兵燹所經遷徙靡定
譜或棄擲埋沒否則年隔而不可稽
求其歷千百年傳數十世而瞭如指
掌者蓋寥寥不多得矣新安雲萬山
之中俗稱近古民人聚族而處率千
百載未徙其鄉或以人稠地隘而遷
皆有氏譜不獨洪氏然也其間有假借前代者有附託他宗
有祖宗釐定而數世以後瓜縣椒衍
淆然莫辨其子姓不能繼其志而述
其事者孰展親之仁處近古之地而
無三者之弊則洪氏其庶幾乎洪氏
之譜其義例準眉山蘇氏蘇氏有言
曰觀吾之譜者孝弟之心可以油然
而生今洪氏仿其義例意必舉蘇氏
婺源洪氏宗譜 卷之首 梅溪序 四十三

秋口镇沙城洪 4-18 · 梅溪洪氏族谱

之所為敦睦者而則之則令日之脩
是譜也可以紹南康之志可以興蘇
氏前後代興親疏有别少長有序有
無相賙恤難吉凶相助歲時伏臘祭
祀燕饗相周旋即古聖王制宗之意
也不言宗而宗已寓其間矣且安見
聞其風者不皆治其譜睦其族如其
所以重蘇氏者界於林下[illegible]
鄉彝風俗之美也予則以譜之所[illegible]
為何如也予親至其地觀其山川風
物知有能大其宗者而又重其請故
不辭而樂為之序云

賜進士出身
誥授光祿大夫　經筵講官太子太保户
部尚書兼管順天府府尹事　南書
房供奉齋原曹文埴譔

秋口镇沙城洪 4-19 · 梅溪洪氏族谱

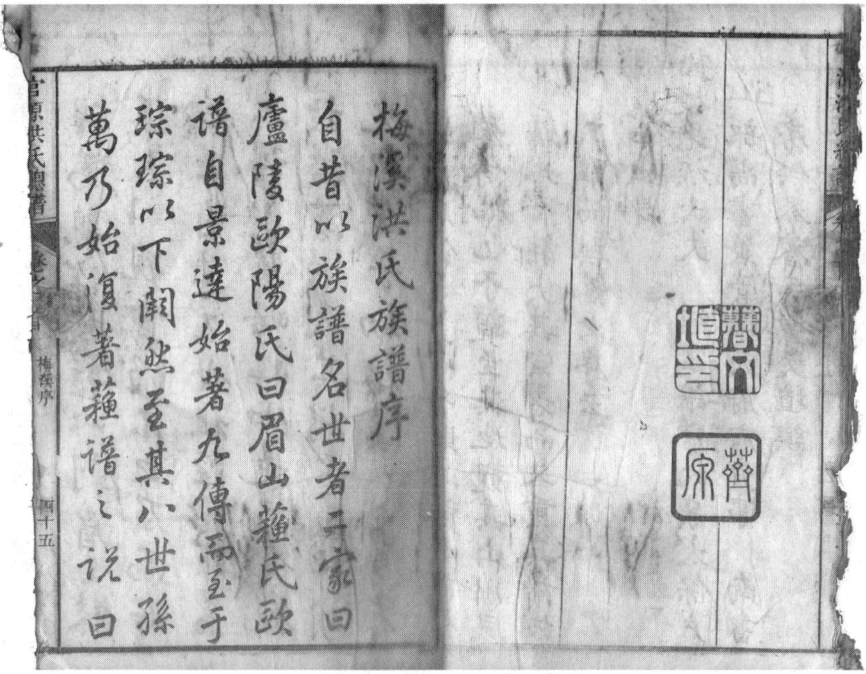
梅溪洪氏族譜序
自昔以族譜名世者二家曰
廬陵歐陽氏曰眉山蘇氏歐
譜自景達始著九傳而至于
琮琮以下闕然至其八世孫
萬乃始復著蘇譜之說曰
梅溪序
四十五

秋口镇沙城洪 4-20 · 梅溪洪氏族谱

譜為親作故雖以刺眉之味
道亦以親盡故不之及而所
錄上自其五世祖涇以下蓋
二譜之質略也如是吕余觀
於梅溪洪氏其猶有永叔明
允之遺乎初梅溪之冑有

南康公溥者實始為譜其言
云吾宗世居葉村自太四公
遭宋季兵戈避難慈川移
家彼所歷一百餘年而徙今
之梅溪其葉村遷祖則政公
也政公至太四公凡幾世而吾

梅溪序　四十六

秋口镇沙城洪 4-21 · 梅溪洪氏族谱

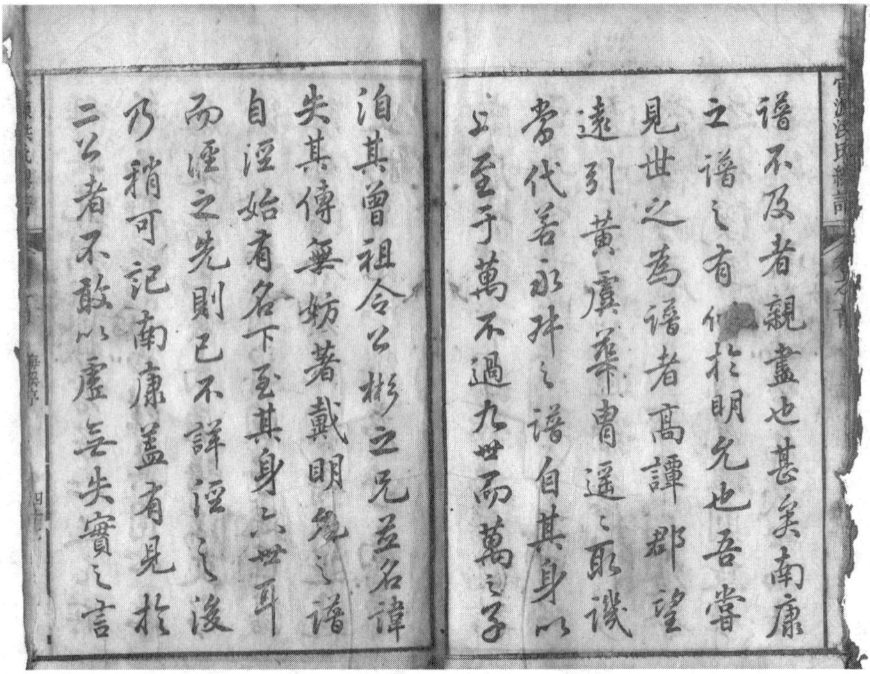
譜不及者親盡也甚矣南康
之譜之有作於明允也吾嘗
見世之為譜者高譚郡望
遠引黃虞華胄遙遙敢譏
嘗代若永琳之譜自其身以
上至于萬不過九世而萬之子
洎其曾祖合公彬之兄並名諱
失其傳無妨著載明允之譜
自涇始有名下至其身六世耳
而涇之先則已不詳涇之後
乃稍可記南康蓋有見於
二公者不敢以虛無失實之言

秋口镇沙城洪 4-22 · 梅溪洪氏族谱

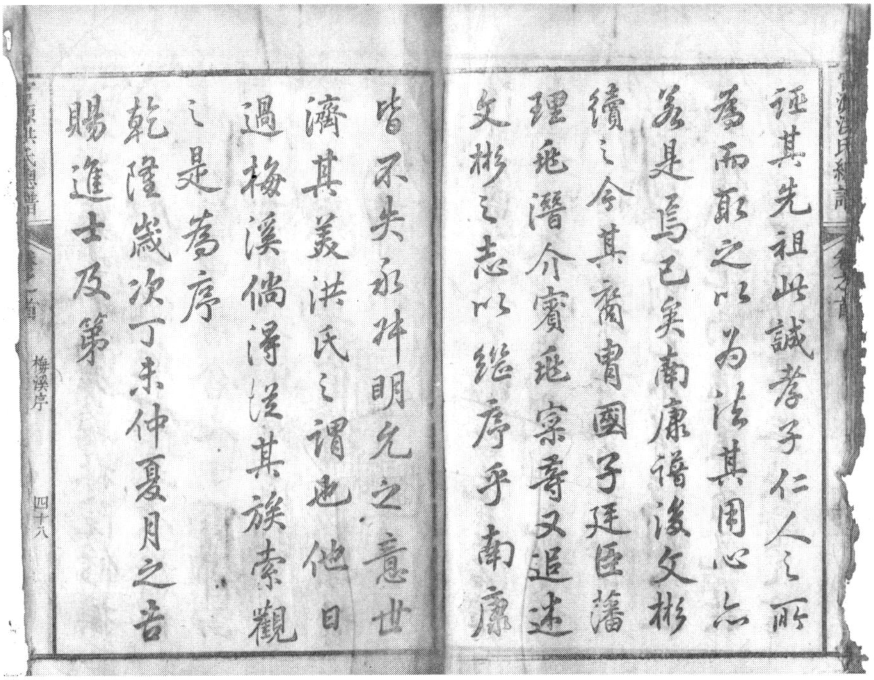

誣其先祖此誠孝子仁人之所爲而取之以爲法其用心亦美是焉已矣南康譜後文彬續之今其裔冑國子廷臣藩理兆潛介賓兆宗奇又追述文彬之志以繼序乎南康皆不失永升明允之意世濟其美洪氏之謂也他日過梅溪倘得從其族索觀之是爲序

乾隆歲次丁未仲夏月之吉

賜進士及第

梅溪序　四十八

秋口镇沙城洪 4-23 · 梅溪洪氏族谱

誥授奉直大夫翰林院修撰
加二級紀錄五次前內
閣中書舍人丁酉科山
西副考官戊戌科會
試同考官金榜頓首
拜撰

梅溪洪氏族譜序

古之為宗者以族淂民以繫邦國
之民周官既具之乎冢宰之九兩
而其三族親疏之別辨又小宗伯
職之禮大傳曰尊祖故敬宗敬宗
故收族族之為言屬也有所繫而

梅溪洪氏總譜　梅溪序　四十九

秋口镇沙城洪 4-24 · 梅溪洪氏族谱

後乃不渙有所別而後乃不紊非
夫明於尊敬之義者其孰能收之
吾徽人愛其族十姓百名各有攸
屬如區之分如種之別間嘗有經
涉數十餘世之久而昭穆行列開
口了然無煩于按牒而後知者惟

其有正倫理篤恩義者時時出乎
其間庇葛藟之本根衍椒聊之條
實承先啓後人與書傳故也洪氏
吾州著族自唐宣歙觀察公經綸
家於婺北之官源徽之有洪氏自
此始觀察之孫承務公達從其粹

秋口镇沙城洪 4-25 · 梅溪洪氏族谱

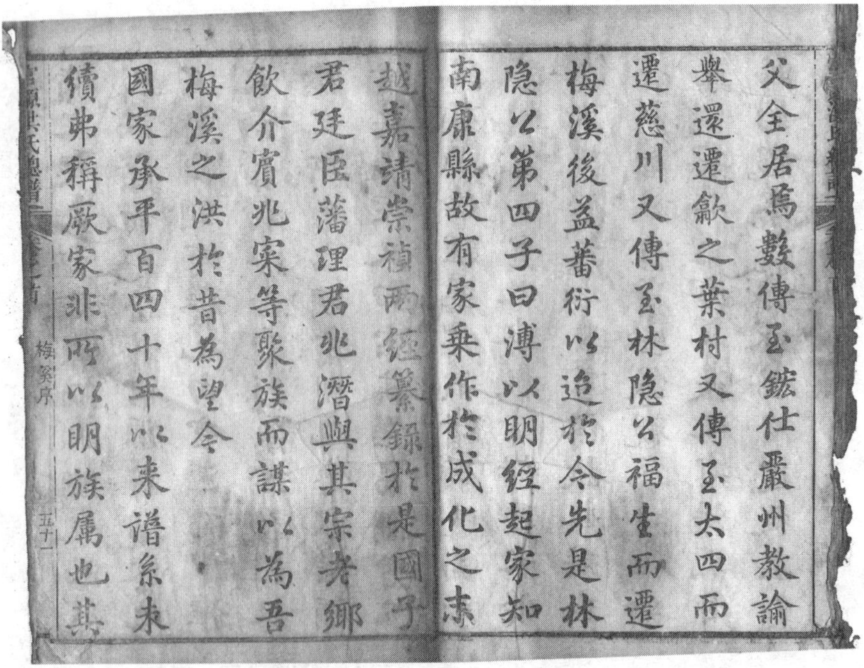
父全居爲數傳至鋐仕嚴州教諭
舉還遷歙之葉村又傳至太四而
遷慈川又傳至林隱公福生而遷
梅溪後益蕃衍以迨於今先是林
隱公第四子曰溥以明經起家知
南康縣故有家乘作於成化之末

富源洪氏總譜 卷之首 梅溪序 五十一

越嘉靖崇禎兩經纂録於是國子
君廷臣藩理君兆潛與其宗老鄉
飲介賓兆案等聚族而謀以爲吾
梅溪之洪於昔爲望今
國家承平百四十年以來譜系未
續弗稱厥家非所以明族屬也其

秋口镇沙城洪 4-26 · 梅溪洪氏族谱

備之便夫由梅溪而上溯之而慈川而葉村以至於官源皆觀察之所自出明有繫也由官源而下推之而葉村以至於梅溪並後為林隱之所自出明有別也傳曰繼禰者為小宗又曰宗其繼高祖者五

世則遷者也有別者適子繼禰之義有繫者五世繼高之義以繫之者別之而亦即以別之者繫之夫是之謂屬以族得民如是而已適梅溪諸君子述其所以譜族之意請序於余故為之推明周官繫別

秋口镇沙城洪 4-27 · 梅溪洪氏族谱

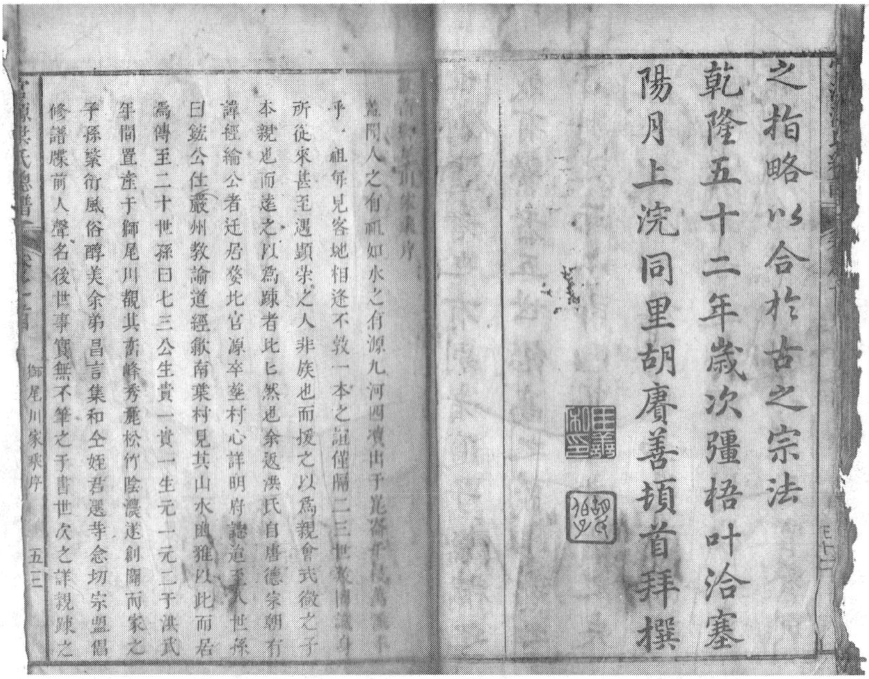
之指略以合於古之宗法
乾隆五十二年歲次彊梧叶洽塞
陽月上浣同里胡賡善頓首拜撰

[illegible]川家乘序
蓋聞人之有祖如水之有源九河四瀆出于崑崙[illegible]
乎。祖每兒客地相逢不敦一本之誼僅隔二三世[illegible]
所從來甚至遇顯榮之人非族也而援之以為親會式微之子
本親也而遠之以為疏者比比然也余返洪氏自唐德宗朝有
諱經綸公者廷居婺北官源卒塟村心詳明府誌迨五八世孫
曰鉉公仕嚴州教諭道經歙南棠村見其山水幽雅以此而居
為傳至二十世孫曰七三公生貴一貴一生元一元二于洪武
年間置產于師尾川觀其峦峰秀麗松竹陰濃遂創闢而家之
子孫繁衍風俗醇美余弟昌言集和仝姪君選等念切宗盟倡
修譜牒前人聲名後世事實無不筆之于書世次之詳親疏之
官源洪氏總譜 師尾川家乘序 五三

秋口镇沙城洪 4-28 · 梅溪洪氏族谱

别固不待言　諸宗臺詣局覩斯譜而樂其成囑予以序其後
余曰是吾族者雖貧賤而不棄非予族者雖富貴不能扳若妄
援顯荣之人以爲親余所恥也若遠衰微之子以爲疎乎謂厚
爲余願　宗台之子孫入孝出悌篤志詩書嘗思木本水源行
見一本之宗功克敦千年之族誼永叙

旹

乾隆五十三年戊申䤋次桂月上浣宗教弟文諳拜譔

歙東三崑譜序

洪氏世居三崑係余外家也余姑又歸於洪少時往來相過從
自筮仕迄今日漸疎矣歲在乙巳余服闋將之京[illegible][illegible]其宗
譜乞序於余余素知洪氏世系本末爰爲弁言以彰厥美洪之
先世出自春秋演公之後及雅公仕西晉居曲阿唐以曲阿爲
丹陽避敬帝諱改爲洪後徙青州北海至淮陽下邳有諱經綸
者德宗朝爲河北黜陟使議罷藩鎮兵爲田悅所忌左迁宣歙
观察使遂家婺北之官源徵之有洪氏自此始八世孫曰鈹徙
居休寧之黄石鈹四世孫曰中孚仕宋徽宗時官龍圖閣待制
緑諫伐遼事落職贈少師少師四子知彰生邦彦邦彦生都机
復迁休寧桃梅予司法生千二由桃梅迁歙東沙堘之三崑是

秋口镇沙城洪 4-29 · 梅溪洪氏族谱

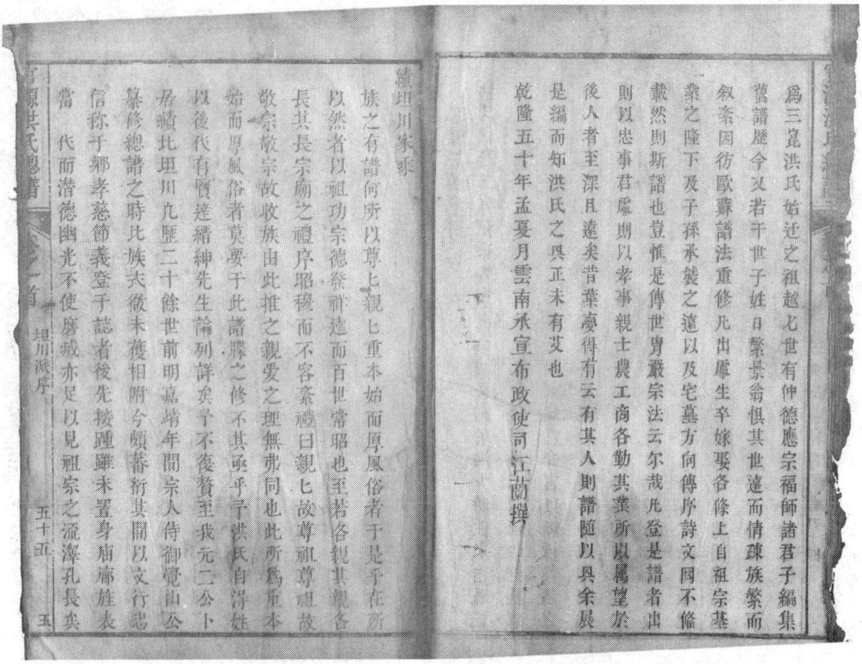

爲三嵬洪氏始迁之祖越七世有仲德應宗福師諸君子編集
舊譜歷今又若干世子姓日繁景翁俱其世遠而情疎族繁而
叙紊因彷歐蘇譜法重修凡出處生卒娶各條上自祖宗基
業之隆下及子孫承襲之遠以及宅墓方向傳序詩文罔不備
載然則斯譜也豈惟是傳世胄嚴宗法云尔哉凡登是譜者出
則以忠事君處則以孝事親士農工商各勤其業所以屬望於
後人者至深且遠矣昔葉夢得有云有其人則譜隨以興余晨
是編而知洪氏之興正未有艾也
乾隆五十年孟夏月雲南承宣布政使司江蘭撰

續垣川家乘
族之有譜何所以尊已親已重本始而厚風俗者于是乎在所
以然者以祖功宗德發祥迭而百世常昭也至若各親其親各
長其長宗廟之禮序昭穆而不容紊禮曰親已故尊祖尊祖故
敬宗敬宗故收族由此推之親愛之理無弗同也此所爲重本
始而厚風俗者莫要于此譜牒之修不其亟乎予洪氏自淂姓
以後代有賢達縉紳先生論列詳矣予不復贅至我元二公卜
居續北垣川九歷二十餘世前明嘉靖年間宗人侍御覺山公
纂修總譜之時北族式微未獲相附今頗蕃衍其間以文行忠
信称于鄉孝慈節義登于誌者後先接踵雖未置身廊廟旌表
當代而潛德幽光不使磨滅亦足以見祖宗之流澤孔長矣

垣川派序 五十五 玉

秋口镇沙城洪 4-30 · 梅溪洪氏族谱

然而分門别戶各擇地居道遇若不相識老死而茫然無知者比比也予先人爲是惓惓念未少釋而今幸值諸宗長開局倡修以知政邀集予告衆曰此先人有志未逮也盍襄事焉衆無不踴躍問序于予小子予曰惟天生烝民族屬姓氏以支派雖殊本源則一遡而上之吾父吾祖又遡而上之吾父與吾祖之所自出履茔域而思披圖系而念紀合于分求同于異僕乎數千百人之身祗如一人而孝弟之心油然生矣可勿重哉

旹

乾隆乙巳孟夏之吉三十二世孫履譙頓首拜撰

婺邑武嶺西源家譜序

譜之有關於宗系也尚矣嘗觀大家巨室莫不以是爲競競雖千枝萬葉人物之華出基趾之遠遷支派之蕃衍班班纍纍燦然臚列燎若指掌譜其可不修乎哉吾族自經綸公肇基于婺比官源至十世胄公俏子嫖公遷縣官路越十數傳其間絶續一綫相承令人有望古而欷歔者迨二十一世宗壽公宗客公宗富公又棄官路後迁白楊蓋沿官路而上卽西武嶺下也于今稍大繁衍溯厥由來徙居已歷兩地世數則三十有四矣先朝嘉靖間修譜之舉吾族微力未能附相傳至今不無遺恨去歲癸卯菻官源重修譜書下頒時吾族若啟樟啟椿元焜元煒元托元炳等力合族議踴躍赴修俾數百年一本之宗涣者萃

秋口镇沙城洪 4-31 · 梅溪洪氏族谱

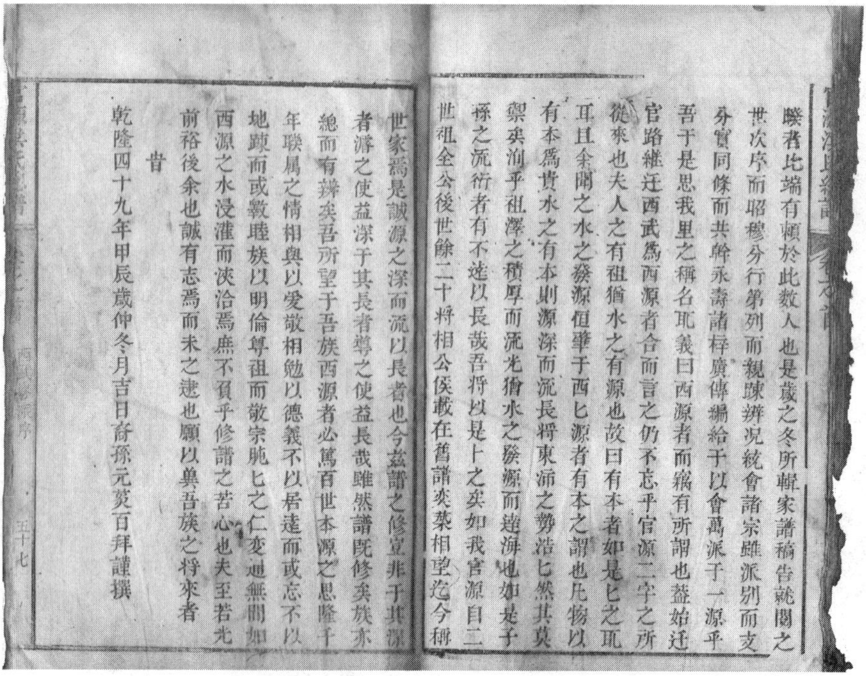

暌者比端有賴於此数人也是歲之冬所輯家譜稿告竣閣之
世次序而昭穆分行第列而親疎辨況統會諸宗雖派別而支
分實同條而共幹永壽諸梓廣傳搧給于以會萬派于一源乎
吾于是思我里之稱名耶義曰西源者而竊有所謂也蓋始迁
官路繼迁西武爲西源者合而言之仍不忘乎官源二字之所
從來也夫人之有祖猶水之有源也故曰有本者如是乙之耶
耳且余聞之水之發源但華于西乙源者有本之謂也凡物以
有本爲貴水之有本則源深而流長將東流之勢浩乙然其莫
禦矣洵乎祖澤之積厚而流光猶水之發源而達海也如是子
孫之流衍者有不遠以長哉吾將以是卜之矣如我官源自二
世祖全公後世餘二十將相公侯載在舊譜奕桊相望迄今稱
世家焉是誠源之深而流以長者也今茲譜之修豈非于其深
者濬之使益深于其長者導之使益長哉雖然譜既修矣族亦
總而有辨矣吾所望于吾族西源者必篤百世本源之思隆千
年聯屬之情相與以愛敬相勉以德義不以居遠而或忘不以
地踈而或斁睦族以明倫尊祖而敬宗肫乙之仁变通無間如
西源之水浸灌而浹洽焉庶不負乎修譜之苦心也夫至若光
前裕後余也誠有志焉而未之逮也願以與吾族之將來者
昔
乾隆四十九年甲辰歲仲冬月吉日裔孫元荧百拜謹撰

五十七

秋口镇沙城洪 4-32 · 梅溪洪氏族谱

淳邑雙溪家乘序

余幼從先君遊清溪西鄉與雙溪 諱 宗元洪君昆季有雅好兼以姻聯誼重通家雅知其先世曰彥美公者率諸子來淳孟曰文法仲曰文漢季曰文潤于嘉靖戊子冬由歙南梅溪迁清溪上流永平賦水双溪居焉其地幽閉邃谷兩源夾護山水廻環林翳茂盛盖淳西沃區也倏爾一脉相傳伯仲鼎立二世文法生三子其後有蕃森等漢生四子其後有光及科等潤誕四郎並美而元也尤屬白眉元娶吳氏子四人曰楊曰權曰標曰楠伯子曰桂等種乜超軼卓爾不群時登其堂人文蔚起賢達挺生家殷戸寔醇良朴茂和宗睦族克承先志義篤宗盟雖柝爨而義不懈 天啟中邑侯以宗元德重鄉評旌獎頻加其子楊

双溪洪序 五十八

秋口镇沙城洪 4-33 · 梅溪洪氏族谱

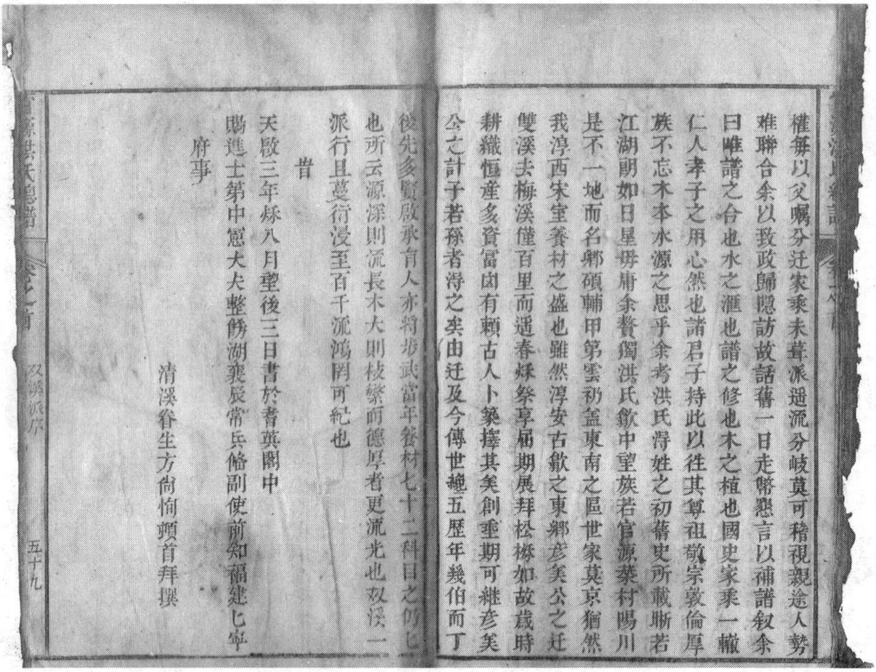

權每以爻囑分迁家乘未葺派遥流分岐莫可稽視親途人勢难聯合余以致政歸隱訪故話舊一日走幣懇言以補譜叙余曰雎譜之合也水之滙也譜之修也木之植也國史家乘一轍仁人孝子之用心然也諸君子持此以往其尊祖敬宗敦倫厚族不忘木本水源之思乎余考洪氏得姓之初舊史所載斯若江湖朗如日星毋庸余贅獨洪氏歙中望族若官源桑村暘川是不一地而名鄉碩輔甲第雲礽釜東南之區世家莫京猶然我淳西宋室養材之盛也雖然淳安古歙之東鄉彥美公之迁雙溪去梅溪僅百里而遥春𡚁祭享届期展拜松楸如故歲時耕織恒產多資富卤有賴古人卜築擇其美創垂期可繼彥美公之計子若孫者得之矣由迁及今傳世總五歷年幾伯而丁後先多賢啟承育人亦将步武當年養材七十二科日之仍匕也所云源深則流長木大則枝繁而德厚者更流光也双溪一派行且蔓衍浸至百千流鴻罔可紀也

昔

天啟三年𡚁八月望後三日書於耆英閣中

賜進士第中憲大夫整飭湖衷辰常兵备副使前知福建七寧府事

清溪眷生方尚恂頓首拜撰

秋口镇沙城洪 4-34 · 梅溪洪氏族谱

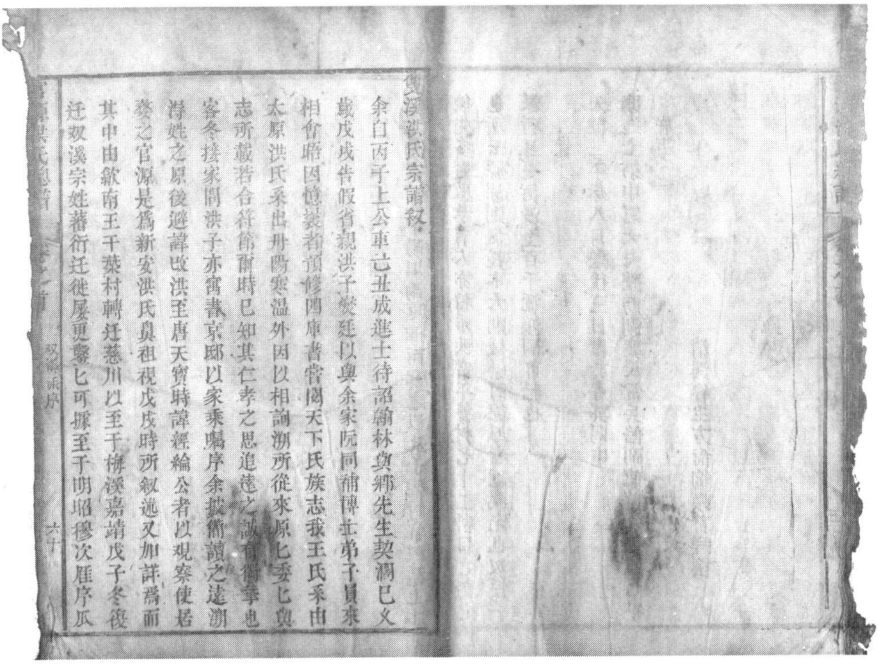

[illegible]溪洪氏宗譜叙

余自丙子上公車己丑成進士待詔翰林與鄉先生契濶已久歲戊戌告假省親洪子燮廷以與余家阮同補博士弟子員來相會晤因憶義者預修四庫書嘗閱天下氏族志我王氏系由太原洪氏系出丹陽寒温外因以相詢溯所從來原原委委與志所載若合符節爾時已知其仁孝之思追遠之誠有獨摯也客冬接家門洪子亦寓書京邸以家乘囑序余披衛讀之遠溯得姓之原後避諱改洪至唐天寶時諱經綸公者以觀察使居婺之官源是為新安洪氏鼻祖視戊戌時所叙遞又加詳焉而其中由歙南王干葉村轉遷慈川以至于梅溪嘉靖戊子冬復遷双溪宗姓蕃衍遷徙屢更纍纍可據至于明昭穆次雁序瓜

双溪原序　六十

秋口镇沙城洪 4-35 · 梅溪洪氏族谱

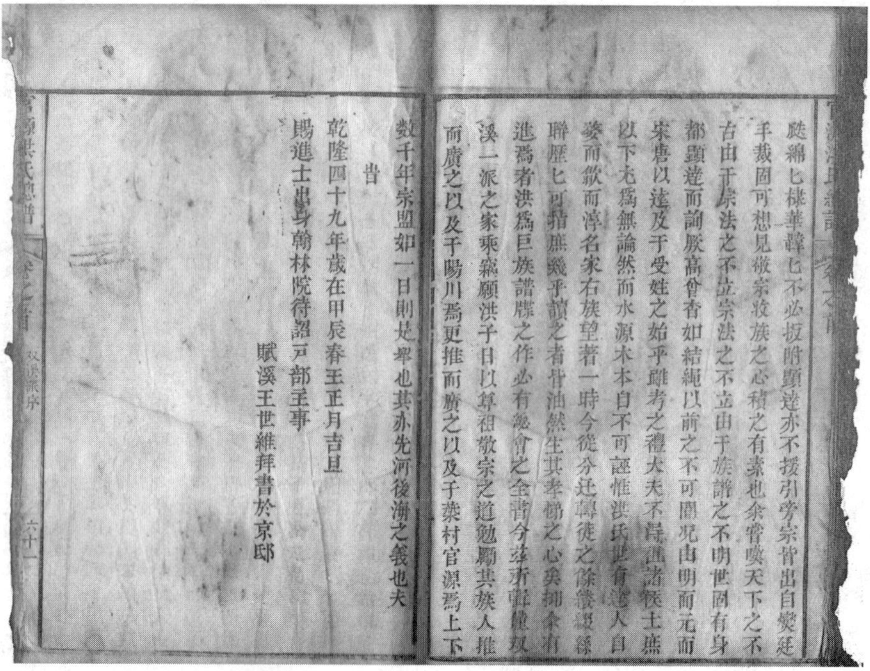

睋綿匕棣華韡匕不必扳附顯達亦不援引旁宗皆出自變廷
手裁固可想見敬宗收族之心積之有素也余嘗嘆天下之不
古由于宗法之不立宗法之不立由于族譜之不明世固有身
都顯達而詢厥高曾杳如結繩以前之不可圖究由明而元而
宋唐以逮及于受姓之始乎雖考之禮大夫不得祖諸侯士庶
以下尤爲無論然而水源木本自不可誣惟洪氏世有達人自
婺而歙而淳名家右族望著一時今從分迁轉徙之餘纘緒
聯歷匕可指㢮幾乎讀之者皆油然生其孝悌之心矣抑余有
進焉者洪爲巨族譜牒之作必有總會之全書今茲所輯僅双
溪一派之家乘竊願洪子日以尊祖敬宗之道勉勵其族人推
而廣之以及于暘川爲更推而廣之以及于桊村官源焉上下
數千年宗盟如一日則是舉也其亦先河後海之義也夫
昔
乾隆四十九年歲在甲辰春王正月吉旦
賜進士出身翰林院待詔戶部主事
賦溪王世維拜書於京邸

官源洪氏總譜 卷之首 双洪派序 六十一

秋口镇沙城洪 4-36 · 梅溪洪氏族谱

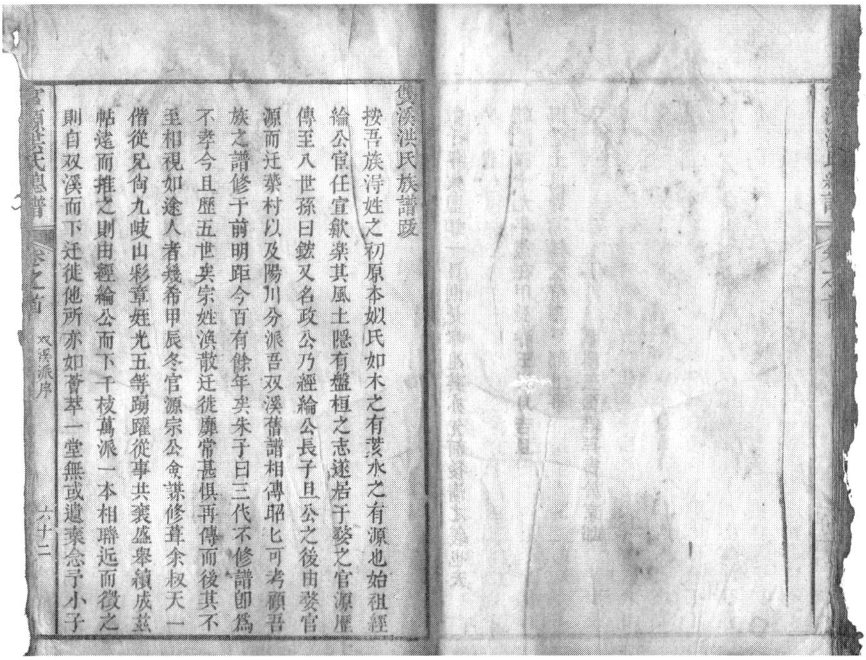
雙溪洪氏族譜跋
按吾族得姓之初原本姒氏如木之有本水之有源也始祖經
綸公官任宣歙樂其風土隱有盤桓之志遂居于婺之官源歷
傳至八世孫曰鉉又名政公乃經綸公長子旦公之後由婺官
源而迁華村以及陽川分派吾双溪舊譜相傳昭乜可考顧吾
族之譜修于前明距今百有餘年矣朱子曰三代不修譜即為
不孝今且歷五世矣宗姓涣散迁徙靡常甚俱再傳而後其不
至相視如途人者幾希甲辰冬官源宗公僉謀修葺余叔天一
偕從兄尚九岐山彩章姪光五等踴躍從事共襄盛舉續成茲
帖遂而推之則由經綸公而下千枝萬派一本相聯近而徵之
則自双溪而下迁徙他所亦如薈萃一堂無或遺棄念予小子

官源洪氏宗譜 卷之首 双溪派序 六十二

秋口镇沙城洪 4-37 · 梅溪洪氏族谱

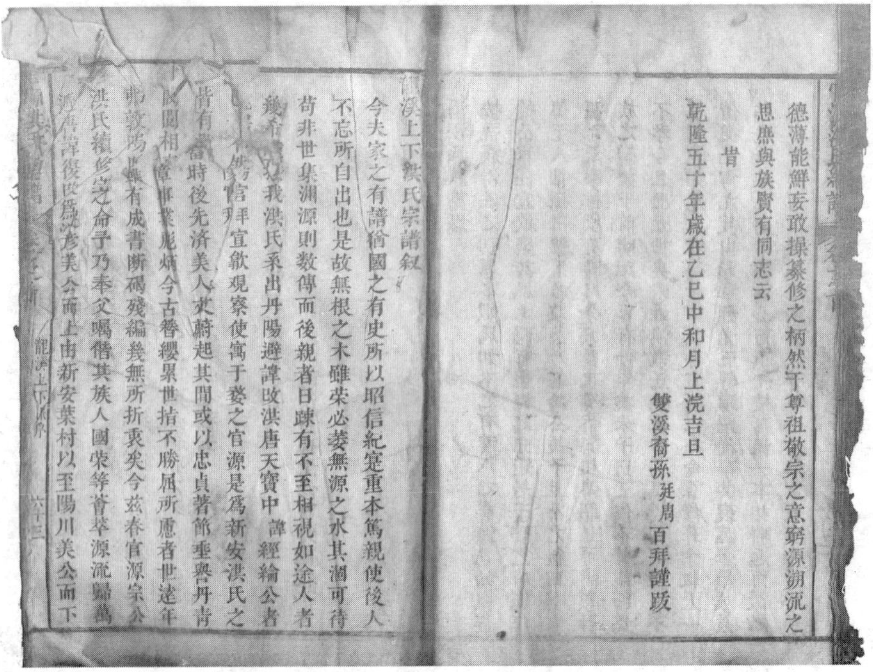

秋口镇沙城洪 4-38 · 梅溪洪氏族谱

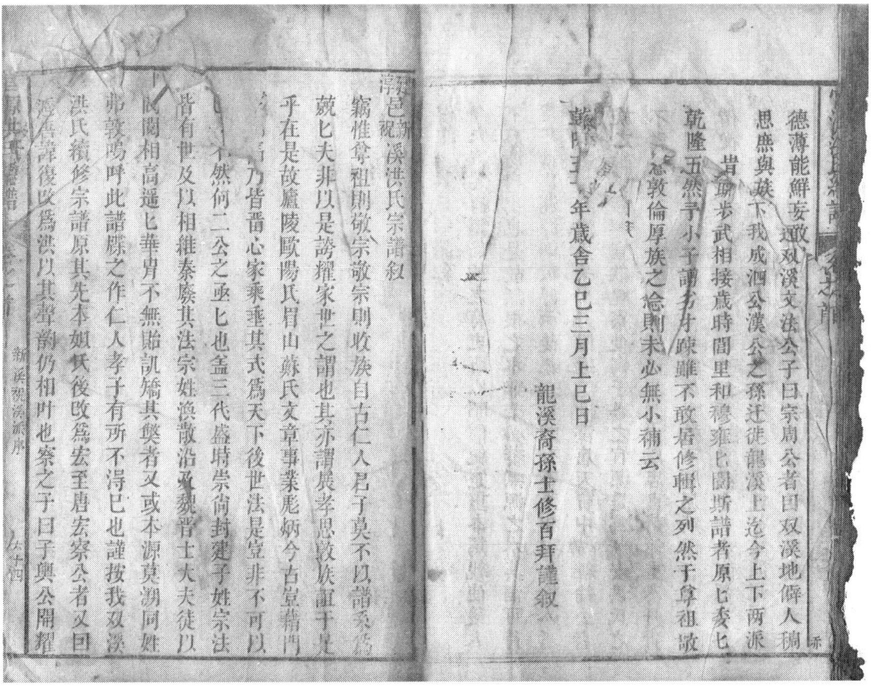
德薄能鮮妄敢遡双溪支法公子曰宗周公者曰双溪地僻人稠
思庶與族下我成泗公漢公之孫迁徙龍溪上迄今上下兩派
昔□步武相接歲時閭里和穆雍雍閭斯譜者原原委委
乾隆五然予小子謭劣才疏雖不敢居修輯之列然于尊祖敬
宗敦倫厚族之念則未必無小補云
乾隆五十年歲舍乙巳三月上巳日
龍溪裔孫士修百拜謹叙

新邑祝溪洪氏宗譜叙
竊惟尊祖則敬宗敬宗則收族自古仁人君子莫不以譜系爲
兢兢夫非以是誇耀家世之謂也其亦謂展孝思敦族誼于是
乎在是故廬陵歐陽氏眉山蘇氏文章事業彪炳今古莫不精
心□□乃皆留心家乘垂其式爲天下後世法是豈非不可以
已□不然何二公之亟亟也盖三代盛時崇尚封建子姓宗法
皆有世及以相維秦廢其法宗姓渙散沿及魏晉士大夫徒以
門閥相高遥遥華胄不無貽譏矯其弊者又或本源莫溯同姓
弗敦嗚呼此譜牒之作仁人孝子有所不得已也謹按我双溪
洪氏續修宗譜原其先本姓弘氏後改爲宏至唐宏察公者又曰
□公諱復改爲洪以其聲韵仍相叶也察之子曰子輿公開擢
新溪祝溪派序　五十四

秋口镇沙城洪 4-39 · 梅溪洪氏族谱

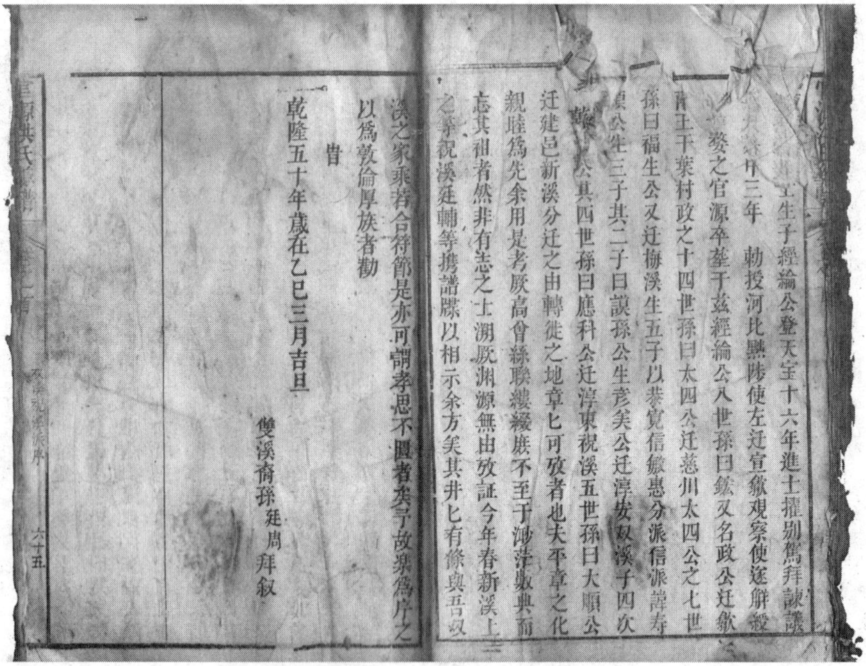

士生子經綸公登天宝十六年進士擢別駕拜諫議大夫廿三年　勅授河北黜陟使左迁宣歙观察使遂解毅婺之官源卒葬于兹經綸公八世孫曰鉉又名政公迁歙南王干寨村政之十四世孫曰太四公迁慈州太四公之七世孫曰福生公又迁梅溪生五子以恭寬信敏惠分派信派諱寿真公生三子其二子曰諒孫公生彥美公迁淳安叔溪子四次輔公其四世孫曰應科公迁淳東祝溪五世孫曰大順公迁建邑新溪分迁之由轉徙之地章匕可攷者也夫平章之化親睦為先余用是考厥高曾緜聯纔綴族不至于渺茫數典而忘其祖者然非有志之士溯厥淵源無由攷証今年春新溪上之季祝溪廷輔等携譜牒以相示余方美其井匕有條與吾叔溪之家乘若合符節是亦可謂孝思不匱者矣予故樂為序之以為敦倫厚族者勸

旹

乾隆五十年歲在乙巳三月吉旦

雙溪裔孫廷周拜叙

巨源洪氏宗譜　卷之一首　祝溪派序　六十五

秋口镇沙城洪 4-40 · 梅溪洪氏族谱

旌邑橫溪洪氏譜序

粤自宗法壞而譜作族之有譜所以尊祖敬宗而睦族也先王

上治祖祢旁治昆弟下治子孫道教于是乎在譜修則世系明

而情誼篤譜廢則宗支紊而孝弟踈程子曰管攝人心莫如譜

是故有総譜以會其元有支譜以昭其派然後一本散為萬殊

萬殊生于一本分合源流若網在綱有條而不紊而猶者大宗

小宗之義隱然相與繫屬于其間則修譜之所以維宗法者重

矣吾邑洪氏譜修于有明加靖年間其始迁自徽郡由官源而

蘋石而橫溪原委已悉越今曠代族屬益蕃而其婺之宗人緬

復嫣同本派續加修訂于是橫溪譜竣請序于余乜曰洪故著

姓自唐覌察以来蔚起人文簪纓累世不絕其隸此土者雖不

寧國洪氏總譜　卷之首　橫溪派序　六十六

秋口镇沙城洪 4-41 · 梅溪洪氏族谱

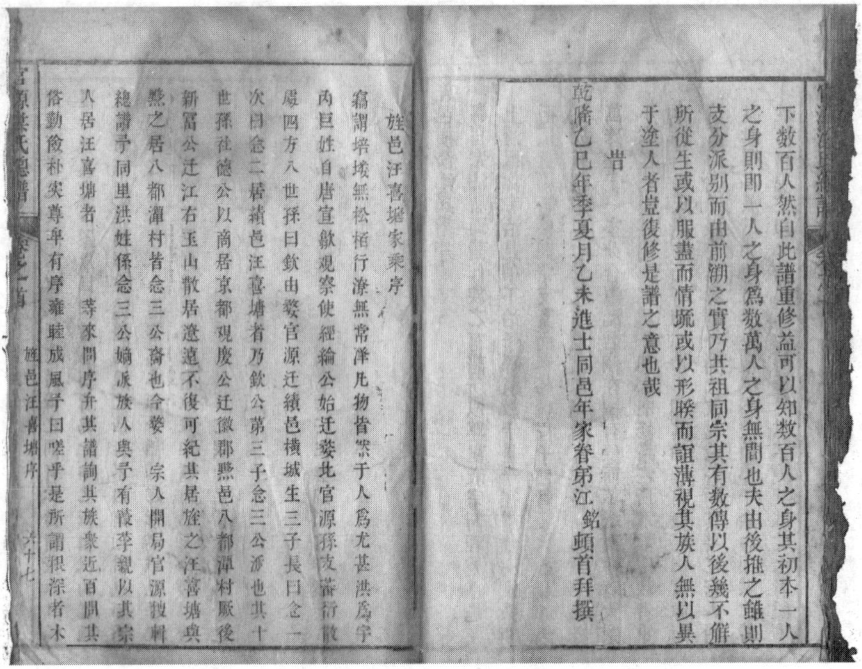
下数百人然自此譜重修益可以知数百人之身其初本一人之身則即一人之身爲数萬人之身無間也夫由後推之雖則支分派别而由前溯之實乃共祖同宗其有数傳以後幾不解所從生或以服盡而情疏或以形睽而誼薄視其族人無以異于塗人者豈復修是譜之意也哉

旹

乾隆乙巳年季夏月乙未進士同邑年家眷弟江　銘頓首拜撰

旌邑汪喜塘家乘序

竊謂培塿無松栢行潦無常泙凡物皆然于人爲尤甚洪爲宇内巨姓自唐宣歙观察使經綸公始迁婺北官源孫支蕃衍散處四方八世孫曰欽由婺官源迁績邑横城生三子長曰念一次曰念二居績邑汪喜塘者乃欽公第三子念三公派也其十世孫社德公以商居京都观慶公迁徽郡黟邑八都渾村厥後新富公迁江右玉山散居遼遠不復可紀其居旌之汪喜塘與黟之居八都渾村者念三公裔也今婺　宗人開局官源搜輯總譜予同里洪姓係念三公嫡派族人與予有葭莩親以其宗人居汪喜塘者　　等來問序并其譜詢其族衆近百間其俗勤儉朴实尊卑有序雍睦成風予曰嗟乎是所謂根深者木

官源洪氏總譜　卷之一首　旌邑汪喜塘序　六十七

秋口镇沙城洪 4-42 · 梅溪洪氏族谱

茂源遠者流長詎不信哉閩之嵩岱之間有松爲翳蔽天日掩
覆岩岫其支蕃不以巨細論也而肯爲一本之所出岷山之地
有泉爲總括漢泗并吞沅澧其派之浩淼不以遠近計也而悉
爲一源之所分可以人而忘其本源乎譜牒之修不誠亟乎礼
曰親亡故尊祖尊祖故敬宗敬宗故收族誠由此而培其根茂
其葉安知今日汪喜塘不即爲異日之岷山嵩岱乎是又予之
所厚期者并誌此以爲後驗也可

旹

乾隆乙巳歲次仲夏月　梁安汪雲錦頓首拜撰

閞邑塘下文川譜序

閞邑塘下我文川之故趾也木本水源詳載老譜年逾二百
不無殘缺之嗟書歷二朝难免水火之患今閩閞局官譜會
修家乘予曰躍然隨遣　景陞　光益　開明世系携對無訛爰如
事屬美举而費用無措柰何幸侄光益與予同心近而前曰
朱子云三代不修譜即爲不孝　宗台邀集理互稟遵族
無餘貲何不將魯家塢之山出拚銀兩以襄盛举乎其山共
稅捌畝二分予將名下所置該分身拚價情愿捐輸嗣後出
拚仍舊照稅均分永無異說倘再不足又將衆存祀田拔補
凑用以爲何如予應之曰可由是合族人等咸益之樂輸捌
予之孫獨忽然踴躍欣然而來予與益之創斯举也心力不

秋口镇沙城洪 4-43 · 梅溪洪氏族谱

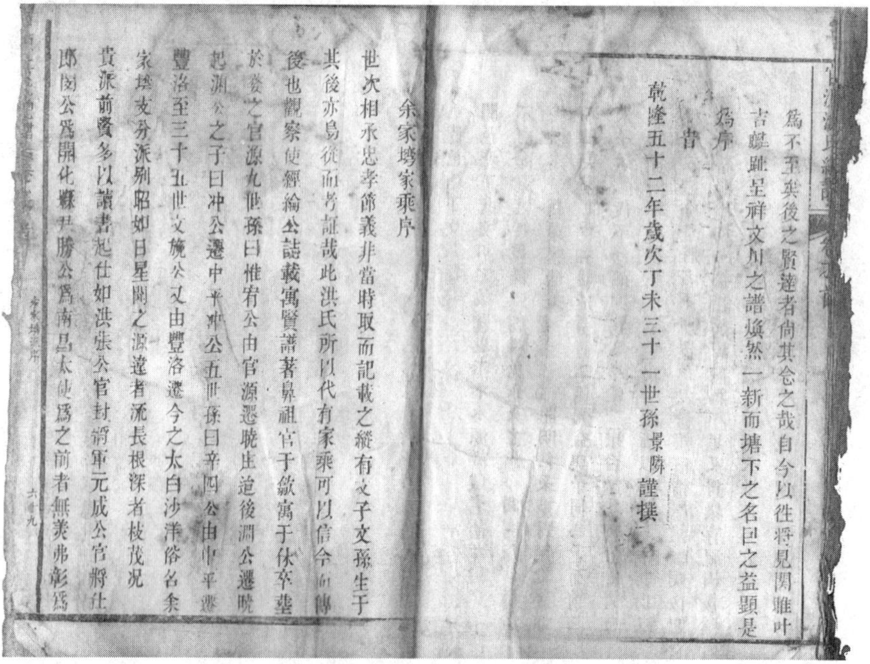

為不至與後之賢達者尚其念之哉自今以往將見閈睢叶
吉麟趾呈祥文川之譜煥然一新而塘下之名曰之益顯是
為序
書
乾隆五十二年歲次丁未三十一世孫景勝謹撰

余家塆家乘序

世次相承忠孝節義非當時取而記載之縱有文子文孫生于
其後亦烏從而考証哉此洪氏所以代有家乘可以信今而傳
後也觀察使經綸公誥蘇寓賢譜著鼻祖官于歙寓于休卒葬
於婺之官源九世孫曰惟宥公由官源遷曉庄迨後淵公遷曉
起淵公之子曰冲公遷中平冲公五世孫曰辛四公由中平遷
豐洛至三十五世文施公又由豐洛遷今之太白沙洋脩名余
家塆支分派別昭如日星闡之源遠者流長根深者枝茂況
貴派前賢多以讀書起仕如洪張公官封將軍元成公官將仕
郎閎公為開化縣尹勝公為南昌太使為之前者無美弗彰為

秋口镇沙城洪 4-44 · 梅溪洪氏族谱

之後者將與未艾我官源譜書明嘉靖年間幸有待御覺山垣
公舊註彰明今後參詳倫載後之有志於思者不患其無所考
証也謹承　臺命而爲之序

旹
乾隆五十三年季秋月　官源宗裔弟支堂頓首拜撰

曉秋源家乘序

古者國家有史郡邑有誌所以別臧否紀人物至于鄉閭族黨各修譜牒以正本源清支流而尊祖睦族之義於是乎在粤遐稽吾族始祖自經綸公閱廿數傳至彥剛公其間族屬總譜通著圖錄已炳然如日星矣思彥剛公幼率天真念切反本原於墩厚復至屯所搜尋遺墨得伯安公譜及宗丞遺[illegible]始知祖脉源流因爲援筆敬錄原委以埀於今比又以年高累善推舉鄉老見膺恩榮是殆爲反本揚名之驗也閱再傳而全公卜宅於曉秋源再數傳至吾曾祖士西公祖于[illegible]公長子伯爻廷順公不幸早故

秋口镇沙城洪 4-45 · 梅溪洪氏族谱

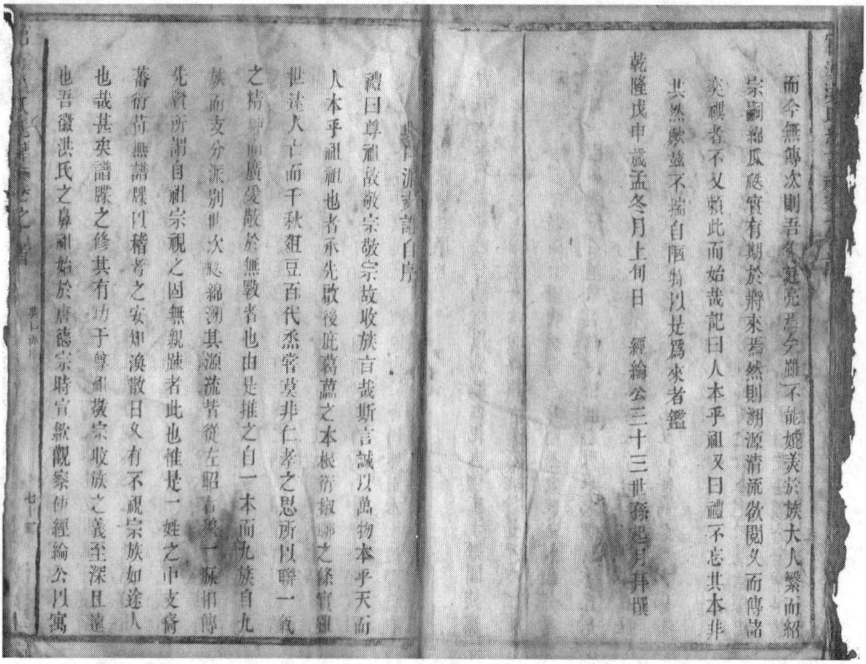

而今無傳次則吾[illegible]廷亮焉今雖不能媲美於族大人繁而紹
宗嗣綿瓜瓞實有期於將來焉然則溯源清流欲閱久而傳諸
奕禩者不又賴此而始哉記曰人本乎祖又曰禮不忘其本非
其然歟茲不揣自陋特以是爲來者鑑
乾隆戊申歲孟冬月上旬日　經綸公三十三世孫[illegible]升拜撰

[illegible]溪[illegible]譜自序
禮曰尊祖故敬宗敬宗故收族旨哉斯言誠以萬物本乎天而
人本乎祖祖也者承先啟後庇蔭之本根衍[illegible]之緒實[illegible]
世達人亡而千秋俎豆百代烝嘗莫非仁孝之思所以聯一氣
之精神而廣愛敬於無斁者也由是推之自一本而九族自九
族而支分派別世次綿綿溯其源流昔從左昭右穆一脈相傳
先賢所謂自祖宗視之固無親疏者此也惟是一姓之中支裔
蕃衍苟無譜牒以稽考之安知渙散日久有不視宗族如途人
也哉甚矣譜牒之修其有功于尊祖敬宗收族之義至深且遠
也吾徽洪氏之鼻祖始於唐德宗時官歙觀察使經綸公以寓

秋口镇沙城洪 4-46 · 梅溪洪氏族谱

贊十居於婺邑北鄉官源厥後子孫繩繩奕葉綿昌復由官源
而分遷黃石塌田葉村梅溪慈川黃嵐等處以及外郡州縣者
譜牒具在茲不贅述惟我典口之派乃觀察公二十世孫伯玉
公始由黃石而肇遷焉蓋因典口基址上接藍川下近邑城前
有巖山落石之勝後有陽山大河之遶山青水碧可以聚族而
居於是相陰陽度隰原經營卜築歷年久遠迄今四百有餘歲
矣嗣續昌熾支丁蕃庶是皆我伯玉公之燕翼貽謀有以庇佑
於世世子孫者也抑又考之我典口矣族當明季天啟年間已
有二百五六十載以前未入通譜者蓋自黃石中孚公顯宦以
後仕途寥落以致與官源祖地少於會通然而本本源源自有

斷斷不可泯沒者何則非中孚公之嫡支嫡派何以中孚公之
遺像奉爲至寶傳之千年而勿替也耶惟其如是所以官源覺
山公念切敦本情殷收族毅然纂修通譜而編入之此我典口
派入譜之所由來良有以也雖然尊祖敬宗收族三者其義甚
大原以仁孝愛敬爲兢兢非徒藉冨貴仕宦侈談誕七華胄爲
昔人所貽箴言夫蘇子有云觀斯譜者孝悌之心可以油然而
生今官源宗長復修通譜要亦欣然贊襄盛舉稟敘本支昭穆行
列世系井井其間德行可採節孝可嘉者往往代不乏人約畧
註明以備考核雖仕籍未經顯榮而人尊祖訓俗敦古處庶幾
仁孝愛敬之大義可上遡夫伯玉公之精英不爽並可遠追中

秋口镇沙城洪 4-47 · 梅溪洪氏族谱

孚公經綸公一氣之精神僾乎有見愾乎有聞即由此而承先
啟後克繩祖武其昌大豈容限量也哉用是歡忻踴躍直述木
本水源而爲之序
乾隆五十三年歲次戊申孟秋月穀旦
休西典口派裔孫國柱百拜敬撰

重修典口洪氏支譜序
按周禮太宰以九兩繫邦國其五曰宗以族得民註云宗繼別
爲大宗收族者也厥後宗法弛廢而尊祖敬宗收族之意僅有
存者莫重于譜系譜系詳明雖親盡服盡吾猶得而收之而不
至於遽且散是即大宗之意未盡泯也焉者嗚呼不甚重哉吾
族自唐觀察評綸公卜居婺北官源八世鉉公由官源分遷黃
石碣田黃嵐迨二十世伯玉公始遷典口前明覺山公建修通
譜已詳言之茲不重述數傳迄今不覺又百餘年矣嘉靖步時
寓關先考諱暨諸叔父語宗人曰爲子孫者譜系不以時續修
曷以敬宗而收族也遂續覺山公所修譜後詮序一族世數莫

卷之一首　典口派序　七十三

秋口镇沙城洪 4-48 · 梅溪洪氏族谱

創於前惜其年老而志未逮嘉鑲誌之弗敢忽忘癸卯歲官源同宗倡復修之舉嘉鑲謹承先志集族人而賛襄之其本支之自出者源流可別必使分明其他姓之入繼者附列於後以杜混淆詳考鳌正屢經寒暑然後躬詣官源開鐫庶繩〻承由今而上溯伯玉公始遷歷年雖多而氏族昭然不紊矣世而下其亦可以傳信也夫

乾隆五十三年歲次戊申季秋月典口裔孫嘉鑲百拜敬撰

典口家乘序

族之有譜猶國之有史也史之所載不一然其大端無非紀國統之相承朝野之政治而譜亦以考世系序尊卑其宗支之所爲出處之顯晦與夫忠孝節義之實行莫不書焉雖大小不同其義一也嘗從來修史者必旁採于郡縣誌而誌悉本於族譜是譜之與史蓋又相爲表裏者也然則修譜之一事所繫不綦重哉吾鄉典口洪氏乃邑之右族其淵源派衍舊譜已詳言之旁稽漢唐閱迄於明其忠臣孝子義士節婦名卿碩儒言行卓卓可垂不朽者代不乏人蓋已漸次載於誌譜而入於史矣國學生廷兆禹年昆季因舊譜已閱數世

秋口镇沙城洪 4-49 · 梅溪洪氏族谱

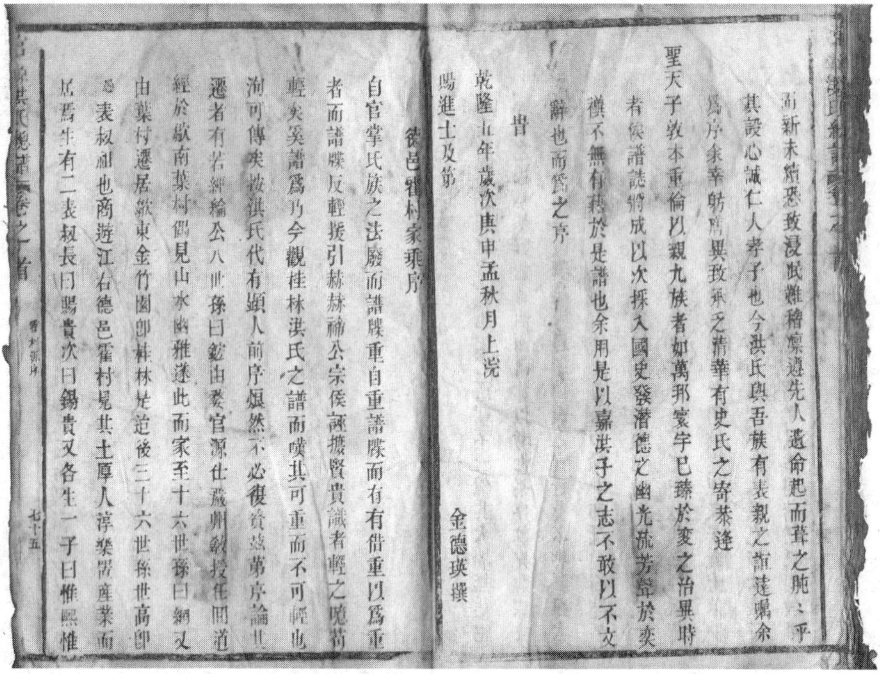

而新未績恐致浸假難稽禀遵先人遺命起而葺之胣々乎
其設心誠仁人孝子也今洪氏與吾族有表親之誼逹囑余
爲序余幸躬膺異致秉乏精華有史氏之寄恭逢
聖天子敦本重倫以親九族者如萬邦寰宇已臻於変之治異時
者倘譜誌將成以次採入國史發潛德之幽光流芳聲於奕
禩不無有稗於是譜也余用是以嘉洪子之志不敢以不文
辭也而爲之序
旹
乾隆五年歲次庚申孟秋月上浣
賜進士及第　金德瑛撰

徽邑霍村家乘序

自官掌氏族之法廢而譜牒重自重譜牒而有有借重以爲重
者而譜牒反輕援引赫赫祢公宗侯誣攀賢貴識者輕之鬼莳
輕矣奚譜爲乃今觀桂林洪氏之譜而嘆其可重而不可輕也
洵可傳矣按洪氏代有顯人前序煩然不必復贅茲第序論其
遷者有若經綸公八世孫曰鉉由婺官源仕㳅州敎授任四道
經於歙南葉村偶見山水幽雅遂此而家至十六世孫曰綱又
由葉村遷居歙東金竹園卽桂林是也後三十六世孫世高卽
爲表叔祖也商遊江右德邑霍村見其土厚人淳樂置產業而
居焉生有二表叔長曰賜貴次曰錫貴又各生一子曰惟熙惟

梅溪洪氏總譜　卷之一首　霍村新序　七十五

秋口镇沙城洪 4-50 · 梅溪洪氏族谱

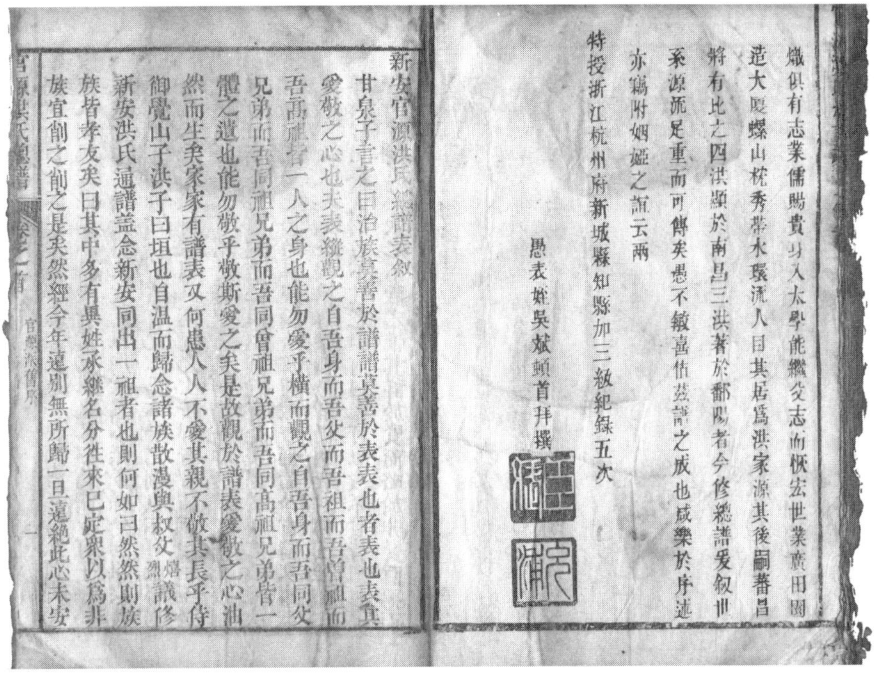

熾俱有志業儒賜貴身入太學能繼父志而恢宏世業廣田園
造大厦螺山枕秀帶水環流人目其居爲洪家源其後嗣蕃昌
將有比之四洪顯於南昌三洪著於鄱陽者今修總譜爰叙世
系源流足重而可傳矣愚不敏喜佑玆譜之成也咸樂於序述
亦竊附姻婭之誼云爾
特授浙江杭州府新城縣知縣加三級紀録五次
愚表姪吳斌頓首拜撰

官源洪氏總譜 卷之一 首 官源派舊序 一

新安官源洪氏總譜表叙
甘泉子言之曰治族莫善於譜譜莫善於表表也者表也表其
愛敬之心也夫表縱觀之自吾身而吾父而吾祖而吾曾祖而
吾高祖皆一人之身也能勿愛乎橫而觀之自吾身而吾同父
兄弟而吾同祖兄弟而吾同曾祖兄弟而吾同高祖兄弟皆一
體之遺也能勿敬乎敬斯愛之矣是故觀於譜表愛敬之心油
然而生矣家家有譜表又何患人人不愛其親不敬其長乎侍
御覺山子洪子曰垣也自溫而歸念諸族散漫與叔父熺烈議修
新安洪氏通譜蓋念新安同出一祖者也則何如曰然然則族
族皆孝友矣曰其中多有異姓承繼名分往來已定衆以爲非
族宜削之削之是矣然經今年遠別無所歸一旦遽絕此心未安

秋口镇沙城洪 4-51 · 梅溪洪氏族谱

則何如曰心未安即非理也矧民胞物與四海兄弟又何外乎夫久則難變衆則不易變變之違祖也又曰舊譜多有子孫爲祖宗立傳述稱先美此故足以垂教然不無子孫分別祖宗善惡之嫌則何如曰譜傳古有之歐陽六一之例也不可無傳則倩文人爲之夫何嫌曰且隱逸之士所存行實猶或相稱至於曾已出仕無大可稱者每每過爲誇揚是非紊淆反增僞妄則何如曰無是美而稱是誣祖也其近有是美則善善之長也夫何傷曰意者止於始祖經綸公及菊坡杏庭諸公有詩文事狀可證與尚書泰靖公官爵尊崇無過者仍舊存其傳其餘雖小善微官止於世系名下註之如何曰未可也賢不賢皆祖也是祖皆有譜傳一款之下註之惟其詳於賢而略於非賢隱惡而揚善可也又曰或世系是矣而富盛之族乃以貧賤外之則何如曰外之是外祖也曰至於門庭未立家教未善者則又以其富庶收之則何如曰收之是以其富族收之不可也曰若舍道徬衆言淆亂請折諸翁爲甘泉子曰孰折哉折諸聖而已矣折諸心而已矣因爲本諸其心之孝友之同然者必然者不得不然者叙而歸之以爲通族告以定衆志以篤恩義云

嘉靖二十六年丁未太歲閏九月望日

賜進士第資政大夫前南京兵部尚書奉

勅參贊機務國子祭酒翰林侍讀同修國史經筵講官

賜一品服廣東增城縣八十二歲甘泉湛若水撰

秋口镇沙城洪 4-52 · 梅溪洪氏族谱

新安官源洪氏總譜序

先世占籍青州徙淮陽下邳或京口毗陵迄於新安震老公譜叙及中孚公諸傳可證矣然震老則以爲共中孚則以爲宏同原異氏吾疑之疑震老之未考也震老所自據者唐世舊譜耳譜無共洪受氏源流與墩煌東徙世代而震老加焉是因洪氏祖共之說而強加之也強加之而不得吾遷歙遷饒之故遂將歙饒諸族合以爲共吾疑之孰疑而孰信之哉信吾菊坡翁舊譜耳菊坡公舊譜與中孚公傳合所載經綸公世系遷居婺源官源派於歙休饒浙間自唐迄今代次相承如數諸掌無可議者曾與叔少渾疇編修總譜有年惜乎未成而早捐世今從叔左源列繹志終始其事並以官源舊譜爲定其疑於受姓之原

秋口镇沙城洪 4-53 · 梅溪洪氏族谱

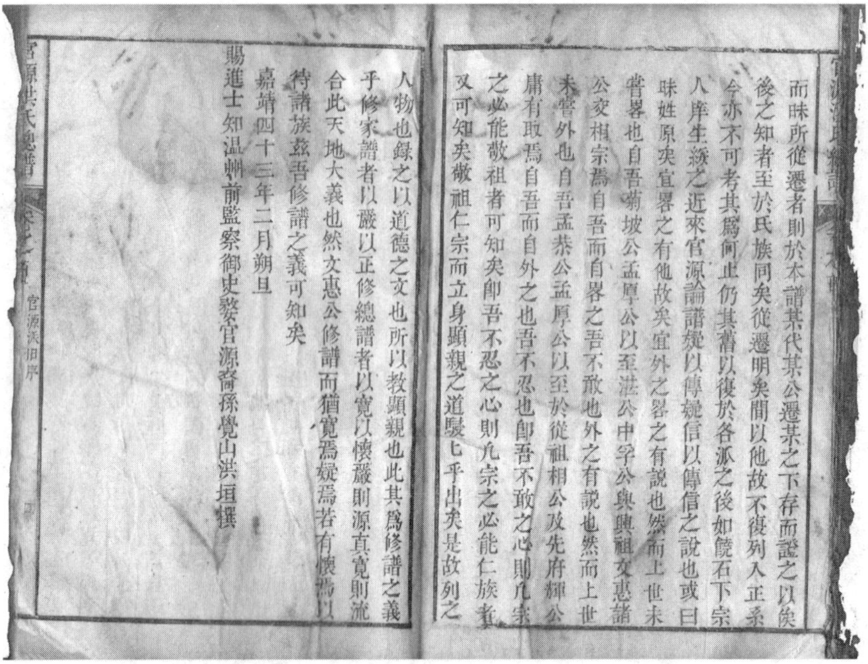

而昧所從遷者則於本譜某代某公遷某之下存而識之以俟
後之知者至於氏族同矣從遷明矣間以他故不復列入正系
今亦不可考其爲何止仍其舊以復於各派之後如饒石下宗
八岸生孫之近來官源論譜疑以傳疑信以傳信之說也或曰
昧姓原矣宜畧之有他故矣宜外之畧之有說也然而上世未
嘗畧也自吾萌坡公孟厚公以至滸公中孚公與興祖文惠諸
公交相宗爲自吾而自畧之吾不敢也外之有說也然而上世
未嘗外也自吾孟恭公孟厚公以至於從祖相公及先府輝公
庸有取焉自吾而自外之也吾不忍也卽吾不敢之心則凡宗
之必能敬祖者可知矣卽吾不忍之心則凡宗之必能仁族者
又可知矣敬祖仁宗而立身顯親之道駸乜乎出矣是故列之

人物也録之以道德之文也所以教顯親也此其爲修譜之義
乎修家譜者以嚴以正修總譜者以寬以懷嚴則源真寬則流
合此天地大義也然文惠公修譜而猶寬爲疑爲若有懷焉以
待諸族兹吾修譜之義可知矣
嘉靖四十三年二月朔旦
賜進士知温州前監察御史婺官源裔孫覺山洪垣撰

秋口镇沙城洪 4-54 · 梅溪洪氏族谱

官源家乘序

譜之作多矣求其以仁人孝子之心上可通于祖考下可貽厥
孫謀者殆不多見是故謂譜之作有虛有實可也虛者誇飾其
世奕讀其文煒如也實者旁通其美意讀其文藹如也煒與藹
如自別婺之著姓如王如洪自唐而居者不下數家譜牒各各
可見吾舅氏以儒學鳴於世登臺閣與丹陽敷文郎與祖校定
原流致政而歸無他念切切於譜所著獨異水木之原於受姓
遷徙之詳於遠近仕宦文章之彬彬于後先非不條矣而且示
之以畐畐非不明矣而又遺之以意諭其夙夜祗服以紹先君
繼志之德雖吾孫之子於祖俊為六世之親不可以藤其祖故
欲書此意遺君子孫不忘焉 汝舟 閱其言而嘆曰自大宗之法

秋口镇沙城洪 4-55 · 梅溪洪氏族谱

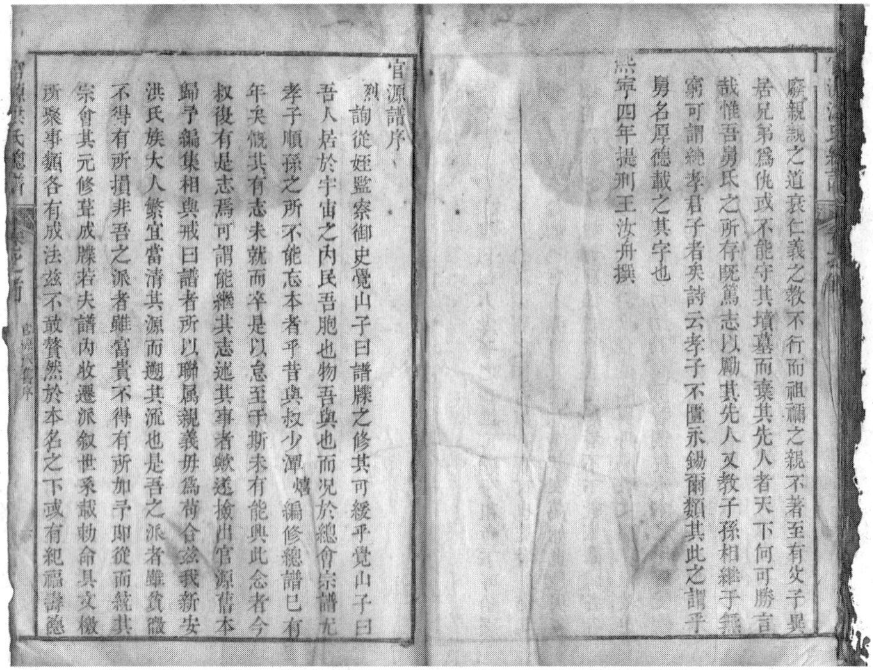
靡親親之道衰仁義之教不行而祖禰之親不著至有父子異
居兄弟為仇或不能守其墳墓而棄其先人者天下何可勝言
哉惟吾舅氏之所存既篤志以勵其先人又教子孫相繼于無
窮可謂純孝君子者矣詩云孝子不匱永錫爾類其此之謂乎
舅名厚德載之其字也
熙寧四年提刑王汝舟撰

官源譜序

烈詢從姪監察御史覺山子曰譜牒之修其可緩乎覺山子曰
吾人居於宇宙之內民吾胞也物吾與也而况於總會宗譜尤
孝子順孫之所不能忘本者乎昔與叔少潭熺編修總譜已有
年矣憾其有志未就而卒是以怠至于斯未有能與此念者今
叔復有是志焉可謂能繼其志述其事者歟遂撿出官源舊本
歸予編集相與戒曰譜者所以聯屬親義毋為苟合茲我新安
洪氏族大人繁宜當清其源而遡其流也是吾之派者雖貧微
不得有所損非吾之派者雖富貴不得有所加予即從而裁其
宗會其元修葺成牒若夫譜內收遷派敘世系載勅命具文檄
所聚事類各有成法茲不敢贅然於本名之下或有紀寵詩德

秋口镇沙城洪 4-56 · 梅溪洪氏族谱

位異才異行者乃所以昭先世激後人也或有紀賢德之婦貞烈之女者乃所以厚人倫敦風化也此則增修譜外之微意噫茲譜之修其來遠矣宋有菊坡畧南興祖諸翁元有孟厚善德鼎亭公輩其詳著矣今又承覺山子之盛舉而編集之豈敢以自專自用為哉書曰永言孝思孝思維則譜牒之修其亦庶不忘于敬祖仁宗之心乎謹識簡末為後者言之

嘉靖四十三年甲子歲端陽月裔孫左源烈撰

官源譜序

甚矣譜牒之難也少潭兄燧修之於十年之前予又成之於十餘年之後集思廣見猶自不滿於心語云築舍道傍三年不成若非以聖言折諸淆亂其孰能定之哉聖言曰君子敬而無失與人恭而有禮四海之內皆兄弟也宇宙之內實有此理若但以為特廣馬牛之意此乃晦翁之慎重語爾今人不知恭祖敬親大道而直以修譜為矜門閥别國界為尚事噫魏晉而下益茲陋矣六經曷有是哉同姓一家所不可無别者各枝與各系為耳此則又在夫人自知之乎嘗道聽於君子妄為是說凡山子坤芝田子均頗以為然故不避議譏特潛完前業然而予之於是筆也其悚諸心者亦屢矣甚矣譜事之難也

秋口镇沙城洪 4-57 · 梅溪洪氏族谱

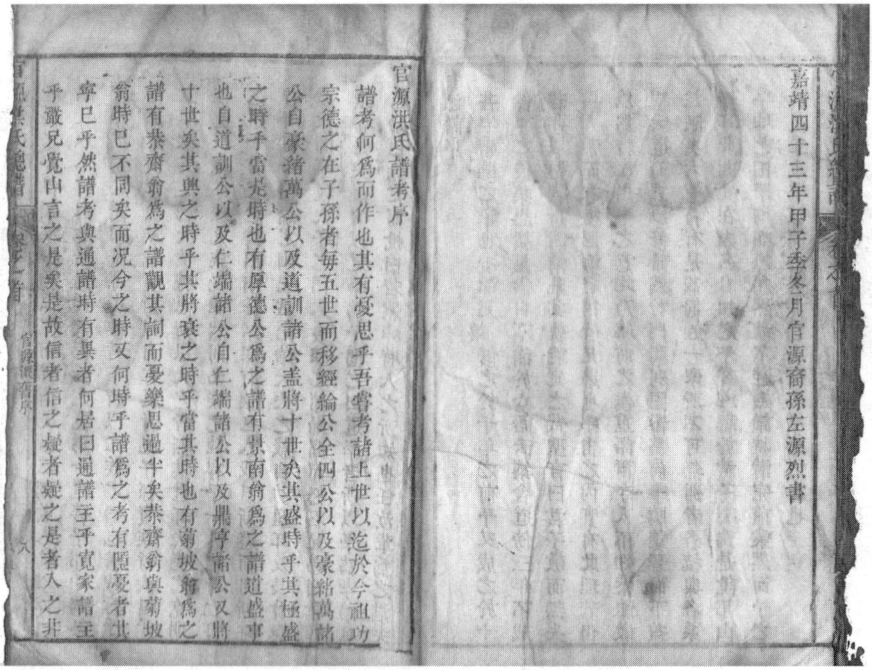
嘉靖四十三年甲子季冬月官源裔孫左源烈書

官源洪氏譜考序

譜考何爲而作也其有憂思乎吾嘗考諸上世以迄於今祖功宗德之在子孫者每五世而移經綸公全四公以及豪緒萬緒公自豪緒萬公以及道訓諸公盖將十世矣其盛時乎其極盛之時乎當是時也有厚德公爲之譜有景甫翁爲之譜道盛事也自道訓公以及仁端諸公自仁端諸公以及鼎亭甫公又將十世矣其與之時乎其將衰之時乎當其時也有菊坡翁爲之譜有恭齋翁爲之譜觀其詞而憂樂思過半矣恭齋翁與菊坡翁時已不同矣而況今之時又何時乎譜爲之考有隱憂者其寧已乎然譜考與通譜時有異者何君曰通譜主乎寬家譜主乎嚴兄覺由言之是矣是故信者信之疑者疑之是者入之非

官源洪氏總譜　卷之首　官源譜考序　八

秋口镇沙城洪 4-58 · 梅溪洪氏族谱

者出之非但類族辯物以同而異而其數三綱敗人倫以悖祖訓者或不得與於斯焉其爲仁愛之意爲一也善乎郎中胄公鐘序虎溪之譜曰譜牒之作君子所以仁族之器也善哉言乎雖然豈特仁其族哉實所以自仁其身也子孫賢族將大君子豈不欲其族之大哉特患所以大之者無其道耳夫堯之克明俊德以親九族九族既睦然則九族之睦存乎一人之身仁身之道予方任之詩曰明發不寐有懷二人我日斯邁而月斯征昔者祖母節婦之訓先君光華大夫之箴自幼盈耳及長育與兄輩師事湛夫子之門人多唯之節婦喝而怒召兄弟由汝等讀書是矣復何以道學爲乎應之曰道學者所以學爲孝弟也節婦色徐定而悅曰若然非時人之所知也任汝輩爲之湛夫子聞之曰節婦其知我者仁身以仁族之道盡於是矣是故夙興夜寐以懷父母以懷祖父母則敬儀之則孝悌之理可通於吾之兄弟可通於吾之兄弟之子孫矣自此而推之敬儀之則孝悌之理可通於族之兄弟可通於族之兄弟之子孫矣而族有不大乎是故譜之考也所以自考也欲族人人書一通以相考也而吾憂思其少紓乎

嘉靖三十八年孟春月經綸[illegible]二十六世孫洪圭書

秋口镇沙城洪 4-59 · 梅溪洪氏族谱

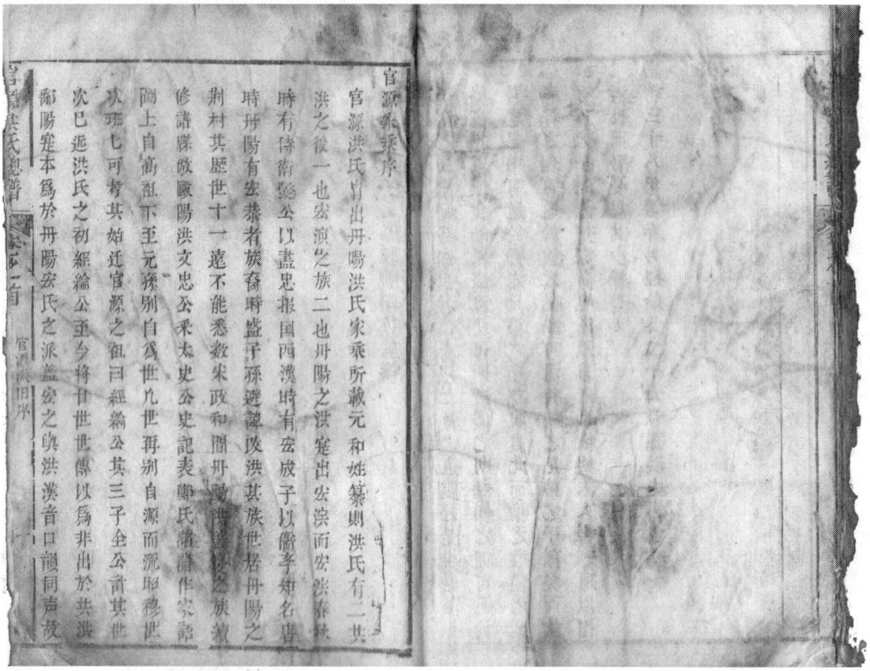
官源家乘序

官源洪氏旨出丹陽洪氏家乘所載元和姓纂則洪氏有二共洪之後一也宏演之族二也丹陽之洪寔出宏演而宏演春秋時有侍衛懿公以盡忠报国西漢時有宏成子以儒孝知名唐時丹陽有宏恭者族裔蕃盛子孫避諱改洪其族世居丹陽之荆村其歷世十一違不能悉數宋政和間丹陽洪[illegible]之族續修譜牒做歐陽洪文忠公采太史公史記表鄭氏諸譜作宗譜圖上自高祖下至元孫别自爲世九世再别自源而流班移世次班七可考其始迁官源之祖曰經綸公其三子全公前其世次已逅洪氏之初經綸公至今将廿世世傳以爲非出於共洪衛陽寔本爲於丹陽宏氏之派盖宏之與洪漢音口韻同声故

官源洪氏總譜 卷之首 官源派旧序

秋口镇沙城洪 4-60 · 梅溪洪氏族谱

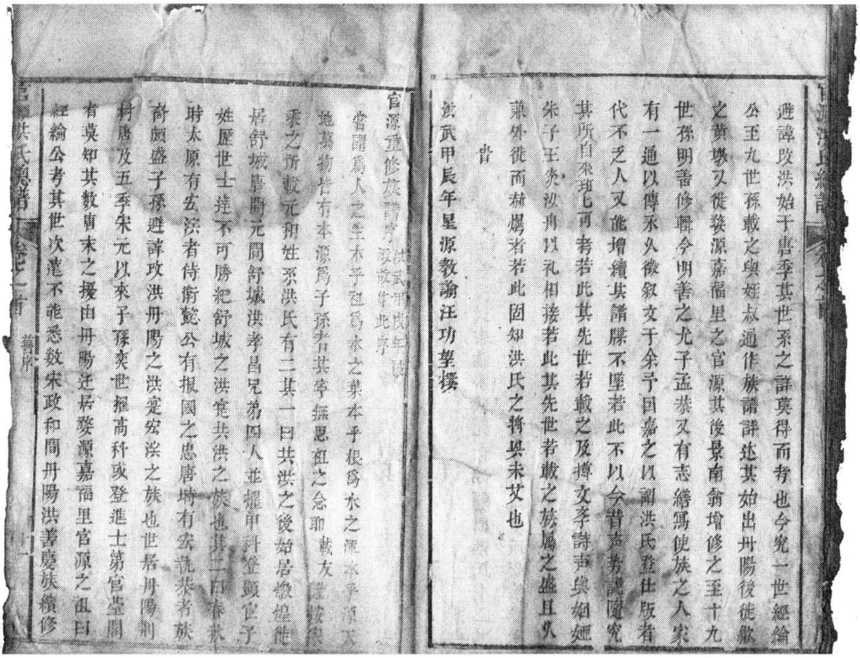

官源洪氏總譜　卷之一

避諱改洪始于唐季其世系之詳莫得而考也今究一世經綸
公至九世孫載之與姪叔通作族譜詳述其始出丹陽後徙歙
之黄墩又徙婺源嘉福里之官源其後景南翁增修之至十九
世孫明善修譜今明善之九子孟恭又有志繕寫使族之人家
有一通以傳永久徵叙文于余予曰嘉之以謂洪氏登仕版者
代不乏人又能增續其譜牒不墜若此不以今昔存殁隱究
其所自來垂七百年若此其先世若載之及博文孝詩声與姻婭
朱子王炎彼此以禮相接若此其先世若載之族屬之盛且久
兼外徙而赫赫者若此固知洪氏之將興未艾也

旹

洪武甲辰年星源教諭汪功孳撰

官源重修族譜序（洪武甲戌年[illegible]作此序）

嘗謂爲人之生本乎祖爲木之榮本乎根爲水之派本乎源天
地萬物皆有本源爲子孫者其寧無思祖之念耶載友謹按舊
乘之所載元和姓系洪氏有二其一曰共洪之後始居燉煌徙
居舒城唐開元間舒城洪孝昌兄弟四人並擢甲科登顯官子
姓歷世士族不可勝紀舒城之洪寔共洪之族也其二曰春秋
時太原有宏洪者侍衛懿公有報國之忠唐時有宏孰恭者族
裔頗盛子孫避諱改洪丹陽之洪寔宏洪之族也世居丹陽制
村唐及五季宋元以來子孫奕世擢高科或登進士第官臺閣
有莫知其數唐末之擾由丹陽遷居婺源嘉福里官源之里曰
經綸公考其世次悉不能悉敘宋政和間丹陽洪善慶族續修

官源洪氏總譜　卷之一　舊序　[illegible]

秋口镇沙城洪 4-61 · 梅溪洪氏族谱

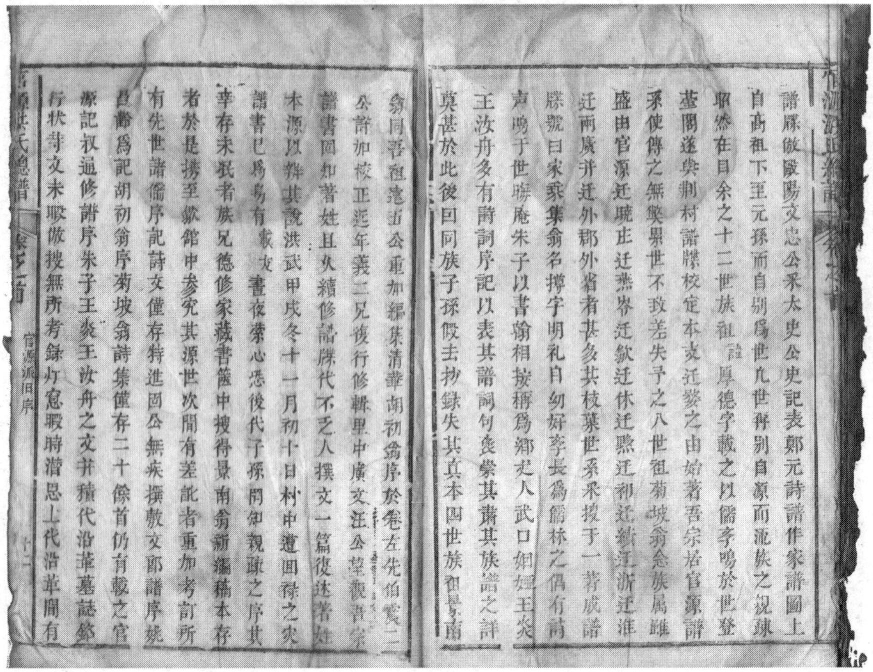
譜牒倣歐陽文忠公釆太史公史記表鄭元詩譜作家譜圖上
自高祖下至元孫而自别爲世九世再别自源而派族之親疎
瞭然在目余之十二世族祖諱厚德字載之以儒孝鳴於世登
薹閣遂與桐村譜牒校定本支迁發之由始著吾宗居官源譜
系使傳之無弊累世不致差失予之八世祖菊坡翁念族属雖
盛由官源迁琥庄迁燕峇迁歙迁休迁黟迁祁迁績迁浙迁淮
迁两廣并迁外郡外省者甚多其枝葉世系釆掇于一書成譜
牒號曰家乘集翁名搏字明礼自幼好李長爲儒林之偶有詩
声鳴于世嫏庵朱子以書翰相接稱爲鄉丈人武口舅姪王炎
王汝舟多有詩詞序記以表其譜詞句褒崇其肅其族譜之詳
莫甚於此後回同族子孫假去抄録失其真本四世族祖景南
翁同吾祖堯臣公重加編葺清華胡初翁序於卷左先伯震二
公許加校正延年義二兄復行修輯里中廣文汪公草樵書宗
譜書因知著姓且久續修譜牒代不乏人撰文一篇彼述著姓
本源以辨其說洪武甲戌冬十一月初十日村中遭回禄之灾
譜書已爲烏有載友書夜縈心恐後代子孫罔知親疎之序其
幸存未燬者族兄德修家藏書篋中搜得景南翁新編稿本存
者於是携至歙館中参究其源世次間有差訛者重加考訂所
有先世諸儒序記詩文僅存特進回公無疾撰敷文郎譜序姚
自齡爲記胡初翁序菊坡翁詩集僅存二十餘首仍有載之官
源記叔通修譜序朱子王炎王汝舟之文并積代沿革墓誌銘
行狀詩文未暇倣搜無所考録灯窻暇時潛思上代沿革間有
官源洪氏總譜　卷之首　官源派旧序　十二

秋口镇沙城洪 4-62 · 梅溪洪氏族谱

得之於心者書於卷末仍遵前人規式集成譜書以傳永久爲
宗族計亦爲百世子孫之計若官源同族子孫有能紹前代箕
裘者具載簡冊如有不能紹前代之風墜入下流無甄拔集者
則例之循恐後人專慕富貴利趨乎他人而不崇仁義睦于
宗族以至尊卑失序名分無別遂将世居官源譜系繪成卷軸
逐代旁註外譜墓所耶示後代子孫每年清明節務要張掛此
圖卑集族中少長咸集各處墓所拜掃詩云永言孝思孝思維
則此之謂也嘗記異人晋下始祖墓記云鄒岬兜鳌動爲田顺
世傳二十将相公侯如今気数将到但望祖下子孫由今以往
壯者各宜卓立及早娶妻以嗣以續使家声不墜是謂大孝少
者收其放心養其德性勤讀詩書爲他日修齊治平之計比三
者務期励志成功兼得坵壟相扶必至子孫昌熾油然與起大
振先世之家声始見異人識之可向也其迁出他處者支裔世系
搜入具載譜書瞭然在目後代子孫與予同志悉具於斯
背
洪武二十八年歲在乙亥黄鍾月青雲卿重修宗乘譜圖既成
畧其本末叙於卷左官源洪氏十九世孫載友拜

秋口镇沙城洪 4-63 · 梅溪洪氏族谱

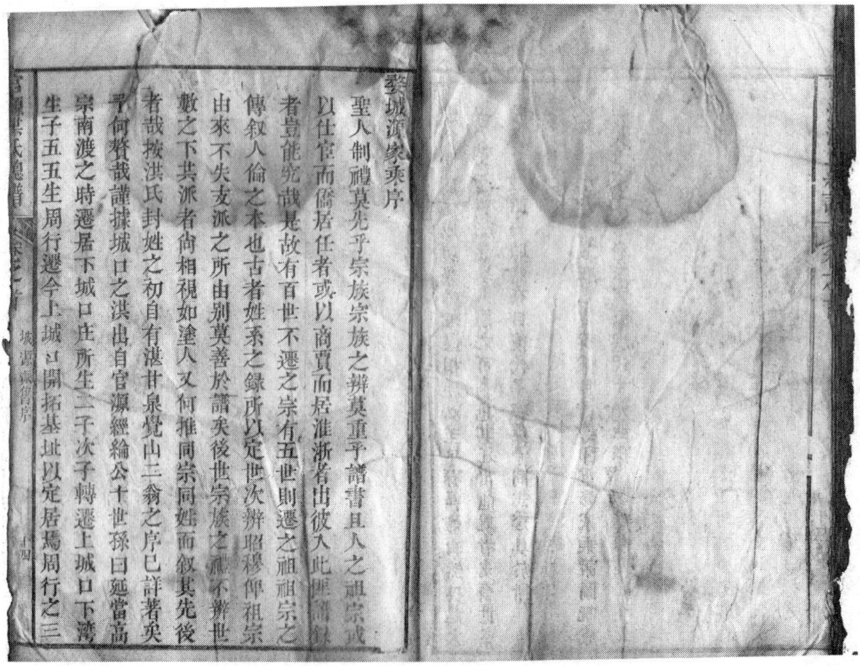
婺城源家乘序
聖人制禮莫先乎宗族宗族之辨莫重乎譜書且人之祖宗或
以仕宦而僑居任者或以商賈而居淮浙者由彼入此俾譜[illegible]
者豈能究哉是故有百世不遷之宗有五世則遷之祖祖宗之
傳叙人倫之本也古者姓系之録所以定世次辨昭穆俾祖宗
由來不失支派之所由別莫善於譜矣後世宗族之禮不辨世
數之下其派者尚相視如塗人又何推同宗同姓而叙其先後
者哉按洪氏封姓之初自有湛甘泉覺山三翁之序已詳著矣
予何贅哉謹據城口之淇由自官源經綸公十世孫曰廷當高
宗南渡之時遷居下城口庄所生二子次子轉遷上城口下灣
生子五五生周行遷今上城口開拓基址以定居焉周行之三
官源洪氏總譜 城源家傳序 十四

秋口镇沙城洪 4-64 · 梅溪洪氏族谱

世孫曰禺大有作爲置田三千餘畝時值荒縣尹魏公登門勸
濟甥爲上戸名譽猶著也今有岳丈天柱翁同侄獅石輩與官
源大修新安洪氏通譜囑序於予忝居門婿義不容辭聊集片
言以應命耳
嘉靖四十三年歲在甲子夏月朔旦脊生大坂東野汙四友拜書

婺龐源家乘序

予嘗考之譜惟甯公自我官源遷曉庄子孫繁衍自遷歙遷廬
遷淮外其餘迄今無有存者昌公又自曉庄遷清源生幽更係
自遷而遷隔代外其餘迄今凋落殊甚惟有天遠公自清源遷
龐源獨以庶富稱夫何故予嘗過閬山下桃源恍若避秦之朕
又自桃源迤邐而上抵龐源幽邃比桃源更甚不復知有人間
事者其山高而抱其右比而鱗其地瘠其人力穡而處邃休匕
瞿匕若有蟋蟀之風焉蟋蟀唐風也唐自晉徙曲沃又徙絳其
地土瘠民貧勤儉質朴憂深思長故君子謂其有唐之遺風而
晉國莫強是故譜派式微而龐源獨盛其君使之然也豈隱士
之居獨樂于深山鑿谷如商山之鄉者清源之居其宥宋之季

秋口镇沙城洪 4-65 · 梅溪洪氏族谱

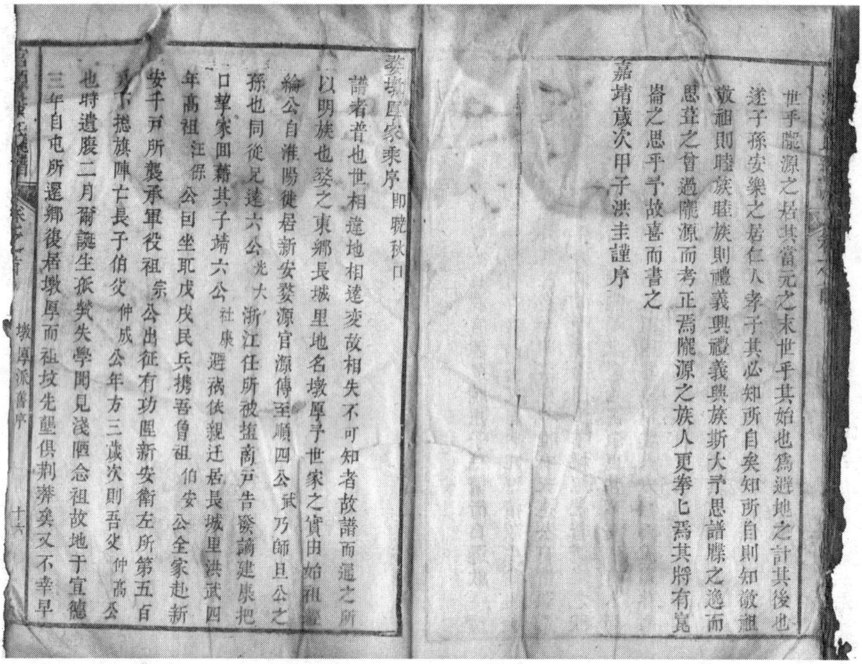

世乎隴源之居其當元之末世乎其始也爲避地之計其後也
逮子孫安樂之居仁人孝子其必知所自矣知所自則知敬祖
敬祖則睦族睦族則禮義興禮義興族斯大乎思譜牒之遺而
思葺之曾過隴源而考正焉隴源之族人更拳拳焉其將有寬
嵩之思乎予故喜而書之
嘉靖歲次甲子洪圭謹序

婺墩厚家乘序 即曉秋口
譜者普也世相違地相遠變故相失不可知者故譜而還之所
以明族也婺之東鄉長城里地名墩厚乎世家之貴由始祖
綸公自淮陽徙居新安婺源官源傳至順四公武乃師旦公之
孫也同從兄達六公光大浙江任所被搖商戶告發謫建康把
口挈家回藉其子靖六公社康避禍依親迁居長城里洪武四
年高祖汪保公因坐耶戊戌民兵携吾曾祖伯安公全家赴新
安千戸所襲承軍役祖宗公出征有功陞新安衛左所第五百
戶下搖旗陣亡長子伯父仲成公年方三歲次則吾父仲高公
也時遺腹二月爾誕生孫幼失學聞見淺陋念祖故地于宜德
三年自屯所還鄉復居墩厚而祖坟先壟俱荆莽矣又不幸早
墩厚派舊序 十六

秋口镇沙城洪 4-66 · 梅溪洪氏族谱

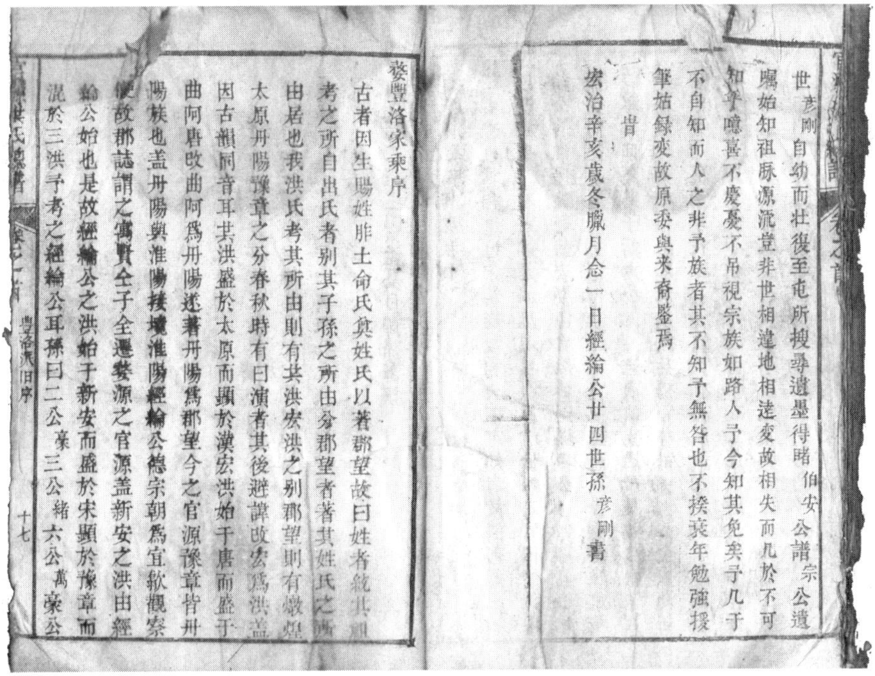
世彦剛自幼而壯後至屯所搜尋遺墨得睹伯安公譜宗公遺
囑始知祖脉源流豈非世相違地相遠変故相失而几於不可
知乎噫喜不慶憂不吊視宗族如路人乎今知其免矣乎几于
不自知而人之非予族者其不知予無咎也不揆衰年勉強援
筆姑録変故原委與来裔鑒焉

旹

宏治辛亥歳冬臘月念一日經綸公廿四世孫彦剛書

婺豐洛家乘序

古者因生賜姓胙土命氏與姓氏以著郡望故曰姓者統其祖
考之所自出氏者別其子孫之所由分郡望者著其姓氏之所
由居也我洪氏考其所由則有共洪宏洪之別郡望則有燉煌
太原丹陽豫章之分春秋時有曰演者其後避諱改宏為洪蓋
因古祖同音耳共洪盛於太原而顯於漢宏洪始于唐而盛于
曲阿唐改曲阿為丹陽述著丹陽為郡望今之官源豫章皆丹
陽族也蓋丹陽與淮陽接壤淮陽經綸公德宗朝為宜歙觀察
使故郡誌謂之寓賢仝子全遷婺源之官源蓋新安之洪由經
綸公始也是故經綸公之洪始于新安而盛於宋顯於豫章而
派於三洪乎考之經綸公耳孫曰二公豪 三公緒 六公萬 豪公

官源洪氏宗譜 卷之一首 豐洛洪旧序 十七

秋口镇沙城洪 4-67 · 梅溪洪氏族谱

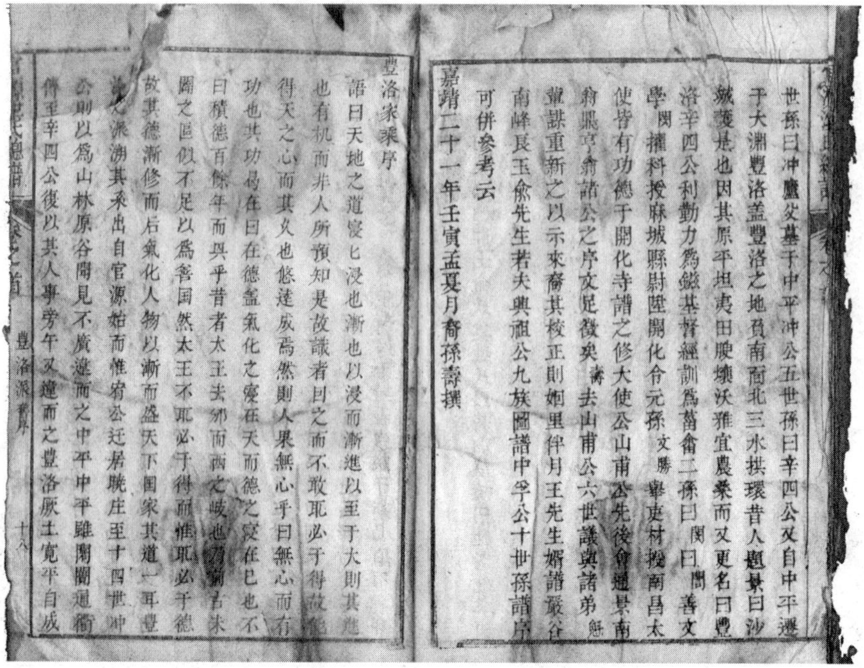

世孫曰冲廬父基于中平冲公五世孫曰辛四公又自中平遷于大渊豐洛盖豐洛之地負南面北三水拱環昔人題景曰沙城襲是也因其原平坦夷田腴壤沃雅宜農桑而又更名曰豐洛辛四公利勤力為鎡基督經訓為菑畬二孫曰閔曰閎善文學閎擢科授麻城縣尉陞開化令元孫文勝舉吏材授南昌太使皆有功德于開化寺譜之修大使公山甫公先後會通景南翁鼎亨翁諸公之序文足徵矣壽去山甫公六世議與諸弟懋董謀重新之以示來裔其校正則姻里伴月王先生婿諸㒸谷南峰長玉兪先生若夫與祖公九族圖譜中孚公十世孫譜序可併參考云

嘉靖二十一年壬寅孟夏月裔孫壽撰

豐洛家乘序

語曰天地之道寖乚浸也漸也以浸而漸進以至于大則其進也有机而非人所預知是故識者目之而不敢恥必于得故能得天之心而其久也悠遠庬焉然則人果無心乎曰無心而有功也其功曷在曰在德盖氣化之變在天而德之寖在己也不曰積德百餘年而與乎昔者太王去邠而西之岐也彼豳若未鬭之區似不足以為耆国然太王不恥必于得而惟恥必于德故其德漸修而后氣化人物以漸而盛天下国家其道一耳豐洛之派溯其系出自官源始而惟宥公迁居曉庄至十四世冲公則以為山林原谷闊見不廣遂而之中平中平雖闈闠通衢僻至辛四公復以其人事旁午又遷而之豐洛厥土寬平自成

梅溪洪氏宗譜 卷之首 豐洛派序 十八

秋口镇沙城洪 4-68 · 梅溪洪氏族谱

一區大川環帶津渡利涉近市而無囂安處而不閡一棹直通
饒渚百貨叢聚乃君子之攸止者盖屡迁而后得之非偶尔也
昔祝和父之宅古樟也其言曰室僅容膝勢處亢高平挹翠嵐
下臨緑浸隔岸擔登負笈之行人中流披簑鼓柑之漁父皆可
坐見衽席之上市廛雖近一塵不侵盖于此讀習書禮以求聖
賢為已之學果如斯景則今之豊洛寶同符為其修德也固有
地矣然究其所為修德者将何取法乎予聞公之始祖观察公
自唐時居官源堂書止善二字為堂扁而復為之說曰父子君
臣長幼朋友倫也其著也流行乎父子君臣長幼朋友善也其
心也心于善而著于倫聖賢為已之實德在是其裔若堅若魁
若剛承辛四公之業居于斯幹于斯善宗族于斯已百有餘年
矣方今無俟遠求惟憲章始祖而已尔夫苟教諸子以善債學
能文章遵而行之則又以漸而日宴于盛業也曷量哉今茲洪
氏修輯譜牒以萃群族之涣尊々親々昭穆叙而禮統維禮實
興而雍睦篤固家法也實宗法之遺矣近為則于鄉邑遠為望
于天下所繫顧不重歟予姪與婿于洪因為序而弁諸首
皆
嘉靖二十五年仲春月穀旦
賜進士第資治尹正議大夫致仕兵部左待郎兼都察院右副都
御史眷生石泉潘旦撰

秋口镇沙城洪 4-69 · 梅溪洪氏族谱

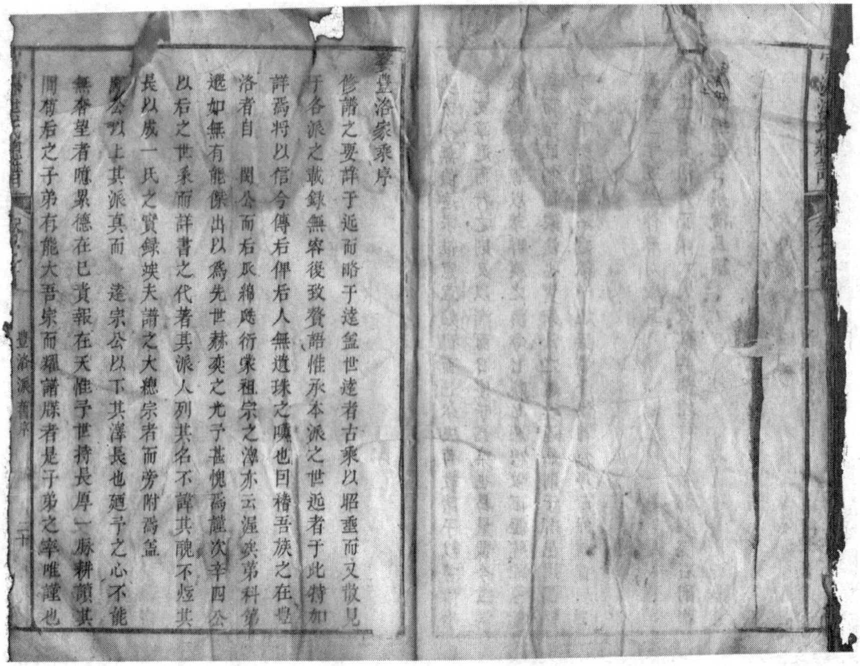

㬅豊洛家乘序

修譜之要詳于近而略于遠葢世遠者古乘以昭垂而又散見于各派之載録無容復致贅語惟承本派之世近者于此特加詳焉將以信今傳后俾后人無遺珠之嘆也曰稽吾族之在豊洛者自　閏公而后瓜綿瓞衍衆祖宗之澤亦云渥矣第科第遜如無有能傑出以為先世赫奕之光予甚愧焉謹次辛四公以后之世系而詳書之代著其派人列其名不諱其醜不隱其長以成一氏之實録矣夫譜之大總宗者而旁附焉葢賡公以上其派真而　逵宗公以下其澤長也竊予之心不能無奢望者應累德在已責報在天惟予世持長厚一脉耕讀其間有后之子弟有能大吾宗而耀譜牒者是予弟之幸唯謹也

豊洛派舊序　二十

秋口镇沙城洪 4-70 · 梅溪洪氏族谱

吾以俟之后之子弟苟后之父兄有能奮然作成子弟之必大
吾宗者是父兄之教能先也吾以俟之后之父兄父兄子弟兩
盡其道吾族其有興乎書此以為異日左券

旹

萬歷甲寅歲季冬月裔孫一機序

婺洪村家乘序

夫父之愛其子也叔季與昆仲同情祖之愛其孫也雲仍與曾
元一致是故有先后而無彼此有遲早而無厚薄蓋長幼之序
東而西自左而右無容或紊有如天運循環于恒升地氣順
布于四序以漸而施矣祖宗與爽無論生而存殁而亡豈有異
哉即此而推先塋之發福于后裔也亦然洪村之族自洪武初
年而迁既得吉址數傳之后并得佳城福慶已醞釀于斯矣緑
有三十里之嵊瓏敦厖悠遠梅花錯落靈秀襄延美孰加焉素
□一臂頗寓以故長房之貴發揚于閩之南安聲名洋溢兄
弟之族兩相維係渾然一體迁者克拓宗祊居者恪守垢隴地
雖異而祖則同勢雖隔而情則協譜牒輝煌瞭然明甚独不見

秋口镇沙城洪 4-71 · 梅溪洪氏族谱

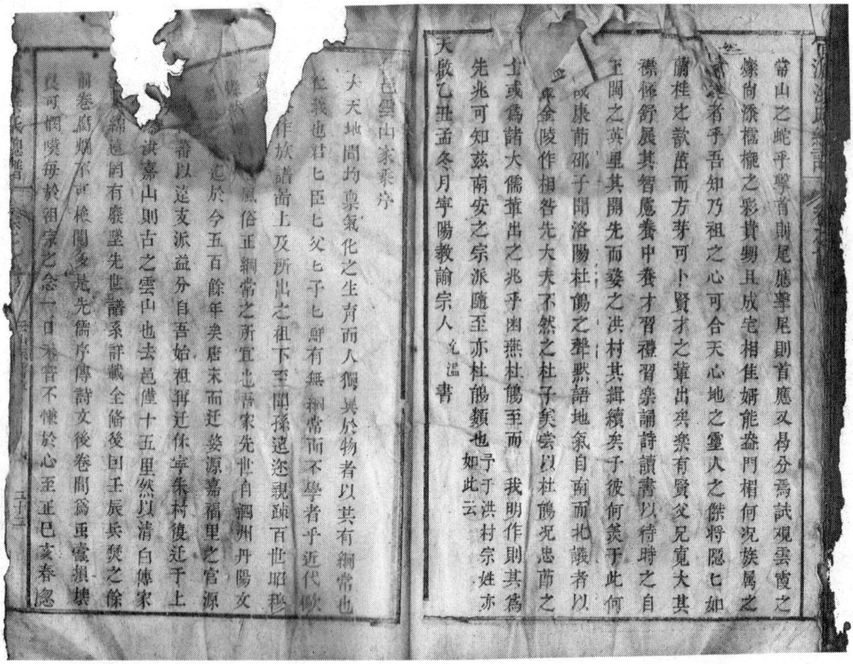

常山之蛇乎擊首則尾應擊尾則首應又曷分焉試观雲霄之
豫向添櫺櫳之彩貴夠且成宅相佳婿能𢌿門楣何况族属之
[illegible]者乎吾知乃祖之心可合天心地之靈人之傑將隐乜如
蘭桂之欵茁而方芽可卜賢才之葦出矣樂有賢父兄寬大其
襟怀舒展其智慮養中養才習禮習樂誦詩讀書以待時之自
至闊之英華其開先而發之洪村其纘續矣予彼何羡于此何
成康節邵子聞洛陽杜鵑之声默語地氣自南而北識者以
[illegible]金陵作相咎先大夫不然之杜子美嘗以杜鵑况忠節之
士或爲諸大儒葦出之兆乎肉燕杜鵑至而 我明作則其爲
先兆可知茲南安之宗派應至亦杜鵑類也予于洪村宗姓亦如此云
天啟乙丑孟冬月寧陽教諭宗人 允温 書

[illegible]邑雲山家乘序
夫天地間均稟氣化之生育而人獨異於物者以其有綱常也
仁義也君乜臣乜父乜子乜所有無綱常而不學者乎近代歐
[illegible]作於譜當上及所出之祖下至聞孫遠迩親疎百世昭穆
[illegible]風俗正綱常之所宜也吾宗先世自泗州丹陽文
[illegible]定於今五百餘年矣唐末而迁婺源嘉福里之官源
[illegible]爺以遠支派益分自吾始祖再迁休寧朱村復迁于上
[illegible]洪嘉山則古之雲山也去邑僅十五里然以清白傳家
[illegible]綿遠因有廢墜先世譜系詳載全備後回壬辰兵燹之餘
前卷腐爛不可檢閱多其先儒序傳詩文後卷閣爲重蠹損壞
良可悯嘆每於祖宗之念一日未嘗不慊於心至正巳亥春憩

秋口镇沙城洪 4-72 · 梅溪洪氏族谱

宗人洪　仁乃官源同處子孫也携譜來訪予家譜留出示對
合[illegible]二彼此間有缺者悉補之使兩得全皆喜而得之詳覧源
[illegible]瞭然油然起敬嗟乎非祖宗之靈曷使去珠而復還也
[illegible]卷實有感焉遂訓于子孫曰萬物本乎天人本乎祖爲
[illegible]者豈可不識其祖宗之所從來乎因命紙筆悉爲詳録
[illegible]于卷端庶幾囿綱常於一旦叙彜倫於百世界傴乜
之心以盡[illegible]祖敬宗之意與日子孫其亦無忽於斯焉
至正二十四年春月朔旦裔孫九十三叟洪鍾書

休邑廻溪宗乘序
予覩廻溪族始祖諱元伯係官源始祖經綸公三子仝四公九
[illegible]孫也伯生官源夙喪父宋乾德中隨母朱氏歸依舅家及長
[illegible]其明敏以女娶之因取置田肇室成家曰遂奕世永居
有餘世世以清白相承以官而顯以儒而鳴無忝
[illegible]但譜系未克編續莫能詳知世次幾何予今春偶
姪俱來前請曰吾家族譜近閑增修甚詳緣本支未
[illegible]歆締録一通俾子孫知尊卑親疏之序累世而不忘
[illegible]諾之曰修譜之説所以别婚姻辨貴賤序昭穆也譜修一
之手乃一族之勝事也予因嘉諸弟姪念水木之本源於是
[illegible]纂録以授之是亦見予崇族之心真矣須宜珎藏什襲寶惜

總譜　二十三

秋口镇沙城洪 4-73 · 梅溪洪氏族谱

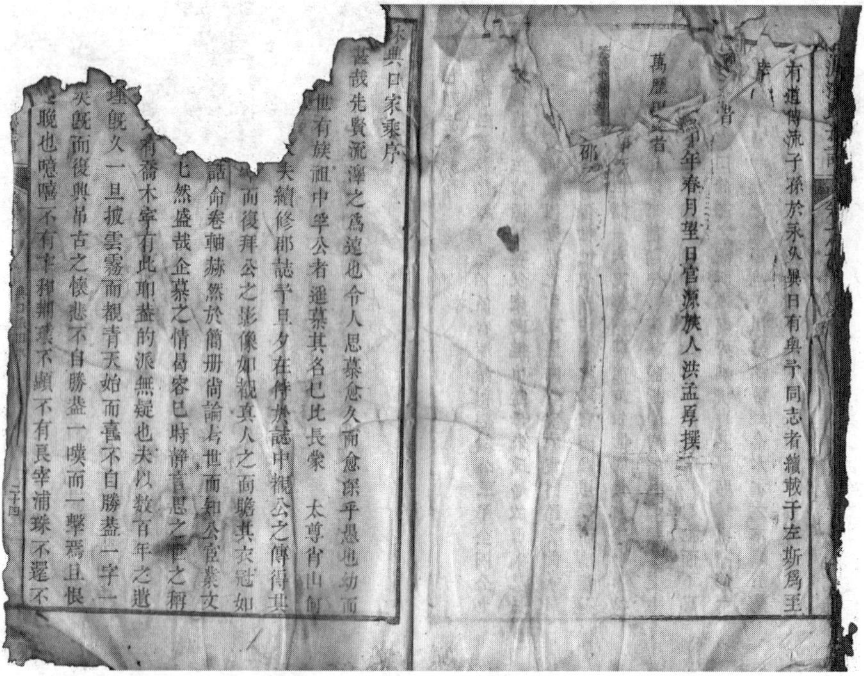
有道傳流子孫於永久異日有與予同志者續載于左斯爲王
序
□者
萬曆□□者
□□年春月望日官源族人洪孟厚撰

宋興口家乘序
甚哉先賢流澤之爲遠也令人思慕愈久而愈深乎愚也幼而
世有族祖中孚公者遥慕其名已比長蒙 太尊肯山何
夫續修郡誌予早夕在侍於誌中睹公之傳得其
而復拜公之影像如覩真人之面聽其衣冠如
誥命卷軸赫然於簡册尚論其世而知公宦業文
已然盛哉企慕之情曷容已時静言思之世之稱
有喬木宰有此卯蓋的派無疑也夫以數百年之遺
埋既久一旦披雲霧而覩青天始而喜不自勝盡一字一
矣既而復興吊古之懐悲不自勝盡一嘆而一擊焉且恨
晚也噫嘻不有予稗闡表不顯不有良宰補珠不還不
二十四

秋口镇沙城洪 4-74 · 梅溪洪氏族谱

有[illegible]之韞匵而藏文獻何徵不有孝慈之孫復興安能景公
孝[illegible]公之文而衍其緒使冷焰而復燃有如此哉愚也後匪
[illegible]敢以獻自矜又不敢不以慈孫自附使世之人將曰中
[illegible]後有人焉爲之顯讃而揚烈以輝映不朽乎之志也
萬歷[illegible]者何不可讓諸每見近嶽文學好古之士偶獲前賢
[illegible]並壽諸石播之人人茲亦以公之遺文付諸梓以
征[illegible]惟願麗茲土者奮志以起儒篤學以破愚親賢
[illegible]乎不以獻自讓追孝前人是則是傚于中孚公焉
[illegible]失屬望之情固如此用以識于乘端
[illegible]啟四年九月既望湖廣衡府教授葵宗人內腆子允温書

[illegible]邑霞庄家乘序

白齋先生数乞爲予言乙休霞庄實本官源正派彼此失于稽
[illegible]至今一過目類行路人視矣淵明有云同源分流人世
即聽爲踈踏豈[illegible]古亦有然者與然而淵明之心
[illegible]有云賢者之敦親于族也非以廣衆也教好洽
[illegible]以成德業厚風俗庶幾不失先王分氏之意斯意
[illegible]吾人與允我同宗及族人有過霞庄或路册霞庄
[illegible]我致問曰自鳳公娶会里程氏而迁茲土也数百年矣
有識之者乎今其爲族也列有几門每門所聚措若干指
也能各有定業無遊佚解體及婚嫁以時坟墓無失否休
[illegible]大致賤商中不知亦有耕墾務本及讀書應舉爲士者

秋口镇沙城洪 4-75 · 梅溪洪氏族谱

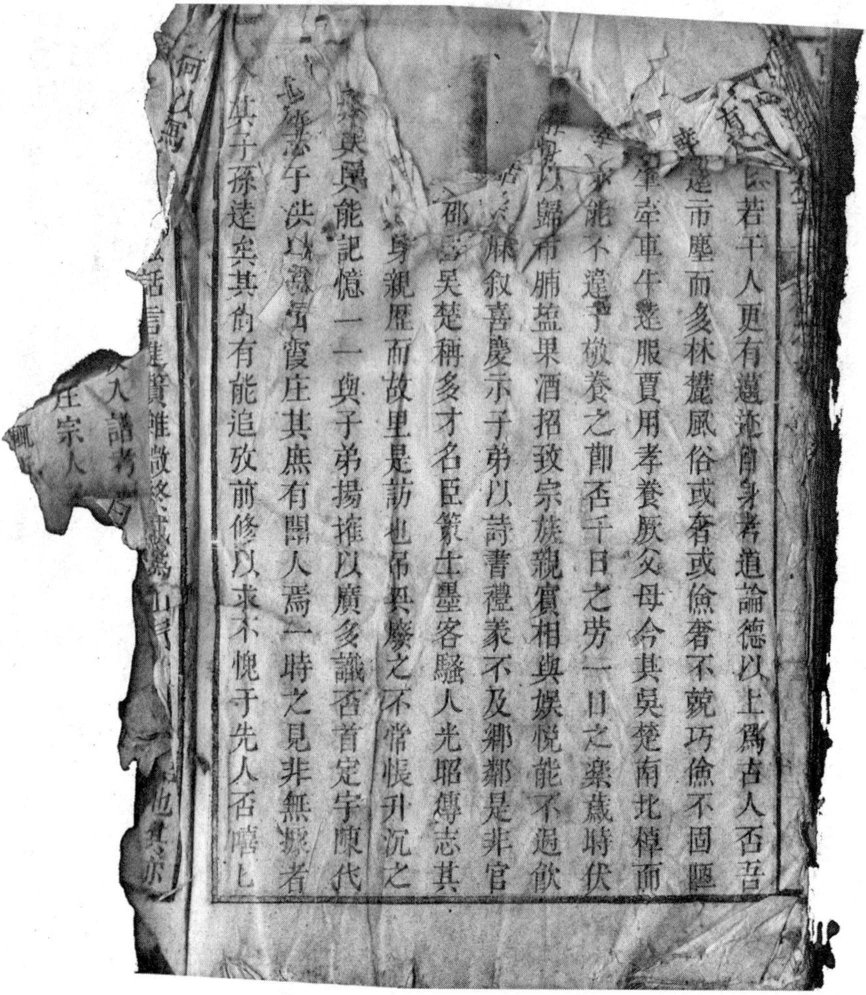
[illegible]
何以寫
[illegible]話言雖質雖微終[illegible]爲山[illegible]
[illegible]人譜考[illegible]
庄宗人

臣若干人更有遺迹修身孝道論德以上爲吾人否吾
[illegible]逵市塵而多林麓風俗或奢或儉奢不競巧儉不固陋
肇牽車牛遠服賈用孝養厥父母令其吳楚南北棹而
[illegible]亦能不違于敬養之節否千日之勞一日之樂歲時伏
臘以歸甫肺盐果酒招致宗族親賓相與娛悅能不過飲
[illegible]麻叙喜慶示子弟以詩書禮義不及鄉鄰是非官
邵[illegible]吳楚稱多才名臣義士墨客騷人光昭傳志其
[illegible]身親歷而故里是訪也郤與夔之不常悵升沉之
[illegible]能記憶一一與子弟揚搉以廣多識否首定宇陳代
[illegible]志于洪以[illegible]霞庄其庶有開人爲一時之見非無據者
其子孫遠矣其尚有能追攷前修以求不愧于先人否噫[illegible]

秋口镇沙城洪 4-76 · 梅溪洪氏族谱

秋口镇沙城江氏 1—61

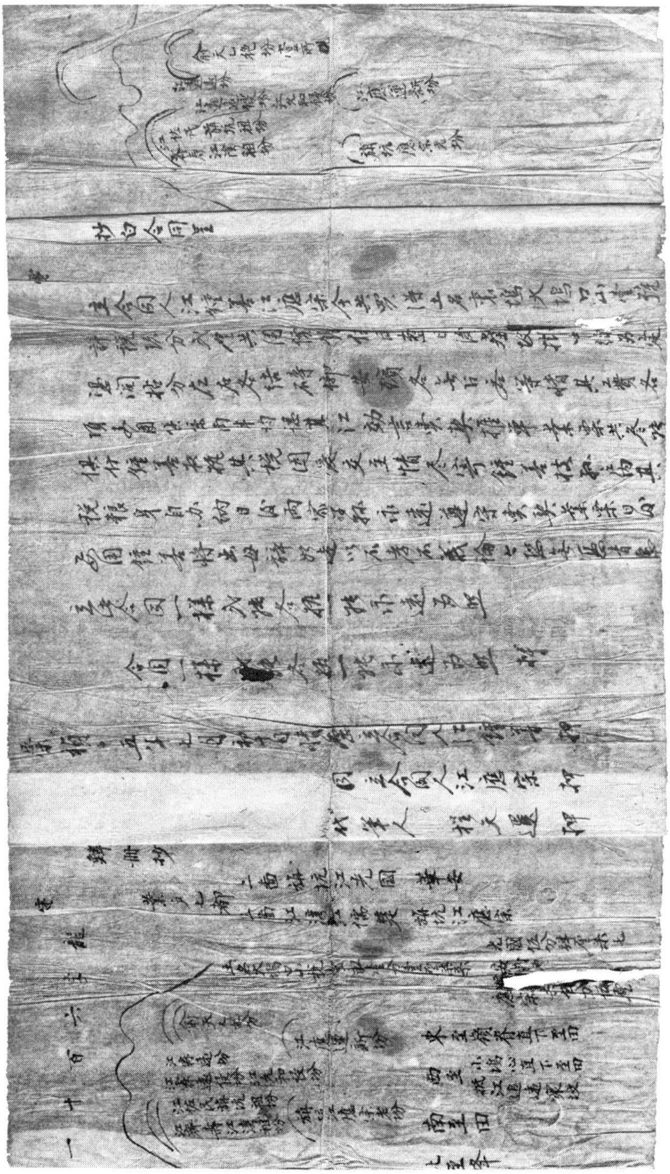

秋口镇沙城江氏 7 · 崇祯十五年 · 合同 · 江钟善

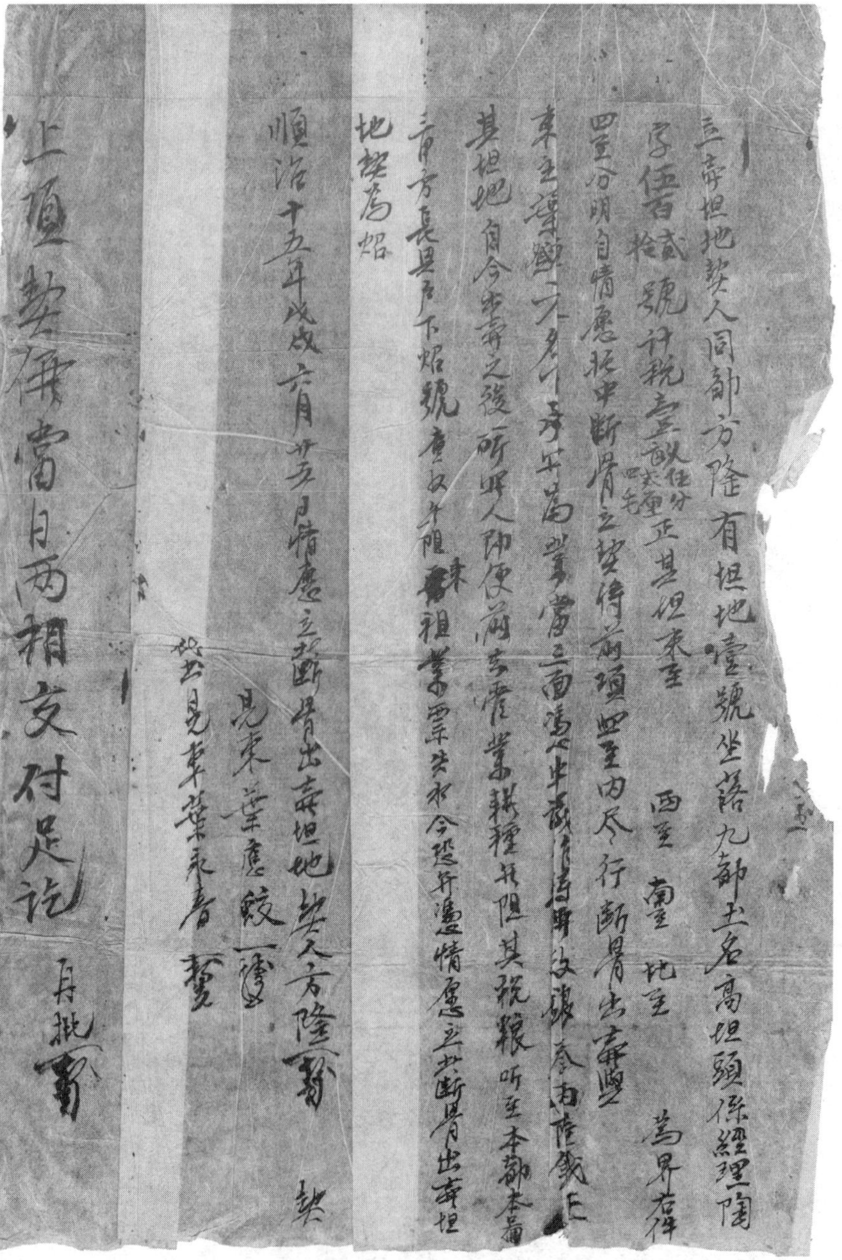

立賣坦地契人同都方隆，有坦地壹號，坐落九都土名高坦頭，係經理陶字伍百拾貳號，計稅壹畝八分四毛正。其坦東至　西至　南至　北至　為界。今將四至分明，自情愿托中斷骨立契，將前項四至內盡行斷骨出賣與東主葉□六名下為業，當三面議作時值價銀叁兩陸錢正。其坦地自今出賣之後，所買人即便前去管業耕種無阻，其稅糧聽至本都本圖三甲方長具戶下照號推收入戶，係本祖業，無異。今恐無憑，情愿立此斷骨出賣坦地契為炤。

順治十五年戊戌六月廿五日情愿立此斷骨出賣坦地契人方隆（押）　契

見中葉應駿（押）

依書見中葉永壽（押）

上項契價當日兩相交付足訖。　再批（押）

秋口镇沙城江氏 40 · 顺治十五年 · 断骨出卖坦地契 · 方隆卖与叶口六

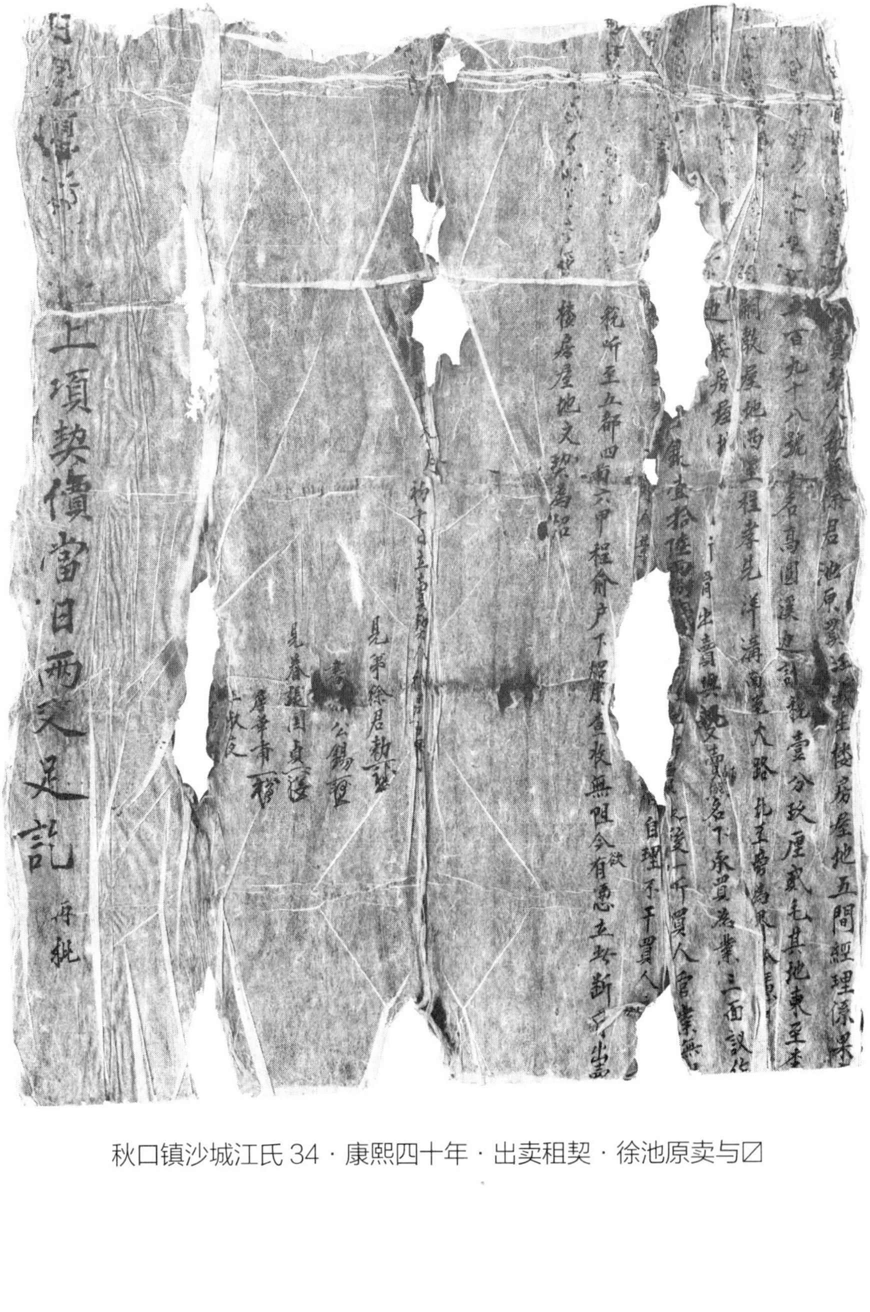
[illegible]賣契人徐君池原買江[illegible]生樓房屋地五間經理係果[illegible]
[illegible]百九十八號[illegible]名高園溪[illegible]計税壹分玖厘貳毛其地東至[illegible]
嗣教屋地西至程孝先洋滿南至大路北至[illegible]為界[illegible]
邊樓房屋[illegible]出賣與[illegible]名下承買為業三面議作
[illegible]銀壹拾陸兩[illegible]受[illegible]買人管業無[illegible]
自理不干買人[illegible]
税听至五都四甫六甲程俞户下[illegible]收無阻今欲有憑立此斷[illegible]出賣
樓房屋地文契為照
[illegible]
見筆 徐君勅
書 [illegible]公錫
見 春聯 國貞
唐華甫
上收皮
上項契價當日兩交足訖 再批

秋口镇沙城江氏 34 · 康熙四十年 · 出卖租契 · 徐池原卖与☐

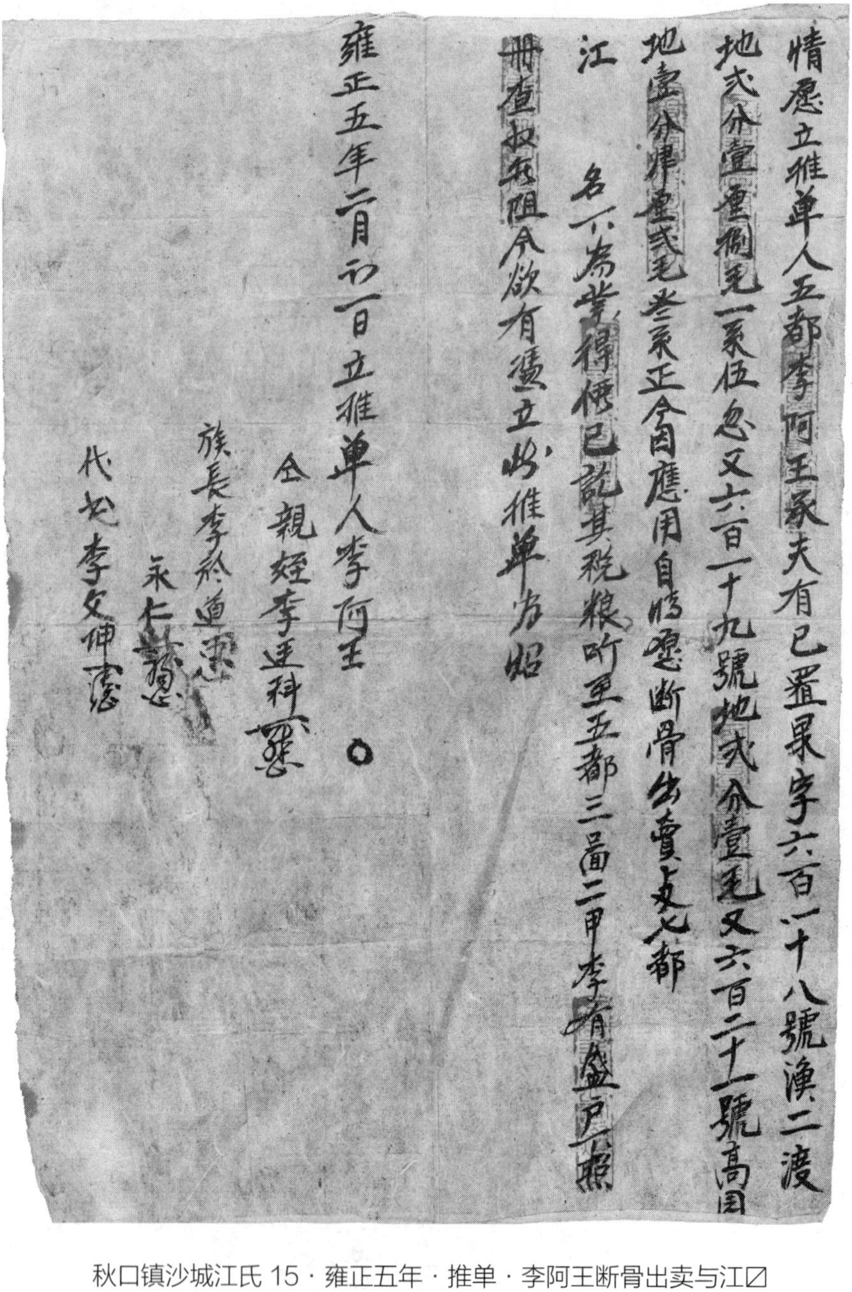

秋口镇沙城江氏 15 · 雍正五年 · 推单 · 李阿王断骨出卖与江☐

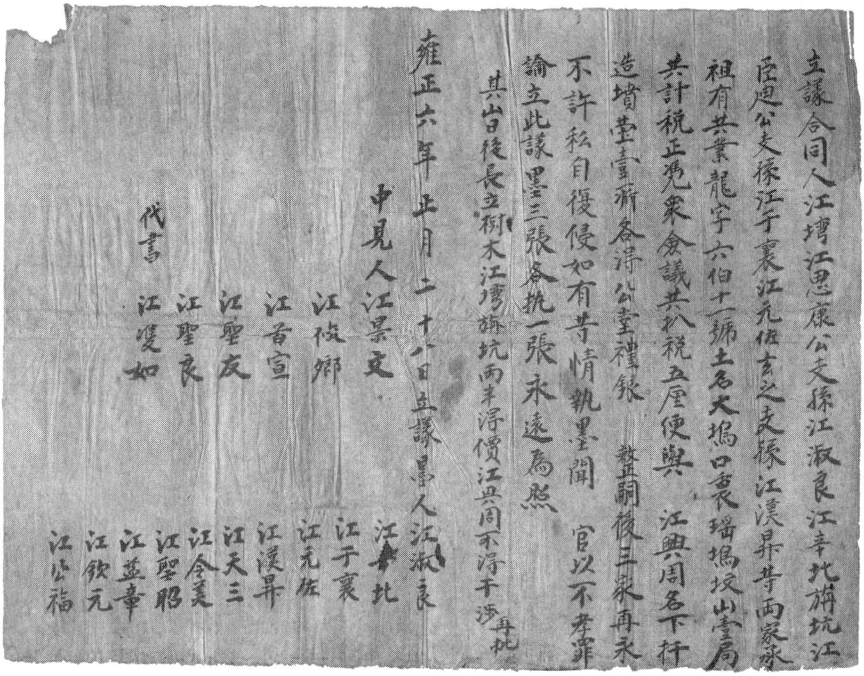
立議合同人江墫江思康公支孫江淑良江幸北旃坑江
臣廻公支孫江于襄江元佐玄之支孫江漢昇等两家承
祖有共業龍字六伯十一號土名大塢口裏瑶塢坟山壹局
共計税正兎衆僉議共扒税五厘便與 江興周名下扦
造墳埜壹所各得公堂禮銀 整並嗣後三家再永
不許私自復侵如有等情執墨聞 官以不孝罪
論立此議墨三張各執一張永遠為照
其山日後長立樹木江墫旃坑两半得價江興周不得干涉 再批
雍正六年正月二十八日立議墨人江淑良
江幸北
江于襄
江元佐
江漢昇
江天三
江令美
江聖聡
江益章
江欽元
江公福
中見人江景文
江攸卿
江晋宣
江聖友
江聖良
代書 江漫如

秋口镇沙城江氏 13 · 雍正六年 · 议合同 · 江思康公支孙江淑良等

秋口镇沙城江氏 4 · 乾隆八年 · 议墨 · 王子封

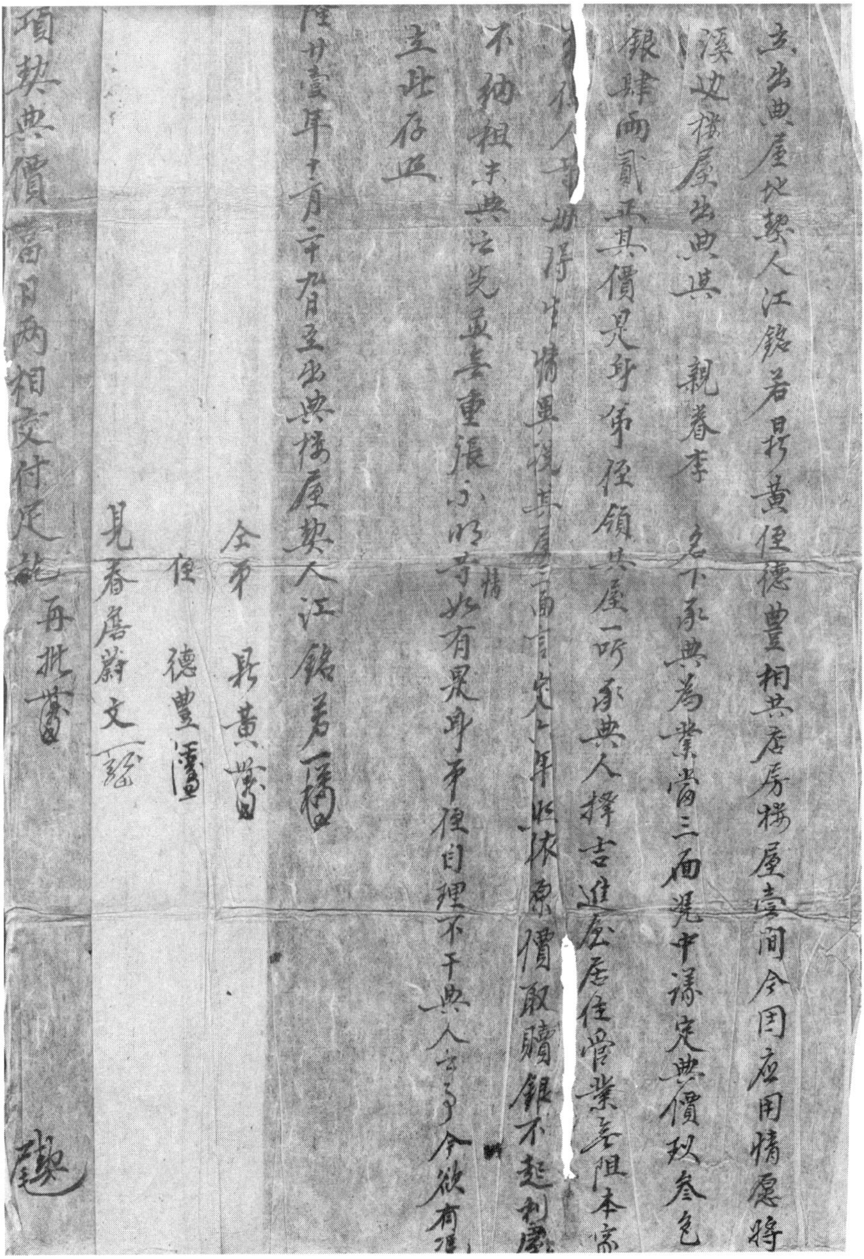
立出典屋地契人江銘若兄黃侄德豐相共居房樓屋壹間今因應用情愿將
溪边樓屋出典與 親眷李 名下承典爲業當三面憑中議定典價紋叁色
銀肆兩貳正其價是身弟侄領去其屋一所承典人擇吉進屋居住管業無阻本家
內外人等勿得生情異說其屋三面言定七年照依原價取贖銀不起利息
不納租未典之先並無重複交易 情 如有是身弟侄自理不干典人之事今欲有憑
立此存照
乾隆廿壹年十二月十二日立出典樓屋契人江銘若（押）
仝弟 兄黃（押）
侄 德豐（押）
見眷 唐蔚文（押）
今收契典價當日兩相交付足訖再批（押）
契

秋口镇沙城江氏 43 · 乾隆二十一年 · 出典屋地契 · 江铭若等典与亲眷李▨

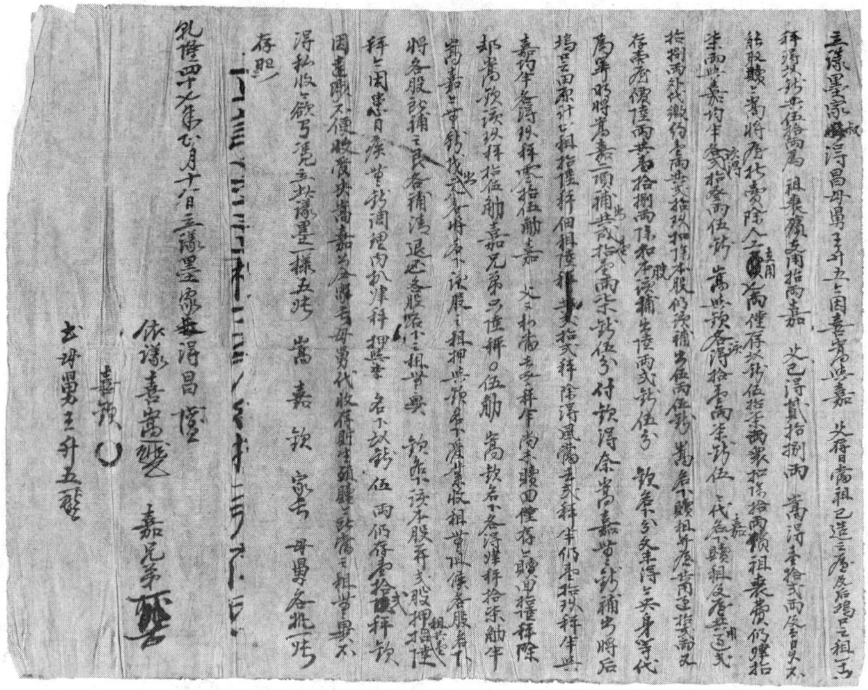

秋口镇沙城江氏 29 · 乾隆四十七年 · 议墨 · 家叔得昌等

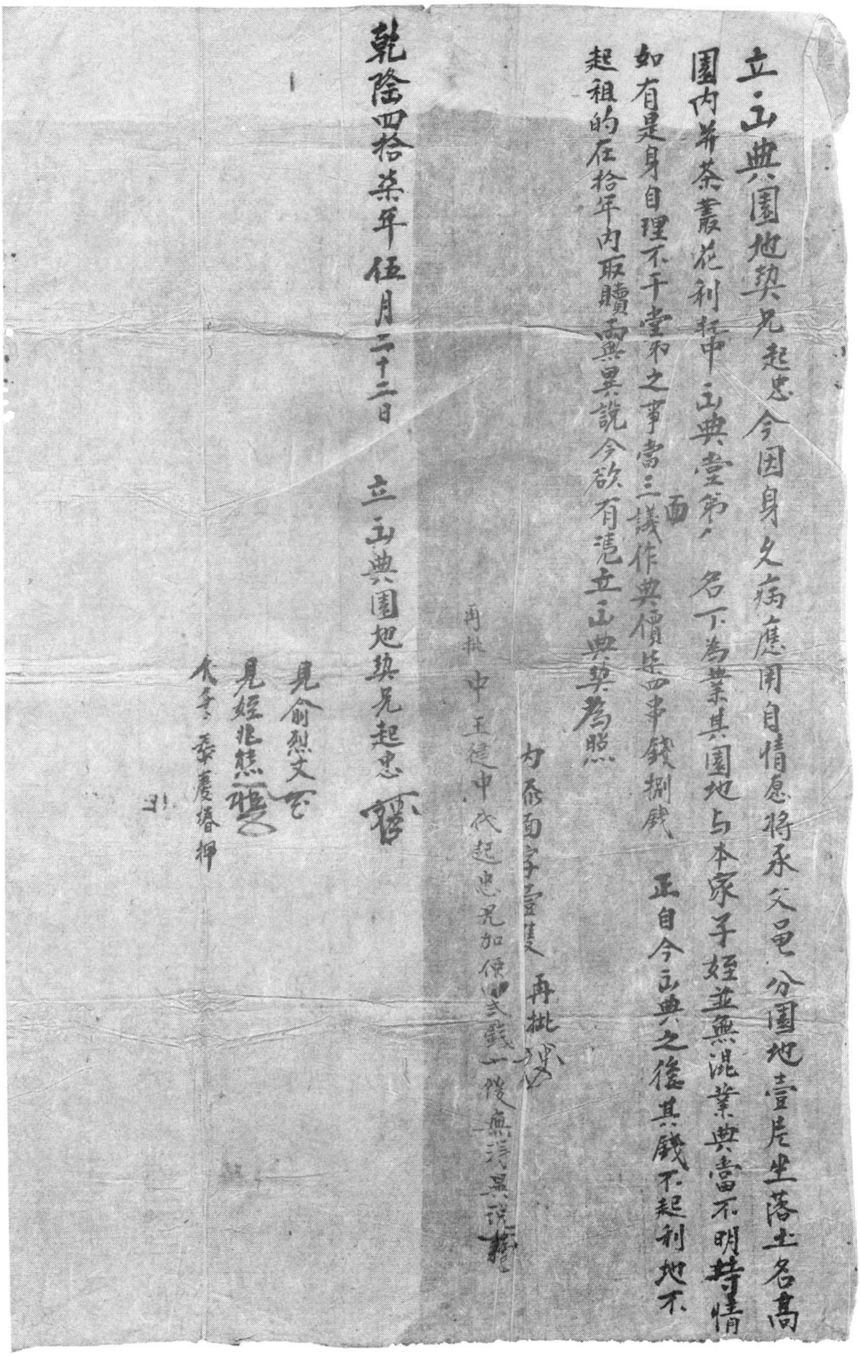

立出典園地契兄起忠，今因身久病，應用，自情愿將承父邑分園地壹片，坐落土名高園內，并茶叢花利，托中出典堂弟△名下為業。其園地與本家子姪並無混業典當不明。倘情如有，是身自理，不干堂弟之事。當三議作典價足四串錢捌錢正。自今出典之後，其錢不起利，地不起租，約在拾年內取贖，兩無異說。今欲有憑，立出典契為照。

內添面字壹隻 再批(押)

再批：中王健中代起忠兄加價錢弍錢一併，無得異說(押)

乾隆四拾柒年伍月二十二日 立出典園地契兄起忠(押)

見 俞烈文(押)

見姪 兆熊(押)

代筆 秦慶椿押

秋口镇沙城江氏 33 · 乾隆四十七年 · 出典园地契 · 俞起忠出典与堂弟☐

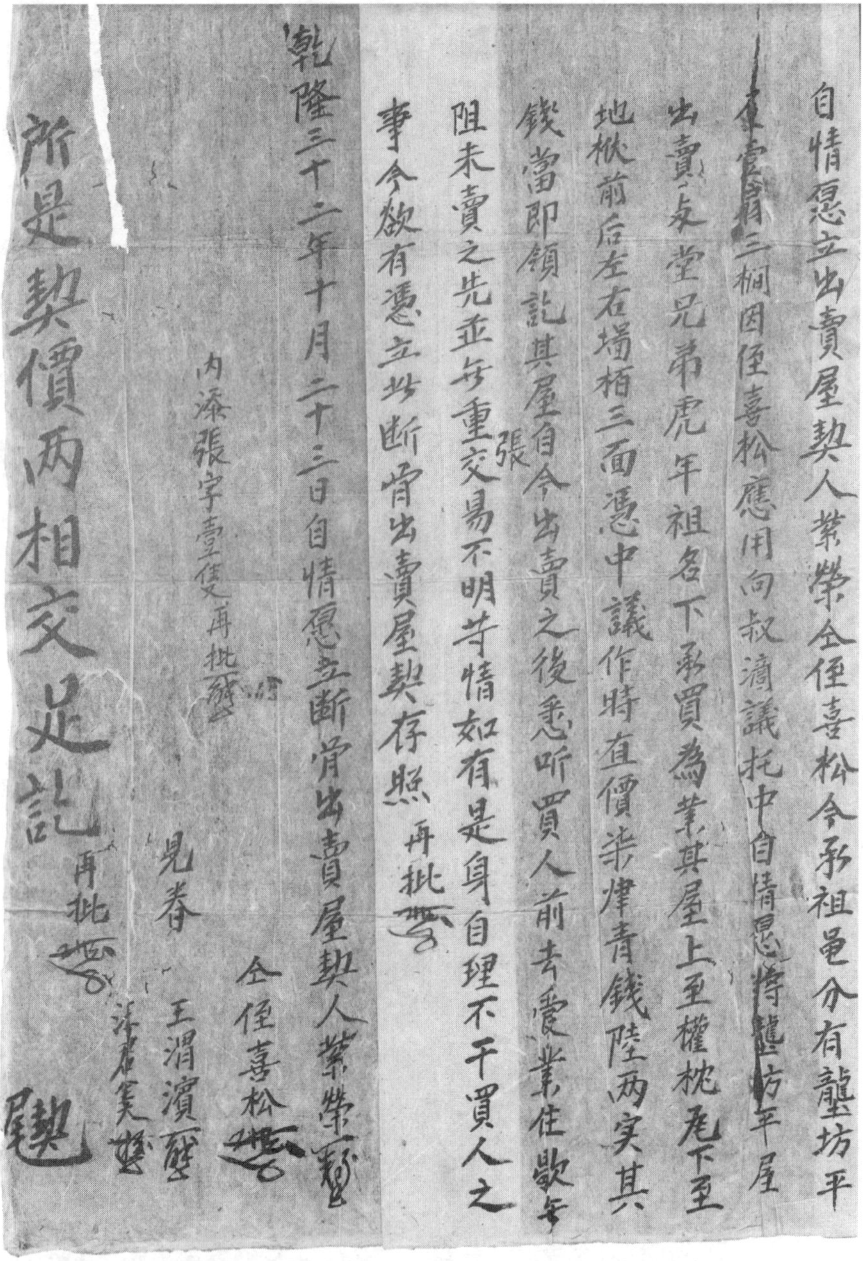
自情愿立出賣屋契人葉榮仝侄喜松今承祖邑分有壟坊平
屋壹間三桶因侄喜松應用向叔滴議托中自情愿將壟坊平屋
出賣與堂兄弟虎年祖名下承買為業其屋上至椽桷下至
地栿前后左右墻栢三面憑中議作時值價洋律青錢陸兩实其
錢當即領訖其屋自今出賣之後悉听買人前去處業住歇無
阻未賣之先並無重張交易不明等情如有是身自理不干買人之
事今欲有憑立此断骨出賣屋契存照　再批押
内添張字壹隻再批押
乾隆三十二年十月二十三日自情愿立断骨出賣屋契人葉榮押
仝侄喜松押
見春　王渭濱押
添君实押
所是契價兩相交足訖　再批押
驗契

秋口镇沙城江氏 8 · 乾隆三十二年 · 出卖屋契 ·
萦荣同侄喜松出卖与堂兄弟虎年祖

立出典園地契人江慶獅原承父有萬圓地二片坐落土名漁二渡
保果字 號今因應用自情愿托中特尚圓地下首一邊
上叁白東樹底左一片去三片今出典及工名下為
業當三面議定典價茶四䄷貳百染錢其後是身當卻
領訖其圓地自今出典之後一聽典人前去耕䅆無阻末要之先
交本家肉外人等並無百張要當交易不明等情如有是
自理不管典父之事其茶叢一㧾俱典在内本家一䑕不習言
定五年滿䏶依原價取贖而無異說今恐無凭立此出典圓
地契存照

乾隆四十年十一月□秋四月内自願喚圓地壹拾又壹坵地兩坊內有
身當日領訖領白股圓地期木茶叢一所俠已在内日後無得異說再地□
見中 曹敏徐 □
代筆 張京禹 玄

乾隆叁拾叁年八月二十日自情愿立出典園地契人江慶獅 □

所是契價當即兩相交足訖 □

西有䄷卄月念二日實[...]
[...]轉賣與起來不承買外[...]領收錢壹
而正其典契市情事壬申收執行照汪慶獅私契
中 汪居美 □

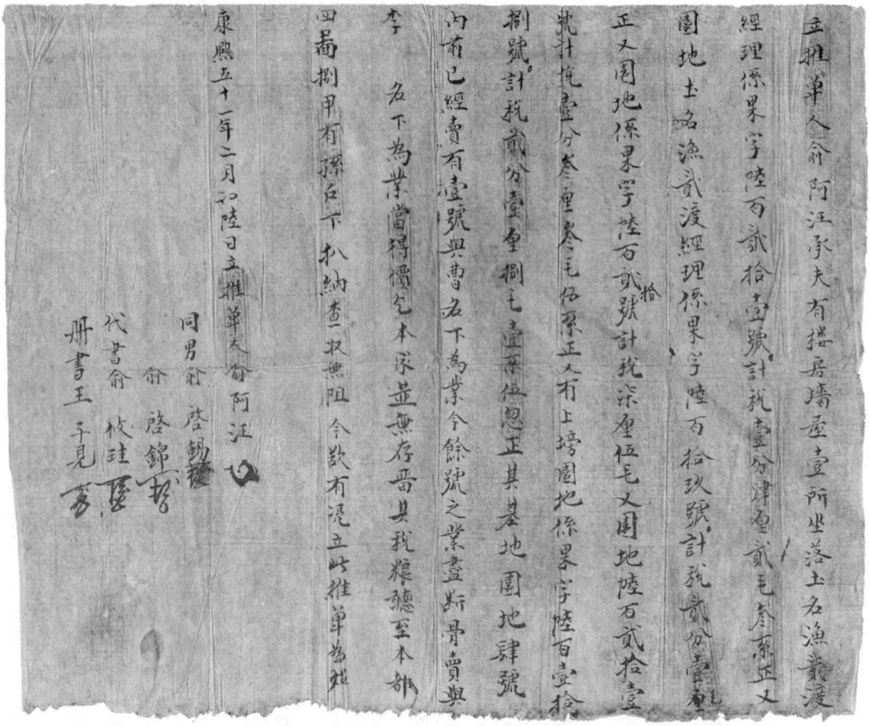
立推單人俞阿汪承夫有摇房墻屋壹所坐落土名漁叢渡
經理係果字陸百貳拾壹號計稅壹分肆厘貳毛叁系五又
園地土名漁貳渡經理係果字陸百拾玖號計稅貳分壹厘
正又園地係果字陸百貳拾號計稅柒厘伍毛又園地陸百貳拾壹
號計稅壹分叁厘叁毛伍系正又有上塝園地係果字陸百壹拾
捌號計稅貳分壹厘捌毛壹系伍忽正其基地園地肆號
內前已經賣有壹號與曹名下為業今餘號之業盡斷骨賣與
李　名下為業當得價乞本銀並無存留其稅粮聽至本都
四啚捌甲有孫[illegible]下扒納查收無阻今欲有憑立此推單為照
康熙五十一年二月初陸日立推單人俞阿汪
同男俞啓錫
俞啓錦
代書俞枚珪
冊書王子見

秋口镇沙城江氏 20 · 乾隆五十一年 · 推单 · 俞阿汪断骨卖与李☒

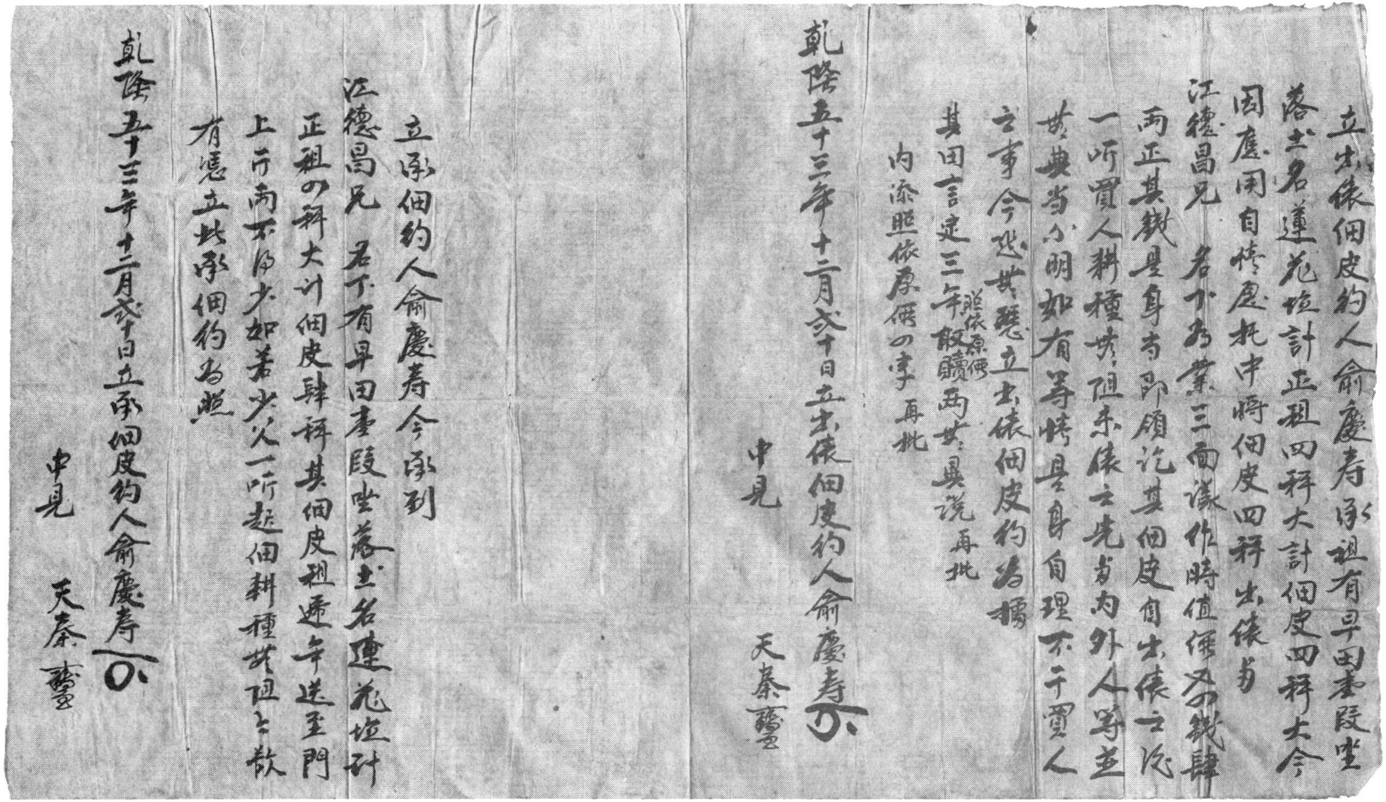
立出俵佃皮約人俞慶壽承祖有旱田壹段坐
落土名蓮花垅計正租四秤大計佃皮四秤大今
因匱用自情愿托中將佃皮四秤出俵与
江德昌兄 名下為業三面議作時值價艮錢肆
兩正其錢是身当即領訖其佃皮自出俵之后
一听買人耕種無阻未俵之先并為外人等並
無典当不明如有等情是身自理不干買人
之事今恐無憑立出俵佃皮約為據
其田言定三年照依原價取贖兩無異説 再批
內添照依原價四字 再批
乾隆五十三年十二月廿日立出俵佃皮約人俞慶壽
中見 天秦

立承佃約人俞慶壽今承到
江德昌兄 名下有旱田壹段坐落土名蓮花垅計
正租四秤大計佃皮肆秤其佃皮租遞年送至門
上斤兩不得少加若少欠一听起佃耕種無阻今欲
有憑立此承佃約為照
乾隆五十三年十二月廿日立承佃皮約人俞慶壽
中見 天秦

秋口镇沙城江氏 5 · 乾隆五十三年 · 出俵佃皮约 · 俞庆寿俵与江德昌

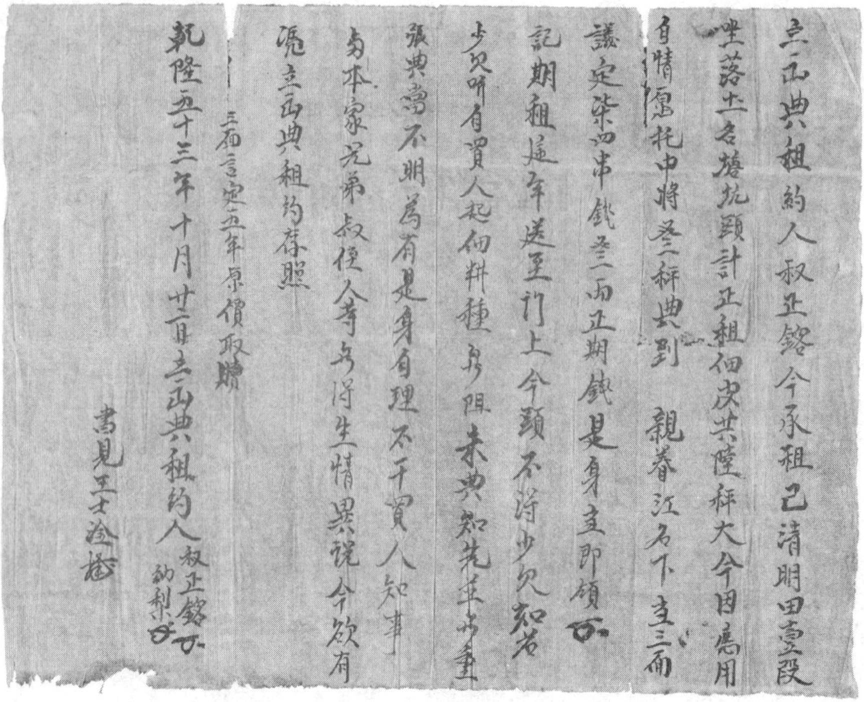

立出典租約人叔正銘今承祖己清明田壹段
坐落土名塘坑頭計正租佃皮共陸秤大今因急用
自情愿托中將叁秤典到　親眷江名下為主三面
議定柒四串錢叁兩正期錢是身主即領訖
記期租逐年送至門上今頭不得少欠如若
少欠所有買人起佃耕種身阻　未典知先並無重
張典當不明為有是身自理不干買人知事
與本家兄弟叔侄人等無得生情異說今欲有
憑立出典租約存照
三面言定五年原價取贖
乾隆五十三年十月廿日立出典租約人叔正銘　押
納利　押
書見王士淦　押

秋口镇沙城江氏 19 · 乾隆五十三年 · 出典租约 · 叔正镕典与亲眷江

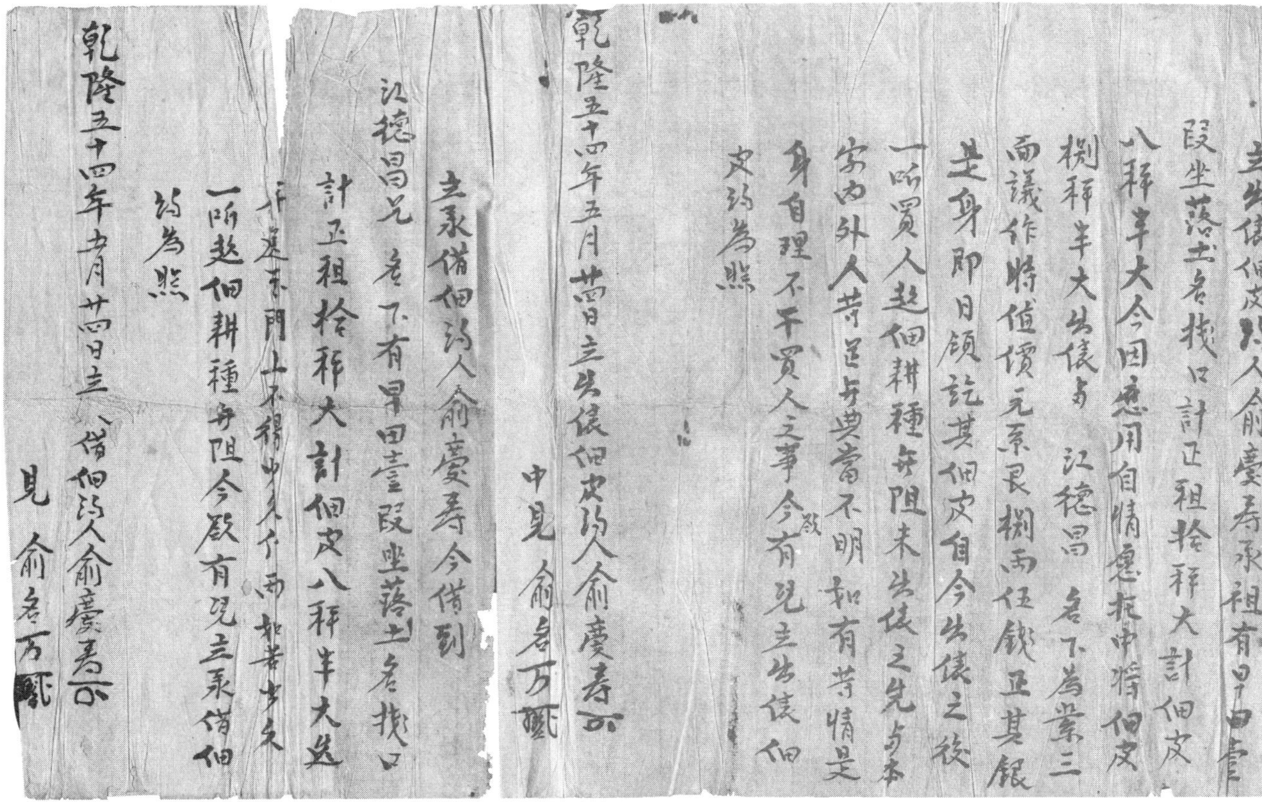
立出俵佃皮约人俞庆寿承祖有田壹
段坐落土名拢口 计正租拾秤大 计佃皮
八秤半大今因急用自情愿托中将佃皮
捌秤半大出俵与 江德昌 名下为业 三
面议作时值价元系银捌两伍钱正 其银
是身即日领讫 其佃皮自今出俵之后
一听买人起佃耕种无阻 未出俵之先与本
家内外人等并无典当不明 如有等情 是
身自理 不干买人之事 今欲有凭 立此出俵佃
皮约为照
乾隆五十四年五月廿四日立出俵佃皮约人俞庆寿（押）
中见 俞启万（押）

立承借佃约人俞庆寿今借到
江德昌兄 名下有早田壹段坐落土名拢口
计正租拾秤大 计佃皮八秤半大 其
田递年交门上不得少欠分两如若少欠
一听起佃耕种无阻 今欲有凭 立此承借佃
约为照
乾隆五十四年五月廿四日立承借佃约人俞庆寿（押）
见 俞启万（押）

秋口镇沙城江氏 26 · 乾隆五十四年 · 出俵佃皮约 · 俞庆寿俵与江德昌

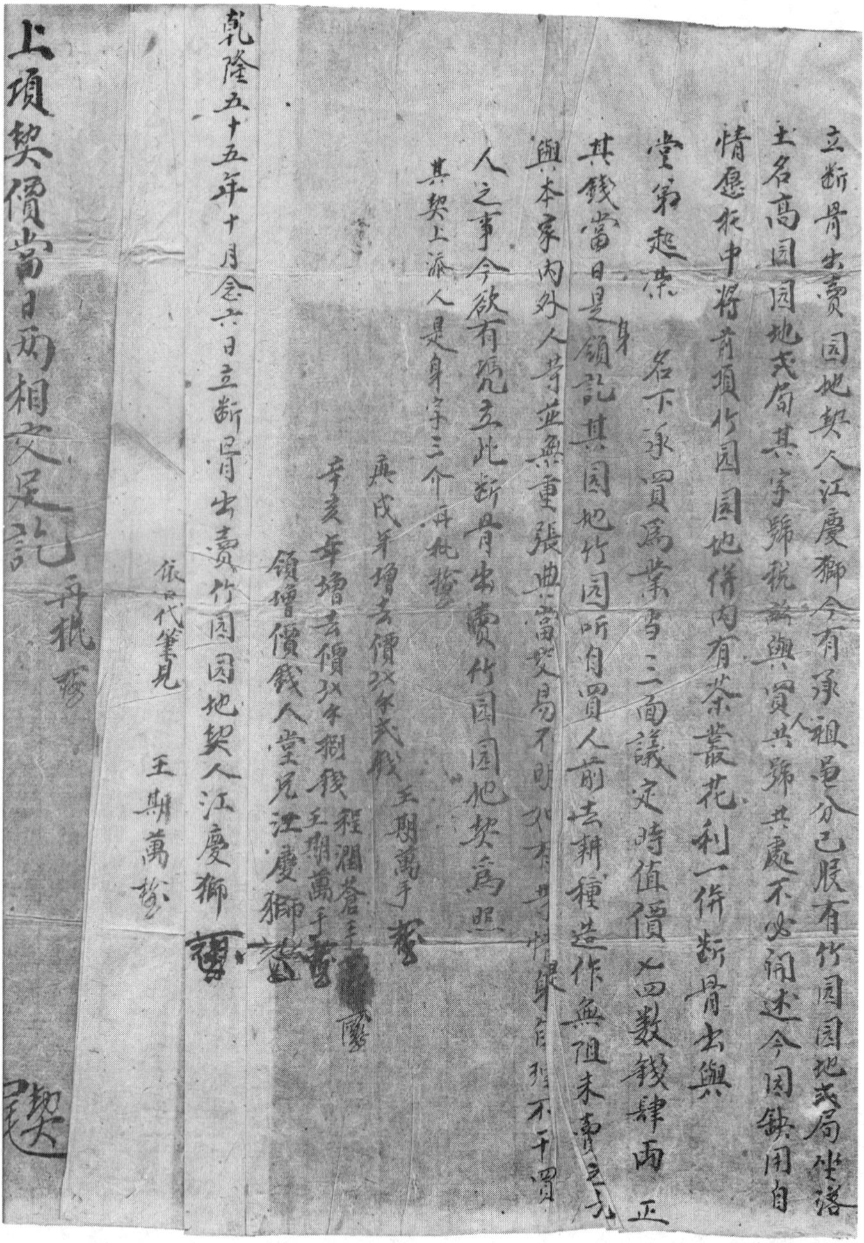
立斷骨出賣園地契人江慶獅今有承祖邑分己股有竹園園地弍局坐落
土名高園園地弍局其字號稅畝與買人共號共處不必開述今因缺用自
情愿托中將前項竹園園地併內有茶叢花利一併斷骨出與
堂弟起榮名下承買為業當三面議定時值價文四數錢肆兩正
其錢當日是身領訖其園地竹園所自買人前去耕種造作無阻未賣之先
與本家內外人等並無重張典當交易不明如有是身自理不干買
人之事今欲有憑立此斷骨出賣竹園園地契為照
其契上添人是身字三个　再批
庚戌年增去價文八分弍錢　王期萬手
辛亥年增去價文八分捌錢　王期萬手　程潤蒼手
領增價錢人堂兄江慶獅
乾隆五十五年十月念六日立斷骨出賣竹園園地契人江慶獅
依口代筆見　王期萬
上項契價當日兩相交足訖　再批
契

秋口镇沙城江氏 58 · 乾隆五十五年 · 断骨出卖园地契 ·
江庆狮卖与堂弟起荣

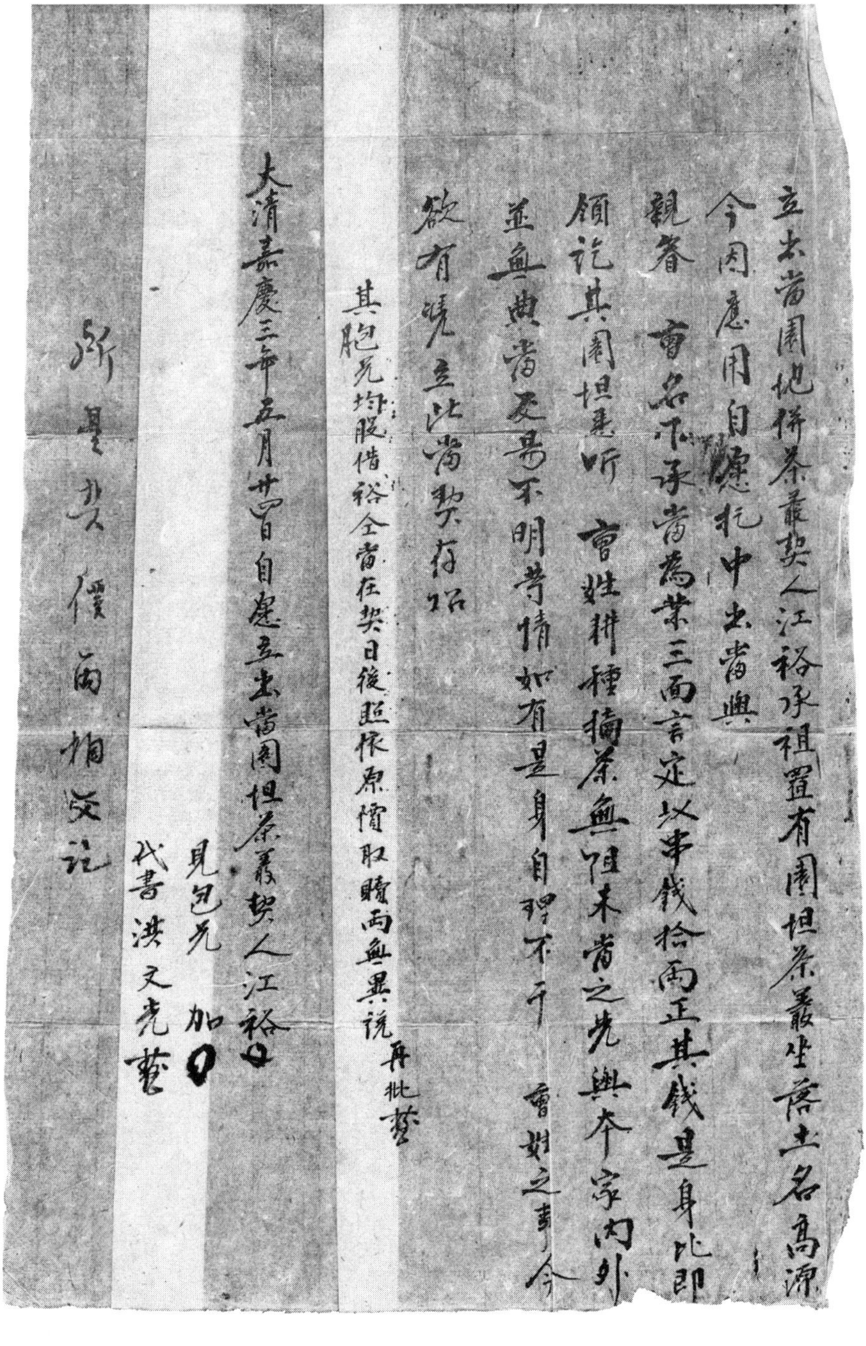
立出當園地併茶叢契人江裕承祖置有園坦茶叢坐落土名高源
今因應用自愿托中出當與
親眷　曹名下承當爲業三面言定以本錢拾兩正其錢是身收即
領訖其園坦是听　曹姓耕種摘茶無阻未當之先與本家内外
並無典當交易不明等情如有是身自理不干　曹姓之事今
欲有憑立此當契存炤
其胞兄均股借裕全當在契日後照依原價取贖兩無異説　再批（押）
大清嘉慶三年五月廿四日自愿立出當園坦茶叢契人江裕（押）
見胞兄　加（押）
代書洪文光（押）
所是契價兩相交訖

秋口镇沙城江氏 59 · 嘉庆三年 · 出当园地并茶丛契 · 江裕当与亲眷曹

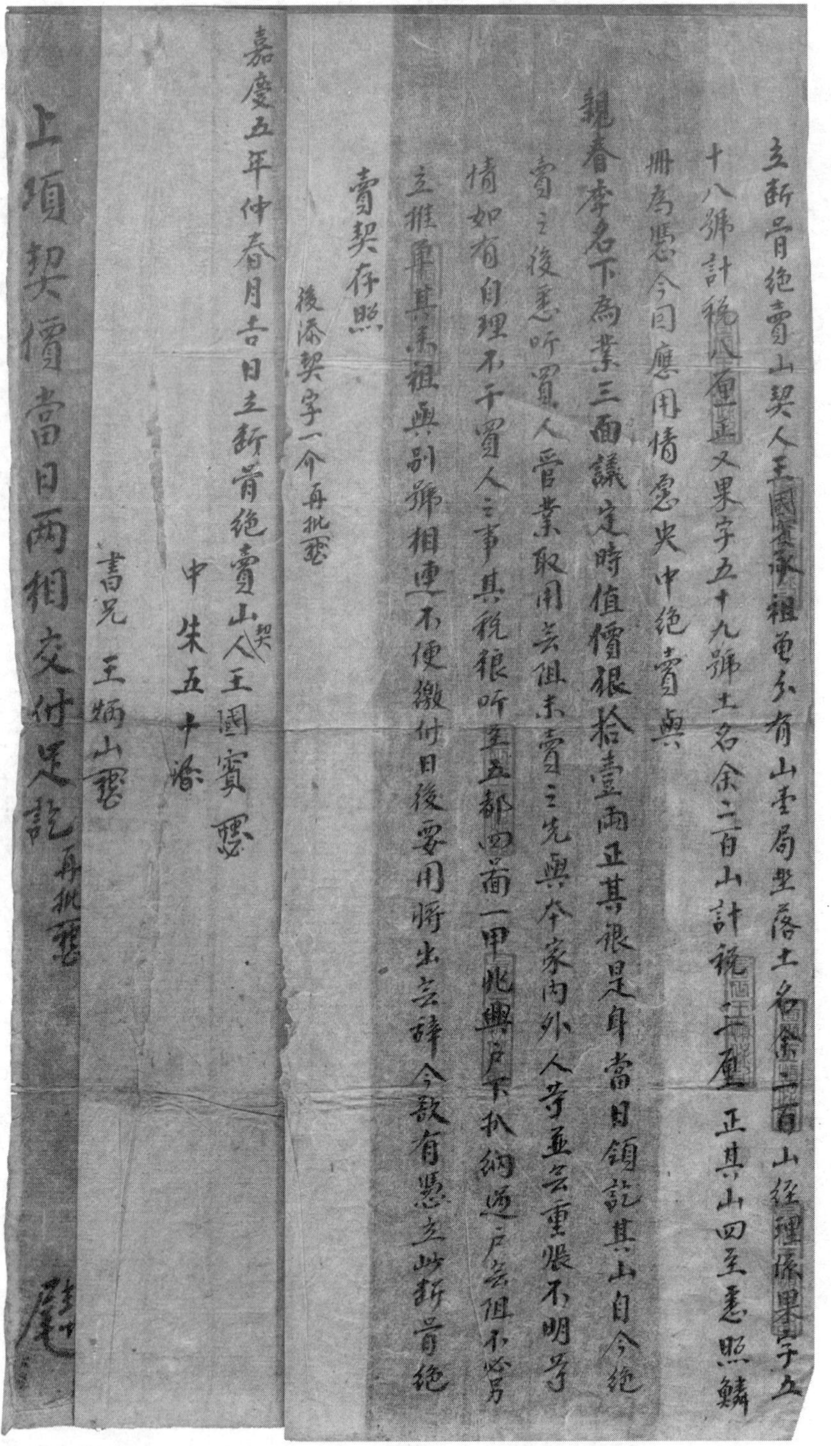
立断骨绝賣山契人王國賓今承祖遺分有山壹局坐落土名余二百山經理係果字五
十八號計稅八畝正又果字五十九號土名余二百山計稅一釐正其山四至悉照鱗
册為憑今因應用情愿央中绝賣與
親眷李名下為業三面議定時值價銀拾壹兩正其銀是身當日領訖其山自今绝
賣之後悉听買人管業取用無阻未賣之先與本家内外人等並無重張不明等
情如有自理不干買人之事其稅粮听至五都四啚一甲兆興户下扒納過户無阻不必另
立推單其來祖與别號相連不便缴付日後要用將出無辞今欲有憑立此断骨绝
賣契存照
後添契字一个再批
嘉慶五年仲春月吉日立断骨绝賣山契人王國賓
中 朱五十滁
書兄 王炳山
上項契價當日兩相交付足訖 再批

秋口镇沙城江氏 50 · 嘉庆五年 · 断骨绝卖山契 · 王国宾卖与亲眷李

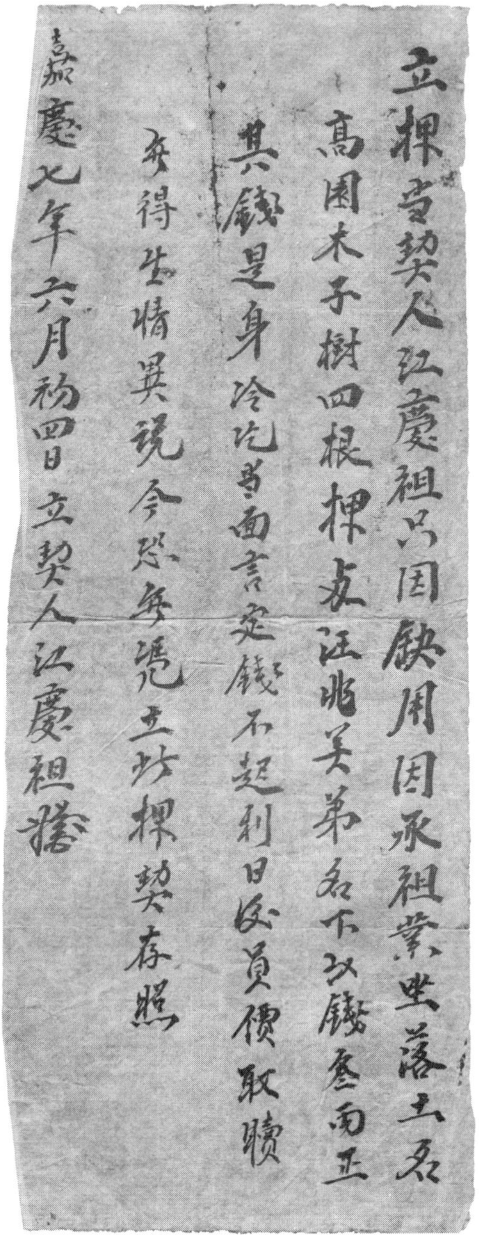

立押当契人江慶祖，只因缺用，因承祖業坐落土名

高園木子樹四根，押与汪兆美弟名下，以錢叁兩正。

其錢是身領訖，当面言定，錢不起利，日後員價取贖。

無得生情異說，今恐無憑，立此押契存照。

嘉慶七年六月初四日　立契人江慶祖（押）

秋口镇沙城江氏 18 · 嘉庆七年 · 押当契 · 汪庆祖押与汪兆美

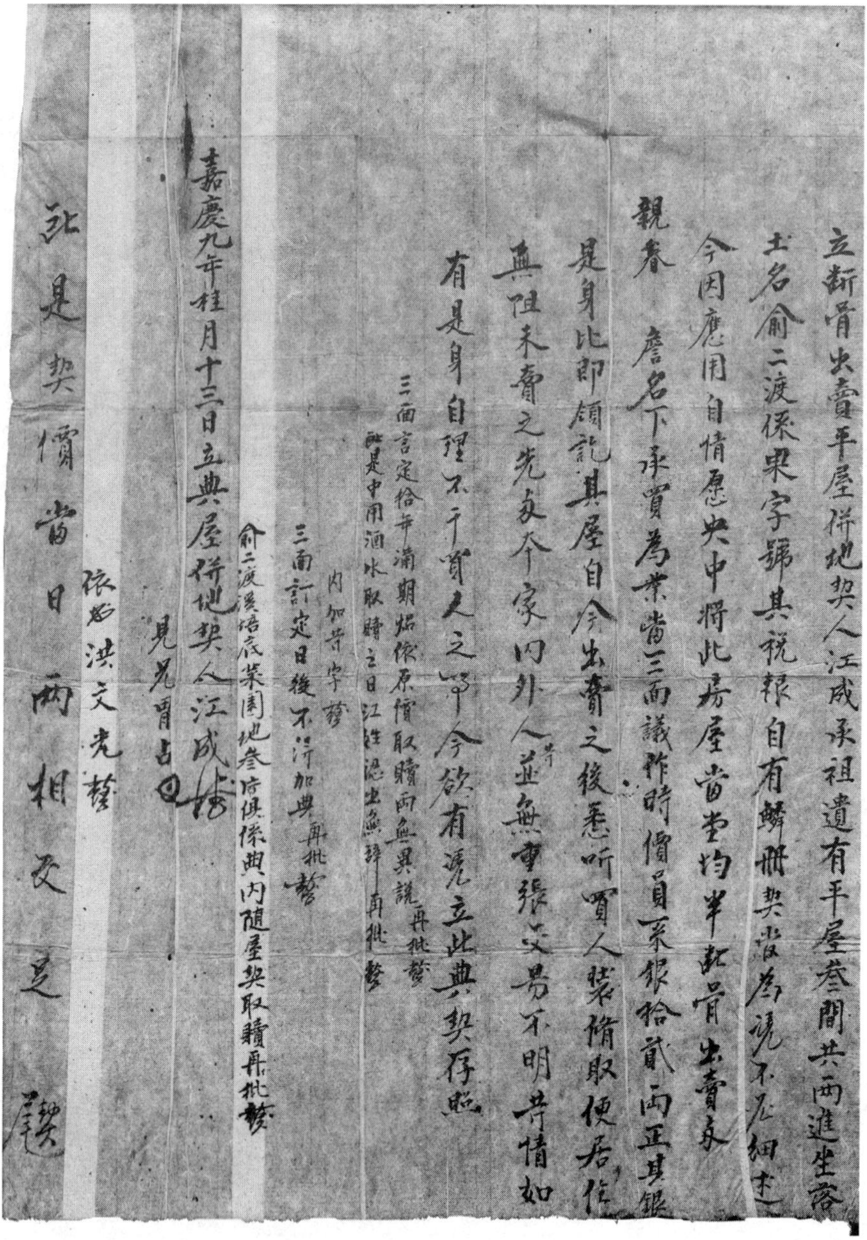
立斷骨出賣平屋併地契人江成承祖遺有平屋叁間共兩進坐落
土名俞二渡係果字號其稅糧自有鱗冊契載為憑不及細述
今因應用自情愿央中將此房屋當堂均半斷骨出賣與
親眷 詹名下承買為業當三面議作時價員系銀拾貳兩正其銀
是身比即領訖其屋自今出賣之後悉听買人裝修取便居住
無阻未賣之先與本家內外人等並無重張交易不明等情如
有是身自理不干買人之事今欲有憑立此典契存照
三面言定伍年滿期照依原價取贖兩無異說再批（押）
融是中用酒水取贖之日江姓認出無辭再批（押）
內加壹字（押）
三面訂定日後不許加典再批（押）
俞二渡溪培底菜園地叁畝俱係典內隨屋契取贖再批（押）
嘉慶九年桂月十三日立典屋併地契人江成（押）
見兄 胃占（押）
依口代筆 洪文光（押）
批是契價當日兩相交足（押）

秋口镇沙城江氏 32 · 嘉庆九年 · 断骨出卖平屋并地契 · 江成出卖与亲眷詹

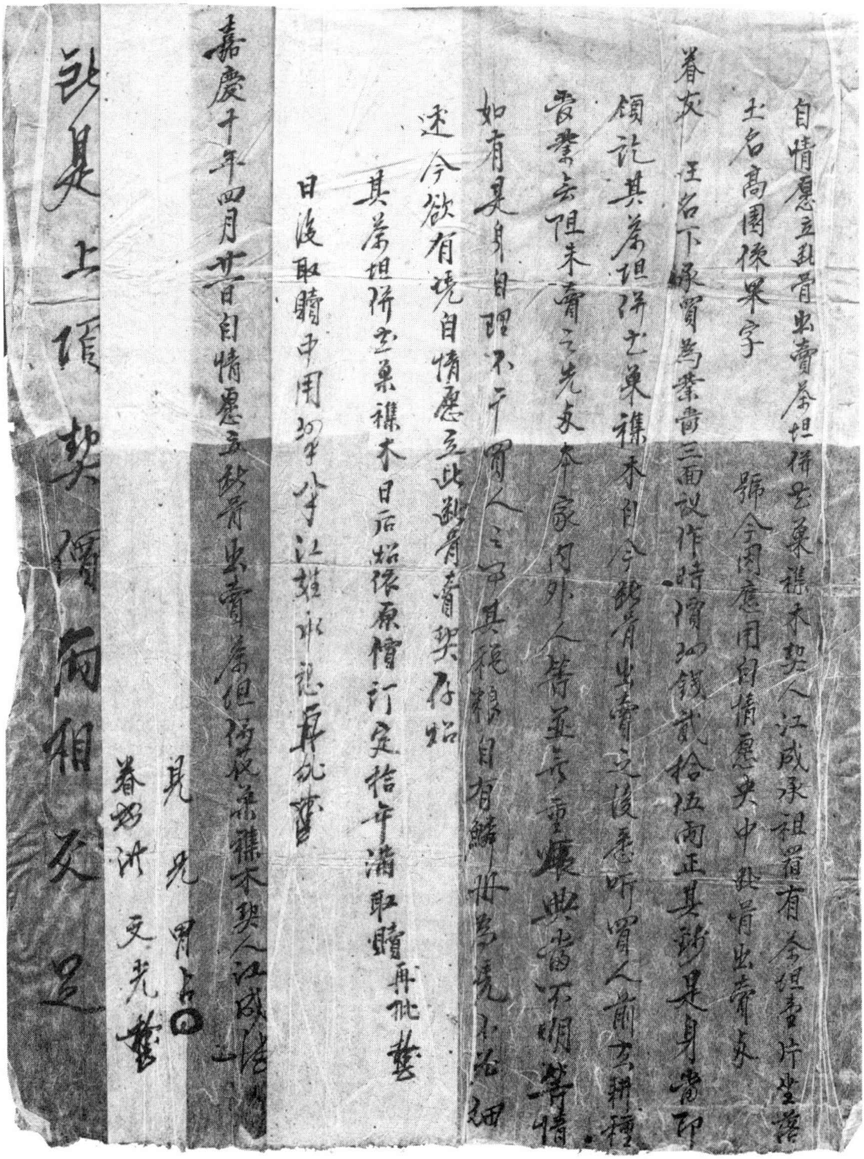

自情愿立断骨出賣茶坦併花果襍木契人江成，承祖買有茶坦壹片，坐落土名高園，係果字 號。今因應用，自情愿央中断骨出賣與眷友汪名下爲業，當三面議作時價紋錢貳拾伍兩正。其銀是身當即領訖。其茶坦併花果襍木自今断骨出賣之後，悉听買人前去耕種管業，無阻。未賣之先，與本家内外人等並無重複典當不明等情。如有，是身自理，不干買人之事。其税粮自有鱗冊照號不必細述。今欲有憑，自情愿立此断骨賣契存照。

其茶坦併花果襍木日后照依原價訂定拾年滿取贖，再批。（押）

日後取贖中用 江雄 再批（押）

嘉慶十年四月廿四日自情愿立断骨出賣茶坦併花果襍木契人江成（押）

見兄 男上（押）

眷姻汪 交光（押）

断骨上價兩相交足

秋口镇沙城江氏 39 · 嘉庆十年 · 断骨出卖茶坦并花果杂木契 · 江成卖与眷友王

立出典屋地契人江成仝堂兄江裕承祖遺有平屋一字三間坐落土名漁
二渡今因應用自情愿托中將平屋三間出典與
親眷詹名下承典為業當三面議定時值價七四串錢壹拾玖兩正其錢當日是
身領訖其屋自今出典之后悉聽承典人管業居住無阻未出典之先並
無重張交易不明等情如有是身兄弟自理不干承典人之事其屋言
定拾年內照依原價取贖其銀不起利屋不起租今欲有憑立此出典屋
地契存照

契內加起一隻再批（押）

嘉慶十二年二月念六日立出典屋地契人江成（押）
仝堂兄江裕（押）
見叔 祖燦（押）
見眷 程樹三（押）
李 壽（押）
依書 俞敦受（押）

上項契價當日兩相交足訖再批（押）

秋口镇沙城江氏 27 · 嘉庆十二年 · 出典屋地契 · 江成等典与亲眷詹

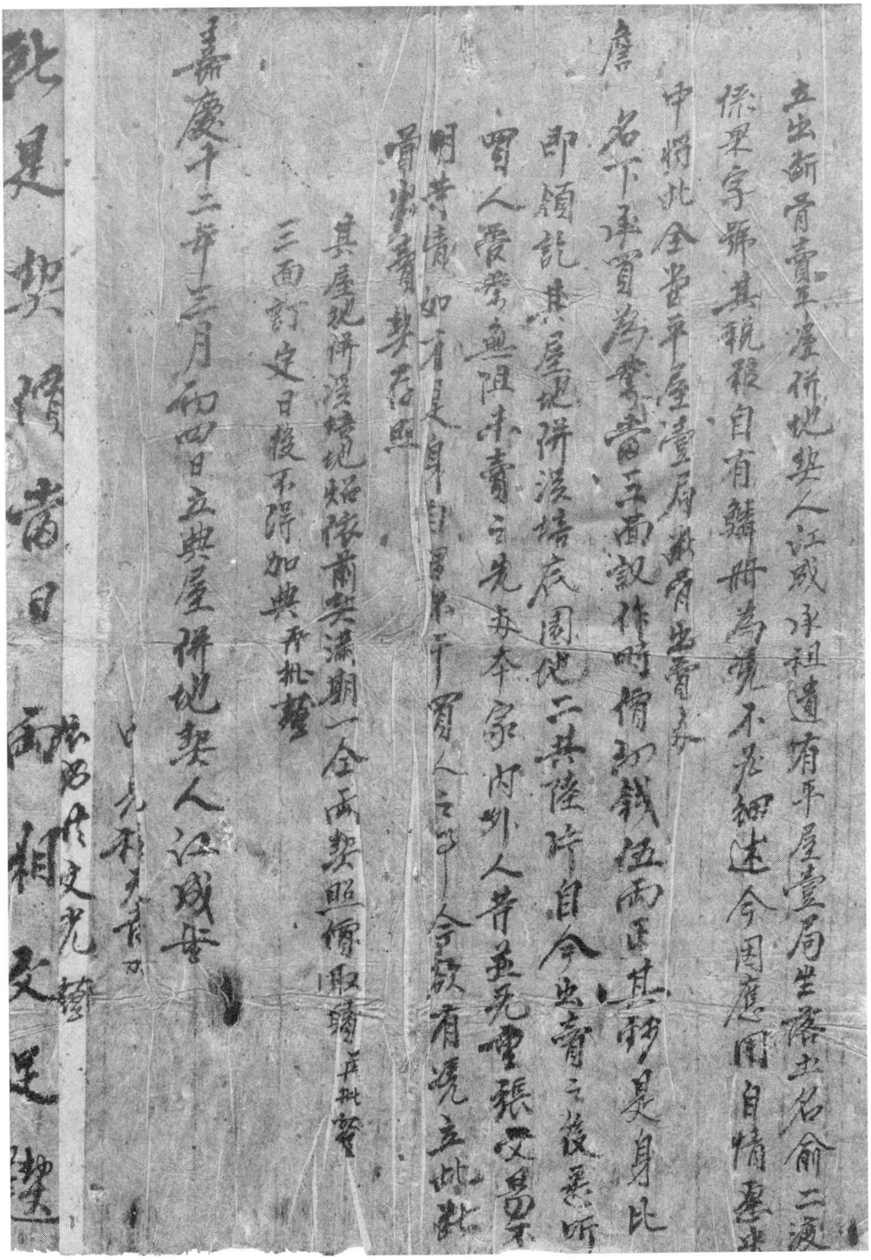
立出断骨賣平屋并地契人江成典承祖遺有平屋壹局坐落土名俞二渡
係果字號其稅粮自有鱗冊為憑不及細述今因應用自情愿央
中將此全業平屋壹局斷骨出賣与
詹名下承買為業當三面議作時價紋錢伍兩正其銀是身比
即領訖其屋地并滾墻底園地二共陸併自今出賣之後悉听
買人受業無阻未賣之先与本家內外人并無重張交易不
明等情如有是身自理不干買人之事今欲有憑立此斷
骨出賣契存照
其屋地并滾墻地基係前典滿期一合兩契照價取贖　再批押
三面訂定日後不得加典　再批押
嘉慶十二年十二月初四日立典屋并地契人江成典
此是契價當日兩相交足

秋口镇沙城江氏 41 · 嘉庆十二年 · 断骨卖平屋并地契 · 江成典与詹☐

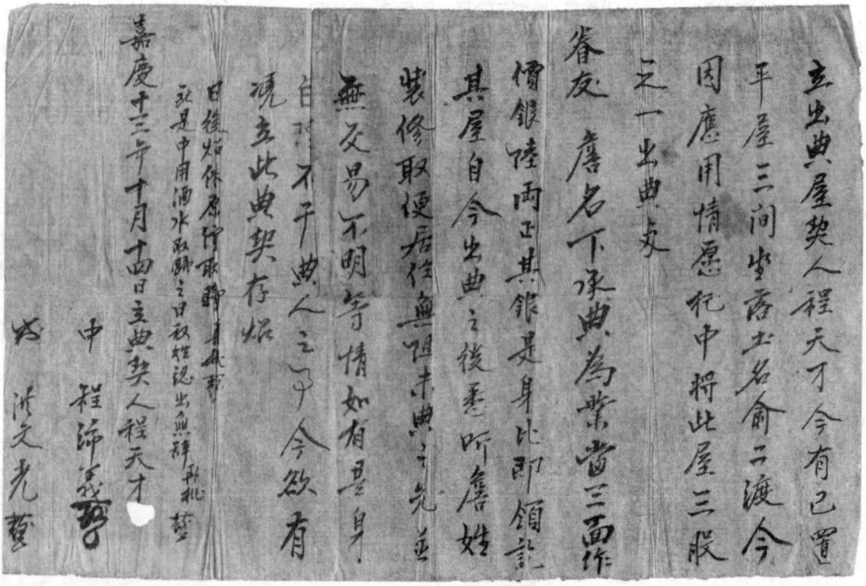

立出典屋契人程天才今有已置
平屋三间坐落土名俞二渡今
因應用情愿托中将此屋三股
之一出典与
眷友詹名下承典為業當三面作
價銀陸兩正其銀是身比即領訖
其屋自今出典之後悉听詹姓
裝修取便居住無阻未典之先並
無交易不明等情如有是身
自理不干典人之事今欲有
憑立此典契存炤
日後炤依原價取贖身無異
又是中用酒水取贖之日秋姓認出無辞再批 押
嘉慶十三年十月十四日立典契人程天才
中 程錦義 押
代 汪文光 押

秋口镇沙城江氏 25 · 嘉庆十三年 · 出典屋契 · 程天才典与眷友詹

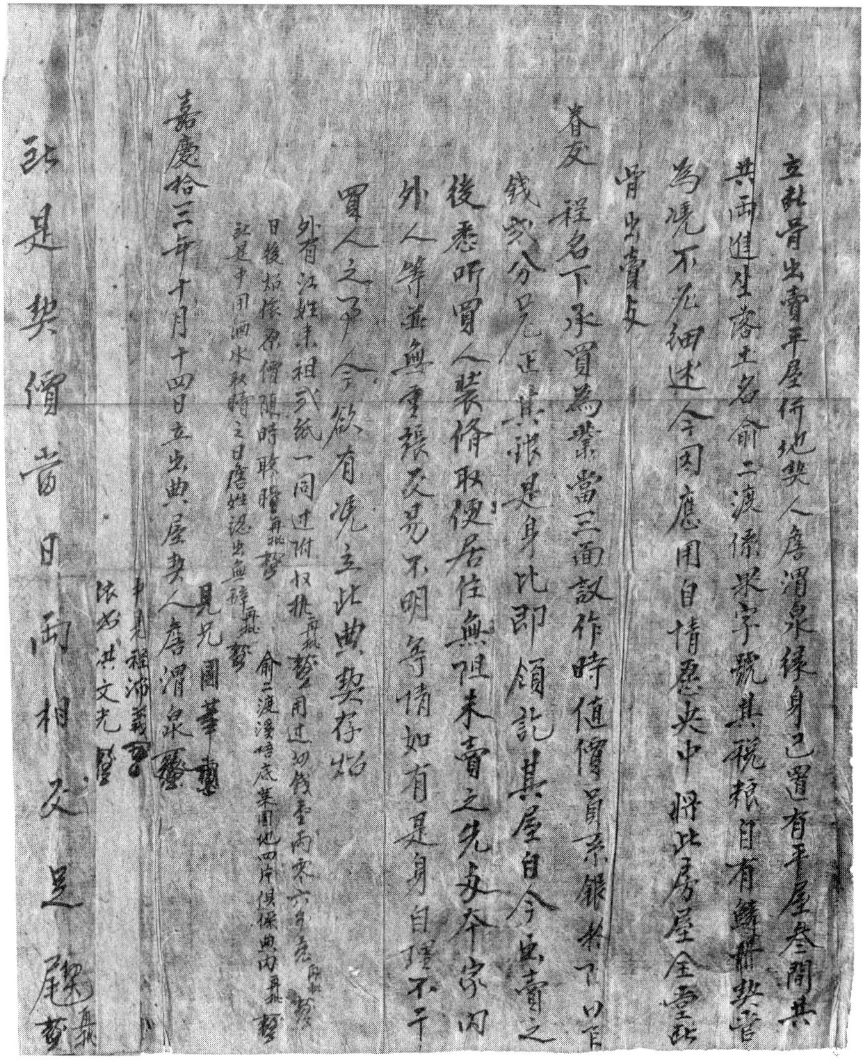

立断骨出賣平屋併地契人詹渭泉，緣身己置有平屋叁間共
共兩進，坐落土名俞二渡，係某字號，其稅粮自有鱗册契管
為憑，不在細述。今因應用，自情愿央中將此房屋全盡断
骨出賣與
眷友
程名下承買為業，當三面議作時值價[illegible]紋銀[illegible]
錢整，今兌足正，其銀是身比即領訖，其屋自今出賣之
後，悉听買人裝修，取便居住，無阻。未賣之先，並與本家内
外人等並無重張交易、不明等情，如有，是身自理，不干
買人之事。今欲有憑，立此典契存照。

外有江姓来祖贰紙，一同过附，再批。押　用过[illegible]錢壹兩零六分[illegible]，再批。押
日後[illegible]依原價隨時取贖，再批。押　俞二渡[illegible]培底業田地四[illegible]俱保典内，再批。押
批是中間兩水秋時之日，詹姓認出無辞，再批。押

嘉慶拾三年十月十四日立出典屋契人詹渭泉（押）
見兄　國華（押）
中見　程沛義（押）
依口代筆　洪文光（押）

此是契價當日兩相交足，再批。押

秋口镇沙城江氏 56 · 嘉庆十三年 · 断骨出卖平屋并地契 · 詹渭泉卖与眷友程

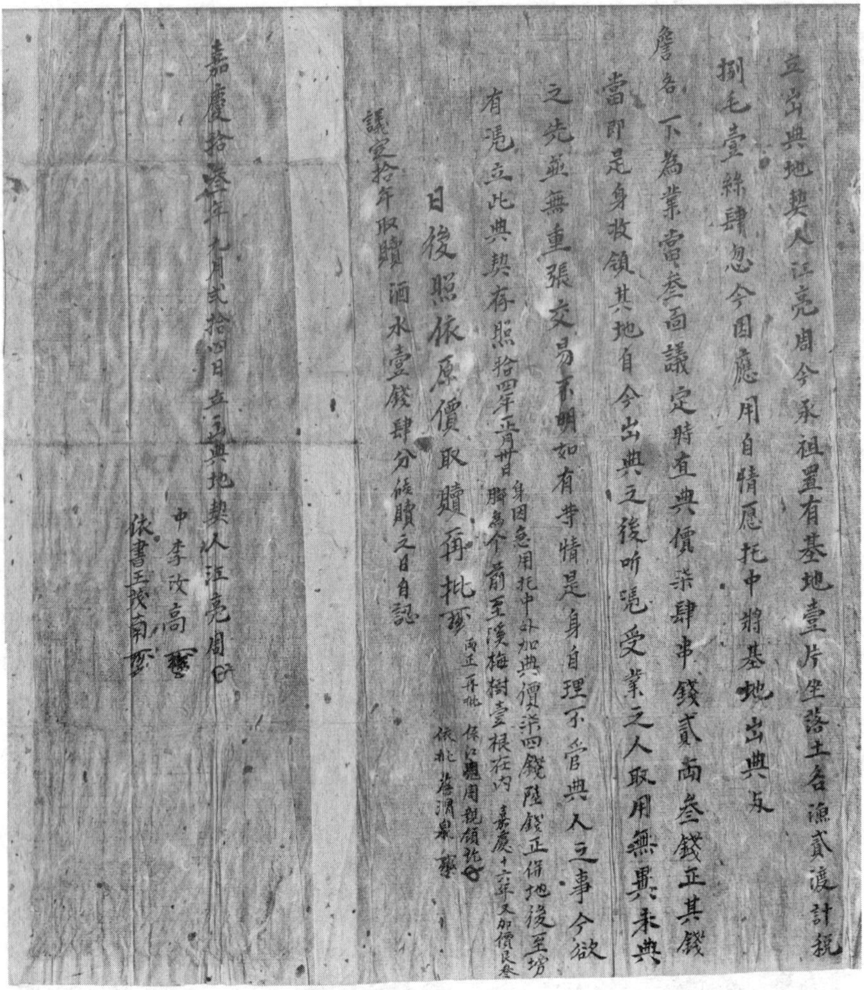

立出典地契人江亮周今承祖置有基地壹片坐落土名漁貳渡計税
捌毛壹絲肆忽今因應用自情愿托中將基地出典与
詹名下為業當叁面議定時值典價洋肆串錢貳両叁錢正其錢
當即是身收領其地自今出典之後聽憑受業之人取用無異未典
之先並無重張交易不明如有等情是身自理不管典人之事今欲
有憑立此典契存照 拾四年正月廿日 身因急用托中外加典價洋四錢陸錢正係地後至塝
腳為介前至溪梅樹壹根在内 嘉慶十六年又加價艮叁
日後照依原價取贖再批 兩正再批 保江惠周親領訖 依批詹澗泉
議定拾年取贖 酒水壹錢肆分候贖之日自認
嘉慶拾叁年九月貳拾四日立出典地契人江亮周
中 李汝高
依書王茂南

秋口镇沙城江氏 57 · 嘉庆十三年 · 出典地契 · 江亮周典与詹☑

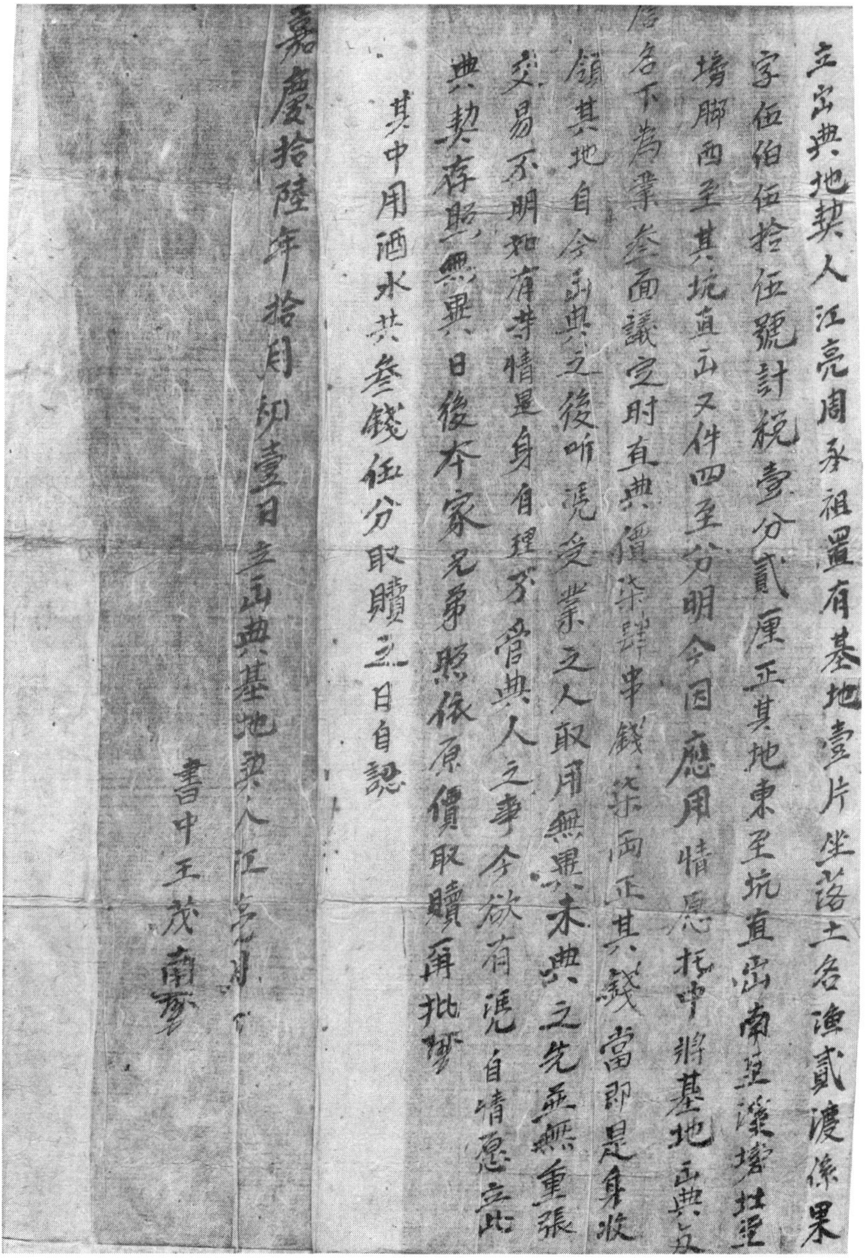

立出典地契人江亮周承祖置有基地壹片坐落土名渔贰渡係果字伍伯伍拾伍號計稅壹分貳厘正其地東至坑直出南至溝墻址望墻脚西至其坑直出又件四至分明今因應用情愿托中將基地出典与詹名下為業叁面議定時直典價柒肆串錢柒兩正其錢當即是身收領其地自今出典之後聽憑受業之人取用無異未典之先並無重張交易不明如有等情是身自理不干受典人之事今欲有憑自情愿立此典契存照無異日後本家兄弟照依原價取贖再批照

其中用酒水共叁錢伍分取贖之日自認

嘉慶拾陸年拾月初壹日立出典基地契人江亮周

書中王茂南

秋口镇沙城江氏 44 · 嘉庆十六年 · 出典基地契 · 江亮周典与詹☐

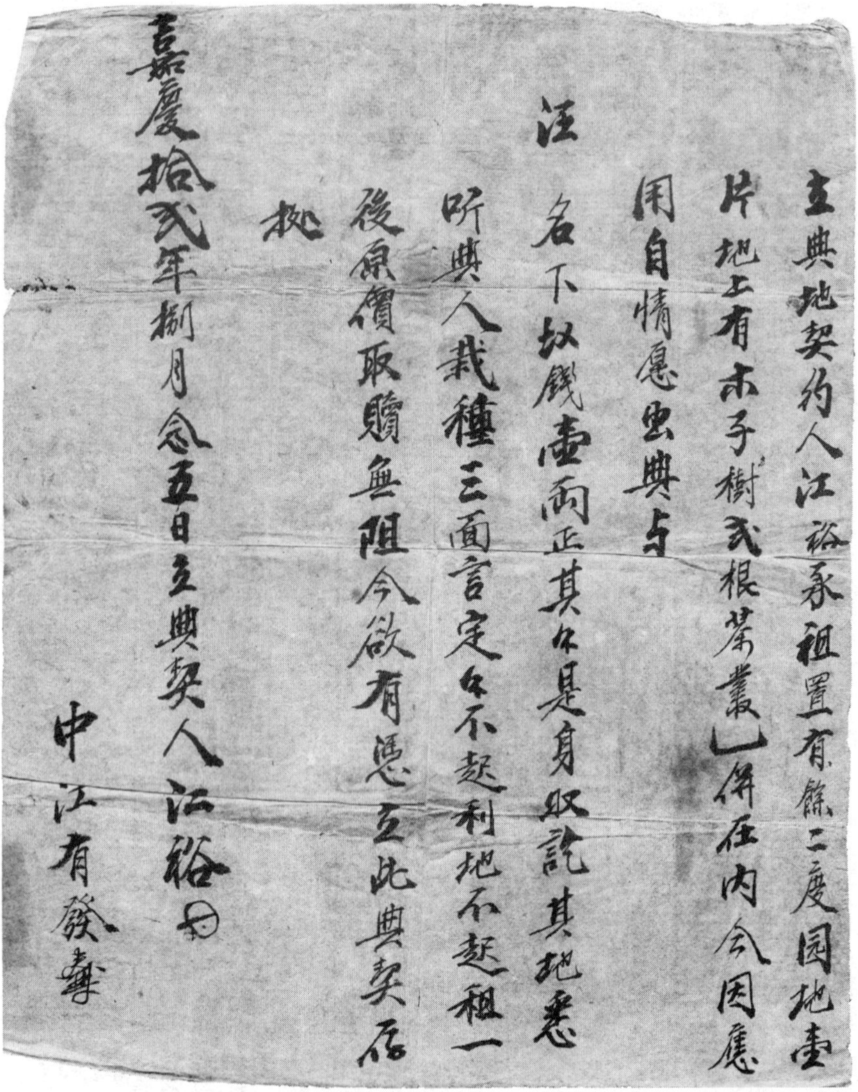
立典地契约人江裕承祖置有餘二度園地壹
片地上有木子樹弍根茶叢一併在內今因應
用自情愿出典与
汪　名下收錢壹兩正其々是身收訖其地悉
听典人栽種三面言定々不起利地不起租一
後原價取贖無阻今欲有憑立此典契存
照
嘉慶拾弍年捌月念五日立典契人江裕（押）
中　江有發（押）

秋口镇沙城江氏 11 · 嘉庆十二年 · 典地契约 · 江裕典于汪☐

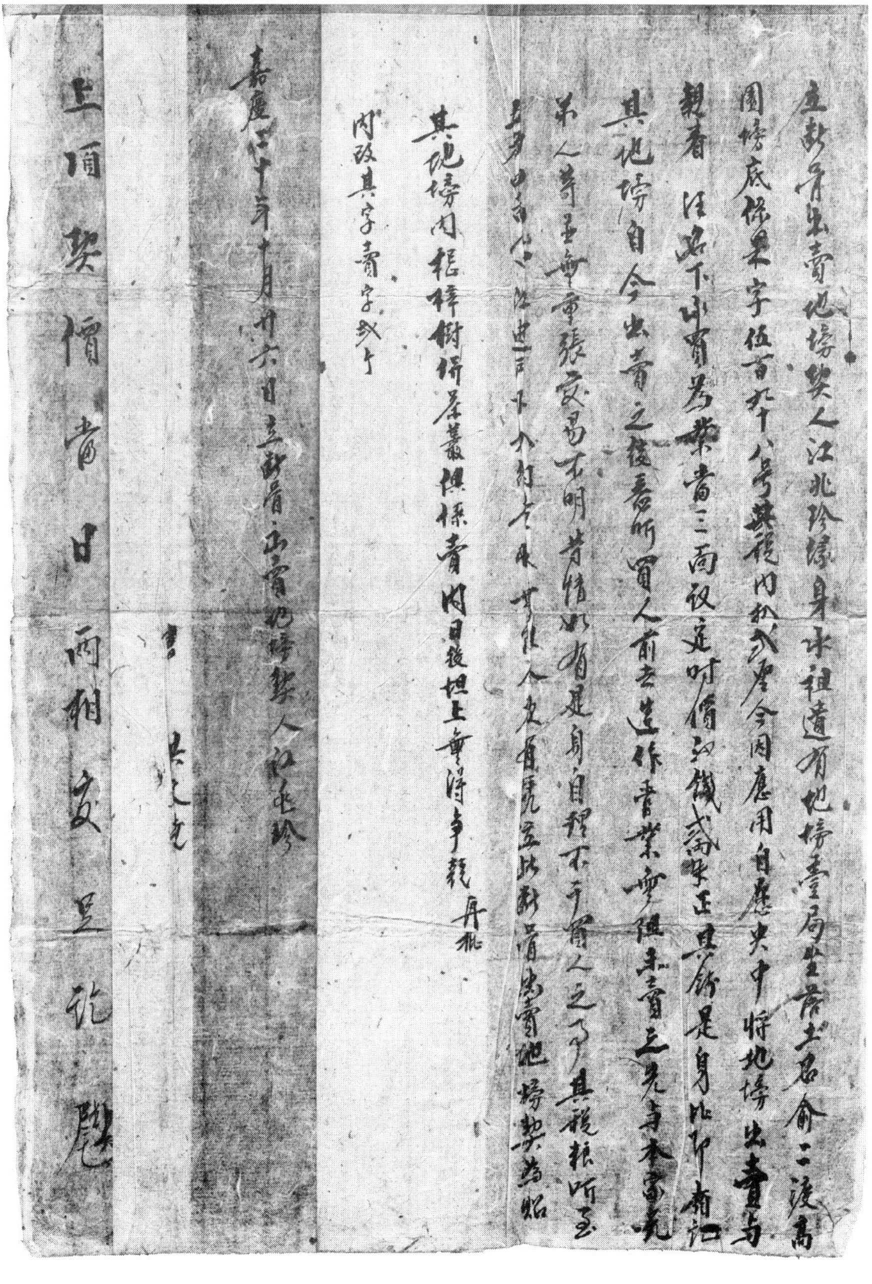

立断骨出卖地塝契人江兆珍，缘身承祖遗有地塝壹局，坐落土名俞二坂高园塝底，係果字伍百卅八号，其税内扒贰厘。今因应用，自愿央中将地塝出卖与亲眷汪　名下为业，当三面议定时价纹银贰两正，其银是身收即前讫。其地塝自今出卖之后，凭听买人前去造作管业，无阻。未卖之先，与本家内外人等并无重张交易，不明等情，如有，是身自理，不干买人之事。其税粮听至本身户下推扒入买人户下，办纳无异。今恐无凭，立此断骨出卖地塝契为照。

其地塝内棕榈树俱係卖业内，日后无得争执。再批

内改其字壹字。又

嘉庆二十年十月廿六日立断骨出卖地塝契人江兆珍

书　[illegible]

上项契价当日两相交足讫。

秋口镇沙城江氏 47 · 嘉庆二十年 · 断骨出卖地塝契 · 江兆珍卖与亲眷汪

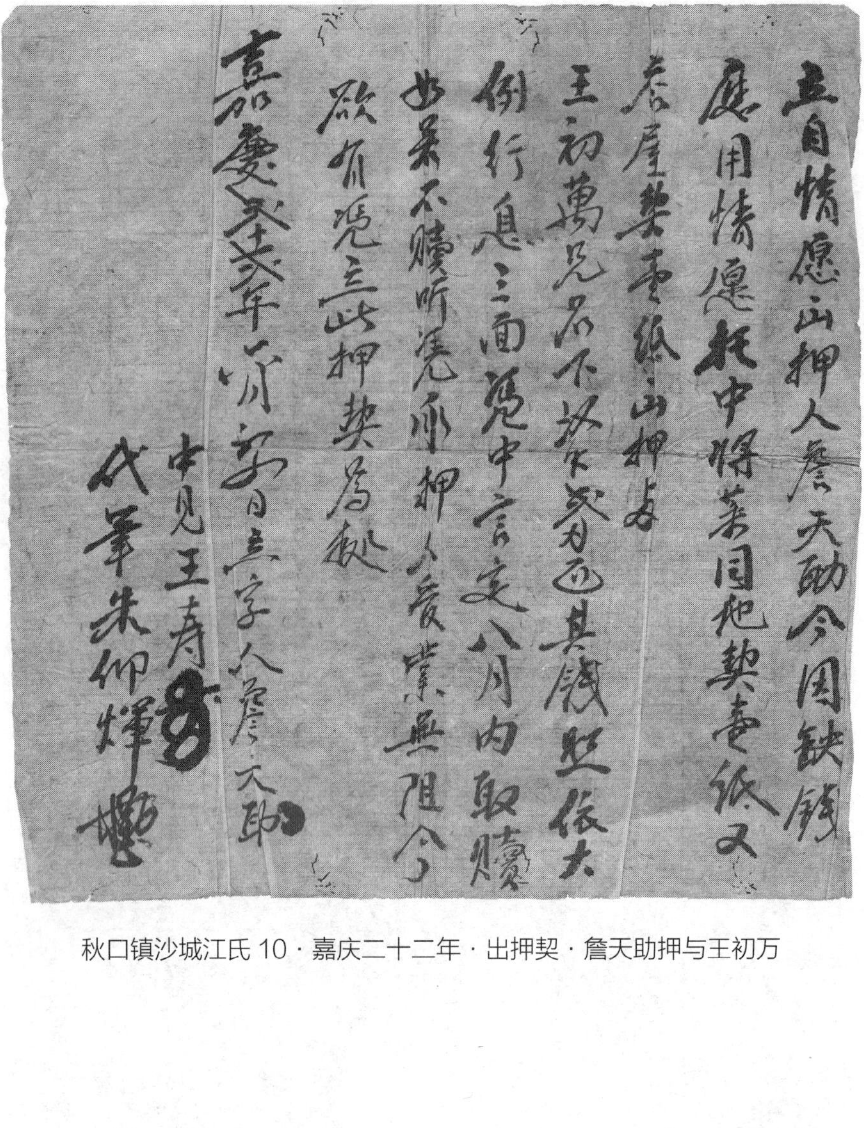
立自情愿出押人詹天助，今因缺钱
應用，情愿托中将菜园地契壹纸，又
吞屋契壹纸，出押与
王初萬兄名下，[illegible]价钱[illegible]正，其钱照依大
例行息，三面凭中言定，八月内取赎。
如若不赎，听凭承押人管业，无阻。今
欲有凭，立此押契为据。
嘉慶廿二年八月[illegible]日立字人詹天助
中见王寿
代筆朱仰輝

秋口镇沙城江氏 10 · 嘉庆二十二年 · 出押契 · 詹天助押与王初万

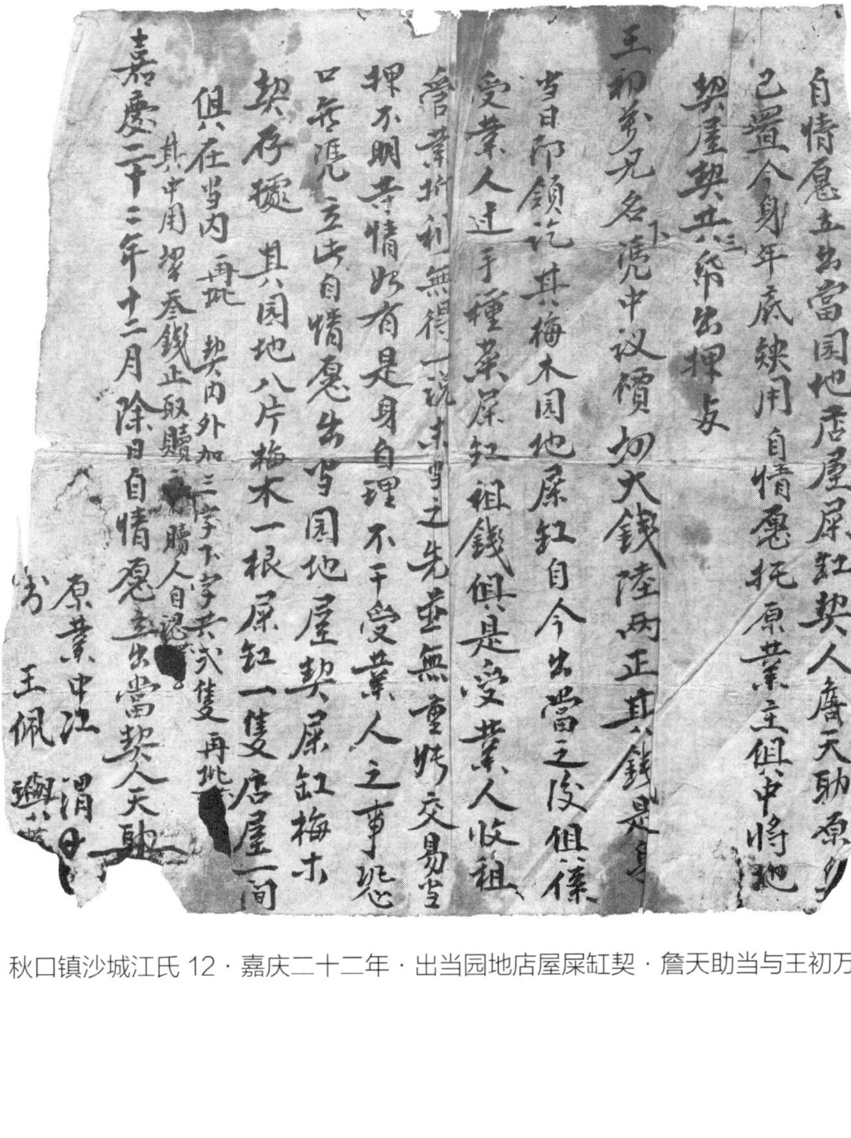
自情愿立出當园地店屋屎缸契人詹天助，原身
己置，今身年底缺用，自情愿托原業主俱中將地
契屋契共三紙出押与
王初萬兄名下，凴中议價九七大錢陸兩正，其錢是身
当日即領訖，其梅木园地屎缸自今出當之後，俱係
受業人过手種菜，屎缸租錢俱是受業人收租
管業，折利無得。一説未當之先並無重復交易，当
押不明等情，如有是身自理，不干受業人之事。恐
口無凴，立此自情愿出當园地屋契屎缸梅木
契存據。其园地八片、梅木一根、屎缸一隻、店屋一間
俱在当内。再批。　契內外加三字，下字共弍隻。再批。
其中用□叁錢正取贖，□贖人自認。
嘉慶二十二年十二月除日自情愿立出當契人天助
原業中江渭田
王佩瓛書

秋口镇沙城江氏 12 · 嘉庆二十二年 · 出当园地店屋屎缸契 · 詹天助当与王初万

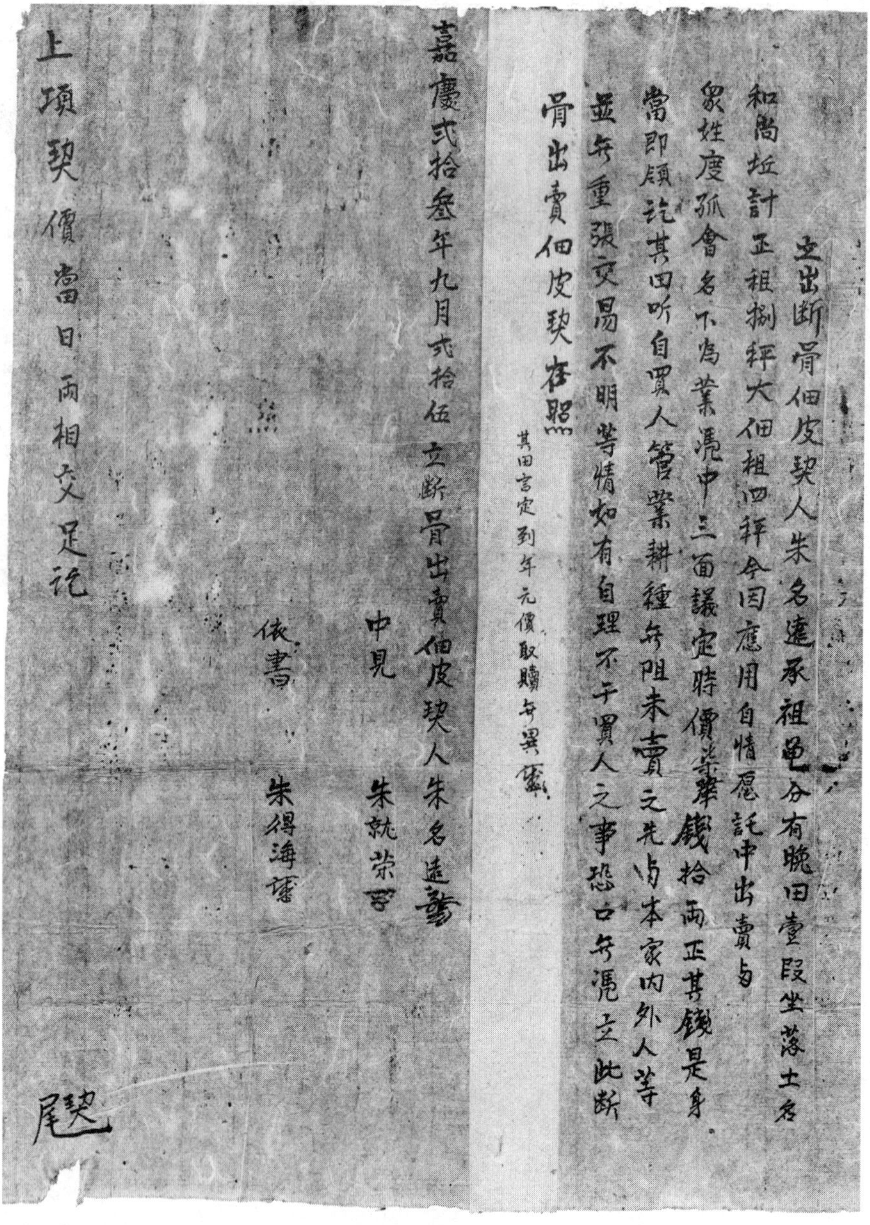

立出断骨佃皮契人朱名遠承祖邑分有晚田壹段坐落土名和尚坵計正租捌秤大佃租四秤今因應用自情愿託中出賣与衆姓度孤會名下為業凴中三面議定時價[illegible]錢拾兩正其錢是身當即領訖其田听自買人管業耕種無阻未賣之先与本家內外人等並無重張交易不明等情如有自理不干買人之事恐口無凴立此断骨出賣佃皮契存照

其田言定到年元價取贖無異（押）

嘉慶貳拾叁年九月貳拾伍 立断骨出賣佃皮契人朱名遠（押）

中見 朱就榮（押）

依書 朱得海（押）

上項契價當日兩相交足訖

尾契

秋口镇沙城江氏 28 · 嘉庆二十三年 · 断骨佃皮契 · 朱名远卖与众姓度孤会

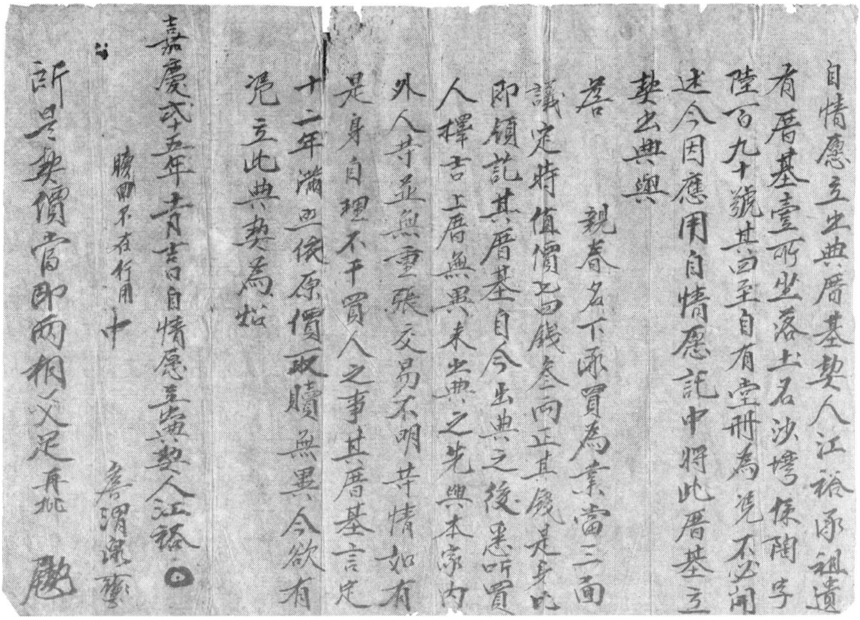

自情愿立出典厝基契人江裕承祖遗
有厝基壹所坐落土名沙塆係陶字
陆百九十號其四至自有堂册為凭不必開
述今因應用自情愿託中将此厝基立
契出典與
詹　親眷名下承買為業當三面
議定時值價七四錢叁両正其錢是身收
即領訖其厝基自今出典之後悉听買
人擇吉上厝無異未出典之先與本家内
外人并無重張交易不明等情如有
是身自理不干買人之事其厝基言定
十二年滿回依原價取贖無異今欲有
凭立此典契為照
嘉慶式十五年十二月吉日自情愿立出典契人江裕
謄回不在行用　中　詹渭璣
訢是契價當即兩相交足　再批

秋口镇沙城江氏 24 · 嘉庆二十五年 · 出典厝基契 · 江裕典与詹⊠亲眷

立承祖字人江裕，緣身父遺土名沙塝坦稅六

分，該身一半已經絕賣洪姓塋坟，是身獨自收

價。其身弟一半，該坦交身承種，遞年交租錢壹

錢付弟獨收，身不得爭端。恐口無凴，立

此承祖字為炤。

道光二年二月　日立承祖字人江裕（押）

中　洪文光（押）

代筆詹渭泉（押）

秋口镇沙城江氏 14 · 道光二年 · 承租字 · 江裕

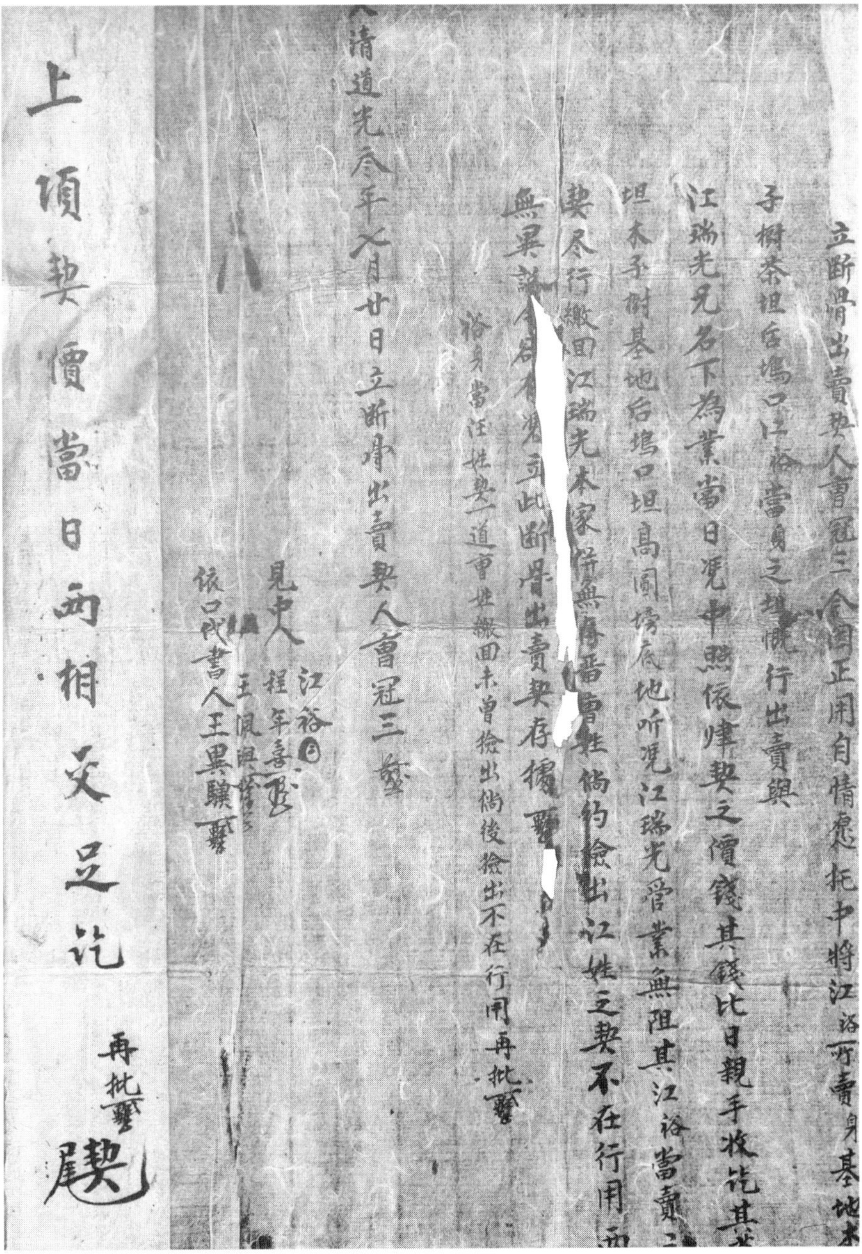

立断骨出賣契人曹冠三今因正用自情愿托中將江裕所賣身基地木
子樹茶坦岳塢口江裕當身之契憑行出賣與
江瑞光兄名下為業當日憑中照依時契之價錢其錢比日親手收訖其
坦本子樹基地岳塢口坦高園嶺底地所憑江瑞光管業無阻其江裕當賣之
契各行繳回江瑞光本家併無存留曹姓倘仍檢出江姓之契不在行用再
無異說今恐無憑立此断骨出賣契存據
裕身當任姓契一道曹姓繳回未曾檢出倘後檢出不在行用 再批
大清道光叁年八月廿日立断骨出賣契人曹冠三
見中人 江裕 程年喜 王佩與
依口代書人王異驥
上項契價當日兩相交足訖
再批
契

秋口镇沙城江氏 49 · 道光三年 · 断骨出卖契 · 曹冠三卖与江瑞光

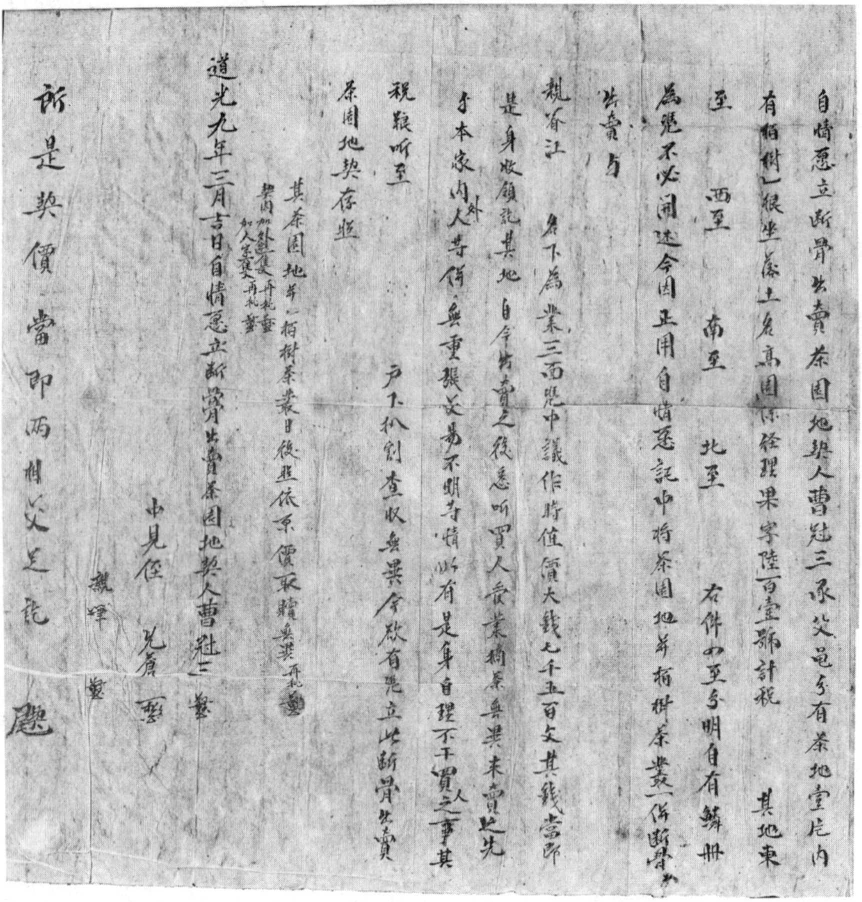

自情愿立断骨出賣茶园地契人曹冠三承父遺分有茶地壹片内
有栢樹一根坐落土名高园係經理渠字陸百壹號計稅　其地東
至　西至　南至　北至　右件四至分明自有鱗册
爲憑不必開述今因正用自情愿託中將茶园地并栢樹茶叢一併斷骨出
賣與
親眷江　名下爲業三面憑中議作時值價大錢七千五百文其錢當即
是身收領訖其地自今出賣之後悉听買人受業耕種無異未賣之先
與本家内外人等並無重張交易不明等情倘有是身自理不干買人之事其
稅糧听至　戶下扒割查收無異今欲有憑立此斷骨出賣
茶园地契存照
其茶园地并一栢樹茶叢日後照依原價取贖無異　再批　押
道光九年三月吉日自情愿立断骨出賣茶园地契人曹冠三　押
中見侄　兄蒼　押
親筆　押
所是契價當即兩相交足訖　照

秋口镇沙城江氏 54 · 道光九年 · 断骨出卖茶园地契 · 曹冠三卖与亲眷江☐

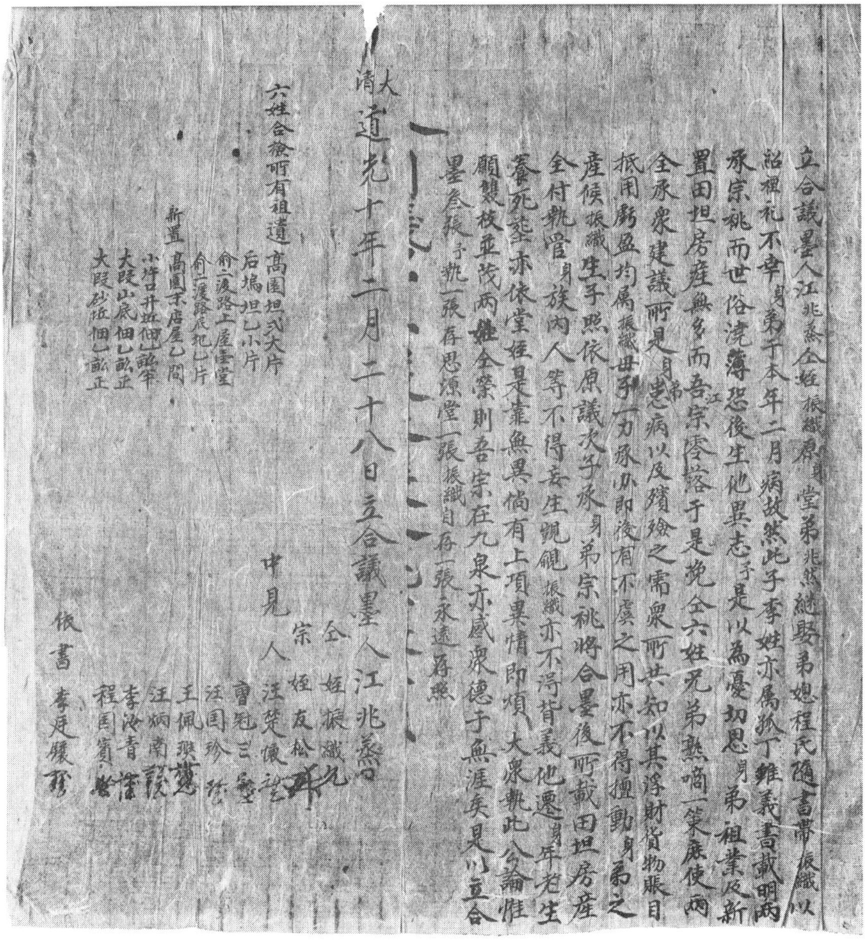

立合議墨人江兆蒸仝姪振織，原身堂弟兆然繼娶弟媳程氏隨書帶振織以
紹禋祀，不幸身弟于本年二月病故。然此子李姓，亦屬孫丁，雖義書載明兩
承宗祧，而世俗澆薄，恐後生他異志，子是以爲憂。切思身弟祖業及新
置田坦房産無多，而吾江宗零落，于是挽仝六姓兄弟熟商一策，庶使兩
全。承衆建議，所是身弟患病以及殯殮之需，衆所共知，以其浮財貨物賬目
抵用，虧盈均屬振織，毋爭一力承辦。即後有不虞之用，亦不得擅動身弟之
産。候振織生子，照依原議，次子承身弟宗祧，將合墨後所載田坦房産
全付執管，身族內人等不得妄生覬覦，振織亦不得背義他遷。身年老生
養死葬，亦依堂姪是靠無異。倘有上項異情，即煩大衆執此合論。惟
願襲枝並茂，兩姓全榮，則吾宗在九泉亦感衆德于無涯矣。是以立合
墨叁張，身執一張，存思源堂一張，振織自存一張，永遠存照。

六姓合議所有祖遺 高園坦弍大片
后塢坦乙小片
俞一渡路上屋壹堂
俞一渡路底地乙片
新置 高園末店屋乙間
小塆口井坵佃乙畝半
大段山底佃乙畝正
大段砂坵佃乙畝正

大清道光十年二月二十八日立合議墨人江兆蒸（押）

仝姪振織（押）

宗姪友松

中見人汪楚懷（押）

曾魁三（押）

汪国珍（押）

王佩琪（押）

汪炳南（押）

李滄青（押）

程国賓（押）

依書李廷驤（押）

秋口镇沙城江氏 53 · 道光十年 · 合议墨 · 江兆蒸等

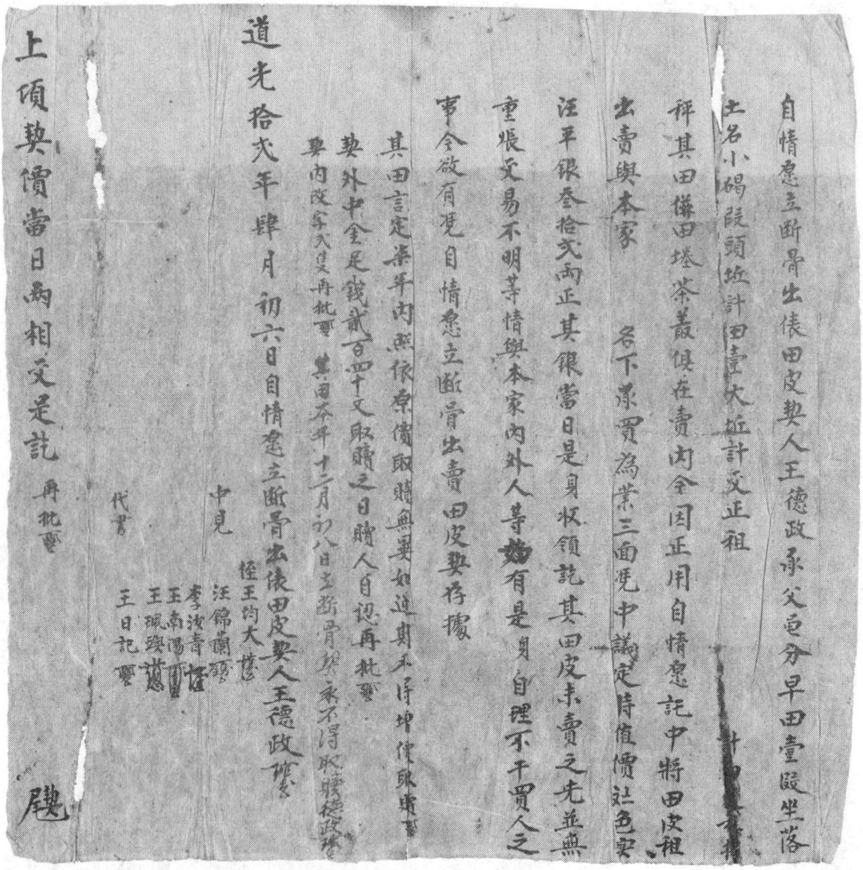
自情愿立断骨出俵田皮契人王德政承父已分早田壹段坐落
土名小碣段頭坵計田壹大坵計交正租 [illegible]
秤其田係田塝茶叢俱在賣內全囙正用自情愿託中將田皮租
出賣與本家 名下眾買為業三面凭中議定時值價紋色実
汪平銀叁拾弍兩正其銀當日是身收領訖其田皮未賣之先並無
重張交易不明等情與本家內外人等[illegible]有是身自理不干買人之
事今欲有凭自情愿立斷骨出賣田皮契存據
其田言定柒年內無依原價取贖無異如逾期不得增價取贖(押)
契外中金足錢貳百四十文取贖之日贖人自認再批(押)
契內改字六隻再批(押) 其田本年十二月初八日立斷骨契永不得取贖德政(押)
道光拾弍年肆月初六日自情愿立断骨出俵田皮契人王德政(押)
中見 侄王灼大(押) 汪錦爛(押) 李汝壽(押) 王南陽(押) 王珮璵(押)
代書 王日記(押)
上項契價當日兩相交足訖 再批(押)
騎縫

秋口镇沙城江氏6·道光十二年·断骨出俵田皮契·王德政卖与本家☐

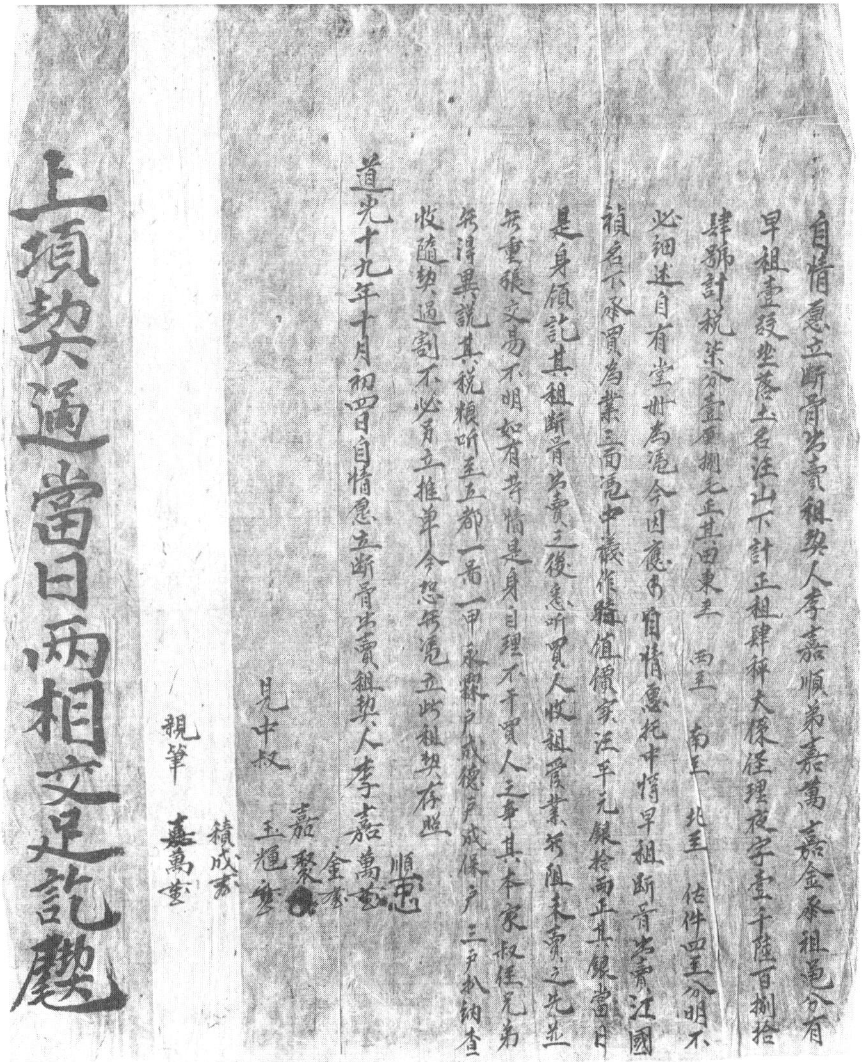
自情愿立断骨出賣租契人李嘉順、弟嘉萬、嘉金，承祖遺分有
早租壹號，坐落土名汪山下，計正租肆秤大樣，經理夜字壹千陸百捌拾
肆號，計稅柒分壹厘捌毛正。其田東至　西至　南至　北至　，佐件四至分明，不
必細述，自有堂册為憑。今因應用，自情愿托中將早租断骨出賣江國
禎名下承買為業。三面憑中議作時值價英洋平元銀拾兩正。其銀當日
是身領訖。其租斷骨出賣之後，悉听買人收租管業。未賣之先，並
無重張交易。不明如有等情，是身自理，不干買人之事。其本家叔侄兄弟
無得異説。其稅粮听至五都一啚一甲[illegible]戶、成德戶、成保戶三戶扒納。查
收隨契過割，不必另立推单。今恐無憑，立此租契存照。
道光十九年十月初四日自情愿立断骨出賣租契人李嘉順(押)
嘉萬(押)
金(押)
見中叔　嘉聚(押)
玉熀(押)
親筆　嘉萬(押)
績成(押)
上項契價當日兩相交足訖(押)

秋口镇沙城江氏 30 · 道光十九年 · 断骨出卖租契 ·
李嘉顺、弟嘉万、嘉全卖与江国祯

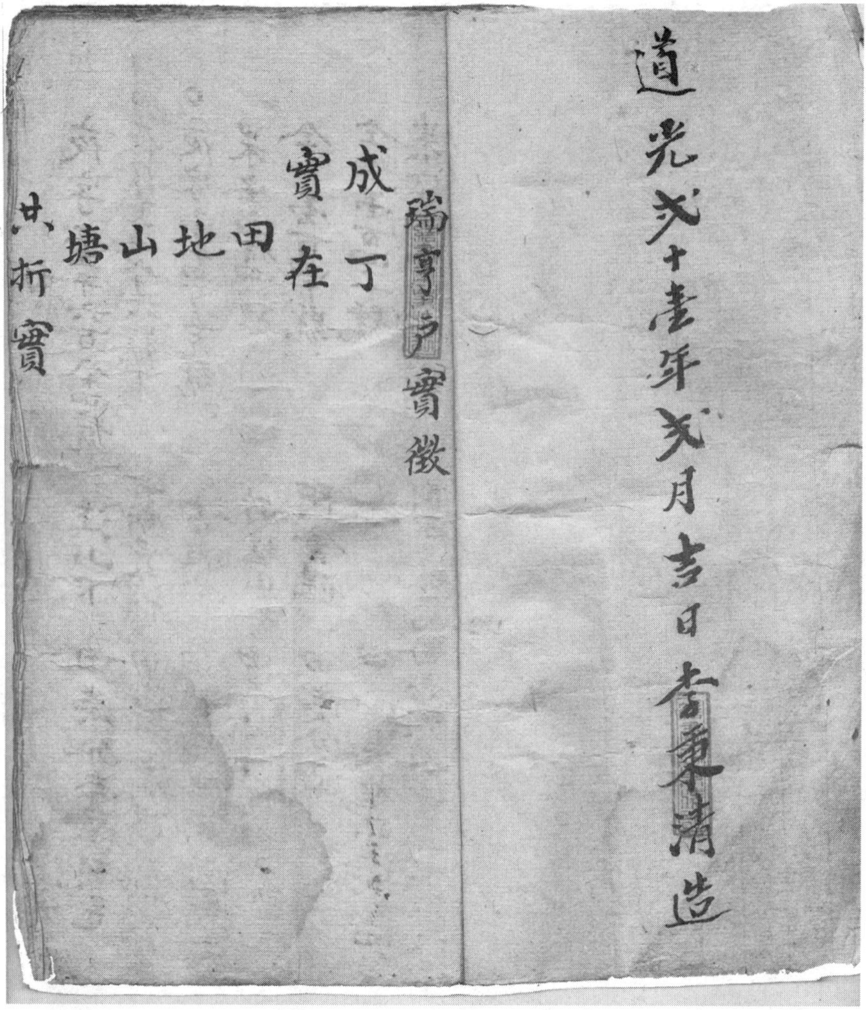

秋口镇沙城江氏 3-1 · 道光二十一年 · 税粮实征册 · 瑞亨户

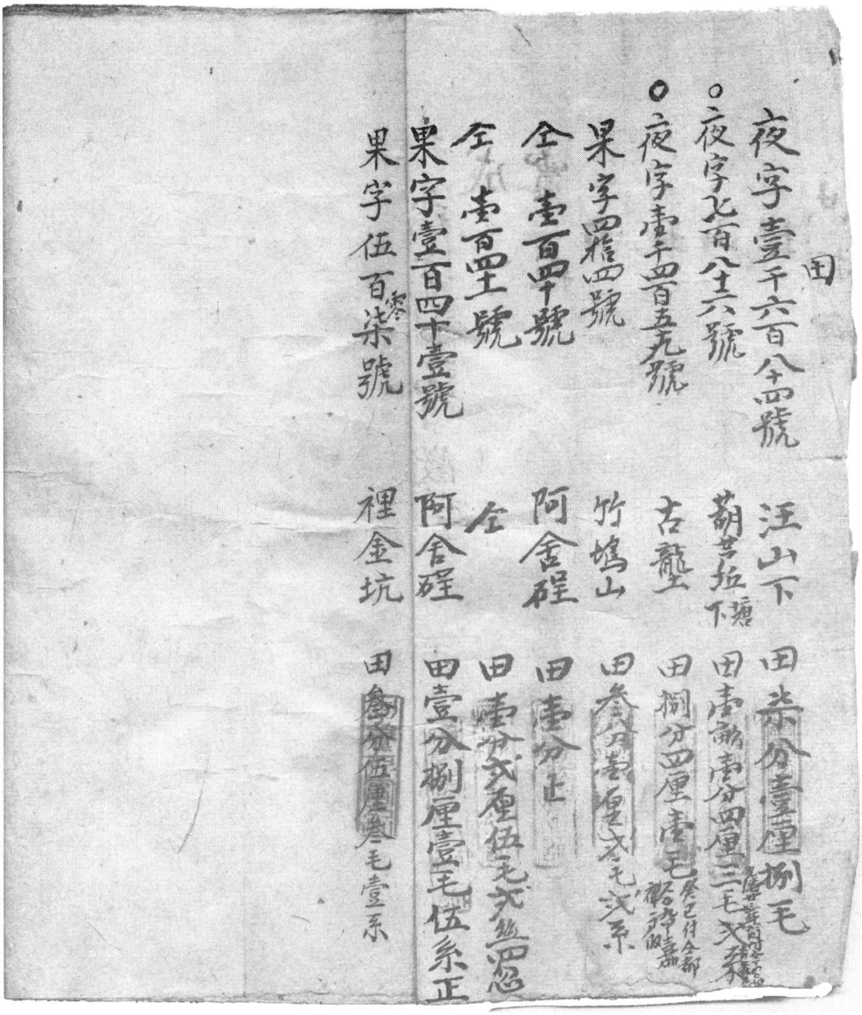
田
夜字壹千六百八十四號　汪山下　田柒分壹厘捌毛
○夜字九百八十六號　葫芦坵下塘　田壹畝壹分四厘三毛弍系
○夜字壹千四百五十九號　古壟　田捌分四厘壹毛　癸巳付全部
果字四百四十四號　竹鳩山　田叁分壹厘叁毛弍系
仝　壹百四十四號　阿金磑　田壹分正
仝　壹百四十三號　仝　田壹分弍厘伍毛九絲四忽
果字壹百四十壹號　阿金磑　田壹分捌厘壹毛伍系正
果字伍百零柒號　裡金坑　田叁分伍厘叁毛壹系

秋口镇沙城江氏 3-2 · 道光二十一年 · 税粮实征册 · 瑞亨户

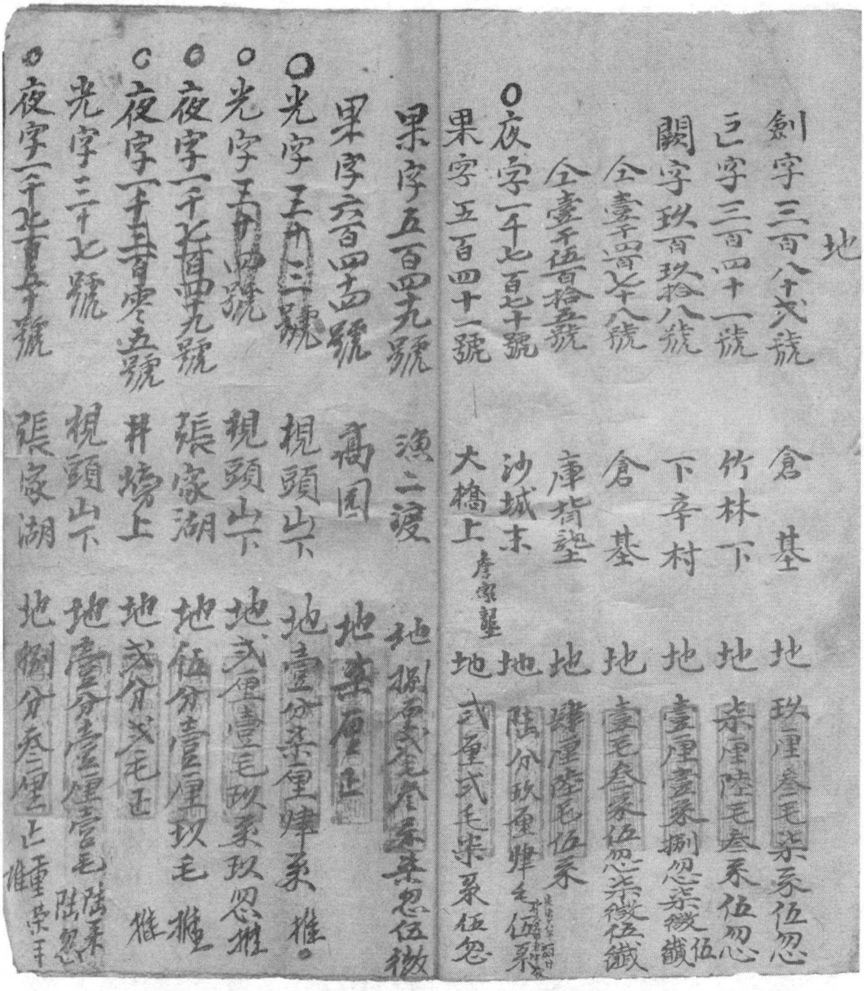

地
劍字三百八十六號 倉基 地 玖厘叁毛柒系伍忽
巨字三百四十一號 竹林下 地 柒厘陸毛叁系伍忽
闕字玖百玖拾八號 下辛村 地 壹厘壹系捌忽柒微伍纖
仝壹千四百七十八號 倉基 地 壹毛叁系伍忽柒微伍纖
仝壹千伍百拾叁號 庫背塋 地 肆厘陸毛伍系
○夜字一千七百七十號 沙城末 地 陸分玖厘肆毛伍系
果字五百四十一號 大橋上 廖家塋 地 弍厘弍毛柒系伍忽
果字五百四十九號 漁二渡 地 捌厘弍毛叁系柒忽伍微
果字六百四十四號 高園 地 柒厘正
○光字五十三號 梘頭山下 地 壹分柒厘肆系 推
○光字五十四號 梘頭山下 地 弍厘壹毛玖系玖忽 推
○夜字一千七百四十九號 張家湖 地 伍分壹厘玖毛 推
○夜字一千三百零五號 井塝上 地 弍分弍毛正 推
光字二十七號 梘頭山下 地 壹分壹厘壹毛陸系陸忽
○夜字一千七百五十號 張家湖 地 捌分叁厘正 推 重榮手

秋口镇沙城江氏 3-3 · 道光二十一年 · 税粮实征册 · 瑞亨户

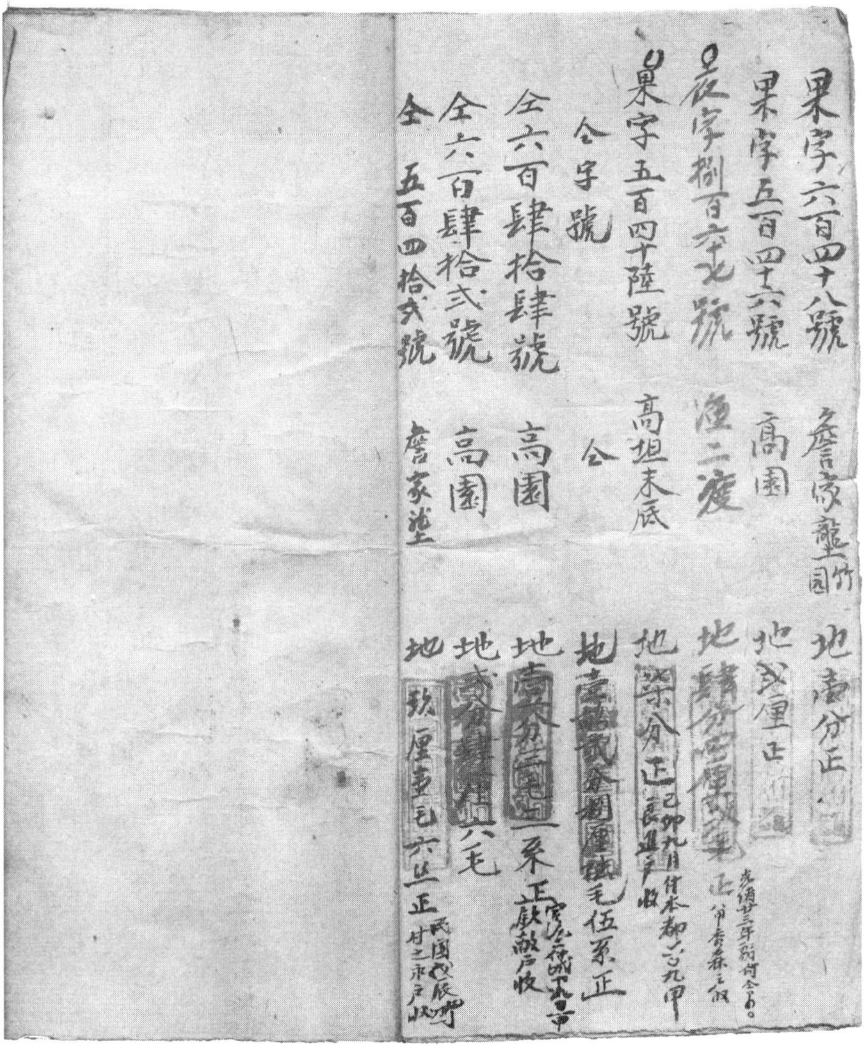

秋口镇沙城江氏 3-4 · 道光二十一年 · 税粮实征册 · 瑞亨户

山

劍字貳拾貳號　溪口下灘　山　壹厘捌毛叁系貳忽

仝叁拾壹號　下峇坼　山　伍毛玖系叁忽伍微

仝叁拾貳號　仝　山　壹厘伍毛

仝捌拾壹號　棕披坼　山　壹厘陸毛貳系伍忽

／仝壹百壹號　黄木坮 坐江坼又山 七分桃樹湾　山　壹分陸厘貳系伍忽

劍字仝叁百叁拾九號　廟上　山　壹厘壹毛貳系伍忽

劍字肆百壹號　余家坼　山　叁厘貳毛伍系

仝肆百四拾號　倉坼 背峇　山　壹分捌厘柒毛伍系

仝肆百陸拾貳號　倉塢　山　捌毛壹系貳忽伍微

仝肆百九拾九號　青山坑　山　叁厘貳毛叁系

巨字柒拾叁號　后塢　山　柒毛玖系叁忽

仝貳百伍拾號　竹塢　山　貳厘捌毛伍系

仝貳百柒拾壹號　茗園坼　山　壹分壹厘肆毛玖系壹忽柒微伍纖

牛欄坮　山　貳毛伍系

秋口镇沙城江氏 3-5 · 道光二十一年 · 税粮实征册 · 瑞亨户

巨字玖百弍拾壹號　下塢口　山陸毛伍系
稱字壹千四拾陸號　上北坑　山伍毛
姜字叁百拾壹號　背梨樹　山壹分弍厘伍毛
羊字柒百號　富林坑　山叁厘柒毛伍系
陶字壹千弍百八十九號　南段坑　山壹厘弍毛伍系
劍字壹百壹號　西南圩嵘　山柒厘弍毛弍系陸忽伍微
仝叁百柒拾九號　江前山　山陸厘弍毛伍系
罔字五百弍拾八號　栗木坵　山肆厘伍毛
談字九百捌拾五號　石山　山柒厘壹毛伍系
光字捌百拾叁號　社屋背　山叁分壹厘柒毛壹系弍忽五微
珠字柒百九十壹號　下山　山捌厘柒毛伍系
仝玖百弍十三號　余辛坑　山捌厘柒毛伍系
麗字捌拾號　楓木峇　山肆厘陸系弍忽五微
劍字壹百壹號　黃多坦　山壹分玖厘柒毛伍系
上陶字捌百九十六號　白石塢　山肆厘正
果字陸百伍拾號　占家壟　山弍分叁厘五毛正

秋口镇沙城江氏 3-6 · 道光二十一年 · 税粮实征册 · 瑞亨户

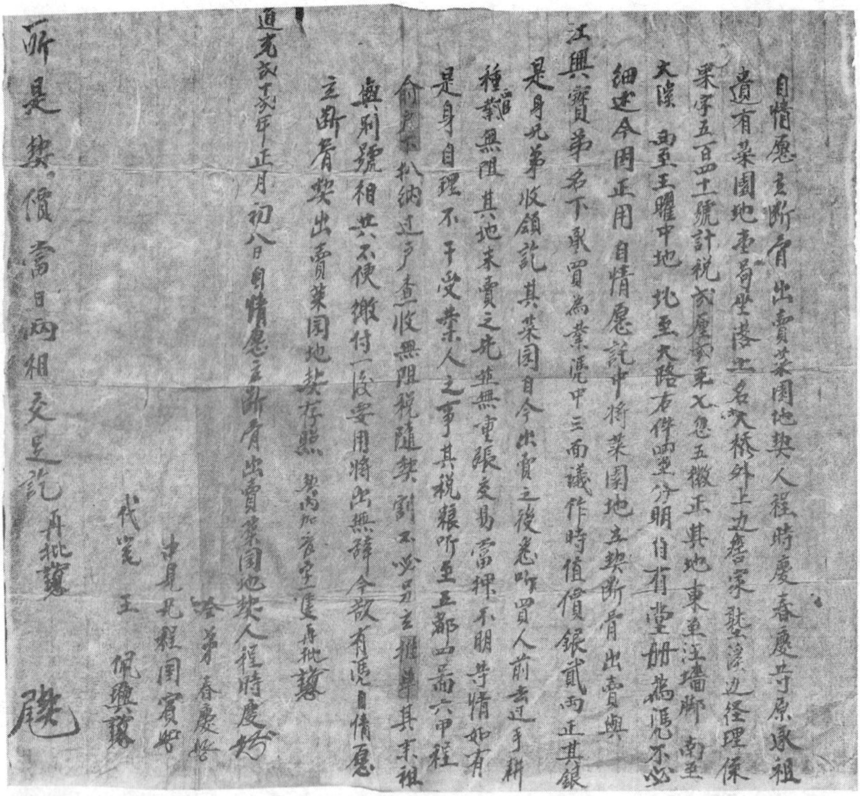
自情愿立断骨出卖菜园地契人程时庆、春庆等，原承祖
遗有菜园地壹号，坐落土名大桥外上边詹家墩边，经理系
果字五百四十一号，计税贰厘☐毫五丝正。其地东至汪墙脚，南至
大路，西至王耀中地，北至大路，右将四至分明，自有堂册为凭，不必
细述。今因正用，自情愿托中将菜园地立契断骨出卖与
江兴宝弟名下承买为业，凭中三面议作时值价银贰两正，其银
是身兄弟收领讫。其菜园自今出卖之后，悉听买人前去过手耕
种管业，无阻。其地未卖之先，并无重张交易，当押不明等情，如有
是身自理，不干受业人之事。其税粮听至五都四啚六甲程
俞户下扒纳过户查收，无阻。税随契割，不必另立推单。其来祖
与别号相共，不便缴付，一径要用将出，无辞。今欲有凭，自情愿
立断骨出卖菜园地契存照。 契内加「管」字一个，再批。照
道光贰十贰年正月初八日自情愿立断骨出卖菜园地契人程时庆（押）
仝弟 春庆（押）
中见兄 程国宝（押）
代笔 王佩璜（押）
所是契价当日两相交足讫。再批。照

秋口镇沙城江氏 61 · 道光二十二年 · 断骨出卖菜园地契 · 程时庆卖与江兴宝

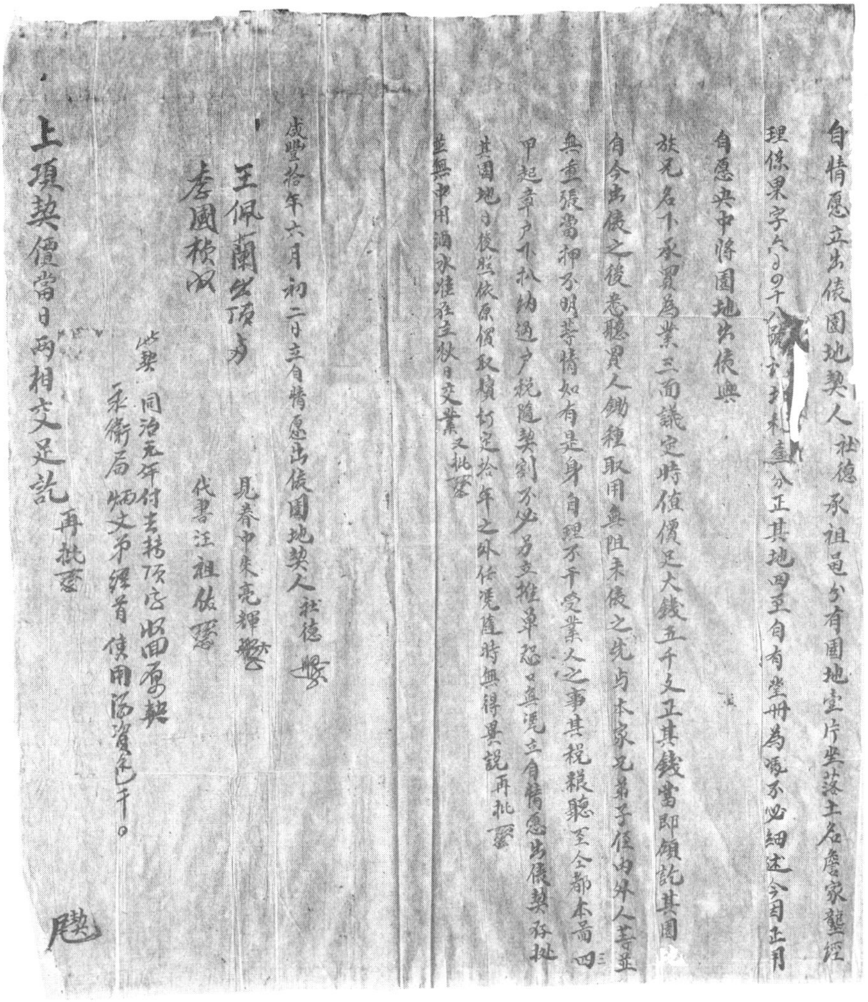
自情愿立出俵園地契人社德承祖邑分有園地壹片坐落土名詹家塢坔
理係果字六阝四千八號□□□分正其地四至自有堂冊為憑不必細述今自立月
自愿央中將園地出俵與
族兄名下承買為業三面議定時值價足大錢五千文正其錢當即領訖其園
自今出俵之後悉聽買人鋤種取用無阻未俵之先與本家兄弟子侄內外人等並
無重張當押不明等情如有是身自理不干受業人之事其稅粮聽至今都本啚四
甲起章户下扒納過户稅隨契劃分必另立推单照□無憑立自情愿出俵契存照
其園地日後照依原價取贖訂定拾年之外任憑隨時無得異說再批（押）
並無中用酒水准往立秋日交業又批（押）
咸豐拾年六月初二日立自情愿出俵園地契人社德（押）
見春中束亮輝（押）
代書汪祖依（押）
王佩蘭出頂身
李國楨收
此契同治元年付吉楊頂佃出田原契
采衛局炳文弟經手 俵用路資錢□千□
上項契價當日兩相交足訖 再批（押）

秋口镇沙城江氏 35 · 咸丰十年 · 出俵园地契 · 社德俵与族兄

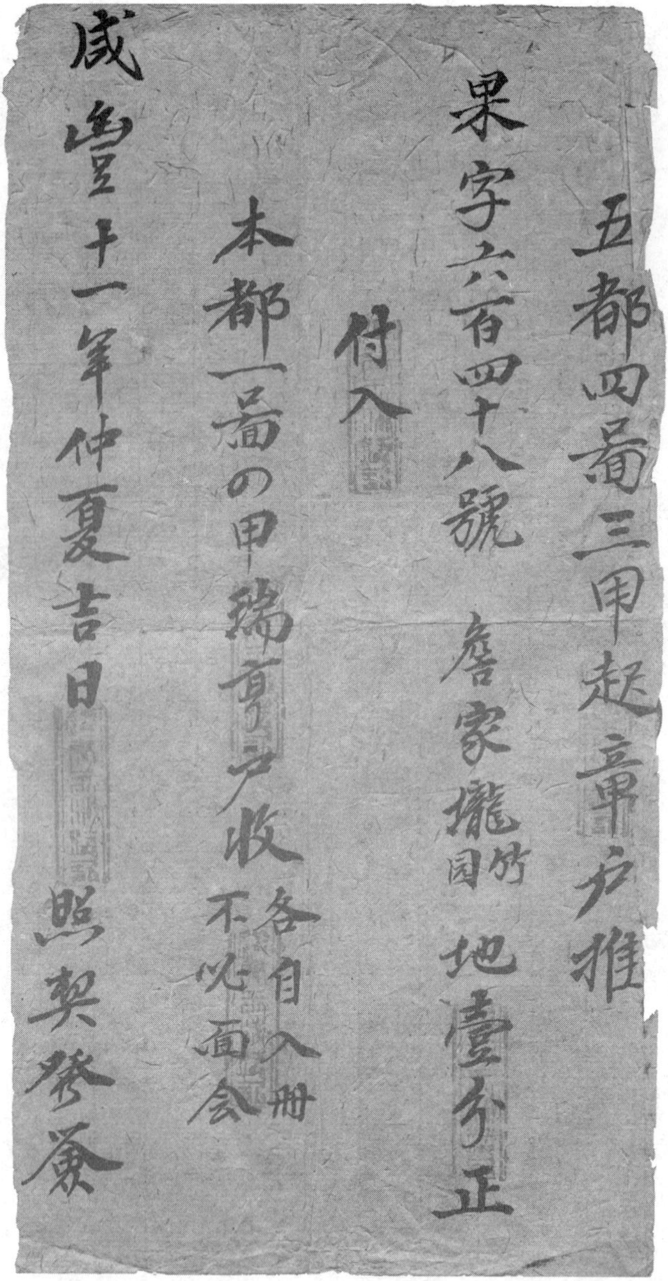
五都四啚三甲趙章户推
果字六百四十八號 詹家壠竹园地壹分正
付入
本都一啚四甲瑞亨户收
各自入册
不必面会
咸豐十一年仲夏吉日 照契發簽

秋口镇沙城江氏 16 · 咸丰十一年 · 推单 · 赵章户推与瑞亨户

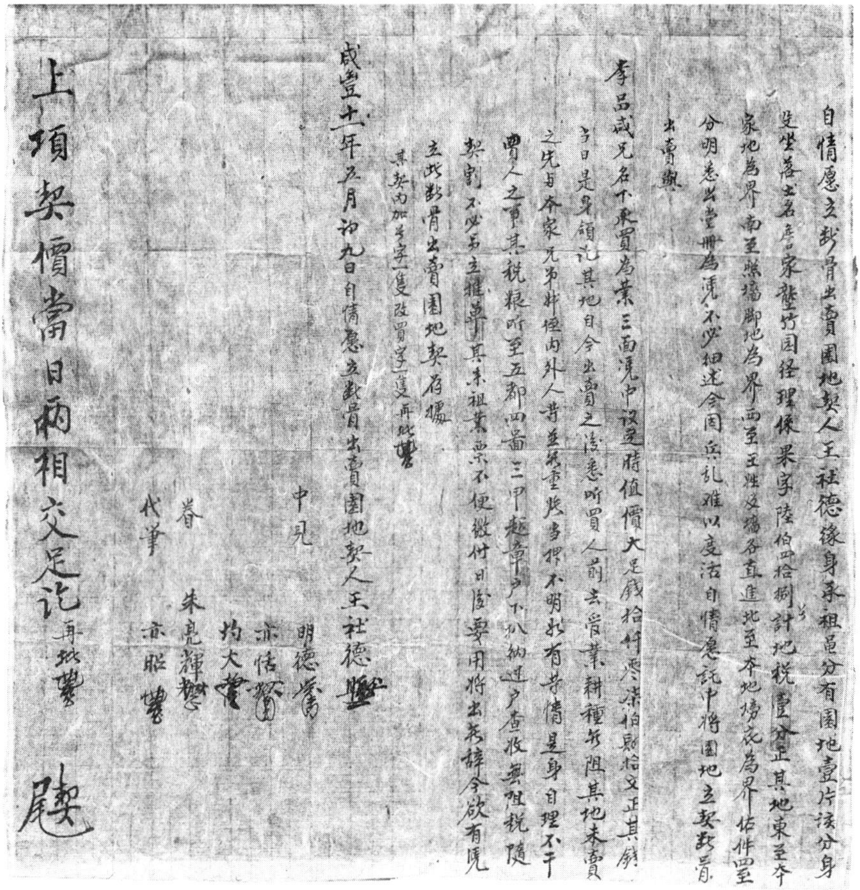
自情愿立断骨出賣園地契人王社德，缘身承祖邑分有園地壹片，該分身處坐落土名盧家壁竹园，經理係果字陸伯四拾捌號，計地稅壹分正。其地東至李家地為界，南至照墙脚地為界，西至王姓及墙各直進，北至本地塝底為界，估作四至分明。悉出堂册為凭，不必細述。今因兵乱难以度活，自情愿託中將園地立契断骨出賣與

李品咸兄名下承買為業，三面凭中議定時值價大足錢拾仟零柒伯貳拾文正。其錢當日是身領訖。其地自今出賣之後，悉听買人前去管業耕種無阻。其地未賣之先，與本家兄弟叔侄内外人等並無重張交易不明。如有等情，是身自理，不干買人之事。其稅粮所至五都四啚三甲起章户下收納过户查收無阻。稅隨契割，不少分文。推单其来祖業票不便繳付，日後要用將出無辭。今欲有凭，立此断骨出賣園地契存照。

其契内加至字一隻，改買字一隻，再批。（押）

咸豐十一年五月初九日自情愿立断骨出賣園地契人王社德（押）

中見 明德（押）

江怙（押）

均大（押）

眷 朱亮輝（押）

代筆 江聰（押）

上項契價當日兩相交足訖，再批（押）

（押收）

秋口镇沙城江氏 48 · 咸丰十一年 · 断骨出卖园地契 · 王社德卖与李品咸

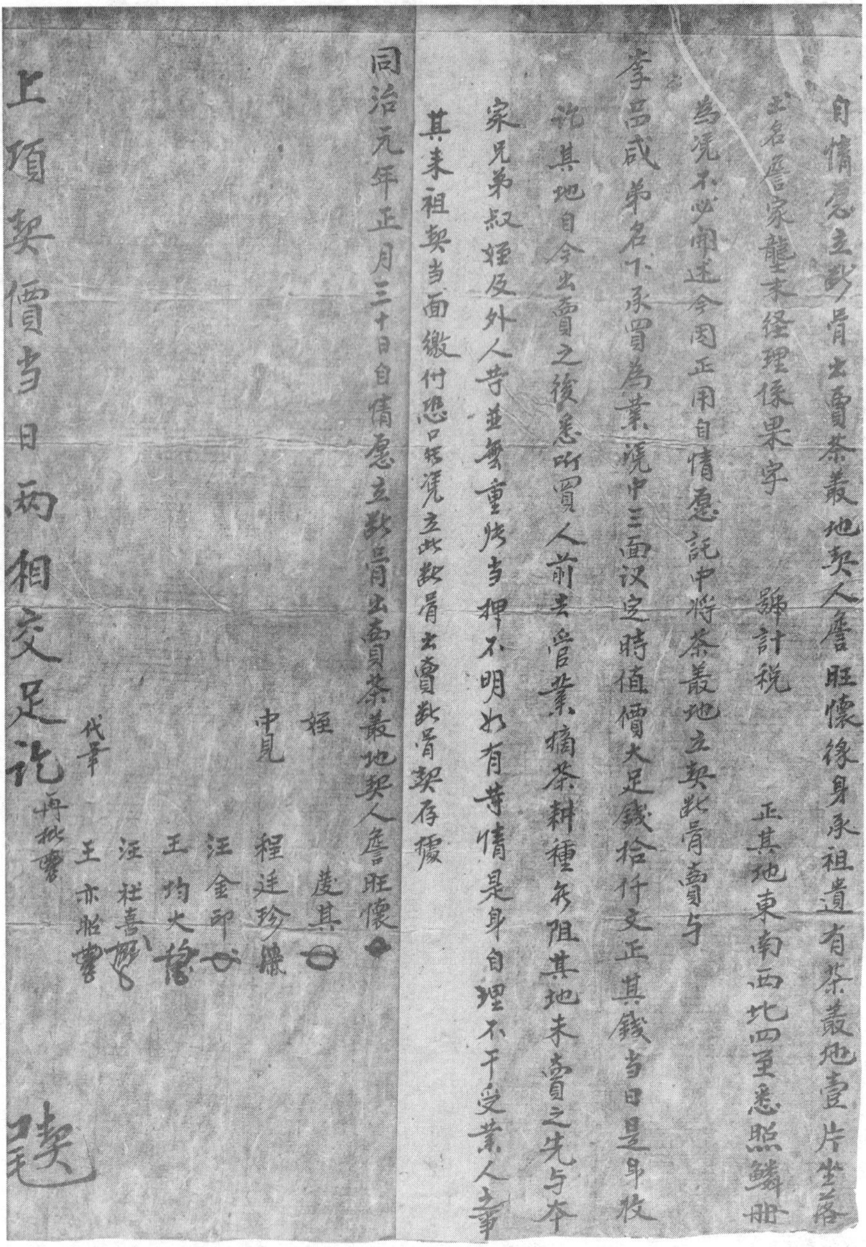
自情愿立断骨出賣茶叢地契人詹旺懷，緣身承祖遺有茶叢地壹片，坐落
土名詹家壟，未經理係果字　　號計税　　正，其地東南西北四至悉照鱗册
為凴，不必開述。今因正用，自情愿託中將茶叢地立契断骨賣与
李品咸弟名下承買為業，凴中三面议定時值價大足錢拾仟文正，其錢当日是身收
訖。其地自今出賣之後，悉听買人前去管業，摘茶耕種，無阻。其地未賣之先与本
家兄弟叔侄及外人等並無重復当押不明。如有等情，是身自理，不干受業人之事。
其來祖契当面繳付。恐口無凴，立此断骨出賣断骨契存據。
同治元年正月三十日自情愿立断骨出賣茶叢地契人詹旺懷（押）
經　詹其（押）
中見　程廷珍（押）　汪金印（押）　王均大（押）　汪社喜（押）
代筆　王亦船（押）
再批：上項契價当日兩相交足訖。亦船書
契

秋口镇沙城江氏 36 · 同治元年 · 断骨出卖茶丛地契 · 詹旺怀卖与李品咸

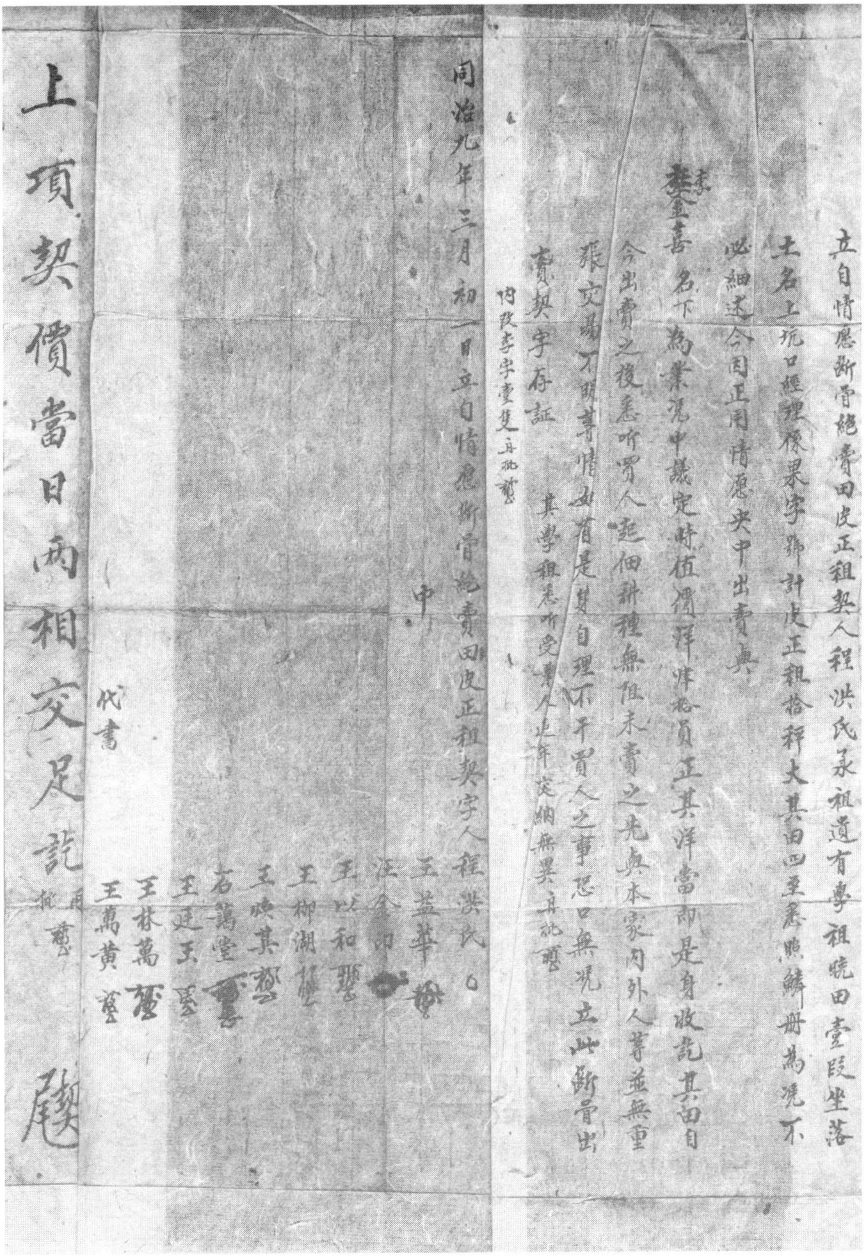

立自情愿断骨絶賣田皮正租契人程洪氏，承祖遺有學祖號田壹段，坐落土名上坑口，經理係果字　號，計皮正租拾秤大，其田四至悉照鱗册為凭，不必細述。今因正用，情愿央中出賣與李金喜名下為業，凭中議定時值價洋拾員正，其洋當即是身收訖。其田自今出賣之後，悉听買人起佃耕種無阻，未賣之先與本家内外人等並無重張交易，不明等情，如有是身自理，不干買人之事。恐口無凭，立此斷骨出賣契字存証。

其學祖悉听受業人上年交納無異。再批。（押）

內改李字壹隻。再批。（押）

同治九年三月初一日立自情愿断骨絶賣田皮正租契字人程洪氏（押）

中　王益華（押）
汪金印
王以和（押）
王柳湖（押）
王焕其（押）
石嵩堂（押）
王廷玉（押）
王林萬（押）
代書　王萬黄（押）

上項契價當日兩相交足訖。再批。（押）

秋口镇沙城江氏 42 · 同治九年 · 断骨绝卖田皮正租契 · 程洪氏卖与李金喜

秋口镇沙城江氏 1-1 · 同治十二年 · 文集（旧获皮改）· 江樟秀记

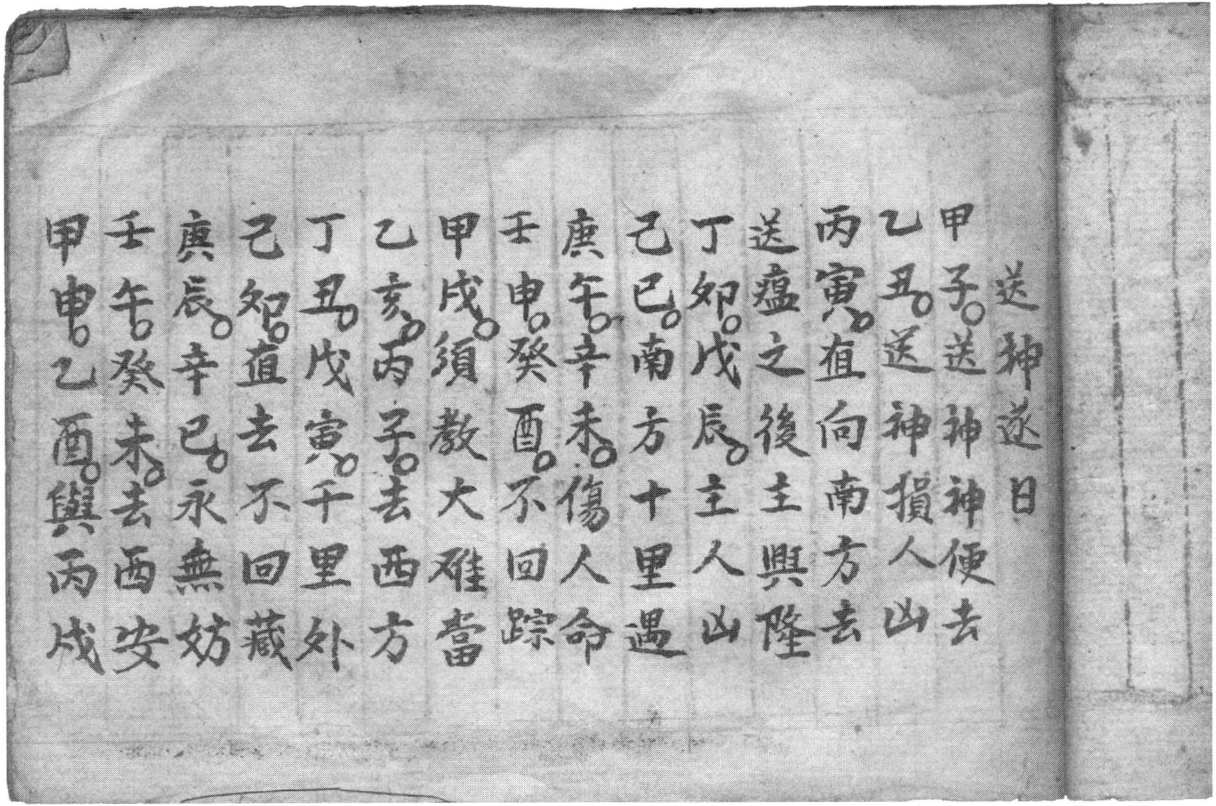
送神逐日
甲子。送神神便去
乙丑。送神損人凶
丙寅。直向南方去
送瘟之後主興隆
丁卯。戊辰。主人凶
己巳。南方十里遇
庚午。辛未。傷人命
壬申。癸酉。不回踪
甲戌。須教大难當
乙亥。丙子。去西方
丁丑。戊寅。千里外
己卯。直去不回藏
庚辰。辛巳。永無妨
壬午。癸未。去西安
甲申。乙酉。與丙戌

秋口镇沙城江氏 1-2 · 同治十二年 · 文集（旧获皮改）· 江樟秀记

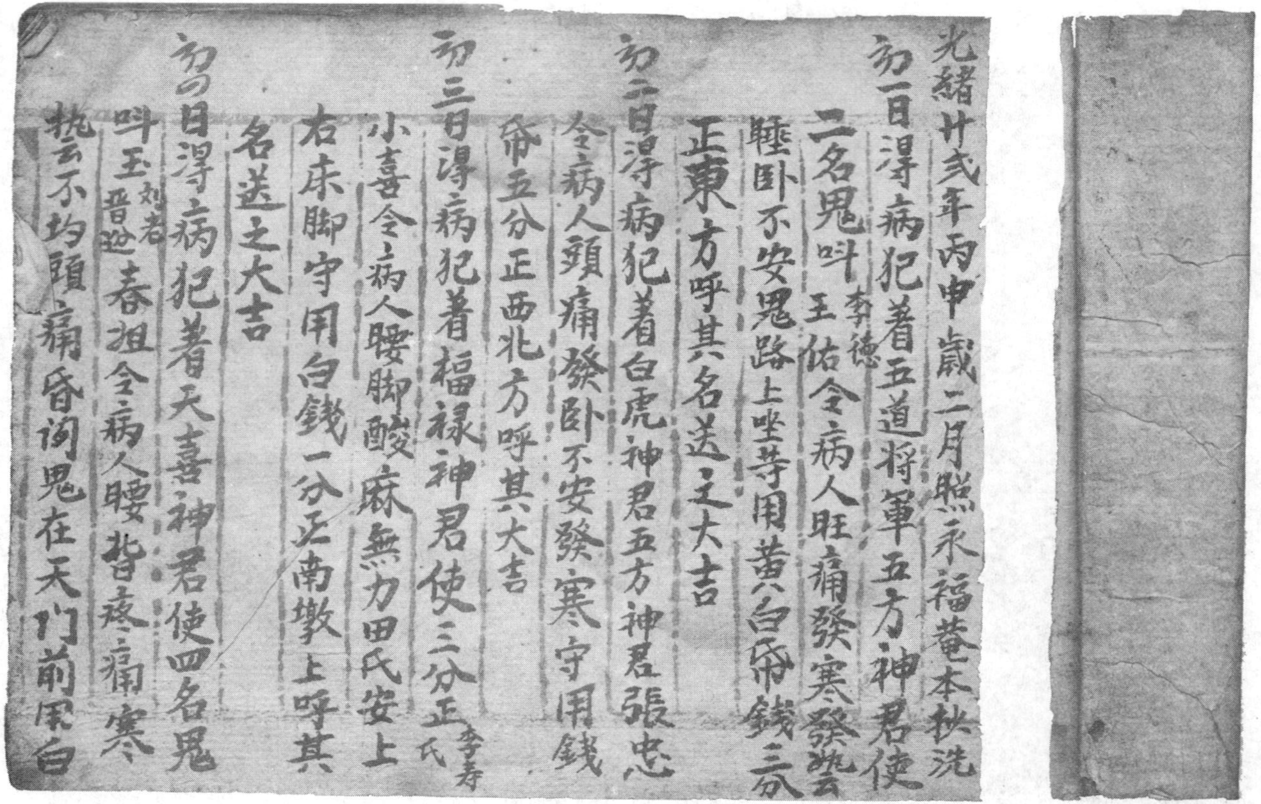

光緒廿弍年丙申歲二月照永福菴本抄洗
初一日淂病犯着五道將軍五方神君使
二名鬼呌李德王佑令病人肚痛發寒發熱
睡卧不安鬼路上坐等用黄白帋錢三分
正東方呼其名送之大吉
初二日淂病犯着白虎神君五方神君張忠
令病人頭痛發卧不安發寒守用錢
帋五分正西北方呼其大吉
初三日淂病犯着福禄神君使三分正李寿氏
小喜令病人腰脚酸麻無力田氏安上
右床脚守用白錢一分正南墩上呼其
名送之大吉
初四日淂病犯着天喜神君使四名鬼
呌玉晋迎刘君春姐令病人腰背疼痛寒
熱云不均頭痛昏㳻鬼在天门前用白

秋口镇沙城江氏 1-3 · 同治十二年 · 文集（旧获皮改） · 江樟秀记

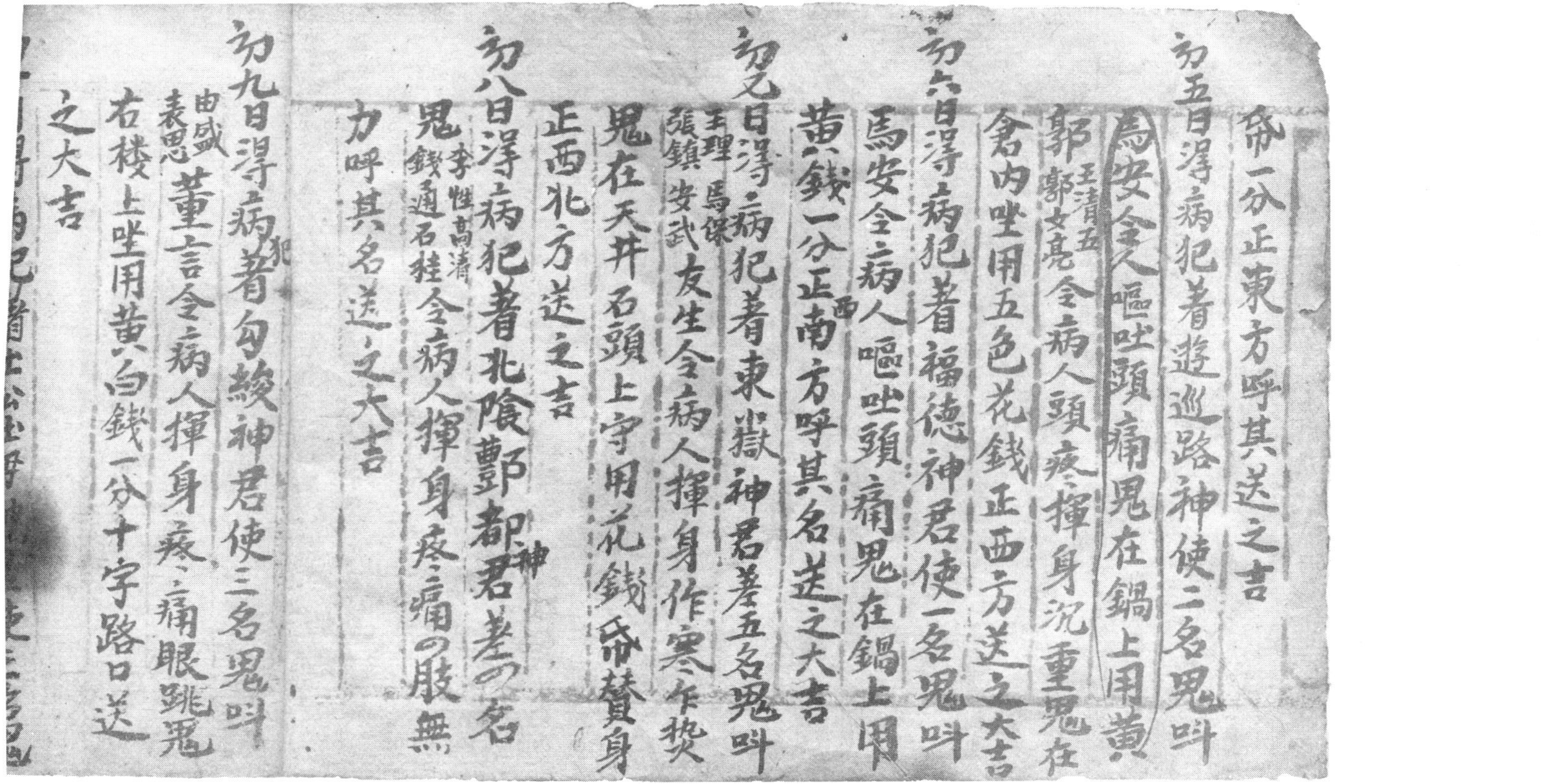
帋一分正東方呼其送之吉
初五日淂病犯着遊巡路神使二名鬼吽
馬安全人嘔吐頭痛鬼在鍋上用黃
郭王清五郭女亮全病人頭疼揮身沉重鬼在
倉内坐用五色花錢正西方送之大吉
初六日淂病犯着福德神君使一名鬼吽
馬安全病人嘔吐頭痛鬼在鍋上用
黃錢一分正西南方呼其名送之大吉
初七日淂病犯着東嶽神君差五名鬼吽
王理馬保張鎮安武友生全病人揮身作寒作熱
鬼在天井石頭上守用花錢帋帋替身
正西北方送之吉
初八日淂病犯着北陰酆都神君差の名
李性高清鬼錢通石桂全病人揮身疼痛の肢無
力呼其名送之大吉
初九日淂病犯犯着白綾神君使三名鬼吽
由盛表思董言全病人揮身疼疼痛眼跳鬼
右楼上坐用黃白錢一分十字路口送
之大吉

秋口镇沙城江氏 1-4 · 同治十二年 · 文集（旧获皮改）· 江樟秀记

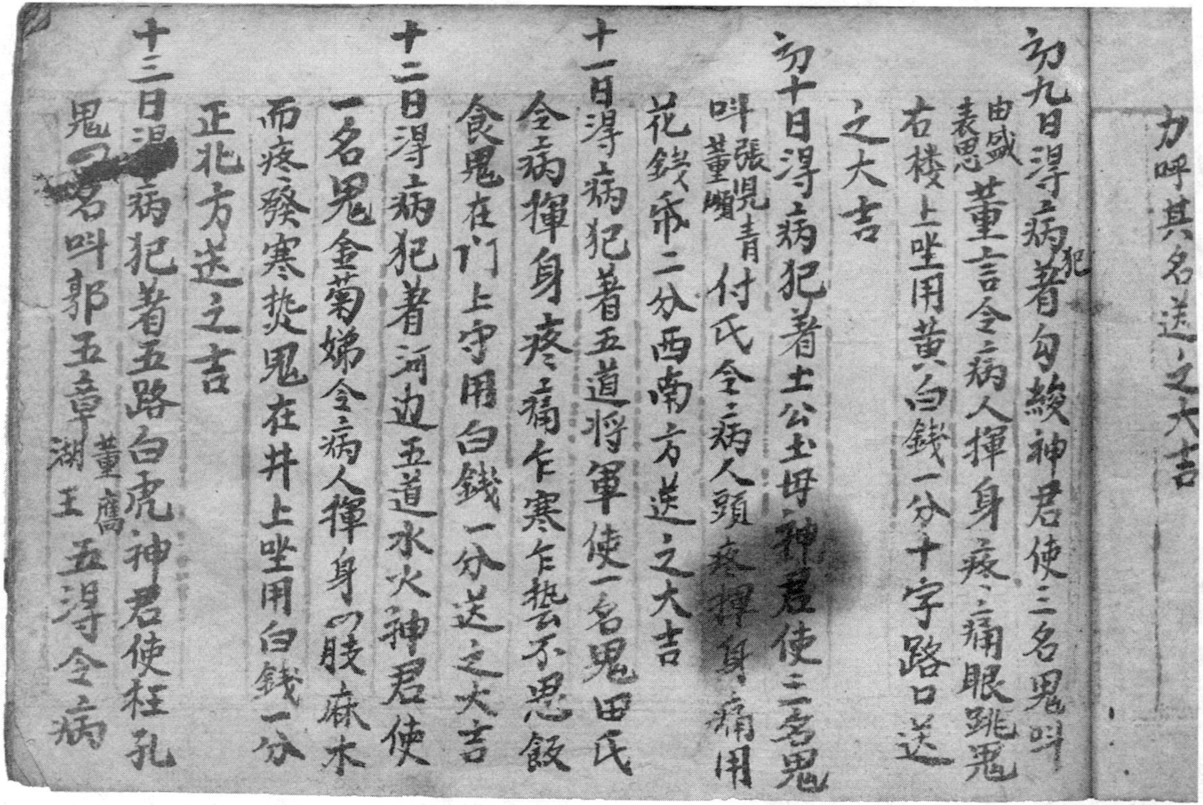

力呼其名送之大吉

初九日淂病犯着白綫神君使三名鬼叫由盛表思董言令病人渾身疼痛眼跳鬼右楼上坐用黄白錢一分十字路口送之大吉

初十日淂病犯着土公土母神君使二名鬼叫張児青董嫺付氏令病人頭疼渾身痛用花錢二分西南方送之大吉

十一日淂病犯着五道將軍使一名鬼田氏令病渾身疼痛乍寒乍熱不思飲食鬼在门上守用白錢一分送之大吉

十二日淂病犯着河边五道水火神君使一名鬼金菊婦令病人渾身四肢麻木而疼發寒热鬼在井上坐用白錢一分正北方送之大吉

十三日淂[illegible]病犯着五路白虎神君使枉孔鬼[illegible]名叫郭五章董鷹湖王五淂令病

秋口镇沙城江氏 1-5 · 同治十二年 · 文集（旧获皮改）· 江樟秀记

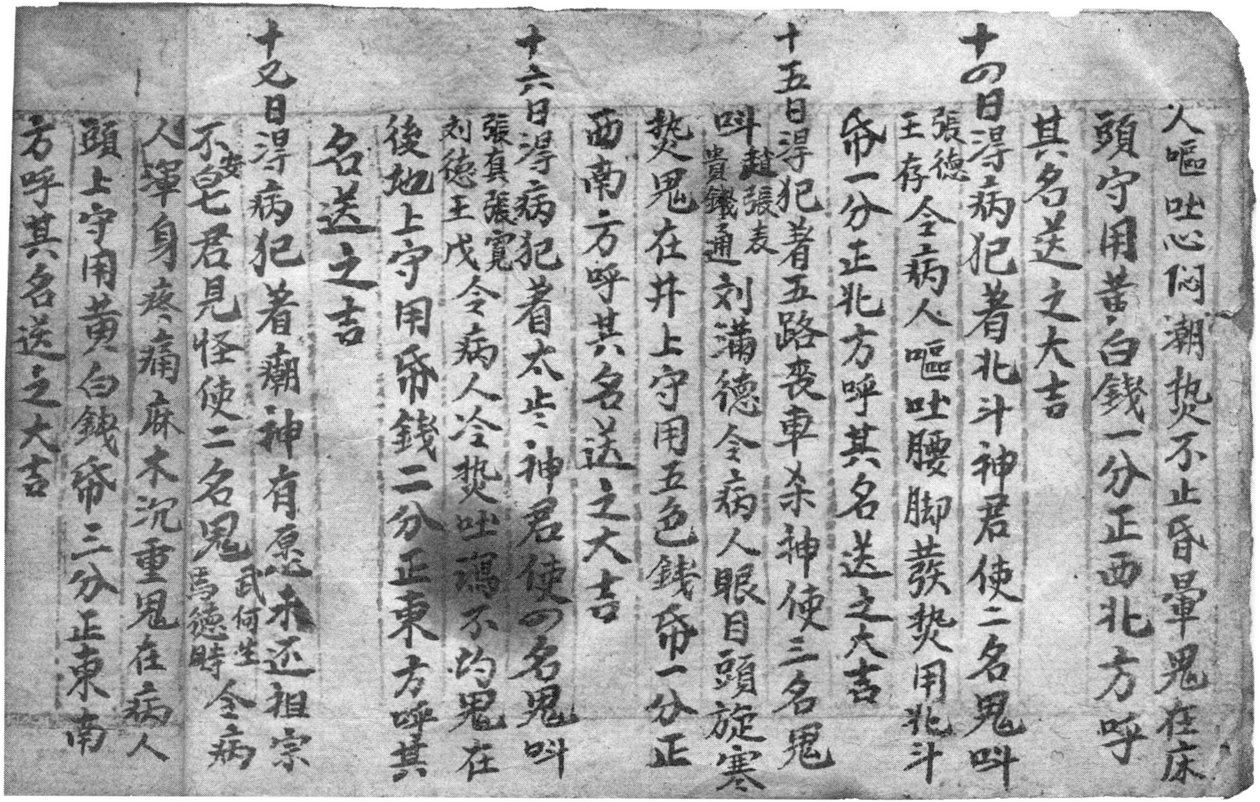
人嘔吐心悶潮熱不止昏暈鬼在床
頭守用黃白錢一分正西北方呼
其名送之大吉
十四日得病犯着北斗神君使二名鬼叫
張德王存全病人嘔吐腰脚蔂熱用北斗
帋一分正北方呼其名送之大吉
十五日得犯着五路喪車殺神使三名鬼
叫趙張表貴錢通刘滿德全病人眼目頭旋寒
熱鬼在井上守用五色錢帋一分正
西南方呼其名送之大吉
十六日得病犯着太歲神君使四名鬼叫
張真張寬刘德王戊全病人冷熱吐瀉不均鬼在
後地上守用帋錢二分正東方呼其
名送之吉
十九日得病犯着㽘神有原忘未还祖宗
不安皂君見怪使二名鬼武何生馬德時全病
人渾身疼痛麻木沉重鬼在病人
頭上守用黃白錢帋三分正東南
方呼其名送之大吉

秋口镇沙城江氏 1-6 · 同治十二年 · 文集（旧获皮改）· 江樟秀记

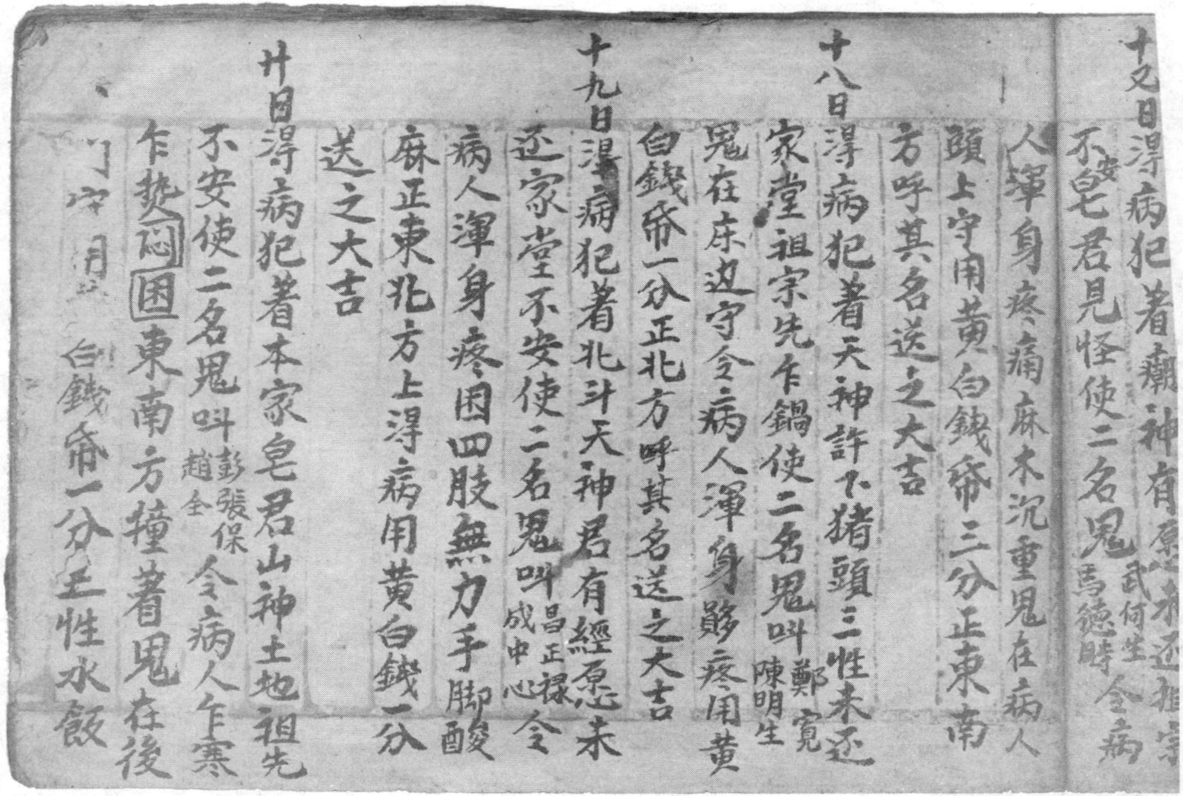
十七日淂病犯着[illegible]神有原愿未还推字
不安皂君見怪使二名鬼武何生馬德時令病
人渾身疼痛麻木沉重鬼在病人
頭上守用黄白錢帋三分正東南
方呼其名送之大吉
十八日淂病犯着天神許下猪頭三牲未还
家堂祖宗先乍鍋使二名鬼叫鄭寬陳明生
鬼在床边守令病人渾身發疼用黄
白錢帋一分正北方呼其名送之大吉
十九日淂病犯着北斗天神君有經愿未
还家堂不安使二名鬼叫昌正禄成中心令
病人渾身疼困四肢無力手脚酸
麻正東北方上淂病用黄白錢一分
送之大吉
廿日淂病犯着本家皂君山神土地祖先
不安使二名鬼叫彭張保趙全令病人乍寒
乍热闷困東南方撞着鬼在後
门守月白錢帋一分正性水飯

秋口镇沙城江氏 1-7 · 同治十二年 · 文集（旧获皮改）· 江樟秀记

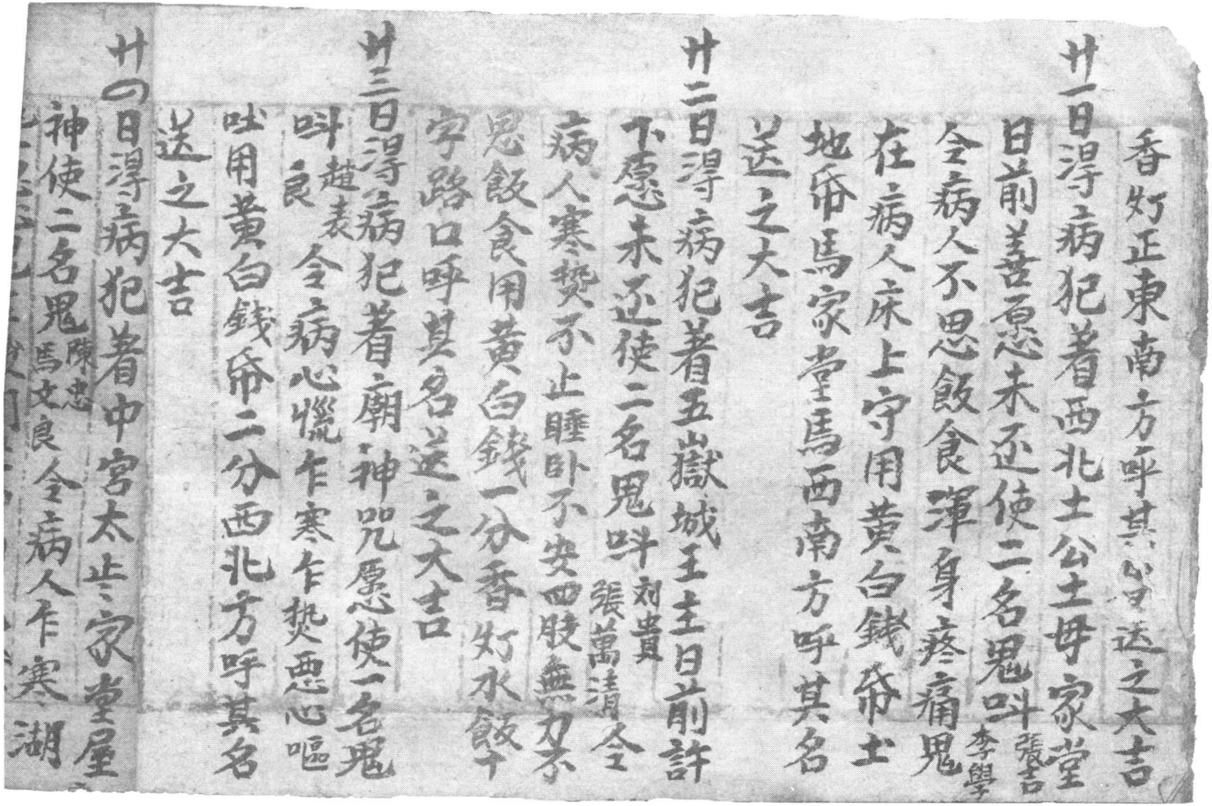
香灯正東南方呼其名送之大吉
廿一日淂病犯着西北土公土母家堂
日前善愿未还使二名鬼叫張善吉 李學
仝病人不思飲食渾身疼痛鬼
在病人床上守用黄白錢爷土
地爷馬家堂馬西南方呼其名
送之大吉
廿二日淂病犯着五嶽城王圭日前許
下愿未还使二名鬼叫刘貴 張萬清 仝
病人寒熱不止睡卧不安四肢無力不
思飲食用黄白錢一分香灯水飯
字路口呼其名送之大吉
廿三日淂病犯着廟神咒愿使一名鬼
叫趙表良 仝病心慌作寒作熱恶心嘔
吐用黄白錢爷二分西北方呼其名
送之大吉
廿四日淂病犯着中宫太歲家堂屋
神使二名鬼陳忠 馬文良 仝病人作寒湖

秋口镇沙城江氏 1-8 · 同治十二年 · 文集（旧获皮改）· 江樟秀记

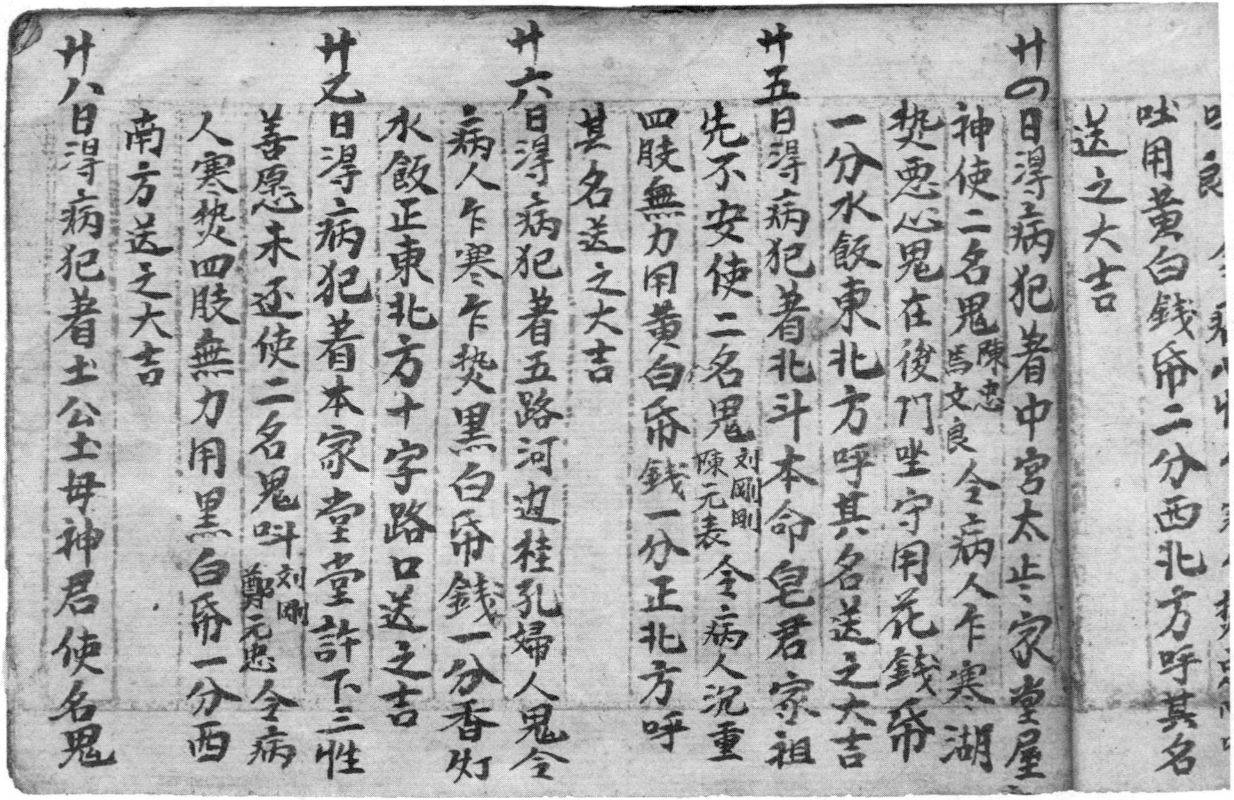

吐用黄白錢帋二分西北方呼其名
送之大吉
廿四日淂病犯着中宫太岁家堂屋
神使二名鬼陳忠 馬文良 令病人作寒湖
热恶心鬼在後门坐守用花錢帋
一分水飯東北方呼其名送之大吉
廿五日淂病犯着北斗本命皂君家祖
先不安使二名鬼刘刚 陳元表 令病人沉重
四肢無力用黄白帋錢一分正北方呼
其名送之大吉
廿六日淂病犯着五路河边桂孔婦人鬼令
病人作寒作热黑白帋錢一分香灯
水飯正東北方十字路口送之吉
廿七日淂病犯着本家堂堂許下三牲
善愿未还使二名鬼叫刘刚 鄭元忠 令病
人寒热四肢無力用黑白帋一分西
南方送之大吉
廿八日淂病犯着土公土母神君使名鬼

秋口镇沙城江氏 1-9 · 同治十二年 · 文集（旧获皮改） · 江樟秀记

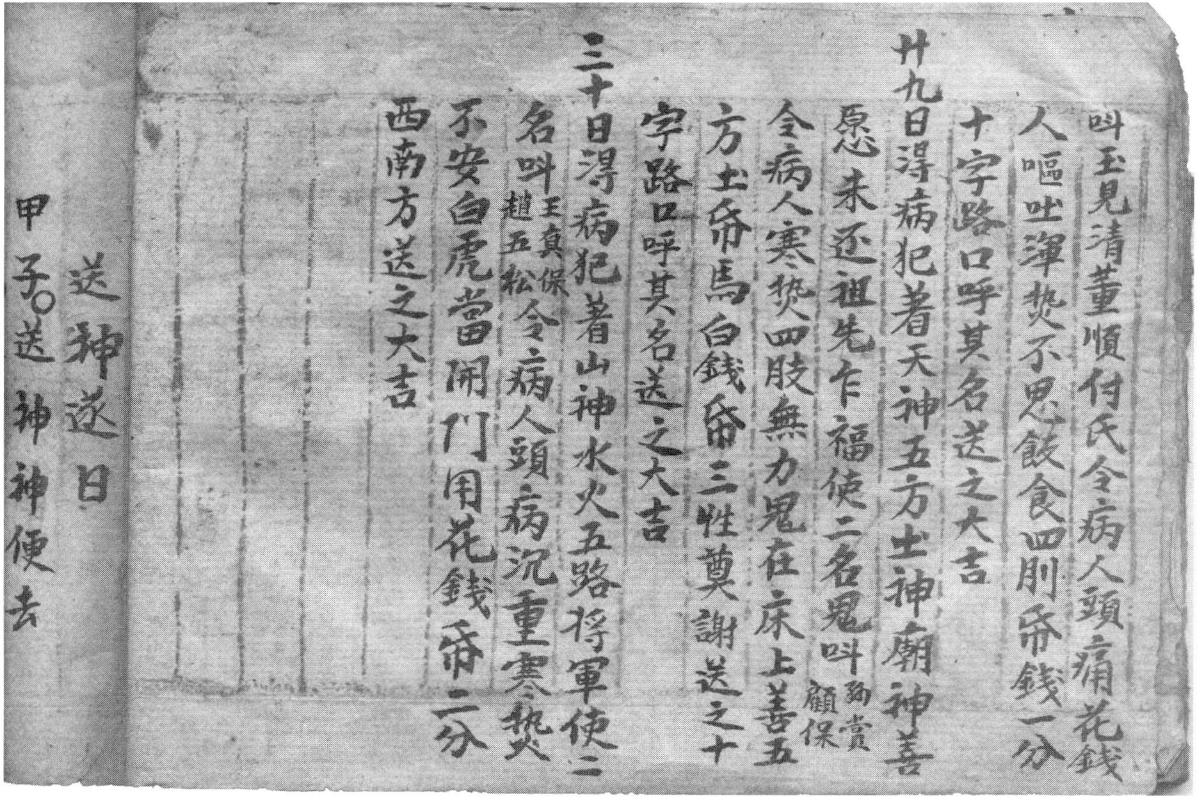
叫王見清董順付氏令病人頭痛花錢
人嘔吐渾熱不思飲食四肢乑錢一分
十字路口呼其名送之大吉
廿九日得病犯着天神五方土神廟神善
愿未還祖先作福使二名鬼叫孫貴顧保
令病人寒熱四肢無力鬼在床上善五
方土乑馬白錢乑三牲奠謝送之十
字路口呼其名送之大吉
三十日得病犯着山神水火五路將軍使二
名叫王真保趙五松令病人頭病沉重寒熱
不安白虎當開門用花錢乑一分
西南方送之大吉

送神送日
甲子○送神神便去

秋口镇沙城江氏 1-10 · 同治十二年 · 文集（旧获皮改）· 江樟秀记

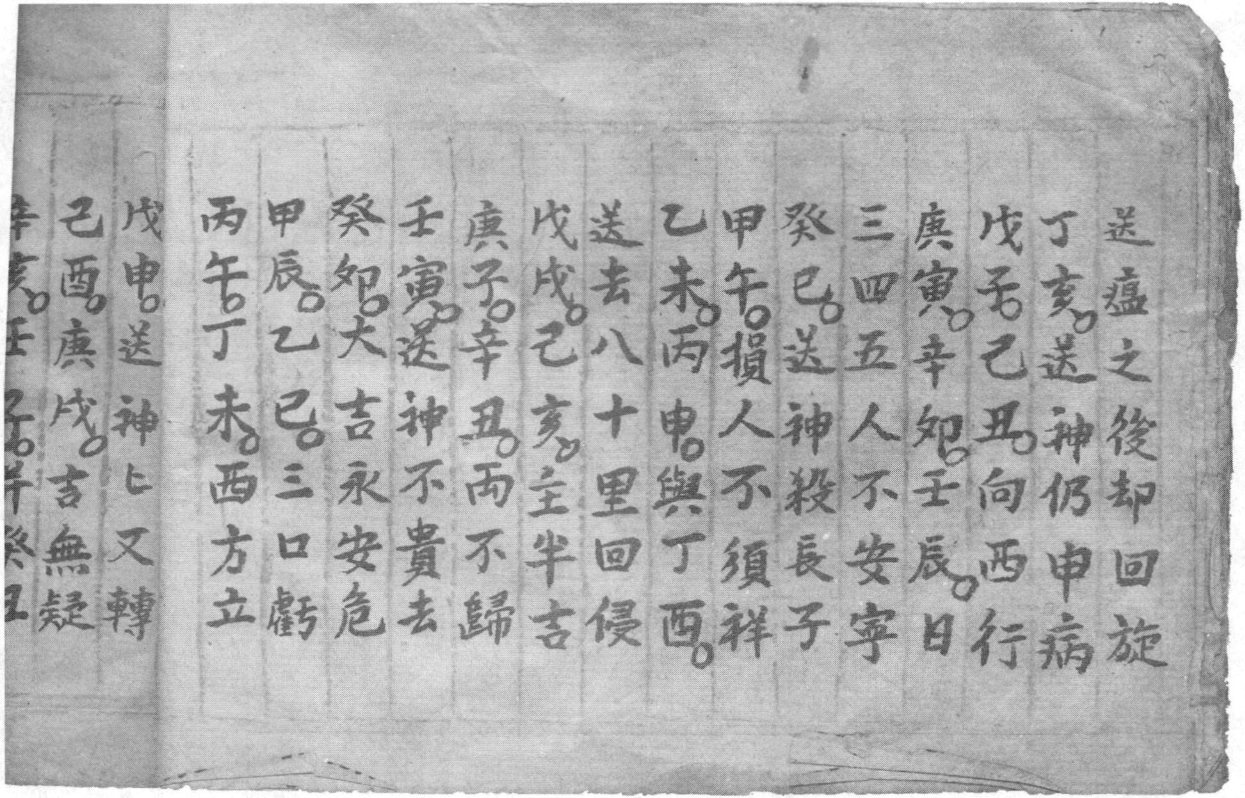
送瘟之後却回旋
丁亥。送神仍申病
戊子。己丑。向西行
庚寅。辛卯。壬辰。日
三四五人不安寧
癸巳。送神殺長子
甲午。損人不須祥
乙未。丙申。與丁酉。
送去八十里回侵
戊戌。己亥。主半吉
庚子。辛丑。丙不歸
壬寅。送神不貴去
癸卯。大吉永安危
甲辰。乙巳。三口虧
丙午。丁未。西方立
戊申。送神匕又轉
己酉。庚戌。吉無疑
辛亥。壬子。[illegible]癸丑

秋口镇沙城江氏 1-11 · 同治十二年 · 文集（旧获皮改）· 江樟秀记

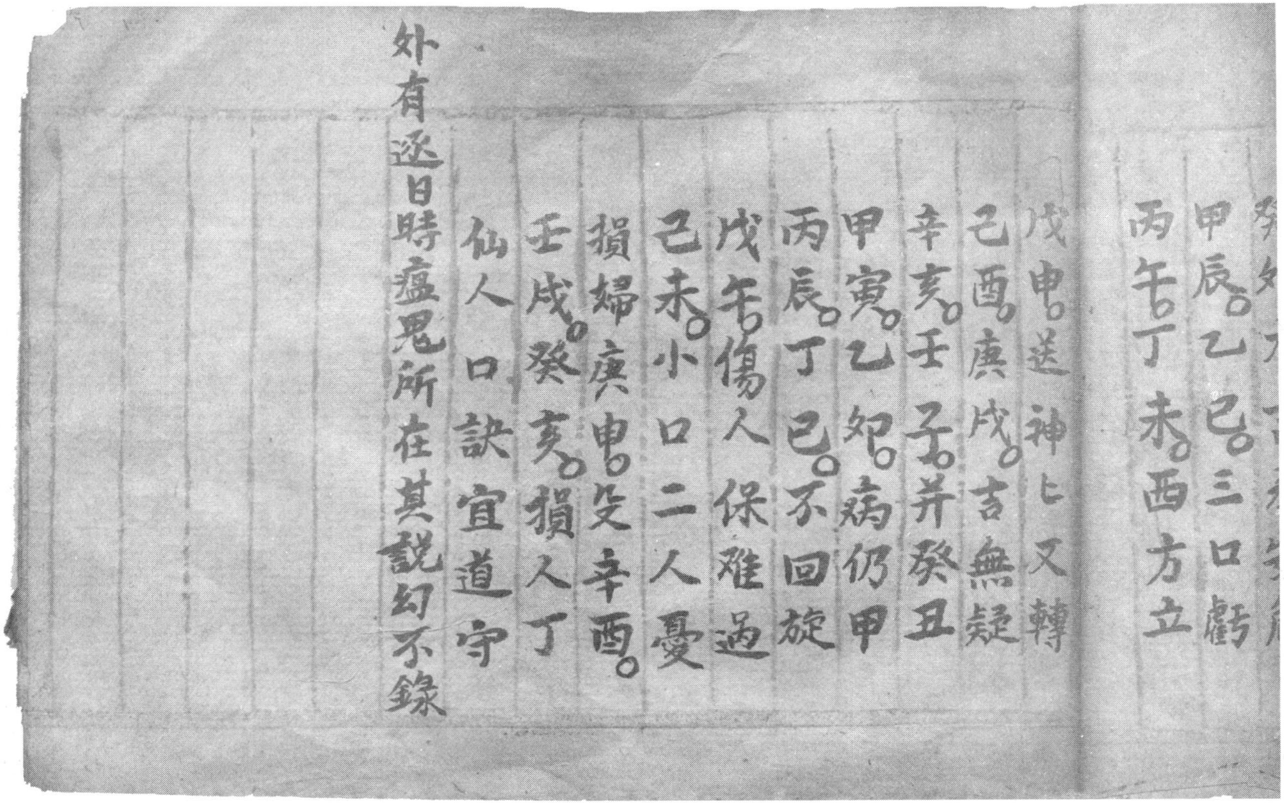
甲辰。乙巳。三口虧
丙午。丁未。西方立
戊申。送神匕又轉
己酉。庚戌。吉無疑
辛亥。壬子。并癸丑
甲寅。乙卯。病仍甲
丙辰。丁巳。不回旋
戊午。傷人保难過
己未。小口二人憂
損婦庚申。旻辛酉。
壬戌。癸亥。損人丁
仙人口訣宜道守
外有逐日時瘟鬼所在其說幻不錄

秋口镇沙城江氏 1-12 · 同治十二年 · 文集（旧获皮改）· 江樟秀记

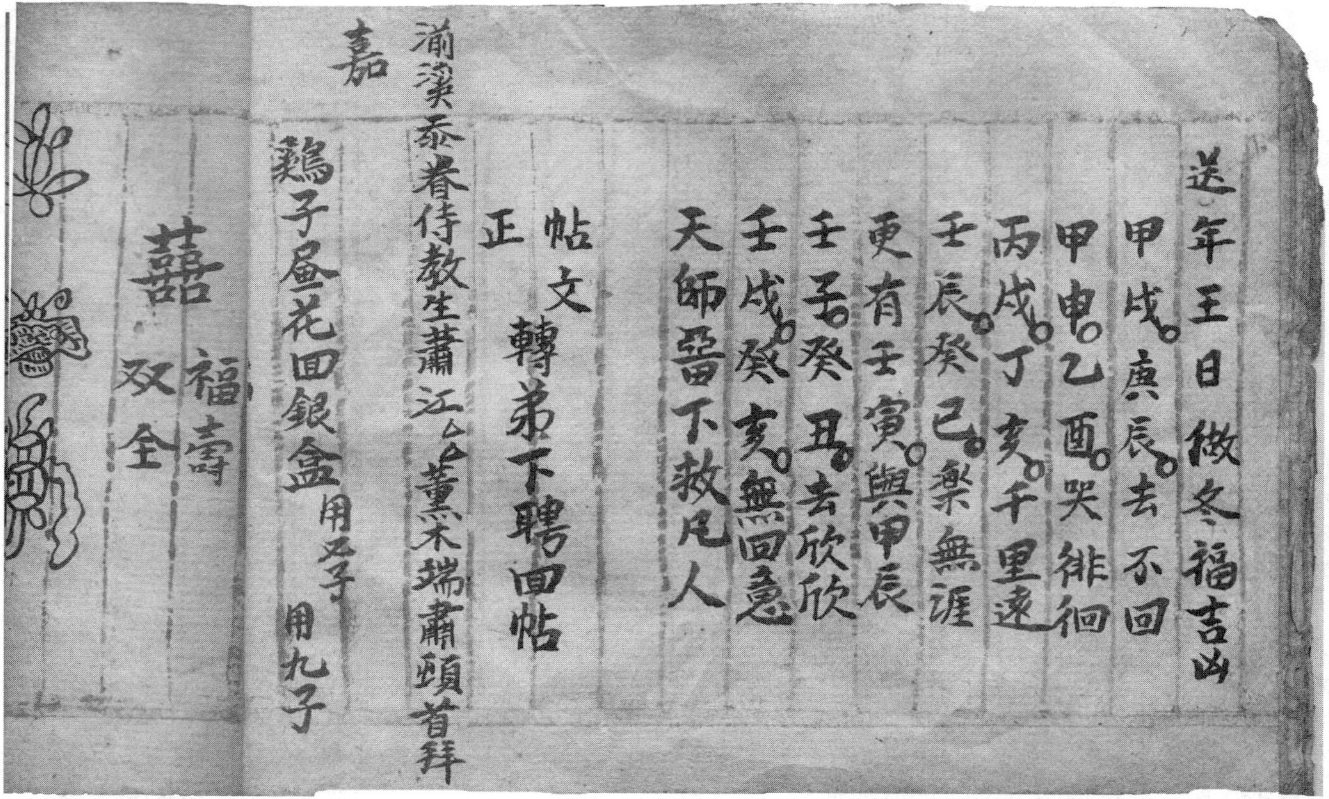
送年王日微冬福吉凶
甲戌。庚辰。去不回
甲申。乙酉。哭徘徊
丙戌。丁亥。千里遠
壬辰。癸巳。樂無涯
更有壬寅。與甲辰
壬子癸丑。去欣欣
壬戌。癸亥。無回意
天師留下救凡人
帖文轉弟下聘回帖
正
湔溪泰眷侍教生蕭江△△董木瑞肅頓首拜
嘉
鷄子畫花回銀盒 用双子 用九子
福壽
双全
囍

秋口镇沙城江氏 1-13 · 同治十二年 · 文集（旧获皮改）· 江樟秀记

嘉

湔溪黍眷侍教生蕭泓

鷄子盈花田銀盒 用五子 用九子

囍 福壽双全

伏以吉日時良

金花耀彩 灯燭輝煌

請棲新郎新人

先拜天地四跪四拜 再拜高堂四跪四拜

夫妻交拜四跪四拜 福如天長

良蕭花燭請送新郎新人一全房

光緒廿二年丙申歲 抄録

耕種吉日

甲子。乙丑。丁卯。己巳。庚午。

辛未。癸未。癸酉。乙亥。丙子。

秋口镇沙城江氏 1-14 · 同治十二年 · 文集（旧获皮改） · 江樟秀记

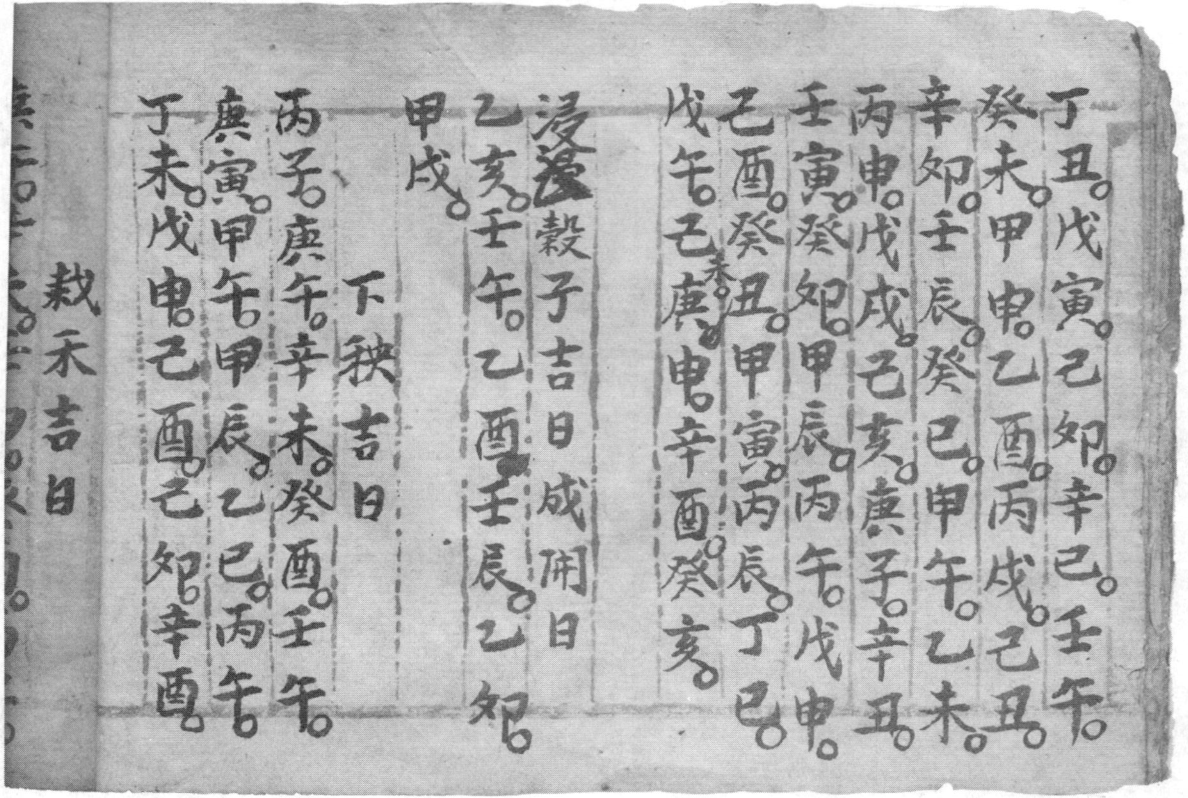
丁丑。戊寅。己卯。辛巳。壬午。
癸未。甲申。乙酉。丙戌。己丑。
辛卯。壬辰。癸巳。甲午。乙未。
丙申。戊戌。己亥。庚子。辛丑。
壬寅。癸卯。甲辰。丙午。戊申。
己酉。癸丑。甲寅。丙辰。丁巳。
戊午。己未庚申。辛酉。癸亥。

浸穀子吉日　成開日
乙亥。壬午。乙酉。壬辰。乙卯。
甲戌。

下秧吉日
丙子。庚午。辛未。癸酉。壬午。
庚寅。甲午。甲辰。乙巳。丙午。
丁未。戊申。己酉。己卯。辛酉。

栽禾吉日

秋口镇沙城江氏 1-15 · 同治十二年 · 文集（旧获皮改）· 江樟秀记

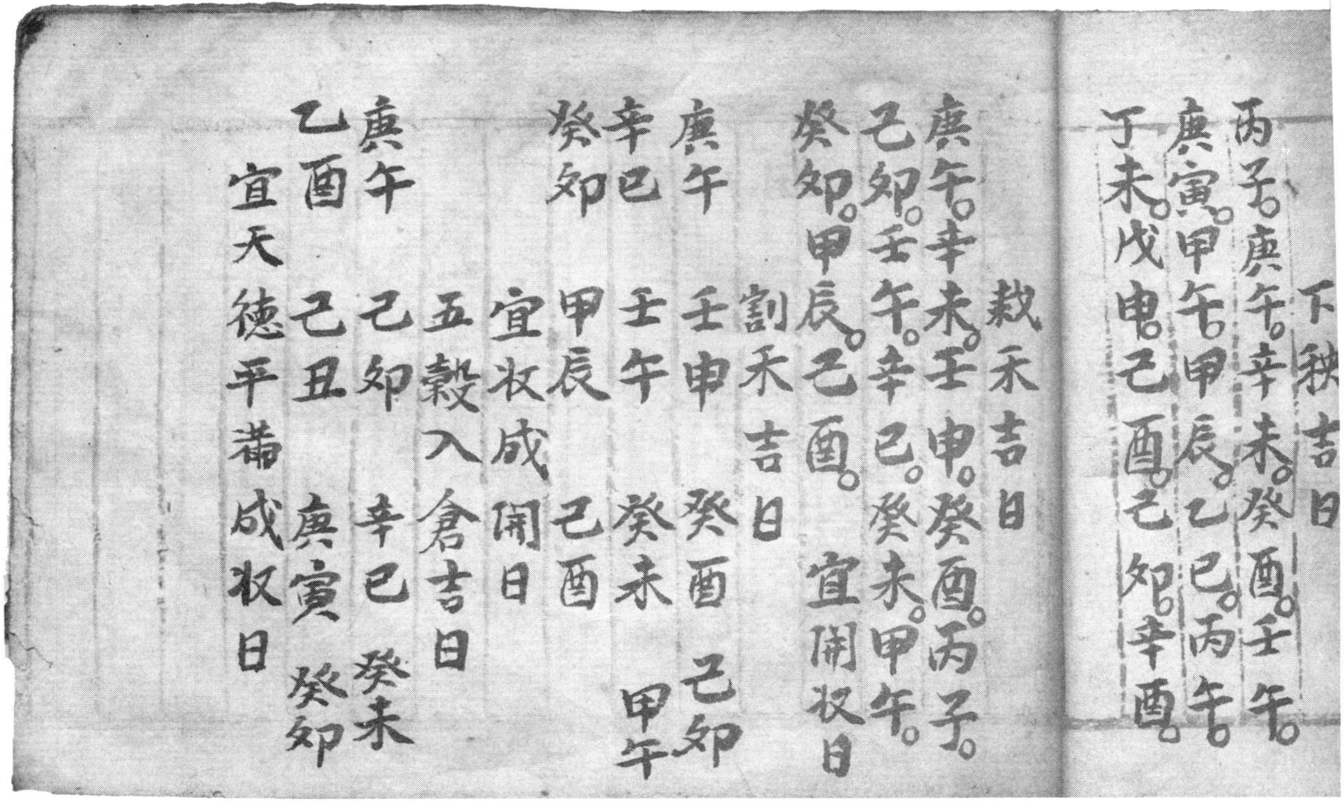
下秧吉日
丙子。庚午。辛未。癸酉。壬午。
庚寅。甲午。甲辰。乙巳。丙午。
丁未。戊申。己酉。己卯。辛酉。

栽禾吉日
庚午。辛未。壬申。癸酉。丙子。
乙卯。壬午。辛巳。癸未。甲午。
癸卯。甲辰。己酉。　宜開收日

割禾吉日
庚午　壬申　癸酉　乙卯
辛巳　壬午　癸未　甲午
癸卯　甲辰　己酉
宜收成開日

五穀入倉吉日
庚午　乙卯　辛巳　癸未
乙酉　己丑　庚寅　癸卯
宜天德平满成收日

秋口镇沙城江氏 1-16 · 同治十二年 · 文集（旧获皮改） · 江樟秀记

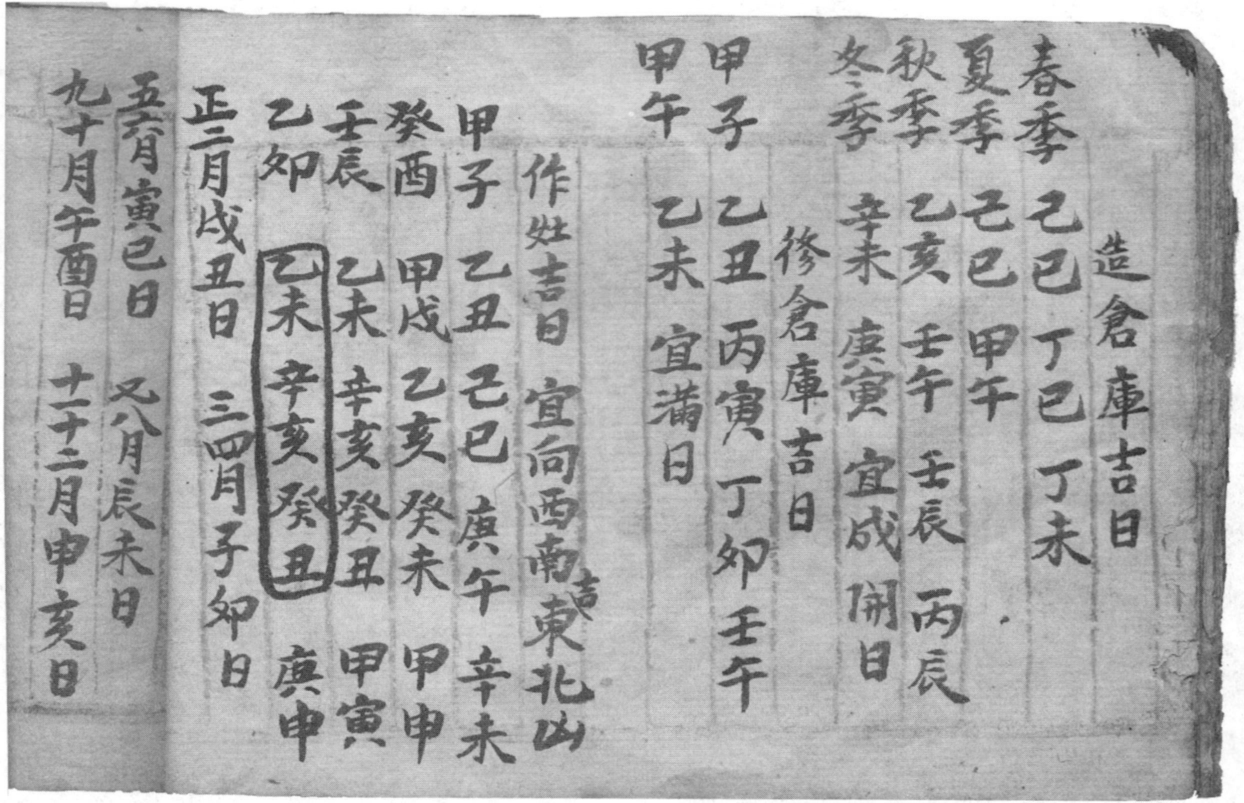
造倉庫吉日
春季 己巳 丁巳 丁未
夏季 己巳 甲午
秋季 乙亥 壬午 壬辰 丙辰
冬季 辛未 庚寅 宜成開日
修倉庫吉日
甲子 乙丑 丙寅 丁卯 壬午
甲午 乙未 宜滿日
作灶吉日 宜向西南東北凶 吉
甲子 乙丑 己巳 庚午 辛未
癸酉 甲戌 乙亥 癸未 甲申
壬辰 乙未 辛亥 癸丑 甲寅
乙卯 乙未 辛亥 癸丑 庚申
正二月戌丑日 三四月子卯日
五六月寅巳日 七八月辰未日
九十月午酉日 十一十二月申亥日

秋口镇沙城江氏 1-17 · 同治十二年 · 文集（旧获皮改）· 江樟秀记

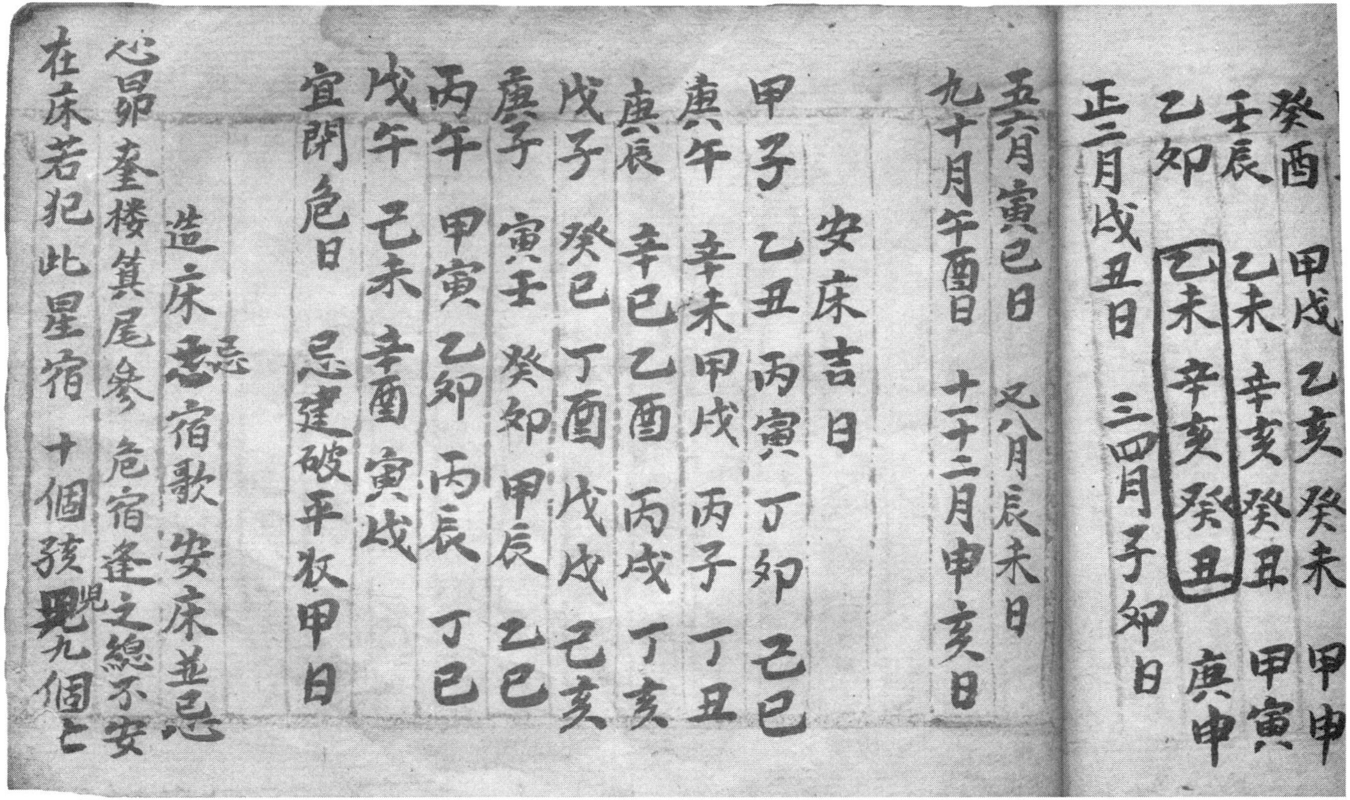

癸酉 甲戌 乙亥 癸未 甲申
壬辰 乙未 辛亥 癸丑 甲寅
乙卯 乙未 辛亥 癸丑 庚申
正二月戊丑日 三四月子卯日
五六月寅巳日 又八月辰未日
九十月午酉日 十一十二月申亥日
安床吉日
甲子 乙丑 丙寅 丁卯 己巳
庚午 辛未 甲戌 丙子 丁丑
庚辰 辛巳 乙酉 丙戌 丁亥
戊子 癸巳 丁酉 戊戌 己亥
庚子 寅壬 癸卯 甲辰 乙巳
丙午 甲寅 乙卯 丙辰 丁巳
戊午 己未 辛酉 寅戌
宜開危日 忌建破平收甲日
造床忌宿歌 安床並忌
心昴奎樓箕尾參 危宿逢之總不安
在床若犯此星宿 十個孩兒九個亡

秋口镇沙城江氏 1-18 · 同治十二年 · 文集（旧获皮改）· 江樟秀记

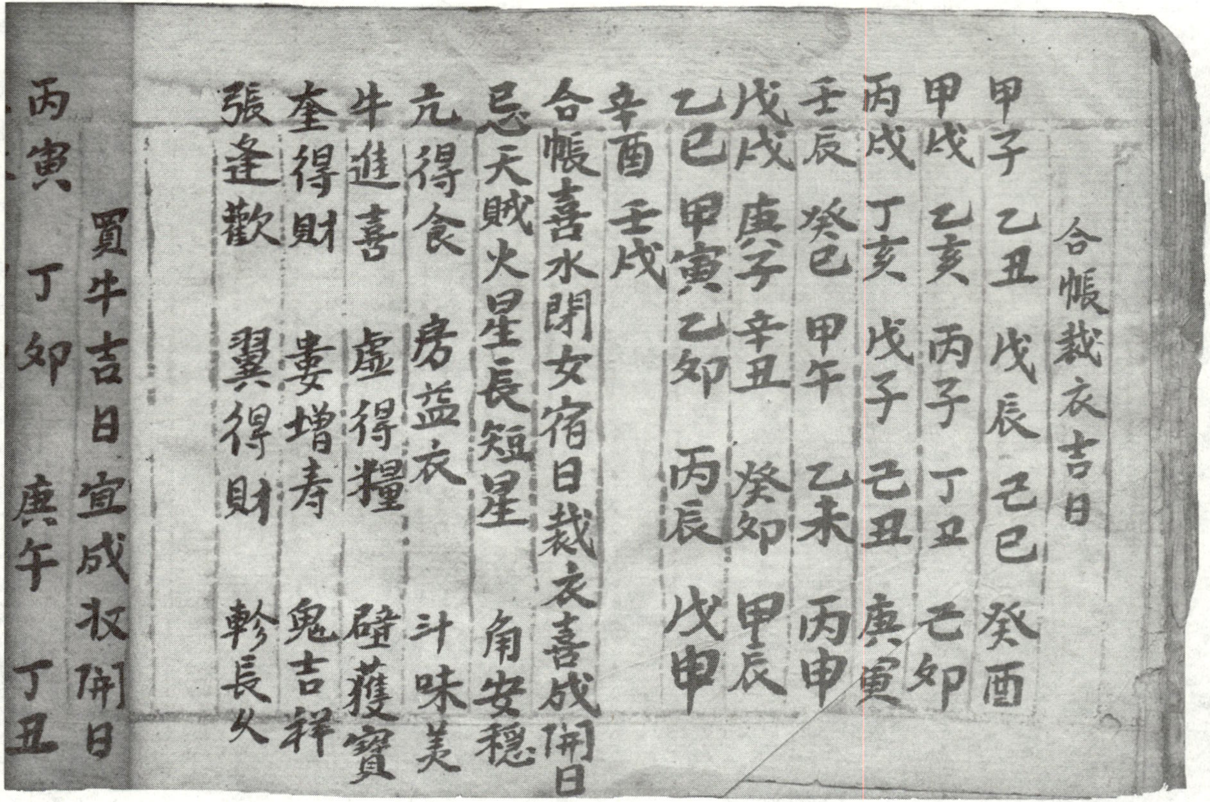

合帳裁衣吉日

甲子 乙丑 戊辰 己巳 癸酉

甲戌 乙亥 丙子 丁丑 己卯

丙戌 丁亥 戊子 己丑 庚寅

壬辰 癸巳 甲午 乙未 丙申

戊戌 庚子 辛丑 癸卯 甲辰

乙巳 甲寅 乙卯 丙辰 戊申

辛酉 壬戌

合帳喜水閉女宿日裁衣喜成開日

忌天賊火星長短星 角安穩

亢得食 房益衣 斗味美

牛進喜 虛得糧 壁獲寶

奎得財 婁增壽 鬼吉祥

張逢歡 翼得財 軫長久

買牛吉日 宜成收開日

丙寅 丁卯 庚午 丁丑

秋口镇沙城江氏 1-19 · 同治十二年 · 文集（旧获皮改）· 江樟秀记

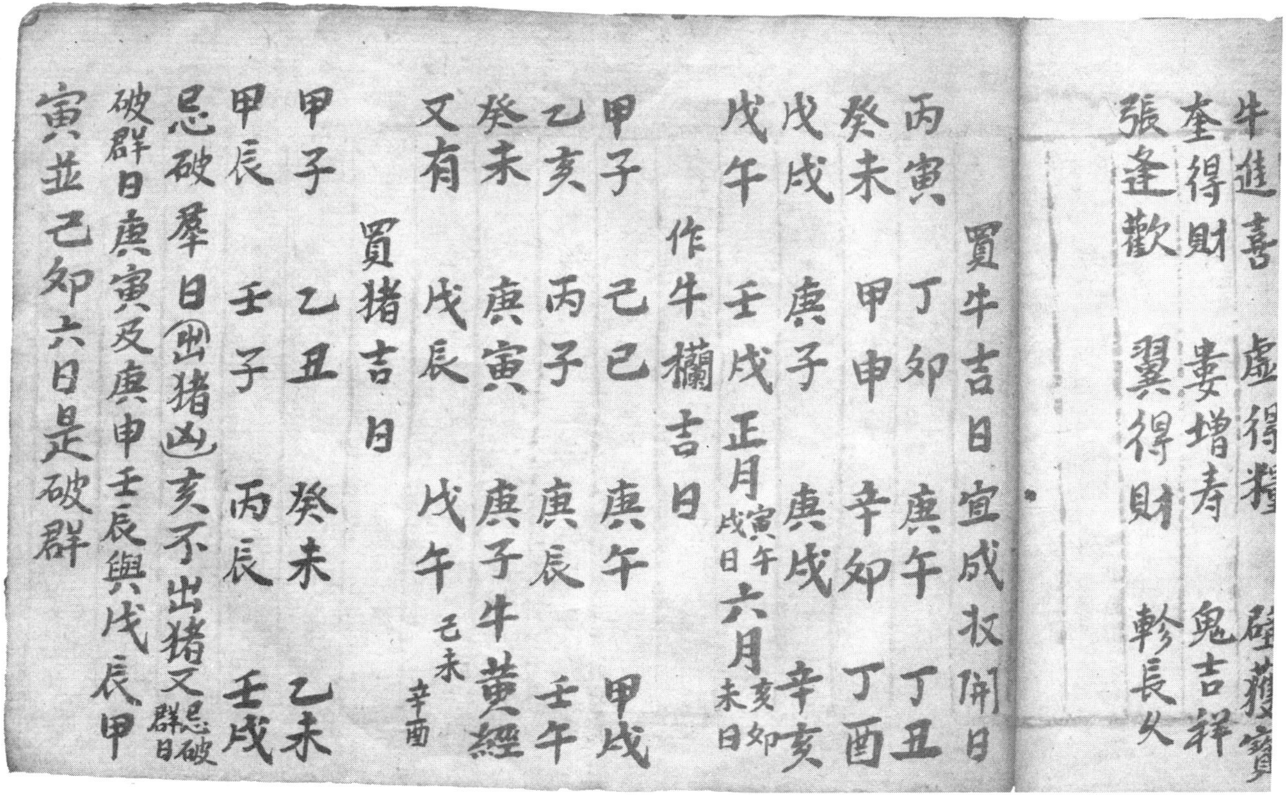
牛進喜　虛得糧　壁獲寶
奎得財　妻增壽　鬼吉祥
張逢歡　翼得財　軫長久

買牛吉日宜成收開日
丙寅　丁卯　庚午　丁丑
癸未　甲申　辛卯　丁酉
戊戌　庚子　庚戌　辛亥
戊午　壬戌　正月（寅午戌日）　六月（亥卯未日）

作牛欄吉日
甲子　己巳　庚午　甲戌
乙亥　丙子　庚辰　壬午
癸未　庚寅　庚子　牛黄經
又有　戊辰　戊午　（己未　辛酉）

買猪吉日
甲子　乙丑　癸未　乙未
甲辰　壬子　丙辰　壬戌
忌破羣日（出猪凶）亥不出猪又（忌破群日）
破群日庚寅及庚申壬辰與戊辰甲
寅並己卯六日是破群

秋口镇沙城江氏 1-20・同治十二年・文集（旧获皮改）・江樟秀记

作猪圈吉日

甲子 戊辰 壬申 甲戌

庚辰 戊子 辛卯 辛巳

甲午 乙未 庚子 壬寅

癸卯 甲辰 乙巳 戊申

壬子

猪圈門宜高二尺濶一尺五寸

放水惟寅申二位吉。水流申周年重千斤。水流寅與乙，曰水嘍也。自肥。

修猪圈吉日

宜申子辰日忌正四廢飛廉刀砧地賊受死日

六畜肥日

春申子辰 夏寅午戌 亥卯未

秋寅午戌 冬巳酉丑

六畜瘦日

秋口镇沙城江氏 1–21 · 同治十二年 · 文集（旧获皮改）· 江樟秀记

地賊

受死日

六畜肥日

春申子辰　夏寅午戌　亥卯未

秋寅午戌　冬巳酉丑

六畜瘦日

春巳酉丑　夏寅午戌

秋亥卯未　冬申子辰

五穀試新吉凶日

建日凶　除日凶

危日吉　平日吉

定日招客　執日凶

成日吉　收日吉

開日吉　閉日吉

滿日凶　破日凶

秋口镇沙城江氏 1-22 · 同治十二年 · 文集（旧获皮改） · 江樟秀记

風氣藥方 東萬開來
製附子 钱 伏神 钱 益智 钱
当归 一枝 五爪皮 钱 紅花 钱
子姜黄 钱 續斷 钱 柴胡 钱
青皮 钱 骨碎 钱 桂枝 钱
丹参 钱 草薢 钱 烏藥 钱
秦艽 钱 桑枝 钱
酒漿五斤放在瓶内將瓶封好放大鍋
内煮，点香三枝起鍋放在地下退火一
又之後朝夜每服尽完復查照前
亡樣服完
用酸栢樹根煎水猪脚会一对 前对
特氣牛藥方 山從開來
天麻 两 地榆 两 川芎 两
知母 钱 蝎稍下 烏陀 两 用水煎

秋口镇沙城江氏 1-23 · 同治十二年 · 文集（旧获皮改） · 江樟秀记

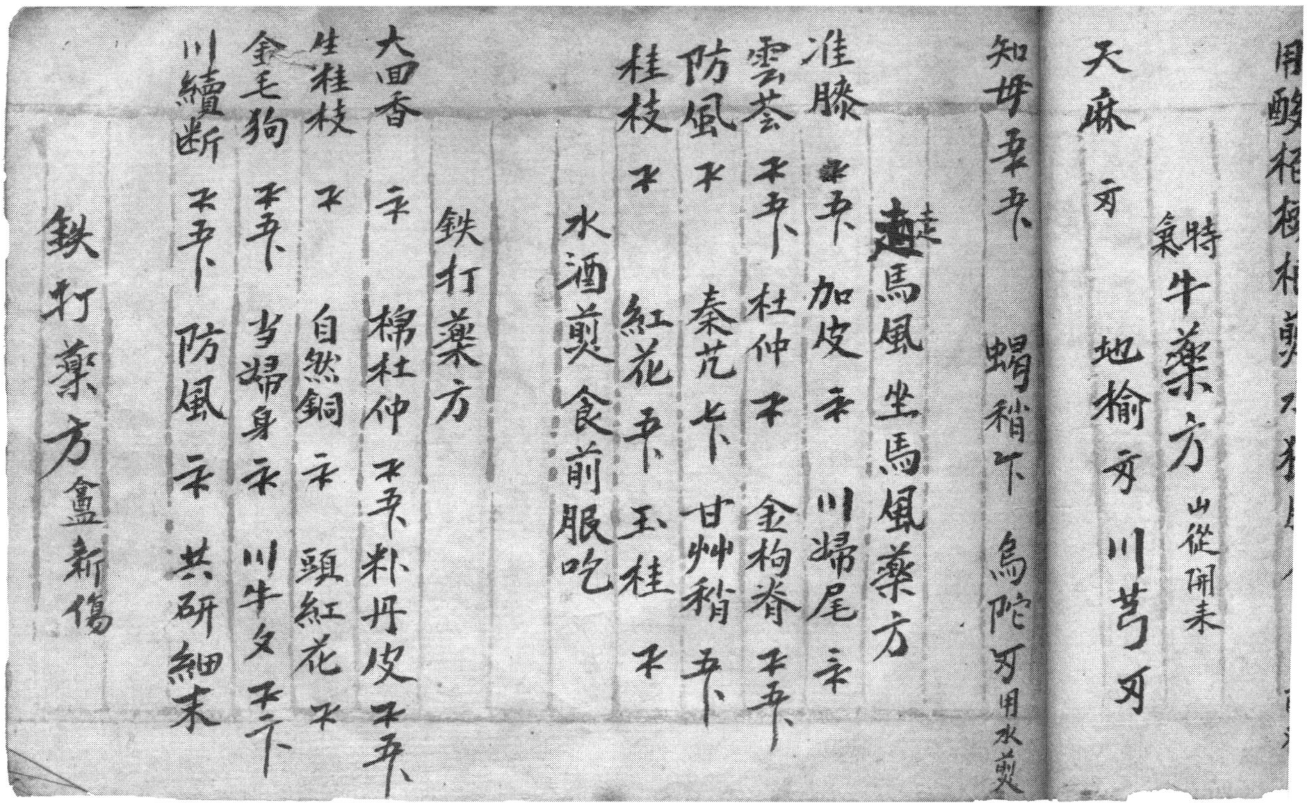

秋口镇沙城江氏 1-24 · 同治十二年 · 文集（旧获皮改）· 江樟秀记

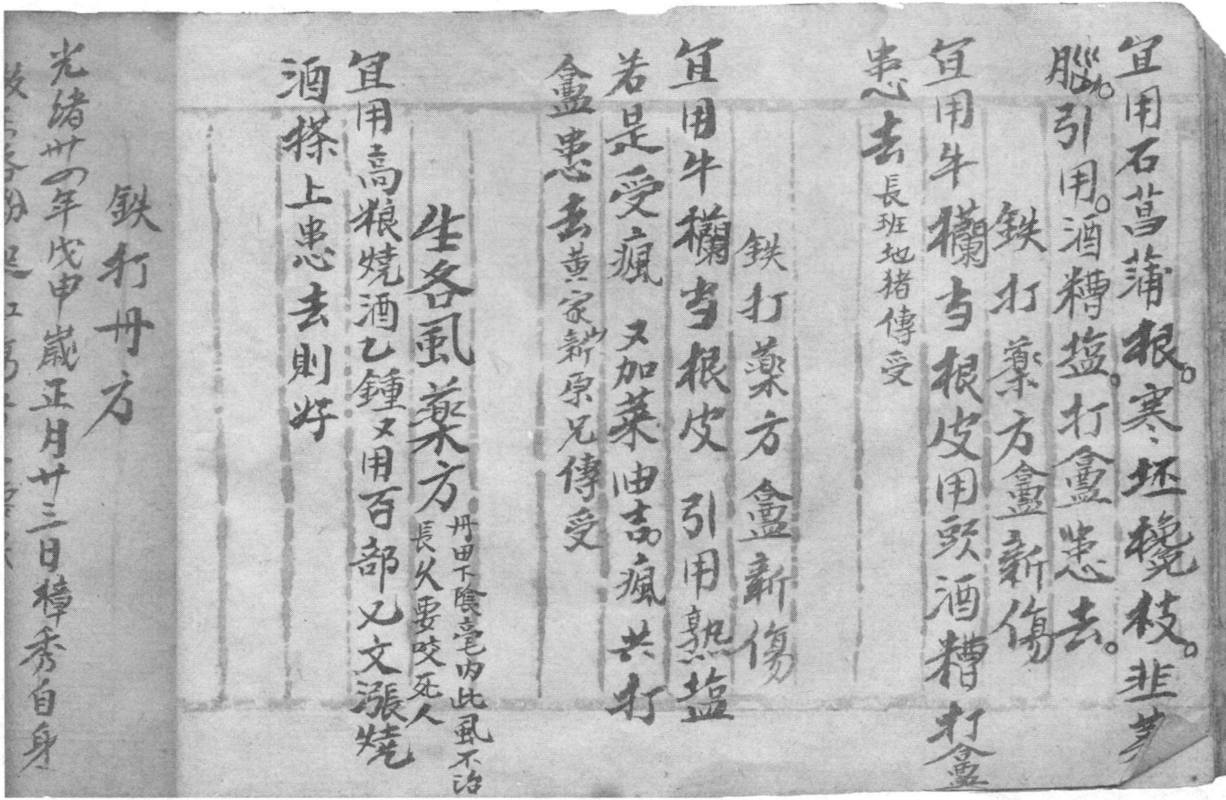
宜用石菖蒲根。寒坯樣枝。韭
腦。引用。酒糟塩。打盦患去。
鉄打藥方盦新傷
宜用牛欄肖根皮用頭酒糟打盦
患去 長班地猪傳受
鉄打藥方盦新傷
宜用牛欄肖根皮 引用熟塩
若是受瘋 又加萊油苦瘋 共打
盦患去 黄家新原兄傳受
生各虱藥方 丹田下陰毫毛内此虱不治 長久要咬死人
宜用高粮燒酒乙鍾又用百部乙文漲燒
酒搽上患去則好
鉄打丹方
光緒卅四年戊申歲正月廿三日樟秀自身

秋口镇沙城江氏 1-25 · 同治十二年 · 文集（旧获皮改）· 江樟秀记

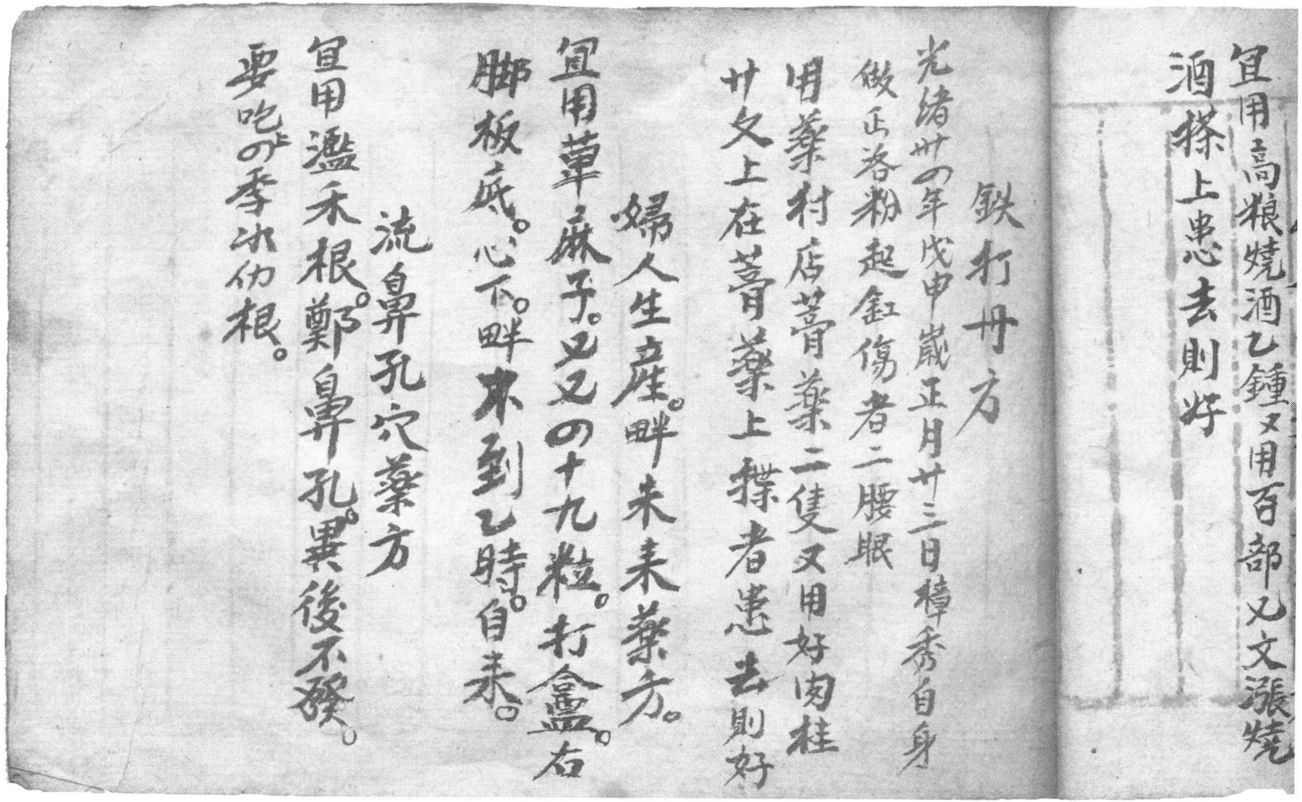
宜用高粮烧酒乙鍾又用百部又文漲烧
酒搽上患去則好

鉄打丹方
光绪卅四年戊申歲正月廿三日樟秀自身
做正洛粉起缸傷者二腰眼
用藥村店菁藥二隻又用好肉桂
廿文上在菁藥上𢵧者患去則好

婦人生産。畔未来藥方。
宜用草麻子。又又の十九粒。打盦。右
脚板底。心下。畔不到乙時。自来。

流鼻孔穴藥方
宜用濫禾根。鄭。鼻孔。畢後不發。
要吃の季汁仍根。

秋口镇沙城江氏 1-26 · 同治十二年 · 文集（旧获皮改） · 江樟秀记

池魚愁担。破鱗藥方。
宜用松樹上。清鷄麻介。數隻。打碎。
下細鍋（调）以前火。芽頜。将魚放在藥内洗
益。自則生鱗。閉時發病。爛鱗全用。
此藥水放進槁下。又此藥鋪。則在進
槁内。自生鱗好。

新訂崇正闢謬通書卷九

汝水歸淳子李奉來倚豈甫輯編

秋口镇沙城江氏 1-27 · 同治十二年 · 文集（旧获皮改）· 江樟秀记

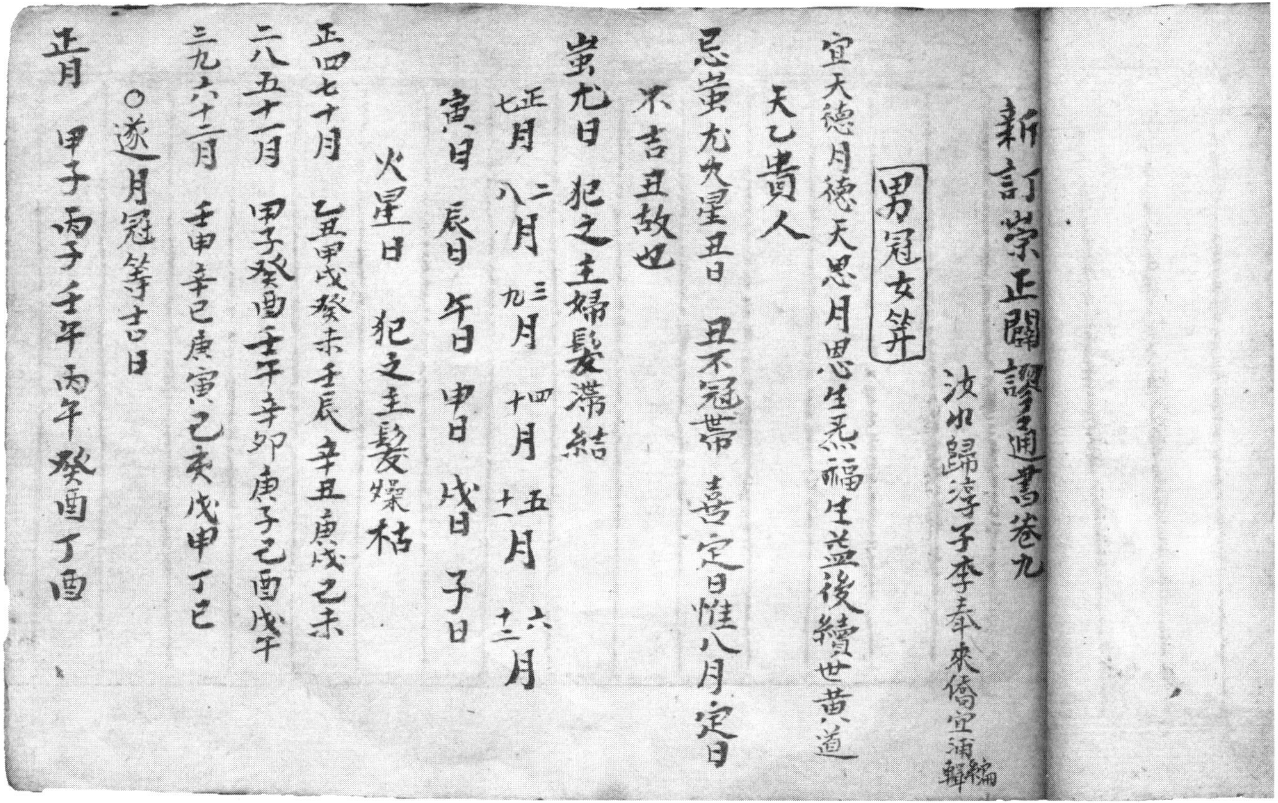
新訂崇正闢謬通書卷九

汝水歸淳子李奉來倚空甫編輯

男冠女笄

宜天德月德天恩月恩生炁福生益後續世黃道

天乙貴人

忌寅尤火星丑日　丑不冠帶　喜定日惟八月定日

不吉丑故也

寅尤日　犯之主婦髮滯結

正七月　二八月　三九月　四十月　五十一月　六十二月

寅日　辰日　午日　申日　戌日　子日

火星日　犯之主髮燥枯

正四七十月　乙丑甲戌癸未壬辰辛丑庚戌己未

二八五十一月　甲子癸酉壬午辛卯庚子己酉戊午

三九六十二月　壬申辛巳庚寅己亥戊申丁巳

○逐月冠笄吉日

正月　甲子丙子壬午丙午癸酉丁酉

秋口镇沙城江氏 1-28 · 同治十二年 · 文集（旧获皮改） · 江樟秀记

二月　甲寅丙寅丁亥乙亥辛亥辛未乙未

三月　五子丁卯己卯乙卯丁酉癸酉

四月　五卯甲午庚午辛酉

五月　五寅乙未辛未癸未五辰

六月　五卯乙亥辛亥丁酉辛酉甲寅

七月　甲子丙子庚子壬辰丙辰

八月　五巳甲寅庚寅甲戌丙戌壬戌

九月　辛卯丁卯己卯癸卯乙亥辛亥辛酉

十月　五卯壬午甲午庚午丁酉己酉辛酉

十一月　五辰甲寅壬寅丙申壬申戊申甲寅甲

十二月　五寅乙卯癸卯辛卯乙巳己巳癸巳庚申丙申

結婚下定

○遂月結婚下定吉日

正月　甲子丙子丙午戊午辛酉己酉

二月　五未丁亥己亥辛亥丙戌

三月　五子戊寅戊申庚申

六月　五寅五卯乙亥丁亥辛亥

七月　五辰丙子戊子

八月　乙丑丁丑癸丑壬辰庚辰丙辰

秋口镇沙城江氏 1-29 · 同治十二年 · 文集（旧获皮改）· 江樟秀记

結婚下定

○逐月結婚下定吉日

正月　甲子、丙子、丙午、戊午、辛酉、己酉

二月　五未、丁亥、己亥、辛亥、丙戌

三月　五子、戊寅、戊申、庚申

六月　五寅、五卯、乙亥、丁亥、辛亥

七月　五辰、丙子、戊子

八月　乙丑、丁丑、癸丑、壬辰、庚辰、丙辰

九月　庚午、丙午、壬午、辛卯

十月　五未、乙卯、丁卯、壬午、庚午

十一月　戊辰、壬辰、壬申、甲申、庚申、乙丑、丁丑

十二月　甲寅、己巳、丙寅、戊寅、辛卯、癸卯

男婚女嫁

男婚凶年　犯此生命　子丑寅卯辰巳午未申酉戌亥

多疾娶年　未申酉戌亥子丑寅卯辰巳午

女嫁凶年　犯此生命　子丑寅卯辰巳午未申酉戌亥

産難嫁年　卯寅丑子亥戌酉申辰戌巳辰

男女命	子午	丑未	寅申	卯酉	辰戌	巳亥
大利月	六十二	五十一	二八	正七	四十	三九
妨媒人首子	正七	四十	三九	六十二	五十一	二八
妨翁姑（无翁姑不忌）	二八	三九	四十	五十一	六十二	正七

秋口镇沙城江氏 1-30 · 同治十二年 · 文集（旧获皮改）· 江樟秀记

女丈母 三九 六 十五 四十 二十七 六十一
妨夫主 四十 二十七 十三 三九 六 五十一
妨女身 十五 六十一 二十七 六 二九 四十

雷霆 甲己月 丁卯 丙子 乙酉 甲午 癸卯 壬子 辛酉
白虎 乙庚月 戊辰 丁丑 丙戌 乙未 甲辰 癸丑 壬戌
占中 丙辛戊癸月 辛未 庚辰 己丑 戊戌 丁未 丙辰
宫日 丁壬月 乙丑 甲戌 癸未 壬辰 辛丑 庚戌 己未

大殺白虎入中宫 戊辰 丁丑 丙戌 乙未 甲辰 癸丑 壬戌

紅嘴朱雀 壬申 辛巳 庚寅 己亥 戊申 丁巳

●凶日月 正 二 三 四 五 六 七 八 九 十 十一 十二
月厭 戌 酉 申 未 午 巳 辰 卯 寅 丑 子 亥
厭到 辰 卯 寅 丑 子 亥 戌 酉 申 未 午 巳
歸忌 丑 寅 子 丑 寅 子 丑 寅 子 丑 寅 子
天賊 辰 酉 寅 未 子 巳 戌 卯 申 丑 午 亥
月破 申 酉 戌 亥 子 丑 寅 卯 辰 巳 午 未
[illegible] 戊 辰 亥 巳 子 午 丑 未 寅 申 卯 酉
往亡 寅 巳 申 亥 卯 午 酉 子 辰 未 戌 丑
天地寡 春卯酉 夏午子 秋酉卯 冬子午
紅沙 酉 巳 丑 酉 巳 丑 酉 巳 丑 酉 巳 丑

秋口镇沙城江氏 1-31 · 同治十二年 · 文集（旧获皮改）· 江樟秀记

天賊 辰酉寅未子巳戌卯申丑午亥

月破 申酉戌亥子丑寅卯辰巳午未

受死 戌辰亥巳子午丑未寅申卯酉

往亡 寅巳申亥卯午酉子辰未戌丑

天地寡 春酉卯 夏子午 秋卯酉 冬午子

紅沙 酉巳丑酉巳丑酉巳丑酉巳丑

披麻殺 子酉午卯子酉午卯子酉午卯

天罡約絞 巳子未寅酉辰亥午丑申卯戌

河魁約絞 亥午丑申卯戌巳子未寅酉辰

天雄地雄 辰巳午未申酉戌亥子丑寅卯

地雄天雄 戌亥子丑寅卯辰巳午未申酉

陽錯 甲寅乙卯甲辰丁巳丙午丁未庚申辛酉庚戌癸亥癸丑壬子

陰錯 庚戌辛酉庚申丁未丙午丁巳甲辰乙卯甲寅癸丑壬子癸亥

荒無 巳酉丑申子辰亥卯未寅午戌

忌宿 心翌箕參鬼 亢氐及昴牛

婚姻不犯 夫婦樂無憂

天狗 立春 立夏 立秋 立冬

春分 夏至 秋分 冬至

伏斷日宿 子丑寅卯辰巳午未申酉戌亥

虛斗室女箕房角張鬼觜胃壁

秋口镇沙城江氏 1-32 · 同治十二年 · 文集（旧获皮改） · 江樟秀记

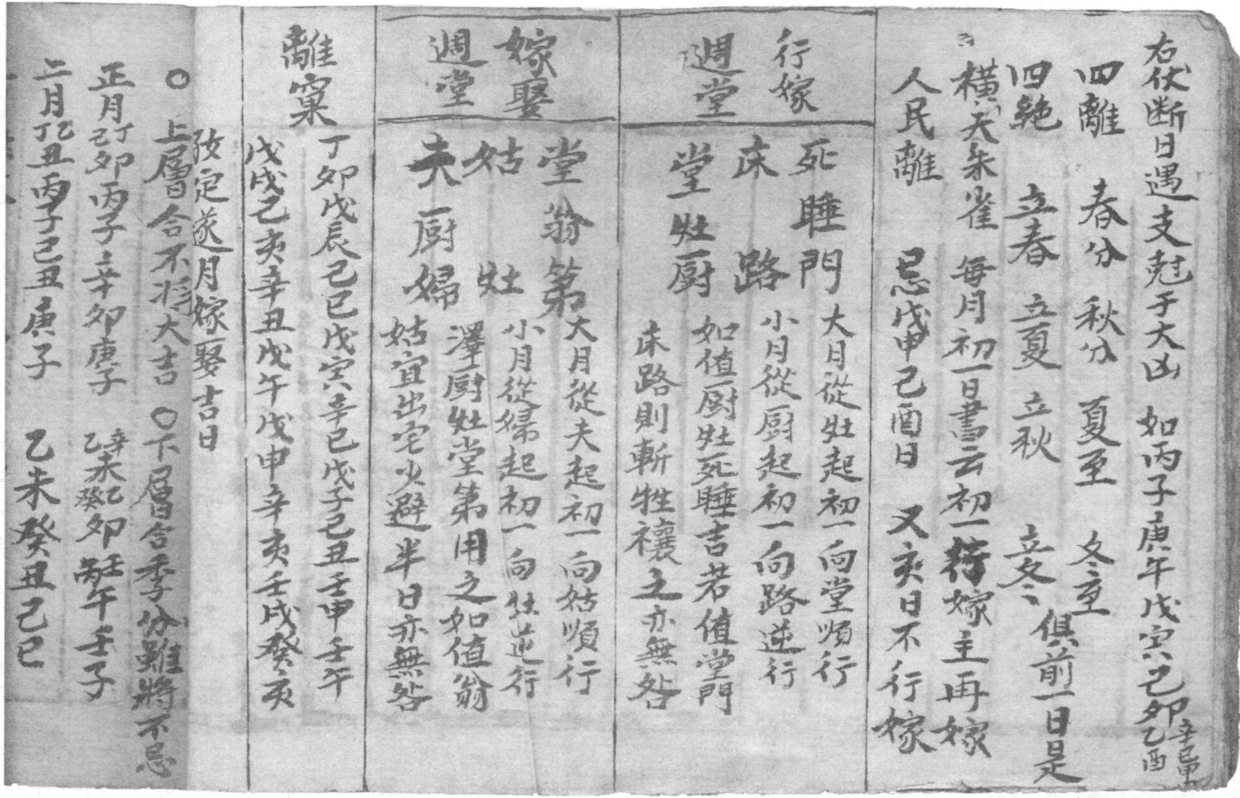
右伏断日遇支尅干大凶 如丙子庚午戊寅己卯乙酉辛巳
四離 春分 秋分 夏至 冬至 俱前一日是
四絶 立春 立夏 立秋 立冬
横天朱雀 每月初一日書云初一移嫁主再嫁
人民離 忌戊申己酉日 又亥日不行嫁

行嫁週堂
死 睡 門 大月從灶起初一向堂順行
床 路 小月從厨起初一向路逆行
堂 灶 厨 如值厨灶死睡吉若值堂門床路則斬牲禳之亦無咎

嫁娶週堂
堂 翁 第 大月從夫起初一向姑順行
姑 灶 小月從婦起初一向灶逆行
夫 厨 婦 擇厨灶堂第用之如值翁姑宜出宅少避半日亦無咎

離窠
丁卯戊辰己巳戊寅辛巳戊子己丑壬申壬午
戊戌己亥辛丑戊午戊申辛亥壬戌癸亥

按定該月嫁娶吉日
○上層合不將大吉 ○下層合季分雖將不忌
正月丁卯己卯丙子辛卯庚子 辛未乙未乙卯癸卯癸卯壬午壬子
二月丁丑乙丑丙子己丑庚子 乙未癸丑己巳

秋口镇沙城江氏 1-33 · 同治十二年 · 文集（旧获皮改） · 江樟秀记

離窠　丁卯戊辰己巳戊寅辛巳戊子己丑壬申壬午
戊戌乙亥辛丑戊午戊申辛亥壬戌癸亥

孜定逐月嫁娶吉日

○上層合不將大吉　○下層合季分離將不忌

正月丁卯己卯丙子辛卯庚子　乙未辛未癸卯壬午壬子
二月乙丑丁丑丙子己丑庚子　乙未癸丑己巳
三月無大吉日　乙酉丁酉　丁卯乙卯己卯理寅庚寅丙午戊寅
四月甲子戊子乙酉丁酉甲戌戊戌　丁卯乙卯己卯辛卯癸卯
五月甲申戊申丙戌戊戌丙申　五丑
六月甲戌甲申壬申戊戌癸酉乙酉己未　五卯庚寅戊寅己未
七月乙未癸未壬午戊午甲午甲申　壬子丙子丙辰己未
八月辛巳癸巳壬午戊午甲午甲申　乙丑己丑己巳丁丑癸丑戊戌
九月戊午庚午壬午辛巳癸巳癸卯　丙午己巳己巳己未
十月辛卯癸卯庚辰壬辰乙卯庚午壬午　乙卯丁卯辛未丁未
十一月己巳丁巳庚辰壬辰辛巳　乙巳癸巳甲辰丙辰庚辰戊申
十二月丙寅庚寅丙辰丁卯辛卯己卯癸卯　乙卯癸巳壬寅甲寅戊寅

已上所定吉日虽未合不將得合季分日亦可用

一論大利年及嫁娶凶年　周公制礼男子三十而娶女子二十而嫁何利年之有刘氏家藏亦载不验不必忌

秋口镇沙城江氏 1-34 · 同治十二年 · 文集（旧获皮改） · 江樟秀记

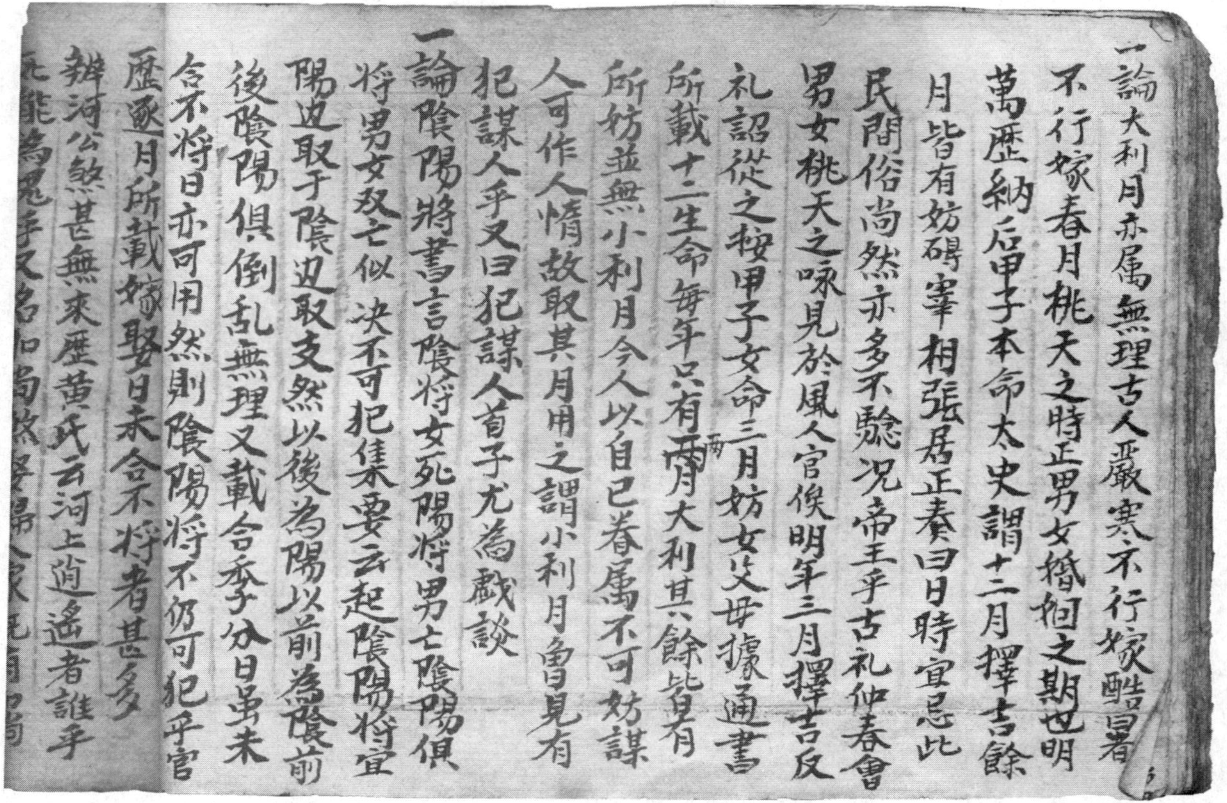

一論大利月亦屬無理古人嚴寒不行嫁酷暑不行嫁春月桃夭之時正男女婚姻之期也明萬歷納后甲子本命太史謂十二月擇吉餘月皆有妨碍　宰相張居正奏曰日時宜忌此民間俗尚然亦多不驗况帝王乎古礼仲春會男女桃夭之咏見於風人官僚明年三月擇吉反礼詔從之按甲子女命三月妨女父母據通書所載十二生命每年只有兩月大利其餘皆有所妨並無小利月今人以自已眷屬不可妨謀人可作人情故取其月用之謂小利月曾見有犯謀人手又曰犯謀人首子尤為戲談

一論陰陽將書言陰將女死陽將男亡陰陽俱將男女雙亡似　決不可犯集要云起陰陽將宜陽退取于陰退取支然以後為陽以前為陰前後陰陽俱倒乱無理又載合季分日雖未合不將日亦可用然則陰陽將不仍可犯乎官歷逐月所載嫁娶日未合不將者甚多

辨河公煞甚無來歷黃氏云河上逍遥者誰乎既能為鬼乎又名和尚然娶婦入家既有和尚

秋口镇沙城江氏 1-35 · 同治十二年 · 文集（旧获皮改）· 江樟秀记

陽边取于陰边取支然以後為陽以前為陰前
後陰陽俱倒乱無理又載合季分日弟未
合不将日亦可用然則陰陽将不仍可犯乎害

歷邇月所載嫁娶日未合不将者甚多
辨河公煞甚無來歷黄氏云河上逍遥者誰乎
死能為鬼乎又名和尚煞娶婦人家既有和尚
煞嫁女之家何不更立一尼姑煞乎僞可知矣
削不録

一論離窠謂女子生長父母之家今離父母之窠
而歸夫家矣正是離窠則無咎用者甚多
非凶星也有謂不利于母家者出門時对爷娘哭一
回鷄窠則無咎用者甚多

一週堂值公姑宜避閙半日則無咎然亦見有
不避者竟安然無恙　又週堂值弟乃門
第之弟非兄弟之弟也世人有指為新人之
弟者誤矣

一論被麻煞用母鷄一隻又将麻少許繫鷄頭
上着到門時将鷄抛過着頂帶麻而
去合其自脱則吉

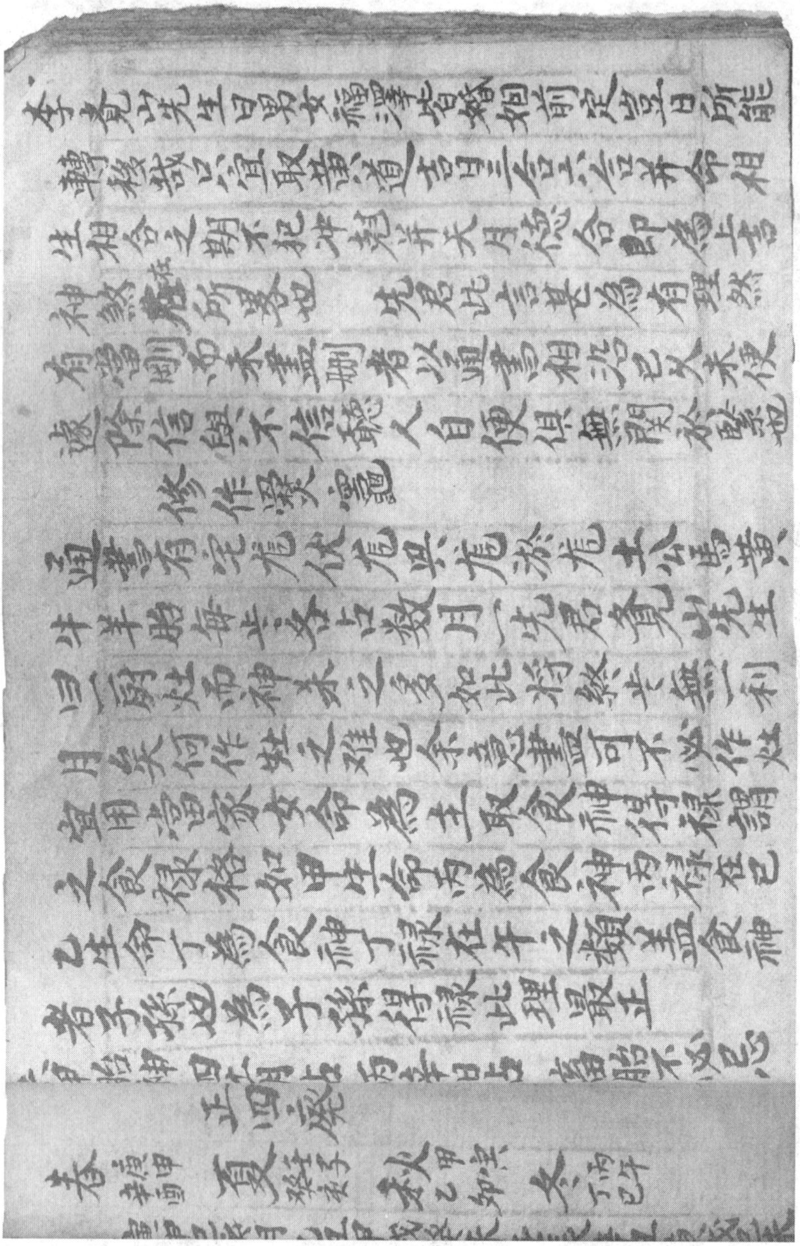
李堯見山先生曰男女福澤皆由婚姻前定豈且日所能
轉移哉亦宜取其道之吉日三合六合并命相
生相合之期不犯冲剋者并天月德合即爲上吉
神煞應所畏也　先君此言甚爲有理然
有爲剛而未甚删者以之避害相沉已久未保
遠除信與不信聽人自便但無關於緊要也
條作選擇訣
三通書有定危伏危與危添危主小慈善
十年時辰上之數日先君爲見山先生
日一局比而神未之多加此將終未無一利
用必矣何作此之離也余說書可不必作此
宜用當家本命爲主取食神時祿謂
之食祿格如甲生命丙爲食神丙祿在巳
乙生命丁爲食神丁祿在午之類是也食神
者子孫也爲子孫得祿此理最正
春　夏　秋　冬

秋口镇沙城江氏 1-37 · 同治十二年 · 文集（旧获皮改）· 江樟秀记

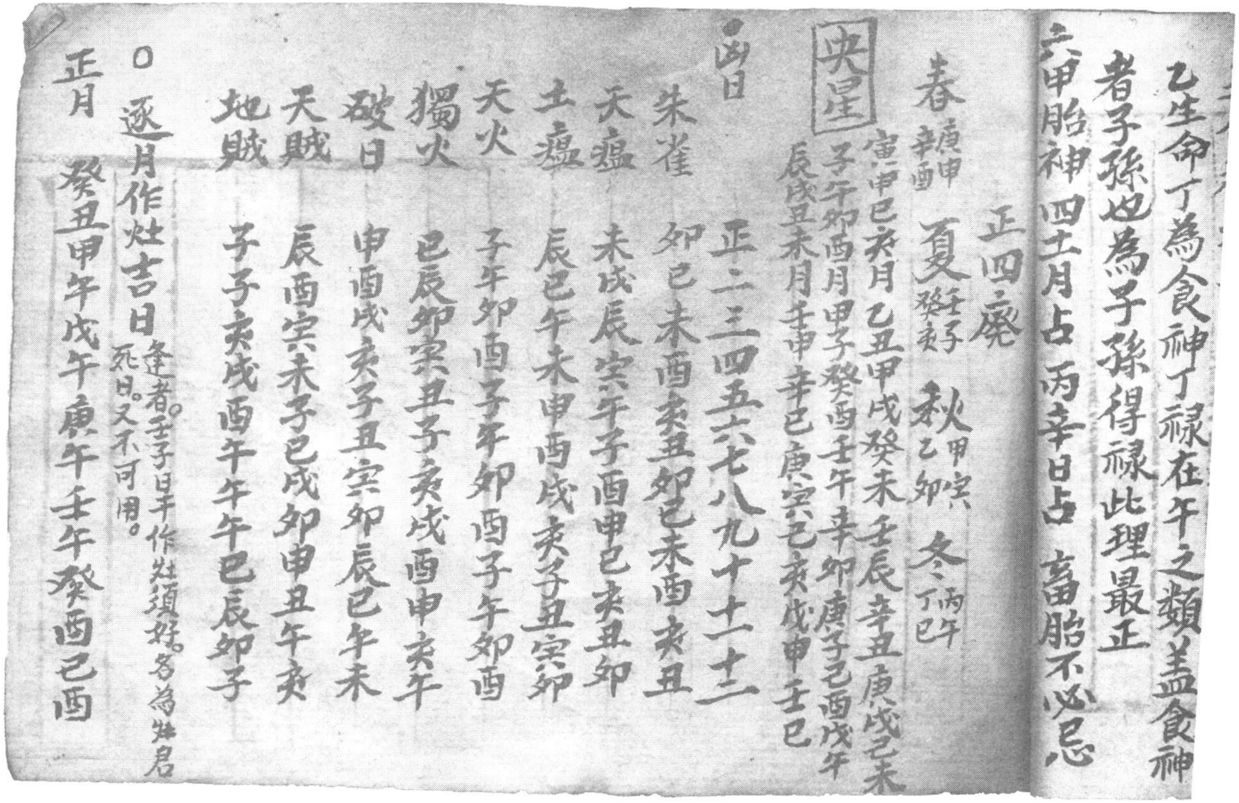

乙生命丁為食神丁祿在午之類蓋食神
者子孫也為子孫得祿此理最正
六甲胎神四五月占丙辛日占畜胎不必忌

正四廢
春庚申辛酉 夏壬子癸亥 秋甲寅乙卯 冬丙午丁巳

央星
寅申巳亥月乙丑甲戌癸未壬辰辛丑庚戌己未
子午卯酉月甲子癸酉壬午辛卯庚子己酉戊午
辰戌丑未月壬申辛巳庚寅己亥戊申壬巳

凶日	正	二	三	四	五	六	七	八	九	十	十一	十二
朱雀	卯	巳	未	酉	亥	丑	卯	巳	未	酉	亥	丑
天瘟	未	戌	辰	寅	午	子	酉	申	巳	亥	丑	卯
土瘟	辰	巳	午	未	申	酉	戌	亥	子	丑	寅	卯
天火	子	午	卯	酉	子	午	卯	酉	子	午	卯	酉
獨火	巳	辰	卯	寅	丑	子	亥	戌	酉	申	亥	午
破日	申	酉	戌	亥	子	丑	寅	卯	辰	巳	午	未
天賊	辰	酉	寅	未	子	巳	戌	卯	申	丑	午	亥
地賊	子	子	亥	戌	酉	午	午	午	巳	辰	卯	子

〇逐月作灶吉日 逢者。壬子日午作灶須好。名為灶君死日。又不可用。
正月 癸丑甲午戊午庚午壬午癸酉己酉

秋口镇沙城江氏 1-38 · 同治十二年 · 文集（旧获皮改） · 江樟秀记

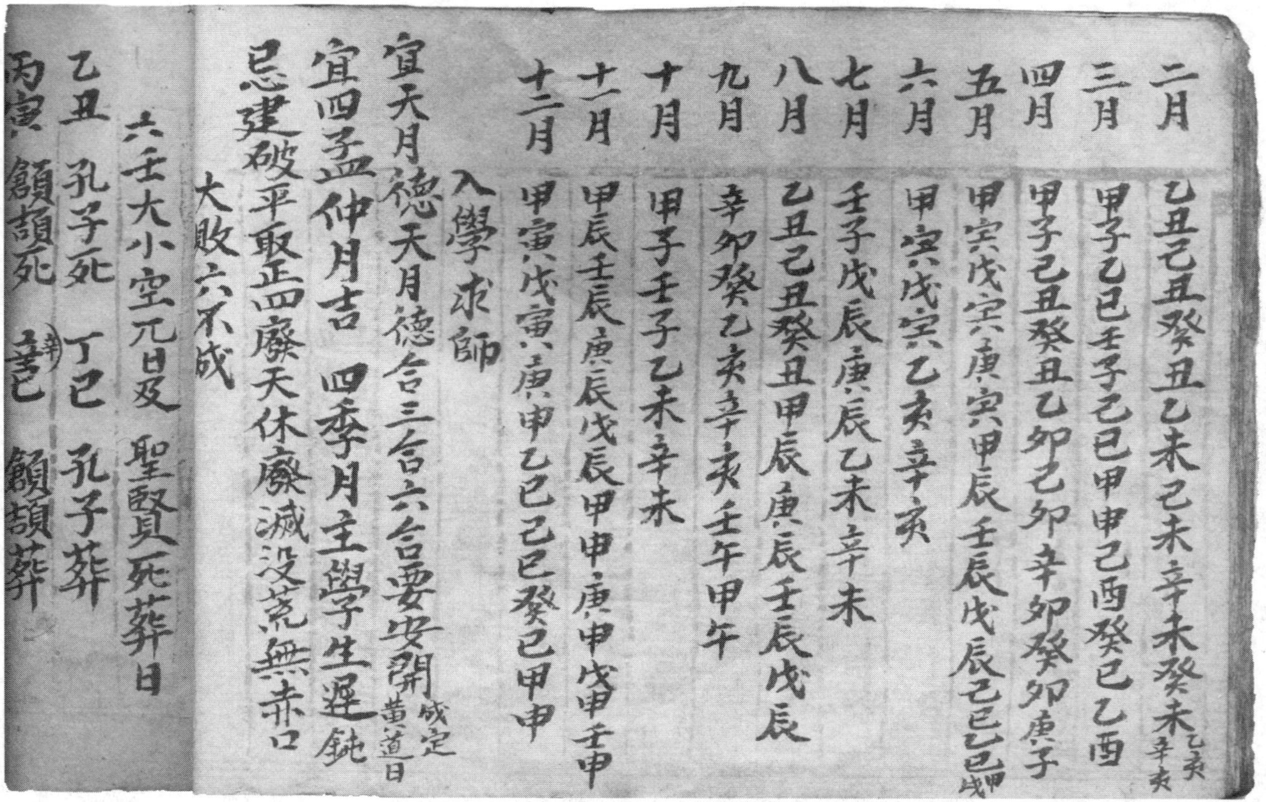

二月　乙丑己丑癸丑乙未己未辛未癸未乙亥辛亥
三月　甲子乙巳壬子己巳甲申己酉癸巳乙酉
四月　甲子己丑癸丑乙卯己卯辛卯癸卯庚子
五月　甲寅戊寅庚寅甲辰壬辰戊辰己巳己巳甲戌
六月　甲寅戊寅乙亥辛亥
七月　壬子戊辰庚辰乙未辛未
八月　乙丑己丑癸丑甲辰庚辰壬辰戊辰
九月　辛卯癸乙亥辛亥壬午甲午
十月　甲子壬子乙未辛未
十一月　甲辰壬辰庚辰戊辰甲申庚申戊申壬申
十二月　甲寅戊寅庚申乙巳己巳癸巳甲申
入學求師
宜天月德天月德合三合六合要安開成定黄道日
宜四孟仲月吉　四季月主學生遲鈍
忌建破平收正四廢天休廢滅没荒無赤口
大敗六不成
六壬大小空亡日及　聖賢忌死葬日
乙丑　孔子死　丁巳　孔子葬
丙寅　顔頡死　（辛）己巳　顔頡葬

秋口镇沙城江氏 1-39 · 同治十二年 · 文集（旧获皮改）· 江樟秀记

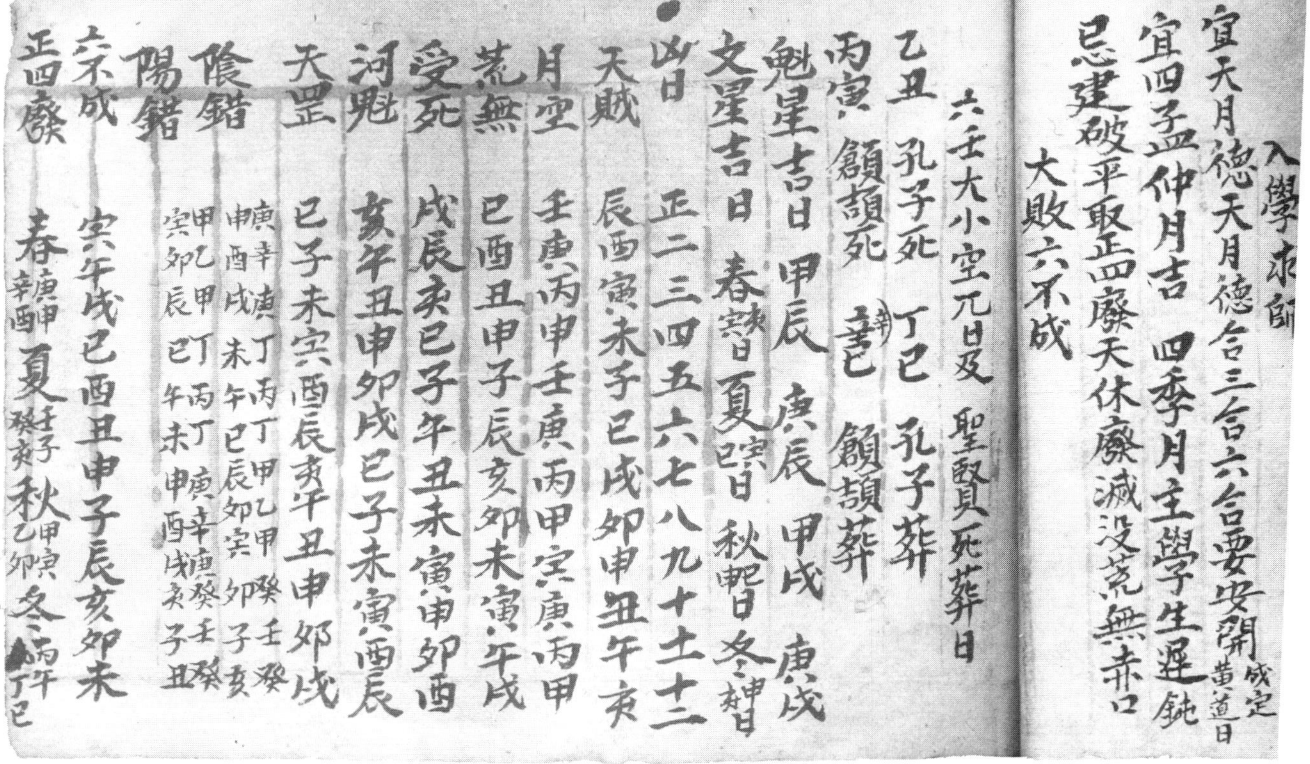
入學求師
宜天月德天月德合三合六合要安開成定黃道日
宜四孟仲月吉 四季月主學生遲鈍
忌建破平取正四廢天休廢滅沒荒無赤口
大敗六不成
六壬大小空亡日及 聖賢貝死葬日
乙丑 孔子死 丁巳 孔子葬
丙寅 顏頡死 辛巳 顏頡葬
魁星吉日 甲辰 庚辰 甲戌 庚戌
文星吉日 春亥寅日 夏寅巳日 秋巳申日 冬申亥日
凶日 正二三四五六七八九十十一十二
天賊 辰酉寅未子巳戌卯申丑午亥
月空 壬庚丙甲壬庚丙甲壬庚丙甲
荒無 巳酉丑申子辰亥卯未寅午戌
受死 戌辰亥巳子午丑未寅申卯酉
河魁 亥午丑申卯戌巳子未寅酉辰
天罡 巳子未寅酉辰亥午丑申卯戌
陰錯 庚申 辛酉 庚戌 丁未 丙午 丁巳 甲辰 乙卯 甲寅 癸亥 壬子 癸丑
陽錯 甲寅 乙卯 甲辰 丁巳 丙午 丁未 庚申 辛酉 庚戌 癸亥 壬子 癸丑
六不成 寅午戌巳酉丑申子辰亥卯未
正四廢 春庚申辛酉 夏壬子癸亥 秋甲寅乙卯 冬丙午丁巳

秋口镇沙城江氏 1-40 · 同治十二年 · 文集（旧获皮改）· 江樟秀记

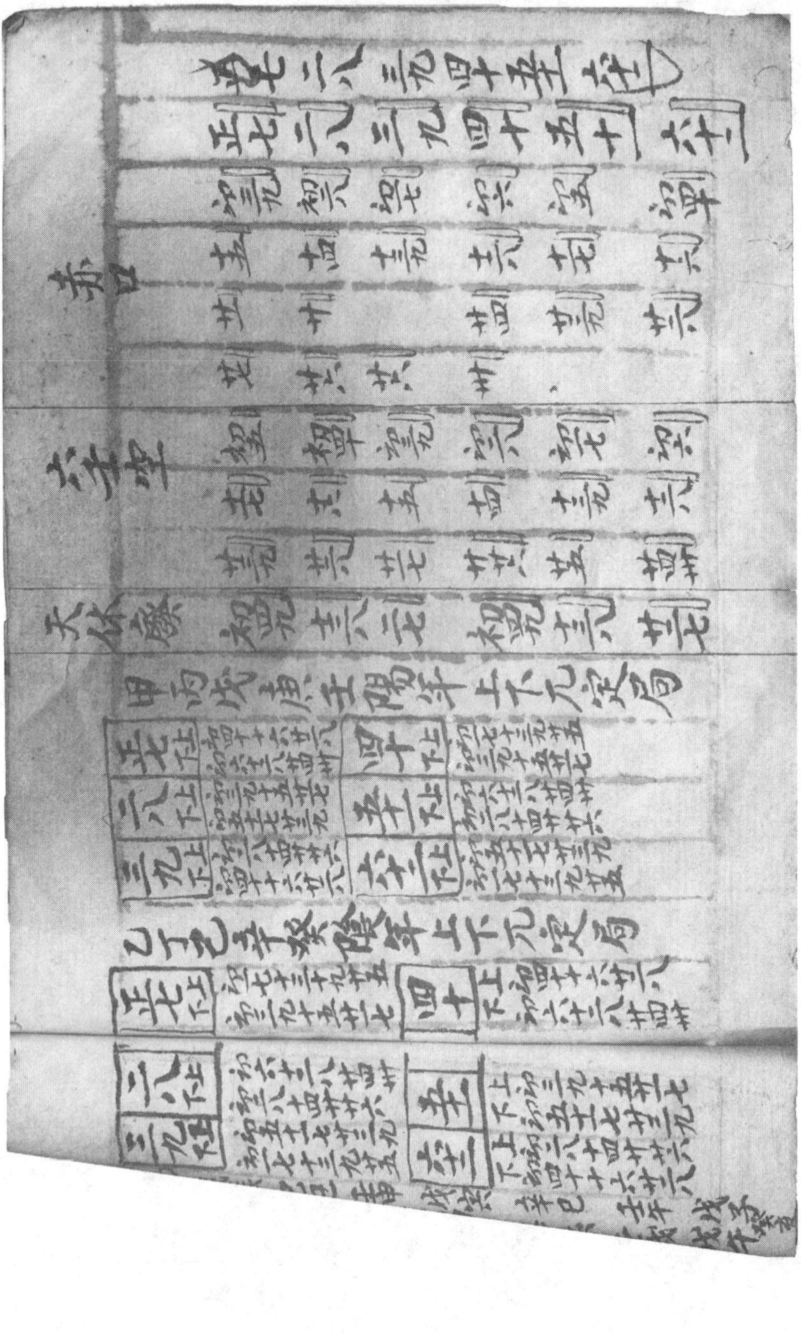

秋口镇沙城江氏 1-41 · 同治十二年 · 文集（旧获皮改）· 江樟秀记

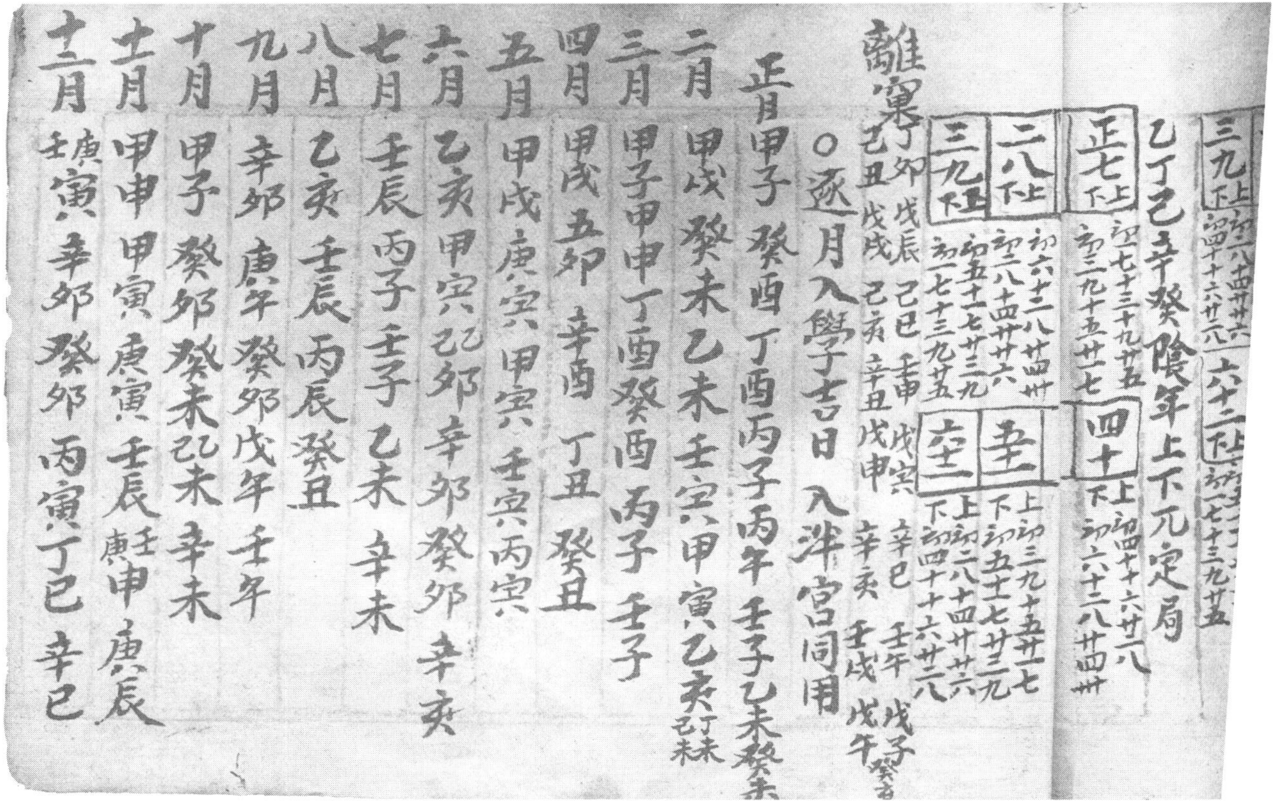

乙丁己辛癸陰年上下元定局

離窠 丁卯 戊辰 己巳 壬申 戊寅 辛巳 壬午 戊子
乙丑 戊戌 乙亥 辛丑 戊申 辛亥 壬戌 戊午

○逐月入學吉日 入泮宮同用

正月 甲子 癸酉 丁酉 丙子 丙午 壬子 乙未 癸未
二月 甲戌 癸未 乙未 壬寅 甲寅 乙亥 丁未 己未
三月 甲子 甲申 丁酉 癸酉 丙子 壬子
四月 甲戌 乙卯 辛酉 丁丑 癸丑
五月 甲戌 庚寅 甲寅 壬寅 丙寅
六月 乙亥 甲寅 乙卯 辛卯 癸卯 辛亥
七月 壬辰 丙子 壬子 乙未 辛未
八月 乙亥 壬辰 丙辰 癸丑
九月 辛卯 庚午 癸卯 戊午 壬午
十月 甲子 癸卯 癸未 乙未 辛未
十一月 甲申 甲寅 庚寅 壬辰 庚申 壬申 庚辰
十二月 庚寅 壬寅 辛卯 癸卯 丙寅 丁巳 辛巳

秋口镇沙城江氏 1-42 · 同治十二年 · 文集（旧获皮改）· 江樟秀记

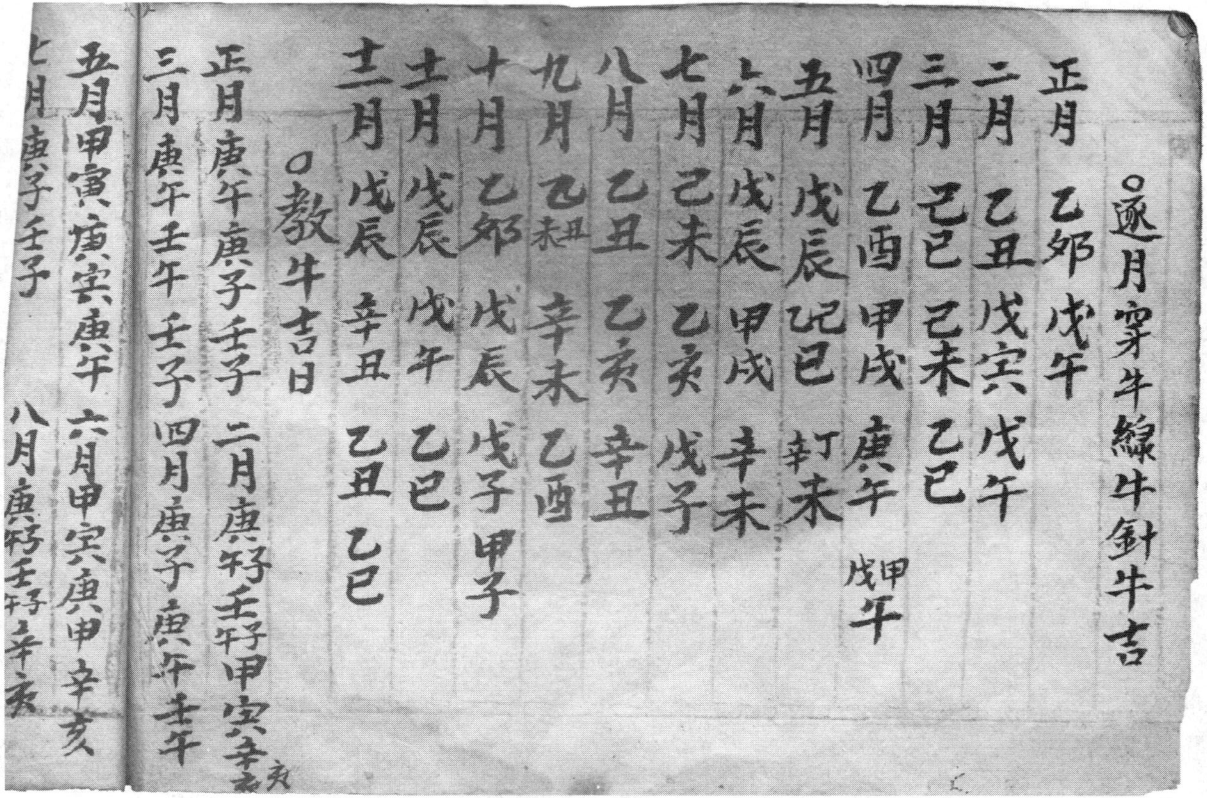

○逐月穿牛線牛針牛吉
正月 乙卯 戊午
二月 乙丑 戊寅 戊午
三月 己巳 己未 乙巳
四月 乙酉 甲戌 庚午 甲午 戊午
五月 戊辰 己巳 丁未 辛未
六月 戊辰 甲戌 辛未
七月 己未 乙亥 戊子
八月 乙丑 乙亥 辛丑
九月 乙丑 辛未 乙酉
十月 乙卯 戊辰 戊子 甲子
十一月 戊辰 戊午 乙巳
十二月 戊辰 辛丑 乙丑 乙巳
○教牛吉日
正月 庚午 庚子 壬子 二月 庚子 壬子 壬午 甲寅 辛亥
三月 庚午 壬午 壬子 四月 庚子 庚午 壬午
五月 甲寅 庚寅 庚午 六月 甲寅 庚申 甲申 辛亥
七月 庚子 壬子 八月 庚子 壬子 壬午 辛亥

秋口镇沙城江氏 1-43 · 同治十二年 · 文集（旧获皮改）· 江樟秀记

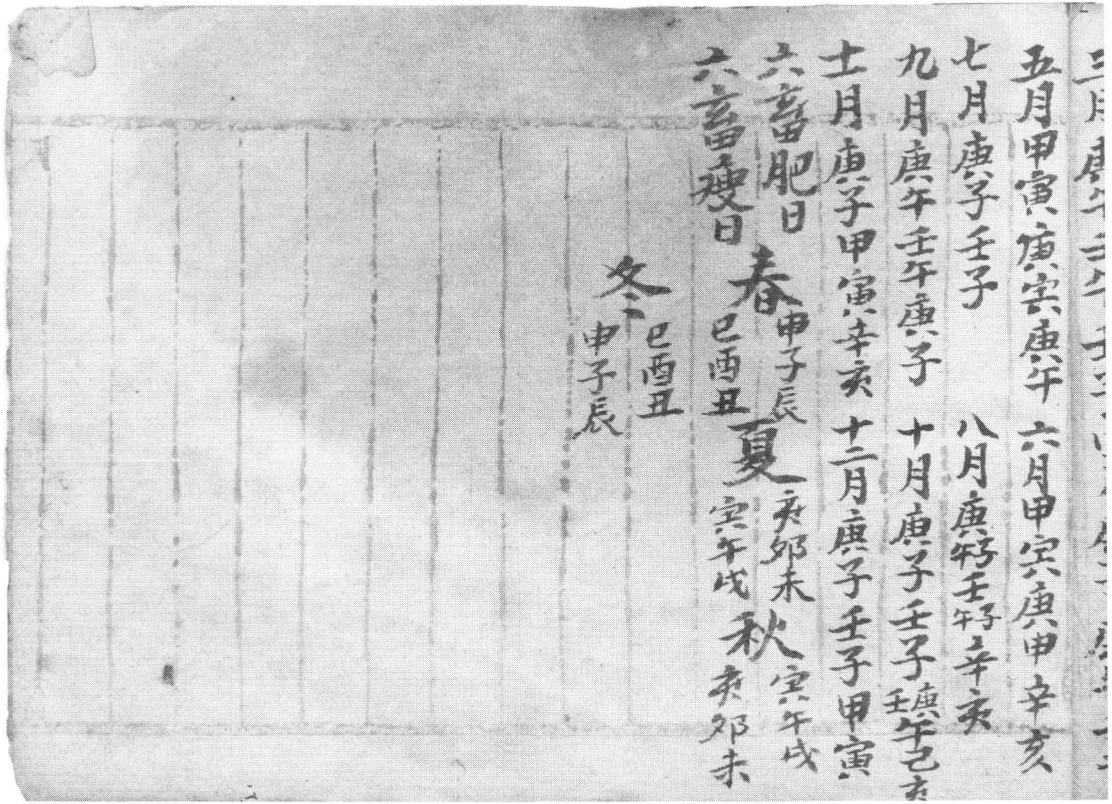
五月甲寅庚寅庚午　六月甲寅庚寅甲辛亥
七月庚子壬子　八月庚午子壬午子辛亥
九月庚午壬午庚子　十月庚子壬子庚午壬午己亥
十一月庚子甲寅辛亥　十二月庚子壬子甲寅
六畜肥日　春甲子辰　夏亥卯未　秋寅午戌
六畜瘦日　春己酉丑　夏寅午戌　秋亥卯未
冬己酉丑
甲子辰

秋口镇沙城江氏 1-44 · 同治十二年 · 文集（旧获皮改）· 江樟秀记

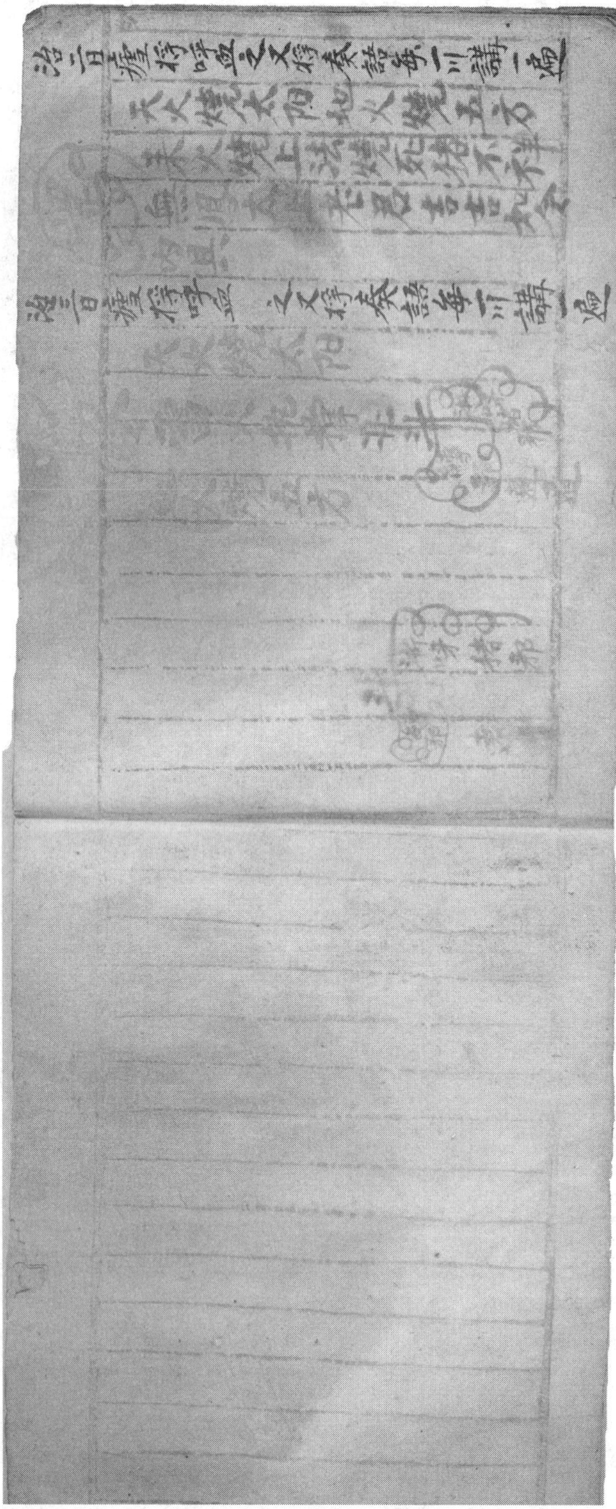

秋口镇沙城江氏 1-45 · 同治十二年 · 文集（旧获皮改）· 江樟秀记

草目　　腾抵晓起俱来

正　礼　代办粧奁

媒　礼　银壹百六十元

太公堂银捌元

小公堂银四元

祖母礼银四元

赤金弍两

兴家担银六元

钗镮钏镯呏送

聘盒壹担　鲜肉罒斤　池鱼廿斤　彩蛋弍百元　彩果廿封

星期盒壹担　鲜肉罒斤　池鱼罒斤

冠笄盒壹担　鲜肉六十斤　池鱼四十斤　彩蛋弍?元　彩果四十封

[illegible]

秋口镇沙城江氏 1-46 · 同治十二年 · 文集（旧获皮改）· 江樟秀记

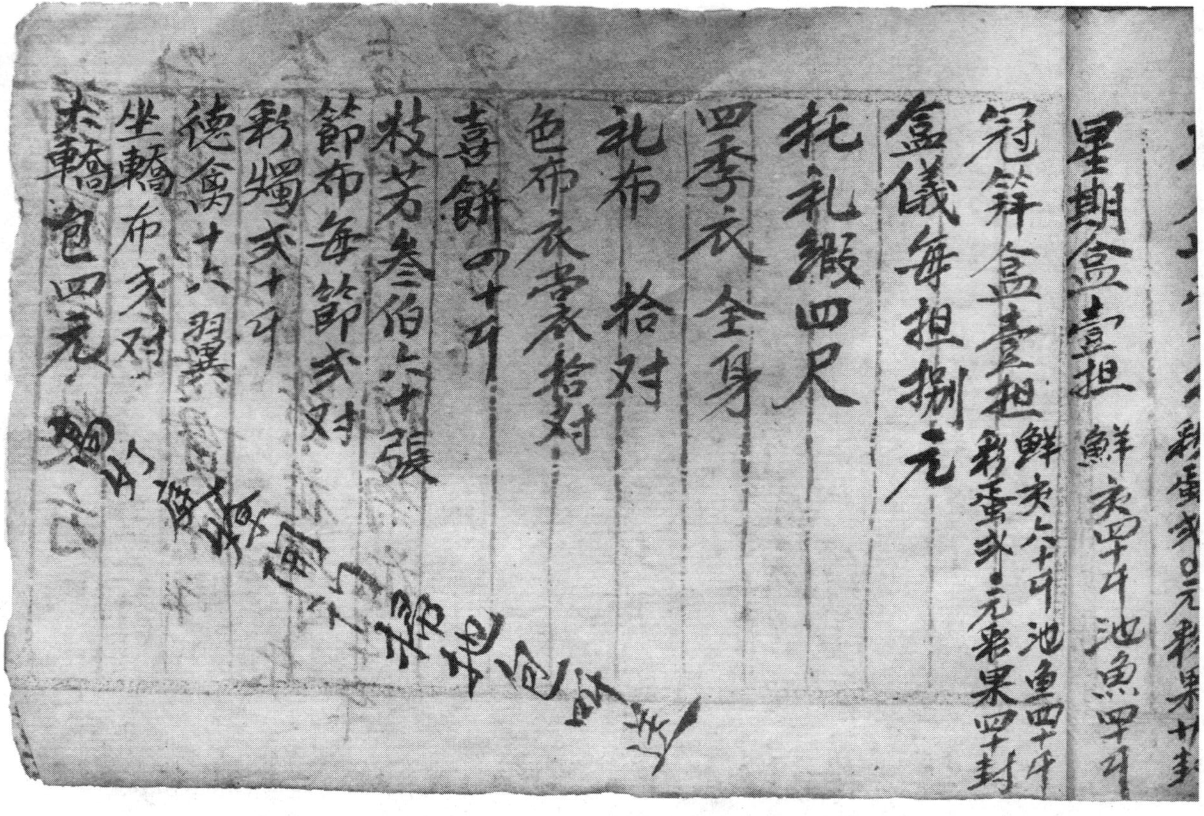
星期盒壹担 鲜肉四十斤 池鱼四十斤
冠笄盒壹担 鲜肉六十斤 池鱼四十斤 彩蛋式元 彩果四十封
盒仪每担捌元
托礼缎四尺
四季衣 全身
礼布 拾对
色布衣壹套拾对
喜饼四十斤
枝芳叁佰六十張
節布每節式对
彩燭式十斤
德禽十六羽

秋口镇沙城江氏 1-47 · 同治十二年 · 文集（旧获皮改）· 江樟秀记

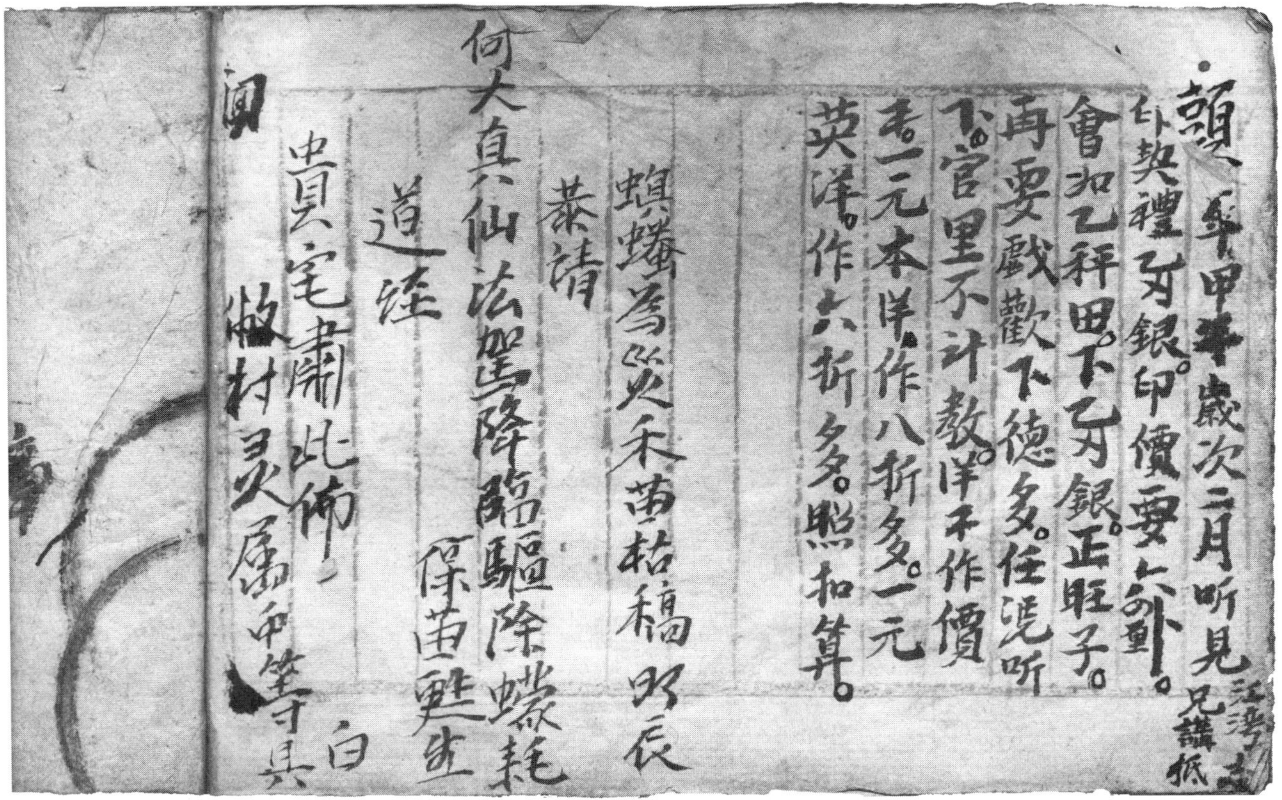

頭年甲申歲次二月听見 江湾兄講抵

卜契禮洋銀印價要六分動。

會加乙秤田。下洋銀。正旺子。

再要戲歡下德多。任凭听

下。官里不計數。洋禾作價

壹元本洋作八折多。一元

英洋作六折多。照和算。

螟蟻為災禾苗枯槁 叩辰

恭請

何大真仙法駕降臨驅除螟耗

保苗甦生

道經

貴宅肅此佈 白

做村灵属內等具

秋口镇沙城江氏 1-48 · 同治十二年 · 文集（旧获皮改） · 江樟秀记

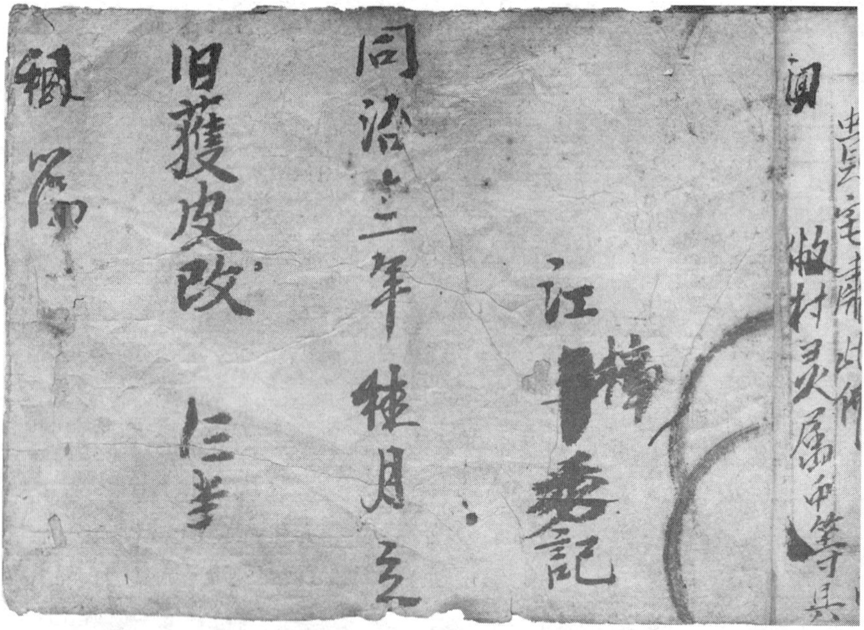

秋口镇沙城江氏 1-49 · 同治十二年 · 文集（旧获皮改）· 江樟秀记

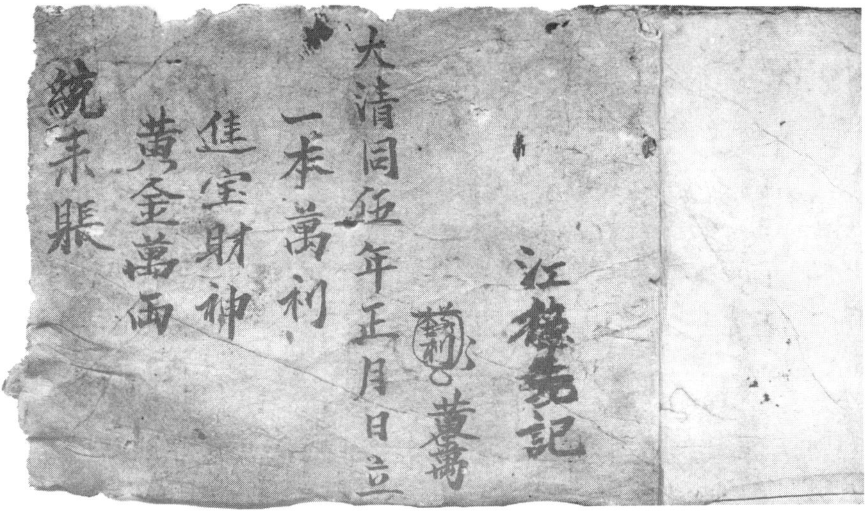
江樟秀記
萬利 萬壽
大清同治伍年正月日立
一本萬利
進寶財神
黄金萬両
統來賬

秋口镇沙城江氏 1-50 · 同治十二年 · 文集（旧获皮改）· 江樟秀记

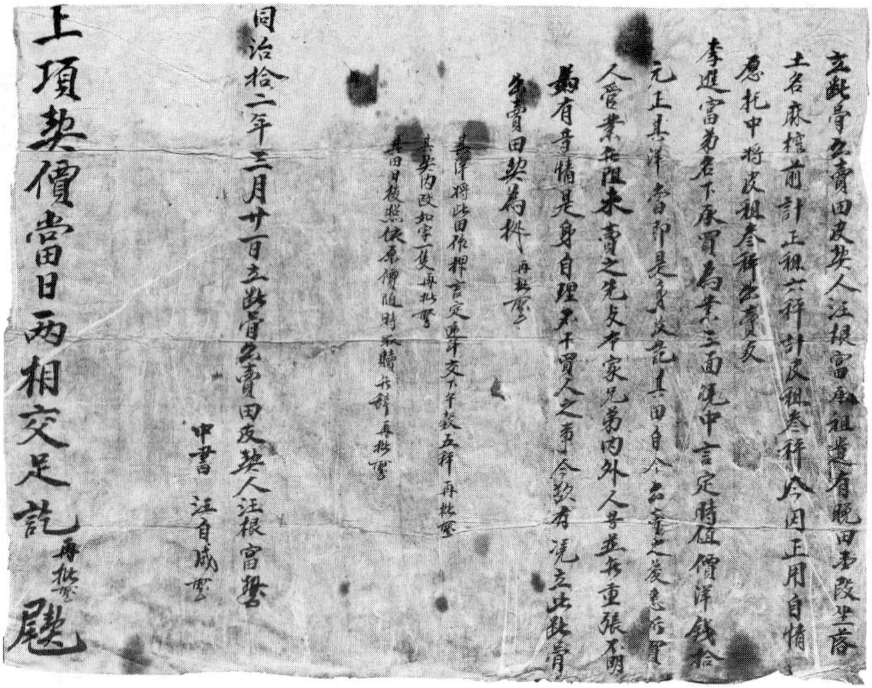
立斷骨出賣田皮契人汪根富，承祖遺有晚田壹段，坐落土名麻榨前，計正租六秤，計皮租叁秤。今因正用，自情愿托中將皮租叁秤出賣與李進富弟名下承買為業。三面憑中言定，時值價洋錢拾元正，其洋當即是身收訖。其田自今出賣之後，悉听買人管業，無阻。未賣之先，與本家兄弟內外人等並無重張不明。倘有等情，是身自理，不干買人之事。今欲有憑，立此斷骨出賣田契為據。再批[押]

其洋將此田作押，言定逐年交下午穀五秤。再批[押]

其契內改如字一隻。再批[押]

其田日後照依原價隨時取贖，無辭。再批[押]

同治拾二年三月廿日立斷骨出賣田皮契人汪根富[押]

中書 汪自成[押]

上項契價當日兩相交足訖。再批[押]

秋口镇沙城江氏 31 · 同治十二年 · 断骨出卖田皮契 · 汪根富卖与李进富

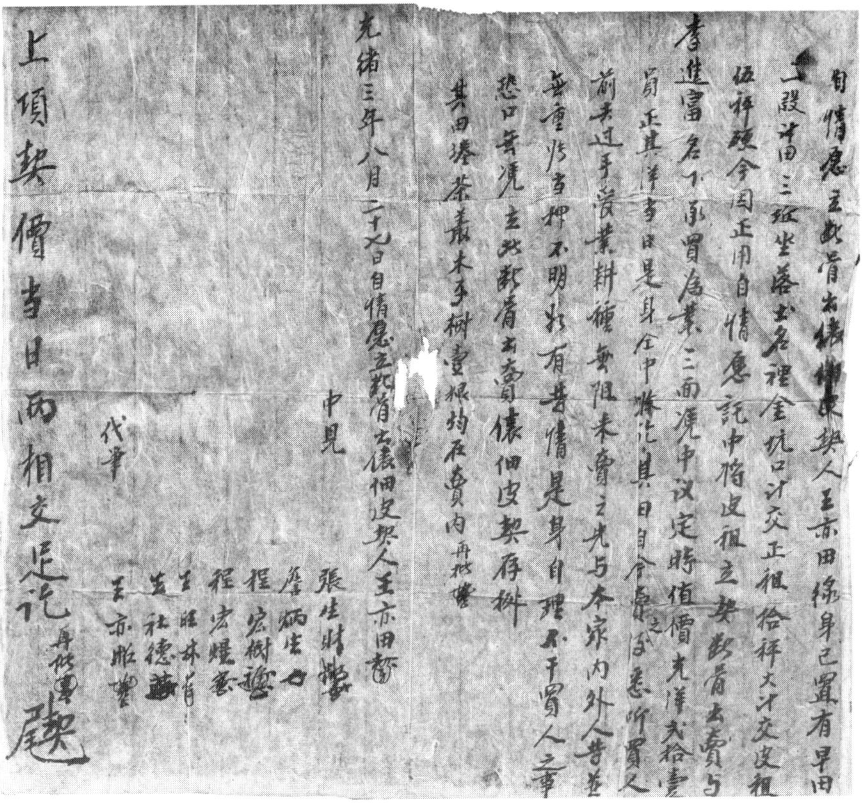

自情愿立断骨出俵佃皮契人王亦田，缘身已置有早田
一段，计田三垅，坐落土名程金坑口，计交正租拾秤，大才交皮租
伍秤硬。今因正用，自情愿托中将皮租立契断骨出卖与
李进富名下承买为业。三面凭中议定时值价光洋弍拾壹元
前去正其洋当日是身仝中收讫。其田自今卖之后，悉听买人
前去过手管业耕种，无阻。未卖之先，与本家内外人等并
无重复交易不明等情。如有此情，是身自理，不干买人之事。
恐口无凭，立此断骨出卖俵佃皮契存据。
其田塝茶叢木子树壹根，均在卖内。再批（押）
光绪三年八月二十九日自情愿立断骨出俵佃皮契人王亦田（押）
中见　张生财（押）
廖炳生（押）
程宏树（押）
程宏耀（押）
王旺林（押）
王社德（押）
代笔　王亦雕（押）
上项契价当日两相交足讫。再批（押）
契

秋口镇沙城江氏 38 · 光绪三年 · 断骨出俵佃皮契 · 王亦田出卖与李进富

立断骨出賣山稅并茶叢約人程俞氏秋溪，緣身承祖遺茶山壹號，
坐落土名居家龍，係果字陸百五十號，己得身股，計茶叢山稅壹分
五厘正。今因夫早故，家遭水災，自愿與本家嬸氏商量，將身邑股
出賣與
李進富弟名下為業，當時值價洋拾弍元正，其日當中親手領訖。三面議
定，遞年弍分行息，到期茶市本利交清，不得短少分文。如有
利洋不清，任憑過手踐業摘茶，無得異說。未賣之先，與本家
內外人等並無重張交易，不明等情，本身自理，不干受業
之事。恐口無憑，立此出賣茶叢山稅存據。
其稅茶叢取贖之日，照依原價，無異再批。
光緒四年六月吉日立断骨出賣茶叢山稅 俞程氏秋溪
叔母汪氏助好
中見 李長卿
代筆 王毅廷
上項契價當日兩相交足，再批照。

秋口镇沙城江氏 46 · 光绪四年 · 断骨出卖山税并茶丛约 ·
程俞氏秋溪卖与李进富

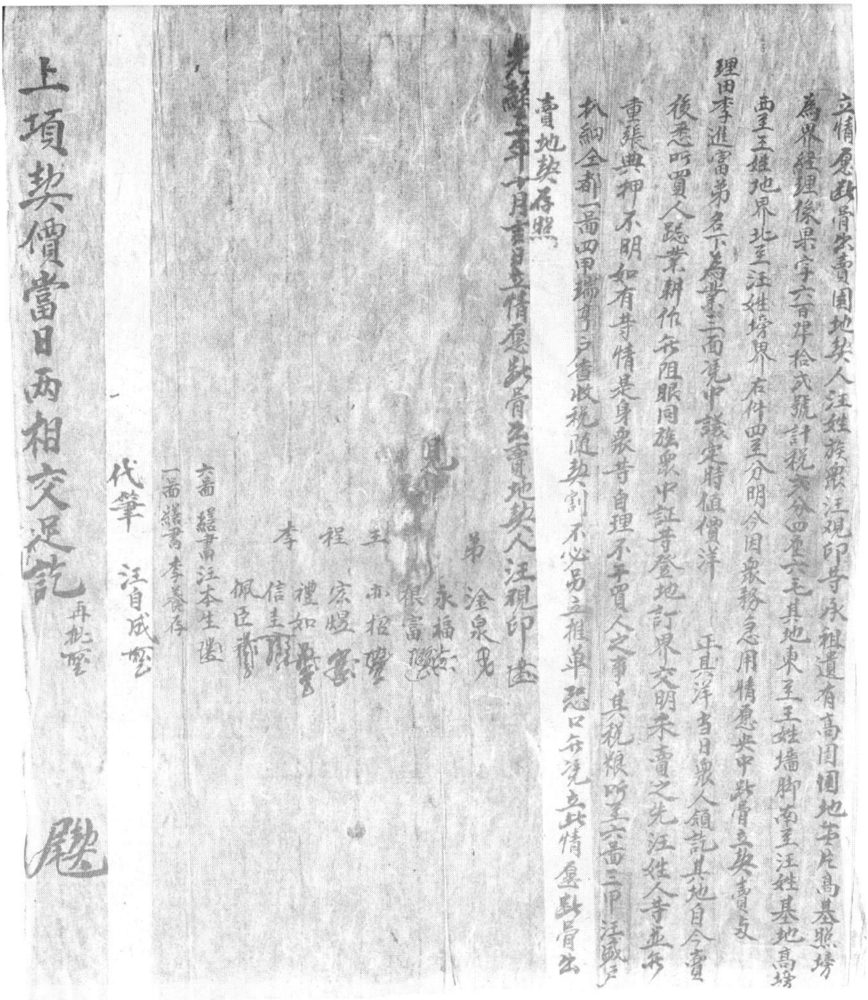

立情愿斷骨出賣園地契人汪姓族衆汪觀印等，承祖遺有高園園地壹片，高基照坊為界，經理係果字六百肆拾弍號，計稅六分四厘六毛。其地東至王姓墻脚，南至汪姓基地高坊，西至王姓地界，北至汪姓坊界。右件四至分明。今因衆務急用，情愿央中斷骨立契，壹出賣支理田李進富弟名下為業。三面憑中議定時值價洋　　正。其洋當日衆人領訖。其地自今賣後，悉聽買人既業耕作，無阻。眼同族衆中証，并登地訂界交明。未賣之先，汪姓人等並無重張典押不明。如有等情，是身衆等自理，不干買人之事。其稅粮即於六啚三甲汪盛戶扒納，全都一啚四甲瑞享戶查收稅，随契割，不必另立推單。恐口無憑，立此情愿斷骨出賣地契存照。

光緒十二年十月吉日立情愿斷骨出賣地契人汪觀印（押）

弟　淦泉（押）
永福（押）
根富（押）
王　亦招（押）
程　宗煋（押）
禮如（押）
李　信圭（押）
佩臣（押）

六啚　經書　汪本生（押）
一啚　經書　李養存（押）

代筆　汪自成（押）

上項契價當日兩相交足訖　再批（押）

秋口镇沙城江氏 52 · 光绪十二年 · 断骨出卖园地契 ·
汪姓族众汪观印等卖与李进富

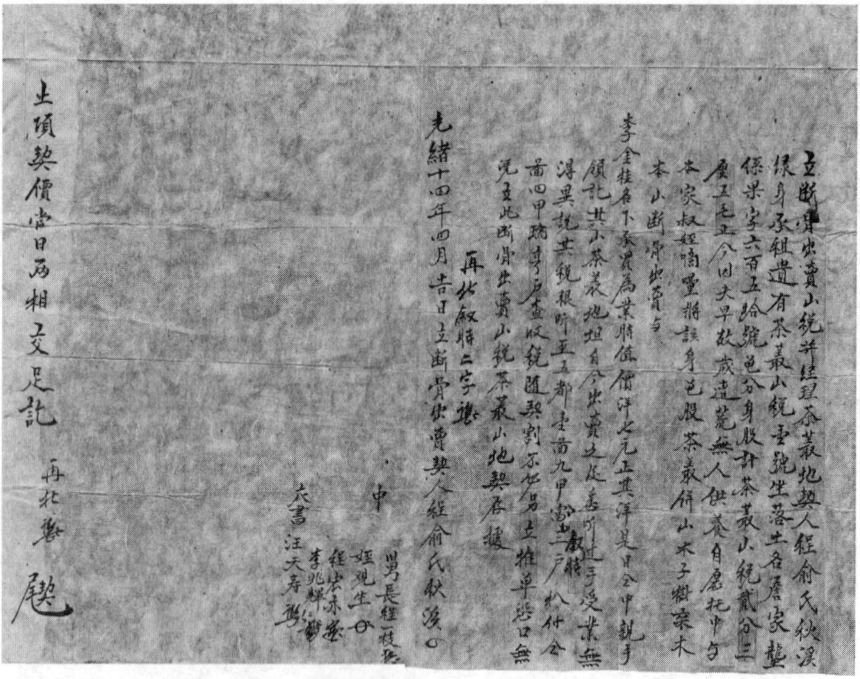

立断骨出賣山税并经理茶叢地契人程俞氏秋溪
缘身承祖遗有茶叢山税壹號，坐落土名磨家壟
係果字六百五拾號，邑分身股計茶叢山税貳分三
厘五毛正。今因大旱，故歲遺荒無人供養，自愿托中与
本家叔侄嫡量，将該身邑股茶叢併山木子樹雜木
本山断骨出賣与
李金桂名下承買為業，時值價洋七元正，其洋是日仝中親手
領訖。其山茶叢地坦自今出賣之後，悉听过手受業無
得異說。其税根听至五都壹啚九甲[illegible]户敷粮[illegible]户扒付仝
啚四甲[illegible]李户查收税，随契割，不必另立推单，恐口無
凭，立此断骨出賣山税茶叢山地契存據。
再批：敷粮二字[illegible]
光緒十四年四月吉日立断骨出賣契人程俞氏秋溪〇
男長桂
中 侄觀生〇 程岩求 李兆鲜
代書 汪天壽
上项契價當日兩相交足訖 再批據
契

秋口镇沙城江氏 45 · 光绪十四年 · 断骨出卖山税并经理茶丛地契 ·
程俞氏秋溪卖与李金桂

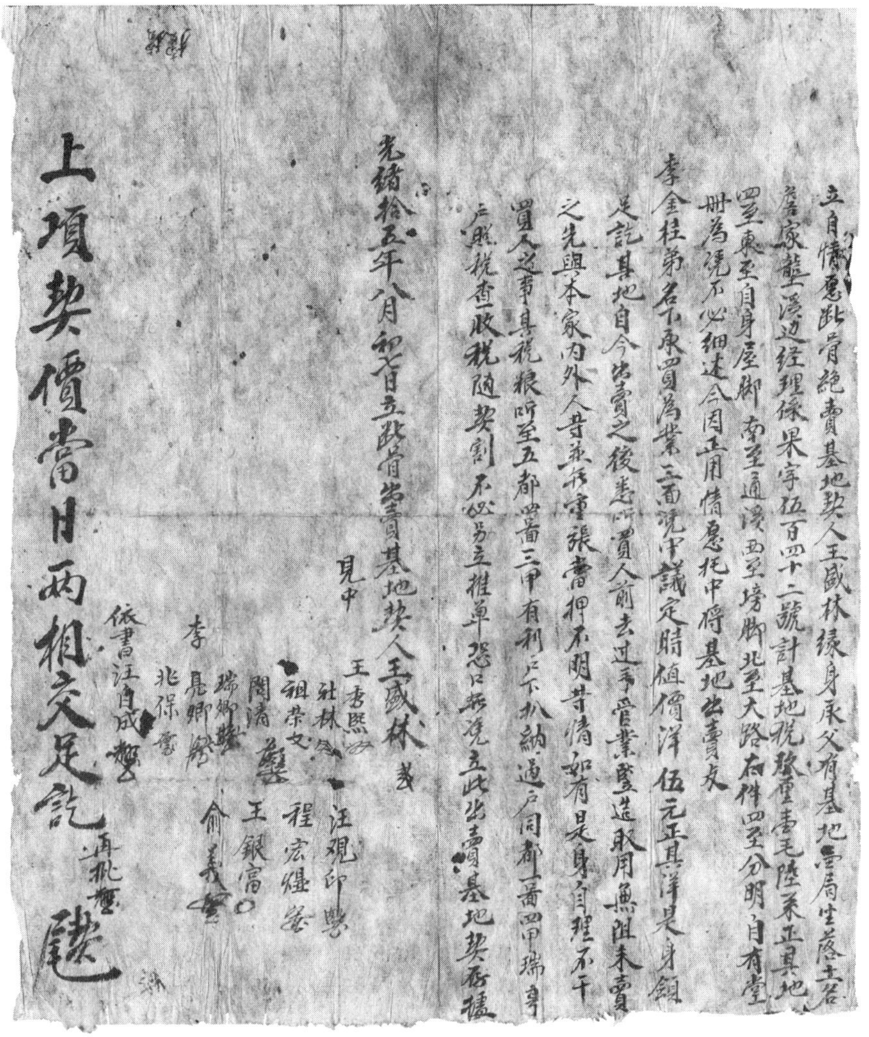

立自情愿断骨绝賣基地契人王盛林，缘身承父有基地壹局，坐落土名詹家塆溪边，经理系果字伍百四十二號，計基地稅陸厘壹毛陆系正，其地四至：東至自身屋脚，南至通溪，西至墻脚，北至大路，右件四至分明，自有堂册為憑，不必细述。今因正用，情愿托中將基地出賣李金桂弟名下承買為業，三面憑中議定時值價洋伍元正，其洋是身領足訖。基地自今出賣之後，悉听買人前去过手管業豎造取用，無阻。未賣之先，與本家內外人并無重張典押不明等情，如有，是身自理，不干買人之事。其稅粮听至五都四啚三甲有利户下扒納，過户同都一啚四甲瑞聲户照稅查收，稅隨契割，不必另立推单。恐口無憑，立此出賣基地契存據。

光緒拾五年八月初七日立斷骨出賣基地契人王盛林（押）

見中 王秀熙（押） 社林（押） 祖榮文（押） 閏清（押） 瑞鄉（押） 晃卿（押） 李 北保（押） 汪觀印（押） 程宏煜（押） 王銀富（押） 俞美（押）

依書 汪自成（押）

上項契價當日兩相交足訖。再批（押）

秋口镇沙城江氏 37 · 光绪十五年 · 断骨绝卖基地契 · 王盛林卖与李金桂

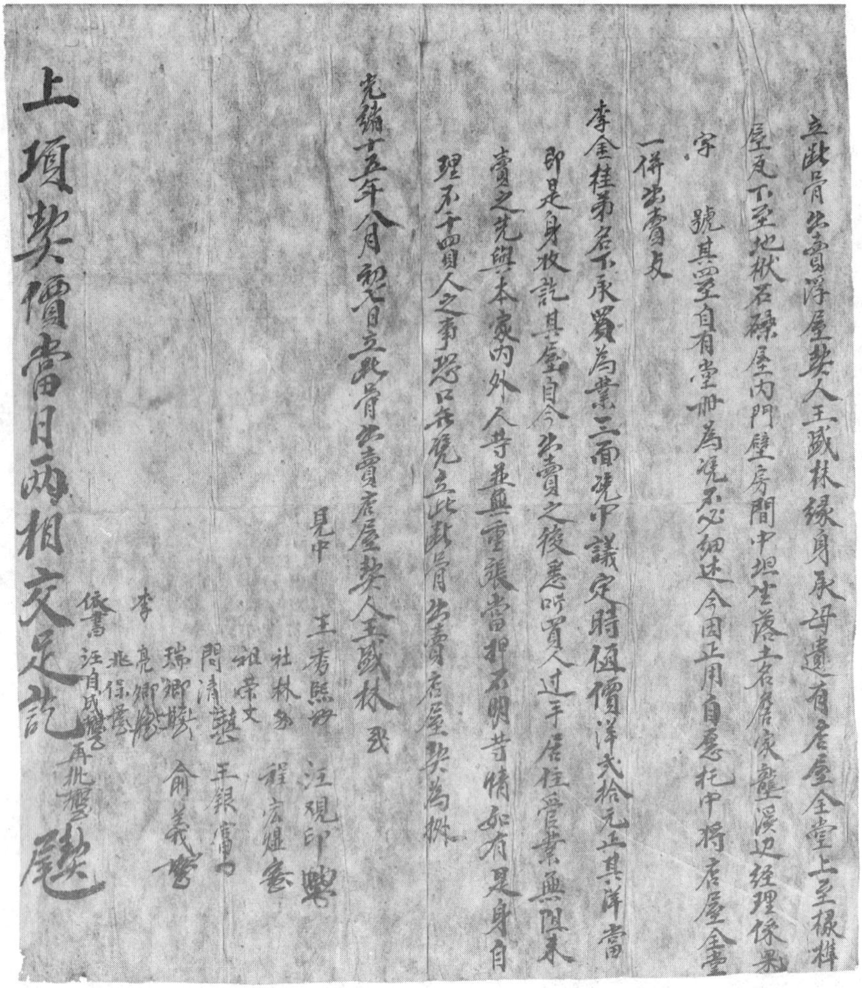
立斷骨出賣浮屋契人王盛林，緣身承母遺有唐屋全堂，上至椽桷瓦片，下至地栿石磉，屋內門壁房間，中坦坐落土名居家壟溪边，经理係果字　號，其屋自有堂冊為凭，不必细述。今因正用，自愿托中將唐屋全堂一併出賣与李金桂弟名下承買為業，三面憑中議定時值價洋式拾元正，其洋當即是身收訖。其屋自今出賣之後，悉听買人过手居住管業，無阻。未賣之先，與本家內外人等並無重張當押不明等情，如有，是身自理，不干買人之事。恐口無憑，立此斷骨出賣唐屋契為據。

光緒十五年八月初七日立此斷骨出賣唐屋契人王盛林（押）

見中　王秀熙（押）　汪观印（押）
社林（押）　程宏煜（押）
祖常文
問清（押）　王銀富（押）
瑞卿（押）　俞義（押）
李亮卿（押）
兆保（押）
依書　汪自成（押）

上項契價當日兩相交足訖（押）

再批（押）

秋口镇沙城江氏 55 · 光绪十五年 · 断骨出卖浮屋契 · 王盛林卖与李金桂

七甲江迪户　干草兄弟股

戊丁

辛巳实在

手虚田地山共折实田陆亩柒分一厘玖毛柒系一忽

田壹亩陆分玖厘壹毛柒系

地柒亩捌分捌厘陆毛肆系捌忽　肆亩捌分壹捌任忽

山捌分壹毛　折田壹柒柒捌弍

田

龍字八百十九号基下栗墩護坋　田壹厘

師字一千一号吴家山　田叁分贰厘

光字三百六十号桐田段　田叁分捌厘壹毛贰系

二百九十六号高塝二丘　田叁分壹厘玖毛贰系伍忽

秋口镇沙城江氏 2-1 · 税粮实征册 · 江迪户干草兄弟股等

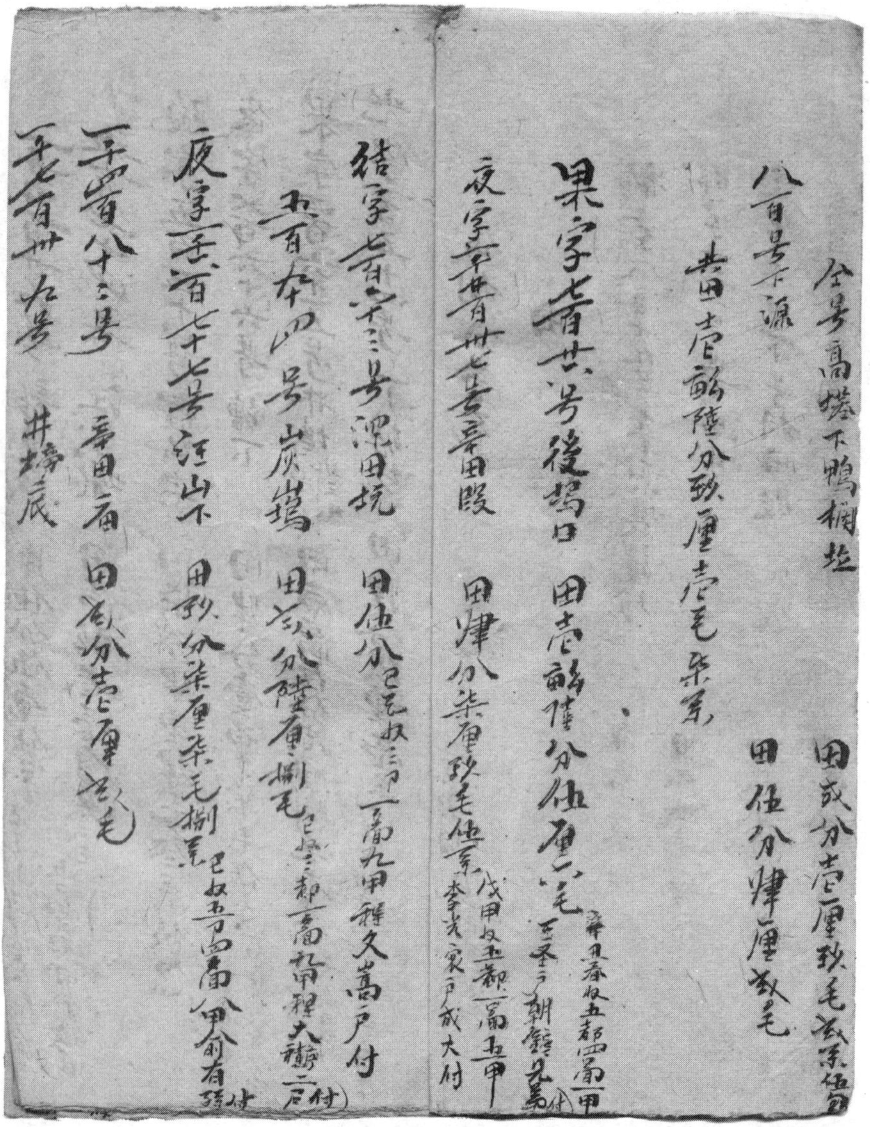

仝号高塔下鸭桐坵 田貳分壹厘玖毛貳系伍

八百号下源 田伍分肆厘叁毛

地壹畝陸分玖厘壹毛柒系

果字七百廿号後塢口 田壹畝陸分伍厘六毛 辛丑春收五都四啚一甲王圣户朝鍨兄嵩付

夜字二千四百卅七号辛田段 田肆分柒厘玖毛伍系 戊甲收五都一啚五甲李光家户成大付

結字七百六十三号深田坑 田伍分 己巳收三户一啚九甲程文嵩户付

五百廿四号炭塢 田貳分陸厘捌毛 己巳收三都一啚五甲程大鏞二户付

夜字二千二百七十七号坑山下 田貳分柒厘柒毛捌系 己巳收五都四啚八甲俞有琇付

一千四百八十二号辛田盾 田貳分壹厘貳毛

一千七百卅九号 井塢底

秋口镇沙城江氏 2-2 · 税粮实征册 · 江迪户干草兄弟股等

一千七百廿九号 新田段 田伍分伍厘伍系 己巳收五户四图八甲俞应（?）

五百七十四号 江丈垅 田壹畝叁壹厘叁毛 五户四图一甲俞攸臣付

陶字五百三十四号 罗公宅 田柒分肆厘肆毛叁系伍忽

夜字七百六十六号 塘下 田肆分壹厘柒毛伍系 辛亥春收五都四图六甲程俞户白彪付

果字四百六十五号 井坞 復十六亩 计三切 田壹畝伍分壹厘捌毛壹系 收五户四图一甲 天鲁付

光字一百五十四号 下塘坑 田肆分玖厘壹毛 辛亥收五都一二李辛钦付

仝 仝 田玖分捌厘柒毛 辛亥收五户一图二甲 李辛钦付

陶字三百五十四号 芳冲措竹坞 田伍分四厘柒系伍忽

三百七十九号 白石坞 田捌分陆厘伍毛 壬子收五都六〇 业桂生户 世高付

四百五十八号 水磨头 田叁分柒厘八毛五系

夜字一千六百七十七号 汪山下 田壹分贰厘贰毛贰系 壬子收五户一〇 李嘉彦户 大凰付

陶字五百卌四号 罗公宅 田柒分肆厘肆毛叁系五忽 壬子收五户四〇 攸臣付

秋口镇沙城江氏 2-3 · 税粮实征册 · 江迪户干草兄弟股等

夜字一千三百八十九号 塘頭 田肆分叁厘九毛

光字百三十六号 慈湾 田伍分伍厘壹毛五系

二号甲寅过收五下一啚一甲 以周兄弟付

地

帝字山百二十二号 梘木林 地肆厘柒系陆忽

山百卅三号 仝 地柒厘肆系

師字一千六百二十二号 胡岱山前 地贰分陆厘玖毛壹系

山千六百二十五号 仝 地贰分叁厘壹毛

山千六百卅六号 胡岱山前姚 地壹分柒毛陆系

秋口镇沙城江氏 2-4 · 税粮实征册 · 江迪户干草兄弟股等

乙千六百五十号 胡岱山前园 地壹分伍厘

乙千六百五十三号 胡岱山前住基 地壹分壹毛贰系五忽

乙千六百五十四号 胡岱山前基空 地壹厘陆毛玖系玖忽

乙千六百五十八号 胡岱山前 地肆厘柒毛捌系贰忽

果字五百七十六号 渔二渡路外 地壹分

五百七十七号 溪培店基 地陆厘

五百七十八号 渔二渡 地捌厘壹系肆忽

五百九十一号 后塢口坟 地壹分壹厘玖毛壹系陆忽

五百八十六号 后塢口 地壹厘

五百八十八号 仝 地壹厘贰毛

五百八十九号 仝 地捌厘

五百九十号 后塢高园 地贰分伍厘肆毛捌系

秋口镇沙城江氏 2–5 · 税粮实征册 · 江迪户干草兄弟股等

果字五百九十一號 高園塢口 地壹分壹釐玖毛壹系陸忽

五百九十七號 高園 地壹分弍釐伍系

六百 號 仝 地陸分弍釐陸毛捌系

七百廿五號 后塢口 地壹分弍釐陸毛捌系

七百 三 號 高園后塢口 地壹釐弍毛伍系

地壹分陸釐肆系

果字七百三十三號 溪边湖裡碓基 地弍釐捌毛

陶字五百二十號高坦頭 地伍分弍釐肆毛

五百二十二號 仝 地壹畝壹分叁釐貳毛陸系

六百九十號 洪灣 地陸分 又玖分捌釐

六百九十一號 仝 地伍分捌釐

○六百九十二號 仝 地捌分

秋口镇沙城江氏 2-6 · 税粮实征册 · 江迪户干草兄弟股等

陶字六百九十六号 汰湾　地肆厘

、六百九十七号 仝　地陆分肆厘弍毛

師字一千六百三十九号 胡岱山前　地弍分玖厘捌毛

仝号 塘　地弍分肆厘捌毛

菓字五百七十五号 渔二渡路外　地壹分叁厘 辛巳春收五户一〇五甲 李光付公年付

仝号 仝　地伍厘伍毛 辛巳春收五户一图五甲 李明豫付

仝号 仝　地伍厘伍毛 辛巳春收五户一图四甲 李鹏付

共地柒亩捌分捌厘陆毛肆系捌忽　折田肆亩捌分伍厘壹系捌忽

帝字二千三百八十一号 江家段正基　地陆厘叁毛叁系伍忽 二号戊子年收本图一甲 同用户丞斯受付

仝号厨基 二号併外收五甲非能兄弟受但付前收 庚子冬收　地肆厘弍毛弍系叁忽

菓字五百九十八号 高园溪边渔二渡　地弍分肆厘捌毛捌系 戊戌春收五户一图天五付 嘉庆十年拨付五户四甲加乐户收

上陶字六百四十八号 汰湾　地伍分玖厘弍毛 收九都一图

秋口镇沙城江氏 2-7 · 税粮实征册 · 江迪户干草兄弟股等

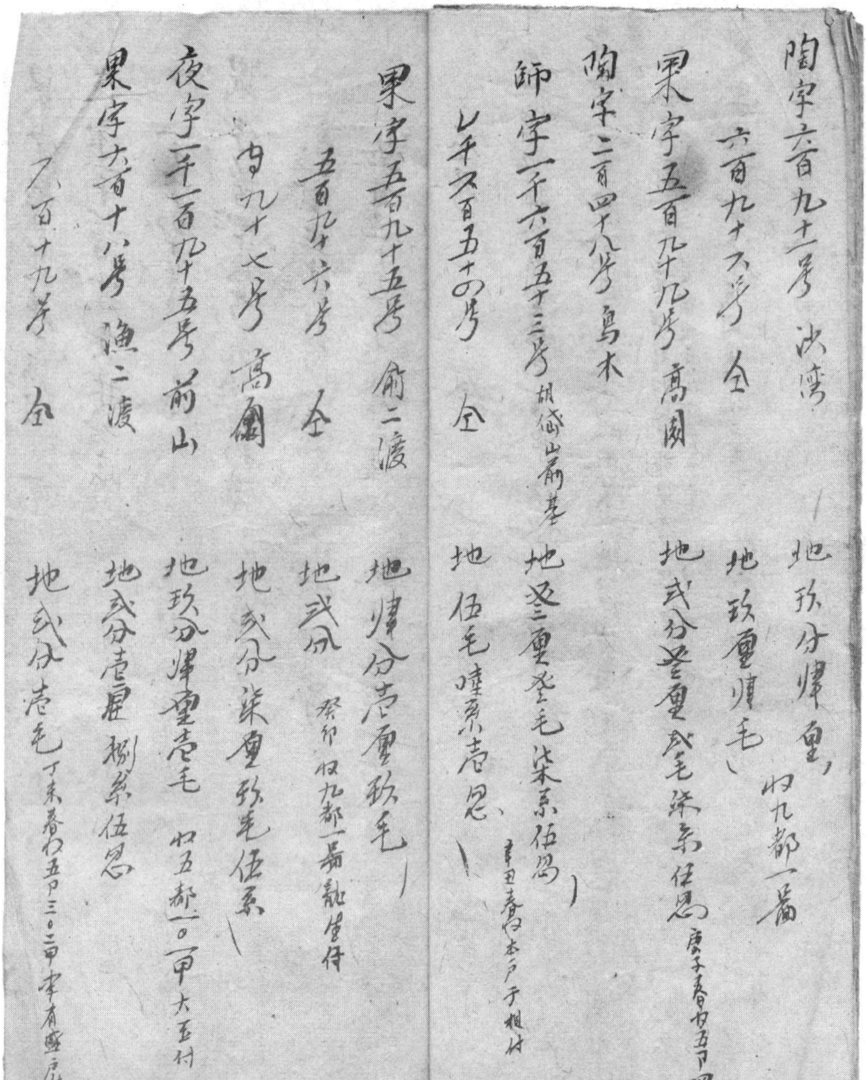

秋口镇沙城江氏 2-8 · 税粮实征册 · 江迪户干草兄弟股等

果字八百廿一号　高田　地壹分肆厘贰毛叁系　丁未春收李有盛户付

入　夜字一千七百廿九号　井塘底　地肆分壹厘捌毛壹系贰忽

入　一千七百四十号　仝　地肆分陆厘　庚戌年付五都六图九甲勤成收

果字五百四十七号　大桥外路基　地伍厘壹毛伍系陆忽　己酉收五都四图三甲王起章付

五百三十八号　仝　地肆厘

五百五十五号　俞二渡　地壹分叁毛玖系　己酉收俞富户户付

果字五百三十七号　路外　地陆毛肆系肆忽

五百九十八号　高园溪边　地壹分玖厘贰毛　壬子收五都四图八甲俞元鹏户付

果字五百九十九号　高园　地陆分玖厘捌毛贰系七忽　甲寅收五都四图……

山

帝字一百十二号　炭灶坞社屋背坟　山壹厘

秋口镇沙城江氏 2-9 · 税粮实征册 · 江迪户干草兄弟股等

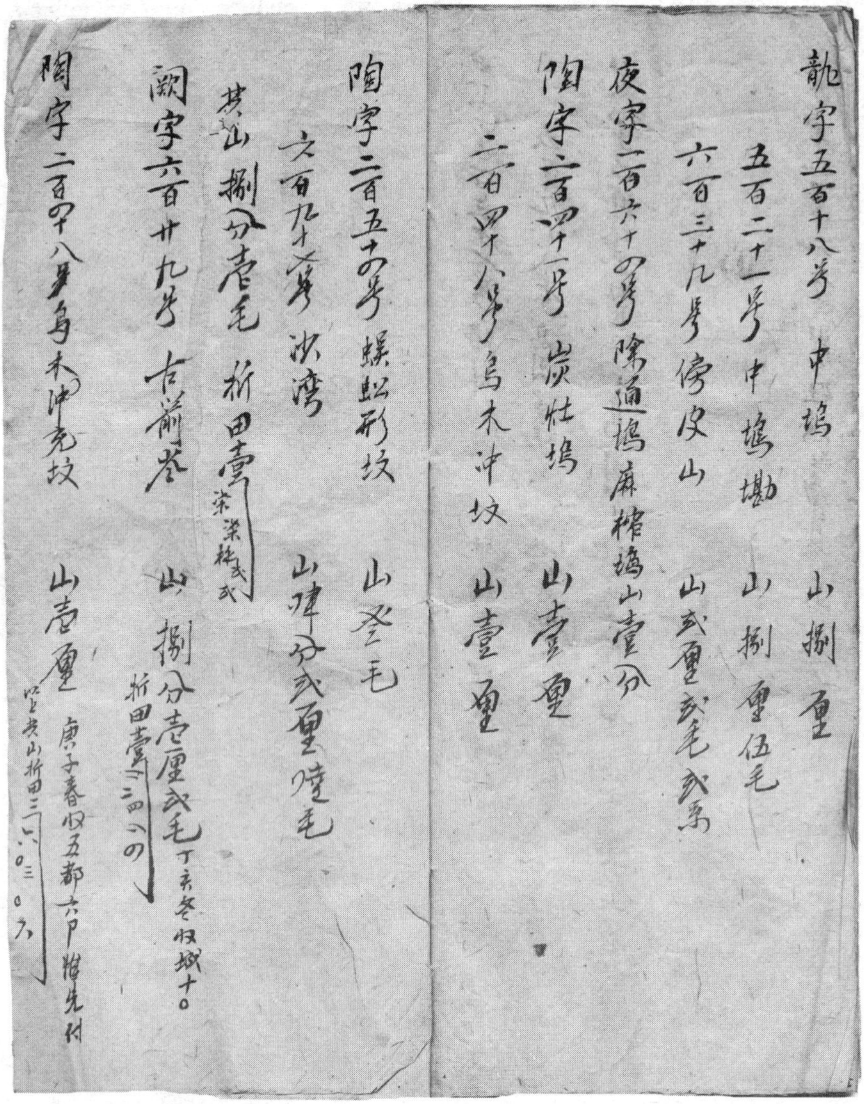
龍字五百十八号 中塢 山捌厘
五百二十一号 中塢塆 山捌厘伍毛
六百三十九号 傍皮山 山贰厘贰毛贰系
夜字二百六十四号 除道塢麻榨塢山壹厘分
陶字二百四十一号 炭灶塢 山壹厘
二百四十八号 乌木冲坟 山壹厘
陶字二百五十四号 蜈蚣形坟 山叁毛
六百九十六号 汰湾 山肆分贰厘陆毛
其山捌分壹厘毛 折田壹 宋渠桂贰 贰
阙字六百廿九号 古前塆 山捌分壹厘贰毛 丁亥冬收城十〇
折田壹二四八四
陶字二百四十八号 乌木冲充坟 山壹厘 庚子春收五都六户时先付
此是山折田三八〇三〇六

秋口镇沙城江氏 2-10 · 税粮实征册 · 江迪户干草兄弟股等

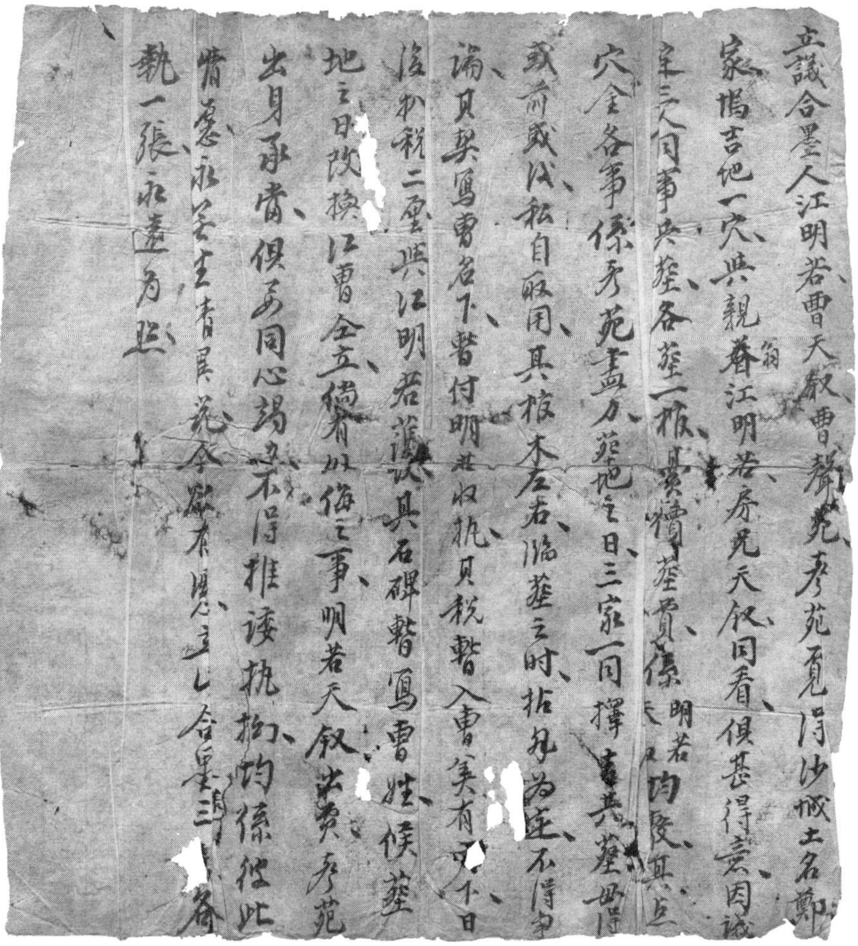
立議合墨人江明若、曹天叙、曹聲苑、秀苑覔得沙城土名鄭
家塢吉地一穴，與親翁江明若、秀苑、天叙同看，俱甚得意，因議
定三人同事共葬，各葬一棺。其費糟葬費係明若、天叙均股，其左
穴全各事係秀苑盡力，葬地之日，三家一同擇吉共葬，毋得
或前或後、私自啟用，其棺木左右臨葬之時，拈鬮為定，不得爭
論。其契寫曹名下，暫付明若收執，其稅暫入曹實有戶下，日
後扒稅二處，與江明若議，其石碑暫寫曹姓，候葬
地之日改換江曹全立。倘有以侮之事，明若、天叙出費，秀苑
出身承當，俱要同心竭力，不得推諉執拗，均係從此
背墓永管生青貝花，今欲有憑，立此合墨，三各
執一張，永遠為照。

秋口镇沙城江氏 9 · 合墨 · 江明若、曹天叙、曹声苑

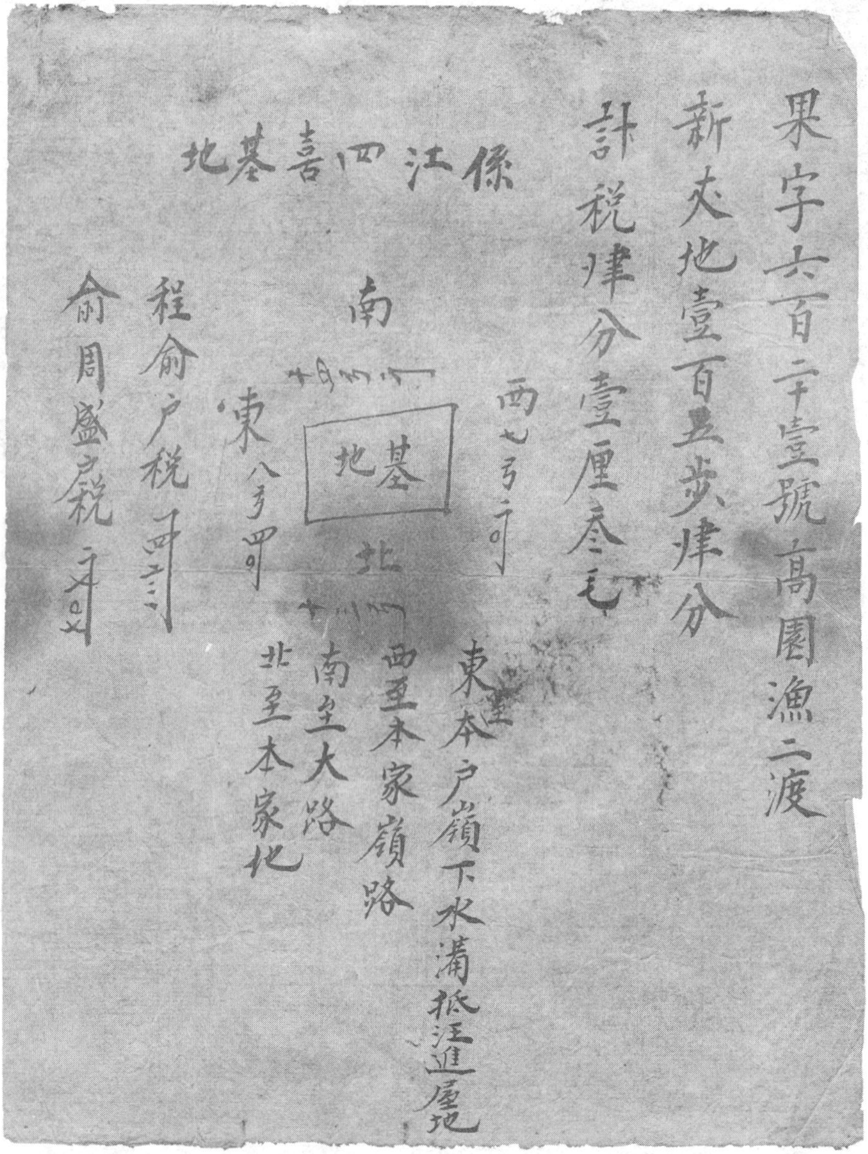
果字六百二十壹號高圍漁二渡
新丈地壹百五步肆分
計稅肆分壹厘叁毛
係江四喜基地
西
南
基地
東
北
東至本户嶺下水滿抵汪進屋地
西至本家嶺路
南至大路
北至本家地
程俞户稅
俞周盛户稅

秋口镇沙城江氏 17 · 土地四至说明书

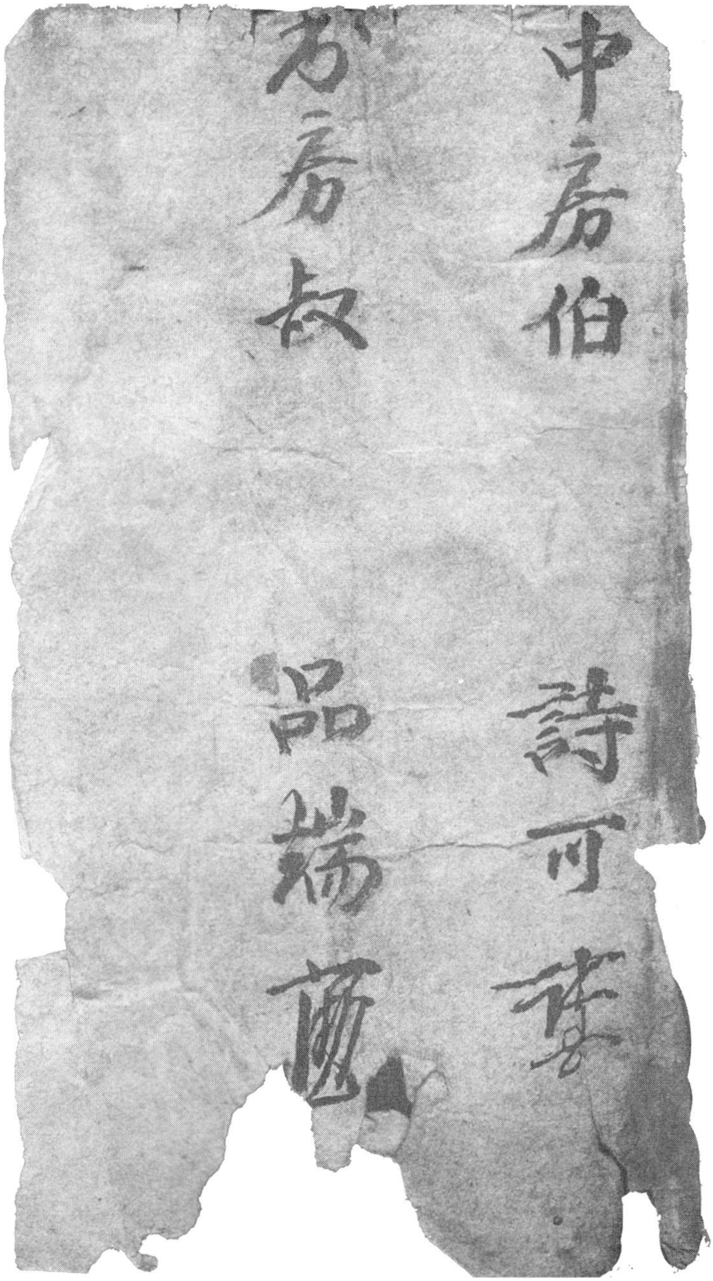

中房伯　詩可[illegible]

[illegible]房叔　品端[illegible]

秋口镇沙城江氏 21 · 名单

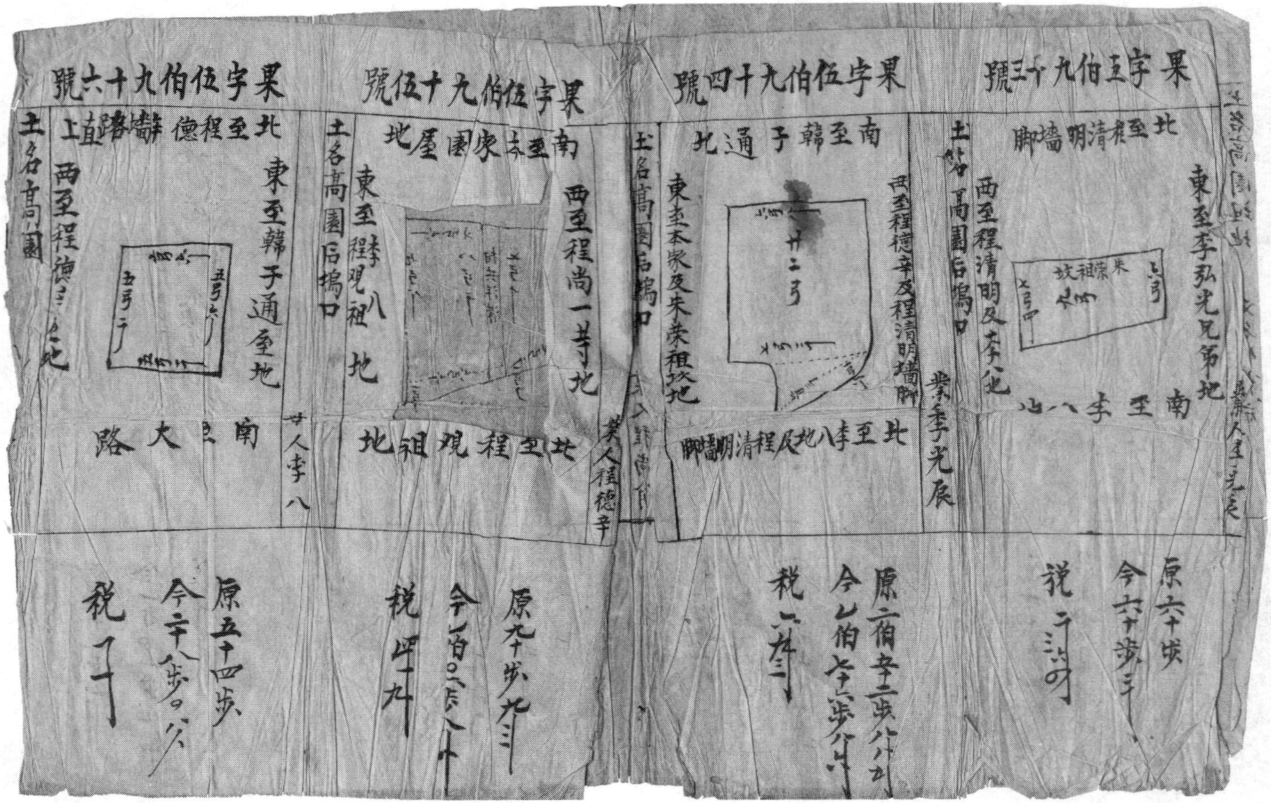

果字五伯九十三號
北至程清明墻脚
東至李弘光兄弟地
南至李八山
西至程清明及李光地
土名高園后塢口
業李光辰
原六十步

果字伍伯九十四號
南至韓子通地
東至本家及朱荣祖坟地
西至程德辛及程清明墻脚
北至李八地及程清明墻脚
土名高園后塢口

果字伍伯九十五號
南至本家園屋地
東至程觀祖地
西至程尚一等地
北至程觀祖地
土名高園后塢口
業人程德辛

果字伍伯九十六號
北至程德辛墻路直上
東至韓子通地
西至程德辛地
南至大路
土名高園
業人李八

秋口镇沙城江氏 22-i · 土地四至说明书

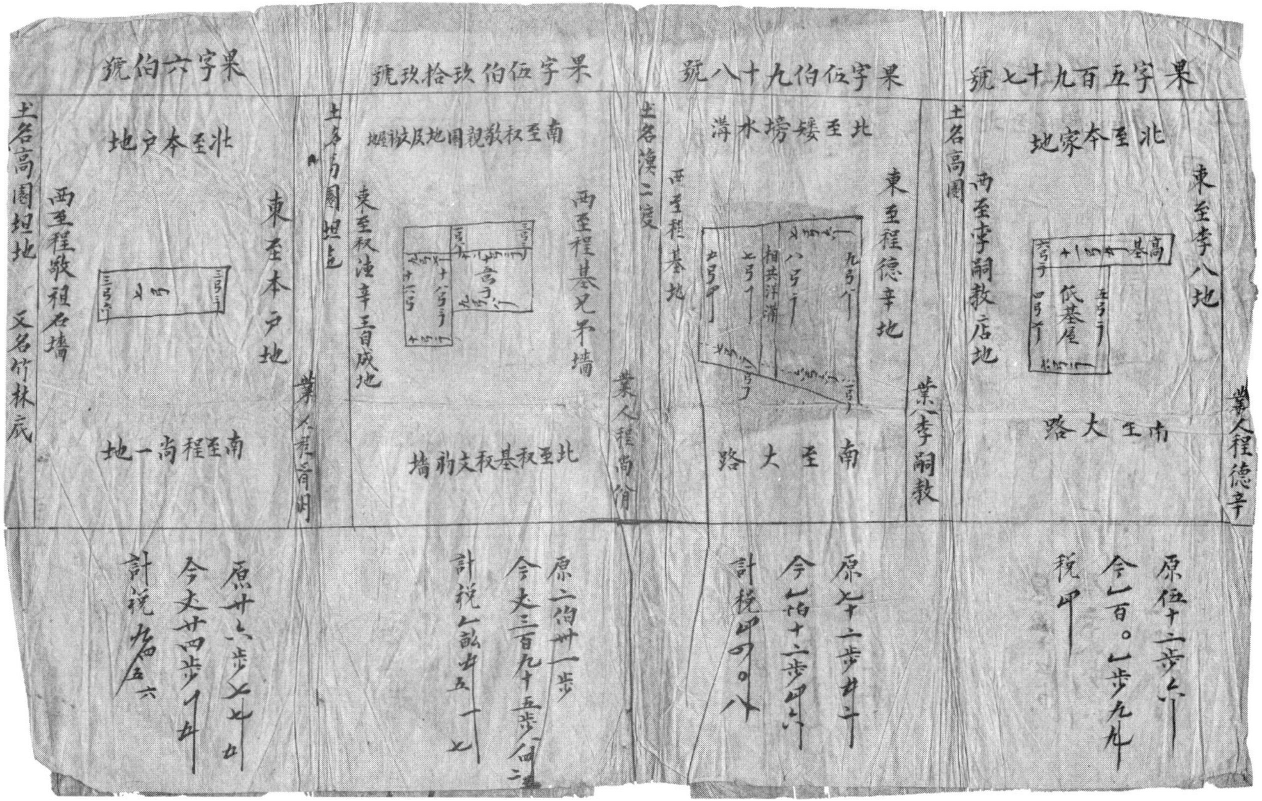

秋口镇沙城江氏 22-ii · 土地四至说明书

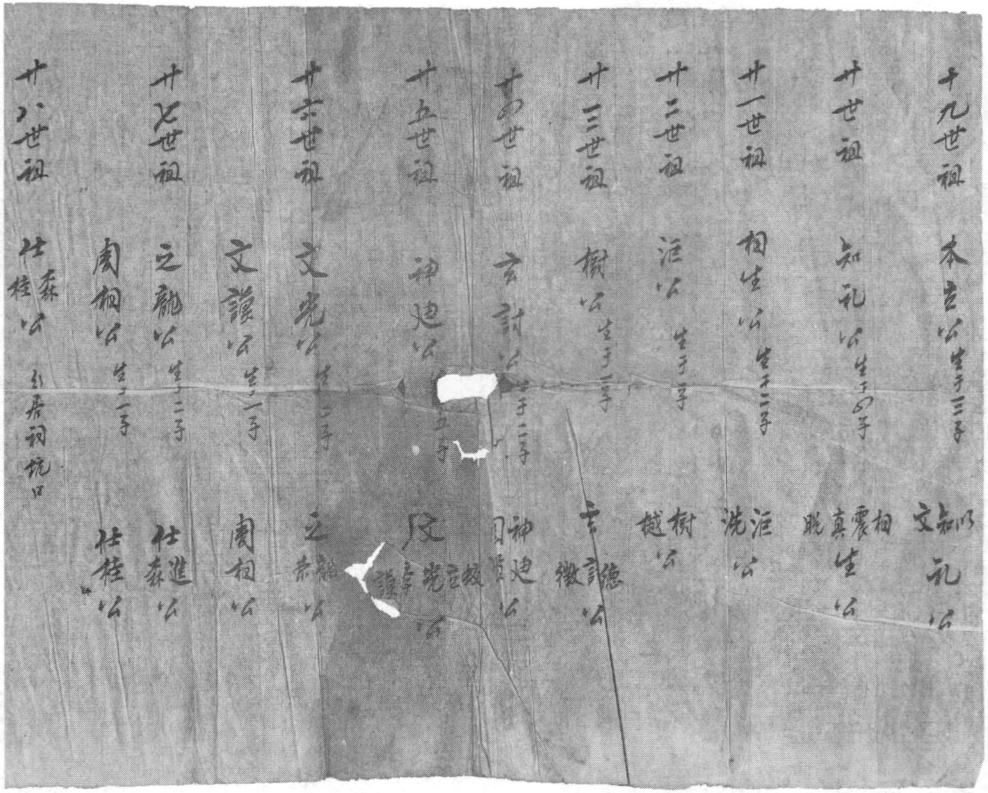
十九世祖　本亘公　生子三子　文知仍　礼公
廿世祖　知礼公　生子四子　相震真眺　生公
廿一世祖　相生公　生子二子　洸淮　公
廿二世祖　淮公　生子一子　树越　公
廿三世祖　树公　生子一子　玄訥德徽　公
廿四世祖　玄訥公　生子二子　神迪晋　公
廿五世祖　神迪公　生五子　文光亘敏讓　公
廿六世祖　文光公　生一子　之恭能　公
文讓公　生一子　禹桐　公
廿七世祖　之龍公　生二子　杜森進　公
禹桐公　生一子　杜桂　公
廿八世祖　杜森　桂公　后葬羽坑口

秋口镇沙城江氏 23 · 家族世系单

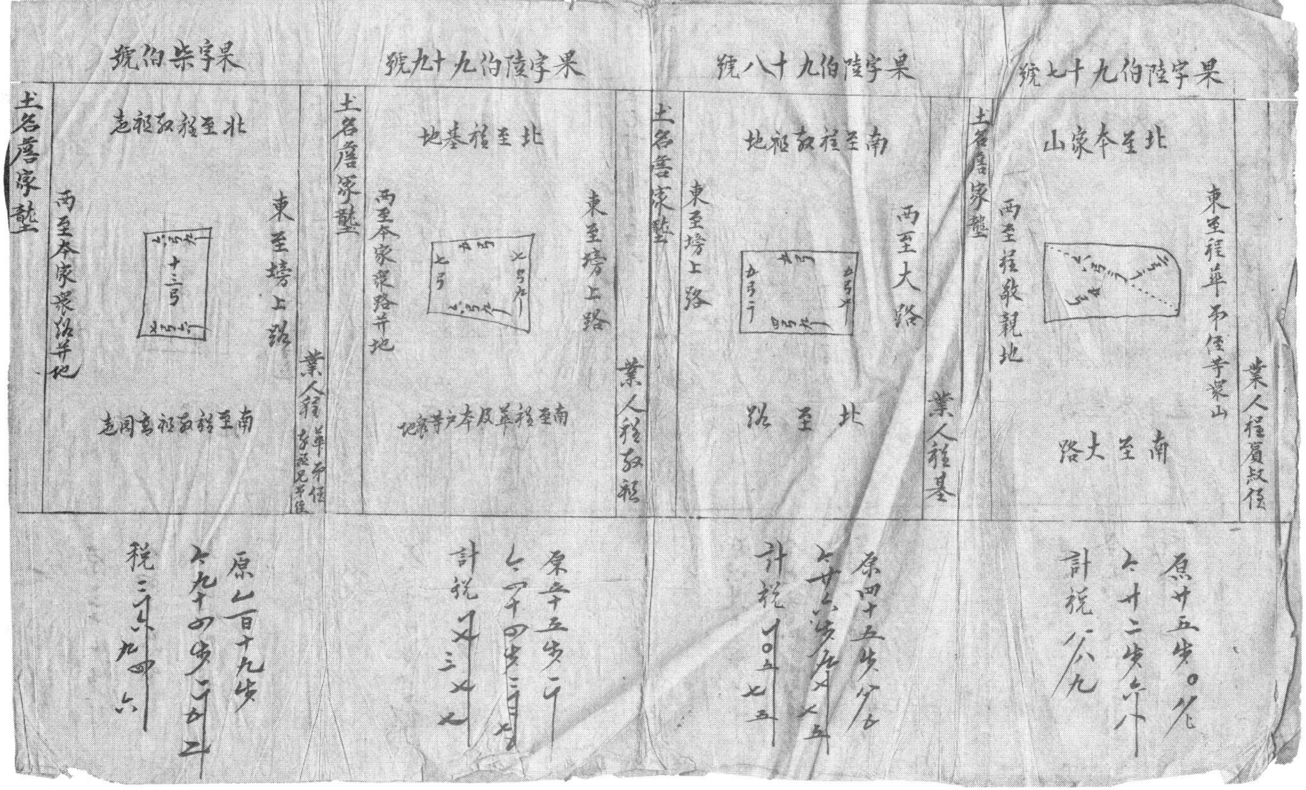

果字陸伯九十七號
業人程履叙任
東至程華本任芋梁山
北至本家山
西至程叙親地
南至大路
土名詹家墪

果字陸伯九十八號
業人程基
西至大路
南至程叙親地
東至塝上路
北至路
土名詹家墪

果字陸伯九十九號
業人程叙親
東至塝上路
北至程基地
西至本家塝路并地
土名詹家墪

果字柒伯號
東至塝上路
西至本家塝路并地
土名詹家墪

秋口镇沙城江氏 60-i · 土地四至说明书

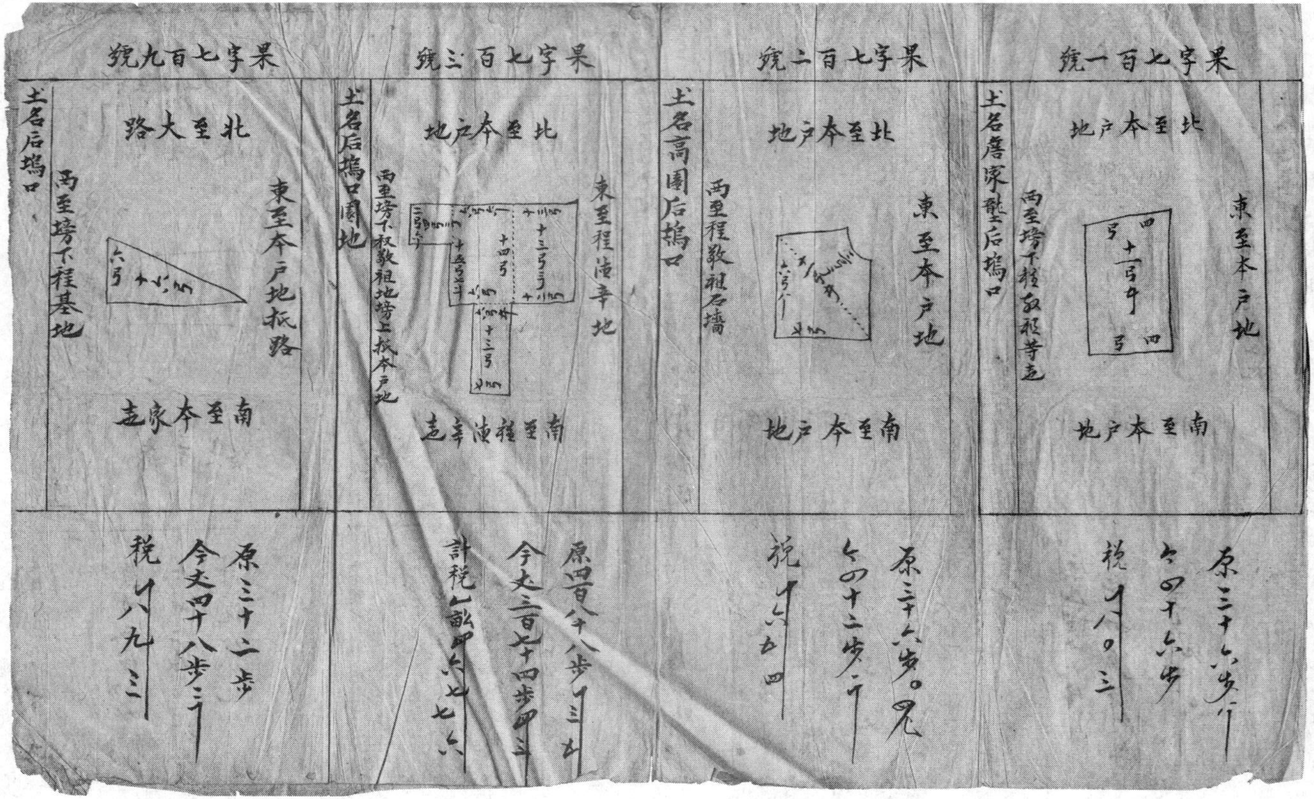

秋口镇沙城江氏 60-ii · 土地四至说明书

秋口镇沙城俞氏 1—5

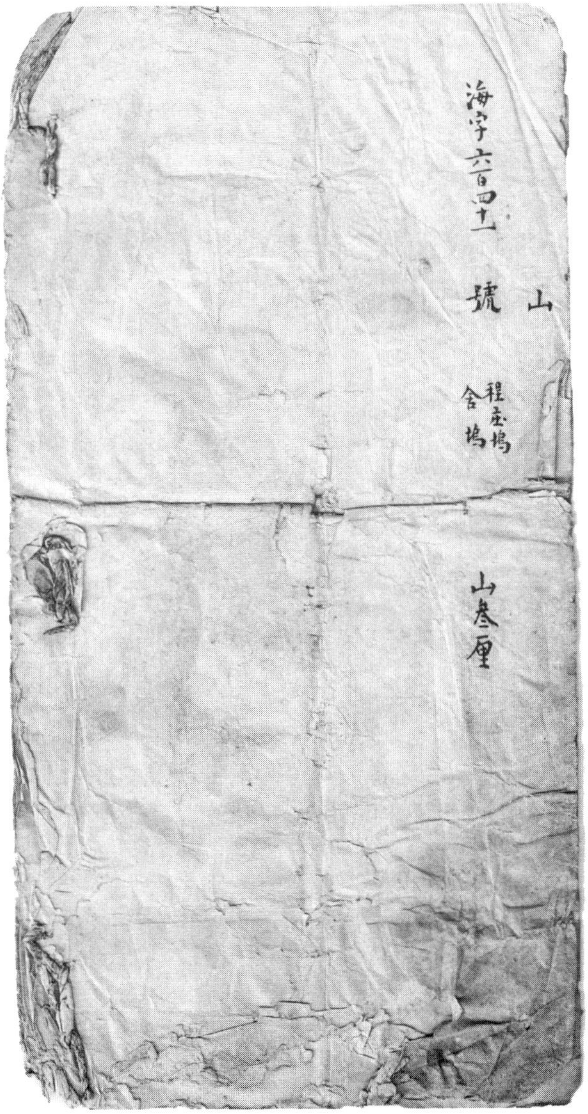
海字六百四十一號　山
程丢塢
舍塢
山叁厘

秋口镇沙城俞氏 3-1 · 乾隆七年 · 税粮实征册 · 洪起振户

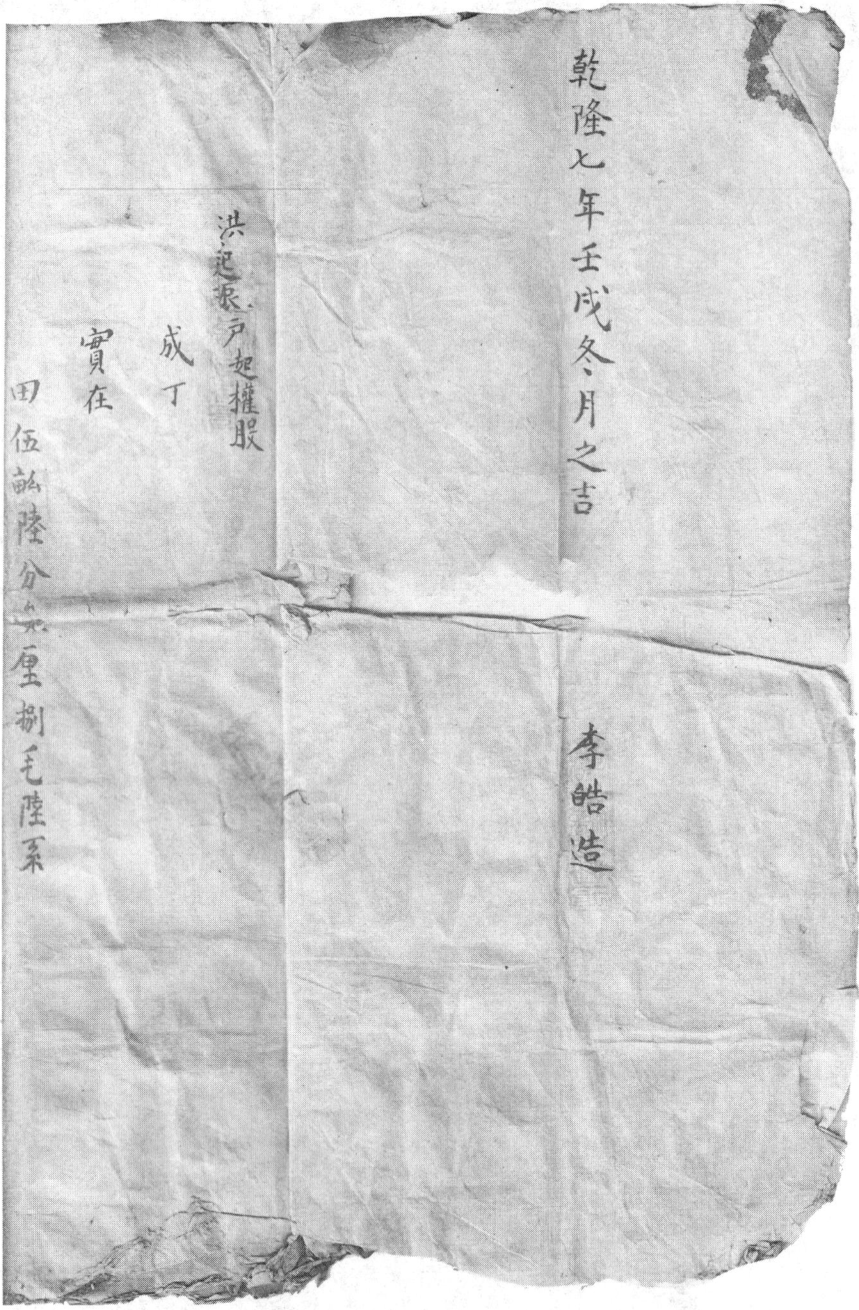

乾隆七年壬戌冬月之吉

李皓造

洪起振户起推股

成丁

實在

田伍畝陸分[illegible]厘捌毛陸系

秋口镇沙城俞氏 3-2 · 乾隆七年 · 税粮实征册 · 洪起振户

洪起振户起摧股
成丁
實在
田伍畝陸分柒厘捌毛陸系
地壹畝捌分叁厘壹毛壹系
山
塘
認士泰公二股之一該實田壹畝肆分弍厘
共折實田

秋口镇沙城俞氏 3-3 · 乾隆七年 · 税粮实征册 · 洪起振户

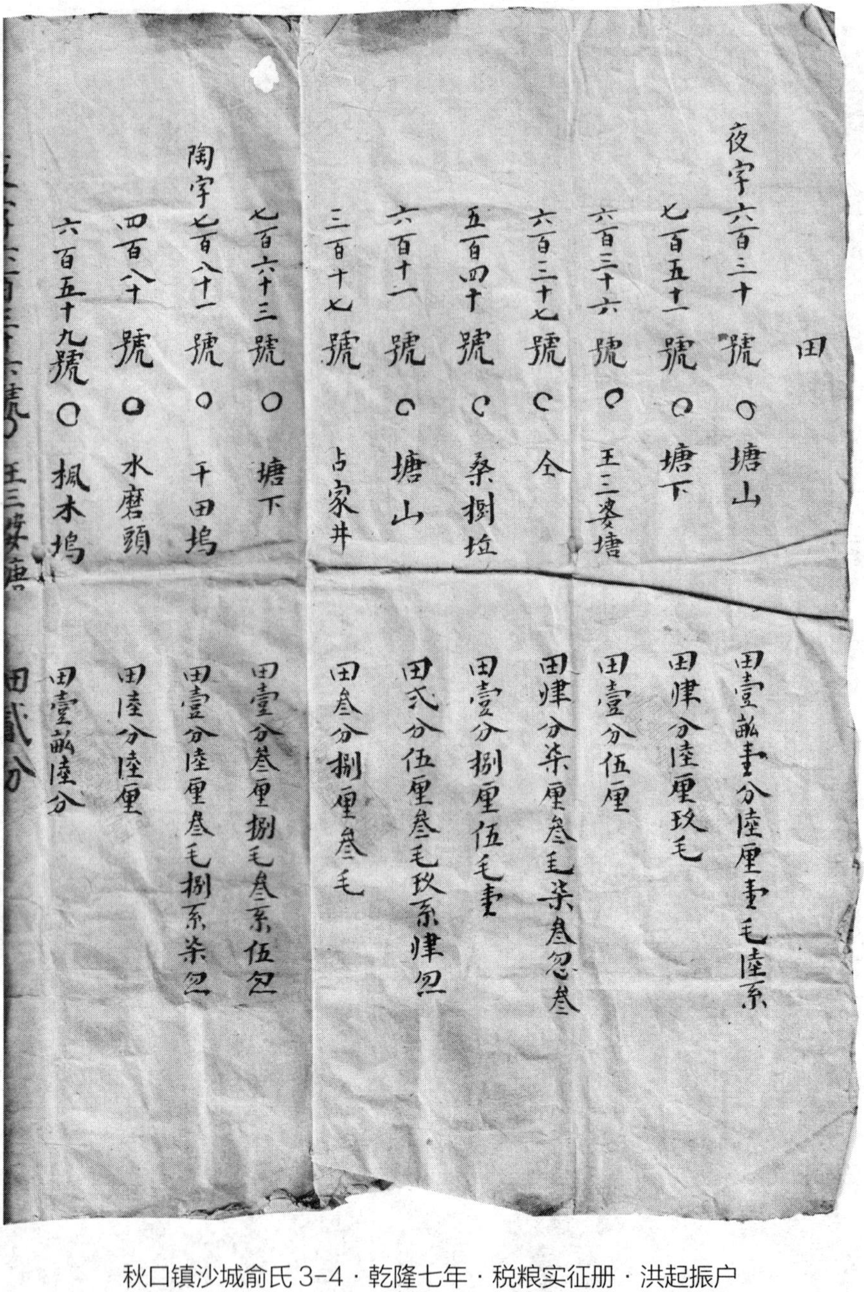

田

夜字六百三十號 ○ 塘山 田壹畝壹分陸厘壹毛陸系

七百五十一號 ○ 塘下 田肆分陸厘玖毛

六百三十六號 ○ 王三婆塘 田壹分伍厘

六百三十七號 ○ 仝 田肆分柒厘叁毛柒叁忽叁

五百四十號 ○ 桑樹垃 田壹分捌厘伍毛壹

六百十一號 ○ 塘山 田弍分伍厘叁毛玖系肆忽

三百十七號 占家井 田叁分捌厘叁毛

七百六十三號 ○ 塘下 田壹分叁厘捌毛叁系伍忽

陶字七百八十一號 ○ 干田塢 田壹分陸厘叁毛捌系柒忽

四百八十號 ○ 水磨頭 田陸分陸厘

六百五十九號 ○ 楓木塢 田壹畝陸分

[illegible]字六百三十六號 王三婆塘 田貳分

秋口镇沙城俞氏 3–4 · 乾隆七年 · 税粮实征册 · 洪起振户

五百四十號 ○ 桑樹垃 田壹分捌厘伍毛

六百十一號 ○ 塘山 田弍分伍厘叁毛玖系肆忽

三百十七號 占家井 田叁分捌厘叁毛

七百六十三號 ○ 塘下 田壹分叁厘捌毛叁系伍忽

陶字七百八十一號 ○ 干田塢 田壹分陸厘叁毛捌系柒忽

四百八十號 ○ 水磨頭 田陸分陸厘

六百五十九號 ○ 楓木塢 田壹畝陸分

夜字六百三十六號 ○ 王三婆塘 田貳分

四百十四號 小港口 中心坦 基 地捌分 入後

陶字七百十三號 ○ 杠猪卷 田肆分柒厘肆毛柒系伍忽

八百三十七號 ○ 汪家坑 木林底 田叁分弍厘玖毛

秋口镇沙城俞氏 3-5 · 乾隆七年 · 税粮实征册 · 洪起振户

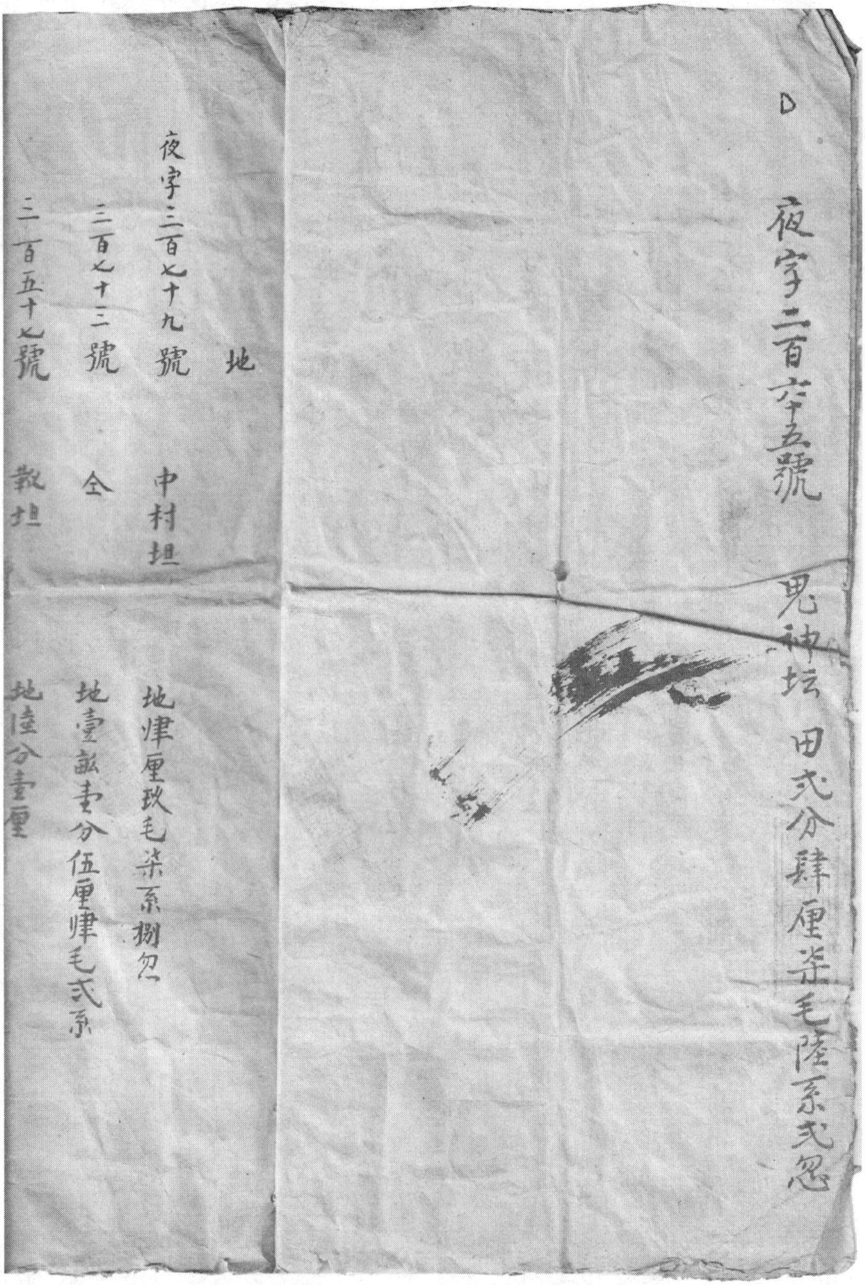
D
夜字二百六十五號
界神坛 田弍分肆厘柒毛陸系弍忽
地
夜字三百七十九號 中村坦
地肆厘玖毛柒系捌忽
三百七十三號 仝
地壹畝壹分伍厘肆毛弍系
三百五十七號 敹坦
地陸分壹厘

秋口镇沙城俞氏 3-6 · 乾隆七年 · 税粮实征册 · 洪起振户

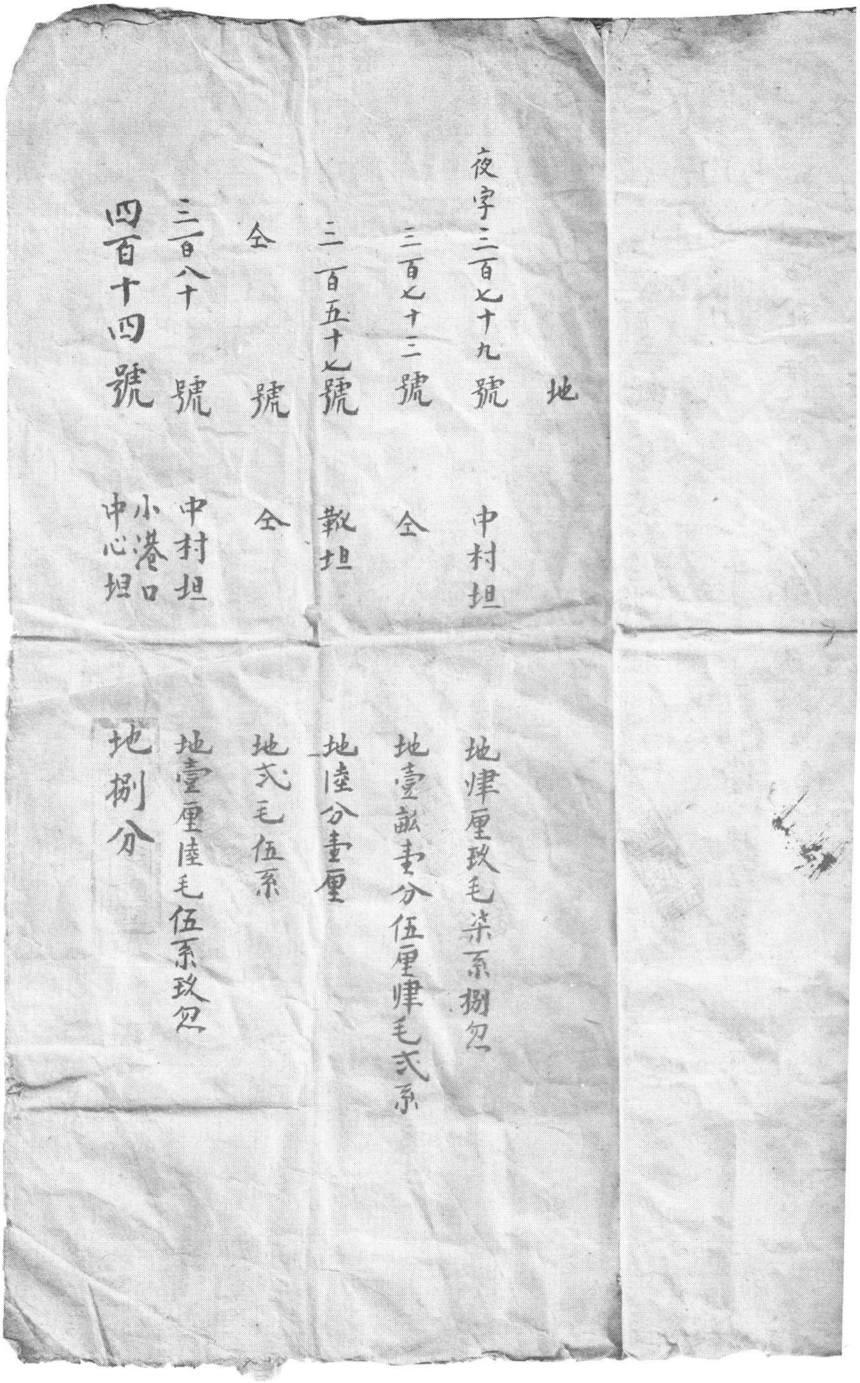

地
夜字三百七十九號　中村坦　地肆厘玖毛柒系捌忽
三百七十三號　仝　地壹畝壹分伍厘肆毛弍系
三百五十七號　墩坦　地陸分壹厘
仝號　仝　地弍毛伍系
三百八十號　中村坦　地壹厘陸毛伍系玖忽
四百十四號　小巷口　中心坦　地捌分

秋口镇沙城俞氏 3-7 · 乾隆七年 · 税粮实征册 · 洪起振户

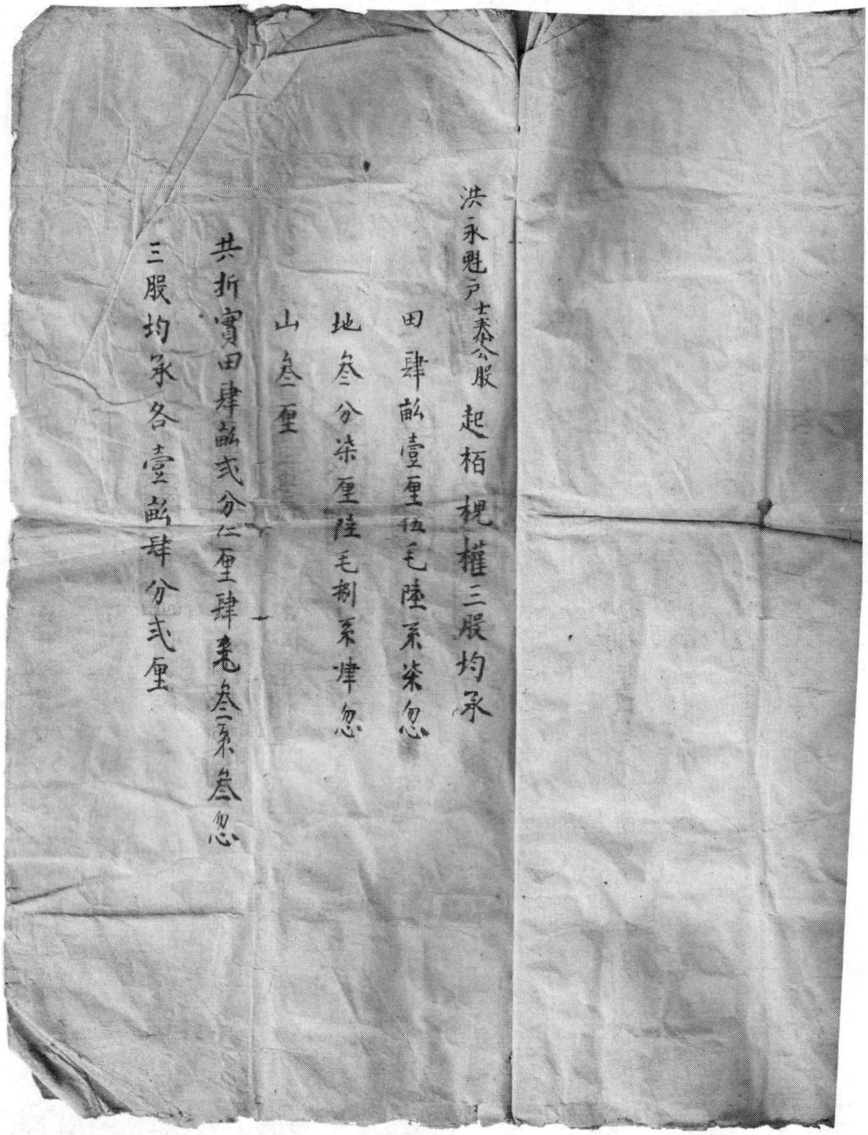
洪永魁户十叁公股 起栢 振 權三股均承
田肆畝壹厘伍毛陸系柒忽
地叁分柒厘陸毛捌系肆忽
山叁厘
共折實田肆畝弍分仁厘肆毫叁系叁忽
三股均承各壹畝肆分弍厘

秋口镇沙城俞氏 3-8 · 乾隆七年 · 税粮实征册 · 洪起振户

已記查槐已

夜字六百一十號　塘山　田捌分叁厘肆毛　槐業三叉　叔業一叉

六百五十六號　車子塢　田伍分柒厘肆毛陸系柒忽

入已業

二百九十號　黄土坦　田肆分伍厘叁毛弍系

二百六十五號　鬼神坛　田柒分肆厘叁毛

六百四十七號　王三婆塘　田陸厘捌系

五百三十號　井下垅　田叁分陸厘叁毛

入已業

豆叉三二

陶字八百三十七號　汪家坑　木林底　田玖分捌厘柒毛

地

疸字四百五號　中村坦　地弍分柒厘捌毛肆系

四百七號　仝　地弍厘捌毛肆系肆忽

三百八十號　仝　地柒厘

秋口镇沙城俞氏 3-9 · 乾隆七年 · 税粮实征册 · 洪起振户

六百四十七號 王三婆塒 田陸厘捌系

五百三十號 井下垃 田叁分陸厘叁毛

陶字八百三十七號 汪家坑 木林底 田玖分捌厘柒毛

地

亱字四百五號 中村坦 地弍分柒厘捌毛肆系

四百七號 仝 地弍厘捌毛肆系肆忽

三百八十號 仝 地柒厘

秋口镇沙城俞氏 3-10 · 乾隆七年 · 税粮实征册 · 洪起振户

立遺囑高鑑原身兄弟分爨之後卓立成家頗
置田產舟行經營稍有微利予配李氏所育四子
長富意次曰成意三曰登意四曰雙意四子教讀婚畢
長子年三十有二適遭年命運顛連不務生理次子亦將踵
弊屢訓徒然予不得已故煩眷友將田產屋宇播搭
四股均分拈鬮已定各管各業但幼子年十三娶李氏
年僅十一其二人年幼隨身扶養外貼後述俟其成
家予夫婦四子輪膳百年之後將所有之資除使

秋口镇沙城俞氏 1-1 · 道光八年 · 遗嘱 · 高鉴

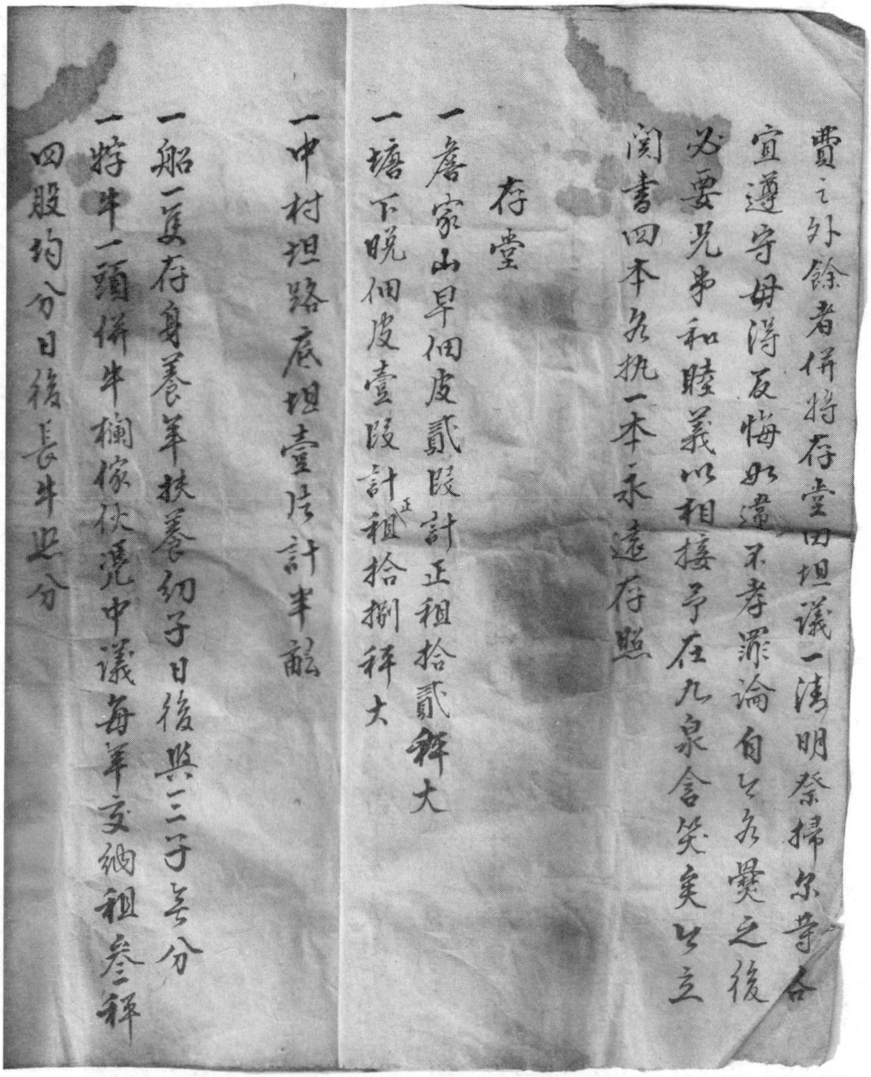
費々之外餘者併將存堂田坦議一清明祭掃尔等合
宜遵守毋得反悔如違不孝罪論自々各爨之後
必要兄弟和睦義以相接予在九泉含笑矣々立
阄書四本各执一本永遠存照
存堂
一詹家山旱佃皮貳段計正租拾貳秤大
一塘下晚佃皮壹段計正租拾捌秤大
一中村坦路底坦壹片計半畝
一船一隻存身養年扶養幼子日後與三子各分
一将牛一頭併牛欄傢伙憑中議每年交納租叁秤
四股均分日後長牛照分

秋口镇沙城俞氏 1-2 · 道光八年 · 遗嘱 · 高鉴

一塘下晩佃皮壹段計租拾捌秤大

一中村坦路底坦壹片計半畝

一船一隻存身養年扶養幼子日後與二子各分

一牸牛一頭併牛欄傢伙憑中議每年交納租叁秤

四股均分日後長牛照分

一老牛一頭存賣均分

一新屋外工首餘地存衆四股均業

一傢伙物件俱以撟搭均分

秋口镇沙城俞氏 1-3 · 道光八年 · 遗嘱 · 高鉴

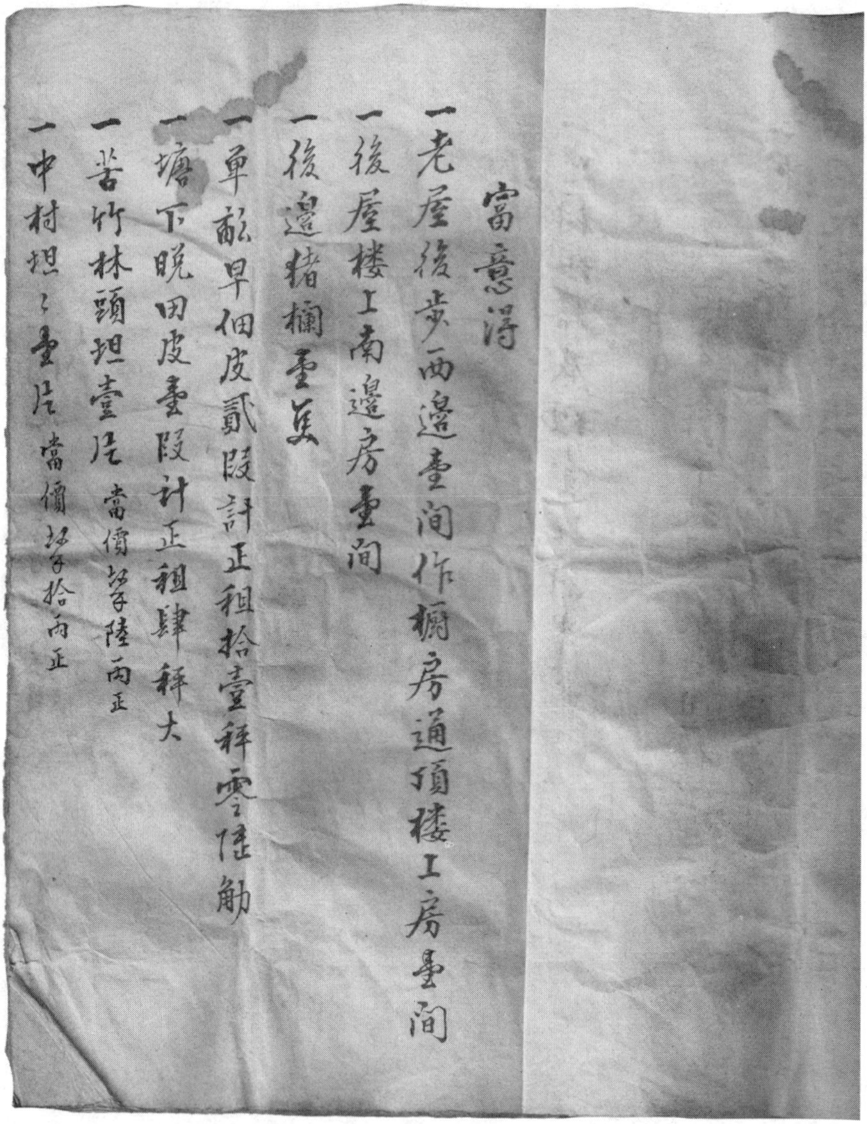

富意得

一老屋後步西邊壹间作㕑房通頂楼上房壹间

一後屋楼上南邊房壹间

一後邊猪欄壹隻

一單舡旱佃皮貳段計正租拾壹秤零陸觔

一塘下晥田皮壹段計正租肆秤大

一苦竹林頭坦壹片 當價洋陸兩正

一中村坦々壹片 當價洋拾兩正

秋口镇沙城俞氏 1–4 · 道光八年 · 遗嘱 · 高鉴

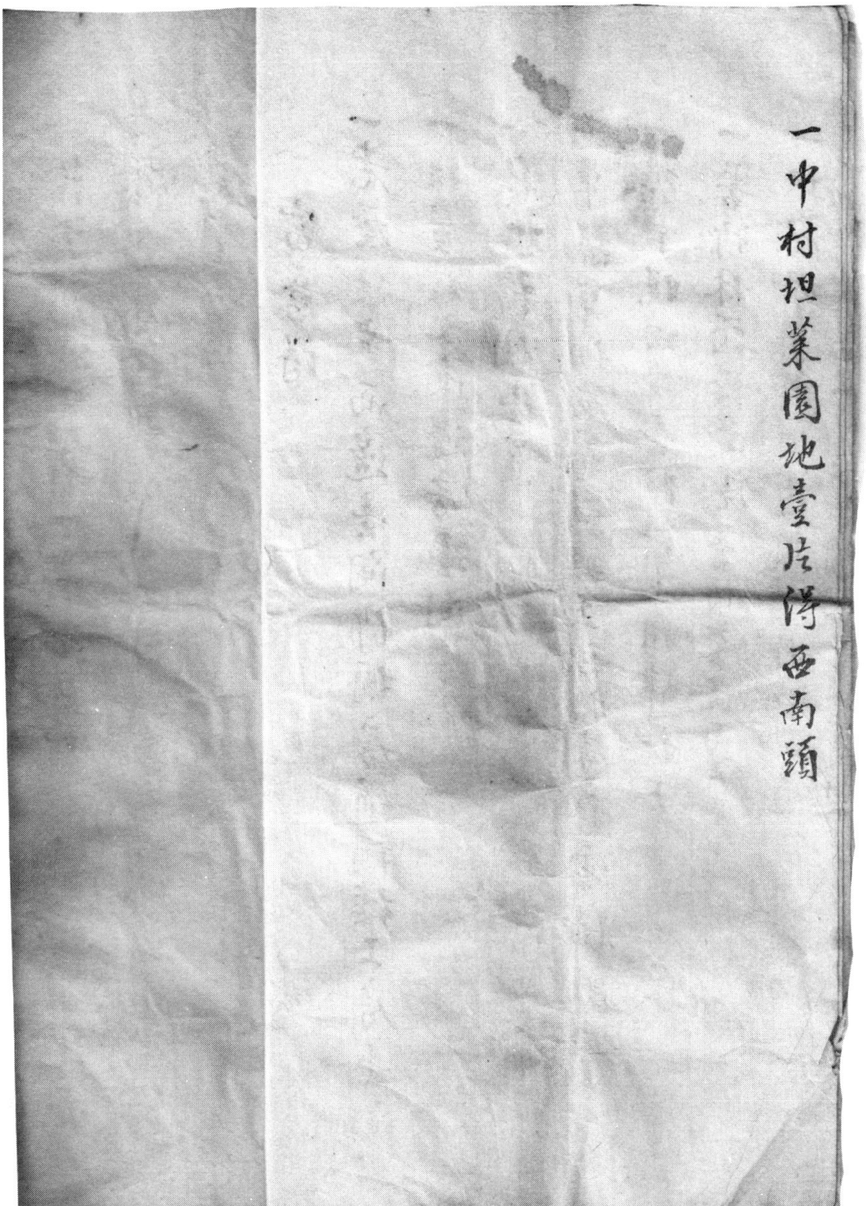
一中村坦菜園地壹片得西南頭

秋口镇沙城俞氏 1-5 · 道光八年 · 遗嘱 · 高鉴

成意得

一新屋東邊正房壹間併廂房壹間俱通頂楼上房

一井下垅旱田皮壹段计正租捌秤大

一木魚崇晥田皮壹段计正租玖秤大

一沙洲尾坦壹片

一酸梅樹底坦壹片上塊

二項係小秋口李華林押

一中村坦菜園地壹片得東南頭

秋口镇沙城俞氏 1-6 · 道光八年 · 遗嘱 · 高鉴

登意得

一老屋西邊正房壹間併廂房壹間俱通頂樓上房

一下塘下早田皮壹陖計正租拾貳秤大

一圳口晚田皮壹陖計正租陸秤大 内己正租叁秤大

一酸梅樹底坦壹片 下垷 其坦小秋口李華林押

一碓嶺頭坦壹片 當價孚律兩伍錢

一中村坦菜園地壹片得東北頭

秋口镇沙城俞氏 1-7 · 道光八年 · 遗嘱 · 高鉴

雙意得

一新屋東邊後步壹間作摘房通頂樓上房壹間

一新屋樓上後步倉壹間

一沙洲尾旱田皮壹段計正租捌秤大

一蔣村面前旱田皮壹段計正租捌秤大

一酸梅樹底坦壹坵 係福旺押洋拾陸两正

一中村坦菜園地壹坵潯西北頭

一四畝旱田皮壹段計正租拾肆秤大內已正租伍秤大其

秋口镇沙城俞氏 1-8 · 道光八年 · 遗嘱 · 高鉴

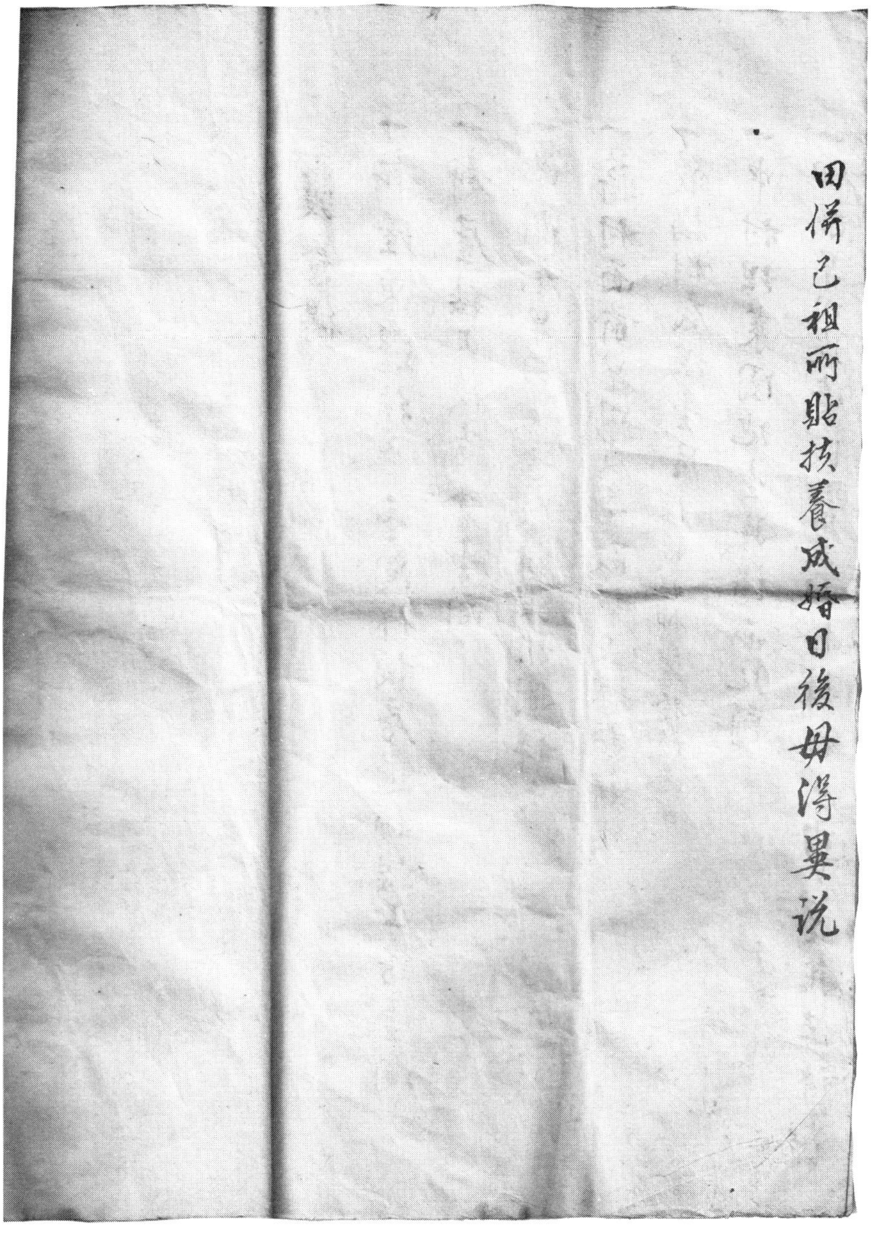

秋口镇沙城俞氏 1-9 · 道光八年 · 遗嘱 · 高鉴

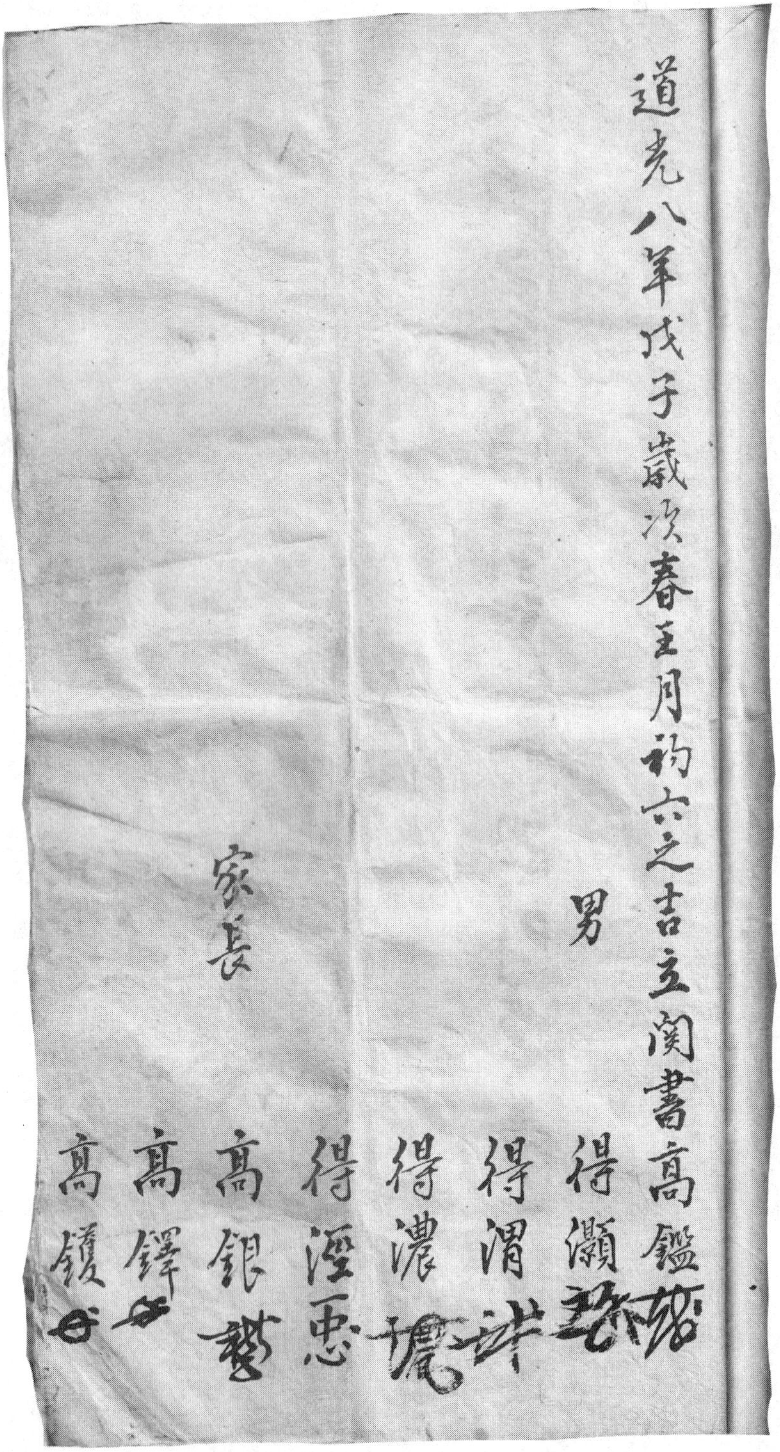
道光八年戊子歲次春王月初六之吉立閲書高鑑

男　得灝

得渭

得濃

得涇

家長　高銀

高鐸

高鍍

秋口镇沙城俞氏 1-10 · 道光八年 · 遗嘱 · 高鉴

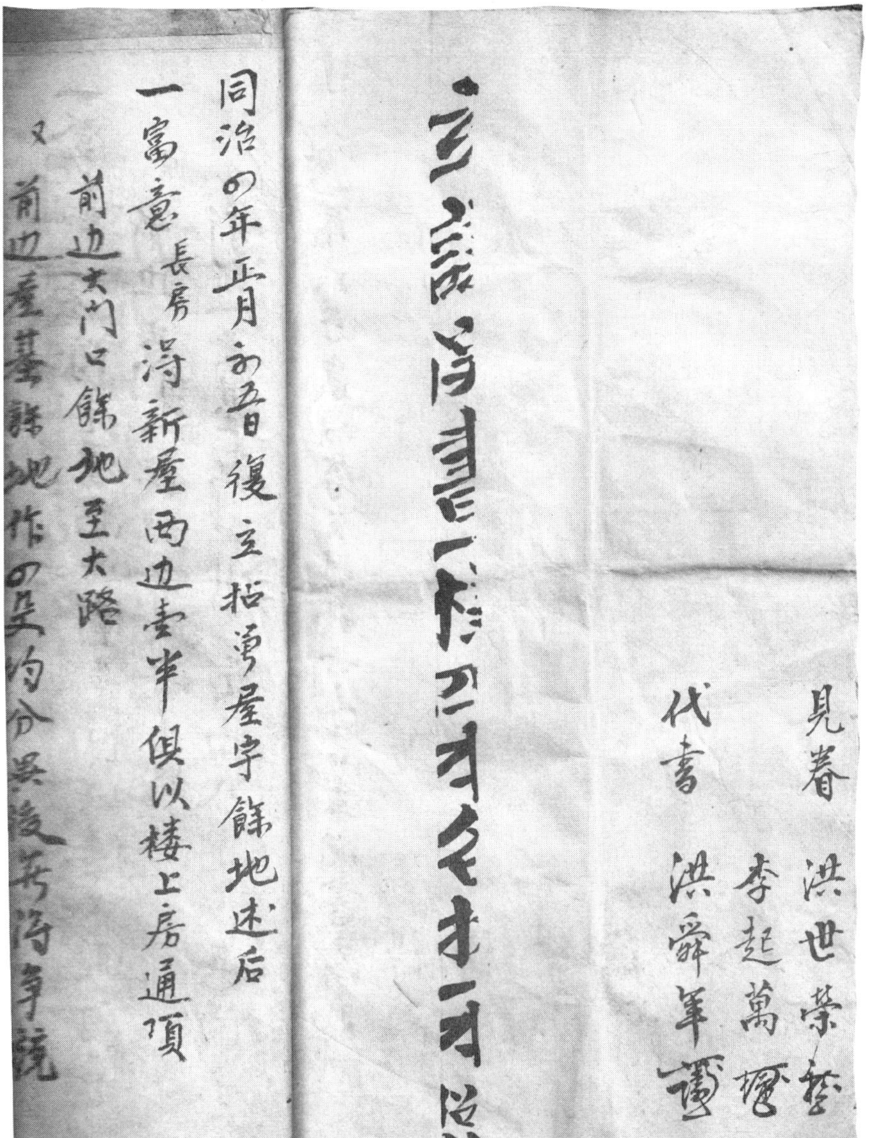

见眷 洪世榮 押
李起萬 押
代書 洪舜年 押

同治四年正月初五日復立拈鬮屋宇餘地述后
一富意長房得新屋西边壹半俱以樓上房通項
前边大門口餘地至大路
又前边屋基餘地作四股均分與後若得争競

秋口镇沙城俞氏 1-11 · 道光八年 · 遗嘱 · 高鉴

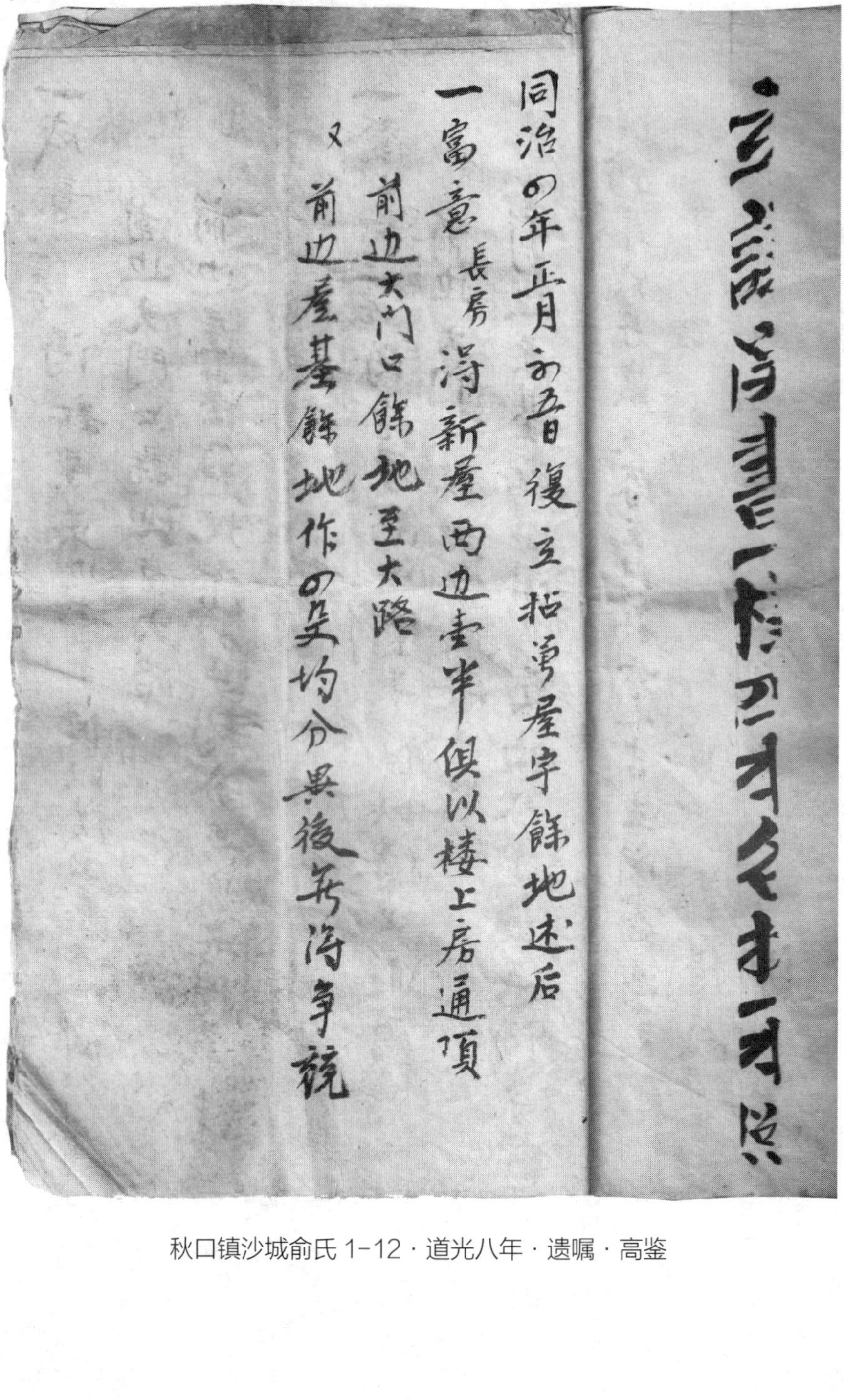
同治四年正月初五日復立拈鬮屋宇餘地述后
一富意 長房 得新屋西边壹半俱以樓上房通頂
前边大門口餘地至大路
又
前边屋基餘地作四股均分異後無得爭競

秋口镇沙城俞氏 1-12 · 道光八年 · 遗嘱 · 高鉴

一成意 二房 得 新屋東边壹半 俱以楼上房通頂
前边大門口餘地至大路
前边屋基餘地作四股均分異後無得争競

一登意 三房 得 老屋西边壹半 俱以楼上通頂
前边大门口餘地至照墙大路
前边屋基餘地作四股均分異後無得争競

一双意 四房 得 上边新做屋東边壹边 俱以楼上頂房
前边大门口餘地至大路
前边屋基餘地作四股均分異後無得争競
又 後边老屋南边楼上房一间 又 猪欄一间 又 前边菜园一角

咸丰元年所該曾天和兄本年指八千文本人将屋乚半

秋口镇沙城俞氏 1-13 · 道光八年 · 遗嘱 · 高鉴

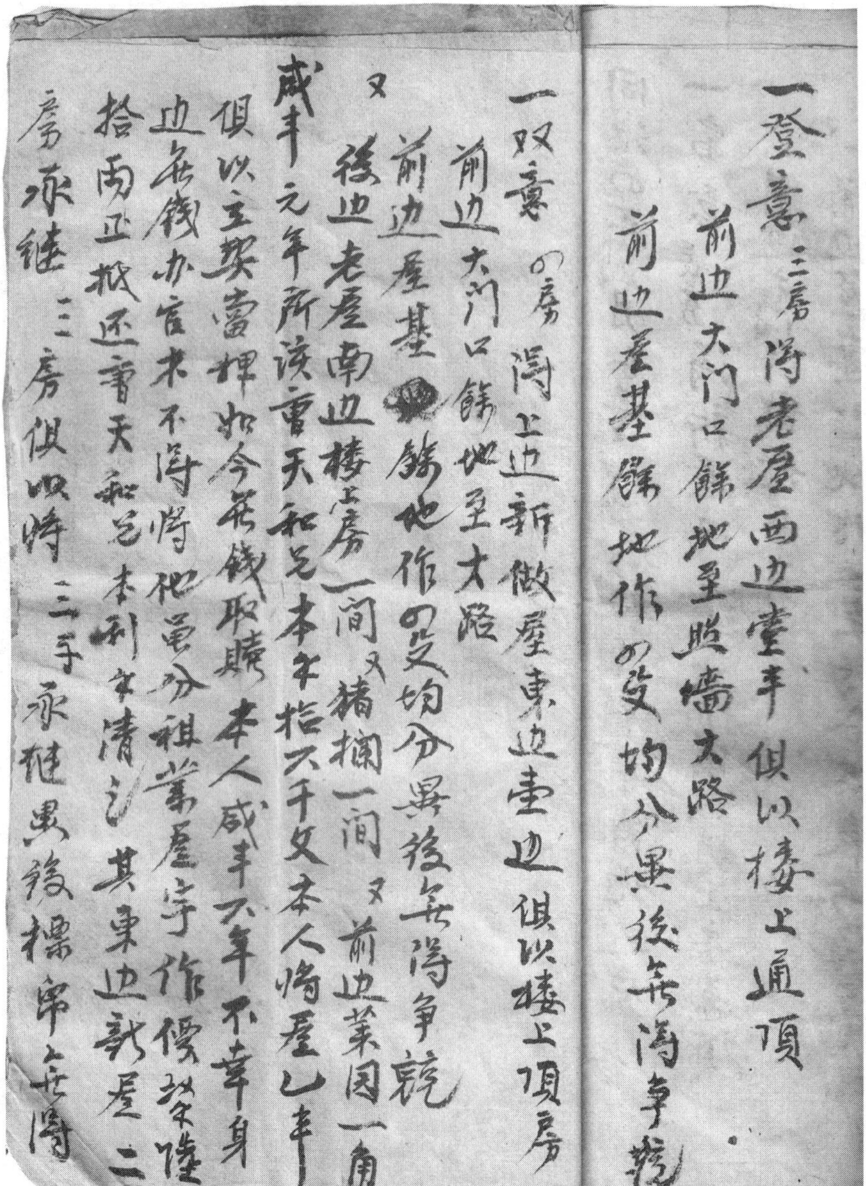

一登意 三房 得老屋西边堂半 俱以楼上通頂
前边大门口餘地至照墙大路
前边屋基餘地作四支均分異後毋得争競
一双意 四房 得上边新做屋東边圭边 俱以楼上頂房
前边大门口餘地至大路
前边屋基餘地作四支均分異後毋得争競
又 後边老屋南边楼上房一间 又 猪擱一间 又 前边菜园一角
咸丰元年所該曾天和兄本年指八千文本人借屋乙半
俱以立契當裡如今花钱取贖本人咸丰六年不幸身
边花钱亦宜本不得得租息分祖業屋守作僕收隆
拾两正抵还曾天和兄本利一清讫 其東边新屋二
房承继 三房俱以将 二手承继思發標帘上世得

秋口镇沙城俞氏 1-14 · 道光八年 · 遗嘱 · 高鉴

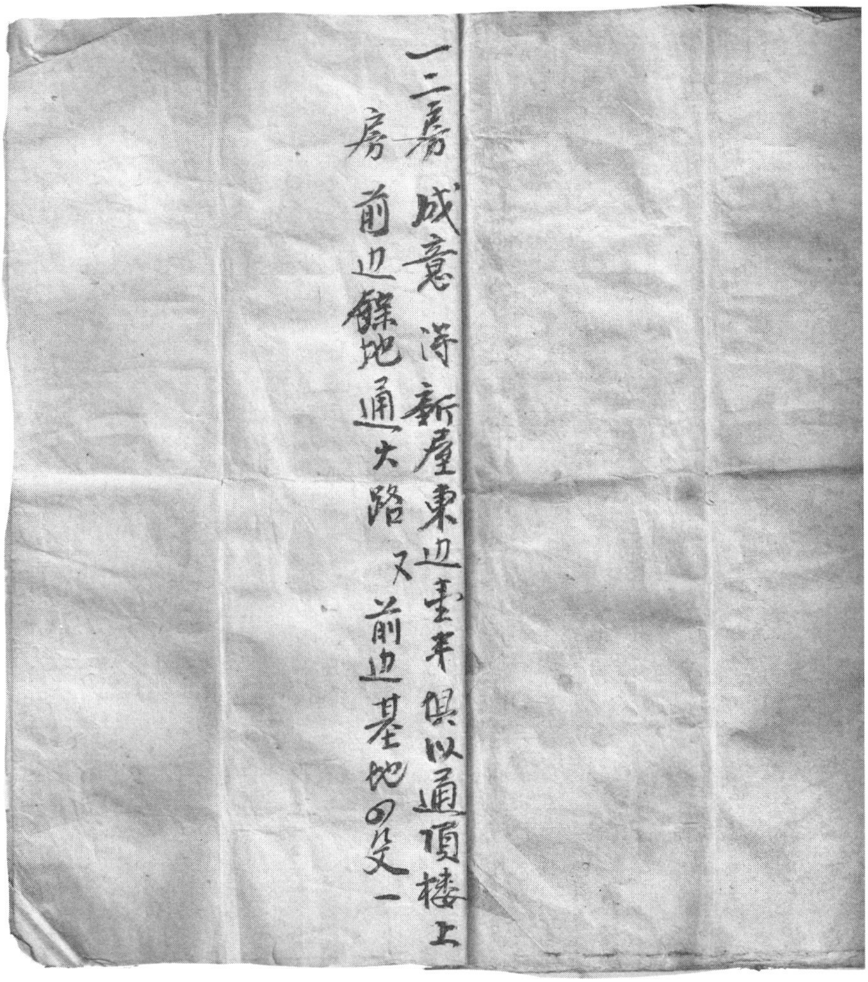

一二房成意得新屋東边壹半俱以通頂楼上
房前边餘地通大路又前边基地四只一

秋口镇沙城俞氏 1-15 · 道光八年 · 遗嘱 · 高鉴

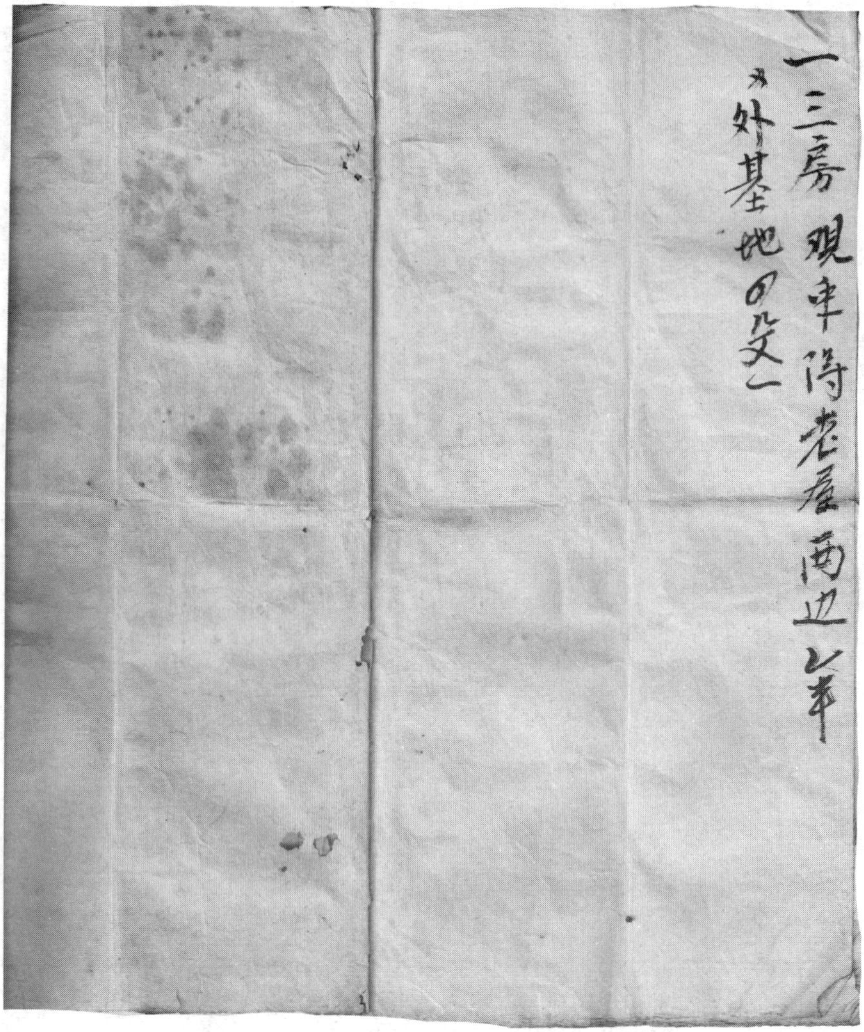

一三房现幸得老屋两边之半

又外基地四分之一

秋口镇沙城俞氏 1-16 · 道光八年 · 遗嘱 · 高鉴

立後聞古人說根傳娶妻許氏可生四子長曰廷
保次曰廷祖三曰廷志四曰廷高四人是吾親以教
讀婚娶長大成人吾身老邁近來人心不古世
事如其勉強同居尤恐反生嫌隙是身與諸
宗族房長將身承祖遺得田園產業基地
屋宇及新置田園產業又及田傍樹木苗竹

秋口镇沙城俞氏 4-1 · 道光十二年 · 分关文书 · 江廷保、廷祖、廷志、廷高

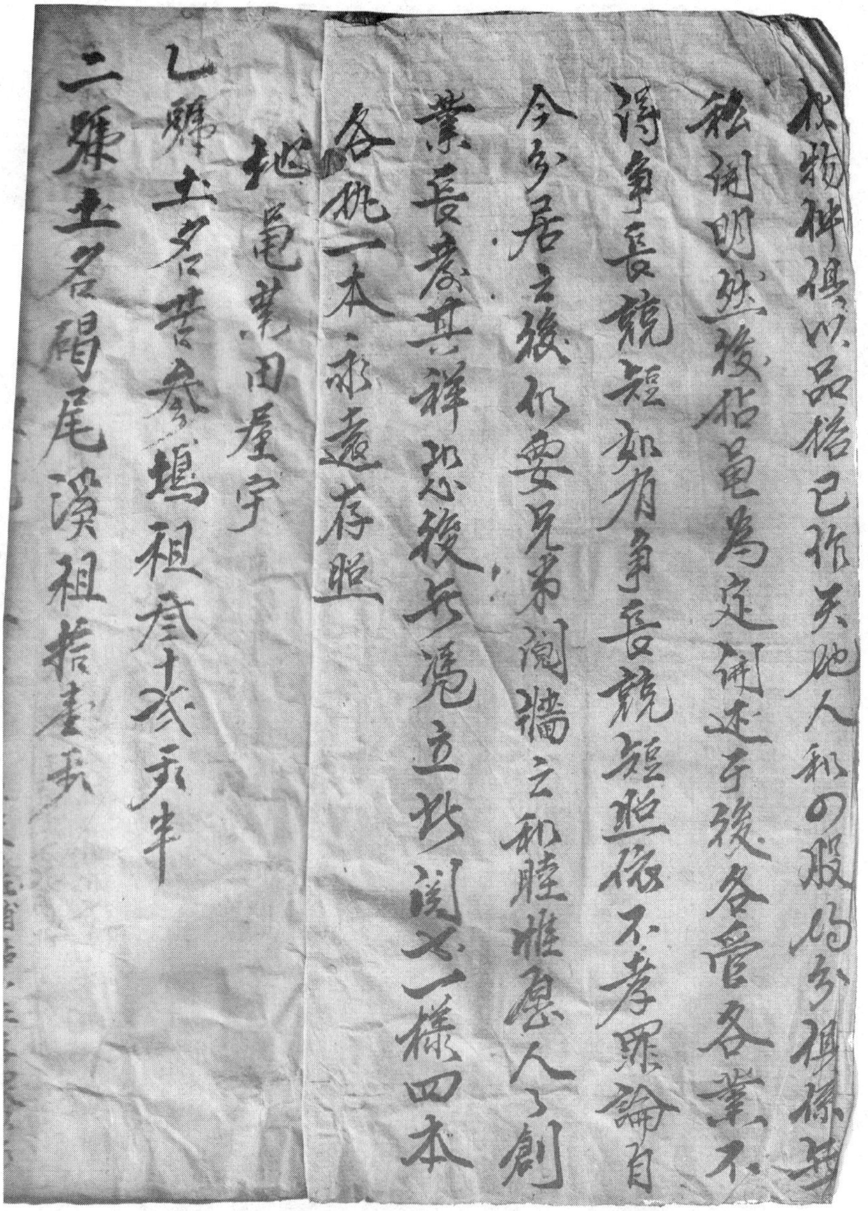

將物件俱以品搭，已作天地人和四股，仍分鬮標書
拈鬮明白，然後佔鬮為定，開述于後，各管各業，不
得爭長競短，如有爭長競短，照依不孝罪論，自
今分居之後，仍要兄弟鬩牆之和睦，惟愿人人創
業，長發其祥。恐後無憑，立此鬮文一樣四本，
各執一本，永遠存照。
地基、田、屋宇
乙號：土名苦參塢，租叁十弍秤半
二號：土名碣尾溪，租拾叁秤

秋口镇沙城俞氏 4-2 · 道光十二年 · 分关文书 · 江廷保、廷祖、廷志、廷高

今分居之後，仍要兄弟閲墻之和睦，惟愿人人創
業昌發其祥，恐後無憑，立此阄文一樣四本
各執一本，永遠存照

地邑業田屋宇

乙號土名苦參塢租叁十弍秤半
二號土名碣尾溪租拾壹秤
三號土名木杷坑口租壹秤　不交上坵補貼下坵存衆以作　餘坦の人均做仁義公清明
四號土名木杷坑租拾叁斤　歸長孫
其茴竹邑苦參塢陰培魚塘背

秋口镇沙城俞氏 4-3 · 道光十二年 · 分关文书 · 江廷保、廷祖、廷志、廷高

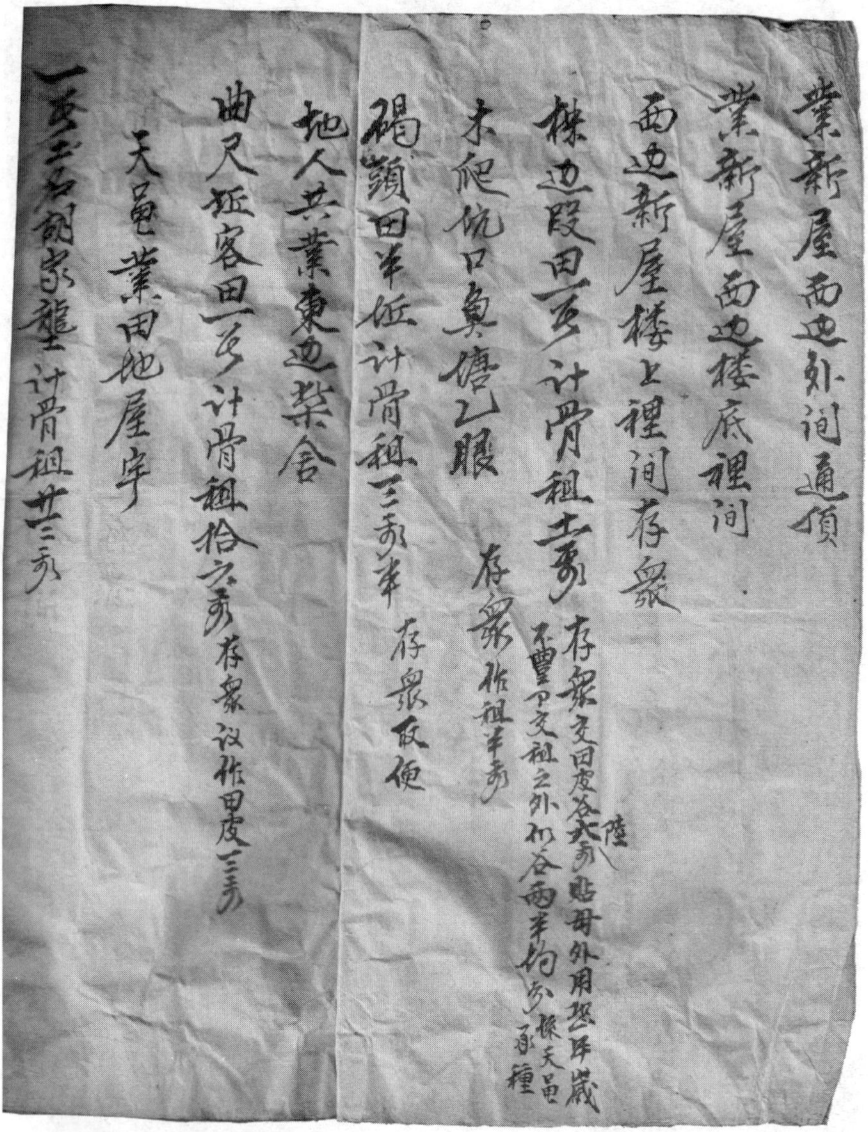

業新屋西边外间通頂
業新屋西边楼底裡间
西边新屋楼上裡间存衆
棣边段田一丘计骨租十二秤 存衆交田皮谷六（陆）秤贴母外用照年歲不豐卫交租之外加谷两斗均分 保天邑承種
末爬坑口真德山腹 存衆作租半秤
碣頭田半坵计骨租三秤半 存衆取便
地人共業東边柴舍
曲尺坵客田一丘计骨租拾六秤 存衆议作田皮一三秤
天邑 業田地屋宇
一丘土名蔡家壟计骨租廿三秤

秋口镇沙城俞氏 4-4 · 道光十二年 · 分关文书 · 江廷保、廷祖、廷志、廷高

未爬坑口與唐山眼 [illegible]

碣頭田半坵計骨租三秤半　存衆取便

地人共業東边柴舍

曲尺坵客田一号計骨租拾六秤　存衆议作田皮三秤

天邑業田地屋宇

一号土名胡家壠計骨租廿三秤

二号土名深湖裡計骨租拾玖秤

三号土名早禾田坵計骨租伍拾六觔　貼長子

秋口镇沙城俞氏 4-5 · 道光十二年 · 分关文书 · 江廷保、廷祖、廷志、廷高

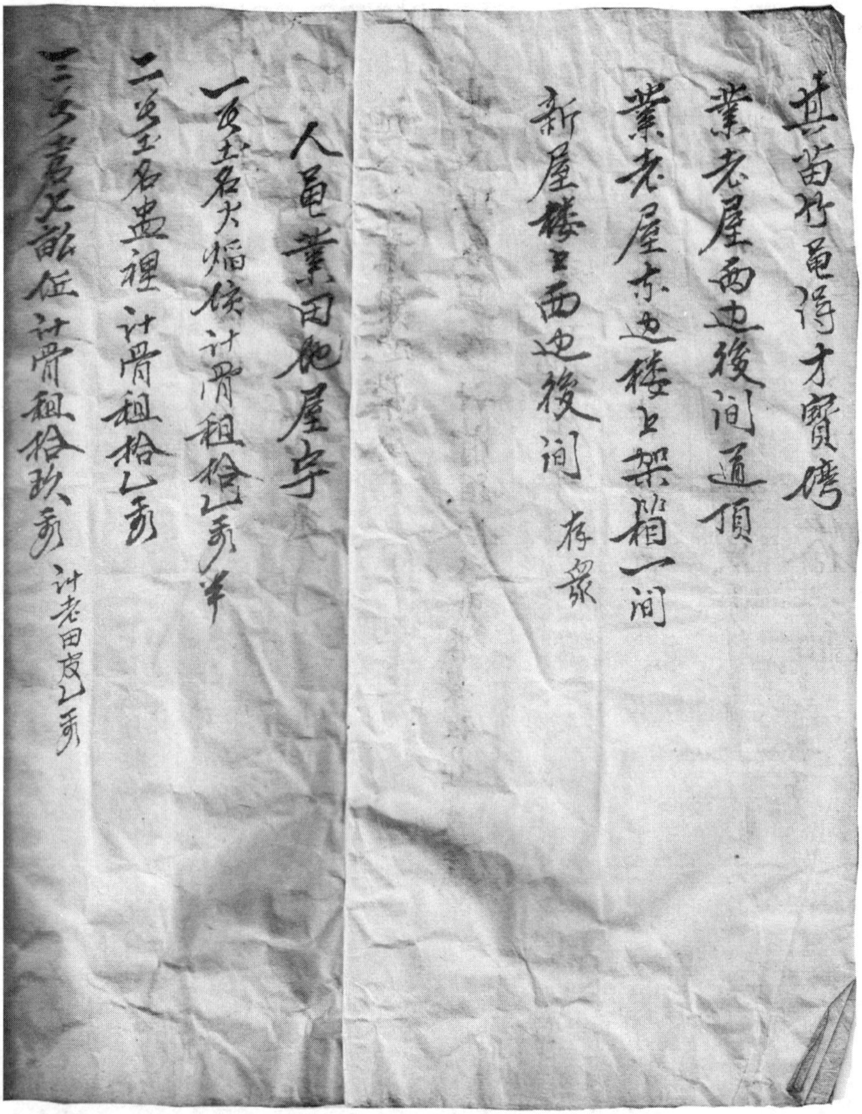
其由竹邑得才寶傳
業老屋西边後间通頂
業老屋东边楼上架棚一间
新屋楼上西边後间　存众
人邑業田地屋宇
一处土名大塢埃　计骨租拾乙秤半
二处土名黄裡　计骨租拾乙秤
三处土名上龍征　计骨租拾玖秤　计老田皮乙秤

秋口镇沙城俞氏 4-6 · 道光十二年 · 分关文书 · 江廷保、廷祖、廷志、廷高

人邑業田地屋宇

一处土名大熘侯　計骨租拾弍秤半

二处土名蛊裡　計骨租拾弍秤

三处老虎龍位　計骨租拾玖秤　計老田皮弍秤

其苗竹邑得横塢裡

業老屋東邊樓上後間

秋口镇沙城俞氏 4-7 · 道光十二年 · 分关文书 · 江廷保、廷祖、廷志、廷高

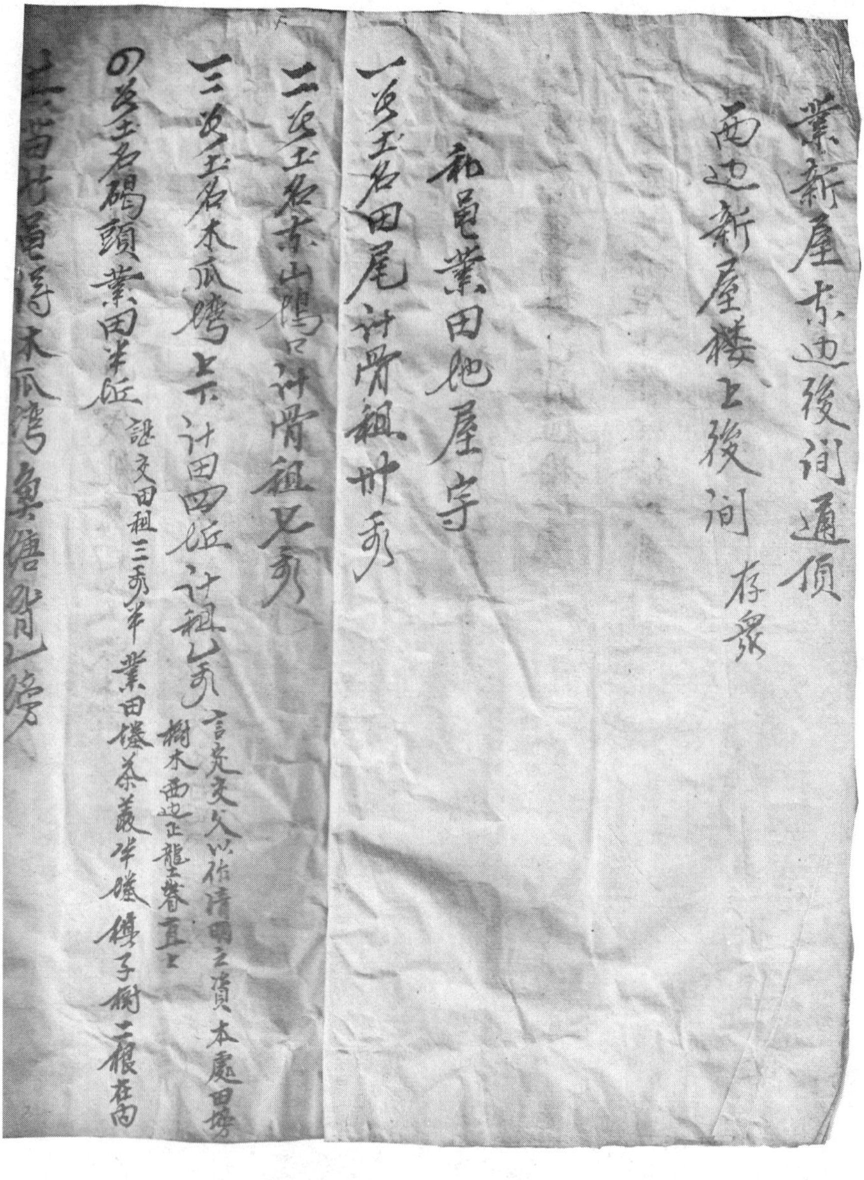

秋口镇沙城俞氏 4-8 · 道光十二年 · 分关文书 · 江廷保、廷祖、廷志、廷高

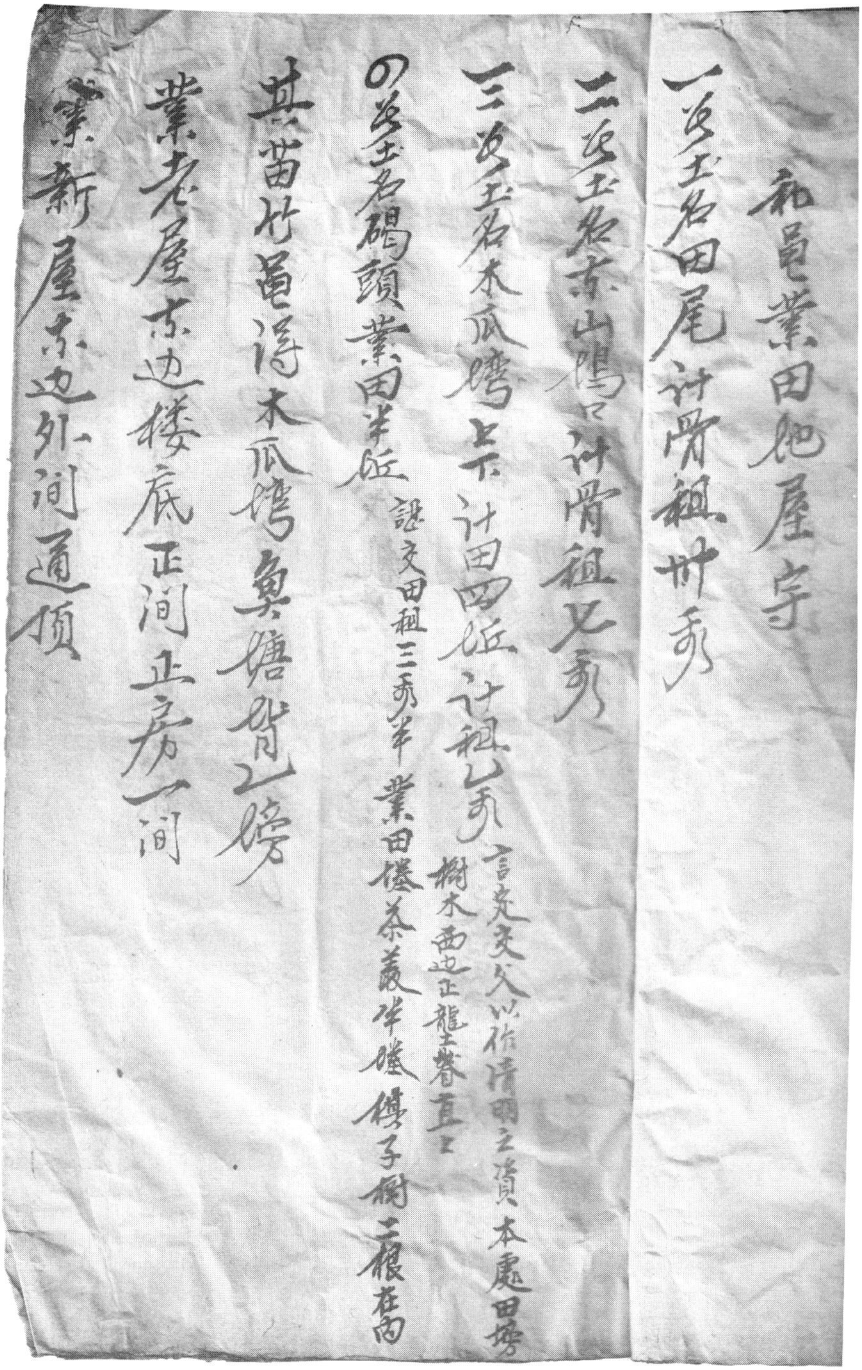
祀會業田地屋宇
一處土名田尾計骨租廿秤
二處土名東山嘴口計骨租七秤
三處土名木瓜塆上下計田四坵計租山秤 言定交父以作清明之資 本處田塝樹木西边正龍香直上
四處土名碣頭業田半坵 誤交田租三秤半 業田塝茶叢半塝 樟子樹一根在內
其苗竹邑得木瓜塆魚塘背山塝
業老屋東边樓底正间正房一间
業新屋東边外间通項

秋口镇沙城俞氏 4-9 · 道光十二年 · 分关文书 · 江廷保、廷祖、廷志、廷高

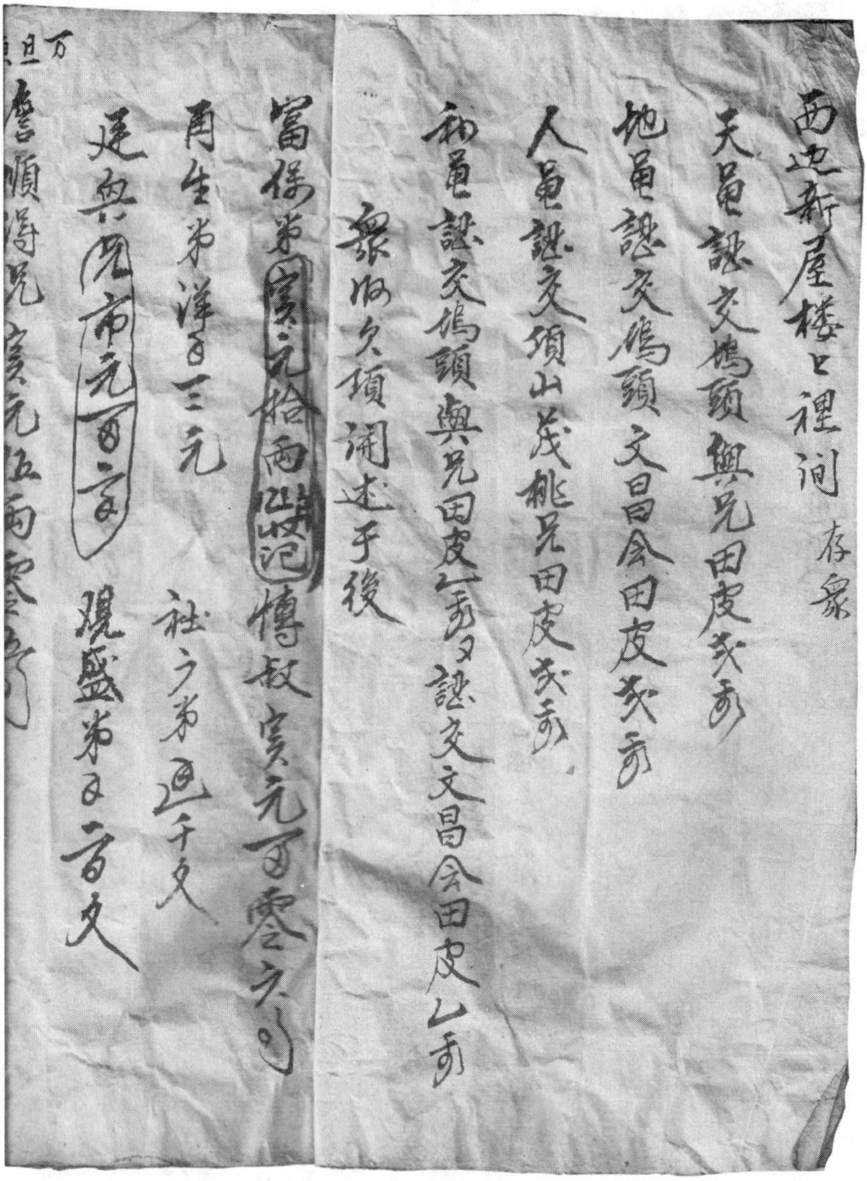

西边新屋楼上裡间　存衆
天阄號交鸠頭與兄田皮弍分
地阄號交鸠頭文昌会田皮弍分
人阄號交項山茂桃兄田皮弍分
和阄號交鸠頭與兄田皮山分又號交文昌会田皮山分
衆收欠項開述于後
富保弟实元拾两　博叔实元百零六兩
再生弟洋五三元　社六弟匡千文
廷與兄市元百文　观盛弟五百文
磨顺得兄实元伍两零分

秋口镇沙城俞氏 4-10 · 道光十二年 · 分关文书 · 江廷保、廷祖、廷志、廷高

和邑謝交鴿頭與兄田皮乙秤　謝交文昌會田皮山秤

衆將欠項開述于後

富保弟實元拾兩收訖　傳叔實元一兩零六分

再生弟洋錢三元　社六弟通千文

廷興兄市元一兩六錢　現盛弟錢二百文

詹順得兄實元伍兩零五分

万旦源項山石

詹九斤兄實元一兩六錢五分

余曹行兄市元七兩　下陳古宋帝親家實元二兩五錢六分

秋口镇沙城俞氏 4-11 · 道光十二年 · 分关文书 · 江廷保、廷祖、廷志、廷高

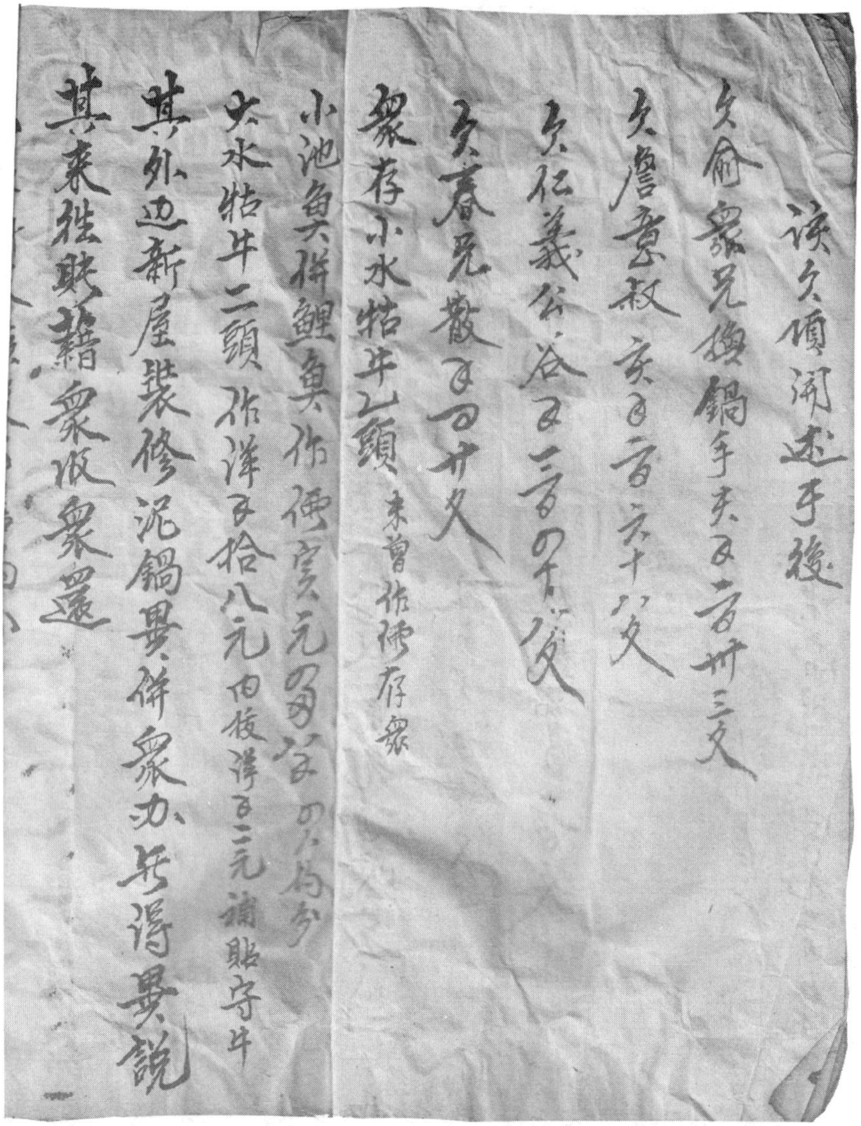

該欠項開述于後
欠俞衆兄換鍋手夫錢一百卅三文
欠詹意叔亥錢百六十八文
欠仁義公谷錢二百四十八文
欠春兄散錢百廿文
衆存小水牯牛一頭 未曾作價存衆
小池魚並鯉魚作價英元四[illegible]四元為多
大水牯牛二頭作洋錢拾八元內技洋錢二元請貼守牛
其外邊新屋裝修泥鍋異並衆辦無得異說
其來往賬籍衆收衆還

秋口镇沙城俞氏 4-12 · 道光十二年 · 分关文书 · 江廷保、廷祖、廷志、廷高

交春兄嫂手乃廿文

衆存小水牯牛乙頭　未曾作價存衆

小池魚併鯉魚作價實元四分四八均分

大水牯牛二頭作洋乛拾八元内拔洋乛二元補貼守牛

其外边新屋裝修泥鍋異併衆劝無得異說

其來往賬籍衆收衆還

所存料板候後出售均分

秋口镇沙城俞氏 4-13 · 道光十二年 · 分关文书 · 江廷保、廷祖、廷志、廷高

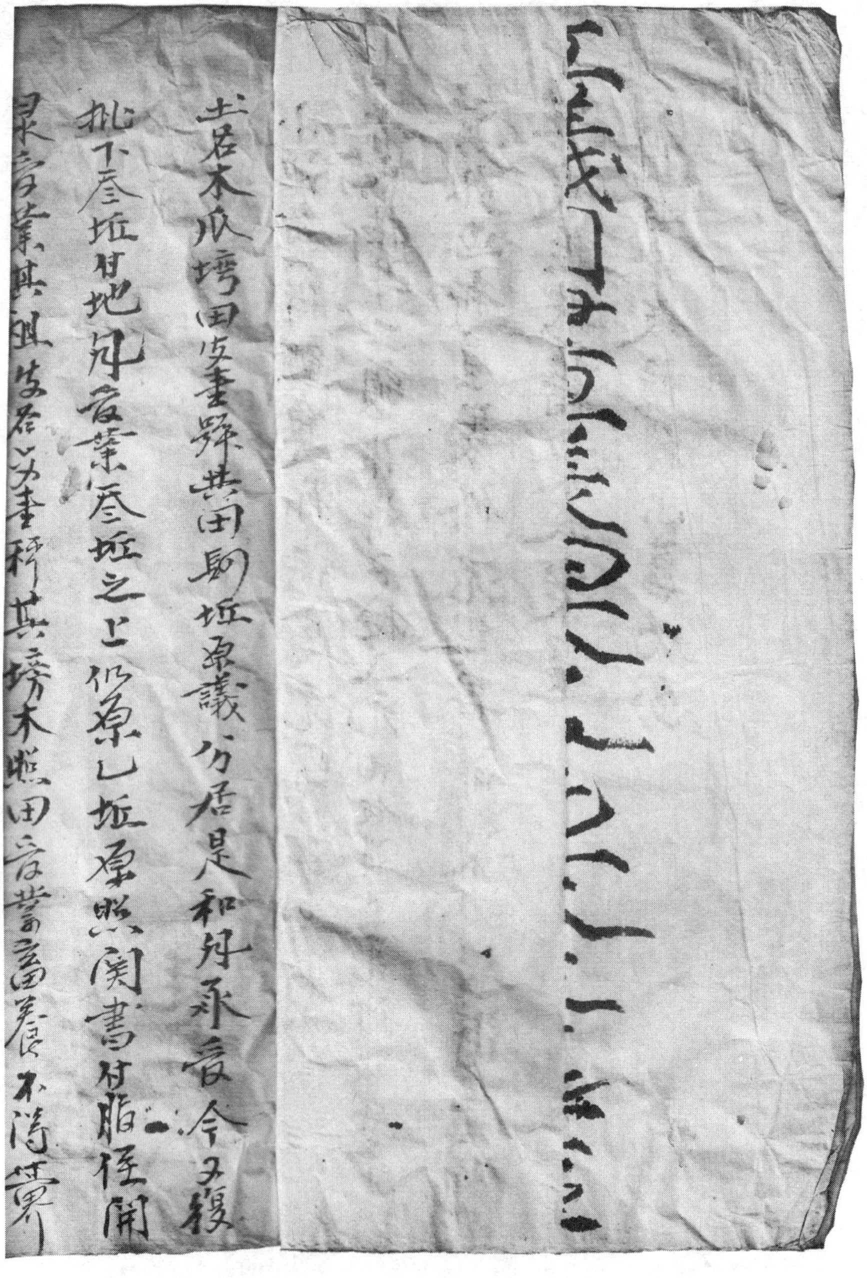

秋口镇沙城俞氏 4-14 · 道光十二年 · 分关文书 · 江廷保、廷祖、廷志、廷高

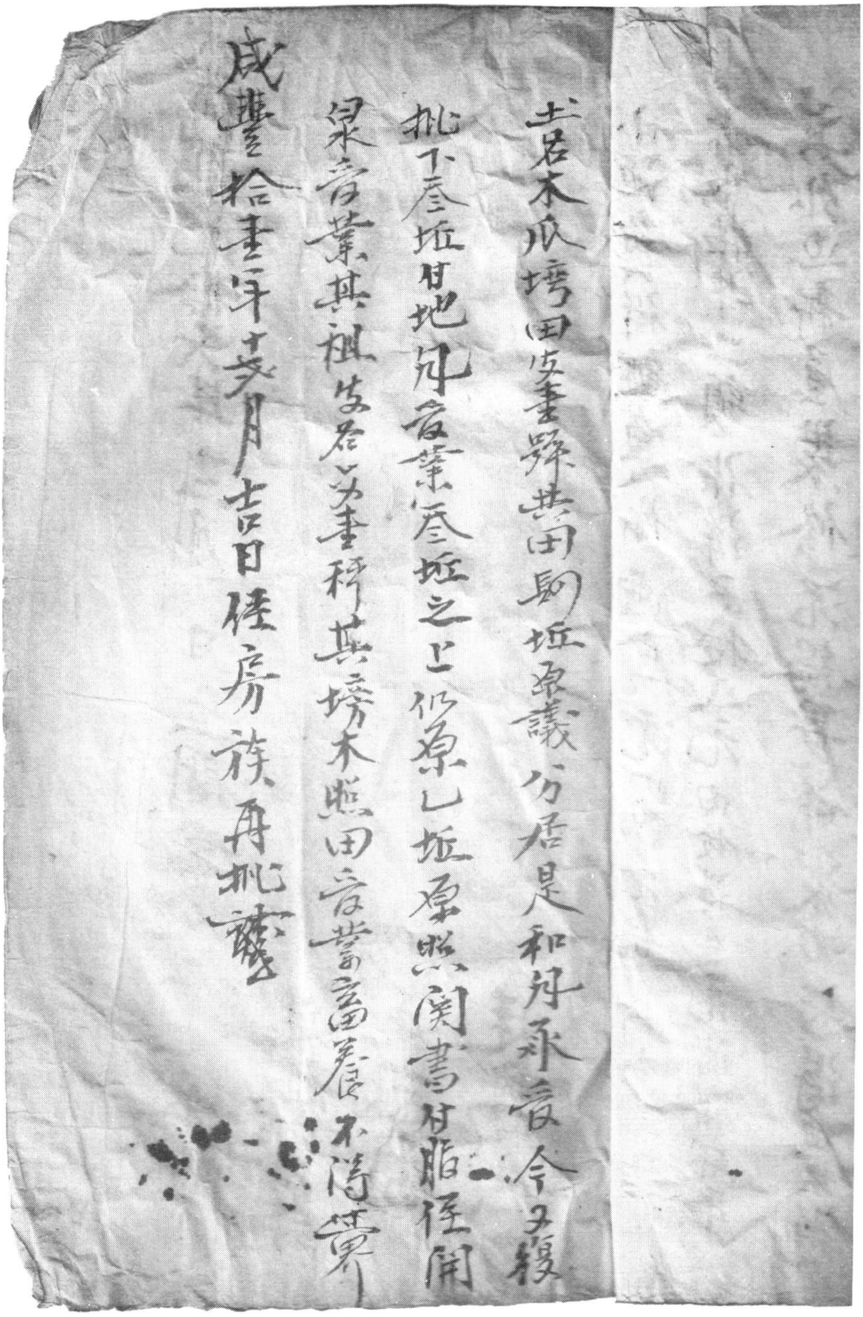
土名木瓜塆田皮壹號共田贰坵眾議分居是和丹承賣令子稷
批下叁坵其地丹賣業叁坵之上仍原山坵原照関書付與侄開
泉賣業其祖先居山壹穴其塆木照田賣業當蓄養不得砍
咸豐拾壹年十一月吉日侄房族再批識

秋口镇沙城俞氏 4-15 · 道光十二年 · 分关文书 · 江廷保、廷祖、廷志、廷高

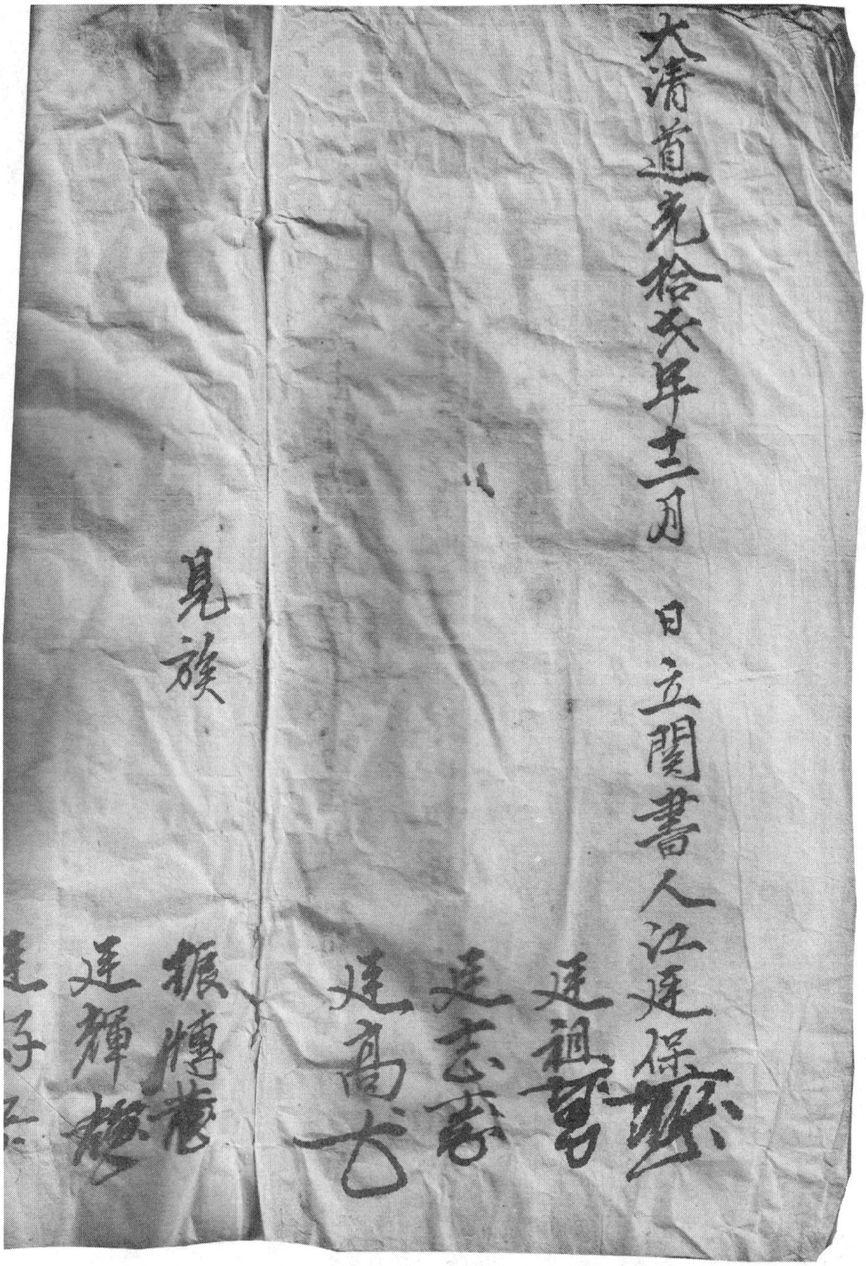
大清道光拾貳年十二月 日立閹書人江廷保（押）
廷祖（押）
廷志（押）
廷高（押）
見族 振傳（押）
廷輝（押）
廷子[illegible]

秋口镇沙城俞氏 4-16 · 道光十二年 · 分关文书 · 江廷保、廷祖、廷志、廷高

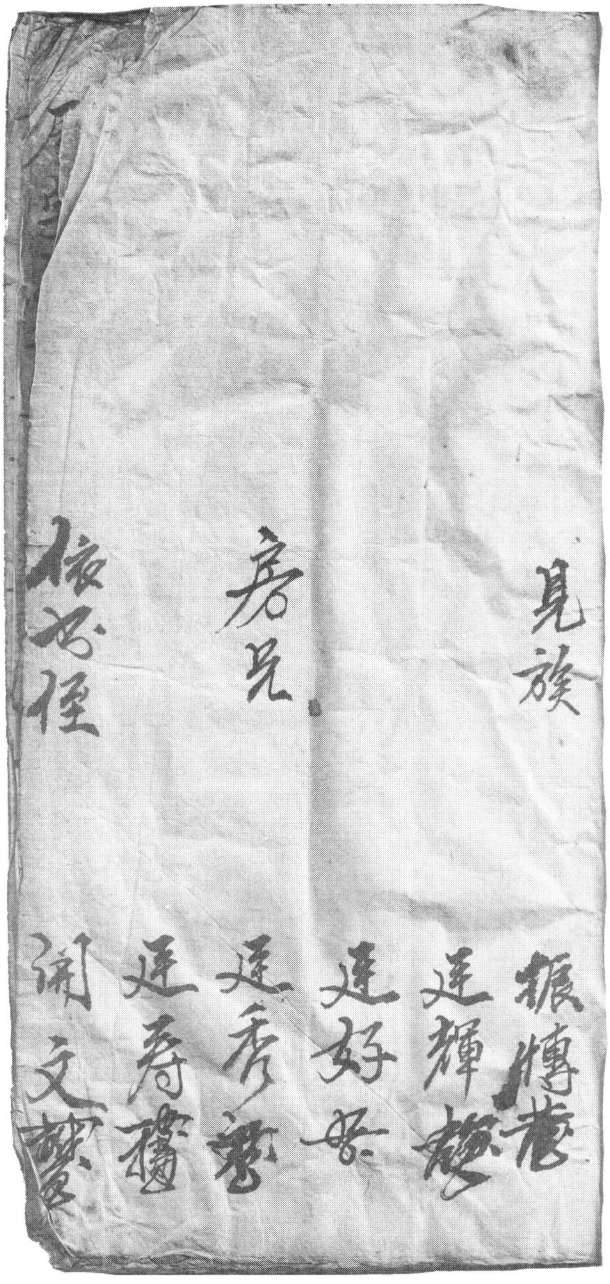

秋口镇沙城俞氏 4-17 · 道光十二年 · 分关文书 · 江廷保、廷祖、廷志、廷高

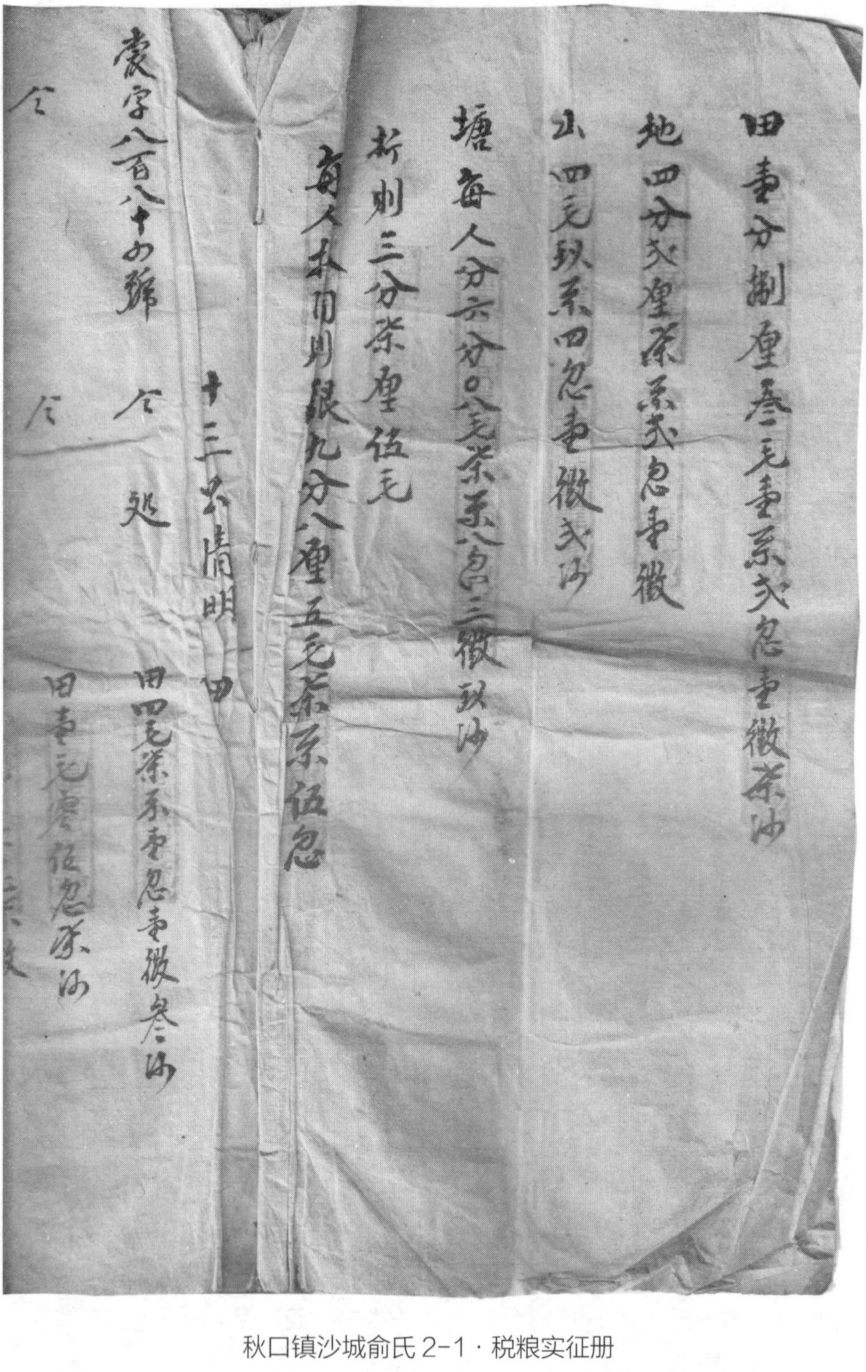
田壹分捌厘叁毛壹系弍忽壹微柒沙
地四分弍厘柒系弍忽壹微
山四毛玖系四忽壹微弍沙
塘每人分六分○八毛柒系八忽三微玖沙
折則三分柒厘伍毛
每人本用則銀九分八厘五毛柒系伍忽
十三日清明 田
農字八百八十九號 仝 處 田四毛柒系壹忽壹微叁沙
仝
仝 田壹毛零伍忽柒沙

秋口镇沙城俞氏 2-1 · 税粮实征册

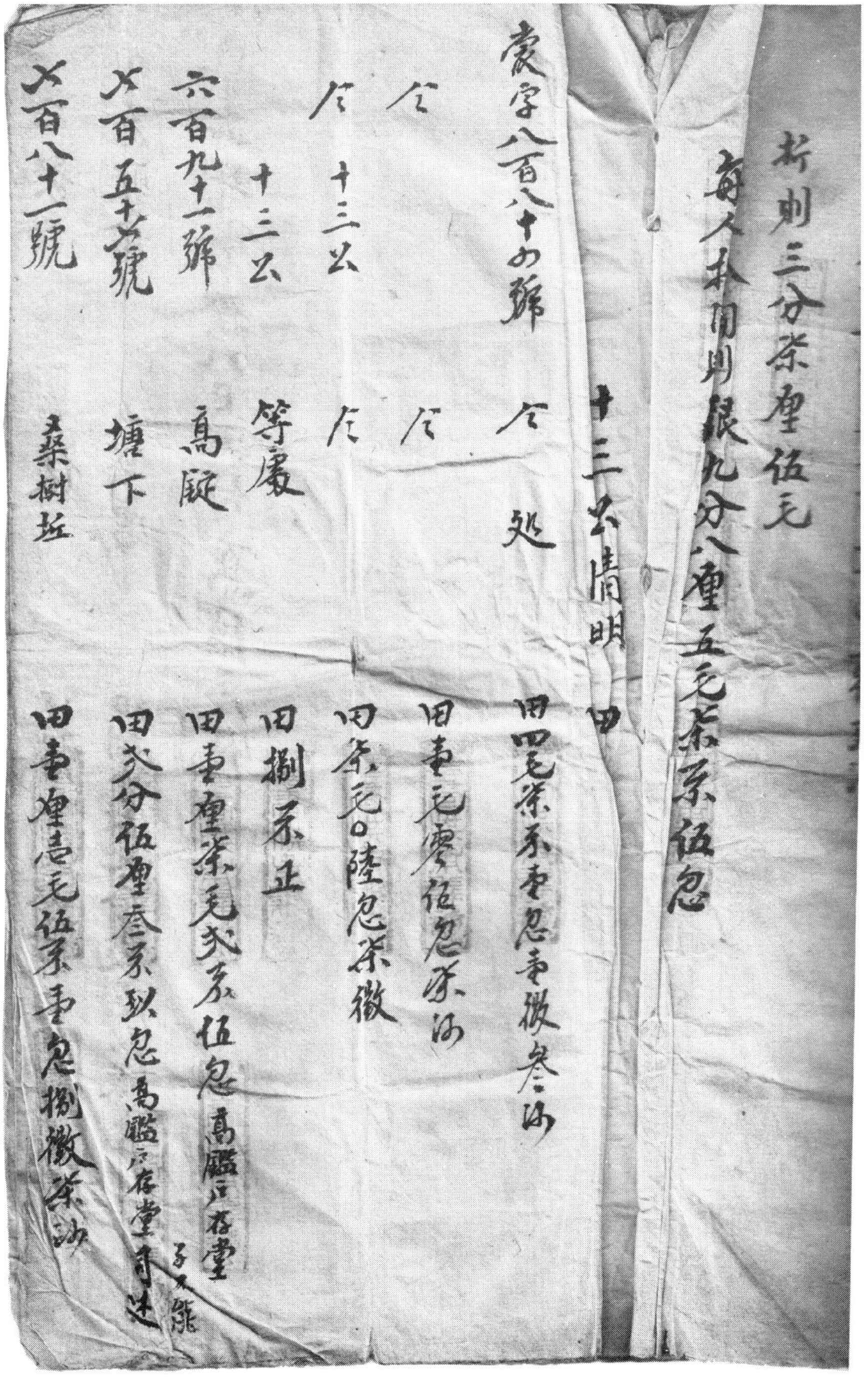
折則三分茶厘伍毛
每人扒佃則银九分八厘五毛柒系伍忽
十三公清明 田
處字八百八十四號 仝 處 田四毛柒系壹忽壹微叁沙
仝 十三公 仝 田壹毛零伍忽柒沙
仝 十三公 仝 田柒毛〇陸忽柒微
十三公 等處 田捌系正
六百九十一號 高碇 田壹厘柒毛玖系伍忽 高臨戶存堂
七百五十六號 塘下 田玖分伍厘叁系玖忽 高臨戶存堂
七百八十一號 桑樹丘 田壹厘壹毛伍系壹忽捌微柒沙

秋口镇沙城俞氏 2-2 · 税粮实征册

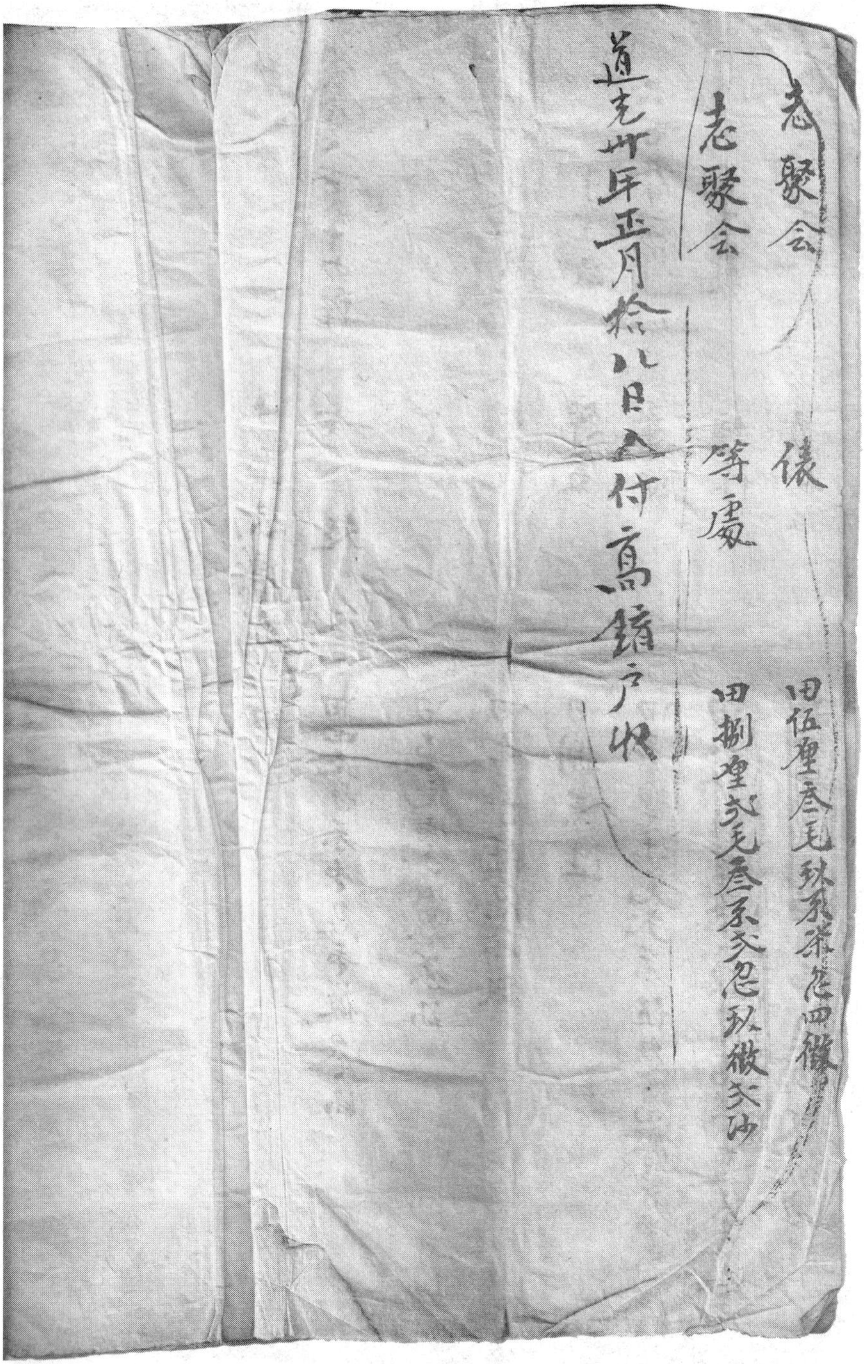

志聚会　仪　田伍亩叁毛玖系柒忽四微

志聚会　等处　田捌亩贰毛叁系叁忽玖微叁沙

道光廿年正月拾八日给付高锡户收

秋口镇沙城俞氏 2-3 · 税粮实征册

陶字號

一百八十七號 小港口坦 大 地陸系柒忽捌微伍沙

文虎公 仝 処 地弍系叁毛玖沙弍忽叁微

一百八十八號 大坦下截 地弍厘弍微捌忽柒沙

文虎公 仝 処 地壹系壹忽柒微伍沙

七百三十六號 小港口竹圍 元有仝 地壹毛弍系四微捌沙

文虎公 仝 処 地伍系壹忽弍微叁沙

七百三十九號 小港口 地壹厘弍毛壹系叁忽弍微伍沙

秋口镇沙城俞氏 2-4 · 税粮实征册

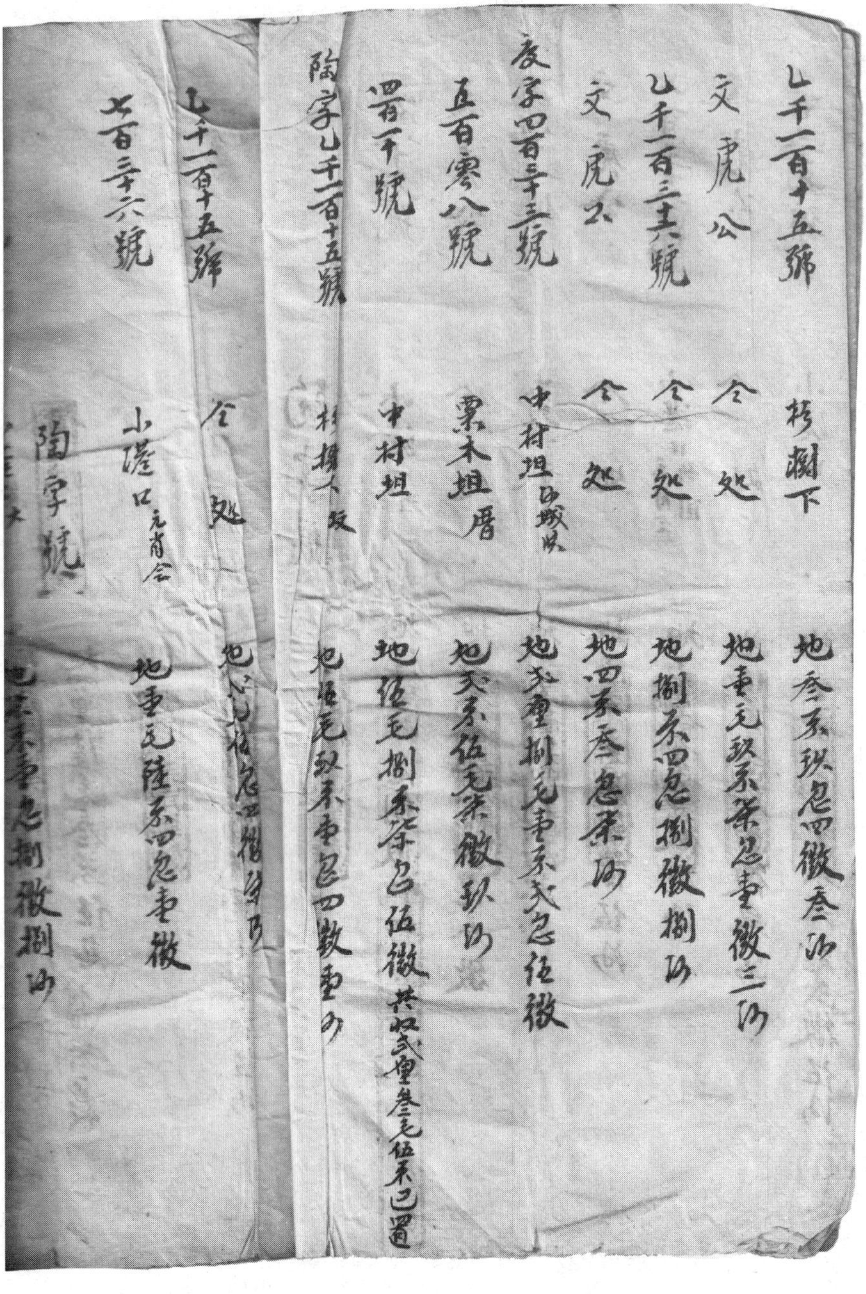

秋口镇沙城俞氏 2-5 · 税粮实征册

五百零八號　栗木坦　唐　地弍釐伍毛柒系微玖沙

四百十號　中村坦　地陸毛捌系柒忽伍微　共收弍釐叁毛伍系已置

陶字七千一百十五號　柯樹下坂　地陸毛玖系壹忽四微壹沙

七千一百十五號　仝處　地弍毛伍忽四微柒沙

七百三十六號　小港口元肯会　地壹毛陸系四忽壹微

陶字號

一百八十七號　小港口大坦　地柒系壹忽捌微捌沙

一百八十八號　小港口下截　地叁系柒忽叁微伍沙

度字四百零九號　中村坦侍墓　地弍釐壹毛玖系四忽柒微伍沙

仝　仝處　地柒毛伍系正

四百零十號　中村坦　地柒毛弍系壹忽捌微捌沙

秋口镇沙城俞氏 2-6 · 税粮实征册

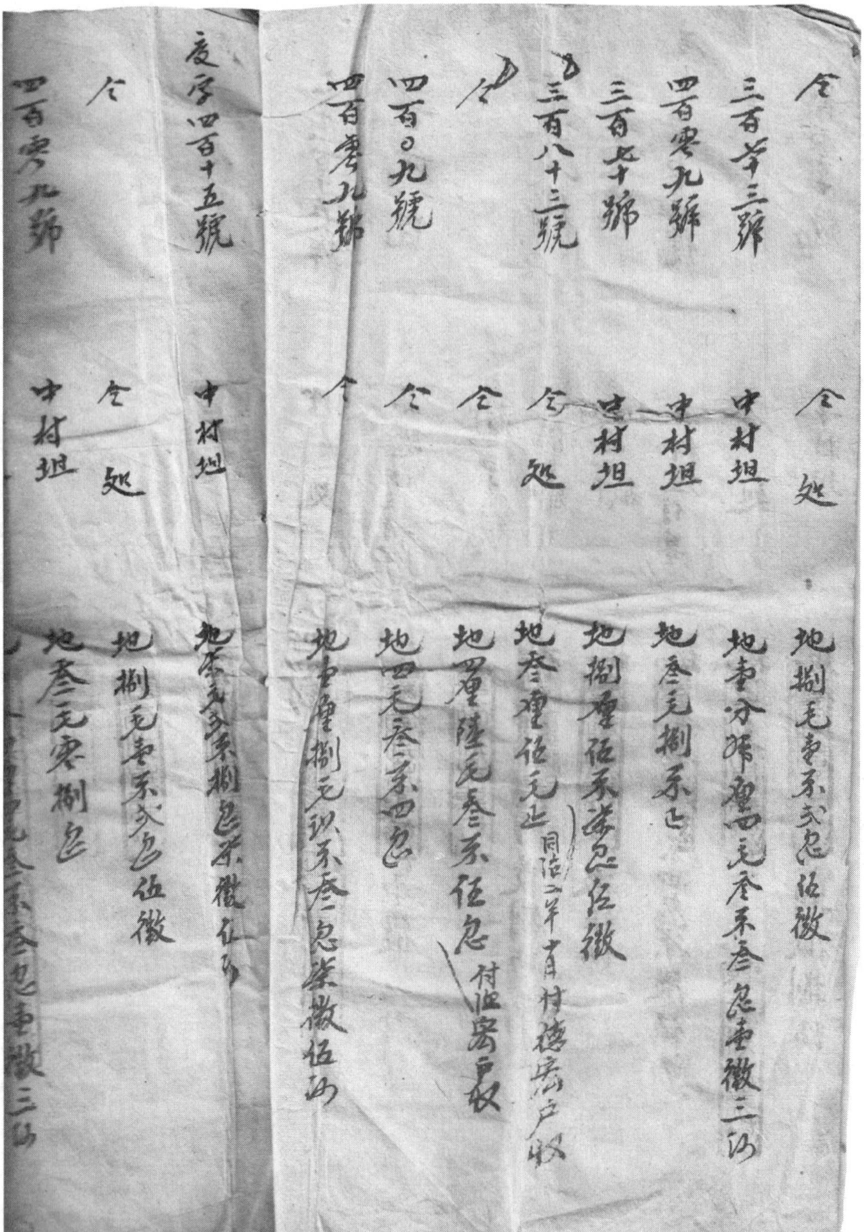

仝　仝處　地捌毛壹系弍忽伍微

三百廿三號　中村坦　地壹分肆厘四毛叁系叁忽壹微三沙

四百零九號　中村坦　地叁毛捌系已

三百七十號　中村坦　地捌厘伍系叁忽伍微

三百八十三號　仝處　地叁厘伍毛正　同治二年十月付德崇户收

仝　仝　地四厘陆毛叁系伍忽　付汝崇户收

四百〇九號　仝　地四毛叁系四忽

四百零九號　仝　地壹厘捌毛玖系叁忽柒微伍沙

废字四百十五號　中村坦　地叁毛弍系捌忽柒微伍沙

仝　仝處　地捌毛壹系弍忽伍微

四百零九號　中村坦　地叁毛零捌忽

……叁系叁忽壹微三沙

秋口镇沙城俞氏 2-7 · 税粮实征册

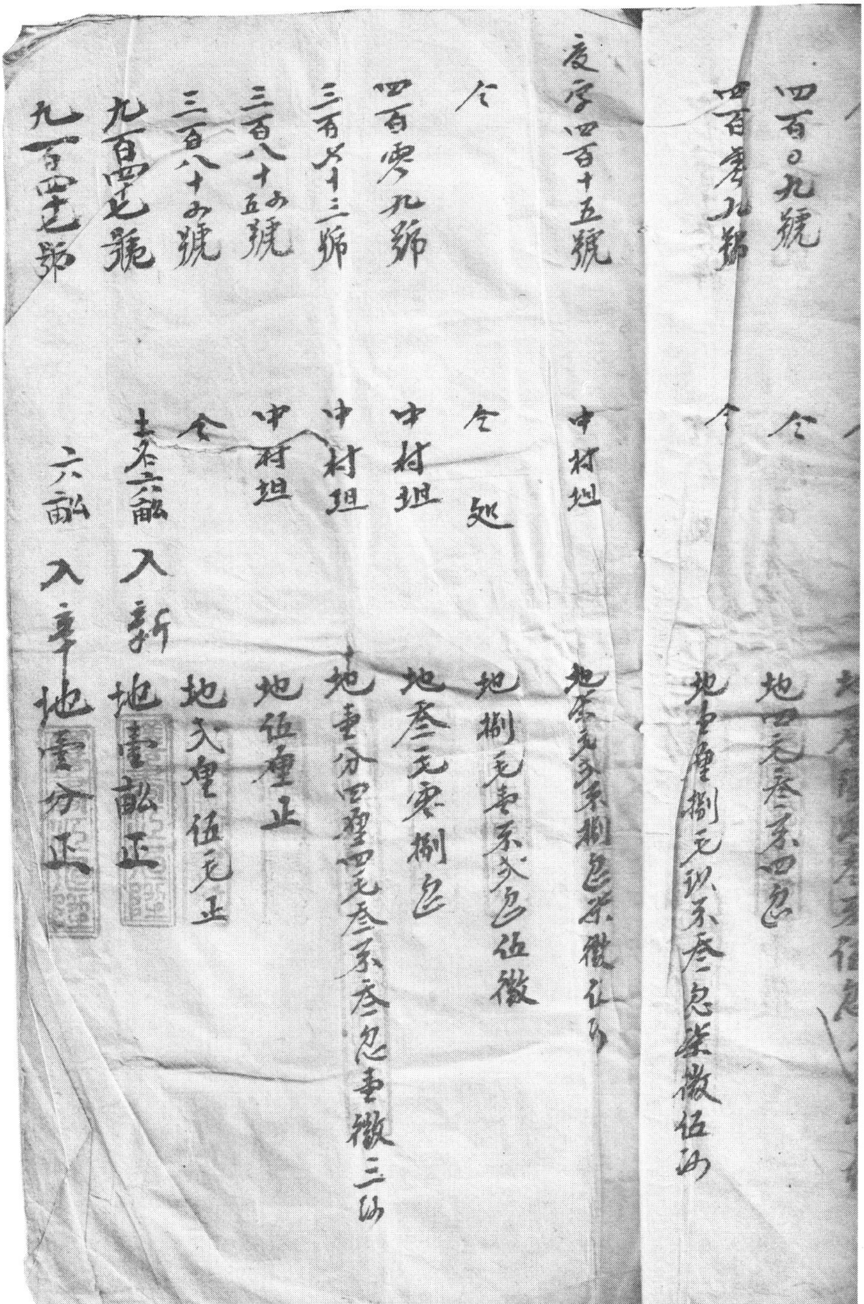

四百〇九號　仝　地四毛叁系四忽

四百零九號　仝　地壹厘捌毛玖系叁忽柒微伍沙

虞字四百十五號　中村坦　地叁毛弍系捌忽柒微伍沙

仝　処　地捌毛壹系弍忽伍微

四百零九號　中村坦　地叁毛零捌忽

三百六十三號　中村坦　地壹分四厘四毛叁系叁忽壹微三沙

三百八十五號　中村坦　地伍厘正

三百八十四號　仝　地弍厘伍毛正

九百四十七號　土名六畝　入新　地壹畝正

九百四十七號　六畝　入辛　地壹分正

秋口镇沙城俞氏 2-8 · 税粮实征册

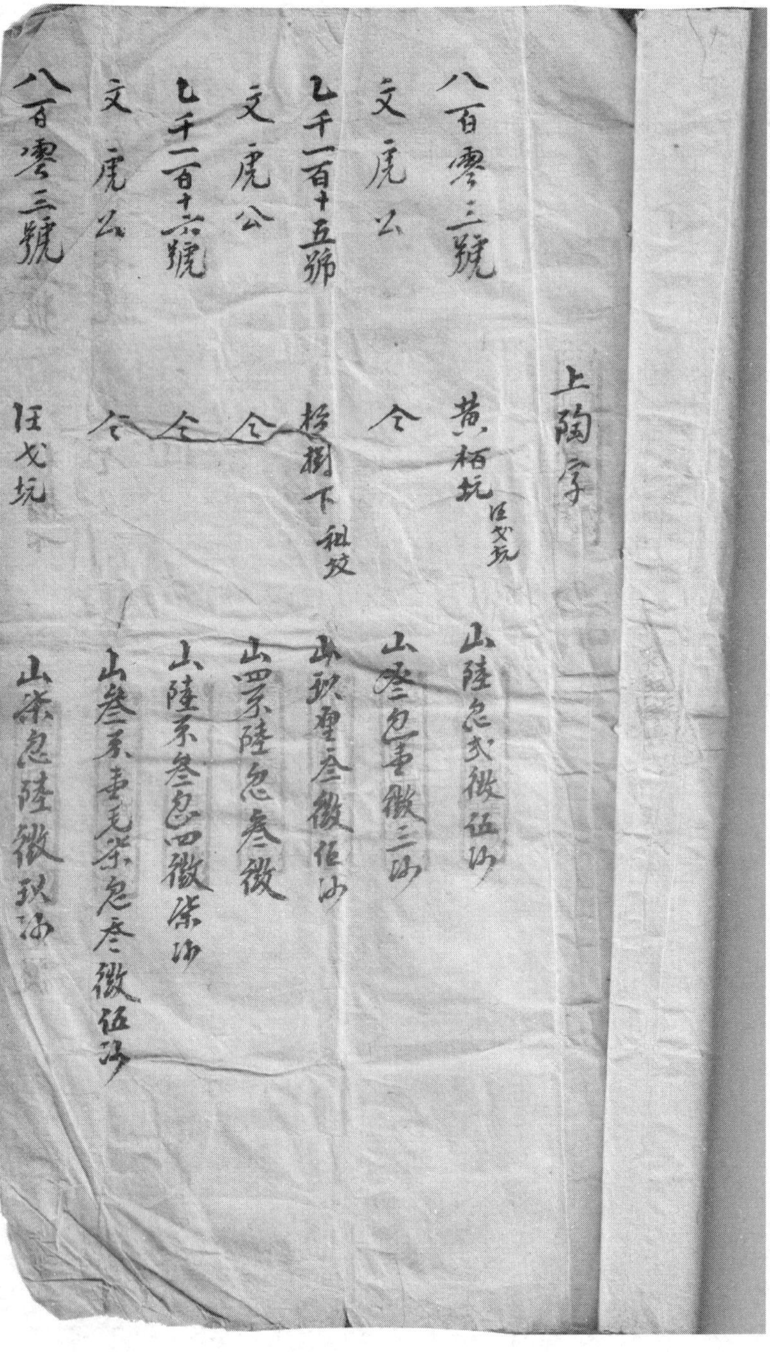

上陶字

八百零三號　黄栢坑　汪戈坑　山陸忽弍微伍沙

文虎公　仝　山叁忽壹微三沙

乙千一百十五號　桵樹下　和坟　山玖忽叁微伍沙

文虎公　仝　山四系陸忽叁微

乙千一百十六號　仝　山陸系叁忽四微柒沙

文虎公　仝　山叁系壹毛柒忽叁微伍沙

八百零三號　汪戈坑　山柒忽陸微玖沙

秋口镇沙城俞氏 2-9 · 税粮实征册

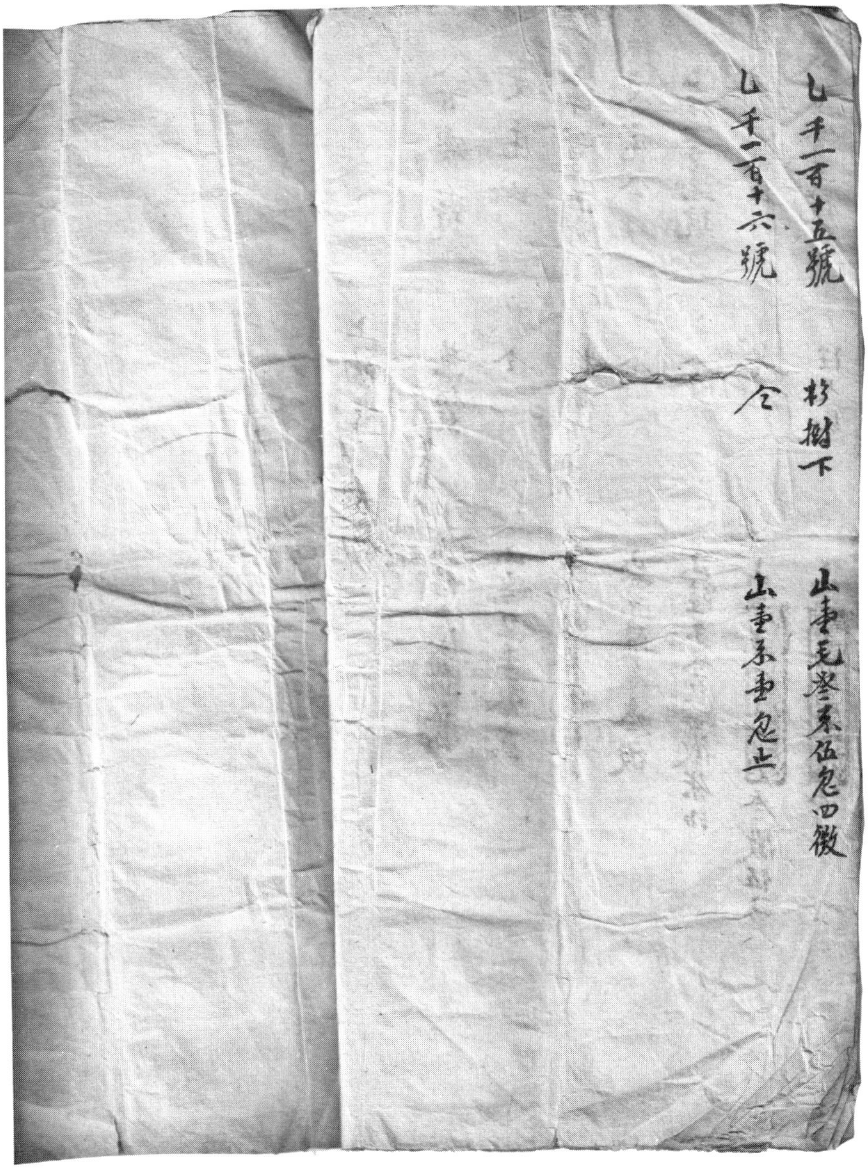
乙千一百十五號　杉樹下　山壹毛叁系伍忽四微
乙千一百十六號　仝　山壹系壹忽止

秋口镇沙城俞氏 2-10 · 税粮实征册

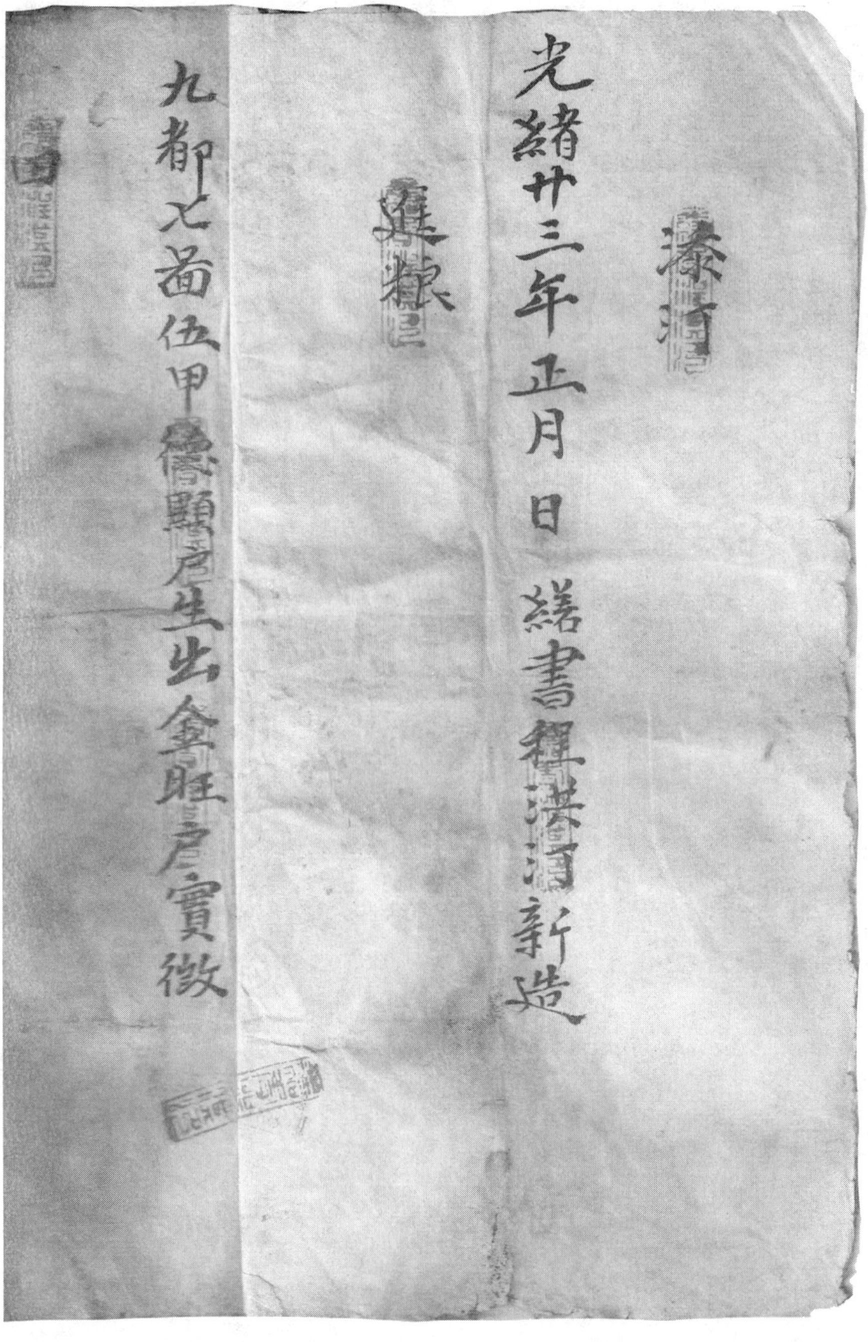
漆河
光緒廿三年正月日繕書程洪河新造
進糧
九都七啚伍甲德顯戶生出金旺戶實徵

秋口镇沙城俞氏 5-1 · 光绪二十三年 · 税粮实征册 · 德显户生出金旺户

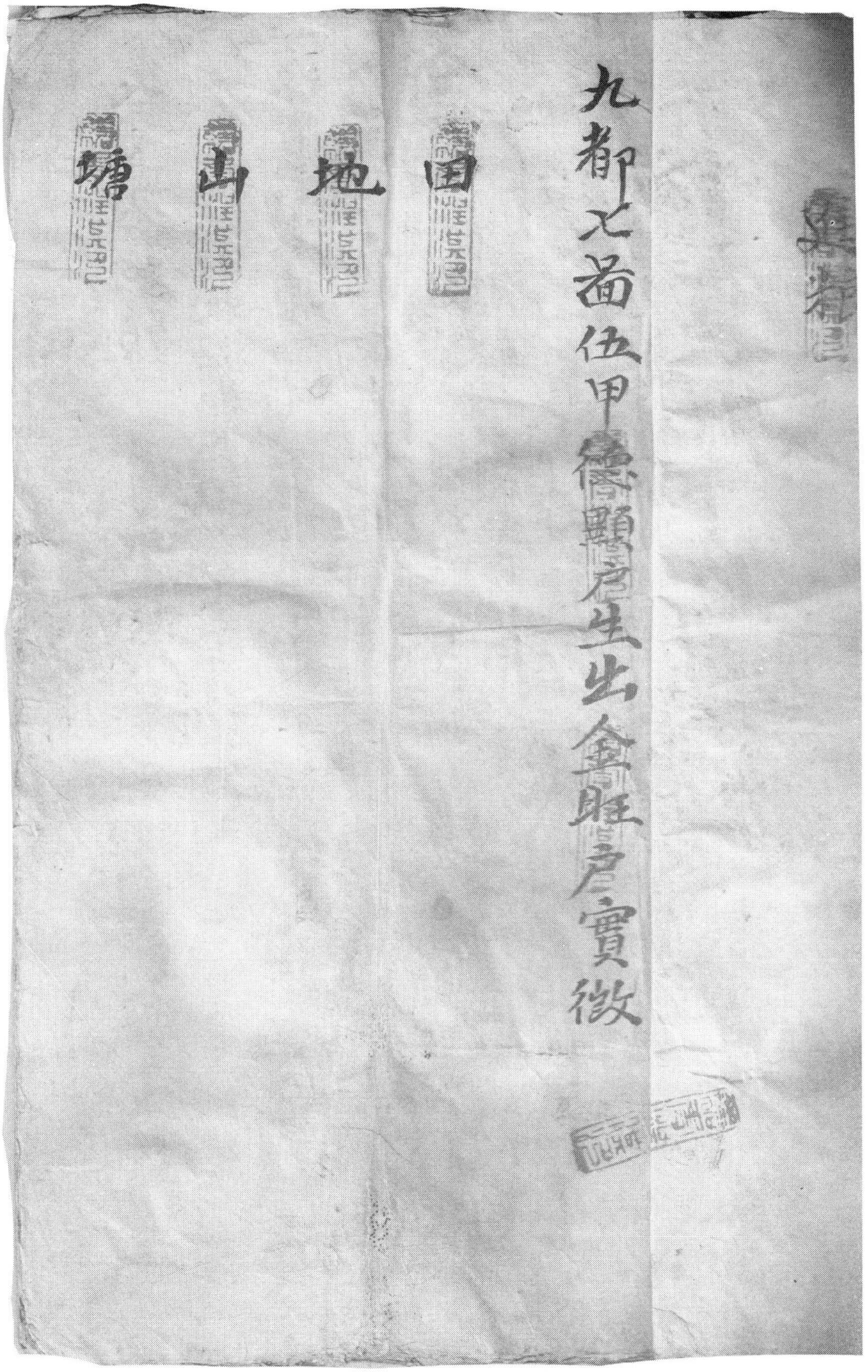
九都七啚伍甲德顯户生出金旺户實徵

田　地　山　塘

秋口镇沙城俞氏 5-2 · 光绪二十三年 · 税粮实征册 · 德显户生出金旺户

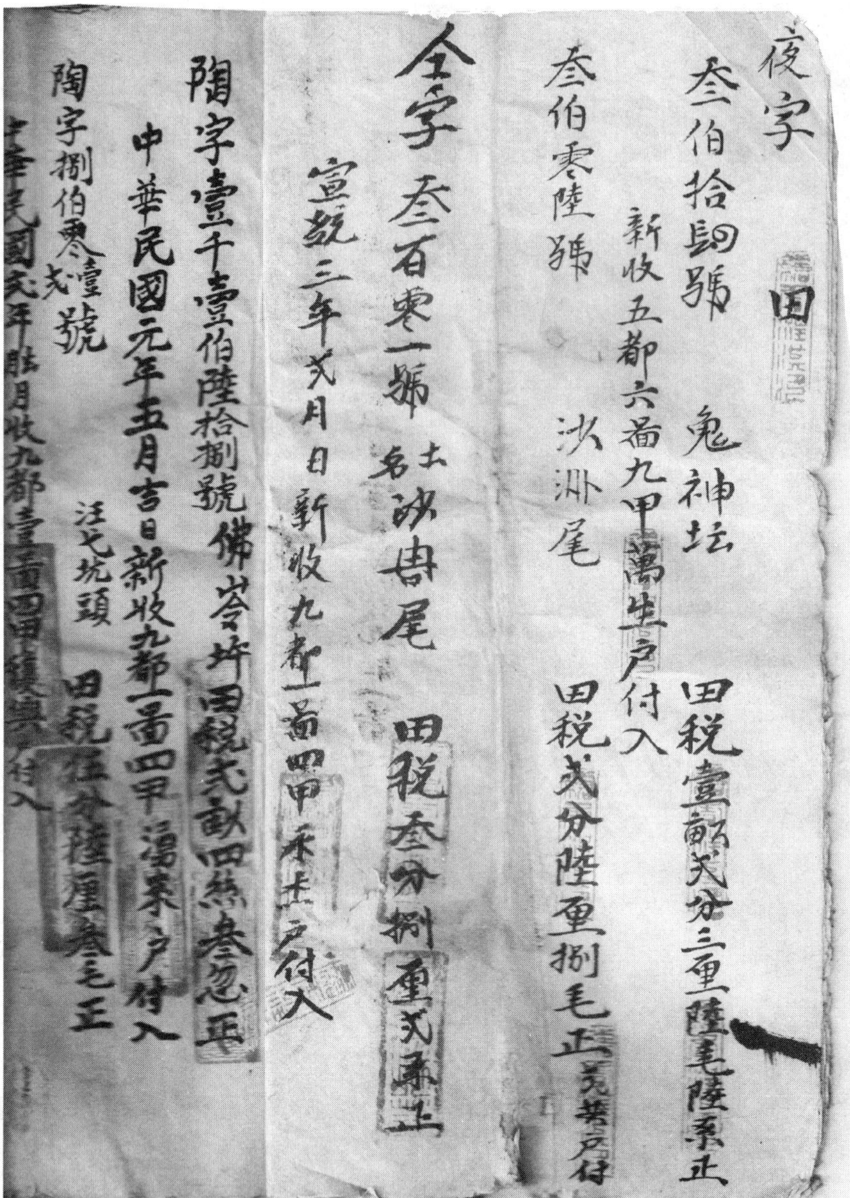

秋口镇沙城俞氏 5-3 · 光绪二十三年 · 税粮实征册 · 德显户生出金旺户

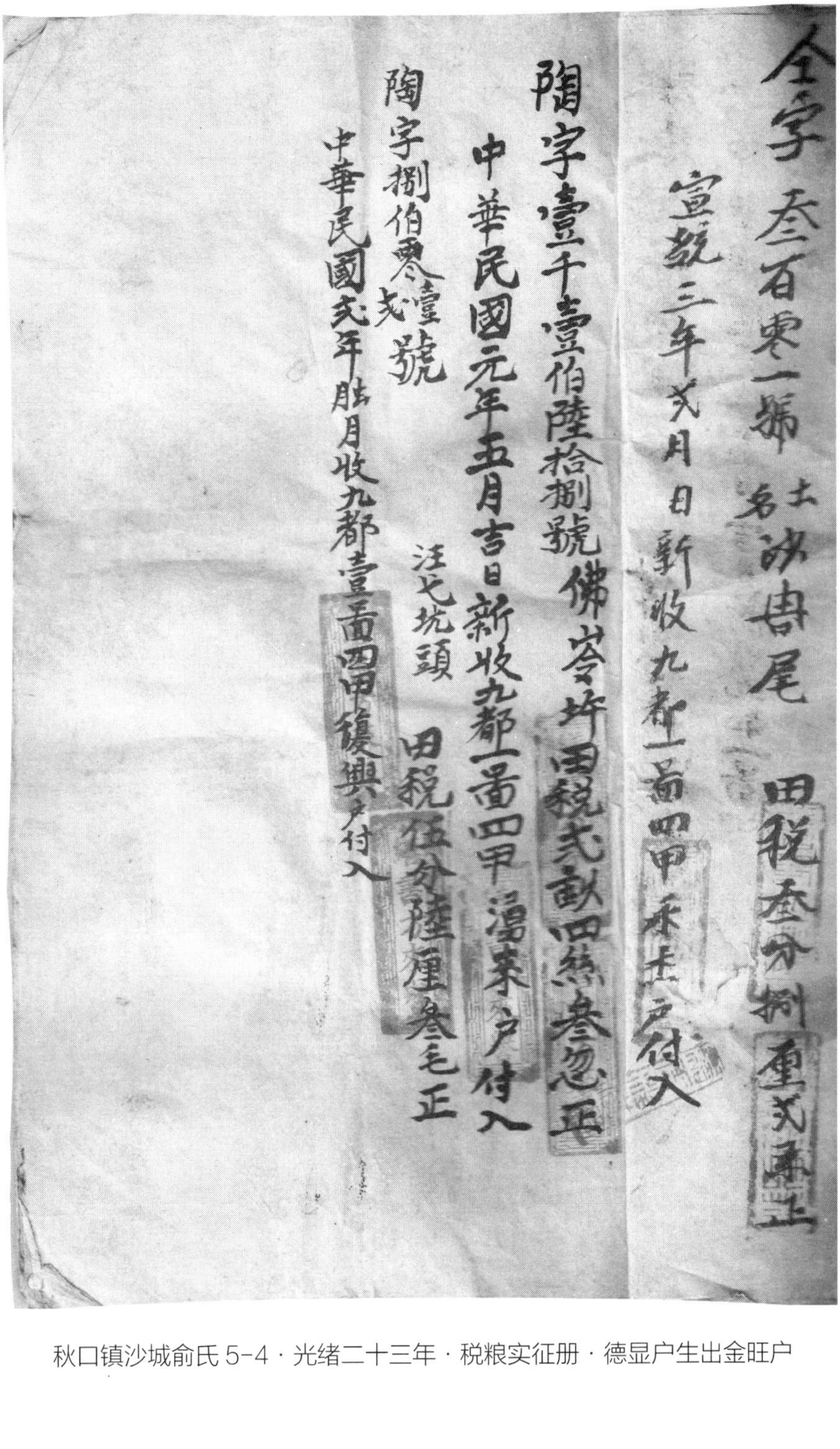

全字叁百零一號 土名泳貴尾 田税叁分捌厘弍毫正

宣統三年弍月日新收九都一啚四甲禾壬户付入

陶字壹千壹伯陸拾捌號 佛岺坪 田税弍畝四絲叁忽正

中華民國元年五月吉日新收九都一啚四甲湯萊户付入

陶字捌伯零壹號（弍） 汪七坑頭 田税伍分陸厘叁毛正

中華民國弍年肆月收九都壹啚四甲復興户付入

秋口镇沙城俞氏 5-4 · 光绪二十三年 · 税粮实征册 · 德显户生出金旺户

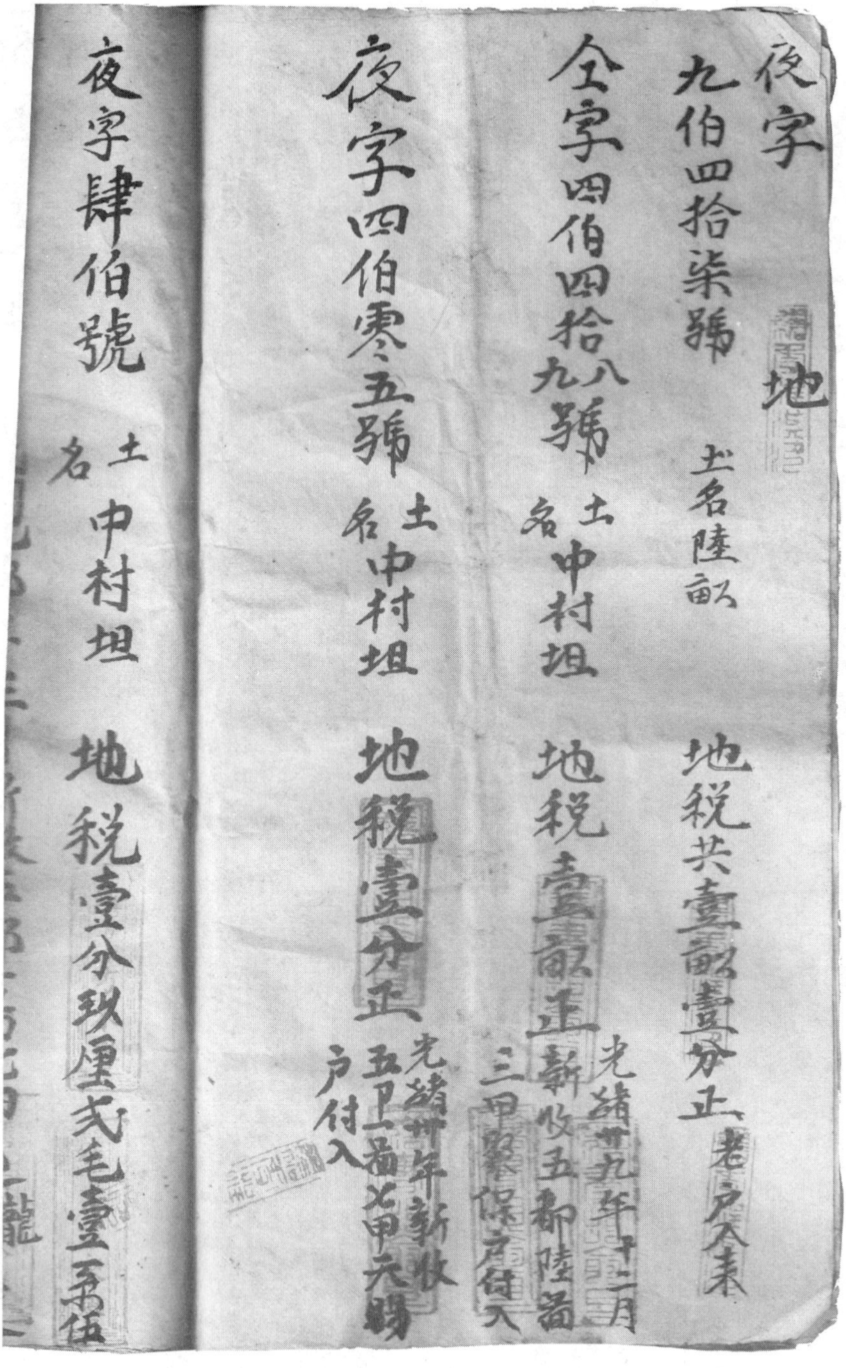
夜字九伯四拾柒號 地 土名陸畝 地稅共壹畝壹分正 老户入來
仝字四伯四拾八九號 土名中村坦 地稅壹畝正 光緒廿九年十二月新收五都陸畓三甲容保户付入
夜字四伯零五號 土名中村坦 地稅壹分正 光緒卅年新收五甲上畓光甲元賜户付入
夜字肆伯號 土名中村坦 地稅壹分玖厘弍毛壹系伍

秋口镇沙城俞氏 5-5 · 光绪二十三年 · 税粮实征册 · 德显户生出金旺户

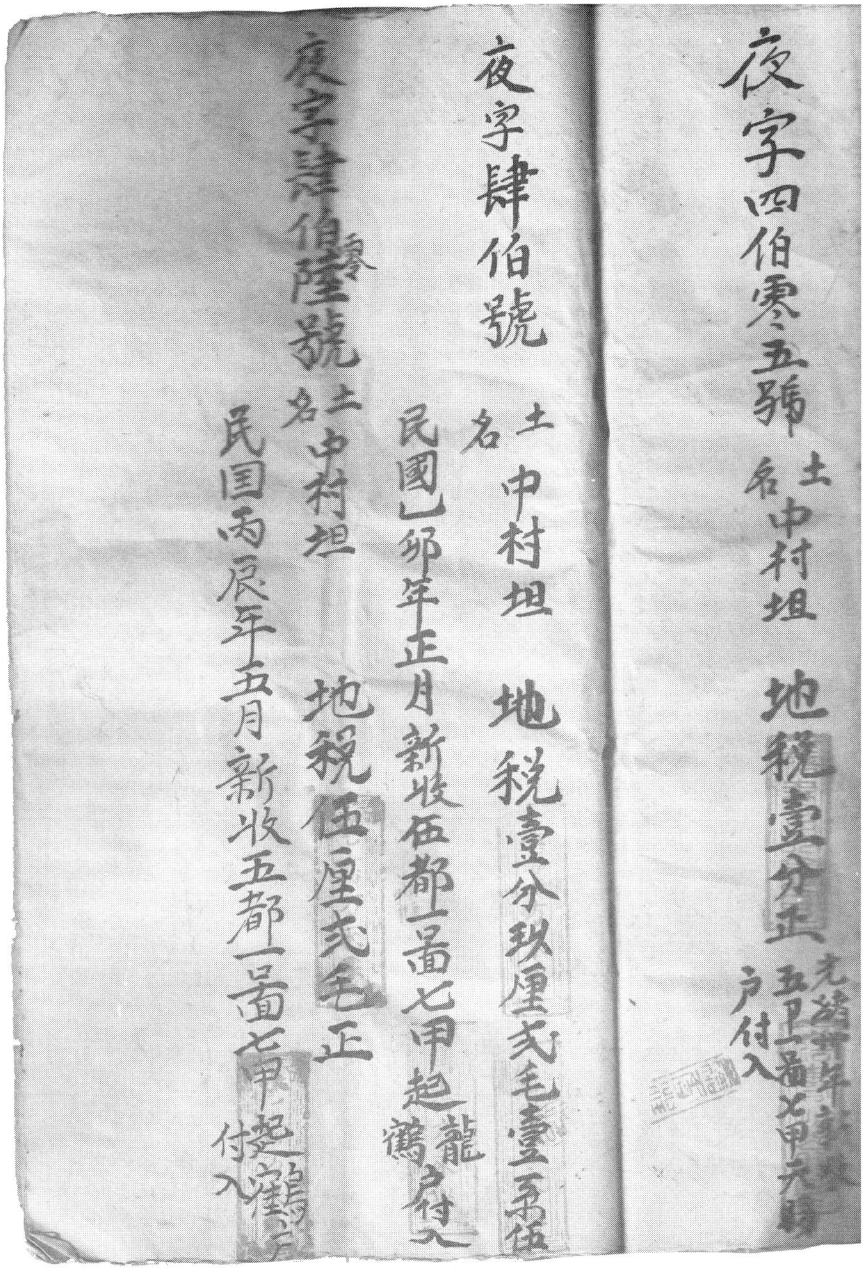

夜字四伯零五號 土名中村坦 地稅壹分正 光緒廿年新收五都一啚七甲六[illegible]户付入

夜字肆伯號 土名中村坦 地稅壹分玖厘弍毛壹〡伍

民國乙卯年正月新收伍都一啚七甲起龍鶴户付入

夜字肆伯陸號 參 土名中村坦 地稅伍厘弍毛正

民国丙辰年五月新收五都一啚七甲起鶴户付入

秋口镇沙城俞氏 5-6 · 光绪二十三年 · 税粮实征册 · 德显户生出金旺户

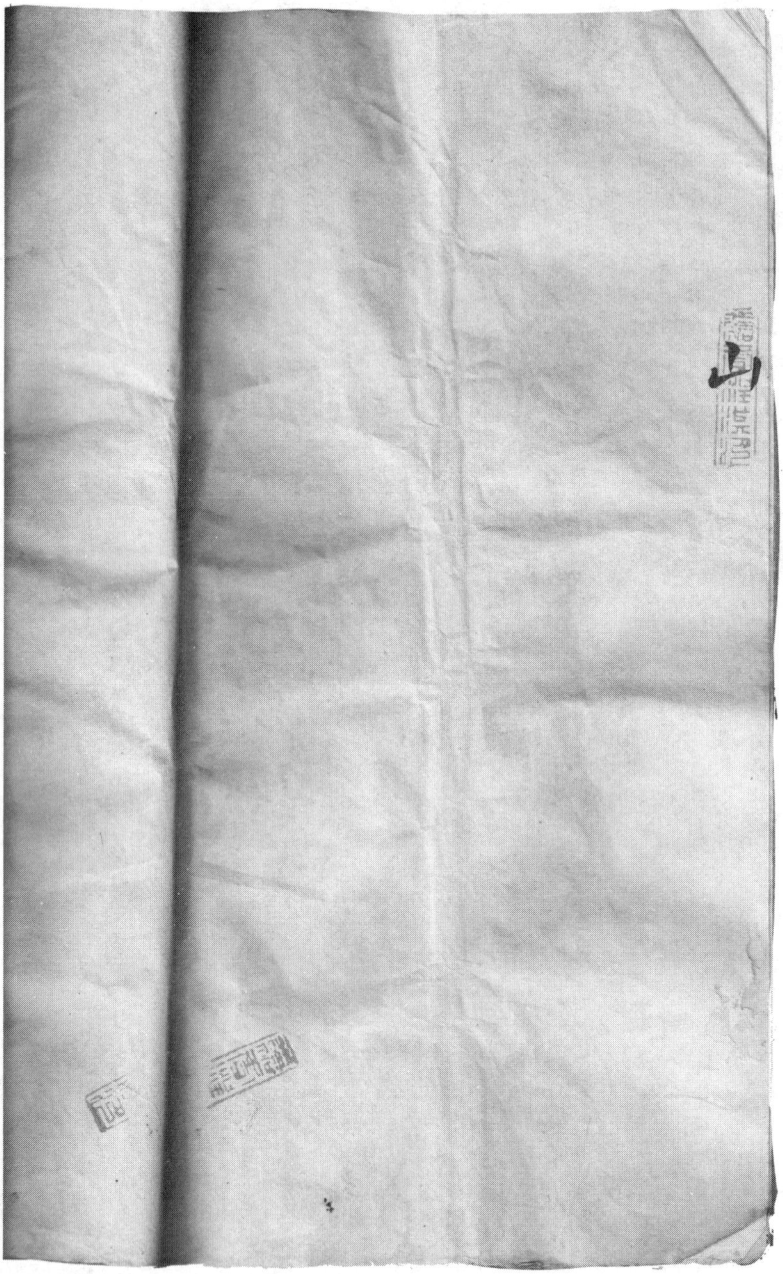

秋口镇沙城俞氏 5-7 · 光绪二十三年 · 税粮实征册 · 德显户生出金旺户

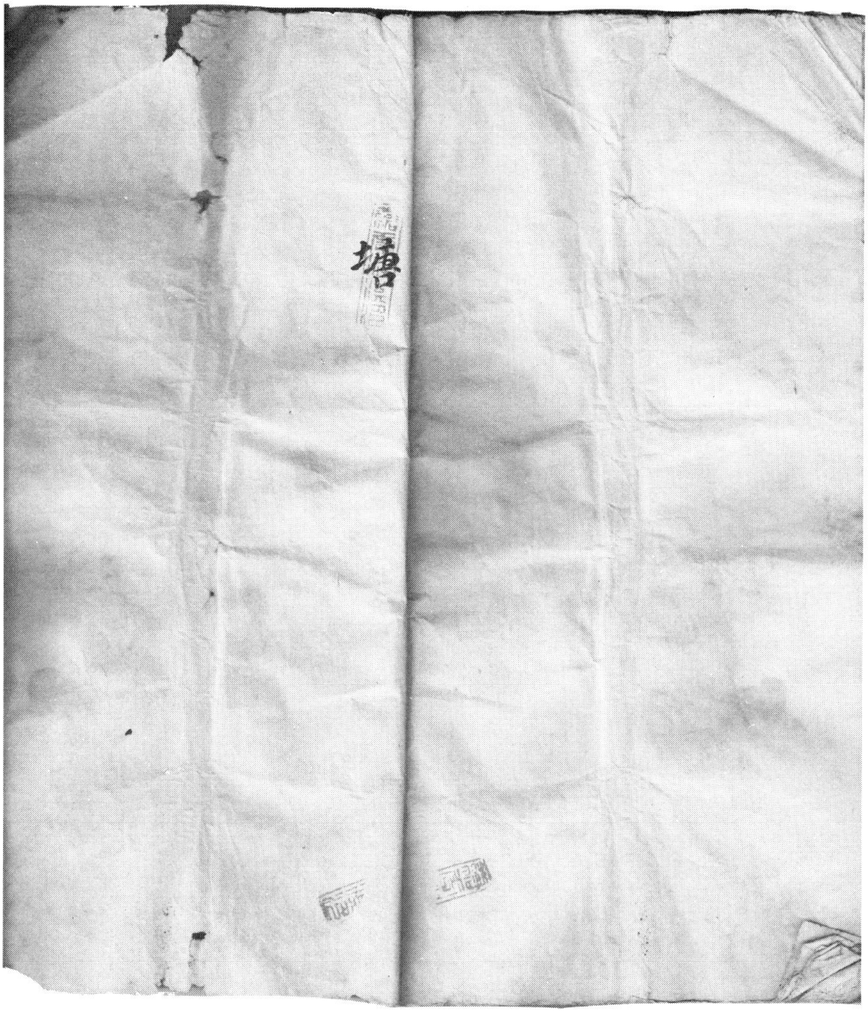

秋口镇沙城俞氏 5-8 · 光绪二十三年 · 税粮实征册 · 德显户生出金旺户